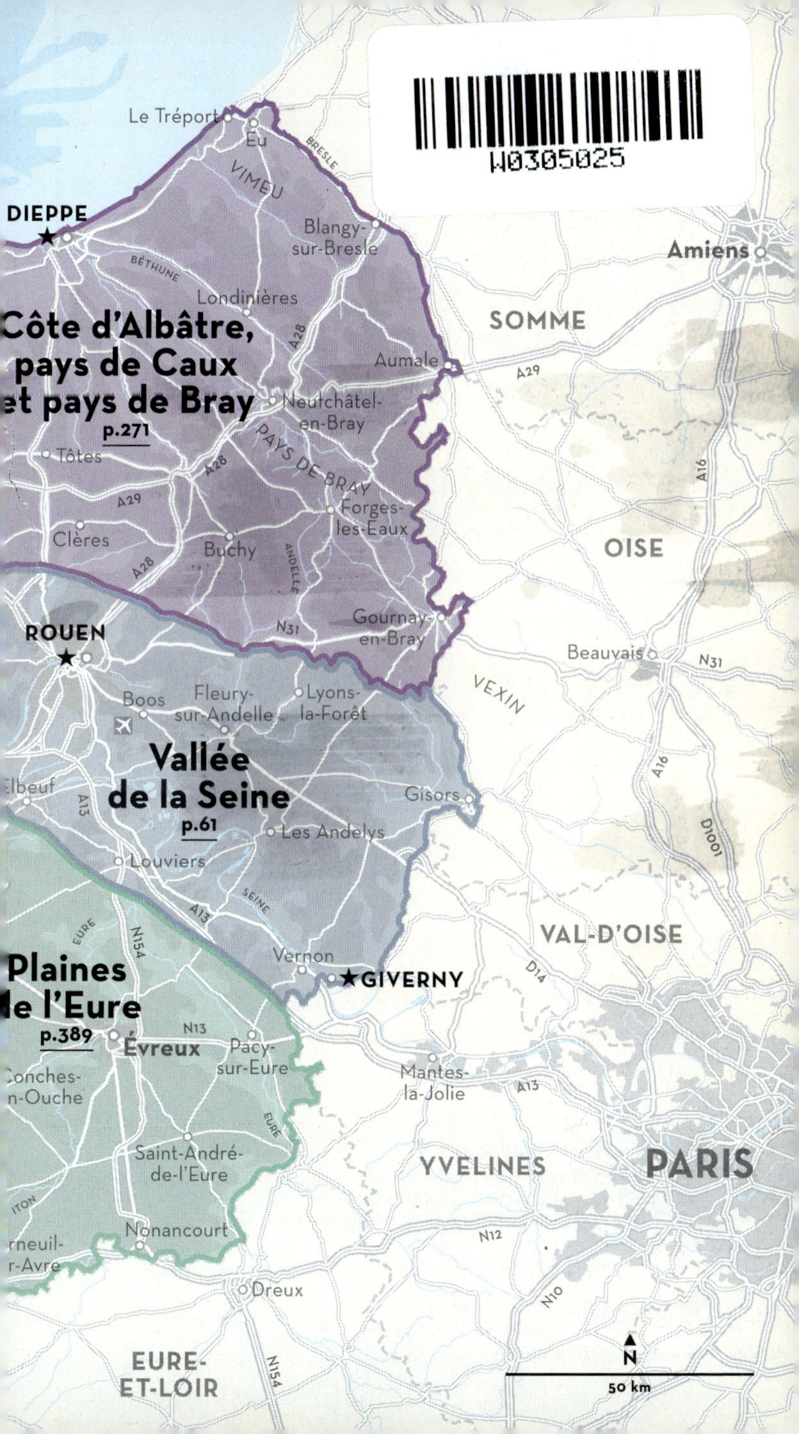

Le Tréport
Eu
BRESLE
VIMEU
DIEPPE
Blangy-sur-Bresle
Amiens
BÉTHUNE
Londinières
Côte d'Albâtre, pays de Caux et pays de Bray
p.271
SOMME
A28
Aumale
A29
Neufchâtel-en-Bray
PAYS DE BRAY
Tôtes
A28
A16
A29
Forges-les-Eaux
Clères
Buchy
OISE
A28
ANDELLE
Gournay-en-Bray
N31
ROUEN
Beauvais
N31
VEXIN
Boos
Fleury-sur-Andelle
Lyons-la-Forêt
Vallée de la Seine
p.61
Elbeuf
A13
Gisors
A16
Les Andelys
D1001
Louviers
SEINE
A13
EURE
N154
VAL-D'OISE
Plaines de l'Eure
p.389
Vernon
GIVERNY
D14
N13
Évreux
Pacy-sur-Eure
Conches-en-Ouche
Mantes-la-Jolie
A13
EURE
Saint-André-de-l'Eure
YVELINES
PARIS
ITON
Nonancourt
N12
Verneuil-sur-Avre
Dreux
N10
N
EURE-ET-LOIR
N154
50 km

Avis aux GEOVoyageurs

Entre l'enquête faite sur le terrain
et la parution du guide, les établissements proposés peuvent avoir disparu et certaines informations peuvent avoir été modifiées : n'hésitez pas à nous faire part de vos commentaires et de vos corrections !

Boîte aux lettres GEOGuide

5, rue Gaston-Gallimard 75328 Paris Cedex 07
www.geo-guide.fr contact@geo-guide.fr

GEOGUIDE

Haute Normandie
et Côte fleurie

Diana Béraud, Laurent Boscq,
Karim Bourtel, Solène Bouton, Anne Lagarde,
Patrick Lenormand, Hélène Le Tac

Ont également collaboré à cet ouvrage
Sébastien Bailly, Anne-Marie Bergeret-Gourbin,
Jean-Jacques Lerosier, Mathilde Nobilet, Guillaume Pellerin

HAUTE NORMANDIE ET CÔTE FLEURIE

GEOPANORAMA

GEOPRATiQUE

Coquilles Saint-Jacques.

GEOREGION

GEODOCS

HAUTE NORMANDIE ET CÔTE FLEURIE

Voyagez à la carte

GEOGuide a sélectionné pour vous des lieux de séjour, des sites à découvrir, des adresses-plaisir et des activités multiples. Choisissez ce qui vous ressemble et goûtez pleinement votre voyage...

Ruelle du centre de Rouen (p.68).

... au gré de vos envies

À deux

Offrez-vous un séjour dans un manoir de contes de fées, promenez-vous dans un jardin romantique, chantonnez en duo "chabadabada..." sur la plage de Deauville, dégustez un plateau de fruits de mer aux chandelles... La Normandie est source de mille et un souvenirs à se forger à deux.

Sports, loisirs et détente

En toute saison, la nature normande est un formidable terrain de jeu pour les amateurs de loisirs en plein air.

Curiosités

La région réserve de passionnantes visites qui vous feront voyager dans le temps : de la forteresse de Richard Cœur de Lion, à Château-Gaillard, aux jardins les plus contemporains, en passant par ceux de Monet à Giverny

En famille

Joies de la baignade, goûters gourmands à la ferme, parcours sportifs dans les arbres, nuits bohèmes dans une roulotte, musées des sciences ou visite d'une forteresse en costume de chevalier si le temps n'est pas de la partie... Côté campagne ou côté mer, un séjour en Normandie a de quoi combler les petits.

100% terroir

Pâturages, vergers et mer font la richesse de la gastronomie normande : de la distillerie à la fromagerie en passant par les marchés, vous trouverez partout de bonnes adresses qui mettent à l'honneur le généreux terroir normand.

... au fil de nos itinéraires

GEOPLUS Un long week-end

HAUTE NORMANDIE ET CÔTE FLEURIE

Maison à pans de bois, typique de l'habitat rural (p.30).

GEOPANORAMA

COMPRENDRE LA NORMANDIE

Géographie physique et paysages

La Normandie armoricaine

À l'ouest, sur les contreforts du Massif armoricain, apparaît un relief plat de pénéplaines marqué par une très forte densité hydrographique, dont une vingtaine de rivières principales. Cette première sous-région englobe tout le Nord-Cotentin puis s'étend à l'ouest d'une ligne reliant Valognes à Alençon en passant par Littry, May-sur-Orne, Falaise et Sées. Elle se compose de montagnes sédimentaires volcaniques parfois très anciennes (-550 à -250 millions d'années) et inclut des restes de la chaîne icartienne, le plus vieux massif de France (comme à La Hague dans la petite anse du Cul-Rond, vieille de deux milliards d'années). Arasé par le temps, ce relief ne présente plus aujourd'hui que de modestes collines.

La Normandie sédimentaire

À l'est, cette sous-région est le prolongement occidental du Bassin parisien où les couches d'alluvions s'accumulent depuis 230 millions d'années. Elle appartenait à un bassin sédimentaire plus vaste incluant le sud de l'Angleterre, la Picardie, la Belgique, la Lorraine, la Bourgogne, le Massif central et une partie du Poitou. Cet ensemble a subi des altérations et des érosions pendant 500 millions d'années, un phénomène qui a entraîné graviers, sables et argiles vers les rivages normands. Dans cette Normandie de plateaux limoneux aux sols riches, le réseau hydrographique est moins développé : hormis l'exception notable de la Seine, la sous-région ne compte qu'une dizaine de rivières principales et, sur le plateau cauchois, l'eau, parfois, se fait rare.

Le littoral

Il court sur 580km, soit 9,5% du littoral français. Si sa partie supérieure est assez homogène (des hautes falaises crayeuses du Tréport jusqu'au cap de La Hève), la bande côtière qui s'étire de Honfleur au cap de La Hague alterne falaises, rivages de sable et rochers. Au sud du Nez de Jobourg, on retrouve une portion homogène de côtes basses et sableuses incluant parfois des marais. Un patrimoine affecté par le recul des falaises. En Seine-Maritime, celles-ci sont sapées à la base par le flux marin et fissurées par la dissolution de la craie sous l'effet des précipitations. Chaque année, 20cm en moyenne (jusqu'à 1m au cap

Carte d'identité

Région Normandie (issue de la fusion de la Haute et de la Basse-Normandie en janvier 2016)
Départements Seine-Maritime (76), Eure (27), Calvados (14), Manche (50), Orne (61)
Superficie 29 907km² (Seine-Maritime : 6 278km² ; Eure : 6 040km² ; Calvados : 5 548km² ; Manche : 5 938km² ; Orne : 6 103km²)
Population 3,34 millions d'habitants (Seine-Maritime : 1,25 ; Eure : 0,59 ; Calvados : 0,70 ; Manche : 0,51 ; Orne : 0,29)
Principales villes Rouen, Caen, Le Havre, Cherbourg, Évreux, Dieppe, Alençon, Saint-Lô

d'Ailly) sont grignotés par l'érosion, qui se manifeste parfois brutalement par l'effondrement de pans entiers de roches. Dans le Calvados et dans la Manche, plus basses, les falaises subissent un phénomène de ravinement : la désagrégation s'opère par glissements successifs à la faveur des précipitations, laissant un littoral étrangement échancré comme aux Vaches Noires à Villers-sur-Mer (Calvados).

Milieux naturels, faune et flore

Paysages normands

À la variété des climats normands répond une grande richesse de milieux naturels : les écosystèmes les plus connus sont ceux du littoral, des forêts et des cours d'eau, mares et étangs. D'autres paysages sont à découvrir : zones humides (estuaire de la Seine), tourbières et landes tourbeuses (marais Vernier, cours supérieur de la Béthune), coteaux calcaires, pelouses et landes sur alluvions sèches (vallée de la Seine), prairies maigres acidiphiles (Risle, Béthune). Un dernier milieu, modelé par l'homme, sert d'emblème à la région : le bocage. Il doit son nom à la région du Bocage, au sud de la Manche et du Calvados. Cette construction paysagère ancienne est apparemment née à l'époque gallo-romaine, période d'intense défrichement des forêts ; elle avait pour objectif de recréer un environnement agraire offrant les mêmes ressources que les massifs boisés (bois d'œuvre et de chauffage, protection des vents). Le bocage se caractérise par des parcelles de formes irrégulières, souvent petites (moins d'un hectare) et délimitées par des haies de toutes sortes ou des talus plantés d'arbres (paradoxalement appelés des fossés dans le pays de Caux), véritables refuges pour de nombreuses espèces d'animaux (rapaces, reptiles, insectes…). Ces parcelles, parfois plantées de pommiers, sont des zones d'herbage pour l'élevage. Il n'existe pas un, mais plusieurs bocages : parcelles plus vastes dans le Plain, le Bessin ou le pays d'Auge, arbres élevés dans le Cotentin, haies basses et pommiers autour des maisons dans le pays d'Auge.

La faune

Depuis les premières observations de Pierre Belon en 1551 ont été recensés jusqu'à dix-huit types de mammifères marins dans les eaux normandes, et il n'est pas rare de voir l'un de ces animaux (grand dauphin ou dauphin commun, marsouin commun, globicéphale) s'échouer sur une plage pour y mourir de maladie ou de vieillesse. Les mammifères, plus généralement, sont bien représentés dans toute la région : chauves-souris (plus de la moitié des espèces françaises ont été découvertes en Normandie), blaireaux, belettes, hermines, mulots à collier ou campagnols. Des animaux rares ont même trouvé refuge en Normandie, comme la chèvre férale des falaises de Jobourg, variété domestique redevenue sauvage, étonnante par son pelage long et ses cornes de bouquetin. La géologie et la diversité des milieux naturels ou artificiels ont également attiré nombre d'oiseaux. Certaines espèces ne s'observent pratiquement qu'en Normandie : bernache cravant à ventre pâle, crossope de Miller, macreuse brune, harle huppé, cigogne blanche, butor étoilé… Plus courants sont les grands cormorans et surtout les goélands, dont certains (le goéland argenté, principalement) colonisent un nombre croissant de villes normandes (Le Tréport, Dieppe, Fécamp, Étretat ou même Rouen). Ces oiseaux opportunistes, protégés depuis 1976, se nourrissent de tout ce qui passe à portée de bec : rebuts des décharges, des poubelles, quignons de pain… La population des insectes est tout aussi diversifiée : elle compte certaines espèces courantes (carabes à reflets dorés, patineurs des ruisseaux) et d'autres plus inattendues (criquets, grillons ou sauterelles). Les rivières et zones humides, enfin, abritent de nombreux poissons, crustacés, reptiles et amphibiens : truites, saumons, anguilles et lamproies, crevettes d'eau douce et écrevisses, couleuvres à collier et d'Esculape, tritons, grenouilles persillées ou crapauds accoucheurs.

La flore

Soumis en permanence aux effets du vent, des marées et… de l'affluence touristique, le littoral accueille sur ses dunes l'euphorbe et le thym serpolet, l'ail des vignes et le rosier pimprenelle. Sur les falaises friables croissent les fleurs jaunes du chou des falaises ou des espèces rares comme la romulée à petites fleurs ou le trèfle *Pratense villosum*. Dans les baies et les estuaires se développe une végétation rare (surtout des salicornes), ou plus abondante dans les prés salés (aster, lavande de mer, grande guimauve…). Les forêts constituent un autre milieu naturel important : hêtraies calcicoles dans les vallées, frênaies-chênaies sur leurs versants, forêts de ravins (littoral cauchois, vallons de la Risle, certains méandres de la Seine)… Des espèces comme le charme, le pin ou le sapin sont présentes mais plus rares, et l'on découvre dans les sous-bois de très jolies fleurs (l'anémone des bois, le céphalantère rose) et jusqu'à cinq mille sortes de champignons. Les pelouses des coteaux calcaires affichent une remarquable biodiversité avec, parfois, jusqu'à deux cents plantes sur un même espace ! Les variétés d'orchidées y sont très nombreuses, et certains végétaux de la vallée de la Seine (la violette de Rouen, la biscutelle de Neustrie) n'existent nulle part ailleurs. Autour des cours d'eau poussent renoncules flottantes, nénuphars, rubaniers et sagittaires, et dans les zones humides fleurissent des essences comme la stellaire des marais ou le pigamon jaune. Citons enfin les landes tourbeuses et les tourbières dont la flore inclut… des plantes carnivores, les rossolis, et des variétés plus pacifiques (marisques, cirses anglais, etc.).

Climat et marées

Il n'y a pas un, mais des climats normands : dans cette aire géographique d'un peu moins de 30 000km² se croisent influences océaniques, continentales, submontagnardes (sud de l'Eure) et subméditerranéennes (vallées de la Seine et de l'Eure). La pluviométrie est, elle aussi, particulièrement hétérogène, et s'échelonne de 1 300mm/an aux alentours de Mortain (Manche) à… 510mm/an dans l'extrême sud-est de l'Eure. Le littoral se caractérise par les plus fortes marées d'Europe : le record appartient au Mont-Saint-Michel (15m d'amplitude, une des plus importantes au monde). Quoique plus modestes, elles ne sont pas négligeables sur le reste de la côte : 5,30m à Carteret, 4m à Arromanches et à Ouistreham, 4,40m au cap d'Antifer et 4,51m au Tréport.

Environnement

Sur les littoraux bordés de falaises calcaires ou dans les zones humides foisonnant d'espèces rares, la Normandie recèle de nombreux écosystèmes. Dans le dernier quart du XXe siècle, afin de réagir à l'afflux de visiteurs, à l'élimination anarchique des déchets et à l'industrialisation des grandes villes (Rouen, Caen, Le Havre), quatre parcs naturels régionaux (Normandie-Maine, boucles de la Seine normande, Marais du Cotentin et du Bessin, du Perche) ont été créés pour mieux préserver des milieux naturels et culturels remarquables : collines, bocages, forêts, landes, vergers, tourbières et marais, ponctués de châteaux, de chaumières et d'abbayes historiques. L'occasion de pratiquer un tourisme vert, en arpentant des sentiers pédagogiques, en pratiquant le ravitaillement à la ferme et l'hébergement en gîtes ruraux…

Histoire

La préhistoire

Les découvertes d'outils préhistoriques – racloirs et bifaces – en Seine-Maritime ont permis d'attester la présence de chasseurs-pêcheurs en Normandie 100 000 ans avant notre ère. La région, en bordure des glaciers d'Europe du Nord, se composait essentiellement de marécages inhospitaliers, et il fallut attendre le réchauffement climatique intervenu il y a 12 000 ans pour que le peuplement se fasse plus dense, surtout sur la frange côtière. Les agriculteurs sédentaires n'apparurent que 5 000 ans plus tard ; on leur doit des monuments mégalithiques funéraires comme ceux de Fontenay-le-Marmion (Calvados) ou les dolmens de la pointe du Cotentin. L'ouverture maritime sur la Manche, voie de communication primordiale, attire artisans et commerçants autour de métaux comme le cuivre et l'étain, importés d'Angleterre, ou le fer apporté d'Europe centrale par les guerriers celtes 1 000 ans avant notre ère.

Des Gaulois aux Mérovingiens

À partir du IIIe siècle av. J.-C., une vague d'invasions installe les peuples gaulois en Normandie. Avant la conquête romaine, ces Gaulois peuvent se targuer d'une maîtrise de l'agriculture, de l'élevage (l'exploitation des bovins pour le lait et le fromage date de cette époque) et de la fabrication d'armes. Jules César conquiert la région au Ier siècle avant notre ère. La Normandie est ensuite intégrée à la grande province de la Lyonnaise, et certaines cités se voient attribuer un rôle administratif : Augustodorum (Bayeux), Juliobona (Lillebonne), Rotomagus (Rouen), Noviomagus (Lisieux)… Les Romains dotent également la région d'un réseau de routes stratégiques, bien entretenues et jalonnées de bornes milliaires, et de routes secondaires. Sous le règne de l'empereur Dioclétien (284-305), une réorganisation administrative dessine une nouvelle province, la Lyonnaise Seconde (dont les limites seront reprises pour le duché et la province à venir), et établit Rouen comme chef-lieu. C'est aussi l'époque des premières invasions : les Saxons font des incursions dans le Bessin avant de se fixer dans le Cotentin deux

ASTÉRIX ET LES NORMANDS
Jules César, en pleine conquête de la Gaule, rencontre une farouche opposition : dans le Cotentin, la résistance des Unelles menés par leur chef Viridorix resta dans l'Histoire et inspira une célèbre bande dessinée... malgré la défaite gauloise en 56 av. J.-C. à Montcastre, près de Carentan.

siècles plus tard, et les Francs, implantés au nord de la Seine, descendent jusqu'à l'Orne. À la fin du ve siècle, Clovis, roi franc, étend son emprise sur toute la région. Il la divise en douze comtés – ces *pagi* se transformeront bien plus tard en pays de Caux, de Bray, du Roumois… – unifiés sur le plan religieux par l'évêché installé à Rouen. Le christianisme se développe en effet fortement dans les villes, beaucoup moins dans les campagnes, encore très païennes. Les rois mérovingiens suivants consacreront le monachisme, ou règne des moines (saint Philibert, saint Wandrille, saint Pair, saint Vigor…) ; par leur influence culturelle, intellectuelle et économique sur la région, les abbayes de Jumièges et de Saint-Wandrille en constituent les symboles les plus représentatifs. Les Carolingiens qui succèdent aux Mérovingiens en 751 instaurent un contrôle à distance de la prospère région alors appelée la Neustrie, dont la richesse aiguisera l'appétit de voisins venus du Nord.

Les Vikings

Les invasions vikings débutent en 820 en baie de Seine puis s'intensifient à partir de 836-841 : les assaillants – surtout des Danois, épaulés par des Norvégiens et des Anglo-Saxons – déferlent sur les côtes, remontent les fleuves et les cours d'eau à bord de bateaux effilés et rapides, les drakkars. Leur progression est d'autant plus inéluctable qu'ils rencontrent peu de résistance (quelques rares châteaux et ponts fortifiés) dans un royaume carolingien miné par les guerres de succession. Forts, courageux, pragmatiques, les Vikings n'hésitent pas à transporter si nécessaire leurs navires d'un fleuve à l'autre, colonisent les camps inoccupés et repèrent des cibles intéressantes : les prieurés et abbayes, abandonnés par des moines préoccupés par la mise en lieu sûr de leurs reliques et trésors. Les autorités débordées n'ont souvent d'autre choix que de payer à ces envahisseurs de lourds tributs, les *danegeld*. Après des années de pillages, d'incendies et de meurtres, une armée menée par Rolf le Marcheur, dit Rollon, remonte la Seine et s'installe à Rouen. Rollon contrôle bientôt le pays de Caux et la vallée de la Seine, lançant des expéditions dans tout le royaume franc depuis cette base arrière. Échouant devant Chartres, il décide de composer avec le roi Charles le Simple : c'est l'accord de Saint-Clair-sur-Epte conclu en 911. En échange de la paix, le souverain carolingien abandonne Rouen et les comtés et domaines situés entre l'Epte, la Bresle, l'Avre et la Risle. La Neustrie devient alors la Normandie, terre des *Norse men* ou Normands. Les Scandinaves continuant de débarquer, Rollon les rallie ou les combat, étendant son domaine vers le sud (Bayeux, Sées) jusqu'à sa mort en 931. Son fils, Guillaume Longue Épée, poursuit l'expansion en ravissant le Cotentin et l'Avranchin aux Bretons. En 933, la Normandie a acquis les frontières qu'elle a conservées jusqu'à nos jours.

Le royaume anglo-normand

Assassiné en 942 par le roi de France Louis IV d'Outre-Mer, Guillaume cède la place au jeune Richard… un temps emprisonné par Louis IV, qui lui ravit dans le même temps la Normandie. Le Normand s'évade, appelle à la rescousse les Vikings, qui battent les Français puis repoussent les envahisseurs bretons jusqu'au Couesnon. Il peut enfin devenir Richard Ier, le premier duc normand, resté dans l'Histoire pour son courage et sa foi militante – il fit construire de nombreuses églises, comme l'abbatiale de Fécamp où il est enterré. Son fils Richard II lui succède en 996, renforçant l'emprise de l'Église et l'autorité ducale, avec la mise en place d'une administration uniforme et efficace. Fils de Richard II, Robert le Magnifique poursuit cette entreprise mais meurt précocement en Terre sainte, une occasion que saisiront au vol les barons normands soucieux d'indépendance. L'héritier de la couronne ducale, Guillaume le Bâtard devenu par la suite le Conquérant, remet bon ordre dans le duché et rétablit l'autorité en 1047. Il renforce la Normandie pendant une quinzaine d'années, puis part à la tête d'une armée en Angleterre réclamer une couronne promise par le roi Édouard le Confesseur. C'est la bataille d'Hastings, où le duc normand écrase les troupes d'un autre prétendant, Harold, le 14 décembre 1066, avant d'être sacré roi d'Angleterre dix jours plus tard. Cette conquête va permettre à la Normandie de bénéficier des richesses anglaises et de construire sa prospérité. Les souverains anglo-normands qui se succèdent feront tout pour renforcer militairement et économiquement cet État, à l'instar d'Henri Ier Beauclerc et d'Henri II Plantagenêt. Pendant cette époque faste, l'"Anglo-Normandie" s'étend de l'Écosse aux Pyrénées. Les deux derniers souverains, Richard Cœur de Lion (1189-1199) et Jean sans Terre (1199-1216), ne peuvent poursuivre ce grand œuvre : l'offensive française de 1203-1204 lancée par le roi Philippe Auguste leur coûte leur province normande, dès lors annexée au royaume de France.

Entre France et Angleterre

Après l'annexion de la région au royaume capétien, Philippe Auguste somme les barons normands de choisir entre leurs possessions continentales et leurs fiefs anglais, ce qui provoque l'exode de la noblesse vers l'Angleterre. Le souverain français maintient les institutions locales… mais place des Français à tous les postes clés, tel celui du bailli. Il incite également les seigneurs pauvres de l'Île-de-France à récupérer les terres laissées par la noblesse exilée et transfère les privilèges liés à l'eau (armements, péages et trafic sur la Seine) à des marchands parisiens, poussant les autochtones à se reconvertir dans l'artisanat de la laine. Mais l'ère de prospérité qui s'est ouverte bénéficie à tous : l'agriculture et la pêche se développent considérablement, le textile prend son essor, les villes s'agrandissent. Une Charte aux Normands édictée en 1315 accorde à ceux-ci certains privilèges en matière de justice et d'impôts. Suivent cinq siècles de désastres : en 1340, la tentative d'invasion de l'Angleterre par la flotte de Philippe VI se solde par un échec cuisant ; en représailles, les troupes anglaises d'Édouard III s'emparent rapidement de la Normandie. La peste noire s'abat ensuite sur tout le pays en 1346-1348 et ruine la région. À partir de 1364, celle-ci est le théâtre d'offensives lancées par chaque camp pour récupérer le territoire. L'emprise anglaise culminera au milieu du XVe siècle avec l'épisode de la condamnation de Jeanne d'Arc en 1431 à Rouen, totalement sous contrôle anglais. Il faudra attendre la victoire du roi de France Charles VII à Formigny en 1450 pour que cessent les hostilités. Son successeur, Louis XI, brise le sceau ducal en 1469 et intègre fermement la province à son royaume.

De François Ier à Louis XVI

La province se reconstruit peu à peu et exprime son identité maritime en participant activement aux découvertes de nouvelles terres : des Dieppois et des Honfleurais s'aventurent au Brésil ou dans l'embouchure du Saint-Laurent. En 1517, François Ier crée le port du Havre afin de développer les échanges avec l'extérieur. À partir de 1550, les principales villes normandes deviennent huguenotes et la guerre civile s'installe, ravageant la région jusqu'à la signature de l'édit de Nantes en 1598. Le XVIIe siècle est une ère de disettes, de maladies (la peste réapparaît brièvement), de révoltes contre les exactions militaires et de répressions. La révocation de l'édit de Nantes en 1685 contraint les négociants, industriels et artisans protestants à émigrer, ce qui affaiblit plus encore l'économie. Celle-ci se remet sur pied après la mort de Louis XIV en 1715 : la production agricole part sur les nouvelles routes royales vers Paris, et les textiles normands, principalement ceux en coton, filent vers les ports. Une deuxième vague d'expéditions maritimes permet aux marins de découvrir de nouvelles terres (Ohio, Mississippi, golfe du Mexique) et d'établir des comptoirs coloniaux dont Le Havre, Granville et Rouen drainent les richesses. À la veille de la Révolution française, un double coup devait être porté à cette économie convalescente : le traité de Paris de 1763 fait perdre à la France ses possessions en Inde et à la Normandie une bonne partie de sa flotte ; le traité de commerce, signé en 1786 avec les Anglais, qui favorise l'importation du textile d'outre-Manche, déclenche une grave crise économique.

LES BAINS DE MER

Au XIXe siècle, une nouveauté fait son apparition, l'exotisme : les Anglais puis les Parisiens, à l'image de la duchesse de Berry ou de Louis-Philippe, s'entichent des plages, drainant dans leur sillage peintres et écrivains romantiques. Ces artistes s'engouent de villages de pêcheurs devenus stations balnéaires, où le Tout-Paris s'affiche...

De la Révolution à l'Empire

La Révolution française est l'occasion de réclamer, sans succès, le respect de la Charte aux Normands et le retour des États provinciaux. Des émeutes populaires de juillet 1789 naissent des municipalités bourgeoises. À l'instar de la Bastille, la forteresse de Rouen est détruite le 17 juillet. La nuit du 4 août abolit tous les privilèges et fait perdre ses prérogatives à la région ; celle-ci est morcelée quatre mois plus tard en cinq départements qui respectent ses anciennes frontières. Passé les premiers changements, la Normandie se distingue par un certain immobilisme : elle ne soutient pas les premiers Girondins venus se réfugier sur ses terres et suit mollement le mouvement chouan, plus par rejet des réformes que par royalisme. La Terreur fera peu de victimes en Normandie, et le geste de la Caennaise Charlotte Corday, qui assassine Marat en 1793, est avant tout un acte isolé. Après des années de désordre, la région se rallie à l'Empire napoléonien pour retrouver un peu de paix. Les habitants se tiennent ensuite à l'écart des changements politiques : retour de la monarchie, puis départ de Charles X et de Louis-Philippe. Son caractère conservateur s'affirme par la suite avec son adhésion au Second Empire puis à la IIIe République. Pendant tout le XIXe siècle, les Normands préfèrent se consacrer au redressement de leur économie et à sa diversification : l'industrialisation prend forme avec l'installation des secteurs métallurgique et chimique dans la basse Seine.

De 1914 à nos jours

La Normandie, qui, avec sa population paysanne dense, constitue un abondant vivier de troupes fraîches, est durement marquée par la Première Guerre mondiale. Elle sert aussi de terre d'exil pour de nombreux réfugiés, dont le roi de Belgique, qui s'établit avec son gouvernement à Sainte-Adresse, près du Havre, le temps des hostilités. Elle s'enrichit, par ailleurs, des désordres économiques engendrés par le conflit : la hausse des prix alimentaires bénéficie aux régions rurales (le pays de Bray, le Bessin ou le pays d'Auge), et l'occupation du nord de la France par les troupes allemandes favorise les fabriques textiles rouennaises et l'industrie métallurgique caennaise. Pendant la Seconde Guerre mondiale, sa richesse industrielle, son réseau de communications et sa façade maritime lui donnent une place toute particulière. Elle est le théâtre en 1942 d'un premier débarquement à Dieppe, l'opération Jubilee, et s'attire les foudres des bombardiers alliés qui visent les nœuds de communication, les zones industrielles, voire les sites d'implantation des V1. Des maquis se développent dans les zones bocagères et préparent le Débarquement (p.18). La reconstruction va prendre une bonne quinzaine d'années, accompagnée par une poussée démographique importante, une modernisation et une industrialisation de l'agriculture, la décentralisation d'entreprises parisiennes (automobile). Le réseau des transports, en revanche, ne suit pas le même rythme, et certains secteurs d'activités traditionnelles comme le textile ont du mal à se reconvertir. Sur le plan politique, la Normandie a longtemps été une terre conservatrice, dirigée par des barons du gaullisme et par des centristes (Jean Lecanuet à Rouen, Michel d'Ornano à Deauville) ; à quelques exceptions notables, tel Le Havre, géré pendant des décennies (de 1965 à 1995) par une municipalité communiste, et les deux conseils régionaux, qui ont vu des victoires socialistes en 2004 et 2010, avant la fusion administrative de la Haute et de la Basse-Normandie en janvier 2016.

Le Débarquement, D Day : le 6 juin 1944

Par **Jean-Jacques Lerosier**, journaliste et grand reporter au quotidien *Ouest-France*

Le 6 juin 1944, 160 000 hommes dans la force de l'âge, 20 000 véhicules, 11 000 avions, une gigantesque armada de 7 000 navires, la plus grande qu'une mer ait jamais portée, participent au D Day, le Decision Day, jour de l'assaut. Leur mission est de libérer l'Europe.

L'ensemble des combattants qui participèrent au D Day met en œuvre l'opération Overlord, nom de code du Débarquement, sous les ordres du général américain Eisenhower, commandant suprême des forces alliées. Retardée d'une journée – la météo du 5 juin était épouvantable –, la bataille de l'été 1944 dura près de 80 jours, du 6 juin au 21 août 1944.

La Bataille de Normandie Incertaine les premiers jours après le quasi-échec d'Omaha, la bataille de l'été 1944 est finalement gagnée par l'extraordinaire capacité des Alliés à rassembler des forces et du matériel, leur suprématie aérienne et la mobilisation de l'armée allemande sur le front de l'Est. Le bilan humain de la Bataille de Normandie est lourd. Le dernier épisode en est le symbole. Du 16 au 21 août 1944, c'est l'enfer absolu dans la poche de Falaise-Chambois-Montormel.
Sur les 100 000 soldats allemands encerclés, 50 000 réussissent à s'échapper, 40 000 sont faits prisonniers, 10 000 sont morts. Au total, 100 000 Allemands, peut-être le double (le chiffre exact n'est pas connu), et 40 000 alliés auront été tués. Le nombre des victimes civiles est estimé à 20 000. Quatre cents villes et villages de la Manche et du Calvados ont été détruits.
Le 6 juin 2004, au Mémorial de Caen, l'émotion est palpable pour ces milliers de jeunes venus commémorer le 60e anniversaire du Débarquement. Jacques Chirac, président de la République française, s'adresse à Gerhard Schröder, chancelier de la république d'Allemagne : "Aux hommes qui s'affrontent dans la nuit interminable de la haine et du ressentiment, notre réconciliation offre une véritable espérance."

> *"Aux hommes qui s'affrontent dans la nuit interminable de la haine et du ressentiment, notre réconciliation offre une véritable espérance."*
> *Jacques Chirac*

Cinq codes pour cinq plages Cinq noms de code sont utilisés pour les cinq plages concernées : Utah et Omaha pour les forces américaines, Juno pour les forces canadiennes, Gold et Sword pour les forces anglaises.

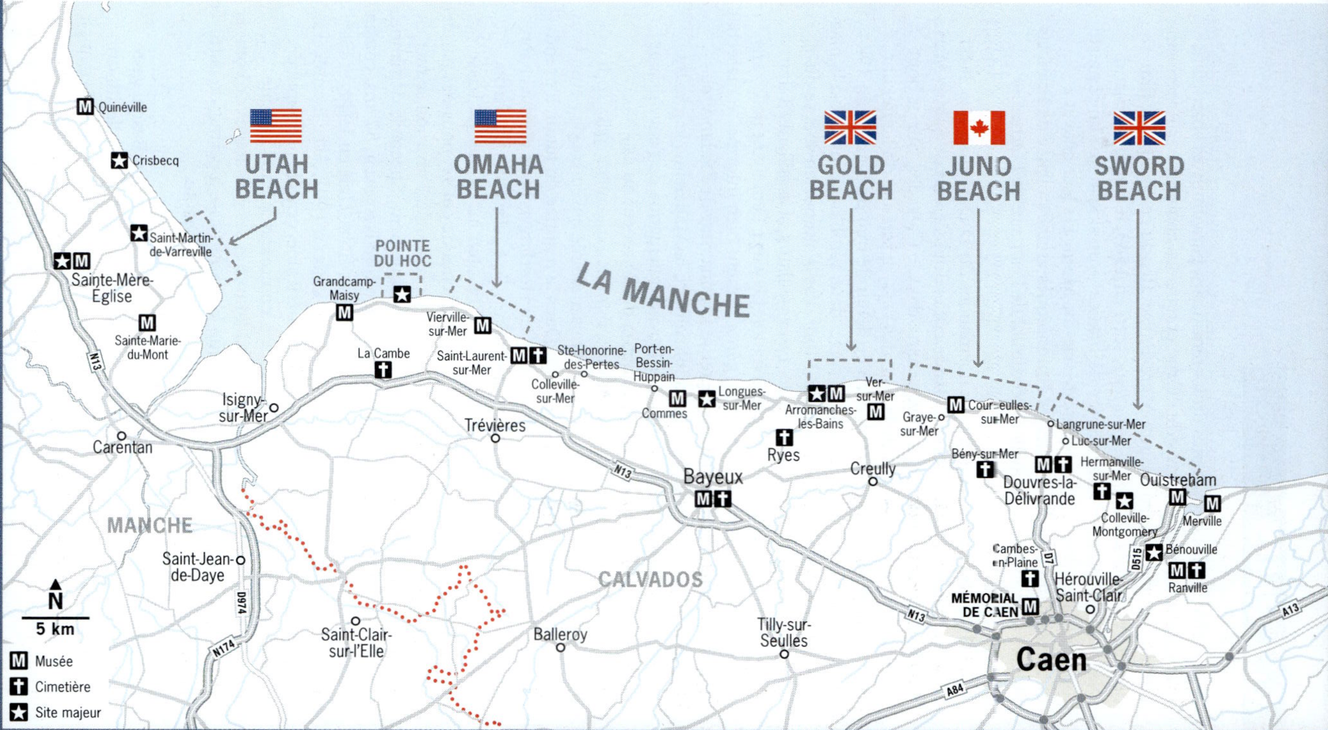
UTAH BEACH
OMAHA BEACH
GOLD BEACH
JUNO BEACH
SWORD BEACH
LA MANCHE
POINTE DU HOC
Quinéville
Crisbecq
Saint-Martin-de-Varreville
Sainte-Mère-Église
Sainte-Marie-du-Mont
Grandcamp-Maisy
La Cambe
Vierville-sur-Mer
Saint-Laurent-sur-Mer
Colleville-sur-Mer
Ste-Honorine-des-Pertes
Port-en-Bessin-Huppain
Commes
Longues-sur-Mer
Arromanches-les-Bains
Ver-sur-Mer
Ryes
Graye-sur-Mer
Courseulles-sur-Mer
Langrune-sur-Mer
Luc-sur-Mer
Bény-sur-Mer
Douvres-la-Délivrande
Hermanville-sur-Mer
Colleville-Montgomery
Ouistreham
Merville
Bénouville
Ranville
Cambes-en-Plaine
Hérouville-Saint-Clair
MÉMORIAL DE CAEN
Caen
Creully
Bayeux
Isigny-sur-Mer
Carentan
Trévières
MANCHE
CALVADOS
Saint-Jean-de-Daye
Saint-Clair-sur-l'Elle
Balleroy
Tilly-sur-Seulles
N13
N174
D974
D7
D515
A13
A84
N
5 km
Musée
Cimetière
Site majeur

GEOPLUS

➤ Sur chacun des deux flancs du Cotentin, des parachutistes américains et anglais sautent aux abords de l'Orne et dans les champs. Les Américains libèrent immédiatement Sainte-Mère-Église. Rendu célèbre par le film de Darryl Zanuck, *Le Jour le plus long*, sorti en 1963, le bourg normand s'est baptisé "premier village libéré de France"– un slogan que lui conteste toujours sa voisine et amie Sainte-Marie-du-Mont. De leur côté et à quelques heures de différence, les Britanniques et une poignée de Français libèrent Bénouville et Ranville à proximité de l'estuaire de l'Orne.

Utah Beach Des cinq plages normandes du D Day, Utah Beach est la plus à l'ouest, sur cette longue bande côtière qui s'étend de Sainte-Marie-du-Mont, dans la Manche, à Ouistreham, dans le Calvados. Sur ce bout de rivage perdu, à deux pas de la baie des Veys, la sérénité du lieutenant allemand Arthur Jahnke est totale en ce début de nuit du 5 au 6 juin 1944. Un lundi soir ordinaire, en quelque sorte, dans son blockhaus face à la plage de la Madeleine, à Sainte-Marie-du-Mont. Pas d'attaque en vue, se dit-il, l'aube se lèvera sur une marée basse. Les assaillants, si assaillants il doit y avoir un jour, attaqueront à marée haute. Le jeune lieutenant de 23 ans tient le renseignement d'un homme généralement bien informé, le maréchal Erwin Rommel, venu en mai inspecter le fameux mur de l'Atlantique. Composée de milliers de bunkers dont celui de la Madeleine, la grande muraille de Normandie doit protéger l'armée allemande de l'envahisseur. Hitler voulait un "mur d'acier et de béton des Pyrénées au cap Nord". À partir de 1942, l'organisation Todt, du nom de l'ingénieur Fritz Todt, eut l'impossible tâche de construire cet invraisemblable ensemble de béton brut. Le maréchal allemand a l'âme en paix. Dans la matinée du lundi, il prend la route à bord de sa Horch en direction de Herrlingen pour retrouver son épouse Lucia-Maria. C'est son anniversaire… le 6 juin. À 6h du matin, le soleil se lève timidement sur la côte est du Cotentin. La mer est basse depuis une demi-heure. Les vagues sont blanches de colère, poussées par des vents violents de force 6-8. Stupéfaction. Tant redoutée, l'invasion se met en marche, là, sous les yeux de Jahnke. Le Débarquement. Spectacle démentiel. En première ligne, le général de brigade Theodore Roosevelt, 57 ans, cousin éloigné de Franklin D. Roosevelt, président des États-Unis en 1944, et fils de Theodore Roosevelt, président des États-Unis en 1901. Avec les milliers d'hommes de la 4e division d'infanterie américaine, ce militaire populaire file à pleins gaz vers le Cotentin. Sous son commandement, l'attaque américaine réduit le lieutenant allemand Jahnke et ses camarades de combat à de simples figurants. D'autant plus que la marée basse a permis de nettoyer la plage des obstacles qu'aurait recouverts la marée haute…

Omaha Beach Utah va bien. Omaha va mal. Omaha Beach, vaste plage répartie sur trois communes, Saint-Laurent-sur-Mer, Colleville-sur-Mer et Sainte-Honorine-des-Pertes dans le Calvados, est l'affaire de deux divisions américaines, la 29e et la 1re, appelée la Big Red One. Au matin du 6 juin 1944, rien ne se déroule comme prévu. "Étaient-ils morts ou vivants ?

se demande John MacVane, correspondant de guerre pour la chaîne américaine NBC. Je n'aurais su le dire. Les choses s'étaient certainement très mal passées, car ils ne bougeaient pas, à part quelques-uns qui se contorsionnaient sur le ventre pour atteindre les roches plates."
La 352e division d'infanterie allemande tire le meilleur parti de la géographie. Seule échancrure possible où prendre position pour les Alliés, entre les rochers d'Arromanches et ceux de Grandcamp, Omaha forme une plage en arc de cercle, encaissée entre d'abruptes falaises d'une trentaine de mètres de hauteur. Le plateau surplombe le rivage et constitue un excellent poste d'observation et de tir pour les soldats du IIIe Reich. L'horreur. Le feu allemand fauche les hommes sur le rivage comme des bûcherons déboisent une forêt. Omaha Beach devient Bloody Omaha, Omaha la sanglante, avec quinze à vingt fois plus de tués et de disparus, un bon millier d'hommes le premier jour, qu'à une trentaine de kilomètres de là, à Utah Beach. Omaha la dure, l'image inversée d'Utah. Le scénario avait pourtant démarré à l'identique. Par une surprise totale. "Le 5, j'étais de faction en début de soirée, raconte Franz Gockel dans son récit *La Porte de l'Enfer*. À l'intérieur du bunker, des camarades étaient absorbés par une partie de cartes. Un vieux gramophone mécanique jouait en grésillant quelques mélodies de l'époque que nous connaissions tous par cœur. Ces quelques 78 tours étaient les seuls disques que nous possédions. Assis sur son lit, un camarade confectionnait méticuleusement un petit paquet qu'il voulait expédier à sa famille le lendemain." Le paquet ne partira jamais.

MÉMORIAUX

- Mémorial de Caen
  www.memorial-caen.fr
- Site Hillmann de Colleville-Montgomery
  www.amis-du-suffolk-rgt.com
- Centre Juno Beach à Courseulles
  www.junobeach.org
- Mémorial d'Omaha Beach à Saint-Laurent-sur-Mer
  www.musee-memorial-omaha.com
- Cimetière américain de Colleville-sur-Mer
  Tél. 02 31 51 62 00
- Musée du Débarquement à Utah Beach
  www.utah-beach.com

L'exploit de la pointe du Hoc

Débarqué dès 6h30, Robert Capa, reporter pour le magazine *Life*, ne peut recharger son appareil Contax, ses mains tremblent trop. "Une peur nouvelle et différente me secoue des doigts de pied aux cheveux, me tord la figure." Assourdi par le bruit, aveuglé par le sable, le photographe s'accroche à une péniche qui le ramène sur le *Samuel Chase*, navire américain. Manque de chance, des 106 photos envoyées à Londres, seules dix feront le tour du monde. Un accident de laboratoire a grillé le reste de la pellicule. Ernest Hemingway, futur prix Nobel de littérature (1954), participe, lui aussi, aux premiers assauts. "Le vent souffle fort en provenance du nord-ouest, écrit-il. Alors que nous avançons vers la terre, dans la pâleur grise de l'aube, l'embarcation de fer ressemble à un cercueil de douze mètres, prenant des paquets d'eau verte qui retombent sur les têtes casquées des hommes serrés épaule contre épaule, dans l'inconfortable, l'insupportable, la dure solitude des soldats allant au combat." Un des plus beaux exploits militaires du 6 juin 1944 se déroule à l'ouest du secteur d'Omaha, à la pointe du Hoc, cette pointe au sol crevassé, dévasté, lugubre. Le service de renseignements allié croyait savoir que la défense allemande avait installé là une batterie de six puissants canons. Les 225 rangers du 2e bataillon du colonel Rudder réussissent l'exploit de parvenir au sommet de la falaise, avec leurs cordes munies de grappins qu'ils accrochent à la roche. Stupeur. Les premiers rangers arrivés sur le plateau découvrent des casemates vides. Où sont les canons ? Quelques semaines auparavant, le commandant allemand de la batterie avait décidé de les replier à l'intérieur des terres. Le soir même, ils sont retrouvés abandonnés en plein champ. Londres avait bien été informé de cette manœuvre, mais trop tard. Privés de renforts après le mardi noir d'Omaha Beach, les rangers ont réussi l'impossible opération. Au prix fort. Sur les 225 hommes du bataillon, 77 sont tués, des dizaines d'autres blessés. Victoire à Utah, carnage à Omaha. La suite des événements dépend des succès remportés sur l'autre secteur, dit britannique, avec les plages de Gold, Juno et Sword.

Gold Beach À Gold et à Juno, le triple objectif de l'armée anglo-canadienne est de prendre Bayeux, de barrer l'axe principal Bayeux-Caen à tout char allemand et d'opérer la jonction avec les Américains à Port-en-Bessin. Le soir du 6, les Britanniques ont à peu près rempli leurs objectifs avec une tête de pont de 9km de large sur autant de profondeur. Bayeux n'est pas encore prise mais déjà désertée par l'occupant allemand.
Le 7 juin en fin de matinée, ce sera la première sous-préfecture française libérée et intacte. Une semaine plus tard, le général de Gaulle, débarqué quelques heures plus tôt sur la côte normande à bord de *La Combattante*, torpilleur des Forces navales françaises libres, y fait une entrée triomphale. L'homme du 18 juin scelle alors son pouvoir face aux Américains.
Ces derniers avaient imaginé une administration provisoire des territoires libérés avec l'Amgot (Allied military government of occupied territories). "Nous allons à pied, de rue en rue, écrit Charles de Gaulle dans ses *Mémoires de guerre*. Une espèce de stupeur saisit les habitants, qui éclatent en vivats ou bien fondent en larmes… Nous allons ainsi, tous ensemble, bouleversés et fraternels, sentant la joie, la fierté, l'espérance nationale remonter du fond des abîmes. Pour la première fois depuis quatre affreuses années, cette foule française entend un chef français dire, devant elle, que l'ennemi est l'ennemi, que le devoir est de le combattre, que la France, elle aussi, remportera la victoire." Le 8 juin, Port-en-Bessin est transformé en port pétrolier. Arromanches commence un jeu de construction titanesque. Curieusement libérée par les terres et non par la mer, la cité balnéaire normande doit sa réputation internationale à son port artificiel Mulberry, baptisé aussi port Winston, en l'honneur de Winston Churchill, un des pères de l'idée. L'été 1944, l'éphémère port d'Arromanches voit passer 500 000t de matériel jusqu'à la remise en état des quais de Cherbourg. Arromanches, Port-en-Bessin, Bayeux, le triangle de l'espoir.

Juno Beach Plouf ! Photographe officiel de la Marine royale canadienne, Guy A. Goulet est malchanceux. Son appareil ne marche pas longtemps, il tombe à l'eau dès les premières heures du Débarquement. Avant de mourir en 2003, le vétéran canadien fera don de son appareil photo au centre Juno Beach, lieu de mémoire canadien installé à Courseulles-sur-Mer, sur la côte du Calvados. La Bataille de Normandie a coûté plus de cinq mille morts au Canada. La mémoire collective les oublie parfois. De Graye-sur-Mer à Langrune-sur-Mer, les lointains cousins de la 3e division d'infanterie canadienne redeviennent des frères de Normandie le temps de la bataille. "Voici les Tommies", s'écrie, en anglais, Jean Houel, un habitant de Courseulles-sur-Mer. "Je suis Canadien", lui répond, en français, un jeune soldat québécois. "Les Canadiens vont revoir la Normandie", titre *La Presse*, le quotidien de Montréal. "Un soldat portait sur le bras une inscription en français : 'régiment de la Chaudière', raconte Jacques Martin, de Bernières. C'était un Canadien français, le sergent Gagnon. Il s'est occupé de nous. L'après-midi, j'ai couru après les poules et les lapins avec lui. Le soir, on est retournés à la tranchée. Il est parti le lendemain. On ne l'a jamais revu. Il est mort le jour suivant." Juno Beach est la plage la plus meurtrière du secteur britannique. Les chars engloutis par les flots montants n'entament pas, pour autant, le moral des troupes canadiennes, comme en témoigne Léo Gariepy, pilote de l'un des chars amphibies Shermann. Sur les 19 engins à l'assaut de la plage de Courseulles, 15 coulent avec leur équipage. "Fil de fer barbelé, asperges de Rommel, chevaux de frise, tout le barda que l'ennemi a échelonné sur la plage ralentit notre approche. Mais tant de choses dépendent de nous que nous n'avons pas le temps de songer à notre sécurité individuelle. Nous, les quatre chars, nous savons que nous sommes plus nécessaires que jamais à cause de notre nombre réduit." La conquête de Caen n'est plus pour demain.

> *"Alors que nous avançons vers la terre, dans la pâleur grise de l'aube, l'embarcation de fer ressemble à un cercueil de douze mètres, prenant des paquets d'eau verte qui retombent sur les têtes casquées des hommes serrés épaule contre épaule, dans l'inconfortable, l'insupportable, la dure solitude des soldats allant au combat."*
> *Ernest Hemingway*

Sword Beach Secteur le plus à l'est, à proximité de l'estuaire de l'Orne, Sword Beach s'étend de Luc-sur-Mer à Ouistreham, dans le Calvados. Ouistreham est la seule plage où des combattants français participent au D Day. À 7h31, les 177 Français du commando franco-britannique n°4 débarquent sous les ordres du commandant Philippe Kieffer, blessé deux fois dans la matinée du 6. "La terre et la mer semblaient soulevées dans un grondement de tonnerre : bombes de mortier, sifflements d'obus, jappements agaçants des mitrailleuses, tout semblait concentré sur nous." Les "bérets verts" – pour la plupart des Bretons et des Normands ayant rejoint le général de Gaulle dès 1940 – partent à l'assaut du casino de Ouistreham transformé en fortin. "Nous venions de passer le mur

de l'Atlantique, témoigne Maurice Chauvet, un des membres du commando Kieffer. J'ai vu mon premier mort allemand, c'était assez horrible. Au casino, des Allemands tiraient toujours. Un char a fait le nécessaire. Les Allemands se sont rendus. Beaucoup avaient l'air contents. Pour eux, la guerre était finie. Pour nous, elle continuait. Il y avait des cadavres partout, des gars du pays de Galles, extrêmement jeunes."
À quelques rues du casino, un poste de secours fonctionne comme il peut. Blanche Boulet, volontaire ouistrehamaise, accueille des blessés. "Notre cher docteur Poulain leur parlait en anglais. 'Mais, nous sommes Français', ont-ils répondu. Quelle surprise ! " En fin de matinée, les commandos franco-britanniques se dirigent vers le canal de Caen à la mer pour opérer la jonction avec les troupes. Jim Wallwork, pilote de l'un des premiers planeurs Horsa, pose son engin. Le pont de Bénouville devient alors Pegasus Bridge. Un peu plus loin, mission accomplie aussi sur la rive droite de l'Orne. Les hommes du 9e bataillon du lieutenant-colonel Otway neutralisent rapidement la batterie de Merville, malgré de nombreux noyés dans les marais proches. Erreur de renseignement, Merville réserve aux combattants la même surprise désagréable que la pointe du Hoc : les canons de 150 ne sont que de modestes pièces de 75. Sword assure. En revanche, la jonction ne se fait pas avec les Canadiens de Juno. Entre les deux plages subsiste un couloir où tentent de s'engouffrer des éléments allemands de la 21e division de Panzers.
Les jours suivants, les troupes anglo-canadiennes sous les ordres de Montgomery piétinent. Caen est plus difficile à atteindre que prévu. Devenue symbole de la résistance allemande, la ville bombardée à plusieurs reprises par les Alliés ne sera libérée, en partie, que le 9 juillet. Plus d'un mois après le Débarquement

Économie

L'agriculture

Terre d'élection pour l'agriculture, la région compte environ 72% de surfaces agricoles utiles (en moyenne 53% dans les régions françaises), dont 40% de surfaces toujours en herbe (pâturages). L'espace agricole y est diversifié, partagé entre bocages (Cotentin, Bessin, pays d'Auge, Lieuvin et pays de Bray), grandes cultures en forte expansion (plaines de Caen, pays d'Ouche, plaine de Saint-André et Vexin), zones de culture et d'élevage (quasiment toute la Seine-Maritime et le Roumois), aires de maraîchage et de vergers (vallée de la Seine en partie, portions du littoral manchois). Les céréales occupent le quart des surfaces agricoles utiles, puis viennent les cultures industrielles (betterave sucrière, lin...) et les oléo-protéagineux (colza, tournesol, pois). Les productions végétales et animales tendent à s'équilibrer, et l'élevage des bovins s'est profondément modifié avec la diminution du troupeau laitier et la montée des vaches-nourrices pour l'élevage des veaux. Aujourd'hui, les exploitations sont moins nombreuses et plus concentrées, et les bouleversements causés par la PAC poussent les paysans normands à explorer de nouvelles voies : agriculture biologique, culture hors-sol, biocarburants, politique de label et d'appellation contrôlée, tourisme vert...

Le littoral et ses ressources

Là encore, le potentiel normand est de premier ordre avec 580km de côtes et quatre départements sur cinq dotés d'une façade maritime. Si le littoral était, jusqu'au milieu des années 1980, une succession de ports dynamiques, la pêche est aujourd'hui touchée par la raréfaction des ressources, le vieillissement de sa flotte et le changement de comportement des consommateurs. Les ports de Fécamp ou Dieppe ont été supplantés par ceux de Boulogne (Nord) ou de Cherbourg et de Port-en-Bessin, et la Manche et le Calvados connaissent un développement de la culture des huîtres, des moules (Courseulles, Blainville-sur-Mer...) et des fermes aquacoles (rade de Cherbourg).

L'industrie

Les secteurs du textile et de la construction navale ont longtemps contribué à la renommée de l'industrie normande. La concurrence des pays en développement a peu à peu éliminé le premier, entraînant dans sa chute le secteur de l'habillement, et le second ne subsiste à Cherbourg qu'avec le soutien des commandes de l'armée (les chantiers navals du Havre ont fermé en 1999). La situation est tout autre avec la pétrochimie : installée au Havre, à Notre-Dame-de-Gravenchon, à Petit-Couronne et à Elbeuf, elle constitue le premier pôle de France et attire les entreprises pharmaceutiques et la parachimie. Il en va de même pour les industries agroalimentaires (production laitière, plats cuisinés...), l'automobile, les équipements électriques et électroniques et les industries mécaniques, qui tiennent aussi leur rang au niveau national. La production d'électricité est quant à elle une industrie ancrée dans la région : les trois centrales nucléaires de Paluel, Penly et Flamanville produisent environ

15% de l'électricité nationale. Plus localement, la verrerie (vallée de la Bresle) et la filière du papier affichent également leur dynamisme. Mais l'industrie normande souffre de maux chroniques : une trop forte dépendance de l'extérieur (les usines s'y implantent, mais les centres de décision restent à Paris ou à l'étranger), une trop grande spécialisation des activités (la région ne dispose pas d'un véritable système productif) et une polarisation des bassins d'emploi : en dehors de Caen, de Lisieux et de la basse Seine, c'est un peu le désert…

Le tertiaire

Deux actifs normands sur trois travaillent aujourd'hui dans le tertiaire. Le secteur se porte bien, même s'il fonctionne à deux vitesses (les départements de l'ancienne Basse-Normandie sont plus dynamiques que ceux de la Haute). La recherche et le développement sont particulièrement actifs, avec plus de 140 laboratoires de recherche. Le secteur portuaire compte quatre grands ports : Le Havre (2e port national, 1er port hub pour les conteneurs), Rouen (1er port français et européen pour les céréales), Cherbourg et Caen. Destination privilégiée pour les courts séjours, la Normandie accueille de nombreux visiteurs (4% de la population active travaille dans le secteur touristique). Eure et Seine-Maritime, en difficulté par rapport aux autres départements, réussissent le pari du renouveau touristique grâce à l'organisation d'événements nationaux, tels l'Armada de Rouen ou le festival Normandie impressionniste.

SITES LES PLUS VISITÉS

L'abbaye du Mont-Saint-Michel, le cimetière américain de Colleville, la salle présentant la tapisserie de Bayeux, le Mémorial de Caen, la basilique et le carmel de Lisieux, le Vieux-Bassin de Honfleur, la cathédrale et le musée des Beaux-Arts de Rouen, le jardin de Claude Monet à Giverny et le Palais Bénédictine à Fécamp.

Le tourisme

Cette tradition, initiée avec les bains de mer du XIXe siècle, est florissante et a su développer de nouvelles activités : thermalisme, sports nautiques, activités équestres, découverte du patrimoine historique, culturel mais aussi industriel, technique avec de multiples routes à thème.

Population

Sur le plan démographique, on observe une évolution distincte entre les deux anciennes régions (Haute et Basse-Normandie), même si elles partagent une même tendance au vieillissement de leur population : les jeunes partent là où s'offrent de plus riches opportunités professionnelles, tandis que les plus de soixante ans viennent s'installer dans une contrée favorisée par la nature. L'ensemble formé par la **Seine-Maritime** et l'**Eure** (ancienne Haute-Normandie) est le plus peuplé, avec environ 1,850 million d'habitants. Il présente en outre une forte densité de population – 150 hab./km^2 –, supérieure à la moyenne nationale (112 hab./km^2). Ses habitants vivent en grande majorité (69%) dans des villes. Les deux aires urbaines de Rouen (environ 650 000 hab.) et du Havre (environ 300 000 hab.) "avalent"

PANORAMA

peu à peu les communes environnantes : sur les dix centres les plus habités, huit sont regroupés le long de la Seine entre les deux métropoles. Les autres agglomérations importantes sont Évreux (env. 110 000 hab.) et Dieppe (env. 82 000 hab.). Autre caractéristique : le taux de chômage (10,9 en 2015) y est plus élevé que le taux national. Les trois autres départements, **Calvados**, **Manche** et **Orne** , qui formaient la Basse-Normandie jusqu'en 2015, recensent près de 1,5 million d'habitants pour une densité de 85 hab./km^2. Dans cette zone, un peu plus d'un habitant sur deux habite dans des villes plutôt clairsemées qui n'occupent que 37% du territoire. L'expression "Caen et le désert bas-normand" illustre à la fois le rôle de pôle urbain régional joué par la préfecture du Calvados (env. 400 000 hab.) et la rareté des grandes villes. Hormis Cherbourg (120 000 hab.), les principales agglomérations – Alençon (environ 70 000 hab.), Lisieux (45 000 hab.) et Saint-Lô (52 000 hab.) – restent de taille modeste. Si le taux de chômage est en moyenne de 9,3% (2015), des disparités sont observées entre la Manche (8,4%) et le Calvados (9,8%).

Architecture et habitat

À la fois rurale et industrielle, enracinée dans un riche passé et ravagée par les conflits du XXe siècle, la Normandie a traduit ces influences antagonistes dans une architecture et un habitat d'une grande variété. Le visiteur passe des vastes clos-masures des campagnes aux enfilades de maisons urbaines étroites, des logis à pans de bois aux immeubles modernes en béton apparent… Les nombreux édifices religieux offrent la même diversité, avec une palette de styles architecturaux allant de l'art roman (abbaye de Jumièges, église Saint-Étienne de Caen) au style contemporain (église Saint-Pierre d'Yvetot, église Saint-Joseph du Havre).

L'architecture monumentale et religieuse

Ravagée par les invasions vikings du IXe siècle, la Normandie possède très peu de monuments antérieurs au Xe-XIe siècle : la façade de l'église Saint-Pierre, sur le site de Jumièges, est le seul vestige de l'art carolingien de la fin du premier millénaire. Les deux siècles suivants, période de richesse, de calme et d'ordre, furent une époque de grande ferveur et d'édification de nombreux bâtiments religieux. Du XIe au XIIIe siècle, les Normands partent à la conquête de nouvelles terres et laissent leur empreinte en Europe (Angleterre, Italie du Sud, Sicile) et au Moyen-Orient (Jérusalem, Tripoli, Beyrouth, Malte, Rhodes). À des milliers de kilomètres, on retrouve leur prédilection pour le bois et les maisons à colombages, pour la technique de la voûte ou pour l'ornementation et les motifs spécifiques (dragons, éléphants, faucons), mêlés au style local.

LE ROMAN NORMAND En Normandie, l'objectif des bâtisseurs est de construire des édifices harmonieux, clairs (grâce à de multiples ouvertures et à une tour-lanterne à la croisée du transept) et élancés, tout en verticalité. On renonce ainsi aux voûtes de pierre, remplacées par une charpente apparente, on diminue la présence des déambulatoires et des chapelles rayonnantes et

Jardins de Normandie

Par **Guillaume Pellerin**, architecte paysagiste (créateur du jardin botanique de Vauville, dans la Manche)

Les cinq départements qui composent la Normandie recèlent des jardins aussi divers que les paysages dans lesquels ils s'inscrivent : bocage au maillage serré, vastes étendues des landes côtières, vallons profonds, falaises abruptes. Du plus prestigieux au plus inventif, toutes sortes de jardins y enserrent les maisons, y magnifient les châteaux, se lovent autour des manoirs, s'étendent nonchalamment dans les fonds de vallée, ou accompagnent la plus modeste des chaumières.

Jardin aux multiples visages Le climat normand, bénéficiant d'une température tempérée, d'une hygrométrie régulière et d'une terre propice à la culture, aide les jardiniers locaux, devenant complice d'une créativité qui a fait ses preuves depuis longtemps. En Normandie, les jardins, qu'ils soient nourriciers, de plaisance, d'artistes, d'abbaye, d'agrément, de ville (Coutances, Rouen, Caen), reflet d'une fantaisie individuelle, ou parcs de châteaux comme Martinvast, jouent tous avec l'eau, omniprésente, la lumière changeante, la course des nuages et la diversité d'un foisonnement végétal – des atouts qui avaient déjà séduit les peintres impressionnistes au XIXe siècle. Ces lieux profitent d'une large palette botanique dont la richesse provient des nombreux échanges avec l'extérieur, favorisés par les multiples ports et l'importance des rivières navigables. Il faut apprendre à repérer ces jardins souvent inattendus, parfois cachés, presque secrets, semés au gré d'un parcellaire serré derrière des haies protectrices justifiées par le climat et des murs cache-vues correspondant au caractère marqué et indépendant des Normands. Bien des amateurs ont cru voir dans ces caractéristiques l'influence de l'Angleterre si proche ; il ne s'agit que d'un trompe-l'œil : même si la proximité a facilité les échanges culturels, les admirables parcs des châteaux de Brécy et de Canon (Calvados) ne connaissent pas d'égal, et les hydrangeas du jardin de Shamrock (Seine-Maritime) restent uniques. Sans oublier les espiègleries (jeux d'eau en musique, labyrinthes…) du château de Vendeuvre (Calvados), qui marquent les esprits, ou les plantes exotiques du jardin botanique du château de Vauville, qui permettent aux visiteurs d'effectuer un tour du monde végétal aussi savant qu'unique.

Jardin normand, jardin de caractère La Normandie est l'héritière, tout à la fois, d'un peuple nordique conquérant, marin et voyageur et d'une civilisation romaine, douée de vertus organisatrices, aux habitudes davantage prudentes et sédentaires. Cette double empreinte a doté les Normands d'un esprit curieux qui les a sans doute incités à rapporter des croisades le radis et la renoncule et des expéditions vers l'outre-mer tant de plantes exotiques. Les jardins normands, étonnants, inventifs, reflètent ces individualités bien trempées – parfois même dans les deux sens du terme… –, issues de la nécessité de composer avec des éléments climatiques très présents où peuvent se mêler dans la même journée pluie, soleil et vent. Si l'on dit le Normand réservé, un peu secret, c'est qu'il reste jalousement attaché à ses rivages comme à sa terre généreuse, mais il révèle sa soif de connaissance par une multiplicité de sociétés d'horticulture regroupant amateurs et professionnels.

Jardins généreux et voyageurs Les 500km de côtes qui bordent la Normandie lui assurent un climat tempéré propice aux plantations et une multitude de ports qui furent autant de points d'entrée pour les graines et les végétaux. De cette complémentarité terre-mer sont nés des jardins riches d'une fantaisie botanique favorisée par l'opulente richesse de sols généreux qui encourage les plantations. Si l'on s'éloigne à l'intérieur des terres, marqué par les vallonnements des clos du bocage et les collines boisées, le climat plus rigoureux fait perdre quelques degrés, mais offre en revanche une nouvelle profusion végétale qui complète en l'élargissant le choix des essences rencontrées sur le littoral. Ajoutons que la relative proximité de Paris, la présence d'importants centres industriels comme ceux de l'agglomération rouennaise ou de grands bassins de population comme ceux de la région caennaise ont toujours encouragé l'esprit d'initiative.

Jardins de toujours et de demain Loin de se contenter des jardins déjà existants, des sociétés d'horticulture et des comités de parcs et jardins soutiennent de nouvelles initiatives jardinières. Des réalisations récentes, audacieuses et éclectiques, comme le jardin Plume (Seine-Maritime), le jardin François (Orne) ou celui de Champ-de-Bataille (Eure), témoignent de ce dynamisme vert. Ces créations ressemblent à celui qui en dirige la destinée : collections précieuses du jardin de Vastérival (Seine-Maritime), potager du château de Miromesnil (Seine-Maritime), jardin d'Elle (Cotentin) aux accents champêtres, mais aussi lieux plus modestes qui attestent la créativité normande.

Jardins inspirés Les jardins de Normandie, s'inspirant librement de la sagesse bouddhiste, du monde magique de Lewis Caroll, de l'esprit conquérant de Guillaume ou de la palette colorée du maître de Giverny, nous invitent au rêve d'un voyage végétal où se mélangent des situations, des formes, des espèces et des couleurs d'une rare richesse et d'une variété pleine d'enseignements. Les écrivains Gustave Flaubert, Guy Maupassant, Barbey d'Aurevilly, Jean de La Varende, Lucie Delarue-Mardrus, Jacques Prévert, Erik Orsenna et Didier Decoin, comme les peintres Monet, Jongkind, Boudin, Seurat, Millet et Courbet, normands de souche ou d'adoption, ont tous célébré cette nature si prompte à transformer la Normandie en une infinité de jardins que le voyageur curieux pourra parcourir avec délices ○

on supprime le narthex. La région regorge d'exemples significatifs : églises de Jumièges et de Bernay, Abbaye-aux-Hommes et Abbaye-aux-Dames de Caen, abbaye Saint-Georges de Saint-Martin-de-Boscherville, abbaye de Lessay…

L'ART GOTHIQUE Ce nouveau style prend le relais fin XIIe-début XIIIe siècle, accordant une grande place à la technique de la croisée d'ogives, découverte par les architectes normands. Lisieux est, à la fin du XIIe siècle, la première cathédrale de type ogival, suivie par la Merveille du Mont-Saint-Michel, l'église Saint-Gervais-et-Saint-Protais de Gisors, l'abbaye du Bec-Hellouin…

LA RENAISSANCE La période a apporté son lot de réalisations majestueuses, surtout dans les édifices civils. Le cardinal d'Amboise, ministre de Louis XII et archevêque de Rouen, introduisit ce style architectural avec le château de Gaillon. L'engouement pour cet art à la décoration volontiers exubérante (arabesques, médaillons, coquilles et vases ornent souvent les façades) s'étend aux bâtiments administratifs (palais de justice et hôtel des Finances de Rouen, hôtel de ville de Caen) et aux demeures de notables (châteaux de Martainville, de Tilly, de Fontaine-Henry et de Saint-Germain-de-Livet, manoirs de Senneville et d'Ango à Varengeville-sur-Mer, hôtels particuliers de Bourgtheroulde à Rouen et d'Escoville à Caen).

LE CLASSICISME Ce style des XVIIe et XVIIIe siècles impose des constructions en silex et brique (pays de Caux), en pierre de taille (plaine de Caen) ou en granit et schiste (Cotentin) aux façades régulières et simples, parfois froides et austères : châteaux de Fleury-la-Forêt, de Galleville, de Cany ou d'Heudicourt, hôtels Hocquart de Montfermeil à Mortagne-au-Perche ou de Beaumont à Valognes.

AUX XIXE ET XXE SIÈCLES Le style néonormand s'exporte : les stations balnéaires (Étretat, Trouville, Deauville…) se parent de maisons et villas à pans de bois, un phénomène qui gagne bientôt tout le littoral français jusqu'à la côte basque, puis l'Italie et l'Amérique du Sud.

Habitat rural

Une bâtisse à colombages et toit de chaume, entourée d'herbe d'un vert luxuriant et de pommiers… Si cette maison typique existe bel et bien, elle n'est pas la seule. L'habitat rural peut être à pans de bois (pays de Caux, pays d'Auge) dont la largeur change selon les "pays", mais aussi de brique (pays de Bray, Beauvaisis) ou de pierre (Avranchin, Vexin). La disposition des fermes obéit à deux principes distincts. Dans les pays de Caux, d'Ouche ou d'Auge, les bâtiments de l'exploitation – très souvent à colombages avec un soubassement en silex – sont implantés sans ordre préétabli dans un verger. Dans la plaine de Caen, le Bessin ou le Vexin, la ferme

DANS LES CHAUMIÈRES
Fréquemment utilisé pour les toitures au XIXe siècle, le chaume était indissociable des maisons à pans de bois. Trop inflammable, il fut remplacé par l'ardoise, la tuile ou, ponctuellement, par des plaques de schiste (pierre de Tourlaville près de Cherbourg).

regroupe plutôt tous ses édifices, généralement en pierre, autour d'une cour non plantée. Les matériaux employés varient énormément d'un "pays" à l'autre : si les Vikings ont importé de Scandinavie l'habitude d'utiliser le bois – disponible en grande quantité et facile à utiliser – dans leurs constructions, le granit est plus fréquent dans l'Avranchin et dans les îles, le schiste dans le Cotentin, la terre crue dans les zones de marais (baie des Veys, marais Vernier).

Habitat urbain

Il peut reproduire le style rural, avec des constructions étroites de deux ou trois étages à pans de bois (en totalité, comme à Rouen et à Lisieux, ou seulement en façade comme à Caen ou à Bayeux). Il peut également, dans les ports (Dieppe, Le Tréport) ou les cités et banlieues ouvrières (Elbeuf, Sotteville-lès-Rouen), prendre la forme d'une petite maison de brique rouge sombre parce que trop cuite (et donc moins chère) sagement alignée avec des dizaines de consœurs à la manière des corons du Nord. L'atypique "villa balnéaire", bâtie aux XIXe et XXe siècles, constitue une excentricité cantonnée au littoral. Enfin, dans les localités ravagées par les bombardements de la Seconde Guerre mondiale (Le Havre, Louviers, Caen…), on trouve de nombreux immeubles de béton de quelques étages, sans grand charme mais qui révèlent parfois quelques audaces architecturales.

PANORAMA

PROJETS EN COURS Les grandes villes normandes se lancent dans des projets d'écoquartiers ambitieux, conçus autour de bâtiments respectueux de l'environnement insérés dans de vastes espaces verts. Ainsi, à Caen, le quartier des Rives de l'Orne avec notamment son hôtel de forme cubique revêtu d'une enveloppe métallique, tandis que sur la presqu'île portuaire une "bibliothèque-médiathèque à vocation régionale", en forme de croix de saint André permettant une ventilation naturelle, voit le jour à l'automne 2016. À Granville, le site de la Clémentière se transforme. Au Havre, on réaménage les quartier du Bois-de-Bléville et du Grand-Hameau, les dotant de logements modernes et lumineux, pourvus d'un système de récupération des eaux de pluie. À Rouen, les deux rives de la Seine se métamorphosent peu à peu en promenade paysagère, et la presqu'île Rollet ou "île au charbon", rendue à la promenade, constitue le premier chantier du vaste écoquartier Flaubert (fin des travaux prévue en 2020).

Du percheron au pur-sang

Le cheval fait partie intégrante de la culture normande depuis plus d'un millénaire : il a joué un rôle majeur dans l'agriculture (son usage permettait de valoriser les terres pauvres) et son impact économique reste important encore aujourd'hui à travers l'activité hippique, principalement développée dans la Manche, l'Orne et le Calvados. Pur-sang, trotteurs, chevaux de sport et de loisirs, toutes les filières sont représentées ; une exploitation agricole sur cinq possède au moins un cheval, et on enregistre dans la région environ le tiers des immatriculations françaises de chevaux de sang et près de 50% des trotteurs ! On compte en outre deux haras nationaux, le Haras du Pin dans l'Orne et celui de Saint-Lô dans la Manche. Enfin, les ventes de yearlings à Deauville placent la Normandie aux premiers rangs du marché mondial des pur-sang et trotteurs.

À chaque département sa spécificité

La Manche possède le plus important effectif équin de France : plus de 22 000 chevaux recensés en 2015, pour environ 2 500 élevages. Elle est aussi renommée pour être le berceau d'une race de trait, le cob normand. L'Orne est spécialisé dans les trotteurs, même si on le connaît surtout pour une autre race de cheval lourd, le percheron. Le Calvados, lui, est renommé pour ses chevaux de course et de selle ainsi que pour sa recherche en pathologie équine. L'Eure et la Seine-Maritime ne sont pas des terres d'élevage, mais on y pratique la promenade équestre et la chasse à courre, notamment dans les forêts domaniales (forêts de Lyons, de Brotonne).

Un défilé de disciplines

Traverser au pas des herbages et des pâtures, remonter au trot les chemins creux ou de halage, galoper le long des plages du Calvados ou de la Manche… tous les types de balades sont possibles en Normandie. S'y ajoutent toutes les disciplines pratiquées en centre équestre (la région en compte environ 90) : attelage, concours de saut d'obstacle ou complet, dressage, endurance, paddock polo, *pony games*, *horse ball*, voltige, western… Le tourisme hippomobile, en calèche ou en roulotte, est également proposé de manière plus ponctuelle. Enfin, de nombreuses festivités annuelles célèbrent le cheval : courses hippiques à Lisieux et à Argentan, Jumping national à Saint-Hilaire-du-Harcouët, Normandy Horse Show à Saint-Lô, Equi'Days (semaine du cheval) dans tout le Calvados… La Seine-Maritime et l'Eure ne sont pas en reste avec de nombreuses fêtes du cheval (Forges-les-Eaux, Auffay, Quiberville-sur-Mer) et rencontres d'attelage (Blangy-sur-Bresle, Cany-Barville).

Arts et traditions populaires

La Normandie possèdent deux vitrines : le musée de Normandie au château de Caen et le musée des Traditions et Arts normands au château de Martainville-Épreville. Tous deux livrent un aperçu synthétique et précis de ce patrimoine. Les petites villes et les villages fourmillent également d'espaces récents nés de l'initiative de municipalités ou de particuliers enclins à faire revivre des traditions spécifiques : musées du Cidre et des Métiers traditionnels à Rosay, de la ferme du Rome (du Lait, du Beurre et du Fromage) à Bézu-la-Forêt ou du Sabot à La-Haye-de-Routot, écomusée de la Meunerie à Saint-Ouen-de-Pontcheuil, conservatoire de la Dentelle à Bayeux, ferme-musée du Cotentin à Sainte-Mère-Église, Vitrine des métiers d'art à Villedieu-les-Poêles….

Le bois

Longtemps abondant en Normandie, le bois était prisé des Vikings, qui déployèrent leur maîtrise de ce matériau dans l'architecture à colombages et la construction navale. La fabrication de mobilier est l'héritière de ce savoir-faire : réalisée dans du chêne rouvre ou blanc, la célèbre armoire normande, avec ses motifs complexes témoignant de la richesse et de l'origine sociale des familles, y occupait une place de choix, aux côtés des coffres à habits, vaisseliers, tables, lits-alcôves et horloges.

La terre

La présence de poches de grès ou de filons d'argile dans certains villages a fait naître une poterie renommée. Les "capitales potières" avaient pour nom Noron, Le Pré-d'Auge, Martincamp, Mélamare ou La Haye-Malherbe. Une production plus élitiste de céramique et de faïence (assiettes et plats "culs-blancs", vases, pichets…) s'installa à Forges-les-Eaux et surtout à Rouen, dont la production connut un succès international. Mais la terre, c'est aussi l'agriculture, dont les produits (cidre, camembert, lait…) constituent les collections de nombreux musées.

Le textile

Tous les textiles ou presque ont été travaillés en Normandie : la laine à Elbeuf et à Louviers, la toile de lin ou de chanvre dans le pays de Caux, le Perche, le Domfrontais ou le Passais (le lin étant produit sur place), le coton, importé par la mer et la Seine à Rouen (réputée pour ses indiennes, ses calicots et ses "rouenneries"), à Condé-sur-Noireau, à Flers et à La Ferté-Macé. La région se fit aussi connaître pour ses dentelles finement tissées à Alençon et à Argentan (confectionnées manuellement, à l'aiguille), à Caen et à Bayeux (exécutées mécaniquement sur un métier, au fuseau) ainsi que dans la plupart des ports de Seine-Maritime.

Le métal

La dinanderie (travail du cuivre) se développa dès le Moyen Âge à Villedieu-les-Poêles à partir de métal de récupération, la mitraille. Poêles (de grandes bassines d'airain), chaudrons, cruches étaient produits en série pour un usage quotidien. Aujourd'hui, seule demeure la production de cuivre d'art. Associé à d'autres métaux, le cuivre servait également à fabriquer boucles, chandeliers, robinets ou clochettes, une tradition perpétuée par les actuels fondeurs de cloches. Le travail du fer dans le pays d'Ouche et le Bocage contribua à l'épanouissement d'un artisanat spécialisé (ferronnerie, clouterie et épinglerie) qui subsista jusqu'au début du XXe siècle.

Le verre

Les vastes forêts – bois de chauffe et fougères en cendre (potasse) permettaient la fusion du sable – firent naître dès le XIIIe siècle un artisanat verrier. Cet art se développa par la suite surtout dans la vallée de la Bresle et produisait du "verre plat" pour les fenêtres et de la "verroterie" pour les objets d'usage courant (carafes, gobelets, verres). La verrerie normande, toujours vivante, s'est spécialisée depuis le XIXe siècle dans le flaconnage pour la parfumerie et la cosmétique.

Les peintres en Normandie, le berceau de l'impressionnisme

Par **Anne-Marie Bergeret-Gourbin**, conservateur du musée Eugène-Boudin de Honfleur

La Normandie offre au regard des artistes et des voyageurs des paysages variés : les falaises de craie et de silex, les plages de sable fin, les côtes de granit, la campagne et, enfin, la Seine, fleuve royal et voie de communication.

Souvent considérée comme le lieu de naissance de l'impressionnisme, la Normandie est avant tout la terre des tableaux en plein air. Au XIXe siècle, alors que la mode des bains de mer déferle sur la Côte Fleurie, les peintres sortent des ateliers pour coucher la lumière sur la toile et capter l'émotion. Le groupe des "Révoltés" (dont Monet, Sisley, Renoir et Pissaro font partie) s'établira dans l'estuaire de la Seine et connaîtra ses plus belles heures entre 1862 et 1870. Au début du XXe siècle, c'est au tour des fauvistes de s'installer en pleine lumière pour retranscrire avec violence, couleur et parfois abstraction la beauté du paysage normand.

> *"Influencés par le romantisme, ils représentent les naufrages, les bateaux dans la tempête et les ports de la côte normande du Tréport au Mont-Saint-Michel."*

Les peintres voyageurs Depuis la fin des hostilités entre la France et leur pays, au début du XIXe siècle, la Normandie est une destination de prédilection pour les artistes anglais, tels John Sell Cotman ou les frères Fielding, Bonington… qui réalisent l'illustration d'ouvrages de voyage alors à la mode. Ainsi, en 1821, Sauvan et Gendall publient le *Picturesque Tour of the Seine from Paris to the Sea* et Cotman (1782-1842) dessine les églises de la Manche pour les *Antiquités monumentales de la Normandie*. On connaît, en outre, le travail de William Turner qui, sur nature, produisit de nombreux dessins et gouaches pour exécuter ses quarante vues gravées de la Seine. Les artistes français illustrent également de nombreux recueils de voyage, destinés dans un premier temps à recenser le patrimoine français malmené pendant la période révolutionnaire. Les *Voyages pittoresques et romantiques dans l'ancienne France* du baron Taylor et de Charles Nodier couvrent le XIXe siècle, de 1820 à 1878. Le premier et le dernier tomes sont consacrés à la Normandie. Dans les années 1830, des peintres se spécialisent dans la représentation de l'activité des ports du pays. Louis Garneray (1783-

1857), après une vie de marin mouvementée, conçoit entre 1820 et 1830 une série des *Vues des côtes de France dans l'Océan et dans la Méditerranée*. De nombreux peintres de marine lui emboîtent le pas : Eugène Isabey (1803-1886), Eugène Le Poittevin (1806-1870), Jules Noël (1815-1881), Théodore Gudin (1802-1880)... Influencés par le romantisme, ils représentent les naufrages, les bateaux dans la tempête et les ports de la côte normande du Tréport au Mont-Saint-Michel. Charles Mozin (1806-1862), à Trouville, observe avec un naturalisme teinté de romantisme les mouvements de la mer et les bateaux, la lumière sur le rivage et l'activité des pêcheurs.

À VOIR

- Musée des Beaux-Arts de Caen *http://mba.caen.fr*
- Musée Thomas-Henry de Cherbourg *www.ville-cherbourg.fr*
- Musée des Beaux-Arts de Saint-Lô *www.saint-lo.fr/Culture*
- Musée Eugène-Boudin de Honfleur *www.musees-honfleur.fr*
- MuMa du Havre *www.muma-lehavre.fr*
- Musée des Beaux-Arts de Rouen *http://mbarouen.fr*

Corot et l'école de Barbizon C'est à partir des années 1830 que certains artistes, davantage touchés par le paysage que par la marine, parcourent la Normandie à la recherche de la lumière et des effets atmosphériques. Paul Huet (1803-1869), ami de Bonington et de Delacroix, séjourne dans la région dès 1820 et va observer à Honfleur la mer en furie et les grandes marées d'équinoxe. Il peint aussi à Rouen ou à Granville et au Mont-Saint-Michel. Camille Corot (1796-1875) est l'un des pères du paysage. Il travaille en Normandie dès 1822-1825 puis y retourne souvent : Honfleur, Trouville, Saint-Lô, Le Tréport, Étretat... (de ce peintre, on peut admirer au musée du Louvre *Saint-Lô, vue générale de la ville* et au musée des Beaux-Arts de Rouen *L'Avant-port de Rouen*). À sa suite, ses amis de Barbizon ou de l'Oise s'aventurent en Normandie : parmi eux, Louis Français, Constant Troyon et Charles Daubigny. Troyon et Daubigny se sont même installés assez longuement à Honfleur et dans la vallée de la Touques pour le premier, à Villerville pour le second, amorçant ainsi des recherches variées sur le paysage, et formant les peintres plus jeunes comme Eugène Boudin et Claude Monet. On ne peut évoquer la Normandie (la Manche) sans parler de l'immense présence de Jean-François Millet (1814-1875). Formé à Cherbourg, où il peint de nombreux portraits, il poursuit ses études à Paris, vit au Havre en 1845 et ne connaît le succès que tardivement, à partir de 1860. Il travaille principalement à Barbizon mais revient aussi dans son village natal de Gruchy (Manche).

Eugène Boudin, Johan B. Jongkind et Gustave Courbet Eugène Boudin (1824-1898), peintre des gris, des beiges, des ciels nuageux et des vertes prairies, se promène, pendant un demi-siècle, sur toutes les côtes de Normandie. Né à Honfleur, il aime les plages, de Trouville à Caen. Élevé au Havre, il apprécie les falaises de Fécamp et d'Étretat.

Il peint, en souvenir des peintres de marine, les entrées et les bassins de tous les ports normands (le musée Eugène-Boudin de Honfleur et le musée Malraux du Havre possèdent de nombreuses œuvres normandes de Boudin). L'arrière-pays, peuplé de troupeaux et traversé de rivières, forme l'autre versant de son inspiration normande. Avec son ami Johan Barthold Jongkind (1819-1891), il prend en main l'éducation de Claude Monet. Attiré en France par Eugène Isabey, Jongkind travaille en Normandie entre 1863 et 1865, notamment à Sainte-Adresse, à Étretat et à Honfleur. Dans sa production normande, on remarquera *Honfleur, la place Sainte-Catherine* et *L'Entrée du port de Honfleur* au musée Eugène-Boudin de Honfleur, ainsi que *La Jetée de Honfleur* au musée d'Orsay. Gustave Courbet (1819-1877) travaille à Honfleur en 1859, à Deauville et à Trouville en 1865 et 1866 puis à Étretat en 1869. Il peint des paysages de mer, des vagues et des trombes où ciel et eau se partagent la toile, encadrés souvent par des falaises abruptes. Ne manquez pas *La Vague* au musée Malraux du Havre ; *Rivage près de Honfleur*, 1866, au musée Eugène-Boudin de Honfleur et *La Mer*, 1872, au musée des Beaux-Arts de Caen.

PETITE HISTOIRE DE L'ART

En 1874, Monet expose une toile représentant une vue du Havre : Impression, Soleil levant. Le critique d'art Louis Leroy intitule son article "Le groupe des impressionnistes" dans le but de railler le tableau de Monet… Un nom fort bien choisi et conservé depuis !

De Claude Monet à l'école de Rouen À l'école de ces artistes, une nouvelle génération éclôt à partir de 1865. Claude Monet (1840-1926) est la figure emblématique de cette période et de cette région. Élevé au Havre, habitué de Honfleur et de Trouville, il vagabonde le long de la Seine avant de s'établir à Giverny, à la limite du territoire normand. Influencé par Boudin et Jongkind, il peint les rues de Honfleur, les entrées du port, les plages de Trouville, le rivage de Sainte-Adresse. Près des falaises de Fécamp, de Varengeville et d'Étretat, il compose une œuvre nouvelle faite de couleurs claires et vives et de points de vue acrobatiques. Les méandres de la Seine lui inspirent de nombreuses toiles en série. En Normandie, vous pourrez voir *Étretat* au musée de Honfleur, *Cathédrale de Rouen* au musée des Beaux-Arts de Rouen et plusieurs autres de ses œuvres au musée Malraux du Havre. À sa suite, ses amis choisissent en Normandie leur port d'attache ou leur lieu de passage : Caillebotte à Trouville, Pissarro à Honfleur et au Havre (musée Malraux), Degas à Dieppe avec Jacques-Émile Blanche, Paul Helleu à Deauville avec Boldini, Seurat à Honfleur, Grandcamp ou Port-en-Bessin, Henri Guérard et son épouse Eva Gonzalès à Honfleur. Tous prennent leurs motifs au bord de la mer : vues des ports, des quais, des voiliers, des cargos, des plages et des falaises… La vallée de la Seine a également très tôt séduit les artistes. Entre impressionnisme et cubisme, ils furent nombreux à visiter les bords du fleuve et à fixer des vues inhabituelles de Rouen. Ces peintres sont classés sous le vocable d'école de Rouen.

Des fauves à Nicolas de Staël Après 1900, la peinture en Normandie trouve un nouveau souffle avec de jeunes artistes, créateurs d'un langage pictural violent par ses couleurs et parfois déstructuré dans ses lignes : les fauves travaillent au Havre, à Honfleur et à Deauville. Dufy, Braque à ses débuts, Friesz, Van Dongen, Marquet reprennent à leur compte les thèmes des aînés : ports, jetées, baignades. Les élégantes de Van Dongen remplacent celles de Boudin sur les plages. Les paddocks de Dufy sont un écho aux champs de courses de Degas. Félix Vallotton (1865-1925) bâtit pendant de nombreux étés, dans sa maison de Honfleur, une œuvre forte et colorée : paysages de l'estuaire, de la côte ou de la campagne augeronne. Jacques Villon (1875-1963) crée des paysages aux couleurs pastel proches de l'abstraction tandis que, plus près de nous, Nicolas de Staël (1914-1955) réinterprète les ciels au pastel de Boudin dans ses études des cieux de l'estuaire. Aux côtés de ces grands artistes, d'autres aussi ont apporté leur pierre à la construction de cette histoire de la peinture en Normandie. Ces peintres que le visiteur découvre dans les musées normands ont pour nom : Charles Léandre, Paul-Élie Gernez, Henri de Saint-Delis, Georges Lacombe, Jean Driès, Roland Oudot, Fernand Herbo, André Hambourg… Ils furent des centaines au XIXe et au XXe siècle à chanter les paysages normands, façonnant, pour la région, une brillante image

"Nicolas de Staël réinterprète les ciels au pastel de Boudin dans ses études des cieux de l'estuaire."

Cinéma

Carné, Renoir, Zanuck, Spielberg, Demi, Truffaut, Lelouch, Chabrol, Chatiliez, Aki Kaurismäki… nombreux sont les réalisateurs à avoir planté leur caméra en Normandie. Depuis le début du XXe siècle, près de quatre cents films de tous formats (longs et courts métrages, documentaires, téléfilms) ont été tournés dans la région en partie ou en totalité : drames (*Quai des Brumes*, *La Bête humaine*), comédies (*Un singe en hiver*, *Les Parapluies de Cherbourg*), films d'amour (*Un homme et une femme*, *Mourir d'aimer*), d'aventures (*Arsène Lupin*, *Les Mystères de Paris*), policiers (*Adieu poulet*, *La Horse*), historiques (*Le Jour le plus long*, *Le Mur de l'Atlantique*, *Le Passager de l'été*, *Jeanne la Pucelle*), fable moderne et poétique (*Le Havre* du Finlandais Aki Kaurismäki)… L'essentiel de la production cinématographique se décidant à Paris, la Normandie, située à moins de 100km de la capitale, constitue, il est vrai, pour les réalisateurs un décor naturel facile d'accès et économique.

Festivals et créations locales

Le Festival de Deauville, vitrine du cinéma américain en France depuis 1975, est la plus importante rencontre cinématographique française après Cannes. Cette manifestation a ouvert la voie à bien d'autres festivals : du film romantique à Cabourg (1983), des cinémas britannique et irlandais à Cherbourg (1985-2011), du film nordique à Rouen (1987-2010), du film russe à Honfleur (1995), Off-courts à Trouville (2000), Voyage et Aventure à Saint-Valery-en-Caux (2002)… La création locale n'est pas en reste, avec des réalisateurs féconds (Philippe Van de Walle, Bruno Romy, Christian Zarifian, Claude Duty), un Centre des écritures cinématographiques à Andé dans l'Eure, une Maison de l'image à Caen et de multiples filières de formation aux métiers du cinéma. Sur le plan institutionnel enfin, des structures pérennes et actives comme le Pôle Image de Rouen consolident cette passion du septième art.

Littérature

Les nombreuses maisons d'écrivains – pavillon Flaubert, maisons de Pierre Corneille, de Victor Hugo… –, comme les salons du livre – Étretat, Saint-Valery-en-Caux, Rouen (jeunesse), Gisors et Darnétal (BD), Le Havre (Un polar à la plage) –, permettent au visiteur de découvrir toute la vitalité de ce secteur.

Du Moyen Âge au XVIe siècle

Les premiers textes relatifs à la Normandie rendaient compte des faits de guerre et du règne de ses princes : *Le Caractère et les exploits des premiers ducs de Normandie* de Dudon de Saint-Quentin, à la fin du Xe siècle, célébrait la vie de Guillaume Ier et de Guillaume II ; le *Draco Normannicus* (le "Dragon normand"), d'Étienne de Rouen, rendait hommage vers 1168 à Henri II Plantagenêt sous la forme d'un poème épique ; le *Roman de Rou*, enfin, rédigé vers 1170 par Maître Wace, contait l'histoire des Normands depuis Rou, c'est-à-dire Rollon. Les thèmes abordés vont peu à peu se diversifier : fresques romanesques (*Roman de Troie* de Benoît de Sainte-Maure, *Roman de Brut* de Maître Wace…), pièces en vers (*Vaux-de-Vire* d'Olivier Basselin, une œuvre qui donna naissance au vaudeville). À partir du XVIe siècle, la poésie est la forme littéraire privilégiée – on rencontre alors un peu partout des "confréries poétiques", les "puys" – et rend hommage à la terre normande. Cet amour du pays natal culmine avec l'*Éloge de la Normandie* de Pierre de Marbeuf, peignant la Seine qui, "en plusieurs replis/va passementant les plis/de l'onde en argent brodée".

AUX SOURCES DE L'INSPIRATION

Les poètes romantiques font preuve d'exaltation en évoquant l'attachement à la terre normande et expriment un sentiment religieux de la nature. Chênedollé (1769-1833) par exemple : "Par toi tout s'embellit ô terre maternelle ! / Tes fleurs ont plus d'éclat, ta verdure est plus belle,/ Ton soleil est plus pur, ton ciel plus enchanté,/ Aussi rien à mes yeux n'égale ta beauté."

Du XVIIe au XIXe siècle

Le XVIIe siècle met un peu plus la Normandie sur le devant de la scène littéraire, grâce à des auteurs de talent comme le Caennais François de Malherbe et le Rouennais Pierre Corneille, même si ce dernier ne mit jamais en scène sa région dans ses œuvres. Caen – "la source de tous nos beaux esprits", selon Madame de Sévigné – attire l'attention avec des écrivains comme Jean Regnault de Segrais ou des philosophes comme Pierre-Daniel Huet. Le siècle des Lumières voit fleurir de beaux esprits : Saint-Évremond, Jean-Baptiste de Neauvais et surtout Fontenelle sont tournés, comme beaucoup de penseurs de l'époque, vers l'universel. La terre normande redevient source d'inspiration au début de la période romantique (fin du XVIIIe siècle) et atteindra la démesure au XIXe siècle avec Barbey d'Aurevilly, qui dépeint une Normandie mythique, pleine d'étangs maléfiques, de landes brumeuses et de "dames blanches".

De la mélancolie à la critique sociale

Parallèlement à ces esprits enflammés, une autre génération d'écrivains laisse filtrer mélancolie et pessimisme dans la création littéraire : Charles Frémine, poète normand "exilé" à Paris et pleurant son pays, Gustave Flaubert qui admet "porter en lui la mélancolie des races barbares, avec ses instincts de migration et ses dégoûts innés de la vie", Maupassant enfin. Ce dernier décrit une Normandie peu ragoûtante : ses paysans, avares, filous, hypocrites et grivois, rongés par l'appât du gain et de la terre, renvoient une image sombre des hommes et des mœurs de cette province. D'autres sont allés bien plus loin dans la critique de leur terre d'origine : Jean Lorrain assassine dans ses écrits la bourgeoisie de Fécamp, quand Octave Mirbeau stigmatise l'infanticide ou l'abandon des vieillards, pratiques courantes dans le Perche de son enfance. Dans cette catégorie d'auteurs réalistes peuvent se ranger des plumes acérées comme celle d'Hector Malot ou celle, plus légère, d'Alphonse Allais ("Les familles, l'été venu, se dirigent vers la mer en y emmenant leurs enfants. Dans l'espoir, souvent déçu, de noyer les plus laids"). D'autres écrivains prirent le relais au XXe siècle : l'Elbeuvien André Maurois, dans *Bernard Quesnay*, dresse le portrait peu amène des industriels de sa ville, le Havrais Guy Mazeline croque, dans *Les Loups* (prix Goncourt 1932), le monde impitoyable des patrons, le Rouennais Armand Salacrou, installé au Havre, témoigne, dans *Boulevard Durand*, du conflit âpre opposant le monde portuaire et syndical du Havre et le puissant milieu politico-industriel qui règne sur la ville.

Auteurs "horsains" et écrivains du cru

La Normandie n'a pas inspiré que les auteurs locaux, loin s'en faut. Tour à tour, des grands de la littérature y puiseront des décors, des ambiances, des faits. Sillonnant la région pour y trouver l'inspiration, Victor Hugo accumula les descriptions dithyrambiques de villes, monuments et paysages… et les critiques au vitriol des auberges et restaurants. Marcel Proust, lui, observa Cabourg et Deauville pour imaginer l'univers cosmopolite de Balbec ; le port du Havre, avec ses travailleurs des quatre coins du monde, offrit à Raymond Queneau la matière de son *Rude Hiver*, quand Pierre Mac Orlan récoltait dans les rues de Rouen ou du Havre des scènes pittoresques pour ses chansons et que Maurice Leblanc, dans *L'Aiguille creuse*, emmenait son Arsène Lupin du côté d'Étretat. Dans la création actuelle des auteurs normands, deux genres littéraires semblent se détacher : le polar et la bande dessinée. Ainsi, au côté des romans, essais ou fictions de Philippe Delerm (*Sundborn ou les jours de lumière, La Première Gorgée de bière et autres plaisirs minuscules*) ou d'Olivier Frébourg (*Port d'attache, Esquisses normandes*), fleurissent nombre d'histoires policières : Yvonne Besson, avec *Meurtres à l'antique* ou *Doubles Dames contre la mort*, tisse ses intrigues à Dieppe, Max Obione (*Calmar au sang*), près des méandres de la Seine, Fred Vargas (*Dans les bois éternels*) près de Lisieux, et Jean Calbrix… un peu partout (*Mon cadavre s'enroue à Rouen, Mon cadavre s'éclate à Granville…*). Les auteurs de bandes dessinées, eux, dépeignent la Normandie contemporaine sous un jour moins sombre : *Mystère sous la falaise* d'Erwan Le Bot, Florent Heitz et Jérôme Félix ou *La Vie mordante de Polète et Kiki*, de Nicolas Stérin, se déroulent sur le littoral dieppois et en Seine-Maritime ; Thomas Benet et Christian de Metter, avec *Swinging London*, choisissent le voyage dans les années 1960 quand Christophe Quet et Fred Duval, avec leur routier de l'espace Travis, transportent le lecteur en 2050 dans un monde cyberpunk… loin, très loin du terroir normand.

Gastronomie

La vache normande aux qualités bouchères et laitières, les fruits du verger aux multiples déclinaisons (fruits, confitures, cidre, calvados, pommeau, poiré…) occupent les places d'honneur dans la cuisine normande. La richesse halieutique des quatre départements (Seine-Maritime, Eure, Calvados, Manche) ouverts sur la mer, la production maraîchère du Cotentin, la production ovine (Manche, Mont-Saint-Michel) et porcine (un peu partout) complètent la très large palette avec laquelle le chef normand peut exercer son art.

Les produits du terroir

CÔTÉ MER Bénéficiant des plus fortes marées d'Europe, le littoral se prête à la culture d'huîtres de pleine mer et de moules, le département de la Manche assurant l'essentiel de la production (Saint-Vaast-la-Hougue, côte ouest du Cotentin de Granville à Portbail). À proximité des côtes abondent toutes sortes de coquillages – coques, ormeaux, praires, palourdes, amandes, bulots, buccins, clams, clovisses, pétoncles, coquilles Saint-Jacques… – et de crustacés – crevettes grises et roses, tourteaux, crabes, étrilles, araignées et homards. La variété des poissons pêchés est tout aussi impressionnante : hareng (le "steak du pauvre"), sole, saint-pierre, bar, cabillaud, lotte… Les rivières, elles, sont connues pour abriter truites, saumons, carpes et anguilles.

UN DESSERT ? La pomme est bien sûr l'ingrédient favori des fins de repas : tarte normande, bourdelot aux pommes, pommes au four, au miel et au cidre... La poire parvient à se faire une place (douillon aux poires, poires au cidre), et certaines préparations comme la teurgoule ou terrinée (un entremets) ou les soufflés (au calvados, au pommeau, au chocolat) méritent que votre cuillère fasse le détour

CÔTÉ TERRE Le lait fournit, avec le beurre et la crème simple ou double, deux ingrédients de base d'une cuisine qui les associe souvent au pommeau, au cidre et au calvados dans les sauces, une caractéristique forte de la gastronomie normande. À noter que les chefs tendent à diminuer la part de la crème, très pratique pour concocter rapidement une sauce, pour des compositions plus légères et plus imaginatives (sauce aux huîtres, par exemple). Les produits carnés figurent également en bonne place dans le terroir. Les bovins (bœuf, veau de lait) produisent une viande de qualité, tendre et juteuse ; la région est aussi fameuse pour ses agneaux de pré-salé (Mont-Saint-Michel), ses porcs (Bayeux) et ses nombreuses volailles (canards de Rouen et de Duclair, poules de Gournay, de Crèvecœur). Dernière richesse du terroir normand, ses fruits et leurs dérivés. Au premier rang figurent les sept principales variétés de pommes à couteau (bénédictin, calville rouge, grasse lande, pomme d'éclat, reinette de Bailleul, reinette de Caux et

Le fromage sur un plateau

Produit emblématique de la région, le lait donne naissance aux fromages : le camembert, à pâte molle et à croûte fleurie, mis au point par une fermière de l'Orne, Marie Harel ; le neufchâtel, venu du pays de Bray, se présentant sous forme de briquette, de bonde ou de cœur ; le pont-l'évêque, à la forme carrée et à la croûte ocre, fabriqué dans le Calvados ; le livarot enfin, aujourd'hui fabriqué dans l'Eure, rond et de couleur orangée, baptisé la "viande de l'ouvrier" en raison de sa valeur nutritive. À découvrir également, le pavé d'Auge, le petit-suisse de Gournay, le La Bouille ou... la Providence de la trappe de Bricquebec.

pomme de Revers) et les centaines de pommes à cidre qui permettent la production de cidre, de calvados (du cidre distillé une ou deux fois), de pommeau (moût de pommes à cidre et de calvados). Les autres fruits normands sont les poires (qui donnent le poiré), les prunes de Jumièges et les cerises de la vallée de la Seine.

Les spécialités normandes

Les produits de la mer sont souvent proposés en entrée : Saint-Jacques à la crème, au pommeau ou au cidre ; huîtres chaudes au pommeau ; moules à la crème ; maquereaux marinés ; "demoiselles de Cherbourg" (les petits homards du Cotentin) à la nage... Les volailles occupent traditionnellement une place de choix : le poulet, la dinde, la pintade, le pintadeau ou le canard s'invitent régulièrement sur les cartes, cuisinés façon "vallée d'Auge" ou "à la normande" (avec crème souvent double, calvados et/ou cidre). Les recettes de poisson, moins nombreuses, sont en revanche très emblématiques : marmite à la dieppoise, barbue cauchoise, harengs fumés à la fécampoise, matelote d'anguilles de Caudebec, lotte à la trouvillaise... La façon d'accommoder la viande combine les plats un peu lourds (tripes à la mode de Caen, pied-de-mouton à la rouennaise), ceux à dominante sucrée (rôti de porc aux pommes et au cidre, paupiettes de veau au pommeau) et enfin les recettes très fines (canard à la rouennaise – les volatiles viennent souvent de Duclair, ville renommée pour la qualité de ses volailles –, lapin farci à la havraise). Les villes où l'on déguste cette gastronomie sont, pour l'essentiel, situées par importance décroissante dans l'Orne, le Calvados puis la Manche. Cette partie de la Normandie regorge de "capitales du terroir" : Vimoutiers (pommes, cidres, calvados, pommeau), Vire (andouille), Alençon (andouillette), Grandcamp (Saint-Jacques), Barfleur (moules), Isigny (produits laitiers), Lisieux (cuisine à la crème et au calvados). En matière de défense de la bonne chère, on retrouve la même prédominance de l'ancienne Basse-Normandie, qui accumule les confréries : confréries des Goustiers-Cidres ou des Goûte-Boudin, Chevaliers du Camembert... ou du Trou normand. En Seine-Maritime et dans l'Eure, le savoir-faire culinaire se concentre à Rouen (grande capitale de la gastronomie, à l'instar de Lyon) et au Havre, avec plusieurs chefs "étoilés", et ponctuellement dans des villes comme Fécamp, Étretat, Forges et Gisors.

INFORMATIONS UTILES DE A À Z

ALLER EN HAUTE NORMANDIE

en avion

L'unique ligne régulière directe desservant au départ de Lyon l'aéroport du Havre a été arrêtée en 2014. Pour arriver en Normandie par avion, il faut donc dorénavant passer par Caen (desservi par des vols directs au départ de Nice, Lyon et la Corse) ou plus simplement atterrir à Paris avant de prendre le train.

en train

Les liaisons quotidiennes directes au départ de Paris avec les villes normandes sont nombreuses. Au départ de **Paris-Saint-Lazare**, une ligne Intercités relie Le Havre (2h15, tarif normal 35€) en passant notamment par Vernon, Rouen (1h10, 24€) et Yvetot, et une autre part en direction de Cherbourg desservant Évreux (55min, 19€), Beaumont-le-Roger, Lisieux ou Deauville (2h, 35€). De **Paris-Montparnasse**, l'Intercités pour Granville s'arrête à Verneuil-sur-Avre (1h, 21€). Avec une correspondance, il est possible de gagner Dieppe (via Rouen), Fécamp (via Bréauté) ou Le Tréport (de Paris-Nord via Beauvais ou Abbeville). *Tél. 36 35 www.voyages-sncf.com*

RÉDUCTIONS SNCF

Des cartes de réduction et des avantages sont proposés aux professionnels, aux grands voyageurs, aux familles nombreuses, aux groupes, etc. Prix très attractifs en réservant son billet longtemps à l'avance (tarif Prem's). *Tél. 36 35 www.voyages-sncf.com*

INTERRAIL

Les compagnies de chemin de fer de trente pays se sont unies pour proposer deux pass, Global Pass et One Country Pass, permettant de voyager en 1re ou en 2e classe sans limite de trajets en dehors de son propre pays. *www.interrailnet.com*

en car

Depuis l'ouverture à la concurrence des lignes routières, il est possible de gagner en cars les principales villes françaises, notamment au départ de Paris. Plusieurs compagnies proposent ainsi des trajets Paris-Rouen ou Paris-Le Havre à des prix extrêmement intéressants, puisque certaines affichent des tarifs à 1€ ! Ils ne s'appliquent, bien sûr, que sous certaines conditions.

Ouibus Cette filiale de la SNCF assure une ligne régulière Paris-Rouen-Le Havre. Pour Rouen, comptez 1h35 au départ de Paris-La Défense et un billet à partir de 5€. Pour Le Havre, billet à partir de 9€. *Tél. 0892 68 00 68 http://fr.ouibus.com*

FlixBus La compagnie allemande propose des liaisons directes (6/j.) entre Paris-porte Maillot et Rouen à partir de 1€ (durée 1h35), et entre Paris et Le Havre (1/j.) à partir de 9€ (2h50). *Tél. 01 76 36 04 12 www.flixbus.fr*

en voiture

Au départ de Paris (135km), prenez l'"autoroute de Normandie" (A13)

Tableau kilométrique

	Lille	Lyon	Marseille	Nantes	Paris	Strasbourg	Toulouse
Rouen	260	590	900	390	135	640	760
Le Havre	320	655	970	375	200	700	830

PRATIQUE

Et si on partait quelques jours ?
SmartCITY
WEEK-END À
Londres
Accueil
Top 20
Quartiers
Adresses
Pratique
e-mail + text + phone
© Samott/Fotolia.com
SmartCITY Le guide week-end interactif
Une sélection de bonnes adresses géolocalisées, les activités, les visites et toutes les informations pratiques pour réussir son voyage.
Paris
Londres
New York
Rome
Barcelone
Venise
Berlin
Lisbonne
Bruxelles
Budapest
20 destinations disponibles sur l'App Store
2,99 €
… Amsterdam, Dublin, Florence, Istanbul, Madrid, Montréal, Prague, San Francisco, Stockholm, Vienne.
guides Gallimard

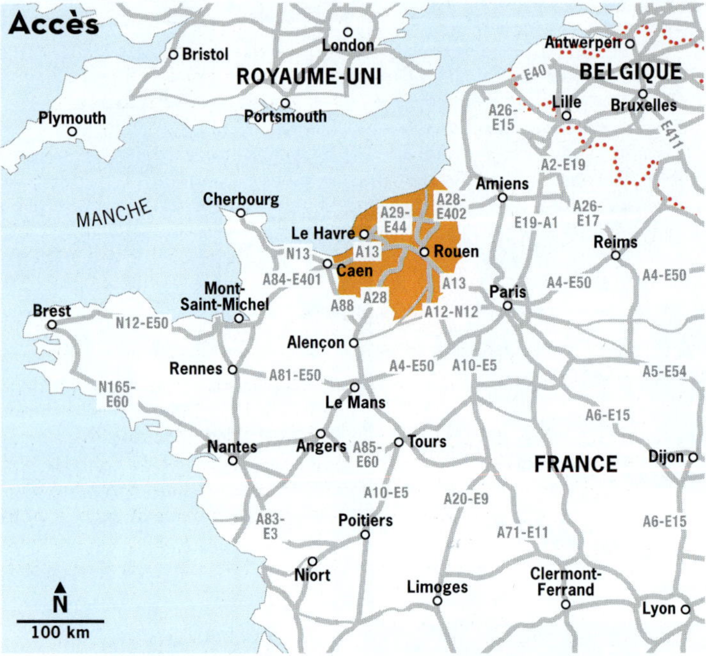

en direction de Rouen et du Havre, ou l'A12/N12 jusqu'à Nonancourt et enfin la N154 via Évreux. Comptez 1h par l'autoroute et env. 15€ de péage. À Rouen, poursuivre vers Deauville et Le Havre sur l'A13, ou prendre l'A150 en direction du pays de Caux (Fécamp, Étretat, Dieppe). L'A29 traverse, elle, la région d'est en ouest.

ASSURANCES

Si vous avez réglé votre séjour avec une carte de crédit (Visa, Gold, Eurocard Mastercard), l'assurance assistance médicale et rapatriement qui lui est associée est tout à fait suffisante.

Europ Assistance *Tél. 01 41 85 93 65 www.europ-assistance.fr*
Mondial Assistance *Tél. 01 42 99 82 81 www.mondial-assistance.fr*

accidents

Si vous pratiquez des sports à risques (sports aériens, d'eau vive, escalade, VTT, équitation...), vérifiez que les accidents liés à ces activités sont bien inclus dans votre contrat. Si ce n'est pas le cas, souscrivez une prise en charge particulière ou optez pour une structure (club ou école) dont l'assurance couvre les clients.

perte et vol

CARTE BANCAIRE Quelle que soit la société émettrice de la carte, appelez le 0892 705 705 (24h/24).

CHÉQUIER Contactez le 0892 68 32 08 ou votre banque pour faire opposition à un chéquier perdu ou volé.

TÉLÉPHONE Pour faire bloquer un téléphone portable perdu ou volé, il vous faut son code IMEI. Pour l'obtenir, composez *#06# sur votre clavier et notez le numéro dans un endroit sûr.
Bouygues *Tél. 0800 29 10 00 www.bouyguestelecom.fr*
Orange *Tél. 0800 100 740 www.orange.fr*
SFR *Tél. 06 10 00 19 00 www.sfr.fr*
Free *Tél. 3244 www.free.fr*

BUDGET ET SAISONS TOURISTIQUES

Bien entendu, le budget pour des vacances en Normandie varie selon les lieux, la saison et la catégorie des établissements fréquentés. Que l'on séjourne sur le littoral ou dans l'arrière-pays, que l'on s'y rende en novembre ou en août, le portefeuille ne sera pas sollicité de la même manière. Sur la côte, les hôtels dotés d'un peu de cachet sont souvent chers et les tarifs ne sont pas toujours en rapport avec le standing proposé. L'option économique reste le camping – certains offrent un cadre et des prestations de grande qualité – ou les chambres d'hôtes, souvent plus conviviales et plaisantes que les hôtels. Se restaurer peut aussi, si l'on fréquente trop assidûment les tables normandes, grever le budget. Cela vaut surtout pour les établissements en bord de mer. Les budgets modestes ont donc tout intérêt à réserver leur hébergement (et même leurs tables) à l'avance s'ils veulent être sûrs de trouver une place dans les établissements bon marché, généralement convoités. Concernant les lieux de visite, on ne peut que déplorer la rareté des tarifs familiaux, même si quelques efforts sont faits, ici et là, pour accorder une réduction aux enfants, aux étudiants et aux plus de 60 ans. En dépit de ces mises en garde, l'éventail des prix constatés est assez large pour que toutes les bourses y trouvent leur compte...

gamme de prix

Les établissements recensés dans votre GEOGuide sont classés par ordre croissant, du moins cher au plus cher. Les prix relatifs à l'hébergement valent, sauf mention contraire, pour une chambre double, sans le petit déjeuner. Ceux relatifs à la restauration valent pour un repas (deux plats) sans la boisson.

CARTES ET PLANS

Les meilleures cartes sont certainement celles de l'Institut géographique national (IGN). Pour une approche globale de la Normandie, optez pour la **carte régionale** (REG02) au 1/250 000. Elle mentionne les principales curiosités touristiques et comporte un index pratique des localités (au verso). Il existe aussi des **cartes départementales** au 1/150 000 : Calvados (D14, Eure (D27) et Seine-Maritime (D76) au 1/200 000. Les **cartes de tourisme** au 1/100 000, dites Top 100, couvrent un territoire compris entre deux grandes villes. Bien

GAMME DE PRIX	RESTAURATION	HÉBERGEMENT
Très petits prix	moins de 10€	moins de 40€
Petits prix	de 10 à 20€	de 40 à 70€
Prix moyens	de 20 à 35€	de 70 à 100€
Prix élevés	de 35 à 50€	de 100 à 150€
Prix très élevés	plus de 50€	plus de 150€

conçues, elles font figurer les courbes de niveau, les sentiers de grande randonnée (GR®) et des pictogrammes d'informations touristiques (châteaux, musées, églises, etc.) : Le Havre-Rouen (n°107), Caen-Évreux (n°117), Paris-Rouen (n°08). De son côté, Michelin édite une **carte routière** de Normandie au 1/200 000 (n°513) et des **cartes locales**, plus détaillées, recoupant le Calvados et la Manche (n°303), l'Eure et la Seine-Maritime (n°304). Ces dernières disposent d'un index des localités et de plans des préfectures.

FÊTES ET MANIFESTATIONS

Entre les fêtes traditionnelles et les festivals de musique ou de cinéma, entre les processions religieuses et les marathons, les villes normandes proposent un large éventail de manifestations artistiques, culturelles et sportives. Les dates et les programmes étant soumis à variations, vous trouverez toutes les informations utiles auprès des offices de tourisme locaux ou sur le site du comité régional de tourisme de Normandie : *www.normandie-tourisme.fr*

calendrier des fêtes et des manifestations

Février	**Fécamp** Fête Saint-Pierre des marins
Mars	**Deauville** Festival du film asiatique
Avril	**Deauville** Festival de Pâques : musique de chambre, concerts de solistes, trios, quatuors et orchestres européens
	Harfleur Fête de la Scie
	Houlgate Festival Plein Vent : compétitions de cerfs-volants et de parapente
Mai	**Cambremer** Rencontres de Cambremer : festival de produits AOC
	Fécamp Fête du nautisme
	Rouen Les 24h motonautiques
	Rouen Fêtes Jeanne d'Arc
	Verneuil-sur-Avre Grande fête des Gueux
Pentecôte	**Honfleur** Fête des marins
	Sainte-Adresse Dixie Days : festival international de jazz
Juin	**Cabourg** Festival du film romantique
	Évreux Le rock dans tous ses états
	Le Havre Festival du polar à la plage
	Sotteville-les-Rouen Viva-Cité : festival de théâtre de rue
Juin-juillet	**Rouen** La Grande Armada (prochaine édition en 2019)
	Pont-Audemer Festival des Mascarets
Juillet	**Rouen** Les Terrasses du jeudi : concerts dans la ville
	Dieppe Exposition canine et concours d'agility (dressage)
	Dives-sur-Mer Festival de la Marionnette
	Forges-les-Eaux Juillet en fête
	Forges-les-Eaux Fête du cheval
	Trouville Fête de la mer
Été	**Deauville** Manifestations hippiques
	Le Havre Z'estivales
	Lisieux Mercredis de l'été

Mi-juil./mi-août	**Pays d'Auge** Promenades musicales
Août	**Deauville** Août musical : musique de chambre
	Caudebec-en-Caux Salon des bouquinistes
	Lisieux Jazzitudes
	Villers-sur-Mer Festival des Nouveaux Talents : concerts classiques
Septembre	**Caudebec-en-Caux** Salon de la Carte ancienne
	Caudebec-en-Caux Fête du cidre (années impaires)
	Deauville Festival du film américain
	Dieppe Dieppe rétro
	Dieppe Festival international du Cerf-volant (les années paires)
	Le Havre La mer en fête
	Lisieux Fêtes thérésiennes
	Trouville Festival Off-courts
Octobre	**Deauville** Rallye Paris-Deauville
	Étretat Salon du livre
	Giverny Festival de musique de chambre
	Le Havre Semi-Marathon de Normandie : Pont de Normandie-Le Havre (21,1km)
	Rouen Fête du ventre et de la gastronomie normande
	Saint-Valery-en-Caux Festival de l'image
	Trouville Hommage à Marguerite Duras
Fin oct.	**Côte d'Albâtre** Du Tréport à Étretat : Fête du hareng
Novembre	**Honfleur** Festival du film russe
	Le Havre Départ de la Transat Jacques Vabre (années impaires)
Décembre	**Rouen** Festival du livre de jeunesse
	Évreux Foire Saint-Nicolas
	Deauville Grande parade du 31 décembre

HANDICAPÉS

Les délégations départementales de l'Association des paralysés de France peuvent vous orienter sur les sites de visite, d'hébergement et de loisirs aménagés pour les personnes handicapées. L'association organise aussi des séjours à thème (escapade, farniente, etc.) pour adultes et enfants, en France et à l'étranger.

APF *www.apf.asso.fr* ***Ile-de-France*** *17, bd Auguste-Blanqui 75013 Paris Tél. 01 40 78 69 00* ***Calvados*** *11, rue des Marchands 14000 Caen Tél. 02 31 35 19 40 dd14@apf.asso.fr* ***Eure*** *La Garenne de Melleville BP 3229 27032 Évreux Tél. 02 32 28 16 66 dd.27@apf.asso.fr* ***Seine-Maritime*** *3, rue Linus-Carl-Pauling 76130 Mont-Saint-Aignan Tél. 02 35 73 25 01 dd.76@apf.asso.fr*

HÉBERGEMENT

Du fait des périodes caniculaires résiduelles, de nombreux estivants viennent chercher sur le littoral des températures plus clémentes. La Normandie fait aujourd'hui face à un afflux touristique intense, auquel nos voisins anglais, allemands, belges et néerlandais ne sont pas étrangers. Si bien qu'il n'est pas toujours facile de se loger en été. Pour ne pas errer des heures durant à la recherche d'un hébergement, il est prudent de penser à réserver dès le printemps.

Évidemment, les options sont plus nombreuses hors saison. Souvenez-vous que certains hôtels ferment au cœur de l'hiver, en décembre, janvier et/ou février.

campings

C'est la solution la plus économique, d'autant que la Normandie compte une multitude de campings sur la côte et en campagne. Il y en a pour toutes les bourses et de toutes les catégories : de l'aire naturelle au 4-étoiles avec piscine chauffée, tennis, lave-linge et restaurant. Certains louent aussi des mobile homes au week-end (hors saison), à la semaine ou au mois. La plupart des campings sont ouverts d'avril à fin septembre.

Fédération française de camping et de caravaning Chaque année, la FFCC met à jour son guide officiel : 9 600 campings, aires naturelles ou terrains à la ferme recensés et classés par département (16,80€). *78, rue de Rivoli 75004* **Paris** *Tél. 01 42 72 84 08 www.ffcc.fr www.campingfrance.com*

auberges de jeunesse

La région dispose de trois auberges de jeunesse. Deux se trouvent à Eu/Le Tréport (Seine-Maritime) ou dans les environs (château de Chantereine, Criel-sur-Mer), et une autre à Rouen. Dans une auberge de jeunesse, le standing varie selon le nombre de sapins attribués (de 1 à 4). Les plus élémentaires proposent des lits en dortoir, de 4 à 6 personnes (voire plus). Les mieux dotées possèdent des chambres doubles, voire des simples. La nuit coûte environ 15-20€ par personne. Pour séjourner dans une auberge de jeunesse, la carte FUAJ est obligatoire : 7€ pour les moins de 26 ans et 11€ pour les plus de 26 ans.

Fédération unie des auberges de jeunesse *27, rue Pajol 75018* **Paris** *Tél. 01 44 89 87 27 www.fuaj.org*

chambres d'hôtes et gîtes

CHAMBRES D'HÔTES À tarif égal, les chambres d'hôtes offrent souvent un confort et un charme supérieurs à ceux des hôtels. Aménagées dans un appartement du centre-ville ou dans une villa du bord de mer, dans une ferme retirée au milieu du bocage ou dans un manoir médiéval, elles se révèlent aussi intéressantes que variées. Les tarifs sont établis en fonction du standing proposé et du cachet des lieux. Chaque label a ses pictogrammes de qualité : les épis pour les Gîtes de France (de 1 à 5) et les clés pour Clévacances (de 1 à 4). En principe, il est assez aisé de trouver à se loger pour 60-70€ à deux, petit déjeuner inclus, pourvu que l'on s'y prenne un peu à l'avance. Certaines adresses font également table d'hôtes, ce qui constitue une occasion de découvrir la gastronomie locale de façon conviviale. Séjourner en chambre d'hôtes n'impose qu'une chose : être un minimum sociable et respecter la tranquillité comme les espaces privés de vos hôtes.

Gîtes de France *Tél. 0891 16 22 22 www.gites-de-france.com*

Clévacances *Tél. 05 61 13 55 66 www.clevacances.com*

GÎTES C'est l'autre option pour se loger en Normandie le temps d'un week-end, d'une semaine ou d'un mois, en famille ou entre amis. Les Gîtes de France proposent principalement trois types d'hébergement : le gîte rural, le chalet-loisirs et le gîte d'étape et de séjour. Les **gîtes ruraux** se situent en campagne ou en bord de mer. Il s'agit de logements indépendants comprenant une ou plusieurs chambres, un salon/salle à manger, une kitchenette ou une cui-

PRATIQUE

sine ainsi qu'une salle de bains et des sanitaires. Certains n'ont pas le charme pour principal atout, d'autres sont absolument enchanteurs. Cela dépend en partie du nombre d'épis attribués (de 1 à 5). Comptez au moins 250€ la semaine pour 4 personnes hors saison et 400€ en saison. Les **chalets-loisirs** ont la particularité d'être construits en bois et d'être situés en pleine nature. Les prix vont d'environ 350€ à 700€ en moyenne pour une semaine. Enfin, les **gîtes d'étape ou de séjour** permettent de faire une halte sur un itinéraire de randonnée. Ils se prêtent assez idéalement aux groupes d'amis ou aux familles pour un week-end ou un séjour de quelques jours. Une nuit coûte autour de 15€ par personne.

Gîtes de France (siège) *40, Av. de Flandre 75019* **Paris** *Tél. 01 49 70 75 75 www.gites-de-france.com*

Gîtes de France Normandie *9, rue de la Petite-Cité 882 27008* **Évreux** *Tél. 0800 600 810 www.gites-de-france-normandie.com*

Clévacances France *54, bd de l'Embouchure Cedex 2 31022* **Toulouse** *Tél. 05 61 13 55 66 www.clevacances.com*

Maisons d'amis en France (Fleurs de Soleil) *52, av. Thermale 03200* **Vichy** *www.fleursdesoleil.fr*

locations privées

Hormis les grands organismes tels que les Gîtes de France ou Clé vacances, certains particuliers proposent des appartements ou des villas à louer, sur le littoral ou à la campagne, un jour, une semaine ou plus. Quelques sites Internet regroupent de nombreuses offres : www.homelidays.com, www.abritel.fr ou www.airbnb.fr.

hôtels

Les hôtels sont classés de 1 à 5 étoiles, en fonction du confort et des prestations offertes (veilleur de nuit, TV câblée, service de blanchisserie, minibar, etc.). Néanmoins, le nombre d'étoiles n'est pas une garantie absolue de qualité. Il peut arriver qu'un hôtel qui en est dépourvu soit aussi bien doté qu'un hôtel de la catégorie supérieure. Il ne faut donc pas hésiter à demander à voir la chambre avant d'y passer une nuit. Ne serait-ce que pour vérifier la literie qui peut parfois laisser à désirer. En moyenne, il faut compter environ 60-70€ pour une chambre double, petit déjeuner en sus (entre 8 et 12€). Dans toutes les villes, les offices de tourisme tiennent une liste des hôtels adhérents.

INFORMATIONS TOURISTIQUES

offices de tourisme régionaux

Comité régional du tourisme de Normandie *14, rue Charles-Corbeau 27000* **Évreux** *Tél. 02 32 33 79 00 www.normandie-tourisme.fr*

Fédération régionale des pays d'accueil touristiques de Normandie *9, rue Jean-Baptiste-Colbert 14000* **Caen** *Tél. 02 31 27 93 55 www.normandieonline.com*

offices de tourisme départementaux

Comité départemental de tourisme du Calvados *8, rue Renoir Cedex 04 14054* **Caen** *Tél. 02 31 27 90 30 www.calvados-tourisme.com*

Comité départemental de tourisme de l'Eure *Hôtel du Département Bd Georges-Chauvin CS 10367 27003* **Évreux** *Tél. 02 32 62 04 27 www.eure-tourisme.fr*

Comité départemental de tourisme de Seine-Maritime *6, rue des*

Vipères-d'Or CS 70060 76420 ***Bihorel*** *Tél. 02 35 12 10 10 www.seine-maritime-tourisme.com*

sites Internet

www.normandie-tourisme.fr Le portail officiel du comité régional de tourisme est une mine d'informations sur la Normandie (histoire, littérature, gastronomie, hébergement, fêtes et manifestations, sports et loisirs) et ses lieux de visite. Il contient aussi quelques adresses utiles et une importante sélection de sites web.

www.normandieonline.com Le site de la Fédération régionale des pays d'accueil touristiques permet de se faire envoyer ou de télécharger de la documentation sur les "pays" normands : Avre et Iton, Bray, Caux maritime, Évreux, Pré-Bocage, Ouche, Risle Estuaire, Roumois, terroir de Caux, vallée de la Bresle maritime, Vexin normand, etc. La Fédération tient également l'agenda des manifestations culturelles et artistiques en Normandie, ainsi que des suggestions de destination pour un week-end.

www.normandiememoire.com Le site officiel du soixantième anniversaire du Débarquement propose des clés pour comprendre les événements de l'été 1944 : cartes interactives, chronologie détaillée, histoire des grandes batailles...

presse

Normandie magazine Un magazine bimestriel d'informations "anglo-normand" (français/anglais). *www.normandie-magazine.fr*

Ouest-France Le plus important tirage quotidien de l'Hexagone. L'actualité nationale, internationale et celle des régions de l'Ouest : Bretagne, Pays de la Loire et Normandie. *www.ouest-france.fr*

Paris-Normandie Journal quotidien d'informations pour la Seine-Maritime et l'Eure. *www.paris-normandie.fr*

PLAGES

La région offre quelque 200km de côtes (140km pour la Seine-Maritime, 60km pour la Côte fleurie) et une grande diversité de paysages littoraux. En Seine-Maritime, la côte d'Albâtre, du Tréport au Havre, est dominée par de hautes falaises de craie blanche entre lesquelles sont nichées de charmantes stations balnéaires comme Étretat ou Fécamp. Lui succède la Côte fleurie, entre la Seine et l'Orne, rendue célèbre par les plages de Honfleur, Trouville, Deauville ou Cabourg, bordées d'élégantes villas.

marées

Tous les horaires des marées sur les côtes de l'Atlantique et de la Manche sur deux sites.

www.meteoconsult.fr *Tél. 3201*

http://maree.info

naturisme

La Fédération française de naturisme recense une plage accessible aux adeptes des vacances dans le plus simple appareil : la plage de l'Escamet, sur la commune de Veules-les-Roses (naturisme toléré). Les clubs, centres de vacances et piscines naturistes sont plus nombreux. Pour plus d'informations, contacter la FFN.

Fédération française de naturisme *5, rue Regnault 93500* ***Pantin*** *Tél. 01 48 10 31 00 www.ffn-naturisme.com*

qualité des eaux

PAVILLON BLEU Chaque année, depuis 1985, le label "Pavillon bleu d'Europe" récompense les communes

PRATIQUE

œuvrant à la protection et à l'amélioration de la qualité des eaux de baignade. En 2015, plusieurs communes normandes possèdent ce label pour l'ensemble de leurs plages : Dieppe, Étretat et Le Havre en Seine-Maritime, et Honfleur sur la Côte fleurie. *www.pavillonbleu.org*

pavillons de signalisation de baignade

Drapeau vert Baignade surveillée sans danger particulier.
Drapeau jaune Baignade surveillée mais dangereuse (fréquent dans la région).
Drapeau rouge Baignade interdite.

QUAND PARTIR ?

Les côtes normandes sont très prisées des vacanciers durant la période estivale, qui s'achève avec le Festival du film américain de Deauville et le Festival international du cerf-volant de Dieppe. En juin et septembre, les grandes marées d'équinoxe, qui laissent à découvert de vastes étendues de sable, permettent de découvrir des centaines d'épaves échouées à proximité du rivage entre Le Tréport et Le Havre. Au printemps et en automne, la douceur relative du climat permet des week-ends qui seront, selon vos envies, gourmands dans le pays d'Auge, culturels autour des grands sites tels que Giverny, sportifs à travers une campagne propice aux randonnées et aux sports en eaux vives.

RESTAURATION

Assurément, ce n'est pas sur leur savoir-cuisiner que les Normands pèchent. Entre le restaurant cosy du bord de mer (ce n'est pas nécessairement le meilleur) et l'estaminet de campagne, où l'on trouve une cuisine simple du terroir, vous n'aurez que l'embarras du choix. Outre les adresses recensées dans ce guide, l'un des gages de qualité d'un restaurant est certainement sa fréquentation. Comme vous, les locaux et les visiteurs apprécient la bonne chère. Ce qui conduit à une déduction simple : si un établissement est régulièrement plein, c'est sûrement que sa cuisine se défend bien. Pour ceux qui ont choisi de loger en chambre d'hôtes, nombreux sont les maîtres de maison qui proposent de se restaurer sur place (table d'hôtes). Certains assurent même une demi-pension ou une pension complète. C'est souvent l'occasion de déguster une vraie cuisine normande AOC dans une atmosphère conviviale. La table d'hôtes n'étant pas un restaurant, il convient de prévenir au moment où l'on réserve sa chambre. La Fédération des pays d'accueil touristiques de Normandie édite un guide (disponible dans la plupart des offices de tourisme) des restaurateurs et des producteurs signataires de la charte de qualité "Chef & terroir" (anciennement nommé "Assiette de pays"). Ces établissements se sont engagés à cuisiner un plat salé ou sucré, à

climat et saisons

Saison touristique	juillet-août	
	février	**août**
Ensoleillement	85h/mois	250h/mois
Température de la mer	10°C	18°C
Prévisions Météo France	Tél. 08 92 68 02 (+ n° du département) ou 3250 (0,34€min) www.meteofrance.com	

base de produits régionaux, et souvent bon marché. Exemples : magret de canard au camembert affiné au cidre, cuisse de lapereau farcie à l'andouille de Vire, crêpe fourrée aux pommes et flambée au calvados… Un label qui mérite d'être repéré. Un dernier conseil relatif aux horaires pour dîner : soyez prudent, en dehors des grandes villes et des principales stations balnéaires, il est illusoire d'espérer trouver un restaurant qui servirait après 22h. Hors saison et de manière générale, il est même prudent de se présenter avant 21h. En conséquence, on ne saurait trop vous conseiller de réserver, particulièrement les vendredi et samedi soir.

Fédération des pays d'accueil touristiques de Normandie *9, rue Colbert 14000* ***Caen*** *Tél. 02 31 27 93 55 www.normandieonline.com*

SPORTS ET LOISIRS

canoë-kayak

Avec une vingtaine de clubs, environ 200km de côtes praticables et des cours d'eau navigables (Seine, Risle, Eure), la région ravira les amateurs de canoë-kayak. Le canoë, d'origine amérindienne, se pratique en eau douce à l'aide d'une pagaie simple. Il est généralement conçu pour deux personnes. Le kayak, d'origine inuit, est propulsé à l'aide d'une pagaie double. Trois milieux aquatiques servent ce sport : l'eau vive (des rivières ou des stades d'eau vive), l'eau calme (un lac, un cours d'eau, un marais ou une piscine) et la mer. Les cours d'eau sont cotés de 1 à 6, en fonction de leur difficulté technique. Les chiffres 1 et 2 correspondent à des parcours faciles et moyennement difficiles. La catégorie 3 signifie difficile. Les cotes 4 à 6 correspondent à des parcours très difficiles. Avant de vous élancer, rappelez-vous qu'une descente en canoë-kayak sollicite activement la force des bras. Prenez donc quelques instants pour vous échauffer, cela minimisera les douleurs et autres élongations musculaires. Côté sécurité, si vous passez par une structure agréée par la Fédération française de canoë-kayak, une assurance doit vous être remise.

Fédération française de canoë-kayak *87, quai de la Marne 94340* ***Joinville-le-Pont*** *Tél. 01 45 11 08 50 www.ffck.org www.ffcanoe.asso.fr*

Comité régional de canoë-kayak de Normandie *1, rue de Masson 76350* ***Oissel*** *Tél. 02 32 54 94 43 http://canoekayaknormandie.org*

cyclotourisme

Le relief relativement plat de la Normandie se prête assez bien à la pratique du cyclotourisme. De plus, la région compte de nombreux itinéraires aménagés, véloroutes ou voies vertes et autres routes de campagne qui, si elles sont empruntées avec prudence, livrent au cycliste un autre visage de la Normandie. Avant d'enfourcher votre engin, pensez à vous munir d'un vêtement imperméable, d'une pompe à vélo, d'un kit anticrevaison et du nécessaire pour vous rafraîchir.

Fédération française de cyclotourisme *12, rue Louis-Bertrand 94207* ***Ivry-sur-Seine*** *Tél. 01 56 20 88 88 Fax 01 56 20 88 99 www.ffct.org*

Ligue régionale de cyclotourisme *Tél. 02 35 59 75 34 http://ligue-haute-normandie.e-monsite.com*

VÉLOROUTES ET VOIES VERTES

Les voies vertes, recensées par l'Association française de développement des véloroutes et des voies vertes (AF3V), s'adressent non seulement aux cyclistes, mais aussi aux piétons, aux rollers, aux cavaliers et, autant que possible, aux personnes à mobilité réduite. Aménagées sur d'anciennes voies ferrées, des chemins de halage, des berges de rivières, des routes forestières ou littorales, les voies vertes offrent l'avantage de tenir leurs usagers loin de la pollution urbaine, puisqu'aucun véhicule motorisé n'y est autorisé. En règle générale, elles proposent des dénivelés relativement modérés. Outre ces voies un rien bucoliques, les cyclistes peuvent aussi trouver leur bonheur sur les véloroutes de Normandie. En Seine-Maritime, la véloroute du littoral relie Le Tréport au Havre (172km), en passant par Dieppe, Saint-Valery-en-Caux et Fécamp. Les véloroutes de l'Eure comprennent trois itinéraires dans la vallée du Guiel (15km), la vallée de la Charentonne (40km) et la vallée de la Risle (80km). Bref, à ce rythme, la Normandie prend des allures de paradis pour cyclistes. Les comités départementaux de tourisme et les offices de tourisme éditent et fournissent toutes les informations (cartes et documentation) sur les véloroutes, les voies vertes et les loueurs de leur département. Au besoin, ils peuvent aussi vous orienter sur des guides expérimentés susceptibles de vous accompagner sur les routes.

Association française de développement des véloroutes et des voies vertes *Maison régionale de l'Environnement et des Solidarités 30, av. Eugène-Gazeau 60300* ***Senlis*** *Tél. 09 63 29 52 52 info@af3v.org www.af3v.org*

équitation

Terre par excellence d'élevage, de dressage et d'entraînement du cheval français, la Normandie abrite une multitude de clubs et de centres équestres proposant tous les plaisirs liés à l'équitation : des randonnées d'une heure ou de quelques jours à travers la campagne ou sur les plages, des stages d'initiation ou de perfectionnement, des compétitions sportives... Il y en a pour tous les âges et tous les niveaux. Les aficionados peuvent même choisir de résider dans l'une des nombreuses fermes équestres de la région, histoire d'être au plus près de leur compagnon de cavalcade.

Fédération française d'équitation (FFE) *81, av. Edouard-Vaillant 92517* ***Boulogne*** *Tél. 01 58 17 58 17 ou 02 54 94 46 00 www.ffe.com*

Comité régional d'équitation de Normandie *6 av. Maréchal-Montgomery 14000* ***Caen*** *Tél. 02 31 84 61 87 www.chevalnormandie.com*

Comités départementaux de tourisme équestre ***Calvados*** *Tél. 06 14 90 34 65 www.cdte-calvados.fr* ***Eure*** *Tél. 02 32 26 08 23* ***Seine-Maritime*** *Tél. 02 35 61 09 43 www.cdte76.fr*

escalade

La Normandie n'est certes pas réputée pour ses reliefs montagneux, mais la région dispose tout de même d'une vingtaine de clubs d'escalade, répartis sur trois départements. Les grimpeurs locaux ont leurs territoires de prédilection, parmi lesquels les falaises de la côte d'Albâtre qui bordent la Manche sur 120km.

Fédération française de montagne et d'escalade *Tél. 01 40 18 75 50 www.ffme.fr*

Comités départementaux ***Calvados*** *Tél. 02 31 23 16 41* ***Eure*** *Tél. 02 32 41 55 40* ***Seine-Maritime*** *Tél. 02 35 83 53 99*

golf

La Fédération française de golf répertorie 13 golfs de 9 ou 18 trous en Seine-

Maritime, 8 dans l'Eure et 7 sur la Côte fleurie. Certains font face à la mer, d'autres aux collines verdoyantes du bocage.

Fédération française de golf *68, rue Anatole-France 92300* ***Levallois-Perret*** *Tél. 01 41 49 77 00 www.ffg.org*

Golfs de Normandie Le site officiel de la pratique du golf en Normandie. *Tél. 02 32 33 79 00 http://golf.normandie-tourisme.fr*

pêche

Drainée par un important réseau de rivières, de marais et de canaux, la Normandie jouit d'une extraordinaire richesse halieutique. À l'opulence de ces cours d'eau s'ajoute celle de la mer. Les antennes locales de la Fédération nationale de la pêche et de la protection du milieu aquatique éditent des brochures très complètes, intitulées "Pêche et tourisme", sur chacun des départements normands. On y trouve un classement des différents bassins, l'inventaire des poissons qui les peuplent et plusieurs adresses utiles.

Fédération nationale pour la pêche en France *17, rue Bergère 75009* ***Paris*** *Tél. 01 48 24 96 00 www.federationpeche.fr*

Fédération du Calvados *18, rue de la Girafe 14000* ***Caen*** *Tél. 02 31 44 63 00 www.federation-peche14.fr*

Fédération de l'Eure *Avenue de l'Europe Immeuble Leipzig 412 27504* ***Pont-Audemer*** *Tél. 02 32 57 10 73 www.peche27.com*

Fédération de la Seine-Maritime *11, cours Clemenceau 76100* ***Rouen*** *Tél. 02 35 62 01 55 www.federationpeche.fr/76*

plaisance

La région compte près d'une dizaine de ports de plaisance et quelque 5 000 places. Autrefois réservé aux personnes aisées, le tourisme de plaisance tend à se démocratiser. La Fédération française de voile (FFV) et les trois centres labellisés "France station voile-nautisme" du littoral (Le Havre, Saint-Valery-en-Caux-côte d'Albâtre, littoral dieppois) peuvent vous renseigner sur les différentes formules à votre disposition : location de voilier habitable, sportif, ou d'un gréement traditionnel, sortie en mer d'une demi-journée, séance de découverte en famille, croisière en équipage durant un week-end ou une semaine... De son côté, l'école française de voile propose trois stages de formation à la haute mer : équipier (niveau 1), navigateur (niveau 2) et skipper (niveau 3).

Fédération française des ports de plaisance *17, rue Henri-Bocquillon 75015* ***Paris*** *Tél. 01 43 35 26 26 www.ffports-plaisance.com*

Fédération française de voile *17, rue Henri-Bocquillon 75015* ***Paris*** *Tél. 01 40 60 37 00 www.ffvoile.fr*

France Station Nautique *17, rue Henri-Bocquillon 75015* ***Paris*** *Tél. 01 44 05 96 55 www.station-nautique.com*

Écoles françaises de voile *Rens. sur le site de Fédération française de voile*

Météo marine *Tél. 0899 71 08 08 + n° du département (2,99€) www.meteofrance.com*

plongée sous-marine

Les nombreux clubs normands organisent des plongées "classiques" à la découverte des faune et flore sous-marines, mais aussi des plongées d'exploration des épaves du Débarquement (certaines sont accessibles dès le niveau 1). L'important avant de s'embarquer pour les fonds sous-marins est de s'assurer que le club choisi est affilié à la Fédération française d'études et de sports sous-marins

(FFESSM) ou à des fédérations américaines (Padi, Naui ou SSI). Ces dernières ont la réputation d'être orientées vers les débutants (formation courte) et de disposer de moniteurs compétents en matière d'environnement. Les formations données par la FFESSM tendent à s'adresser davantage à des plongeurs autonomes. Quel que soit votre état de santé, tous les clubs sont tenus de vous demander un certificat médical prouvant qu'aucune contre-indication ne s'oppose à ce que vous pratiquiez la plongée sous-marine.

Fédération française d'études et de sports sous-marins *24, quai Rive-Neuve Cedex 07 13284* **Marseille** *Tél. 04 91 33 99 31 www.ffessm.fr*

Ligue des pays normands *17, avenue Albert-Sorel 14000* **Caen** *www.ffessm-pays-normands.org*

randonnée pédestre

Rien de tel qu'une randonnée à l'intérieur des terres ou sur le littoral pour découvrir la richesse des paysages normands. Entre les GR® (sentiers de grande randonnée), comme le célèbre chemin des Douaniers qui longe les côtes normandes, les GRP® (grande randonnée de pays), destinés aux plus sportifs, et les PR® (promenade et randonnée), davantage orientés vers le grand public en raison de leur courte durée (2h à 6h), la Normandie a de quoi répondre à toutes les envies de marche et d'oxygène. Vous trouverez les cartes et les topo-guides utiles auprès de la Fédération française de la randonnée pédestre ou auprès de ses comités départementaux, dans n'importe quelle bonne librairie ou dans les offices de tourisme locaux.

Fédération française de la randonnée pédestre *64, rue du Dessous-des-Berges 75013* **Paris** *Tél. 01 44 89 93 90 www.ffrandonnee.fr*

Comité départemental de randonnée pédestre du Calvados *5, rue Charles-de-Coulomb 14120* **Mondeville** *Tél. 02 31 82 28 83 www.ffrandonnee14.com*

Comité départemental de randonnée pédestre de l'Eure *1ter, pl. du Général-de-Gaulle 27000* **Évreux** *Tél. 02 32 21 08 02 http://eure.ffrandonnee.fr*

Comité départemental de randonnée pédestre de la Seine-Maritime *43, quai du Havre 76000* **Rouen** *Tél. 09 53 82 34 96 http://seine-maritime.ffrandonnee.fr*

CARTES ET TOPO-GUIDES L'IGN propose de nombreuses **cartes de randonnée**. Entre les cartes au 1/25 000, au 1/50 000, au 1/100 000 et les séries "Plein Air" (entre 1/15 000 et 1/200 000), il n'y a que l'embarras du choix. De son côté, la Fédération française de randonnée pédestre édite plusieurs **topo-guides** détaillant les différentes régions et leurs itinéraires en Normandie.

IGN *50, rue de la Verrerie 75004* **Paris** *Tél. 01 43 98 85 10 www.ign.fr*

sports nautiques

VOILE LÉGÈRE Dotée de plusieurs centaines de kilomètres de côtes et de très nombreux lacs et plans d'eau, la Normandie se prête à merveille à la pratique de tous les sports de voile légère : planche à voile, catamaran, dériveur, etc. Parmi les très nombreux clubs recensés par la Fédération française de voile, la région compte aussi neuf centres labellisés "France station voile-nautisme" : Dieppe, côte d'Albâtre, Le Havre, estuaire de la Dive.

Fédération française de voile *17, rue Henri-Bocquillon 75015* **Paris** *Tél. 01 40 60 37 00 www.ffvoile.fr*

France Station Nautique *17, rue Henri-Bocquillon 75015* **Paris** *Tél. 01 44 05 96 55 www.station-nautique.com*

SURF Les spots de surf haut-normands les plus prisés se trouvent aux alentours d'Étretat, de Dieppe et de Pourville (Seine-Maritime).

Fédération française de surf *Plage nord 40150* ***Soorts-Hossegor*** *Tél. 05 58 43 55 88 www.surfingfrance.com*

Ligue de surf de Normandie *14bis, bd Deveau 50340* ***Siouville-Hague*** *Tél. 06 81 33 57 07 http://surfingnormandie.blogspot.fr*

North Shore Surf School *72, rue des Bains 14360* ***Trouville-sur-Mer*** *Tél. 02 31 88 99 94 northshore@voila.fr*

thalassothérapie

Il existe autant de cures (antistress ou antitabac, minceur ou remise en forme…) que de soins pratiqués (bains bouillonnants ou hydromassants, algothérapie, soins à la boue marine ou aquagym). Tout dépend de vos besoins en termes de santé et de votre envie. Pour y répondre, vous trouverez des centres de thalassothérapie à Deauville, Trouville, Cabourg. Notez qu'il est moins onéreux de loger en dehors du centre de thalassothérapie où les prix sont souvent élevés.

France Thalasso Le syndicat officiel de la thalassothérapie. *Tél. 05 59 51 35 03 www.france-thalasso.com*

Réseau allô thalasso *4, rue du Faubourg-Saint-Honoré 75008* ***Paris*** *Tél. 36 20 ou 01 53 21 86 11 www.allo-thalasso.com*

PRATIQUE

TRANSPORTS

transports collectifs

www.atoumod.fr Le site fédérateur de tous les moyens de transports des départements de Seine-Maritime et d'Eure.

www.commentjyvais.fr Ce site regroupe l'ensemble des possibilités de transports (collectifs et personnels) pour les trois départements du Calvados, de l'Orne et de la Manche, avec des informations sur les horaires, les perturbations éventuelles de trafic, etc.

réseau routier

La Normandie est quadrillée par un important réseau d'autoroutes, de routes nationales et départementales, si bien que l'automobiliste n'aura aucune difficulté à gagner les principales villes de la région. De Paris, l'autoroute A13 permet de rejoindre Rouen et Deauville. De Neufchâtel-en-Bray au Havre, l'autoroute A29 traverse la région d'est en ouest, reliée à l'A13 depuis 2015 par l'A150. L'un des orgueils de la région se dresse au-dessus de l'estuaire de la Seine : le pont de Normandie s'élance sur près de 2km au-dessus du fleuve pour rallier Le Havre et Honfleur, sans avoir à faire le détour jusqu'au pont de Tancarville. En dehors de ces grands

Tableau kilométrique

	Rouen	Le Havre	Étretat	Dieppe	Giverny	Évreux	Bernay
Le Havre	90						
Étretat	90	25					
Dieppe	65	110	85				
Giverny	65	130	145	130			
Évreux	55	120	135	115	40		
Bernay	75	75	95	125	90	50	
Deauville	95	45	70	130	135	100	60

axes, la Normandie compte de nombreuses routes départementales qui permettent de profiter du charme des campagnes en s'évitant le stress des grands axes routiers. Bien entretenues, elles n'ont pour défaut que leur étroitesse, qui impose de rester vigilant. Enfin, les sites touristiques n'étant pas toujours bien indiqués, une bonne carte évite de perdre du temps et de tourner en rond, cf. Cartes et plans (p.47).

location de voitures

En général, les sociétés de location se trouvent autour des gares SNCF. Pour obtenir le véhicule souhaité, il est prudent de réserver plusieurs jours à l'avance, surtout en été.

Ada *Tél. 3659 www.ada.fr*
Avis *Tél. 0821 230 760 www.avis.fr*
Europcar *Tél. 0825 358 358 www.europcar.fr*
Hertz *Tél. 0810 347 347 www.hertz.fr*
Rent A Car *Tél. 0891 700 200 www.rentacar.fr*
Sixt *Tél. 0820 00 74 98 www.sixt.fr*

L'Armada de la Liberté (p.66), dans une boucle de la Seine.

GEOREGION

VALLÉE DE LA SEINE

V

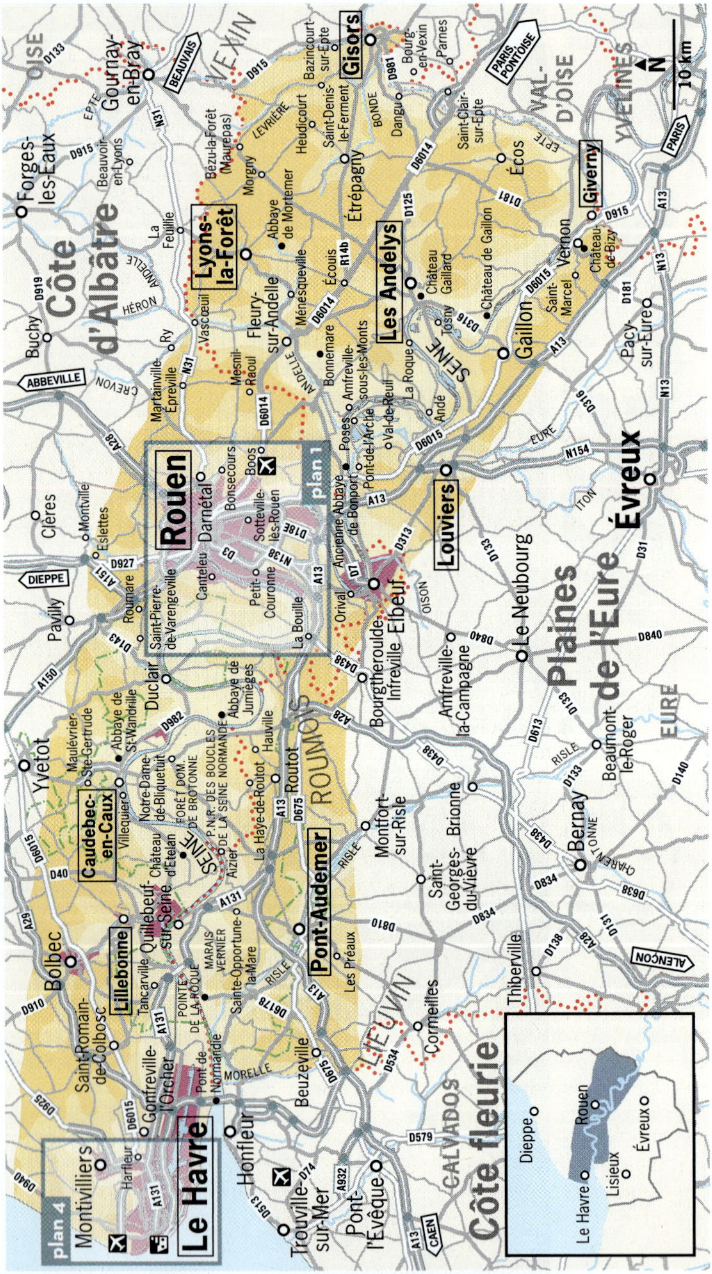
Côte d'Albâtre
Plaines de l'Eure
Côte fleurie
ROUMOIS
LIEUVIN
VEXIN
Le Havre
Rouen
Évreux
Louviers
Les Andelys
Lyons-la-Forêt
Gisors
Giverny
Pont-Audemer
Caudebec-en-Caux
Lillebonne
plan 1
plan 4
Montivilliers
Harfleur
Honfleur
Trouville-sur-Mer
Pont-l'Évêque
Beuzeville
Cormeilles
Thiberville
Bernay
Beaumont-le-Roger
Le Neubourg
Amfreville-la-Campagne
Bourgtheroulde-Infreville
Elbeuf
Orival
Montfort-sur-Risle
Brionne
Saint-Georges-du-Vièvre
Routot
Hauville
Bolbec
Yvetot
Pavilly
Clères
Buchy
Forges-les-Eaux
Gournay-en-Bray
Beauvoir-en-Lyons
La Feuillie
Ry
Martainville-Épreville
Vascœuil
Fleury-sur-Andelle
Ménesquevile
Écouis
Étrépagny
Heudicourt
Bazincourt-sur-Epte
Saint-Denis-le-Ferment
Bézu-la-Forêt (Maurepas)
Morgny
Abbaye de Mortemer
Bourg-en-Vexin
Parnes
Dangu
Saint-Clair-sur-Epte
Écos
Vernon
Château de Bizy
Saint-Marcel
Gaillon
Château de Gaillon
Château Gaillard
Tosny
La Roque
Andé
Val-de-Reuil
Pont-de-l'Arche
Poses
Amfreville-sous-les-Monts
Bonnemare
Mesnil-Raoul
Boos
Bonsecours
Darnétal
Sotteville-lès-Rouen
Canteleu
Petit-Couronne
La Bouille
Saint-Pierre-de-Varengeville
Roumare
Duclair
Abbaye de Jumièges
Abbaye de St-Wandrille
Maulévrier-Ste-Gertrude
Villequier
Notre-Dame-de-Bliquetuit
Château d'Ételan
Quillebeuf-sur-Seine
Tancarville
Saint-Romain-de-Colbosc
Gonfreville-l'Orcher
Pont de Normandie
Sainte-Opportune-la-Mare
La Haye-de-Routot
Aizier
Les Préaux
Pacy-sur-Eure
Montville
Eslettes
Ancienne Abbaye de Bonport
FORÊT DOM. DE BROTONNE
P.N.R. DES BOUCLES DE LA SEINE NORMANDE
MARAIS VERNIER
POINTE DE LA ROQUE
SEINE
EURE
RISLE
ANDELLE
EPTE
ITON
OISON
CALVADOS
OISE
VAL-D'OISE
YVELINES
ABBEVILLE
DIEPPE
BEAUVAIS
PARIS, PONTOISE
PARIS
ALENÇON
CAEN
A13
A28
A29
A131
A150
A151
N31
N154
N13
D6015
D6014
10 km
N
Dieppe
Le Havre
Lisieux
Évreux

★ ROUEN

76000

Pour embrasser d'un seul regard l'agglomération rouennaise, si vous le pouvez choisissez d'arriver par les hauteurs – la côte Sainte-Catherine, à Bonsecours, ou le belvédère de Canteleu. La "ville aux cent clochers" (en réalité une petite trentaine) se déploie dans la vallée de la Seine avec ses grues, navires et silos, mais aussi ses quais et rocades embouteillés. L'ouverture d'un sixième pont, baptisé Gustave-Flaubert – le plus long et le plus haut pont mobile d'Europe, dont les tabliers flottants autorisent le passage des bateaux lors de l'Armada – permet de mieux réguler le flot de véhicules. Sur la rive droite du fleuve, hérissée de clochers, s'étendent les rues médiévales du centre historique et leurs commerces sages ; sur l'autre, la ribambelle des anciennes villes ouvrières de l'agglomération, où se concentrent les industries, pétrochimie en tête. Sur les collines du nord, les cités-dortoirs des Hauts-de-Rouen semblent assister passivement au spectacle donné par la métropole normande.

DU COMMERCE, ENCORE DU COMMERCE Rouen est établie à une centaine de kilomètres de la mer sur un méandre de la Seine. Elle en a d'abord occupé la rive droite, protégée des inondations, contrairement à la rive gauche, longtemps restée marécageuse. De tout temps, le site a facilité le développement des activités humaines : le fleuve, large et calme en cet endroit, a permis l'établissement d'un port de commerce à mi-chemin de Paris et de la mer, et la topographie fait converger les voies de communication terrestres vers la ville. Fondée par les Romains au début du Ier siècle, la bourgade de *Rotomagus* subit les grandes invasions du IVe siècle. Incendiée par les Vikings en 841, Rouen devient, après la signature du traité de Saint-Clair-sur-Epte (911), la capitale du Norvégien Rollon, premier duc de Normandie. La conquête de l'Angleterre par les Normands, au XIe siècle, favorise l'essor commercial de la cité ducale, renforçant son importance stratégique. La prise de la ville par Philippe Auguste, en 1204, et le rattachement du duché à la France ne freinent pas sa croissance. Rouen doit toutefois faire face, du XIe au XIIIe siècle, à une succession de famines, puis à la peste noire de 1349. Les Anglais s'en emparent en 1419 et y brûlent Jeanne d'Arc en 1431. Reprise par les Français en 1449, Rouen se hisse, au XVIe siècle, au rang de deuxième ville du royaume grâce au développement des draperies, de la soierie, de la métallurgie, doublé d'une floraison artistique et architecturale.

DES FASTES DE L'ÈRE INDUSTRIELLE AUX MUTILATIONS DE LA GUERRE À Rouen, la révolution industrielle du XIXe siècle repose sur le textile, avec l'installation de nombreuses filatures dans les vallées du Cailly, du Robec et sur la rive gauche de la Seine. C'est ainsi que des cités ouvrières fleurissent au bord du fleuve et dans les vallées nord-est. C'est aussi l'époque où l'on construit des musées, un opéra, un théâtre ; Flaubert,

Maupassant et Monet deviennent des ambassadeurs de la ville, et les quais de Seine bruissent des pas des promeneurs et des notes échappées des guinguettes de l'île Lacroix. La Seconde Guerre mondiale va marquer Rouen à plus d'un titre. La ville choisit d'abord de se mutiler en juin 1940 en faisant sauter les quatre ponts qui la relient à la rive gauche de la Seine : elle espère ainsi tenir les Allemands à distance. Par mesure de représailles, ces derniers empêchent, une semaine durant, les pompiers d'intervenir pour éteindre les incendies allumés par les combats dans les quartiers situés entre la cathédrale et le fleuve. Mais le pire survient lors de la "semaine rouge", du 30 mai au 5 juin 1944 : les Alliés larguent 400 bombes de 1 tonne chacune sur la ville, faisant 1 500 morts, 40 000 sinistrés et laissant une cathédrale en flammes.

UNE VILLE EN QUÊTE D'UNITÉ Rouen et son agglomération mettront plusieurs décennies à se relever. La reconstruction qui suit la Libération respecte le plan d'urbanisme de la rive droite, tandis que des logements sociaux sont bâtis dans l'urgence sur la rive gauche (Sotteville-lès-Rouen, Saint-Étienne-du-Rouvray, Grand-Quevilly). Dans les années 1970-1980, on assiste à la démolition de vieux quartiers jugés insalubres et à l'avènement du béton roi, comme en témoignent certaines réalisations à l'esthétique discutable (tour des Archives et lugubres parallélépipèdes du Front de Seine, Théâtre des Arts). Parallèlement, de grands axes sont percés à travers toute la ville pour la livrer à l'automobile. Rouen, une grande cité ? Son patrimoine historique et architectural exceptionnel, son poids économique – premier port européen exportateur de blé, premier port de l'Union européenne exportateur de produits agroalimentaires, premier port français pour les produits papetiers et les engrais... – plaident en ce sens. Mais la ville de Rouen *stricto sensu* reste d'une taille relativement modeste (autour de 112 000 hab.) au regard de l'agglomération (Métropole Rouen Normandie), forte de 71 communes (près de 490 000 hab.). Surtout, toute la vie paraît se concentrer sur la rive droite de la Seine. La mise en service du tramway (appelé localement métro) dans les années 1990 et du réseau TEOR dans les années 2000 a certes rapproché certaines communes de l'agglomération du centre, et l'on projette de bâtir une gare sur la rive gauche, un vaste chantier prévu à l'horizon 2020-2025. Mais le "Grand Rouen", unifié et dynamique des deux côtés de la Seine, reste encore à réaliser. L'aménagement des quais, devenus piétons, et la réhabilitation des docks incitent plutôt les Rouennais à demeurer sur la rive droite.

MODE D'EMPLOI

accès

EN VOITURE

Nombre d'axes routiers et autoroutiers convergent vers Rouen. Le plus important est l'A13, qui longe les boucles de la Seine au départ de Paris et poursuit, après Rouen, vers Le Havre, Trouville-Deauville et Caen. Citons aussi l'A28, qui monte vers le nord-est (Abbeville, Amiens) et dont la branche sud relie Rouen à Alençon, l'A154/N154, qui descend au sud vers Évreux, et l'A151/N27, montant plein nord vers Dieppe.

Stationnement Des parkings relais ont été installés aux extrémités de la ville et à proximité des lignes de transport en commun (TEOR, métro), dont ceux de la place du Boulingrin et du Mont-Riboudet. Certains sont totalement gratuits, d'autres seulement avec un titre de transport du réseau Astuce. En centre-ville, le stationnement est limité à 2h ou 4h (horodateurs) sur les places payantes. Dans les parkings du centre, comptez sinon 2,50€/1h, 6,10€/3h.

EN TRAIN

L'axe principal est la ligne Paris-Rouen-Le Havre. Fréquentes liaisons quotidiennes Paris-Rouen (25 trains directs) et Le Havre-Rouen (21 trains). Le réseau TER dessert toute la Seine-Maritime et quelques villes de l'Eure (Bernay, Évreux, Vernon, Gisors).

Gare SNCF (plan 2, C1) *Pl. Bernard-Tissot Tél. 36 35 www.voyages-sncf.com www.ter-sncf.com*

EN CAR

VTNI Basée à Rouen, la compagnie Veolia Transport Normandie interurbain dessert les villes importantes de Seine-Maritime (Le Havre, Dieppe, Fécamp, etc.) et de l'Eure (Évreux, Pont-Audemer). *Tél. 02 32 08 19 75 www.vtni.fr www.bus-region.fr*

Gare routière (plan 2, B3) *Rue des Charettes*

www.atoumod.fr Le site fédérateur de tous les moyens de transports des départements de Seine-Maritime et d'Eure.

EN BATEAU

Le port de plaisance de Rouen, inauguré en 2008 à l'ouest du centre-ville, sur la rive droite, a été agrandi en 2013 pour proposer dorénavant 100 emplacements, et une gamme de services très complète pour les plaisanciers.

Capitainerie (plan 1, B1) *Bassin Saint-Gervais Darse Darillon (près du pont Flaubert) Tél. 02 35 08 30 59 www.rouenportdeplaisance.com*

orientation

La ville et son agglomération se déploient autour d'une boucle de la Seine en forme de cloche selon un axe nord-ouest/sud-est. La Seine coupe la ville en **rive droite** (le centre historique) et **rive gauche**. La vallée distingue la ville basse des cités-dortoirs et les zones résidentielles perchées sur les hauteurs et regroupées sous le nom des Hauts-de-Rouen. La cité même se concentre sur la rive droite (nord), la rive gauche abritant les banlieues ouvrières de Sotteville-lès-Rouen, Saint-Étienne-du-Rouvray, Oissel, Le Petit et Le Grand-Quevilly, Petit et Grand-Couronne. Les hauteurs de Rouen, au nord et à

Tableau kilométrique

	Rouen	Caudebec-en-Caux	Gisors	Giverny	Le Havre	Lyons-la-Forêt
Caudebec-en-Caux	40					
Gisors	60	120				
Giverny	65	95	35			
Le Havre	90	50	155	130		
Lyons-la-Forêt	35	80	30	50	120	
Pont-Audemer	55	35	120	95	45	85

l'est, accueillent des villes plus résidentielles comme Bonsecours, Bois-Guillaume, plus populaires comme Bihorel, plus étudiantes comme Mont-Saint-Aignan.

informations touristiques

Office de tourisme de Rouen (plan 2, C3) Il est installé face à la cathédrale dans un cadre prestigieux – l'ancien bureau des Finances de style Renaissance (début du XVIe s.), où Monet peignit une partie de la série des *Cathédrales*. Vous y trouverez une riche documentation (plans, circuits, etc.) et, à l'entrée, vous pourrez consulter le calendrier récapitulant tous les événements de la semaine – assez pratique en été, ceux-ci étant alors nombreux. *25, pl. de la Cathédrale Tél. 02 32 08 32 40 www.rouentourisme.com Ouvert oct.-avr. : lun.-sam. 9h30-12h30 et 13h30-18h ; mai-sept. : lun.-sam. 9h-19h, dim. et j. fér. 9h30-12h30 et 14h-18h*

Calendrier des fêtes et manifestations

Janvier	**Puces rouennaises** Antiquités, brocante, version hivernale. *Parc des expositions à Saint-Étienne-du-Rouvray Tél.* 02 35 18 28 28 www.pucesrouennaises.com
Avril-septembre	**Festival international Normandie impressionniste** Exposition d'œuvres de peintres impressionnistes au musée des Beaux-Arts de Rouen et dans divers lieux de la région normande. *Tous les 3 ans (2016, 2019...) www.normandie-impressionniste.fr*
Mai	**24h motonautiques** Rencontre sportive et championnat. *Sur la Seine Tél.* 02 32 18 79 10 www.24heuresrouen.com
	Fêtes Jeanne d'Arc Grande fête médiévale : marchés, banquet, animations dans les rues de la ville. *Tél. 02 32 08 69 71*
	Braderie de printemps Dans tous les quartiers de la ville.
Juin	**Viva-Cité** Festival de théâtre de rue. *À Sotteville-lès-Rouen Tél.* 02 35 62 65 70 *www.atelier231.fr*
	La Grande Armada Rassemblement de prestigieux vieux gréements qui draine plusieurs millions de visiteurs sur 11 jours. *Tous les 4 ou 5 ans Prochaine édition en 2019 www.armada.org*
Juillet	**Rouen sur mer** Ici aussi la plage s'installe en ville, précisément sur les quais rive gauche, entre le pont Corneille et le pont Boieldieu. Beach rugby, base-ball, escalade, roller, fitness, pétanque, dragon boat ou farniente, toutes les activités sont gratuites. *Début juillet-début août www.rouen.fr/rsm*
	Les Terrasses du jeudi Depuis le passage au millénaire, le jeudi soir en juillet rime avec musique. De place en place, des artistes sortent leurs instruments pour animer les rues piétonnes du centre. Une sélection sous le signe du meltingpot musical. *www.terrassesdujeudi.fr*
Septembre	**Puces rouennaises** Version hivernale automnale de ce rendez-vous incontournable. *Parc des expositions à Saint-Étienne-du-Rouvray Tél.* 02 35 18 28 28 www.pucesrouennaises.com
Octobre	**Fête du ventre et de la gastronomie normande** Marché thématique, dégustations. *Rue Rollon Tél.* 02 35 98 18 36 www.feteduventre.com
Octobre-novembre	**Foire Saint-Romain** Foire d'attractions. *Fin-oct.-fin-nov. Esplanade Saint-Gervais http://foirestromain.fr*
Décembre	**Rouen givrée** Patinoire devant la mairie, sports de glace, marché de Noël, village des enfants...

Pass En liberté En vente à l'OT : la carte "Mon pass En liberté" permet pour 10€ de bénéficier de tarifs avantageux dans près de 300 lieux : hôtels, commerces, cinémas, musée, restaurants... *www.monpassenliberte.com*

se déplacer en ville et alentour

BUS ET MÉTRO

Réseau Astuce La ville de Rouen et sa couronne sont bien desservies par le réseau Astuce, qui comprend deux lignes de **métro**, trois lignes **TEOR**, (T1 à T3) qui circulent sur des voies réservées, cinq lignes **Fast** (F1 à F5), structurantes pour le réseau, vingt-huit **lignes de bus régulières**, ainsi que des Noctambus et des services de navettes à la demande (Filo'R). Tarif normal 1,60€. *Tél. 02 35 52 52 52 ou 0800 649 649 (à la demande) www.reseau-astuce.fr*

VÉLO

Cy'clic Répartis sur une vingtaine de stations, 250 vélos sont disponibles à la location. Grâce au réseau de pistes cyclables bien développé, il est bien plus aisé et agréable de parcourir la ville sur un deux-roues – même si, pour rallier un certain nombre de lieux de visite, il vous faudra gravir d'abrupts coteaux (côte Sainte-Catherine, côte de Mont-Saint-Aignan, côte de Canteleu...) ! Attention, soyez attentif à ce que le vélo soit bien enclenché à sa borne lors de la remise, sinon vous serez débité au-delà du temps utilisé. Abonnement journée 1€, 30 premières minutes gratuites, de 30min à 1h 1€, de 1h à 1h30 2€. La location s'effectue directement aux bornes des stations. *Tél. 0800 087 800 http://cyclic.rouen.fr*

visites guidées

Rouen offre une telle densité architecturale que la ville se prête à toutes sortes de visites. Une promenade chemine dans les quartiers de la cathédrale, de Saint-Maclou et du Vieux-Marché, au fil de vingt-six sites historiques ; des panneaux bien documentés permettent d'apprécier pleinement la riche histoire et le patrimoine architectural de la capitale normande.

Visite audio guidée La meilleure manière de visiter la ville en flânant à son rythme. *Location auprès de l'OT Tarif 5€*

Visites thématiques Des circuits vous convient à mettre vos pas dans ceux de personnages célèbres : "Sur les pas de Jeanne d'Arc", "Sur les traces de Flaubert", "Marcel Duchamp, une balade à Rouen". *25, pl. de la Cathédrale Tél. 02 32 08 32 40 Brochures disponibles à l'OT*

Laissez-vous conter Rouen Des visites-découverte menées par des guides conférenciers vous invitent à approfondir vos connaissances sur l'extraordinaire richesse patrimoniale de la ville. *Durée des visites 2h Tarif 6,50€, réduit 4,50€*

Si t'es petit...

Le guide éducatif "Mahou la gargouille", conçu pour les enfants, fourmille d'anecdotes et de dictons propices à une découverte de la cité en famille. Le parcours à énigmes en dix étapes aiguisera le regard des "bézots" ("enfants" en patois cauchois). *Brochures disponibles à l'OT*

Partez, découvrez... Visites guidées du centre historique de Rouen (sam. à 15h) ou du monument juif (mar. à 15h), mais aussi des communes de l'agglomération, sous la conduite d'un guide conférencier. Sur réservation. *Durée 2h Tarif 7€, réduit 5€, moins de 12 ans gratuit*

Balades en calèche Visite du centre historique. *Tél. 06 22 48 42 53 (Benoît Farain) Ouvert avr.-juin : w.-e. et j. fér. ; juil.-août : jeu.-mar. ; déc. : mer. et sam.-dim. Départ toutes les 40min Tarif 5€, réduit 4€*

Croisière portuaire Balade commentée à la découverte du port à bord de la vedette *Lutèce*. Départ de mai à novembre le mercredi et le samedi à 14h. Réservation à l'OT. *Embarcadère Jehan-Ango 25, pl. de la Cathédrale (à proximité de l'espace des Marégraphes) Durée 1h15 Tarif 10€, réduit 7€*

marchés

Pas moins de dix marchés hebdomadaires, alimentaires pour la plupart, mais aussi beaucoup de brocantes – le péché mignon d'une ville qui abrite quantité de brocanteurs, d'antiquaires et organise de nombreuses "foires à tout".

☺ **Marché de la place Saint-Marc (plan 2, D3)** Pour la beauté du cadre et la richesse des étals. *Mar., ven., sam. 6h-18h, dim. 6h-13h30*

☺ **Marché des Emmurées (hors plan 2 par B4)** Rive gauche. Pour l'atmosphère populaire de la place éponyme et du quartier Emmurées-Saint-Sever. *Mar., jeu. et sam.*

Place du Vieux-Marché (plan 2, B2) *Sous les halles Mar.-jeu. et dim. 7h-13h, ven. 7h-18h*

Brocantes (plan 2, B4) *Place des Emmurées Jeu. 7h-18h* **(plan 2, D3)** *Place Saint-Marc Ven.-sam. 6h-18h*

urgences

SOS Médecins 76 *Tél. 02 35 03 03 30 ou 0 810 63 59 10 (N° Azur)*

Pharmacies de garde à Rouen *Tél. 02 32 08 04 30*

DÉCOUVRIR

Le centre-ville

☆ **Les essentiels** La cathédrale Notre-Dame, le Gros-Horloge, le musée des Beaux-Arts, l'aître Saint-Maclou **Découvrir autrement** Revivez le procès de Jeanne d'Arc à l'Historial, prenez-vous pour Claude Monet devant la cathédrale, faites une balade le long du Robec

Le quartier de la cathédrale

Il s'étend entre la rue Jeanne-d'Arc (à l'ouest), la rue de la République (à l'est), la rue Jean-Lecanuet (au nord) et les quais. Un peu moins agité que le quartier du Vieux-Marché (le sérieux imposé par la cathédrale, peut-être !) auquel il est relié par la très commerçante rue du Gros-Horloge (dite "rue du Gros"), ce quartier est aussi un peu plus commerçant et le piéton y a un peu plus droit de cité. Vous y découvrirez des rues inchangées depuis le Moyen Âge, telles la rue Saint-Romain et la rue Saint-Nicolas, et de paisibles places comme celles de la Calende et de la Cathédrale.

☆ ☺ **Cathédrale Notre-Dame (plan 2, C3)** "Dans l'océan de grenadine pâle à l'eau glacée, je vois danser une cathédrale rose, si paisiblement engloutie." Le Rouennais Philippe Delerm n'est que l'un des nombreux écrivains et artistes inspirés par ce joyau gothique. La première cathédrale, consacrée en 1063, fut ravagée par un incendie en 1200 et sa reconstruction dura du XIIIe au XVIe siècle. L'édifice en impose par ses dimensions (136m de long, une nef haute de 28m sous la voûte et une **flèche**, la plus haute de France, qui culmine à 151m) et par la richesse décorative de ses portails et de ses deux tours. Celle de droite, la **tour de Beurre**, fut ajoutée en 1507 par souci d'équilibre visuel. Pour financer sa construction, l'Église autorisa les Rouennais à consommer des produits laitiers (notamment du beurre) pendant le carême… moyennant une petite contribution. Les fonds réunis ne permirent toutefois pas de doter la tour d'une flèche, et elle reçut une simple couronne de pierre. Sur la façade nord se détache le magnifique **portail des Libraires**, avec ses médaillons sculptés de scènes de la Genèse ou de grotesques (figures mi-humaines, mi-animales) et son tympan figurant le Jugement dernier. À l'intérieur, on est d'emblée saisi par l'élévation de la nef, les vitraux du XIIIe siècle d'une chapelle du bas-côté gauche et, dans le bras nord du transept, par l'**escalier des Libraires** (1480) de style flamboyant. La chapelle de la Vierge, rebâtie en 1302, renferme une admirable *Nativité* de Philippe de Champaigne (1629) dans son retable baroque et de magnifiques tombeaux Renaissance, tel celui de Louis de Brézé (vers 1540) en transi veillé par sa veuve Diane de Poitiers. Les vitraux qui éclairent la chapelle représentent les seize premiers archevêques de Rouen. Terminez votre visite par la **crypte** romane : les fouilles menées dans les années 1930 ont livré un coffret contenant le cœur de Charles V, et son Puits de l'œuvre, datant de l'an 1000, fonctionne toujours. La cathédrale est mise en valeur les soirs d'été par une série d'**illuminations** projetées, comme autant de tableaux impressionnistes, sur sa façade. Après William Turner, Claude Monet et Roy Lichtenstein, ce monument rouennais continue d'inspirer les artistes. *Ouvert avr.-oct. : lun. 14h-19h, mar.-sam. 9h-19h, dim. et j. fér. 8h-18h (visite à partir de 14h après l'office, dernière admission à 18h) ; nov.-mars : mar.-sam. 9h-12h et 14h-18h, dim. et j. fér. 8h-18h (dernière admission à 17h)*

Historial Jeanne-d'Arc (plan 2, C3) Si le souvenir de la Pucelle d'Orléans est bien présent dans la ville, il manquait un lieu dédié à sa mémoire. C'est chose faite depuis 2015 et l'inauguration de ce musée dans l'ancien archevêché de Rouen, un site jusque-là inaccessible au grand public. C'est ici que Jeanne fut condamnée en 1431, puis réhabilitée lors d'un nouveau procès en 1456, et les locaux, grandioses, justifient à eux seuls la visite. Mais la scénographie est aussi remarquable, mêlant technologies pointues et plus classiques pour retracer la vie de la jeune femme avec, en point d'orgue, la reconstitution du procès de 1431. La visite se termine par la mythothèque, qui permet de s'interroger sur la place qu'a occupé Jeanne au cours des siècles dans l'imaginaire national. *7, rue Saint-Romain Tél. 02 35 52 48 00 www.historial-jeannedarc.fr Ouvert juin-sept. : mar.-jeu. et dim. 9h45-19h45, ven.-sam. 9h45-20h45*

☆ **Gros-Horloge (plan 2, B3)** Ce beffroi gothique, véritable emblème rouennais juché sur une arche Renaissance, enjambe la rue la plus commerçante de la ville. Après dix ans de restauration et de mise en valeur, le visiteur peut enfin le découvrir de l'intérieur. Il accueille également un musée du Temps, qui propose un parcours symbolique sur le temps du XIVe siècle à nos jours et invite à admirer la ville sous de multiples points de vue, qu'ils soient spatiaux (du haut du beffroi, des lucarnes…) ou temporels (Rouen au Moyen Âge, à la Renaissance…). Rythmé par le tic-tac virtuel d'une des plus vieilles horloges d'Europe, le voyage vaut le détour ! *Rue du Gros-Horloge Tél. 02 32 08 01 90 Ouvert avr.-oct. : mar.-dim. 10h-13h et 14h-19h ; nov.-mars : mar.-dim. 14h-18h Tarif 6€, réduit 3€, moins de 6 ans gratuit*

● Où craquer pour un cupcake ?

Cam's Cakes (plan 2, C2 n°69) Après avoir découvert le cupcake, ce petit gâteau très coloré et propre à toutes les interprétations, Camille Blot se prend de passion pour ce dessert, dont elle crée des recettes pour son site Internet. Remarquée par les internautes, elle remporte des concours et décide de consacrer ses prix à l'ouverture de sa boutique, chose faite en 2014 avec cette adresse très *girly*. Sucrés, salés, colorés, éditions limitées (pour Halloween, Noël, anniversaires, etc.) : faites votre choix ! *28, pl. des Carmes Tél. 09 86 22 02 62 Ouvert mar.-dim. 11h-19h*

● Où trouver de la faïence rouennaise, chiner vintage ?

Fayencerie Augy (plan 2, C3 n°61) Logé dans la rue médiévale Saint-Romain, l'atelier de M. Augy, dernier artisan faïencier de la ville, perpétue un artisanat intemporel : on peut y admirer les décoratrices peignant de délicats motifs et le fruit de leur travail – assiettes, cruches, lampes – fièrement exposé. À partir de 11€ (dé à coudre). *26, rue Saint-Romain Tél. 02 35 88 77 47 www.fayencerie-augy.com Ouvert mar.-sam. 9h-19h*

La Rose des Vents (plan 2, C3 n°66) La devanture de cette brocante-snack-salon de thé laisse rarement indifférent et pousse à entrer dans cette brocante spécialisée dans le design comme dans un cabinet de curiosités. Du mobilier signé au cocotier en plexiglas en passant par l'enseigne lumineuse Clairefontaine, objets et styles y font bon ménage et les amateurs de belles choses prendront un malin plaisir à admirer les pièces rassemblées là par Frédéric et Bertrand. Les prix n'étant pas affichés, n'hésitez pas à demander, vous pourriez avoir une bonne surprise. *37, rue Saint-Nicolas Tél. 02 35 70 29 78 Ouvert mar.-jeu. et sam. uniquement midi, ven. 12h-19h*

● Où faire un shopping déco ?

Karma (plan 2, C3 n°62) Des objets (cadres photos, mugs, lampes), et des meubles d'origines diverses composent l'atmosphère très colorée de cette petite boutique de la rue Saint-Nicolas. Une adresse idéale pour redonner du style à une décoration un peu terne, véritable cabinet de curiosité, mais très tendance… *24, rue Saint-Nicolas Tél. 02 35 15 53 24 www.karma-boutique.fr Ouvert mar.-ven. 11h-19h, sam. 10h-19h*

Mercadier (plan 2, C3 n°67) Distribution de grandes marques de papiers peints, de peintures (Little Greene, Farrow & Ball), de tissus (Toiles de Mayenne, Dominique Kieffer…), mais aussi des coussins, des paniers, des luminaires, des nappes aux motifs indiens et autres petits objets de décoration, triés sur le volet. Mercadier, c'est également une marque de béton décoratif, de peinture et d'argile naturelle pour murs et sols. *64, rue Saint-Romain Tél. 02 35 88 78 26 http://rouen.mercadier.fr Ouvert lun. 14h-19h, mar.-ven. 9h30-13h et 14h-19h, sam. 10h-19h*

Plan 1 Rouen, agglomération

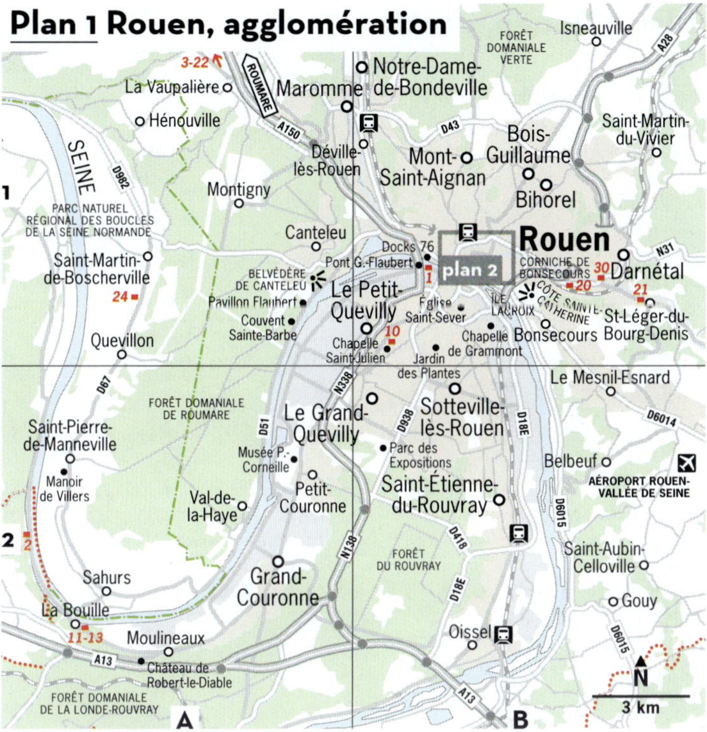

Café, lieux de sortie ■ **1 à 3**
La Batelière **p.93** ____ **2 A2**
La Brocherie **p.88** ____ **3 A1**
Le 106 **p.88** ____ **1 B1**

Restauration ■ **10 à 13**
Le Bellevue **p.93** ____ **13 A2**
Les Capucines **p.92** ____ **10 B1**
Mon village **p.92** ____ **11 A2**

Hébergement ■ **20 à 24**
Auberge de jeunesse **p.93** ____ **20 B1**
Camping de l'Aubette **p.95** ____ **21 B1**
Camping Les Nénuphars **p.96** ____ **22 A1**
Chambre d'hôtes Le Pressoir **p.96** ____ **24 A1**

Shopping ■ **30**
Cidrerie Ponpon **p.83** ____ **30 B1**

Pièce Unik-Atelier K (plan 2, C2 n°68) Postée au fond d'une cour, cette très belle boutique créée par Laurence Hébert, architecte d'intérieur, met en valeur les marques Caravane (canapés, coussins en toile imprimée, en lin ou en velours, linge de lit, luminaires), Sarah Lavoine (vaisselle, miroirs, appliques), Ressource (peinture), etc. Beau, original et… luxueux. *30, rue de l'Hôpital Tél. 02 35 98 59 81 Ouvert mar.-ven. 14h-19h, sam. 10h-12h30 et 14h-19h*

● Où boire un café, s'offrir un "tea time" ?

Brasserie Paul (plan 2, C3 n°3) Une grande salle lumineuse dont les banquettes cosy ont accueilli Guillaume Apollinaire, Marcel Duchamp et Simone de Beauvoir, et qui vaut surtout pour sa situation face à la cathédrale. Pour faire une pause et "sentir" la ville à tout moment de la journée. *1, pl. de la Cathédrale Tél. 02 35 71 86 07 Ouvert tlj. 9h-2h*

Plan 2 Rouen, centre

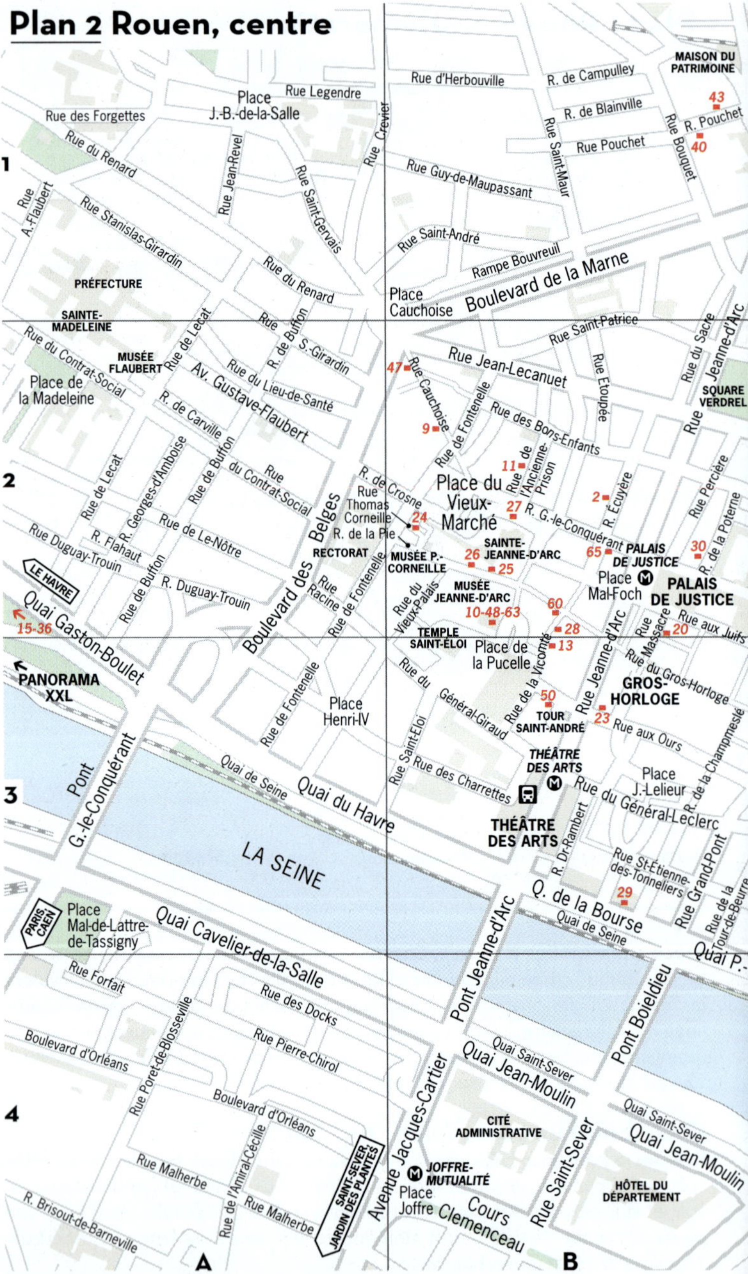

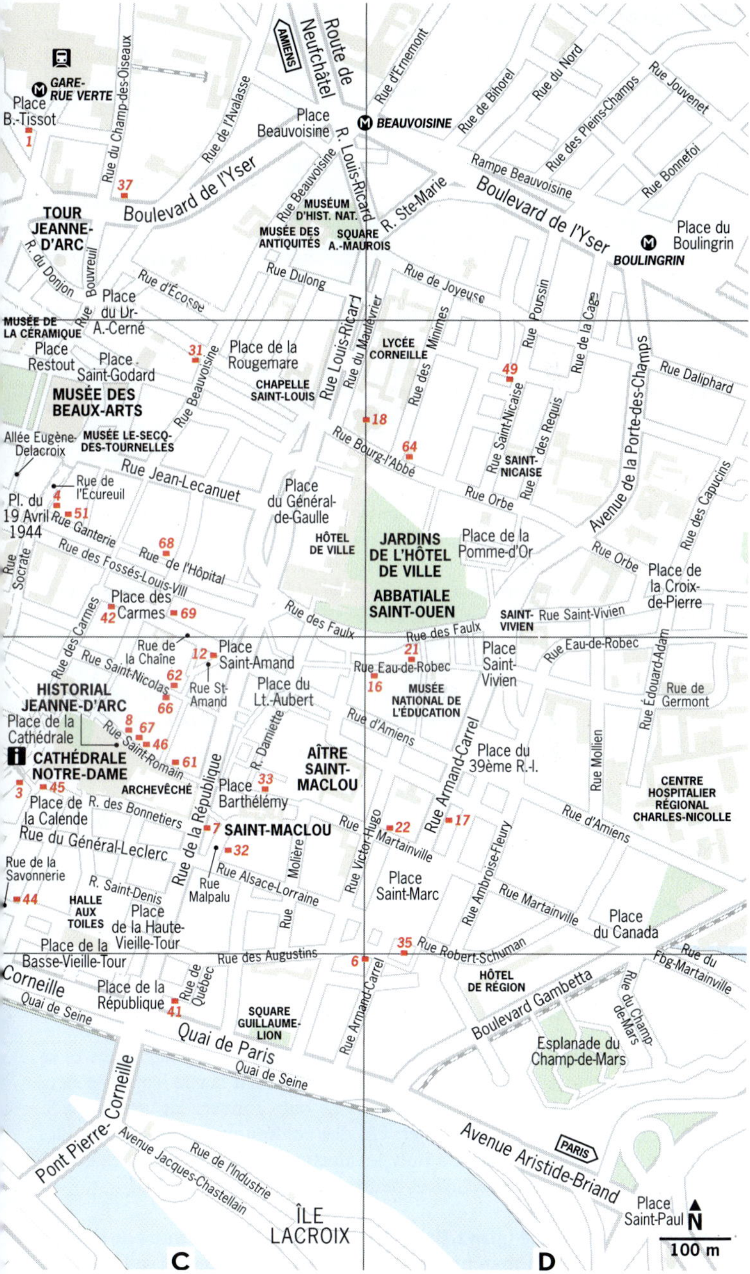

VALLÉE DE LA SEINE

Dame Cakes (plan 2, C3 n°8) Avant d'entrer, levez la tête pour jeter un coup œil à la façade et sa belle composition de métal, bois, pierre et verre. Pour l'anecdote, il s'agit de l'ancien atelier du ferronnier d'art Ferdinand Marrou (1836-1917), auteur des clochetons de la cathédrale. À l'intérieur, on découvre une jolie boutique façon maison de poupée où chocolats, bonbons, caramels et gâteaux sont disposés avec une précision d'horloger. Mais le réel intérêt de Dame Cakes réside dans son arrière-salle et son jardin intérieur, où vous pourrez déguster un thé ou opter pour l'une des multiples propositions salées ou sucrées d'une carte saisonnière. Formule déjeuner 15,90€. *70, rue Saint-Romain Tél. 02 35 07 49 31 Ouvert lun.-ven. 10h30-19h30, sam. 10h-19h30*

● Se prendre pour Claude Monet

Atelier de peinture (plan 2, C3) Le temps d'un cours (3h), entrez dans la peau de Monet en immortalisant à votre tour la cathédrale dans les mêmes conditions que le peintre lorsqu'il s'enfermait pour crée au cours des années 1892-1893. Pas d'inquiétude, une artiste peintre vous guide dans le maniement des pinceaux. Toute l'année, sur réservation, à partir de 60€. *Salle au-dessus de l'OT Tél. 02 32 08 32 46*

Le quartier du Vieux-Marché

Il est délimité au nord par la rue Jean-Lecanuet, au sud par les quais et la Seine, à l'ouest par le boulevard des Belges et à l'est par la rue Jeanne-d'Arc. Ses petites rues jalonnées de restaurants et de bars convergent vers la place sur laquelle Jeanne monta au bûcher. Un des cœurs touristiques de la ville, dont le rythme ralentit à peine la nuit, les noctambules passant le relais aux marchands des halles aux premières heures du jour.

Place du Vieux-Marché (plan 2, B2) À l'origine située hors les murs de Rouen, cette place accueille un marché depuis le XIe siècle. Elle conserve les ruines

JEANNE D'ARC AU BÛCHER
En mai 1430, Jeanne d'Arc est faite prisonnière par les Bourguignons à Compiègne, puis vendue aux Anglais. C'est à Rouen qu'a lieu son procès religieux : si Jeanne est condamnée pour hérésie, son souverain Charles VII perdra toute crédibilité et le jeune roi d'Angleterre pourra prendre sa place. Après avoir tenu tête au tribunal d'Inquisition et à l'évêque de Beauvais, Pierre Cauchon, la Pucelle est déclarée hérétique et, le 30 mai 1431, monte sur le bûcher, place du Vieux-Marché.

de l'église Saint-Sauveur, mais c'est surtout l'église Sainte-Jeanne-d'Arc, au toit de tuiles en forme de drakkar, qui marque les esprits par ses formes futuristes. Dessinée par Louis Arretche, elle fut inaugurée en 1979 par Valery Giscard d'Estaing. Elle arbore les vitraux du XVIe siècle – placés en lieu sûr en 1939 – de l'église Saint-Vincent, détruite en 1944, qui se trouvait sur les quais.

Palais de justice (plan 2, B2) Cet édifice monumental hérissé de pignons et de tourelles se déploie entre les secteurs de la cathédrale et du Vieux-Marché, sur le site du quartier juif rasé en 1306. Sa construction s'étala sur toute la première moitié du XVIe siècle, les deux bâtiments principaux étant la salle des Procureurs et le Parlement. Gravement endommagé par les bombardements de la Seconde Guerre mondiale (le toit de la salle des Procureurs ne fut restauré qu'en 1969), il en porte toujours de visibles cicatrices, même si le bâtiment a été entièrement rénové. À droite de la cour d'honneur, on découvre les vestiges de la Maison sublime. *Pl. Foch*

Maison sublime (plan 2, B2) Cette construction du début du XIIe siècle est aussi désigné sous le terme générique de "monument juif", car les historiens ne sont pas encore parvenus à déterminer sa destination – synagogue, école rabbinique ou encore résidence d'un riche notable ? –, et son mystère reste entier. Redécouverte en 1976, la Maison sublime nous rappelle que sous Guillaume Le Conquérant Rouen abritait la plus importante communauté juive du nord de la Loire, confirma ainsi sa place d'important centre intellectuel en Europe. Un vestibule mène à une salle de $70m^2$ dont les murs présentent des graffitis en latin et en hébreu, dont un, "Que cette maison soit sublime", a donné son nom l'édifice. Sur la base de deux colonnes ont été sculptés deux lions couchés sur le dos et un dragon en référence au psaume 91 : "Tu fouleras le lionceau et le dragon." Plus ancien monument juif d'Europe connu, le bâtiment se visite uniquement sur réservation. *Tél. 02 32 08 32 40 Visite tous les mar. et dernier ven. de chaque mois à 15h Réservation à l'OT*

Musée Flaubert et d'Histoire de la médecine (plan 2, A2) C'est dans ce pavillon de l'ancien hôtel-Dieu que logea de 1816 à 1846 le chirurgien Achille Flaubert et que naquit son fils Gustave en 1821. Outre la chambre natale de l'écrivain, on peut y voir une étonnante collection d'objets retraçant l'histoire de la médecine, de l'accouchement et de la petite enfance : deux cents pots pharmaceutiques en faïence, vingt moulages phrénologiques (études des bosses crâniennes) et un "mannequin d'accouchement". *51, rue Lecat Tél. 02 35 15 59 95 Ouvert mar. 10h-18h, mer.-sam. 14h-18h Tarif 4€, réduit 2€, moins de 18 ans gratuit*

Musée Pierre-Corneille (plan 2, B2) Collection d'éditions originales et de belles reliures, reconstitution d'un cabinet de travail du XVIIe siècle, dans la maison natale de l'écrivain. *4, rue de la Pie Tél. 02 35 71 63 92 Ouvert juil.-août : mer.-dim. 13h30-17h30 ; sept.-juin : mar.-ven. 13h30-17h30, sam. 9h-12h et 13h30-17h30 30, dim. 14h-18h Entrée libre*

Où savourer du chocolat ?

Auzou-Les Larmes de Jeanne d'Arc (plan 2, B2 n°60) Une fontaine de chocolat sur trois étages dès l'entrée, ça coule de source dans ce temple de la fève de cacao. Ici, le chocolat s'acoquine par petites touches avec mille et une sortes de douceurs (vanille, nougatine, amande, orange confite, etc.) : un vrai travail de pâtissier impressionniste. Spécialité : les "larmes de Jeanne d'Arc". À la belle saison, craquez pour un macaron glacé, autre délice maison. Deux autres boutiques. *163, rue du Gros-Horloge Tél. 02 35 70 59 31 Ouvert lun. 14h-19h15, mar.-sam. 9h15-19h15, dim. 9h-13h* **Auzou Macarons** *152, rue du Gros-Horloge Tél. 02 35 36 80 02* **Auzou Carmes** *69, rue des Carmes Tél. 02 32 18 68 62*

Le Cacaotier (plan 2, B2 n°65) Paris, Londres, Guatemala, Australie : l'apprentissage d'Hubert Masse l'a mené aux quatre coins du monde jusqu'à ouvrir une boutique à Rouen, après Enghein et Paris. Il fait partie des douze meilleurs chocolatiers français. Ses ganaches, en particulier, raviront le palais des plus fins gourmets. Ne manquez pas non plus sa pâte à tartiner, ni ses créations originales à Noël ou à Pâques. *5, rue Guillaume-le-Conquérant Tél. 02 35 62 71 06 Ouvert lun. 14h-19h, mar.-ven. 10h-13h et 14h-19h, sam. 9h30-19h30*

Où prendre un petit déjeuner ?

Citizen Coffee (plan 2, C2 n°4) À la croisée des différents quartiers du centre, à l'angle de la place du 19-Avril-1944, l'adresse idéale pour commencer la journée en douceur. Trois formules "petits déj." gourmands de 2,50 à 6€, dont celle avec une brioche façon pain perdu à se damner. Les cafés sont généreux, le jus d'orange pressé minute et on se sent un peu comme à la maison autour de sa grande table centrale, dans cette décoration industrielle des années 1950 qui n'en fait pas trop. *4, rue de l'Écureuil Tél. 02 35 71 49 42 Ouvert mar.-sam. 7h30-19h*

S'offrir un moment zen

Spa du Drap d'Or (plan 2, B2 n°63) Si la ville ne manque pas d'instituts de beauté, le spa du 5-étoiles Le Bourgtheroulde (p.95) joue dans la cour des grands et n'a rien à envier aux plus belles adresses parisiennes. Un espace de 700m², des murs en ardoise, un design épuré, cinq cabines de soin (dont une "duo") dédiées aux protocoles corps et visage Carita, Décléor et Les Sens de Marrakech, le tout articulé autour d'une majestueuse piscine taille XXL. Modelages corps de 59 à 122€, soins visage de 81 à 119€... Un conseil, réservez ! *Hôtel Le Bourgtheroulde 15, pl. de Bourgtheroulde Tél. 02 35 14 50 70 www.hotelsparouen.com Ouvert lun.-ven. 10h-20h, sam. 9h-20h, dim. 10h-18h30*

Le quartier de la gare

Il est délimité au sud par la rue Jean-Lecanuet, à l'est par la rue Louis-Ricard, et il est traversé par les boulevards de la Marne et de l'Yser, au flux automobile incessant. Passerelle entre les Hauts-de-Rouen et la ville basse – la rue

Jeanne-d'Arc, qui plonge vers le centre historique et les quais, offre une belle perspective –, c'est un lieu de passage où se mêlent, dans la journée, les voyageurs et les étudiants qui grimpent vers l'université de Mont-Saint-Aignan. Le soir… vous ne ferez certainement qu'y passer.

☆ **Musée des Beaux-Arts (plan 2, C2)** La réputation de ce musée consacré à l'art occidental du XVIe siècle à nos jours n'est plus à faire : sa collection est de l'avis général l'une des plus prestigieuses de France. L'itinéraire didactique aide à mieux se retrouver dans son foisonnement de tableaux, de sculptures, de dessins et d'objets d'art. Sont particulièrement bien représentées les grandes écoles de peinture du XVIIe siècle (le Caravage, Poussin, Rubens, Vélasquez) et du XIXe siècle, des romantiques, autour de Géricault, aux impressionnistes (Monet, Sisley, Renoir). En outre, un espace de 88m² est consacré à Marcel Duchamp (1887-1968), l'un des plus célèbres enfants de Rouen. Enfin, la façade du musée est mise en lumière… et en musique, les soirs d'été. *Esplanade Marcel-Duchamp (accès handicapés 26bis, rue Jean-Lecanuet) Tél. 02 35 71 28 40 http://mbarouen.fr Ouvert mer.-lun. 10h-18h Fermé j. fér. Tarif 5€, réduit 3€, moins de 26 ans gratuit Entrée libre le 1er dim. du mois (collections permanentes)*

☺ **Musée Le-Secq-des-Tournelles (plan 2, C2)** Installé dans la discrète église Saint-Laurent, il présente les quelque dix mille pièces de ferronnerie du IVe au XIXe siècle réunies par deux passionnés (Jean-Louis Le Secq des Tournelles et son fils Henri) et léguées à la ville en 1921. Tout ce que la main de l'homme a su créer à partir du métal rougi puis travaillé à façon est rassemblé ici : grilles, enseignes, heurtoirs, coffres, clés et cadenas, instruments pour tous les métiers, y compris… des outils de trépanation. Une très belle collection, mise en valeur par le cadre de l'église du XVIe siècle qui l'accueille. *Rue Jacques-Villon Tél. 02 35 71 28 40 http://museelesecqdestournelles.fr Ouvert mer.-lun. 14h-18h Fermé j. fér. Tarif 3€, réduit 2€, moins de 26 ans gratuit Entrée libre le 1er dim. du mois (collections permanentes)*

Musée de la Céramique (plan 2, C2) L'histoire de la faïencerie rouennaise du XVIe au XVIIIe siècle est retracée sur les trois étages de l'hôtel d'Hocqueville (XVIIe s.). Les techniques de fabrication, l'historique et l'évolution de la production locale sont bien sûr détaillés, mais c'est la finesse du travail de décoration de certaines pièces qui laisse pantois. *1, rue Faucon Tél. 02 35 71 28 40 http://museedelaceramique.fr Ouvert mer.-lun. 14h-18h Tarif 3€, réduit 2€, moins de 26 ans gratuit Entrée libre le 1er dim. du mois (collections permanentes)*

Tour Jeanne-d'Arc (plan 2, C1) Ce superbe donjon qui surprend le voyageur à la sortie de la gare est tout ce qui reste du château fort construit par Philippe Auguste en 1205. Jeanne d'Arc y fut emprisonnée de décembre 1430 jusqu'à son supplice, le 30 mai 1431. La tour abrite une exposition relatant l'histoire de la forteresse et du quartier. *Rue du Donjon /rue Bouvreuil Tél. 02 35 98 16 21 Ouvert lun. et mer.-sam. 10h-12h30 et 14h-18h, dim. 14h-18h30 Fermé j. fér. Tarif 2€, réduit 1€, moins de 18 ans gratuit*

Musée départemental des Antiquités (plan 2, C1) Logé dans un ancien monastère du XVIIe siècle, il raconte l'histoire régionale de la haute Antiquité au XVIe siècle à travers les découvertes archéologiques réalisées dans le département. On appréciera ses mosaïques gallo-romaines, ses objets d'art sacré du Moyen Âge (statuaire, orfèvrerie, ivoires), des meubles et tapisseries de la Renaissance, ainsi que ses collections d'antiquités égyptiennes et grecques. *198, rue Beauvoisine (cloître Sainte-Marie) Tél. 02 35 98 55 10 Ouvert mar.-sam. 13h30-17h30, dim. 14h-18h et le matin durant les vac. scol. Fermé j. fér. Tarif 4€, réduit 2,50€, moins de 18 ans gratuit*

Muséum d'histoire naturelle (plan 2, C1) Créé en 1834 et, à l'époque, destiné aux étudiants en médecine pour illustrer les cours de zoologie, de botanique et de pharmacie, ce lieu, rénové dans les années 2000, a conservé sa muséographie à l'ancienne et son ambiance d'un autre temps. Ce qui n'empêche pas un discours tourné vers la modernité, mais rend ce musée tout à fait insolite. Ne manquez pas ce voyage dans la deuxième plus importante collection française, riche de 800 000 pièces. Parmi les curiosités : la proue richement sculptée d'une pirogue maori du milieu du XIXe siècle, unique au monde. Aux plus jeunes, le Muséum distribue un petit livret de jeux, afin de les éveiller à la diversité de la faune normande. *198, rue Beauvoisine Tél. 02 35 71 41 50 Ouvert mar.-dim. 14h-17h30 Fermé j. fér. Tarif 3,50€, réduit 2,50€, moins de 18 ans et étudiant gratuit*

☺ Le quartier Saint-Maclou

Ce quartier calme, où il fait bon déambuler le nez en l'air, est délimité par les boulevards de l'Yser au nord, de Gambetta au sud-est, le quai de Paris au sud, et enfin les rues de la République et Louis-Ricard à l'ouest. Les attractions ne manquent pas : rues médiévales, antiquaires et brocanteurs, jardin de l'hôtel de ville, quartier Saint-Hilaire (souvenir d'un Rouen populaire avec ses maisons de guingois), quartier Eau-de-Robec, restauré sans excès, place Saint-Marc…

Église Saint-Maclou (plan 2, C3) Cet autre chef-d'œuvre du gothique flamboyant trône sur une belle placette arborée. L'église dédiée à saint Maclou (nom normand de saint Malo) et érigée au XVe-XVIe siècle sur des vestiges plus anciens a conservé ses vitraux d'origine – les autorités eurent la présence d'esprit de les démonter au début de la Seconde Guerre mondiale. Mais le conflit n'épargna pas l'édifice : une bonne partie du chœur, touchée par une bombe, est restée inaccessible au public pendant vingt-six ans. Le porche à cinq baies, les vantaux sculptés des portails et le buffet d'orgue Renaissance à deux niveaux sont de toute beauté. *Ouvert sam.-lun. 10h-12h et 14h-18h*

☆ **Aître Saint-Maclou (plan 2, C3)** Ce cimetière aménagé au lendemain de la grande peste de 1348 forme une vaste cour de 32m sur 48m, que cernent trois remarquables galeries à pans de bois du XVIe siècle (d'anciens ossuaires) et une quatrième du XVIIe siècle, au sud. Les trente et un piliers et les sablières qui rythment les façades sont ornés de symboles funèbres. *Entrée par le 186, rue Martainville Ouvert tlj. 9h-18h Entrée libre*

Rue Damiette (plan 2, C3) Amateurs de brocantes et autres antiquités se retrouvent dans cette petite rue piétonne reliant la place Saint-Barthélemy à celle du Lieutenant-Aubert. Difficile de ne pas être comblé en la matière, les professionnels se succèdent. N'oubliez pas de lever les yeux pour admirer les maisons traditionnelles normandes à colombages qui la bordent. Continuez jusqu'à la place Saint-Amand, puis tournez à droite et entrez dans la rue Eau-de-Robec. Celle-ci tire son nom du ruisseau qui alimentait autrefois les teinturiers.

Musée national de l'Éducation (plan 2, D3) Logé dans une splendide demeure du XVe siècle, ce musée retrace l'évolution de l'enseignement en France du XVIe siècle à nos jours : reconstitution d'une salle de classe, présentation de matériel scolaire et pédagogique et peintures sur ce thème. Pour tous ceux qui vivent dans la nostalgie de l'école ! Expositions temporaires. *Maison des Quatre-Fils-Aymon 185, rue Eau-de-Robec Tél. 02 35 07 66 61 www.reseau-canope.fr/musee Ouvert lun. et mer.-ven. 13h30-18h15, sam.-dim. 10h-12h30 et 13h30-18h15 Fermé j. fér. Tarif 3€, réduit 1,50€, moins de 18 ans gratuit*

Abbatiale Saint-Ouen (plan 2, C2) Cette église massive, à droite de l'actuel hôtel de ville, rivalise par ses dimensions (137m de long sur 26m de large) avec la cathédrale Notre-Dame. Construite du XIVe au XVIe siècle sur le site d'une abbatiale du VIIe siècle, elle compte parmi les fleurons du gothique français. Seule dénote la façade, achevée au XIXe siècle. L'édifice est particulièrement remarquable pour ses quatre-vingts verrières, une collection de vitraux dont les plus anciens (1325) illustrent la vie des saints et les plus récents sont dus à Max Ingrand (1960). Une visite en fin de journée, dans la lumière rasante du soir, révèle toute la beauté du lieu. *Ouvert mar.-jeu. et sam.-dim. 10h-12h et 14h-18h Entrée libre*

☺ **Quartier Saint-Hilaire (plan 2, D2-D3)** Pour découvrir un Rouen un peu moins touristique, nous vous proposons notre parcours "coup de cœur" dans l'ancien quartier des teinturiers et des toiliers (comptez env. 30min). À la sortie du jardin qui s'étend derrière l'abbatiale Saint-Ouen (côté église Saint-Vivien),

☺ Promenade du Robec, la nature en ville

Pour prolonger la balade du quartier Saint-Hilaire, faites la promenade du Robec qui, partant de l'église Saint-Hilaire (route de Darnétal), suit le Robec sur 2,8km (45min-1h). Au fil de ce parcours champêtre, vous rencontrerez l'ancienne teinturerie d'Auray, aujourd'hui auberge de jeunesse (p.93), ou encore le moulin de Pannevert, où sont organisées des ventes de pains cuits dans le four banal. Au passage, faites un saut au moulin Saint-Gilles, écomusée et siège du Centre d'histoire sociale de haute Normandie (CHS), association qui s'emploie à la sauvegarde du patrimoine industriel normand.

Centre d'histoire sociale de haute Normandie (CHS) *13, rue Saint-Gilles Tél. 02 35 08 08 41 www.expotec103.com Ouvert mars-nov. : 1er et 3e dim. du mois 14h-17h Tarif 2€*

les premières maisons à pans de bois apparaissent le long de la rue des Faux. Vous en découvrirez d'autres dans la rue Saint-Vivien, avant d'atteindre la fontaine de la Croix-de-Pierre, sur laquelle veillait jadis la statue de Marat. Prenez, en face, la rue Saint-Hilaire et, un peu plus loin à droite, la rue du Pont-à-Dame-Renaude, si étroite que ses très belles maisons à pans de bois se touchent presque. Dans certains greniers, dits "à étente", on mettait parfois à sécher les toiles et les draps fraîchement teints. La première rue à droite, la rue Eau-de-Robec, vous ramènera place Saint-Vivien puis vers le centre-ville.

● Où acheter une gourmandise 100% rouennaise ?

Biscuiterie Magdala-monastère des Bénédictines (plan 2, D2 n°64) Au nord du quartier Saint-Maclou, un monastère vous attirera par le silence monacal et l'odeur gourmande et régressive de l'amande qui s'en échappent. Les descendantes des Bénédictines l'ayant fondé en 1677 se sont lancées en 1936 dans la confection de biscuits au pur beurre de Normandie. À l'époque, l'initiative avait pour but de maintenir à flots l'édifice, coûteux à entretenir. Mais, aujourd'hui encore, les sœurs préparent quotidiennement palets, croquants et éventails, à l'orange, à la cannelle, à la poudre au chocolat. La recette ? Un secret bien gardé. À partir de 3,45€ le sachet. *14, rue Bourg-l'Abbé Tél. 02 35 71 92 60 Ouvert lun.-sam. 10h30-12h et 14h30-17h30*

● Où faire une pause ?

L'Espiguette (plan 2, C3 n°12) Une place pavée au calme et à l'ombre des arbres, quelques tables, chaises et bancs de bistrot en terrasse, des serveurs ultra-souriants… l'endroit est providentiel pour prendre un verre ou grignoter après une journée de balade dans le vieux Rouen. Et, pour les amateurs, ce sera aussi l'occasion de tester la Paillette, bière normande brassée depuis 1596. *25, pl. Saint-Amand Tél. 02 35 71 66 27 Ouvert mar.-sam. 12h-21h*

Le Son du cor (plan 2, D3 n°16) Au-delà de l'ambiance de ce bar historique bien connu des Rouennais, la terrasse donne sur un terrain de pétanque à l'ombre de grands arbres, ce qui ouvre de toutes nouvelles perspectives une fois les beaux jours venus. C'est le rendez-vous des habitants du quartier pour se retrouver et boire un verre, même – et surtout – le dimanche. *221, rue Eau-de-Robec Tél. 02 35 71 46 62 Ouvert Pâques-Toussaint : mar.-dim. 12h-0h*

● Où mordre dans une bonne baguette ?

Ma Boulangerie (plan 2, D3 n°17) Tenue par Christophe Cressent, Meilleur ouvrier de France, et son épouse, cette adresse est celle des fidèles Rouennais mais aussi des connaisseurs de passage dans la ville. Pains bio, tartelettes vanille ou citron ou encore brioche au chocolat blanc… Ici tout fait envie. Les amateurs apprécieront d'autant plus le rapport qualité-prix. Et la gentillesse du service est aussi à la hauteur. *44, rue Armand-Carrel Tél. 02 35 71 00 64 Ouvert mar.-sam. 7h-19h30, dim. 7h-13h30*

Les quais rive droite

Réhabilité au début des années 2000, les quais qui séparent le centre-ville de la zone portuaire et longe le fleuve ont été en partie rendus aux piétons et aux cyclistes, avec de nouvelles attractions : restaurants, clubs de sports, jardins…

Pont Gustave-Flaubert (plan 1, A1) Sixième et dernier pont de Rouen, cet ouvrage d'art inauguré en 2008 est, avec ses 86m, le troisième monument le plus haut de la ville et le pont levant le plus haut d'Europe. Son tablier double – d'une portée de 120m – se soulève à la verticale en douze minutes pour laisser entrer les bateaux de croisières accostant au terminal Guillaume-le-Conquérant. D'une longueur totale de 670m, il relie l'A150 et la rocade sud de Rouen.

Panorama XXL (hors plan 2 par A3) Inauguré fin 2014, cet espace se veut unique en France, redonnant vie aux panoramas, ces spectacles populaires au XIXe siècle. Placé au cœur d'une immense rotonde de 35m de hauteur, le spectateur est ainsi plongé complètement dans une œuvre thématique (Rome, Amazonie, Rouen 1431…), réalisée à 360° par Yadegar Asisi. Impressionnant. Dans les salles précédant le panorama, une exposition permet de replacer le spectacle dans son contexte historique, géographique, etc. *Hangar 2 Quai de Boisguilbert Tél. 02 35 52 95 29 www.panoramaxxl.com Ouvert mai-sept. : mar.-dim. 10h-18h ; oct.-avr. : mar.-dim. 10h-18h Tarif 9,50€, 6-18 ans 6,50€, moins de 6 ans gratuit Billet couplé Historial Jeanne-d'Arc 16€, réduit 11€*

DÉJEUNER AVEC VUE

Laissez-vous hypnotiser par le ballet des péniches le temps d'une pause **Au bureau** (p.91), brasserie installée dans un ancien bâtiment portuaire et qui vaut, surtout aux beaux jours, pour sa situation et sa belle terrasse en bord de Seine.

Musée maritime, fluvial et portuaire de Rouen (plan 1, B1) Étant l'un des premiers ports français, pas étonnant que Rouen ait voulu dédier l'un de ses musées à la marine. Direction le Hangar 13, au pied du pont Gustave-Flaubert, entrepôt qui accueillait autrefois les vins en provenance d'Afrique du Nord. Ne vous fiez pas à l'aspect un brin désuet de ce musée associatif. Les amoureux de la marine seront comblés par l'impressionnante collection de maquettes et objets retraçant l'histoire de la métropole normande et de son fleuve : plaisance et balisage de la Seine, chasse à la baleine, expéditions polaires Charcot, etc. *Hangar 13, Quai Émile-Duchemin Tél. 02 32 08 42 30 www.musee-maritime-rouen.asso.fr Ouvert mar.-ven. 10h-12h30 et 14h-18h, w.-e. et j. fér. 14h-18h ; oct.-avr. : mar.-ven. 10h-12h30 et 14h-17h, w.-e. 14h-17h Tarif 5€, moins de 18 ans 3,50€*

Où s'offrir une pause shopping, aller au cinéma ?

Docks 76 (plan 1, B1) Une structure Gustave Eiffel, un ancien hangar des Douanes... Le tout transformé, sous la houlette de l'architecte Jean-Marie Wilmotte, en un complexe alliant un centre commercial de 80 boutiques, 10 restaurants, 14 salles de cinéma et un parking (3h gratuites). Tout y est, même une vue imprenable sur les imposants haubans du pont Gustave-Flaubert. *Accès TEOR T1, T2 et T3 Arrêt Mont-Riboudet www.docks76.com* **Boutiques** *Ouvert lun.-sam. 10h-20h* **Cinémas** *Ouvert tlj. 10h-0h30*

Voir Rouen au fil de la Seine

Croisière portuaire (plan 1, B1) À bord de la vedette Lutèce, une balade commentée de la Seine et des installations portuaires. Vue exceptionnelle sur le pont Gustave-Flaubert et la cathédrale garantie ! Départ de mai à novembre le mercredi et le samedi à 14h15, durée 1h15. Tarif 10€, réduit 7€. *Embarcadère Jehan-Ango 25, pl. de la Cathédrale (à proximité de l'espace des Marégraphes) Tél. 06 27 28 29 03 www.normandie-croisieres.fr*

Les faubourgs de Rouen

Découvrir autrement Admirez les collections de cactées du Jardin des plantes, faites une balade panoramique sur la corniche de Bonsecours

La rive gauche

Passez la Seine par le pont Boieldieu et vous voilà dans le quartier Saint-Sever, porte de la "rive gauche". Ce vocable très général désigne, parfois avec un certain dédain, les communes de Sotteville-lès-Rouen, Saint-Étienne-du-Rouvray, Le Petit et Le Grand-Quevilly, Petit et Grand-Couronne. Cette partie de Rouen, moins bien lotie que sa consœur de l'autre rive, recèle néanmoins des trésors comme le quartier Saint-Sever/Emmurées, commerçant et populaire, et le Jardin des plantes, aux magnifiques collections végétales. Ce secteur gagne à être connu, mais attend depuis des années sa réhabilitation : pas étonnant que ses riverains lui donnent le qualificatif de "la belle mal-aimée". C'est là que se construira la nouvelle gare TGV de Rouen, qui permettra, en 2020 ou 2025, de relier la ville à Paris en 40min.

Église Saint-Sever (plan 1, B1) Elle fut érigée au XVIe siècle sur des marécages asséchés depuis : l'ancien nom du quartier, Emmendreville, signifie "méandre de ville". Elle fut agrandie en 1860 pour faire face à l'accroissement de la population de ce premier faubourg de Rouen. À découvrir à l'intérieur, les chapelles et verrières et une histoire documentée de la vie du faubourg. *3, rue d'Elbeuf Ouvert tlj. 10h-18h*

☺ **Jardin des plantes (plan 1, B1)** À la limite de Rouen et de Sotteville-lès-Rouen, ce jardin de 8ha est un lieu de repos bienvenu et un jardin botanique aux collections variées (roses normandes, cactées, arbustes à fruits décoratifs). Avec ses serres, ses volières et son orangerie, le Jardin des plantes remplit son office : vous faire oublier la ville. *Av. des Martyrs-de-la-Résistance* ***Sotteville-lès-Rouen*** *Ligne de bus n°7 (arrêt "Duffay") Ouvert été : tlj. 8h-19h45 ; hiver : tlj. 8h30-17h15 Entrée libre*

FRAC-Trafic (plan 1, B1) Face au Jardin des plantes, le Fonds régional d'art contemporain a installé son siège dans un bâtiment typique des années 1930, un ancien entrepôt de la Compagnie des tramways. Tout au long de l'année s'y succèdent des expositions monographiques ou thématiques sur l'art d'aujourd'hui. *3, pl. des Martyrs-de-la-Résistance* ***Sotteville-lès-Rouen*** *Tél. 02 35 72 27 51 www.frachautenormandie.org Ouvert mer.-dim. 13h30-18h30 Fermé j. fér. Entrée libre*

Chapelle Saint-Julien (plan 1, B1) Édifiée au XIIe siècle, ce très beau témoignage de l'art roman normand faisait partie intégrante d'un vaste domaine de chasse appartenant au roi Henri II Plantagenêt. L'intérieur est recouvert de remarquables fresques murales réalisées par des artistes anglais, inspirés par l'art byzantin, et représentant l'enfance du Christ. Ces œuvres, uniques dans la région, sont visibles le samedi après-midi ou lors d'événements culturels exceptionnels, baptisés "Inspirations de la chapelle Saint-Julien", dont le programme est à retrouver sur le site de l'association du même nom. *Rue de l'Esplanade Saint-Julien* ***Le Petit-Quevilly*** *http://lesinspirationsdelachapelle saintjulien.com Ouvert sam. 14h-17h*

Chapelle Sainte-Catherine de Grammont (ou Grandmont) (plan 1, B1) Cette petite chapelle, un peu perdue dans le quartier Grammont de Sotteville-lès-Rouen affiche un style roman rare dans l'agglomération. Ses murs portent encore les stigmates des inondations de la Seine. *Rue Henri-II-Plantagenêt* ***Sotteville-lès-Rouen***

● Faire des longueurs au bord de la Seine

Centre sportif Guy-Boissière (plan 2, C4) La piscine de l'île Lacroix, dont une partie est découverte, donne l'impression de nager dans un paquebot voguant doucement sur la Seine. Un bon endroit pour se libérer des pesanteurs de la ville. Tarif 3,70€, enfant 2,95€. *Île Lacroix Avenue Chastellain (accès par le pont Pierre-Corneille)* ***Rouen*** *Tél. 02 35 07 94 70 Horaires variables (téléphoner)*

● S'échapper à pied ou à vélo Les marcheurs trouveront auprès de l'office de tourisme de Rouen (p.66) une bonne documentation sur le réseau des sentiers, dont les descriptifs des Agglobalades : "la vallée du Cailly", "les Normands", "la vallée de l'Aubette", etc. Descriptifs également disponibles en téléchargement sur le site Internet. Pour les amateurs de VTT, deux clubs rouennais, VTT Rouen et Rouen Est V2T, organisent des sorties dans les forêts qui bordent la ville ou dans la campagne (pays de Caux, pays de Bray, forêt de Brotonne).

VTT Rouen Calendrier des sorties sur le site Internet. *Tél. 06 33 76 30 39 http://vttrouen.com*

Rouen Est V2T *Tél. 02 32 91 21 86 ou 06 76 95 11 14 http://rouenestv2t.free.fr*

La corniche de Bonsecours

Côte Sainte-Catherine et corniche de Bonsecours (plan 1, B1) L'un des meilleurs points de vue sur Rouen et sa proche banlieue. Un lieu qui a inspiré les impressionnistes (tel Monet et sa *Vue générale de Rouen*). ***Accès en voiture*** *Sur la rive droite, dir. sortie est de la ville ; à la fourche proposant Vernon-Paris à droite et la route de Bonsecours à gauche, prendre cette dernière ; au sommet de la côte aux multiples lacets, première à gauche et suivre la route de la corniche* ***Accès en bus*** *Ligne n°13 (arrêt "École de Hérédia") puis emprunter la route de la corniche*

● Où faire provision de cidre ?

Cidrerie Ponpon (plan 1, B1 n°30) Aux portes de Rouen, la dernière cidrerie artisanale de l'agglomération, en activité depuis 1935, propose les grands classiques : cidre, jus de pomme, pommeau, calvados et gelée de cidre. *20, route de Lyons* ***Darnétal*** *Tél. 02 32 12 03 02 Ouvert lun.-sam. 9h-12h et 14h-19h Fermé j. fér.*

La boucle de Roumare

Découvrir autrement Plongez dans l'enfance de Pierre Corneille au musée de Petit-Couronne, baladez-vous le long du chemin de halage sur les traces des impressionnistes à Sahurs avant d'embarquez pour une mini-croisière à bord du bac

De Rouen, prenez la direction de l'ouest, celle de la mer et de l'embouchure de la Seine. Repensez à cette phrase tirée du *Horla* de Maupassant, enfant de la région : "J'avais derrière moi, une des plus belles forêts de France, celle de Roumare, et devant moi, un des plus beaux fleuves du monde." Le fleuve aime dissimuler des trésors cachés qui ne s'exposent qu'au détour de ses méandres. Attention, pour passer sur la rive gauche, il vous faudra prendre le bac qui effectue la liaison Sahurs-La Bouille, dans le creux de la boucle de Roumare.

Musée Pierre-Corneille-Maison des Champs (plan 1, A2) Un musée à débusquer à l'entrée de Rouen. On y découvre un jardin potager et une demeure bourgeoise à pans de bois du XVIe siècle, que le célèbre dramaturge normand habita dans son enfance et reçut en héritage. Un mobilier d'époque, ainsi que des éditions rares et originales, des lettres et des gravures restituent son cadre de vie. *502, rue Pierre-Corneille* ***Petit-Couronne*** *(10km au sud du centre de Rouen via Le Petit-Quevilly) Ligne de bus n°6 (arrêt Porte des Tourelles) Tél. 02 35 68 13 89 www.museepierrecorneille.fr Ouvert mer.-sam. 10h-12h30 et 14h-18h ; dim. 14h-18h Tarif 3,50€, réduit 1,75€, moins de 18 ans gratuit*

Canteleu (plan 1, A1) Perchée sur la colline sud-ouest dominant la capitale normande, Canteleu offre un beau panorama sur la vallée de Rouen (stationnement possible près de l'église Saint-Martin). En bas de la ville, le couvent troglodytique Sainte-Barbe, un monastère creusé dans la falaise au XVe siècle, a conservé l'essentiel de ses pièces de fonction (chapelle, oratoire, cave à sel, dortoir, etc.). Mais ces terres sont avant tout marquées par le souvenir de Gustave Flaubert, qui écrivit son œuvre dans une propriété des bords de Seine dont il ne reste plus, aujourd'hui, qu'un pavillon. Quelques portraits de proches et des objets de son cabinet de travail y sont exposés, quant à la bibliothèque de son bureau, elle a été transférée à la mairie. *6km à l'ouest du centre de Rouen* **Couvent Sainte-Barbe** *75, quai Gustave-Flaubert Lignes de bus T50 ou n°9 (arrêt "Sainte-Barbe") Tél. 02 35 36 40 83 (Mme Allendit, association Arts et Échanges)* **Pavillon Flaubert** *Dieppedalle-Croisset 18, quai Gustave-Flaubert Tél. 02 76 08 80 88 Visite sur rdv*

Matmut pour les arts-centre d'Art contemporain (hors plan 1 par A1) C'est dans un château du XVIIe siècle que la célèbre société d'assurance rouennaise a choisi d'installer sa fondation pour les arts. Elle y accueille tous les trois mois une nouvelle exposition d'artistes connus ou en devenir, présenté sur deux étages. Ne manquez pas de parcourir le très beau parc de 6ha et ses différents jardins thématiques, son arborétum et ses sculptures monumentales, dont l'impressionnant *Très grand masque de gorille* de Quentin Garel. *425, rue du Château* ***Saint-Pierre-de-Varengeville*** *(13km au nord-ouest de Rouen par la D43) Tél. 02 35 05 61 73 www.matmutpourlesarts.fr Ouvert mer.-dim. 13h-19h Fermé j. fér. Entrée libre*

Abbaye Saint-Georges-de-Boscherville (plan 1, A1) Fondée en 1113 par Guillaume de Tancarville sur le site d'une collégiale du XIe siècle, cette abbaye bénédictine possède l'une des églises les plus représentatives du roman normand : un portail à décor géométrique, flanqué de deux tours ; une nef éclairée par deux étages de fenêtres hautes ; un vaste transept, ponctué d'une tour de croisée et dont les bras contiennent chacun une tribune ; un chœur voûté et une abside en cul-de-four. La salle capitulaire, achevée à la fin du XIIe siècle, est plus richement décorée : ses exceptionnelles statues-colonnes commentent la règle de saint Benoît et ses chapiteaux illustrent des scènes de l'Ancien Testament. Dans le parc, au pied des terrasses aménagées au XVIIe siècle par les Bénédictins de Saint-Maur, se dresse la chapelle des Chambellans du XIIIe siècle, unique vestige du logis des seigneurs de Tancarville. ***Saint-Martin-de-Boscherville*** *(12km à l'ouest de Rouen via Canteleu) Tél. 02 35 32 10 82 www.abbaye-saint-georges.com Ouvert avr.-oct. : tlj. 9h-18h30 ; nov.-mars : tlj. 14h-17h Tarif 6€ (avr.-oct.), 5,50€ (nov.-mars), réduit 4,50€ Visites guidées tous les dim. à 16h (15h hors saison)*

Manoir de Villers (plan 1, A2) Le contraste est saisissant entre le manoir néonormand réaménagé au début du XXe siècle – une imposante maison à pans de bois de deux étages, en brique et pierre blanche de Caumont et au toit de tuiles protéiforme – et le parc à la française tout en finesse. L'intérieur se découvre sous la conduite des Mery de Bellegarde, les propriétaires. La pièce phare est sans conteste l'antichambre où sont regroupés des tableaux, des meubles et une collection de porcelaines européennes du XVIIIe siècle. La visite se poursuit dans le parc de 4ha alternant jardins et enclos, clairière et pièce d'eau. ***Saint-Pierre-de-Manneville*** *(16km au sud de Rouen via Canteleu) Tél. 02 35 32 07 02 www.manoirdevillers.com Ouvert avr.-oct. : sam. 14h30-17h30, dim. et j. fér. 15h-18h30 Tarif manoir + parc 7€, 7-14 ans 3€, moins de 7 ans gratuit* **Parc** *Ouvert sam.-jeu. 14h30-17h30 Tarif 5€*

LA VIE DE CHÂTEAU
Coup de folie ! Offrez-vous une nuit dans l'une des trois chambres de charme du **manoir de Villers**, qui ouvrent sur les arbres centenaires et les parterres de cyclamens d'un parc à la française. Un petit bonheur à moins de 2h de Paris (chambre 150-170€, petit déj. 10€).

Sahurs (plan 1, A2) Bucolique à souhait, ce chemin de halage (3km) déroule une balade au calme le long de la Seine. Au départ du bac qui relie Sahurs à La Bouille, à pied ou à vélo, vous voilà sur les traces des impressionnistes, qui avaient l'habitude d'installer leurs chevalets sur ce sentier. Les lumières changeantes, les reflets du fleuve et la nature verdoyante inspirèrent notamment Alfred Sisley, qui y peignit nombre d'œuvres. Aujourd'hui, la même sérénité s'offre toujours au promeneur. *18km au sud-ouest de Rouen*

La Bouille (plan 1, A2) À sa façon, La Bouille a réussi à domestiquer la Seine : butant sur la courbe où s'est établie la ville, le grand fleuve s'assagit et ralentit sa course pour filer doux vers son prochain méandre ; et le bac peut ainsi chevaucher les flots d'une rive à l'autre plusieurs fois par jour sans être désarçonné. Les ruelles tranquilles, jalonnées d'édifices datant du XVe au XVIIIe siècle (la maison Louis XI, le logis Saint-Michel, l'église Sainte-Madeleine et les villas du quai), sont un lieu de promenade prisé des habitants de

BONNE BOUILLE
La Bouille fut une source d'inspiration pour les peintres (Turner, Sisley, Gauguin...) et les écrivains, dont Hugo ("Le fleuve se recourbe à nos pieds dans la plaine comme un grand fer forgé par un cheval géant, la Seine fait un superbe croissant") et Hector Malot, auteur de *Sans famille*.

la région. Si votre périple normand vous amène à traverser la Seine, faites-le de préférence à La Bouille. *20km au sud-ouest de Rouen*

Château de Robert le Diable (plan 1, A2) Dominant la rive gauche de la Seine (et l'A13), il fait partie de la ceinture de la forteresse qui protégeait Rouen au Moyen Âge. En 1418, les Rouennais le détruisent pour qu'il ne tombe pas aux mains des Anglais. Si le château a trouvé un second souffle à l'époque des impressionnistes, les deux guerres mondiales le replongeront dans l'oubli. Son rachat par l'agglomération de Rouen a permis de débuter des travaux de sécurisation et de réhabilitation du site, mais seuls ses abords sont accessibles (se renseigner au préalable). *Rue du Lieutenant-Jacques-Hergauld* ***Moulineaux*** *Tél. 02 32 76 44 96 (direction de la Culture) ou 02 32 08 32 40 (OT de Rouen) Visite extérieure uniquement*

● Grimper dans les arbres, s'initier à la spéléo

Espace Normandie Aventure (plan 1, A1) Cinq parcours pour prendre un maximum de hauteur en montant au plus haut des cimes, passer d'arbre en arbre et s'élancer d'une branche à l'autre. Mention spéciale au parcours conçu pour les enfants de 1,10 à 1,40m, avec tunnels, ponts tibétains, ponts de bois et tyroliennes format XS. Tarif enfant 14-18€, adulte 23€ (pour 2h30 de loisirs). *Val Saint-Léonard* ***Saint-Martin-de-Boscherville*** *(12km à l'ouest de Rouen via Canteleu) Tél. 06 71 17 36 03 www.espaceaventure.fr Ouvert avr.-juin, sept.-oct. : w.-e. 14h-19h ; juil.-août : tlj. 13h-19h*

Randoparc (plan 1, A2) En plus de ses 7 parcours aventures et de sa tyrolienne géante, Randoparc joue la carte des sensations fortes avec une plongée souterraine dans les grottes de Caumont. Vous serez accompagné d'un guide spéléo diplômé d'État qui vous conduira à travers l'usine allemande (une rivière

Les bacs de Seine-Maritime

Pour joindre l'utile et l'agréable, empruntez le bac qui vous déposera en quelques minutes d'une rive à l'autre de la Seine. Il existe huit points de passage entre Rouen et Le Havre, dont La Bouille-Sahurs. Gratuit, le service de bacs qui embarquera votre véhicule fonctionne toute l'année dès 4h30 à certains passages, et jusqu'à 0h, avec une fréquence allant de 10min à 40min selon les saisons et le lieu de passage.
Tél. 0800 876 876 Fiche horaires sur le site www.seinemaritime.fr

Principaux points de passage des bacs

Rive droite	Rive gauche
Sahurs (plan 1, A2)	La Bouille (plan 1, A2)
Duclair	Berville
Jumièges	Heurteauville
Port-Jérôme	Quillebeuf-sur-Seine

souterraine), le lac des dix échos, une mare de boue… Et bien d'autres surprises au bout de la torche. Tarif 1 parcours 11-14€, 2 parcours 17-18€. *Chemin du Stade* ***Caumont*** *(rive gauche de la Seine, à 24km de Rouen et 5km de La Bouille) Tél. 06 71 01 39 03 www.randoparc.com Ouvert avr.-oct. : 13h-19h*

CARNET D'ADRESSES

Lieux de sortie

Bars

Bar de l'Hôtel de Dieppe (plan 2, C1 n°1) Le bar de cet hôtel cossu se pose en référence des soirées calmes et de bon goût : banquettes moelleuses et un spécialiste des cocktails officiant sous vos yeux. ***Centre-ville*** *Pl. Bernard-Tissot (face à la gare) Tél. 02 35 71 96 00 Ouvert tlj. 19h30-23h*

Le Nash (plan 2, B2 n°2) L'ambiance de ce bar à tapas est telle qu'elle déborde souvent dans l'étroite rue Écuyère, tout près de la place du Vieux-Marché. Si l'intérieur n'a rien de particulier, c'est sa terrasse couverte qui attire les Rouennais. La musique étant tout ce qu'il y a de plus branché (tendance house), vos oreilles seront à la fête… ***Centre-ville*** *97, rue Écuyère Tél. 02 35 98 25 24 Ouvert mar.-sam. 18h-2h*

Le Saxo (plan 2, C4-D4 n°6) Un bar au look un peu country, avec ses poutres, boxes en bois et affiches des années 1950, où se pressent les couche-tard de tous âges. Une cave à whisky, une autre à cigares et des concerts ponctuels pour aborder avec sérénité les soirées prolongées. Le Saxo met un peu de chaleur dans un quartier plutôt tristounet le soir. ***Centre-ville*** *11, pl. Saint-Marc Tél. 02 35 98 24 92 Ouvert mar.-sam. 17h-2h*

Chester's Café (plan 2, C3 n°7) En plein centre, ce véritable paquebot de deux étages donne dans le chic et branché. Avant d'être happé par l'omniprésente musique lounge, il faudra montrer patte blanche au gardien du temple qui filtre les entrées. ***Centre-ville*** *44, rue de la République Tél. 02 35 07 15 93 Ouvert tlj. 20h-2h*

☺ **Le Vicomté (plan 2, B3 n°13)** S'il y a une *place to be*, c'est indéniablement celle-là : Rouennais de naissance ou d'adoption, tout le monde connaît ce bar située dans la rue (piétonne) du même nom. Pas de lettres criardes pour le repérer, juste de gros bacs de fleurs peints en orange et quelques tables en terrasse. Les volumes de l'entrée ont permis d'improviser un espace fumeur, quant à l'intérieur, aux dominantes rouge et anthracite et à la lumière tamisée, il accueille le bar, vite plein dès le vendredi soir. À noter : au sous-sol une salle de concert et au

Et aussi…

Bars, salons de thé
Brasserie Paul ____ 71
Dame Cakes ____ 74
Citizen Coffee ____ 76
L'Espiguette ____ 80

Shopping gourmand
Cam's Cakes ____ 70
Auzou-Les Larmes de Jeanne d'Arc ____ 76
Le Cacaotier ____ 76
Biscuiterie Magdala-monastère des Bénédictines ____ 80
Cidrerie Ponpon ____ 83

premier un restaurant. **Centre-ville** *70, rue de la Vicomté Tél. 02 35 71 24 11 Ouvert lun.-sam. 18h-2h*

La Boîte à bières (plan 2, B2 n°9) Un bar au format d'une boîte d'allumettes où ambiance et température montent rapidement. Brunes, blondes, rousses et ambrées ont les honneurs de cet établissement affichant une carte de 130 marques différentes (et même une canadienne) dont 14 bières à la pression. Addict au houblon, cette adresse est la vôtre ! **Centre-ville** *35, rue Cauchoise Tél. 02 35 07 76 47 www.laboiteabieres.fr Ouvert mar.-sam. 17h-2h*

L'Atrium du Bourgtheroulde (plan 2, B2 n°10) Difficile de ne pas être impressionné en pénétrant dans le bar du seul 5-étoiles de Seine-Maritime : volumes dignes d'une cathédrale, matériaux nobles, couleurs tendance et bar en marbre comme illuminé de l'intérieur... Clou de ce décor spectaculaire : une verrière ouvragée pour admirer le ciel, sans oublier le sol en verre laissant apparaître la piscine du spa et son jeu de lumières. À la carte de ce bar chic, des cocktails, évidemment, et une large proposition de whisky et bourbon qui ravira les amateurs. **Centre-ville** *15, pl. de Bourgtheroulde Tél. 02 35 14 50 50 Ouvert tlj. 9h-0h*

Salles de concert

L'Endroit (plan 2, B2 n°11) Succédant en 2015 au Chat vert, célèbre club de jazz rouennais, L'Endroit, s'il continue à accueillir quelques formations de jazzeux, s'ouvre à toutes sortes de musiques, puisqu'il propose aussi concerts de hip hop (soirées open mic, ouvertes à tous), cours de salsa, musiques actuelles, concerts classiques, etc. Déco et ambiance chaleureuses. **Centre-ville** *20, rue de l'Ancienne-Prison Tél. 06 28 34 35 45 Ouvert lun. et mer.-sam. 19h-2h et after sam. et dim. 6h-11h*

Chapelle Corneille (plan 2, C2-D2 n°18) Après de gros travaux de restauration, la chapelle baroque du lycée Corneille (1615) est devenue en 2016 une annexe de l'opéra de Rouen, aménagée pour accueillir de 600 à 700 personnes. La programmation se veut éclectique, proposant toutes sortes de musiques non amplifiées, de la Renaissance à nos jours. **Centre-ville** *4, rue du Maulévrier Tél. 02 35 98 74 78 www.operaderouen.fr*

Le 106 (plan 1, B1 n°1) Si, pour nombre de Rouennais, la rive gauche reste peu attractive, ils sont prêts à traverser la Seine pour lui. Son attrait ? Une programmation 100% musiques actuelles : pas d'exclu, pop, folk, rock, tango, hip-hop, reggae, blues, metal, tous les styles ont leur place. Pas étonnant que le 106 attire les groupes de la région, mais aussi des grands noms de la scène française et internationale. Avec ses deux salles de concert (1 100 et 320 places), son café, ses studios d'enregistrement, de répétition, de création graphique, etc., il répond à l'équation : découverte + apprentissage + création. **Faubourgs de Rouen** *106, quai Jean-de-Béthencourt Tél. 02 32 10 88 60 www.le106.com Ouvert lun.-ven. 13h-19h*

Boîte de nuit

La Brocherie (plan 1, A1 n°3) Une institution que cette boîte-restaurant qui programme disco et techno, R'n'B et zouk, panachant pistes de danse et coins intimes, salles bondées et terrasse accueillante. *1076, route de Duclair Saint-Thomas* **Roumare** *(à 15min du centre de Rouen par l'A150,* *sortie n°2 La Vaupallière puis suivre la route de Duclair) Tél. 02 35 33 14 14 www.la-brocherie.fr Ouvert ven.-sam. 23h05 Tarif 5-16€*

Restauration

À l'instar de villes comme Lyon et Strasbourg, Rouen possède d'excellentes tables et ses confréries de restaurateurs (Toques normandes, ordre des Canardiers) font tout pour promouvoir la gastronomie de la région. Les menus favorisent souvent la cuisine bourgeoise et des spécialités comme le caneton à la rouennaise, le pied-de-mouton rouennais, le soufflé normand, etc.

petits prix

L'(Antre) Parenthèse (plan 2, B2 n°30) Salades, soupes, pâtes, tartes salées et sucrées, des produits bio ou estampillés commerce équitable, des portions copieuses... ce café-restaurant est parfait pour une pause déjeuner roborative à petit prix. Formules de 11 à 13€ à savourer au calme, sur place, ou à emporter. ***Centre-ville*** *7, rue de la Poterne Tél. 02 35 89 58 11 www.lantreparenthese.fr Ouvert lun.-sam. 9h-18h30, dim. 11h-16h*

La Régalière (plan 2, B2 n°20) Une petite crêperie installée près de la place du Vieux-Marché depuis une quinzaine d'années et appréciée pour son cadre chaleureux, ses petits prix et ses crêpiers diplômés (formés à Vannes, s'il vous plaît !). Menu à 8,50€. Comptez environ 15€ à la carte. **Centre-ville** *12, rue Massacre Tél. 02 35 15 33 33 Ouvert mar.-sam. 11h30-23h*

La P'tite Ardoise (plan 2, D3-D4 n°35) Un lieu de rendez-vous très prisé des Rouennais : le café-brasserie est vaste et lumineux, la terrasse généreuse, la place Saint-Marc accueillante et à l'écart de la circulation. Cuisine de bistrot simple mais où tout est fait maison. Menu à 13€, carte env. 20€. ***Centre-ville*** *2, pl. Saint-Marc Tél. 02 35 70 46 40 Ouvert lun.-jeu. 7h30-19h30, ven.-sam. 7h30-22h*

prix moyens

Le Bistronome (plan 2, C2 n°31) Une rue en pente légèrement excentrée, un ancien bistrot de quartier des années 1930 repris par un jeune chef et qui remporte depuis un franc succès. La carte, réduite mais renouvelée toutes les semaines en fonction des produits du marché, attire une clientèle fidèle. Il suffit de lire les grandes ardoises au mur pour faire son choix, entre filet de sandre au miel et soja, ravioles à la ricotta, cocotte de volaille... Côté vin, la sélection est faite par la Cave Pierre Noble, située dix numéros plus haut dans la même rue. Formules midi à 10 et 13€, entrées et desserts 6-7€, plats 13-16€. ***Centre-ville*** *93, rue Beauvoisine Tél. 02 32 10 11 57 Ouvert lun.-mer. 12h-14h15, jeu.-sam. 12h-14h15 et 19h45-22h*

GAMME DE PRIX	RESTAURATION	HÉBERGEMENT
Très petits prix	moins de 10€	moins de 40€
Petits prix	de 10 à 20€	de 40 à 70€
Prix moyens	de 20 à 35€	de 70 à 100€
Prix élevés	de 35 à 50€	de 100 à 150€
Prix très élevés	plus de 50€	plus de 150€

☺ **Chez Riquette (plan 2, C3 n°32)** On est d'abord saisi par l'ambiance : la bande son, chanson française, le décor, celui d'un vrai bistrot où l'on imagine que chaque objet a son histoire et que les vieilles photos de famille sont vraiment de la famille. D'ailleurs, entre ces murs, on cuisine de mère en fils, dit-on. Le menu à midi est quasi imbattable : entrée, plat, dessert pour 12,50€. On peut trouver ce prix ailleurs mais, ici, la salade de gésier est assaisonnée comme il convient, l'osso bucco de dinde fond sous le palais et le flan aux pruneaux est de bonne facture. Une des meilleures adresses de Rouen pour la pause déjeuner. Autre menu 23€, carte 20-25€ env. Réservation conseillée. **Centre-ville** *102, rue Malpalu Tél. 02 35 08 04 65 Ouvert mar.-sam. 12h-14h et 19h-22h15*

Verrines et sens (plan 2, D3 n°21) Un restaurant-concept qui suit la mode de la verrine. Les jours de la semaine, une formule midi propose trois verrines salées et deux sucrées. Au choix : crème brûlée de foie gras et son pain d'épice, caviar d'aubergine gratiné à la crème de parmesan ou encore œuf cocotte aux pointes d'asperges. Ensuite, ce sera mousse de citron entrelacée de crumble coiffée de meringue, un tiramisu à la fraise ou une crème brûlée aux marrons glacés... Quelques exemples d'un programme qui permet de varier les saveurs. La carte est régulièrement modifiée, puisqu'elle suit les saisons et tout est fait maison. Formule midi 15,80€ (en semaine). Menus 18,50-22€. Carte 20-25€ env. **Centre-ville** *154, rue Eau-de-Robec Tél. 02 35 36 70 11 Ouvert mar.-sam. 12h-14h30 et 19h-23h*

La Petite Auberge (plan 2, D3 n°22) À deux pas de la place Saint-Marc, cette adresse mérite bien son nom : deux petites salles tout en longueur, au décor rustique, où les tables se touchent et où les plats sont simples et copieux, telles l'escalope de veau à la normande, l'andouillette flambée au calvados, la truite meunière ou l'aile de raie (beurre ou crème, l'alternative normande !)... sans oublier la spécialité du chef : les escargots, qui s'accommoderont avec la sauce de votre choix. Formule déjeuner à 13,80€, menus de 18 à 36,50€. **Centre-ville** *164, rue Martainville Tél. 02 35 70 80 18 Ouvert mar.-dim. midi et soir*

Le 6e sens (plan 2, B2 n°24) Ne vous arrêtez pas à la terrasse, le spectacle est à l'intérieur : cet établissement occupe les magnifiques salles voûtées d'un hôtel de ville inachevé du XVIIIe siècle. Dans les assiettes artistiquement présentées, une cuisine contemporaine et renouvelée tous les trois mois : asperges blanches et escargots de bourgognes, magret de canard à l'orange, paris-brest revisité par le chef... Menus à 19,50€ (à midi), 24, 34 et 45€. **Centre-ville** *2, rue Thomas-Corneille Tél. 02 35 88 43 97 Ouvert lun.-sam. 12h-14h et 19h-22h30*

Le Terre-Neuvas (plan 2, B2 n°25) La cadence du service rappelle les bateaux-usines des terre-neuvas, mais l'accueil reste chaleureux dans ce restaurant où le poisson est roi : blanquette de homard au cidre, pot au feu de cabillot, etc. Les papilles n'y résistent pas... Formule à 13,50€ à midi en semaine. Quatre menus de 18 à 30€, et plateaux de fruits de mer. **Centre-ville** *3, pl. du Vieux-Marché Tél. 02 35 71 58 21 Ouvert tlj. 12h-14h30 et 19h-22h30*

Le Bistrot Gourmet (plan 2, C1 n°37) Dans cet établissement bistronomique, la promesse est de manger bien dès la formule déjeuner à 13€. On y déguste notamment une terrine de foie gras maison, un gratin de poisson aux champignons, une mousse au chocolat noir. On y cuisine des produits frais, avec une carte qui varie en fonction des saisons. Aux quelques tables du rez-de-chaussée s'ajoute un espace un peu plus "cosy" d'une vingtaine de couverts à l'étage. Formule midi 12,90€, menus 16,90€ (en semaine), 22,90€ et 29,90€. À la carte, comptez de 18 à 30€ (2 plats). ***Centre-ville*** *90, bd de l'Yser Tél. 09 53 84 88 04 Ouvert lun.-mar. 12h-14h, mer.-sam. 12h-14h et 19h-22h*

Chez Philippe (plan 2, B3 n°23) C'est le resto des copains. Sur les murs, des photos de célébrités passées là, de Bernard Pivot à Elie Semoun. Dans l'assiette, tout le savoir-faire du chef, Philippe Molinié : carpaccio de noix de Saint-Jacques, parmentier de canard, moelleux au chocolat... Du haut de gamme, des prix raisonnables : l'adresse est connue des amateurs. Le patron innove et réveille les papilles, avec des saveurs étonnantes et des cuissons précises qui donnent un nouveau relief aux produits les plus classiques. Plat du jour 15€, formule 21€, menu 28€. Réservation conseillée. ***Centre-ville*** *5, rue aux Ours Tél. 02 35 71 36 10 Ouvert lun.-sam. 12h-14h30 et 19h-dernier client*

L'Enfant terrible (plan 2, C3 n°33) Ardoise du jour et menu renouvelé tous les mois, ce restaurant rouennais imaginé comme un bistrot chic fait parler de lui. Il séduit notamment par sa carte des vins mettant à l'honneur une cinquantaine de bouteilles. Le propriétaire, passionné d'œnologie, l'appelle son "jukebox" et saura vous indiquer le meilleur accord met-vin. Dans l'assiette, justement, on trouve une cuisine de bistrot remise au goût du jour. Goûtez, par exemple, l'inventif (et succulent) cheeseburger maison au pain artisanal. Menu complet à 23,50€. Également un brunch (15€) le dimanche. ***Centre-ville*** *234, rue de Martainville Tél. 02 35 89 50 02 www.lenfantterrible.fr Ouvert lun.-jeu. 12h-14h et 19h-22h, ven.-sam. 12h-14h et 19h-22h30, dim. 11h-14h*

Au bureau (plan 2, A2 n°36) Salades, nachos, flammenküches (11€), tartares (14-15€), carpaccios (16-17€)... Rien d'extraordinaire, mais on vient aussi, voire surtout Au bureau pour le cadre : un ancien hangar portuaire réhabilité. Dès les beaux jours, installez-vous en terrasse et admirez le va-et-vient des péniches. ***Quais rive droite*** *Espace des Marégraphes Quai de Boisguilbert Tél. 02 35 15 92 40 Ouvert jeu.-sam. 10h30-2h, mar.-mer. et dim. 10h-0h*

Chez L'Gros (plan 2, B2 n°28) À quelques pas de la place de la Pucelle, voici une institution, celle de la cuisine copieuse et roborative. Le patron, un vrai personnage, y sert des formules du midi à géométrie variable : plat du jour 11€, formule 2 plats à midi 15,90€, menus 25-30€. On déjeune ainsi, par exemple, d'une terrine maison, d'une andouillette rôti et d'une tarte au citron et basilic de bonne facture. On boit au verre, au pot (46cl) ou à la bouteille. À la carte, tartare de bœuf, huîtres, tête et ris de veau... L'été, une grande terrasse, que l'on ne soupçonne pas depuis la rue, accueille les clients. ***Centre-ville*** *42, rue de la Vicomté Tél. 02 32 83 57 23 www.chezlgros.com Ouvert lun.-ven. 12h-22h30*

prix élevés

La Couronne (plan 2, B2 n°26) LA table traditionnelle de Rouen est installée au cœur de la ville dans la plus vieille auberge de France (1345). Vous ne croiserez pas un Rouennais qui n'y ait pas dîné un jour et les avis sont unanimes et positifs, un gage de qualité. Trois menus : 25€ (midi), 37 et 52€. À la carte, le célèbre canard à la rouennaise (48€/pers.). S'il vous reste de l'appétit, succombez au soufflé, flambé à votre convenance au Cointreau ou au calva. Sur les murs, les portraits de clients de légende (Grace de Monaco, le dernier empereur d'Éthiopie, John Wayne, Sophia Loren, Jean-Paul Sartre) semblent envier votre repas, mais peut-être pas l'addition... un peu salée. **Centre-ville** *31, pl. du Vieux-Marché Tél. 02 35 71 40 90 www.lacouronne.com.fr Ouvert tlj. 12h-14h30 et 19h-22h30*

☺ **Le P'tit Zinc (plan 2, B2 n°27)** Un cadre chaleureux façon bistrot Belle Époque et un accueil personnalisé – le patron vient souvent s'assurer que tout va bien. Et que diriez-vous d'une entrecôte aux champignons des bois ou d'un confit de canard ? Repas à la carte : 35-45€ env. **Centre-ville** *20, pl. du Vieux-Marché Tél. 02 35 89 39 69 Ouvert lun.-sam. midi et soir*

Les Capucines (plan 1, B1 n°10) L'une des rares adresses sélectes de la rive gauche. Dos de bar rôti sur dos et crème d'herbes, croustillant de ris au veau et risotto décortiqué de homard en salade de vinaigre balsamique, charlotine au chocolat avec crème à la noisette torréfiée et autres délices à savourer dans la grande salle claire, l'un des petits salons ou sur la terrasse. Menus à 30, 38 et 57€. ***Faubourg de Rouen*** *16, rue Jean-Macé* ***Le Petit-Quevilly*** *(métro Place-du-8-Mai) Tél. 02 35 72 62 34 Ouvert mar.-ven. midi et soir, sam. soir, dim. midi Congés annuels 3 sem. en août*

prix très élevés

☺ **Gill (plan 2, B3 n°29)** "Terroir", voilà un mot qui revient sans cesse dans la bouche de Gilles Tournadre, chef "deux étoiles" salué par les guides gastronomiques. Et sa carte offre aux produits normands la plus belle des vitrines : royale de volaille à la crème mousseuse de châtaignes, aux écrevisses et aux champignons, Saint-Jacques rôties en salade, tronçons de sole dieppoise ou de turbot rôti aux girolles et petits oignons, poêlée de grosses queues de langoustine au chutney... Le cadre feutré met la soixantaine de convives dans les meilleures dispositions pour apprécier le savoir-faire de Maître Gilles, ce défenseur du patrimoine régional qui sait puiser dans un panier bien garni comptant même un timide vin blanc des environs de Saint-Pierre-sur-Dives. Entrées 25-30€, plats 35-45€, desserts 18,50€. Menus à 38,50€ (midi en semaine), 70 et 98€. **Centre-ville** *8 et 9, quai de la Bourse Tél. 02 35 71 16 14 www.gill.fr Ouvert mar.-sam. 12h-13h30 et 19h30-21h30 Fermé 2 sem. en fév. et 3 sem. en août*

Dans les environs

petits prix

Mon village (plan 1, A2 n°11) À l'angle d'une petite rue piétonne et de la placette principale de La Bouille, impossible de manquer sa façade aux stores rouges. Pas de grande cuisine, mais une place d'honneur pour les crêpes à la carte (de 5,50 à 13€), un service efficace, une terrasse avec vue sur la Seine et la possibilité d'y boire un café à toute heure. Mon village, c'est aussi un petit magasin d'alimentation générale avec un coin épicerie fine où l'on trouve de l'eau-de-vie de cidre. Menus de 9,90 à 19,90€. *1, rue du Dr-Magalon*

La Bouille Tél. 02 35 18 17 60 www.creprerie-monvillage.com Ouvert tlj. : horaires variables selon la saison

La Batelière (plan 1, A2 n°2) Sur la rive gauche de la Seine, la petite terrasse de La Batellerie est l'endroit rêvé pour une pause champêtre. Quelques tables et des platanes en guise de parasol... une douce sensation de plénitude s'installe, et l'on contemple le paysage et les péniches qui voguent paisiblement. On saisit alors pourquoi les impressionnistes ont écrit avec leurs pinceaux le dialogue entre la Seine et la lumière. Cuisine simple et maison, formules déjeuner à partir de 12,90€, menus à 20,30 et 26,50€. *72, quai de Seine* ***Caumont*** *(à 4km de La Bouille) Tél. 02 35 18 77 57 Ouvert mer.-jeu. et dim. 9h-18h30, ven.-sam. 9h-20h30*

prix moyens

Le Bellevue (plan 1, A2 n°13) À quelques pas de la maison natale d'Hector Malot, Le Bellevue ne peut pas mieux porter son nom : il offre un merveilleux panorama sur le fleuve. Selon la lumière du jour, on peut manger avec un tableau impressionniste vivant devant soi. Dans l'assiette, rouleau de printemps au lapin sirop d'érable et échalotes, filet de bœuf sauce au camembert, tarte chocolat-praliné caramel et beurre salé. Des produits de saison, et de la région, pour une halte des plus agréables. Après le repas, plaisante balade digestive le long de la Seine. Menus 19,50-31€. À la carte, comptez env. 25€ (2 plats). *13, quai Hector-Malot* ***La Bouille*** *Tél. 02 35 18 05 05 Ouvert tlj. 12h15-13h30 et 19h15-21h Fermé ven. midi et les 2 dernières sem. d'août*

Hébergement

très petits prix

Auberge de jeunesse (plan 1, B1 n°20) Une ancienne teinturerie datant de 1780, prolongée par une extension contemporaine, abrite l'auberge de jeunesse de la ville, ouverte à tous sans restriction d'âge. Une formule d'hébergement à prix doux, à 10min du centre en TEOR ou 30min à pied. Comptez 23,90€/pers. la nuit, petit déjeuner inclus en chambre double, familiale (4 lits) ou en dortoir. À ce tarif, s'ajoute l'adhésion obligatoire à la Fédération des auberges de France, à partir de 11€. ***Faubourgs de Rouen*** *"Le Robec" 3, rue du Tour Route de Darnétal (accès TEOR lignes T2 et T3, arrêt "Auberge de jeunesse") Tél. 02 35 08 18 50 www.fuaj.org*

petits prix

☺ **Le Vieux Carré (plan 2, C2 n°51)** À équidistance des principales places de la ville, ce petit hôtel de charme niché dans une maison normande propose 13 chambres à l'abri du brouhaha des rues piétonnes. Double de 62€ (sur cour) à 68€ (sur jardin). Le petit déjeuner (7,50€), copieux, s'articule autour de produits locaux. Aux petits soins pour vous, la maîtresse

GAMME DE PRIX	RESTAURATION	HÉBERGEMENT
Très petits prix	moins de 10€	moins de 40€
Petits prix	de 10 à 20€	de 40 à 70€
Prix moyens	de 20 à 35€	de 70 à 100€
Prix élevés	de 35 à 50€	de 100 à 150€
Prix très élevés	plus de 50€	plus de 150€

de maison s'occupe d'aller chercher pain et croissants à la boulangerie d'en face, mais pas avant que vous ne soyez assis, pour qu'ils arrivent tout chauds à votre table. L'établissement fait également salon de thé et les quelques tables de la cour sont prisées pour les apéros du jeudi soir. **Centre-ville** *34, rue de la Ganterie Tél. 02 35 71 67 70 www.hotel-vieux-carre.com*

Hôtel Beauséjour (plan 2, B1 n°40) Tout près de la gare, vingt chambres d'un bon rapport qualité-prix, dont certaines donnent sur une petite cour verdoyante. Bon point supplémentaire : l'accueil, plutôt chaleureux. Double 57€, petit déj. 6€. Accès wifi gratuit. **Centre-ville** *9, rue Pouchet Tél. 02 35 71 93 47 www.hotel-beausejour-rouen.fr*

Hôtel Andersen (plan 2, B1 n°43) Également voisine de la gare, cette maison du XIXe siècle, qui mériterait une rénovation, essaie de cultiver le charme à l'anglaise avec ses couleurs pastel et son breakfast généreux. Double basique à partir de 50€, petit déj. 7,80€. **Centre-ville** *4, rue Pouchet Tél. 02 35 71 88 51 www.hotelandersen.com*

prix moyens

Alive Hôtel de Québec (plan 2, C4 n°41) Ce petit 2-étoiles possède 38 chambres au cadre neutre. Un gros avantage : il est à la fois proche de la place Saint-Marc, des cinémas et à 10min à pied de la cathédrale via le quartier des antiquaires. Double de 62 à 78€ (offres sur le site Internet), petit déj. 9€. Parking 8€. Accès wifi gratuit. **Centre-ville** *18-24, rue de Québec Entrée principale au 43, rue des Augustins Tél. 02 35 70 09 38 www.hotel-rouen.com*

Hôtel Notre-Dame (plan 2, C3 n°44) À deux pas de la cathédrale et des cinémas, cet hôtel 3 étoiles cache derrière son cadre contemporain une page de l'histoire rouennaise : l'évêque Cauchon, qui condamna Jeanne d'Arc au bûcher, y résida jusqu'à sa mort. Vingt-huit chambres classiques, lumineuses et tranquilles. Double de 65 à 95€, petit déj. 12€. Accès wifi gratuit. **Centre-ville** *4, rue de la Savonnerie Tél. 02 35 71 87 73 www.hotelnotredame.com*

☺ **Hôtel des Carmes (plan 2, C2 n°42)** Coup de cœur pour cet établissement de charme situé sur l'accueillante place des Carmes, et qui date du XIXe siècle. Les 12 chambres sont si tranquilles et si douillettes qu'elles donnent envie de ronronner sous la couette. Le chat est d'ailleurs l'emblème de la maison. Double de 57 à 108€, petit déj. 8,50€. **Centre-ville** *33, pl. des Carmes Tél. 02 35 71 92 31 www.hoteldescarmes.com*

Hôtel Le Cardinal (plan 2, C3 n°45) On ne peut faire plus central : ce 2-étoiles se dresse exactement en face de la cathédrale, à deux enjambées de la rue du Gros-Horloge et du cœur commerçant de Rouen. Les 15 chambres, confortables, ayant toutes vues sur le monument, possèdent un style contemporain neutre mais sont toutes parfaitement confortables et équipées (rénovées en 2012). Double de 88 à 118€, petit déj. 9€. Wifi gratuit. **Centre-ville** *1, pl. de la Cathédrale Tél. 02 35 70 24 42 www.cardinal-hotel.fr*

Hôtel Dandy (plan 2, B2 n°47) Avec un tel nom, tout est dit : cet établissement installé dans une rue piétonne qui débouche sur la place du Vieux-Marché joue la carte "calme, confort et volupté" avec ses tentures, ses chandeliers, ses lits capitonnés aux matelas douillets, ses meubles de style et son bar au confort bourgeois. Double à 80, 92 et 105€, petit déj. 12€. Accès wifi. ***Centre-ville*** *93, rue Cauchoise Tél. 02 35 07 32 00 www.hotels-rouen.net*

☺ **Chambre d'hôtes La Boulangerie (plan 2, D2 n°49)** Coup de cœur pour cette maison d'hôtes à peine excentrée (métro Boulingrin). Vous serez accueilli par la bonne humeur d'Aminata. La maîtresse des lieux a su déployer talent et passion pour agencer les 3 chambres de cette ancienne boulangerie : la Levain, une mini-suite pour 5 personnes avec terrasse (92€ pour 2, 154€ pour 4), la Patte d'ours, mansardée et avec baignoire ouverte sur la pièce (77€), tout comme la chaleureuse Croissant (87€). Tout est dans l'originalité du détail. Même si vous ne passez pas la nuit ici, faites comme les habitués du quartier, prenez votre petit déjeuner au cœur de la boutique ou dans le jardin d'hiver... Pain chaud, viennoiseries, pain aux pommes, salade de fruits, café, thé, yaourt et pourquoi pas un petit tour du propriétaire, juste pour le plaisir des yeux. ***Centre-ville*** *59, rue Saint-Nicaise Tél. 06 12 94 53 15 www.laboulangerie.fr*

prix élevés

Hôtel de la Cathédrale (plan 2, C3 n°46) La légende veut que ce logis à pans de bois ait appartenu à un ami espagnol de Corneille... L'hôtel est également connu pour avoir accueilli Sartre. Il dispose de 26 chambres calmes et claires, d'une salle à manger typiquement normande et d'un patio tapissé de lierre. Double de 90 à 120€, petit déj. 11€. ***Centre-ville*** *12, rue Saint-Romain Tél. 02 35 71 57 95 www.hotel-de-la-cathedrale.fr*

Hôtel de l'Europe (plan 2, B3 n°50) Ce 3-étoiles bénéficie d'un emplacement central, à proximité de la station de métro Théâtre des arts, au croisement des transports publics de la ville. Deux gammes de chambres : les Traditions, au confort classique, et les Signatures, dont la décoration originale séduira les plus blasés. De sa terrasse végétalisée privative, la chambre "Atelier", par exemple, offre une vue unique sur la cathédrale de Rouen. On y découvre également des tableaux du peintre rouennais Daniel Authouart. Double de 119 à 179€. Petit déj. 15€. *87-89, rue aux Ours Tél. 02 32 76 17 76 www.h-europe.fr*

prix très élevés

Hôtel de Bourgtheroulde (plan 2, B2 n°48) En transformant cette ancienne banque en lieu de prestige, Rouen offre à la Seine-Maritime son premier 5-étoiles. Forcément, c'est un lieu d'exception : un palais Renaissance construit au début du XVIe siècle par Guillaume II le Roux. Deux petits bémols néanmoins au regard des tarifs affichés : les 78 chambres, déclinées en quatre niveaux de standing (de 225 à 380€), ne sont malheureusement pas aussi éblouissantes que l'extérieur du bâtiment, et le service et le personnel manquent parfois de réactivité. Également, un restaurant gastronomique. ***Centre-ville*** *15, pl. de la Pucelle Tél. 02 35 14 50 50 www.hotelsparouen.com Restaurant Ouvert ven.-sam. uniquement soir*

Dans les environs

campings

Camping de l'Aubette (plan 1, B1 n°21) Situé en pleine campagne, il est lui aussi en liaison directe avec le centre de Rouen (ligne n°20, arrêt Mairie) et dispose de 56 emplacements. Tente, caravane ou camping-car : 9,50€/2 pers. *23, rue du Vert-Buisson* ***Saint-Léger-du-Bourg-Denis*** *(8km à l'est de Rouen) Tél. 02 35 08 47 69*

Camping Les Nénuphars (plan 1, A1 n°22) Ce terrain de soixante emplacements bénéficie de la proximité de la forêt de Roumare et de la base de loisirs de Jumièges. Emplacement tente + voiture + 2 pers. 13,50€, avec une caravane 18€. *765, route des Deux-Tilleuls* ***Roumare*** *(15km au nord-ouest de Rouen) Tél. 02 35 33 80 75 www.camping-les-nenuphars.com*

prix moyens

Chambre d'hôtes Le Pressoir (plan 1, A1 n°24) Il règne ici un parfum de quiétude. Entre septembre et novembre, on peut même entendre le brame des cerfs qui peuplent la forêt de Roumare. Les deux chambres du Pressoir (65 et 75€, petit déj. inclus) ont été aménagées dans une ancienne longère modernisée où les propriétaires ont mille et une petites attentions pour leurs hôtes : assortiment de parfums dans la chambre du rez-de-chaussée, assortiment de thés dans celle du premier. Quant au cadre, il est enchanteur, avec le marais Saint-Martin au fond du jardin, à peine caché par des tilleuls, chênes, frênes et saules devant lesquels les chevaux aiment s'ébrouer en toute liberté. *108, route de Brécy* ***Saint-Martin-de-Boscherville*** *(12km à l'ouest du centre de Rouen) Tél. 02 35 32 34 45 http://le.pressoir.pagesperso-orange.fr*

LOUVIERS

27400

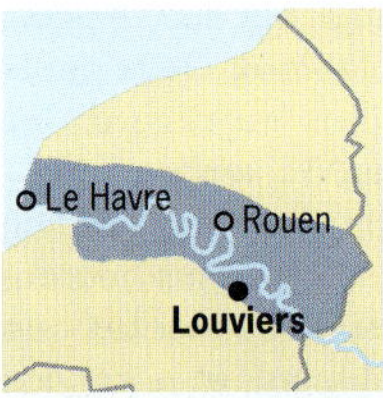

Le dieu Janus aurait aimé Louviers et son double visage. Au premier abord, la ville, pratiquement rasée par les bombardements de juin 1940, apparaît affublée d'une architecture sans âme héritée des années 1950. Mais l'exubérante "cathédrale" et les maisons à pans de bois des ruelles pavées qui courent le long de l'Eure corrigent cette impression et rappellent que la confection de draps de laine fit la richesse de Louviers pendant près de neuf siècles. La dernière filature a fermé en 2002, reléguant tristement la tradition drapière au musée municipal.

MODE D'EMPLOI

accès

EN VOITURE

La ville de Louviers est perchée sur un méandre de la Seine, 33km au sud de Rouen par la D6015 ou par l'A13 (sortie 2), et environ 25km au nord d'Évreux.

EN TRAIN ET EN CAR

La gare SNCF la plus proche est celle du Val-de-Reuil (ligne Paris-Rouen, env. 1h10), à 9km, reliée à Louviers par les lignes de cars Transbord n°1 et n°2. Cette compagnie dessert par ailleurs toutes les villes voisines de Louviers (Acquigny, La Haye-le-Comte, Val-de-

Reuil, Léry, Pont-de-l'Arche...). Autre ligne, celle de VTNI, autocar rapide qui relie Évreux à Rouen en une heure avec un arrêt à Louviers.

Transbord *6, rue de la Laiterie Tél. 02 32 40 44 44 www.transbord.fr*

VTNI *Tél. 02 32 08 19 75 www.bus-region.fr www.vtni76.fr*

orientation

Un bras de l'Eure traverse la ville dans le sens nord-sud. Le centre se love entre ce bras de rivière et la forêt de Louviers.

informations touristiques

Office du tourisme Seine-Eure *10, rue du Maréchal-Foch Tél. 02 32 40 04 41 www.tourisme-seine-eure.com Ouvert lun.-sam. 9h30-12h30 et 14h-18h*

fêtes et manifestations

Louviers plage En plein cœur de l'été, la ville prend des airs festifs et propose un programme d'activités sportives et culturelles pour les petits et les grands. *Mi-juil.-mi-août*

DÉCOUVRIR

Découvrir autrement Baladez-vous dans la vieille ville de Louviers, berceau d'une industrie drapière jadis florissante, promenez-vous aux abords des roches d'Orival et du château bâti par Richard Cœur de Lion, allez encourager les artistes en résidence du moulin d'Andé

Louviers

Les bombardements de juin 1940, qui ont détruit 80% de la ville, ont épargné quelques "monuments" du vieux Louviers, quartier traversé par vingt et un bras naturels ou artificiels de l'Eure qu'enjambent de petits ponts et que bordent des berges gazonnées. La **rue Terneaux** a conservé ses vieilles maisons de tanneurs et de drapiers, reconnaissables aux claires-voies des "greniers à étentes" où séchaient jadis les draps de laine. Au n°18 de la longue **rue du Quai** se remarquent un bel hôtel particulier du XVIIIe siècle et le jardin de Bigard. La maison du XVIe siècle qui s'élève au n°41 de la **rue des Grands-Carreaux** hébergea le Parlement de Normandie en 1562 alors que les huguenots étaient maîtres de Rouen.

LA GRANDE BOUFFE

L'église Notre-Dame abrite deux statues bizarres, l'une sur un pilier du chœur, l'autre sous le porche. Ces "bonhommes Louviers" ou "maqueux de soupe" (en cauchois, "maquer" signifie "manger") incarnent l'amour immodéré de la table que l'on prête aux Lovériens. En 1591, un lieutenant d'Henri IV, Biron, se serait emparé sans difficulté de la ville, la garnison locale étant tout à son repas...

☺ **Église Notre-Dame** Sa triple rangée de pinacles domine tout le centre-ville. Cet édifice construit du XIIIe au XVIe siècle, et récemment restauré, témoigne autant de l'évolution de l'architecture gothique que de l'opulence de la "Venise industrieuse". Pas étonnant que les Lovériens l'appellent "notre cathédrale". Passé le porche sud (XVe s.), au luxuriant décor flamboyant, le visiteur découvre la nef, superbe avec ses gros piliers normands sur les chapiteaux desquels se dressent les douze apôtres, sa belle loggia Renaissance, ses vitraux des XVe et XVIe siècles dus aux meilleurs peintres-verriers de l'époque et ses nombreuses statues votives (Notre-Dame de Délivrance, sainte Marguerite terrassant le dragon). Les grandes orgues, classées (3 138 tuyaux et 49 jeux), proviennent de l'abbaye de Bonport. *Angle des rues du Quai et Pierre-Mendès-France*

Cloître des Pénitents Seul bâtiment religieux en Europe à être bâti sur l'eau, ce couvent médiéval consacré en 1646 aligne ses superbes arcades le long de l'Eure. Il mérite son nom de cloître à double titre : à l'origine, il isola du monde séculier douze "pénitents du Tiers-Ordre de Saint-François" qui furent chassés à la Révolution, et devint une maison d'arrêt et de correction qui ferma ses portes au milieu du XXe siècle. Il accueille, depuis 1990, une école de musique. Le bâtiment a été restauré et augmenté d'une étonnante façade contemporaine, réalisée par Bruno Decaris. *Rue des Pénitents Ne se visite pas*

Musée municipal Créé à la fin du XIXe siècle, ce musée retrace l'histoire de la ville via le prisme de son industrie textile, qui commença avec le XIIe siècle. Vous y apprendrez par exemple qu'une des redingotes favorites de Napoléon a été confectionnée dans un drap bleu de Louviers. Ses salles accueillent également des expositions temporaires. *Pl. Ernest-Thorel (mairie) Tél. 02 32 09 58 55 Ouvert mer.-lun. 14h-18h Entrée libre*

Les environs de Louviers

Elbeuf et ses alentours

Principale cité drapière de la région, Elbeuf a transformé la laine française puis espagnole cinq siècles durant. Au XIXe siècle, elle comptait plus de 250 filatures, sans compter les tisserands qui travaillaient à domicile. L'activité déclina progressivement de 1952 à 1975 et Elbeuf s'est, depuis, difficilement reconvertie dans l'industrie automobile et la pétrochimie. La ville est assez peu engageante : de grands axes encombrés, de petites rues aux immeubles fatigués, des monuments religieux et d'anciens sites industriels rongés par le temps et la pollution. L'office de tourisme de cette cité labellisée "ville d'art et d'histoire" organise régulièrement quatre circuits commentés : Panoramas et paysages, Reconstruction d'Elbeuf, le village de Sotteville-sous-le-val et des visites du cirque-théâtre. *15km au nord-ouest de Louviers*

La Fabrique des savoirs Ce centre culturel "nouvelle génération" a élu domicile dans un ancien bâtiment industriel, l'usine textile Blin. Créée en 1871, celle que l'on surnommait la "ville-usine" rassemblait sur un même et unique site toute la chaîne de fabrication drapière – ateliers de mélange de la laine, d'échardonnage, d'encollage, d'ourdissage, de séchage, de tissage, etc. – et employait dans les années 1920 jusqu'à plus de 2 000 ouvriers. Sa fermeture, en 1976, fut un véritable traumatisme social et humain pour Elbeuf et sa région. Le **musée** de la Fabrique rend aujourd'hui hommage à cette épopée industrielle. Avec la Seine comme fil conducteur, les importantes collections de machines, mais tout aussi bien les animaux naturalisés, ou les documents historiques donnent vie à ses trois sections : sciences naturelles, archéologie et patrimoine industriel. La Fabrique accueille également le **Centre d'interprétation de l'architecture et du patrimoine** (CIAP), dont l'exposition permanente "Métamorphoses d'un territoire" retrace l'évolution du territoire elbeuvien à l'aide d'une scénographie attractive : maquettes, vidéos, ou encore documents audiovisuels. Consultez également le programme des visites thématiques commentées sur l'histoire et les points clés des environs : boucle d'Elbeuf, village de Freneuse, écluse de Saint-Aubain, etc. *7, cours Gambetta* ***Elbeuf*** *(attention, il n'y a qu'un tout petit panneau en ville indiquant La Fabrique... à 20m de l'entrée. Demander le quartier Blin) Tél. 02 32 96 30 40 Ouvert mar.-dim. 14h-18h Entrée libre*

Orival Les roches d'Orival sont une longue série de falaises calcaires de 60m d'altitude dominant la rive gauche de la Seine, au sud de Rouen. L'origine latine du toponyme, *Aurea Vallea* ("le val d'or"), rappelle que le site fut apprécié dès l'Antiquité pour son sol et son exposition favorables à la culture de la vigne et des arbres fruitiers. Les grottes creusées dans les falaises furent occupées à toutes les époques – préhistorique, mérovingienne (on y a retrouvé des sarcophages de cette période). L'église Saint-Georges, construite au XVIe siècle sur le flanc des hautes falaises de la vallée de la Seine, a d'ailleurs été partiellement aménagée dans la roche. La révolution industrielle y fit même naître un village troglodytique de foulons. Mais l'endroit est surtout connu pour son **château Faouet**, bâti en 1196 par Richard Cœur de Lion. Ses deux tours naturelles protégeaient Rouen d'une éventuelle attaque fluviale venue de l'amont de la Seine, comme le faisait le château de Robert le Diable en aval. L'ensemble du site se visite à partir du hameau d'Orival (comptez une heure environ), la balade s'achevant par la **roche du Pignon** et son panorama. *18km au nord-ouest de Louviers*

Poses et ses alentours

Le village paisible de Poses, installé sur la rive gauche de la Seine, est une ancienne citée batelière. Son nom vient du latin *pausa,* que l'on traduit par repos, celui pris par les mariniers après avoir franchi le pertuis, endroit rétréci de 2 à 3km avec peu d'eau et un fort courant. Au XIXe siècle, sur les 1 600 habitants que compte le bourg, 500 travaillent comme charretiers de rivière et haleurs. L'histoire du halage, technique permettant de remorquer les péniches le long des berges, est retracée au **musée de la Batellerie**, mise en scène dans la péniche *Midway* et le remorqueur *Fauvette* qui prit le relais des haleurs. L'occasion de découvrir également l'authentique logement d'une famille de mariniers à grand renfort de maquettes et objets d'époque. *14km au nord-ouest de Louviers* **Musée de la Batellerie** *15, chemin de Halage Ouvert mai-oct. : dim. et j. fér. 14h30-18h Tarif 4€, 7-15 ans 2€*

Barrage de Poses Cet ouvrage d'art érigé par Gustave Eiffel en 1885 est le dernier barrage de la Seine avant la mer. Long de 235m, il tend à ralentir le débit du fleuve. En 1991, la mise en place d'une centrale hydroélecrique greffée sur le

CHAMBRE DE VISION

Le **barrage de Poses** n'est plus un obstacle pour les saumons et les truites ! Insolite : à travers les baies vitrées de la chambre de vision, vous pourrez observer certains spécimens sauvages de ces espèces migrantes qui se frayent un chemin via trois bassins successifs, et d'autres poissons sédentaires. *Tél. 02 32 59 13 13 Ouvert mars-juin : w.-e. et j. fér. 14h-18h30 ; juil.-sept. : dim. et j. fér. 14h-18h30 Tarif 1€, moins de 12 ans gratuit*

barrage s'est accompagnée de la création d'une passe à poissons pour rétablir la libre circulation des poissons et la remontée d'espèces migrantes empêchées jusque-là par le dénivelé de 4m du barrage (cf. encart Chambre de vision). *Base de loisirs (16km au nord de Louviers)*

Écluses d'Amfreville Près d'Amfreville-sous-les-Monts et de Poses, la Seine forme un goulot d'étranglement que les hommes se mirent en tête d'aménager à la fin du XVIIIe siècle pour faciliter la circulation entre Paris et Rouen. La construction, en 1854, d'un barrage et du système d'écluses d'Amfreville fut la réponse adaptée à cette préoccupation. Les bateaux franchissent ces dernières écluses avant la mer : la grande (220mx17m) en 15min ou la moyenne (141mx12m) en 10min, selon leur gabarit. ***Amfreville-sous-les-Monts** (dans le prolongement du barrage de Poses)*

Abbaye de Bonport Cette abbaye cistercienne fondée en 1191 doit son nom et son existence à Richard Cœur de Lion. Alors qu'il chassait le cerf en forêt de Bord, le 20 juillet 1189, le nouveau duc de Normandie faillit se noyer dans la Seine et il fit le vœu que s'il parvenait à “bon port” sur l'autre rive, il fonderait un monastère à l'endroit même où il retrouverait la terre ferme. Bonport bénéficiait de la protection des rois et des papes et les bâtiments conventuels comme l'abbatiale furent achevés dans le premier quart du XIIIe siècle. Mais, au XVIe siècle, l'instauration du régime de la commende allait peu à peu la mener à la ruine, certains abbés se désintéressant totalement de son devenir, d'autres étant incapables d'en assumer la charge, la plupart ne songeant qu'à récupérer ou à vendre ses biens à leur profit. Le domaine fut vendu comme bien national en 1791 et son nouveau propriétaire fit démolir l'abbatiale, le cloître et le bâtiment des convers. Seul demeure le bâtiment des moines, avec sa salle capitulaire, son réfectoire et son cellier voûtés, du XIIIe siècle. ***Pont-de-l'Arche** (11km au nord de Louviers) Tél. 02 35 02 19 42 www.abbayedebonport.com Ouvert avr.-sept. : dim. et j. fér. 14h-18h30 ; juil.-août : dim.-ven. 14h-18h30 Tarif 4€, 12-18 ans 3€*

Réserve ornithologique de la Grande Noé La boucle de Léry-Poses, au carrefour des vallées de la Seine, de l'Andelle et de l'Eure, est une escale pour de nombreux d'oiseaux migrateurs, et la faible profondeur de ses ballastières a permis à la végétation de se développer, attirant une avifaune diversifiée. Un milieu naturel privilégié de 67ha et un bon spot pour observer du bout des jumelles mouettes rieuses, grands cormorans, martins-pêcheurs, sternes pierregarins ou encore grèbes huppés. Sentiers de découverte, hutte d'observation et des visites guidées organisées par le GONm (Groupe ornithologique normand). *Chaussée de l'Andelle **Val-de-Reuil** (au sud de la base de loisirs de Poses)* **GONm** *Tél. 02 31 43 52 56*

☺ **Moulin d'Andé** Construit à la fin du XIIe siècle sur un bras de la Seine, ce moulin à roue pendante a conservé son mécanisme du XVIIIe siècle. Classé monument historique, il accueille depuis 1962 des artistes (écrivains, cinéastes, plasticiens, comédiens et surtout musiciens) en résidence. L'été, seules les notes de musique échappées des chambres ou des anciennes écuries semblent troubler la tranquillité de son parc de 15ha. Le moulin s'ouvre au grand public à l'occasion des expositions et spectacles qui sont donnés régulièrement dans le jardin d'hiver, transformé en théâtre. Téléphoner ou consulter le site Internet pour connaître l'agenda des manifestations. ***Andé** (8km à l'est de Louviers, rive droite de la Seine, via Saint-Pierre-du-Vauvray) Tél. 02 32 59 90 89 www.moulinande.com*

● Randonner pour profiter d'un panorama sur la Seine

Côte des Deux-Amants Situé sur la rive droite de la Seine, le panorama de la côte des Deux-Amants domine les écluses d'Amfreville et le barrage de Poses. Sa table d'orientation permet de repérer en un coup d'œil toutes les communes du Pays Seine-Eure. Le site, géré en partie par le Conservatoire des sites naturels, a mis en place une gestion écologique des lieux afin de restaurer et d'entretenir la richesse de ce patrimoine naturel. Ne soyez donc pas étonné d'apercevoir quelques moutons pâturer. *Traverser la Seine par le barrage **Durée** 2h AR*

● Passer un après-midi au bord de l'eau, partir en croisière

Troilacs-Base de loisirs de Léry-Poses La base de loisirs de Léry-Poses s'étend sur 1300ha le long d'un méandre de la Seine longtemps laissé en friche. Les activités se pratiquent d'avril à septembre sur ou autour du **lac des Deux-Amants** (plages surveillées, pédalo, paddle, canoë-kayak et téléski nautique, aires de pétanque et de volley-ball) et du **lac du Mesnil** (aviron, mur d'escalade, musculation...). Également du tir à l'arc, du golf (green de 75ha), un minigolf et des structures d'hébergement (camping, chalet, gîte) et de restauration. *Rue de Savoie **Poses** (14km au nord-est de Louviers) Tél. 02 32 59 13 13 (centre nautique) www.troislacs.fr*

Guillaume-le-Conquérant Ce bateau vous accueille de mai à septembre pour une croisière promenade de 2h à partir de 9h ou 15h30 (tarif 20€, réduit 14€). Également une croisière-repas sur la Seine tous les dimanches de juillet et août, au départ de Poses à 11h (durée 4h, 70€ avec repas et boissons, réduit 26-40€). ***Poses** Tél. 02 35 78 31 70 www.bateau-guillaume-le-conquerant.fr Sur réservation*

CARNET D'ADRESSES

Restauration, hébergement

petits prix

Hôtel de Rouen-brasserie Le Juhl's Un établissement situé sur la grand-place de Louviers... et près d'une avenue très fréquentée. Au Juhl's, on sert des faux-filets, du cabillot à l'huile d'olive, et autres classiques sans rogner sur les portions (formules à 13,40€ et 16,50€, menu à 26€). Les 23 chambres (de 44 à 67€), basiques, donnent presque toutes sur l'arrière, assurant à leurs occupants une nuit calme. *11, pl. Ernest-Thorel* ***Louviers*** *Tél. 02 32 40 40 02 www.hotelderouen.com* ***Restaurant*** *Ouvert lun.-jeu. 7h-22h, ven. 8h-20h, sam. 8h-19h*

Le Jardin de Bigard Des salles du premier étage, on apprécie la vue sur un manoir du XVIIIe-XIXe siècle et le jardin des Bigard, une famille qui s'illustra pendant la guerre de Cent Ans. Au menu (formule du midi à 10€, menus de 11,80€ et 18,50€) : feuilleté au camembert, Saint-Jacques au cidre, terrine de foies de volaille au pommeau, escalope vallée d'Auge. Une promenade dans le jardin voisin conclura idéalement le repas. *39-41, rue du Quai* ***Louviers*** *Tél. 02 32 40 02 45 Ouvert lun.-ven.*

prix moyens

Hôtel de la Tour Un établissement de 18 chambres tout confort avec pour certaines vue sur la Seine, le pont qui a donné son nom à la ville... et sur un camping juste en contrebas. Double 80€, petit déj. 9,50€. *41, quai Foch* ***Pont-de-l'Arche*** *(11km au nord de Louviers) Tél. 02 35 23 00 99 www.hoteldelatour.org*

L'Auberge du halage Avec sa petite terrasse couverte qui domine la Seine, ce lieu est une parfaite interprétation de la quiétude que les mariniers du XIXe siècle trouvaient à Poses. Ici, la valse du temps prend le rythme paisible du fleuve, des cygnes et canards qui le peuplent. Côté assiette, Jérôme Pauls relève les classiques de la cuisine avec un soupçon d'originalité, tel ce tartare de saumon aux herbes fraîches. Formules à 14,70 et 18,10€, plats à la carte entre 12 et 16€. *34, chemin du Halage* ***Poses*** *(14km de Louviers) Tél. 02 32 59 38 40 www.aubergeduhalage.fr Ouvert dim.-lun. midi, mar. et jeu.-sam. midi et soir*

prix élevés

Hôtel-restaurant Le Pré Saint-Germain Dans une rue calme de la ville, au fond d'un jardin à la française, ce 3-étoiles loue ses 34 chambres confortables de 117 à 130€ pour 2 personnes (petit déj. 11,70€). Côté restaurant, formules et menus de 18,50 à 39,50€. *7, rue Saint-Germain* ***Louviers*** *Tél. 02 32 40 48 48 www.le-pre-saint-germain.com Restaurant Ouvert lun.-ven. midi et soir*

LES ANDELYS

27700

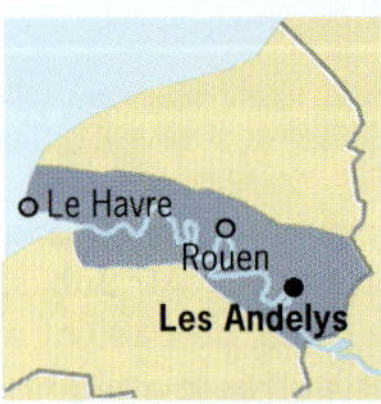

Alanguie autour d'une boucle supérieure de la Seine, à l'ombre de son Château-Gaillard, la sous-préfecture des Andelys réunit deux cités en une : au bord du fleuve s'étire l'ancien village de pêcheurs et de haleurs du Petit-Andely ; à l'autre bout d'une interminable avenue bordée de belles maisons bourgeoises du XIXe siècle se dresse le Grand-Andely, niché dans la vallée du Gambon. La première offre aux visiteurs ses promenades bucoliques le long de la Seine ; la seconde paraît assoupie autour de sa collégiale du XIIe siècle et de sa place Nicolas-Poussin, qu'éveille brièvement le marché du samedi matin. Le patrimoine local ne se limite pas au château, puisque

la ville occupe un site gallo-romain qui reste encore à fouiller. Berceau du peintre Nicolas Poussin, villégiature de Gustave Flaubert, de Conan Doyle et résidence de Paul Fort, elle pourrait bien un jour se découvrir une identité littéraire et l'exploiter pour attirer les touristes autrement que par son cadre exceptionnel.

MODE D'EMPLOI

accès

EN VOITURE

La D313, qui traverse Les Andelys, rejoint la RD6015 Paris-Rouen au sud de la ville. Au nord partent la D316 et la D125, qui rallient la RD6014 Paris-Rouen. Rouen se situe 40km au nord-ouest et Paris 93km au sud-est.

EN TRAIN ET EN CAR

La gare la plus proche, sur la ligne Paris-Rouen, est celle de Gaillon-Aubevoye (13km des Andelys), avec laquelle Les Andelys sont reliés par la ligne de cars départementaux n°290 (trajet 20min, assurée par VTNI).

VTNI *Tél. 02 32 08 19 75 www.vtni27.fr*

orientation

À l'est d'une boucle de la Seine, la ville s'inscrit dans le triangle dessiné par Gisors (31km à l'est), Vernon (22km au sud) et Val-de-Reuil (25km à l'ouest). La cité s'étire d'est en ouest le long d'une avenue qui relie le Grand-Andely, centre administratif et commerçant, au Petit-Andely.

informations touristiques

Office de tourisme Il propose deux circuits patrimoine pour une balade libre "au fil de l'eau et des ruelles". *Rue Raymond Phélip Tél. 02 32 54 41 93 www.lesandelys-tourisme.fr Ouvert avr.-sept. : lun.-sam. 10h-13h et 14h-18h, dim. 10h-13h et 14h-17h ; oct.-mars : lun.-ven. 14h-18h, sam. 10h-13h et 14h-18h*

fêtes et manifestations

Fête de printemps Exposition d'une centaine d'artistes régionaux. *Début juin*

La Foire à tout Grande brocante réunissant plus de 800 exposants. *2e w.-e. de sept.*

Fête de l'automne Cette fête artisanale célèbre la Normandie, la pomme et le cidre : démonstrations de fabrication de cidre à l'ancienne, concours de dégustation, parmi d'autres réjouissances. *Fin oct.*

DÉCOUVRIR

Les Andelys

☆ **Les essentiels** Château-Gaillard **Découvrir autrement** Allez goûter les jus de pomme maintes fois primés du Pressoir d'or, offrez-vous une halte gastronomique d'exception face à la Seine à la Chaîne d'or

☆ **Château-Gaillard** Même réduit à des ruines, le château qui domine Les Andelys depuis 1197 paraît encore "gaillard", pour reprendre l'expres-

ÉPOPÉE MÉDIÉVALE
Durant les vacances scolaires d'avril à novembre, les petits chevaliers partent à la conquête de Château-Gaillard. Après avoir choisi leur camp – français ou anglo-normand –, ils découvrent la vie quotidienne d'un château fort par le biais de jeux, défis et aventures. Le goûter, bien mérité, est précédé d'une bataille à l'épée.

sion attribuée à son bâtisseur, Richard Cœur de Lion. Construite en un an pour protéger Rouen et la Normandie des convoitises françaises, cette forteresse est un modèle d'ingénierie médiévale avec son donjon défendu par des enceintes concentriques que séparaient des fossés taillés dans la craie. Ces fortifications que complétaient, 100m plus bas, la tour et le petit château polygonal érigés sur deux îles de la Seine, elle-même barrée à la navigation par une estacade, semblaient faire du château de la Roche un verrou inviolable. Pourtant, le 6 mars 1204, au terme de sept mois de siège, les six mille hommes de Philippe Auguste s'en emparèrent, et la chute de cette "clef de la Normandie" livra le duché au roi de France. Les assiégeants du XIIIe siècle et la démolition entreprise – sur décret d'Henri IV – au début du XVIIe siècle ont presque détruit le château triangulaire et la première enceinte, mais ont relativement épargné le donjon et son enceinte. Sur sa façade la plus vulnérable, celle-ci dessine une succession de saillies hémicylindriques, sorte de vague de pierre sur laquelle les boulets venaient se briser sans causer trop de dommages. Dans la cour haute s'offrent encore au regard le puissant cylindre du donjon, renforcé par un éperon triangulaire, les fenêtres à banquettes qui éclairaient les quartiers du gouverneur, les celliers creusés dans la roche, ressuscités par le talent de conteur des guides. De Château-Gaillard, le point de vue sur la boucle de la Seine, les falaises de craie et les toits du Petit-Andely se révèle magnifique. L'endroit idéal pour un pique-nique en famille. *Tél. 02 32 54 41 93 (OT) Ouvert avr.-oct. : mer.-lun. 10h-13h et 14h-18h, mar. 14h-18h Fermé 1er mai Visite guidée lun. et mer.-sam. à 16h30, dim. à 11h30 et 16h30 Tarif 3,20€, réduit 2,70€, moins de 10 ans gratuit Visite guidée 4,50€*

Collégiale Notre-Dame Cette église construite au début du XIIIe siècle et restaurée au XVIIIe siècle entremêle les styles : gothique primitif puis flamboyant pour le bas-côté sud, Renaissance pour le bas-côté nord. Elle se distingue par son portail nord, à la belle élévation Renaissance (XVIe s.), la splendide *Mise au tombeau* du XVIe siècle conservée dans l'une de ses chapelles, le buffet ouvragé de son orgue monumental et ses vitraux du XVIe siècle. Certains relatent la vie de sainte Clotilde, épouse de Clovis et patronne des Andelys, et notamment la légende de sa transformation de l'eau d'une fontaine, encore visible à proximité, en un liquide "ayant la force et le goût du vin". *Av. du Gal-de-Gaulle Ouvert été : tlj. 9h-19h ; hiver : tlj. 9h-17h30 Visite guidée uniquement sur réservation auprès de l'OT*

Église Saint-Sauveur Cette "église succursale" fut construite à partir de 1202, peu après Château-Gaillard, sur la demande insistante du petit peuple de pêcheurs, de vignerons et d'artisans de La Couture – l'actuel Petit-Andely –, las de devoir aller se recueillir à la lointaine église Notre-Dame.

Bâtie en une seule fois sur un tracé de croix grecque, l'église Saint-Sauveur présente une rare unité architecturale et renferme de belles statues des XVIe et XVIIe siècles figurant sainte Madeleine, sainte Marguerite et saint Jean Baptiste, un retable Louis XIV provenant de l'abbaye de Mortemer et un orgue (1674). *Le Petit-Andely Ouvert tlj. 8h-19h Visite guidée sur réservation auprès de l'OT*

Musée Nicolas-Poussin Installé dans une demeure bourgeoise du XVIIIe siècle, il expose des vestiges gallo-romains (dont une mosaïque du IVe s.), quelques objets religieux, reliquaires et statues, une série de toiles représentant Les Andelys au XIXe siècle et une seule œuvre de Nicolas Poussin (né dans le hameau voisin de Villers en 1594 et parti assez vite en Italie parfaire son art) : *Le Coriolan supplié par sa mère*. Expositions temporaires régulières. *Rue Sainte-Clotilde Tél. 02 32 54 31 78 Ouvert avr.-début déc. : mer.-lun. 14h-18h Tarif 3,20€, réduit 1,60€, moins de 10 ans gratuit*

La haute Normandie des manoirs et châteaux

Château-Gaillard 103
Bizy 114
Gisors 118
Heudicourt 119
Vascœuil 127
Martainville 128
Bonnemare 132
Lillebonne 158
Tancarville 159
Ételan 165
Bellou 267
Aygues (Étretat) 276
Cany-Barville 329
Dieppe 342
Arques-la-Bataille 348
Miromesnil 348
Louis-Philippe (Eu) 364
Bosmelet (Auffay) 380
Acquigny 398
Beaumesnil 417
Blanc-Buisson 418
Champ-de-Bataille 422
Harcourt 422

● Partir sur les sentiers de randonnée Des itinéraires balisés permettent de découvrir à pied cette région vallonnée : autant d'occasions de profiter de ses richesses naturelles. Pour se procurer les topoguides des balades, contacter l'OT des Andelys, ou consulter le site départemental de tourisme (www.eure-balades.fr), très bien documenté et sur lequel on peut télécharger les fiches des randonnées.
Circuit Richard Cœur de Lion Via le Grand-Andely, ce sentier vous hisse jusqu'au château, d'où l'on admire le panorama avant de redescendre vers la Seine. ***Départ*** *Parking rue Raymond-Phélip* ***Parcours*** *Boucle de 95km* ***Balisage*** *Jaune* ***Durée*** *2h30-3h* ***Difficulté*** *Moyenne*

Les environs des Andelys

Collégiale Notre-Dame de l'Assomption D'un abord austère avec ses deux tours massives, cette église édifiée de 1310 à 1313 par Enguerrand de Marigny (1260-1315), grand argentier de Philippe le Bel, compta le futur saint Vincent de Paul parmi ses abbés. Elle reçut la visite de plusieurs rois de France avant d'être pillée et transformée en salpêtrière et en magasin de fourrage sous la

Révolution, puis d'être ensuite rendue au culte. Bâti sur un plan simple, une croix précédée de deux tours, l'édifice frappe par l'unité et la sobriété de son architecture comme de son mobilier. S'il ne reste qu'une dizaine des cinquante-deux statues commandées par Enguerrand de Marigny à un atelier parisien, elles sont remarquables par l'élégance de leurs drapés et l'originalité des sujets : sainte Anne portant la Vierge assise sur son bras gauche, saint Nicaise tenant dans ses mains le haut de son crâne coiffé d'une mitre, sainte Marie l'Égyptienne vêtue seulement de ses longs cheveux… On remarquera également le gisant en marbre de Jean de Marigny, frère d'Enguerrand et archevêque de Rouen mort en 1351, et les trente-six stalles du chœur, qui comptent parmi les plus vieilles de France. *Pl. du Cloître* ***Écouis*** *(9km au nord des Andelys)*

Château de Gaillon Bâti à la frontière entre le Vexin et la Normandie, le château de Gaillon fut offert aux archevêques de Rouen par Saint Louis en 1263. En 1501, le cardinal Georges d'Amboise, ministre de Louis XII, importa d'Italie le style Renaissance pour refaçonner à son goût le manoir gothique érigé au XVe siècle sur les ruines du château fort médiéval. Ce palais, achevé en 1510 et d'un faste comparable à celui de Chambord, fut agrandi au XVIIIe siècle avant d'être ruiné par la Révolution et transformé en prison au XIXe siècle. L'État y mène des travaux depuis 1975 ; la restauration est toujours en cours. ***Gaillon*** *(12km au sud-ouest des Andelys par la D313 et la D316, rive gauche de la Seine) Ouvert avr.-sept. : mer.-lun. Visite guidée uniquement à 10h, 11h15, 14h30 et 16h, plus 15h et 16h30 le w.-e. Tarif 5€, réduit 2-3€* **Office de tourisme de Gaillon** *4, pl. Aristide-Briand Tél. 02 32 53 08 25 www.ville-gaillon.com*

● Où acheter du cidre ?

Le Pressoir d'or Un domaine de 19 000 arbres plantés de 1987 à 2015 sur 27ha, à visiter seul ou en compagnie d'Éric Doré, qui a reçu de nombreuses médailles d'argent ou de bronze au Salon de l'agriculture pour ses cidres et jus de pomme. Original : on peut même découvrir le verger par une promenade en tracteur. En fin de parcours, dégustation de cidre sous toutes ses déclinaisons : confit, vinaigre, confiture, Petit'pomme. *Saint-Jean de Frenelles* ***Boisemont*** *(9km au nord-est des Andelys) Tél. 02 32 69 41 25 www.pressoirdor.com Ouvert lun.-mar. et jeu.-ven. 9h-12h et 14h-18h, mer. et sam. 14h-18h*

CARNET D'ADRESSES

Restauration, hébergement

petits prix

Le Rétro Ce café-brasserie donne sur la place centrale du Grand-Andely, celle qui accueille le marché du samedi. L'ambiance est décontractée, la nourriture simple (omelettes, grillades…). Formule à 12€. *Pl. Nicolas-Poussin* ***Les Andelys*** *Tél. 02 32 21 24 86 Ouvert lun.-sam. 7h15-20h*

Au pêcheur matinal Dans les années 1930, une voie ferrée, aujourd'hui désaffectée, amenait à La Roque son lot de pêcheurs amateurs partis à l'aube de Paris. La grand-mère de Jean-Marie Thoué, le maître des lieux, eut l'idée de vendre des en-cas à ces touristes d'un jour et, le succès aidant, finit par ouvrir cette auberge. Au menu (15-30€ env. en semaine, 29 et 35€ le week-end) : canette au cidre, boudin blanc aux pommes, moules à la normande, filet de sandre et quelques spécialités d'Isabelle, telle que la tarte au livarot. Les 9 chambres (43-53€) sont simples mais agréables, et l'hospitalité des hôtes donne au Pêcheur matinal la chaleur d'une pension de famille. *77, route de Muids La Roque* ***La Roquette*** *(7km à l'ouest des Andelys) Tél. 02 32 54 04 90 Ouvert mar.-mer. et dim. midi, ven.-sam. midi et soir, lun. et jeu.*

prix moyens

Le Mistral Rénové en 2015, le Mistral a perdu ses couleurs méridionales, tant dans la décoration qu'en cuisine, pour offrir désormais une ambiance bistrot et des plats ou le circuit court et les producteurs locaux sont à l'honneur. La pêche est donc du jour, et les légumes de saison. Au menu, des plats traditionnels (daube, magret...) dans des formules à 12,50 et 16€ en semaine, ou à la carte (env. 20-25€). *26, rue Grande* ***Les Andelys*** *Tél. 02 32 54 09 00 Ouvert tlj. midi et soir*

Hôtel de Paris-restaurant Le Castelet Installé à équidistance du Petit-Andely et du Grand-Andely, ce Logis de France propose 11 chambres confortables (entre 58 et 77€). Cette belle demeure normande en brique vaut aussi le détour pour son restaurant. Son chef créatif, Jacques Thierry, aime rehausser ses plats de fleurs et de plantes sauvages récoltées au cours de ses balades dans la région. Menus 19 et 26€. Carte de 26 à 40€. *10, av. de la République* ***Les Andelys*** *Tél. 02 32 54 00 33 www.hotel-andelys.fr Ouvert lun. soir, mar. et jeu.-dim. 12h-13h30 et 19h30-21h (ven. midi sur réservation)*

Ferme de la Haye-Gaillard La ferme, tout ce qu'il y a de plus charmante, abrite deux chambres simples et sobres (63 et 84€) agrémentées de mobilier rustique. L'une d'elles, "le Colombier", indépendante et particulièrement séduisante, occupe un ancien pigeonnier. Une cuisine et un salon sont à disposition des hôtes. *Haye Gaillard* ***Les Andelys*** *(2km au sud du Grand-Anedely) Tél. 02 32 51 66 23 www.lahayegaillard.com*

prix élevés

Hôtel-restaurant de la Chaîne d'or Ce luxueux établissement occupe l'ancienne maison des Douanes du XVIIe siècle où les bateliers devaient acquitter un droit de péage pour pouvoir poursuivre leur navigation sur la Seine. Cette taxe était si lucrative que la chaîne tendue en travers du fleuve pour immobiliser les récalcitrants aurait pu être en or. Décorées dans des tons pastel et lumineuses, les 12 chambres sont louées de 95 à 150€ (petit déj. 12€). Avec ses meubles de style normand, ses poutres apparentes et ses murs jaune paille, le restaurant se veut rustique... mais pas la cuisine qu'on y sert ! Salade de homard bleu à l'estragon, charlotte de rognons de veau au vin rouge, volaille à l'infusion de vanille et cannelle : quatre menus de 22€ (à midi en semaine) à 69€ (dégustation), entrées 19-25€, plats 30-36€. Une halte gastronomique face à la Seine qu'il faut savourer avec du temps, beaucoup de temps... *25-27, rue Grande* ***Les Andelys*** *Tél. 02 32 54 00 31 www.hotel-lachainedor.com Ouvert mi-avr.-mi-oct. : lun.-mar. et jeu.-sam. midi et soir, dim. uniquement midi ; mi-oct.-mi-avr. : lun. et jeu.-sam. midi et soir, dim. uniquement midi*

Le Moulin de Connelles Après plusieurs années d'abandon, ce manoir anglo-normand du XIXe siècle a été repris avec panache par la famille Petitieau, qui en a fait un hôtel de charme. Un coin de repos parfait dans un cadre romantique à souhait. À cheval entre la rive et une petite île, un bras de la Seine coule sous la salle à manger du restaurant (menus 36, 45 et 75€). Les 12 chambres modernes ouvrent sur la Seine ou le parc (130 à 310€, et formules en demi-pension). Si votre budget vous l'autorise, craquez pour la suite n°1, son balcon embrasse trois des quatre façades du moulin et son double jacuzzi se love dans la loggia. Ou encore pour la suite n°4 et son jacuzzi à fleur de parquet. Pour parfaire le tableau : une piscine chauffée toute l'année, et des barques pour caboter le long des méandres de la Seine ! *40, route d'Amfreville-sous-les-Monts 27430* **Connelles** *(14km à l'ouest des Andelys) Tél. 02 32 59 53 33 www.moulin-de-connelles.fr*

★ GIVERNY

27620

À mi-chemin entre Rouen et Paris, le village le plus visité de Normandie attire chaque année plus de 500 000 touristes français et étrangers venus faire le siège du jardin de Monet et du musée des Impressionnismes. Les plus curieux y découvrent d'autres trésors : de belles maisons anciennes, des épiceries du XIXe siècle transformées en restaurant ou en gîte rural, des galeries de peinture, sans oublier la campagne environnante, ses nombreux cours d'eau et ses collines boisées. Pour bien profiter de Giverny, un conseil recueilli auprès des habitants : venez plutôt en mai-juin quand fleurissent les iris, les glycines et les roses, un mercredi, vers 16h30... voire après 18h, quand le musée redevient village. Et là, sans l'ombre d'un doute, le charme agira.

MONET À GIVERNY En 1883, contraint par de graves difficultés financières de quitter son pavillon de Poissy, où de toute façon il ne se plaisait pas, Claude Monet (1840-1926) recherche dans la vallée de la Seine un logement convenable pour accueillir sa nombreuse famille : ses deux fils et les six enfants d'Alice Hoschedé, avec laquelle il s'est mis en ménage après la mort de son épouse, en 1879. De la portière du petit train reliant Vernon et Gisors, il découvre Giverny et, tombé sous le charme, s'y installe en avril 1883. Il éprouve un attachement croissant pour la maison rose qu'il a louée et pour son vaste jardin clos, où il plante un potager et un jardin de fleurs. Malgré la méfiance malveillante de ses voisins, Monet est aussi séduit par le village baigné par l'Epte, entre champs de blé et vergers vallonnés. Il trouve là le calme et la stabilité qui lui permettent de se consacrer à la peinture, entouré des siens. En 1890, enrichi par un succès grandissant, il rachète la maison. En 1893, il acquiert une parcelle marécageuse, de l'autre côté de la route qui longe le bas de sa propriété, et y crée un jardin d'eau, d'inspiration japonaise avec son bassin aux nymphéas qu'enjambe un pont de bois. Dans cet atelier en plein air, devenu sa principale source d'inspiration, le peintre jardinier s'efforce de capter les infinies variations de la lumière sur la verdure, les fleurs et l'eau, en des représentations de plus en plus abstraites où ne compte plus que le ressenti.

LA COLONIE AMÉRICAINE DE GIVERNY À la fin du XIXe siècle, nombre de jeunes artistes américains viennent étudier aux Beaux-Arts, à Paris, afin de maîtriser les techniques de la peinture de plein air. En 1886, six d'entre eux – Theodore Robinson, John Leslie Breck, Henry Fitch Taylor, Theodore Wendel, Willard Metcalf et le Canadien William Blair Bruce – décident de planter leur chevalet à Giverny, attirés autant par les charmes du site que par la présence de Monet, qu'ils admirent. Dans leur sillage, de nombreux autres peintres déferleront sur le village, non sans troubler la tranquillité du maître. Quelques Américains sont d'ailleurs exposés aujourd'hui au musée des Impressionnismes.

MODE D'EMPLOI

accès

EN VOITURE

Giverny se situe à la frontière de la Normandie et du parc régional du Vexin, entre Rouen (65km au nord-ouest) et Paris (80km au sud-est). La sortie n°14 Bonnière-Vernon de l'A13 se trouve à 15km environ de Giverny. Les Andelys sont situés 25km au nord-ouest et Gisors 35km au nord-est.

EN TRAIN ET EN CAR

La gare la plus proche, celle de Vernon (5km par la D5), est desservie par la ligne TER Rouen-Paris. De fin mars à début novembre, une navette TransCape effectue tous les jours la navette entre les deux villes ; fiche horaires téléchargeable sur le site Internet. Nombreux taxis également à la gare : demander leurs coordonnées à l'office de tourisme des Portes de l'Eure, à Vernon.

TransCape *Tél. 080 027 27 00 www.cape27.fr (onglet transports urbains)*

EN VÉLO

La voie verte André-Touflet emprunte l'ancienne voie ferrée Gisors-Vernon (6km). Location de vélos à partir de 14€/j. au bar L'Arrivée de Giverny, à la gare de Vernon.

L'Arrivée de Giverny *3, pl. de la Gare* ***Vernon*** *Tél. 02 32 21 16 01 Ouvert tlj. 7h-23h*

orientation et stationnement

Les attractions sont regroupées dans la rue Claude-Monet, à quelques dizaines de mètres à pied de la D5, qui longe l'Epte. Trois parkings gratuits ont été aménagés à quelques minutes à pied du centre du village.

informations touristiques

Office de tourisme des Portes de l'Eure *36, rue Carnot* ***Vernon*** *Tél. 02 32 51 39 60 www.cape-tourisme.fr Ouvert mai-sept. : lun.-sam. 10h-13h et 14h-18h, dim. et j. fér. 10h30-13h30 ; oct.-avr. : lun.-sam. 10h-12h30 et 14h-17h*

Maison du tourisme Normandie-Giverny Une structure transversale (municipale, départementale et régionale), véritable vitrine touristique de l'impressionnisme. *80, rue Claude-Monet* ***Giverny*** *(parking face au musée des Impressionnismes)*

Tél. 02 32 64 45 01 www.normandie-giverny.fr Ouvert avr.-nov. : tlj. 1h-18h

fêtes et manifestations

Festival de musique Depuis 1998, ce festival réunit, pendant une dizaine de jours, des auteurs-compositeurs-interprètes de tous horizons. Quelques têtes d'affiche françaises (Les Têtes Raides, Yann Tiersen) sont déjà venues poser leur musique tout près des chevalets. *www.festivaldegiverny.org En oct.*

DÉCOUVRIR

☆ **Les essentiels** La fondation Claude-Monet, le musée des Impressionnismes **Découvrir autrement** Flânez dans le centre historique de Vernon, déjeunez dans le cadre 1900 du mythique ancien hôtel Baudy à Giverny

Giverny

☆ ☺ **Fondation Claude-Monet** Créée en 1980, elle est la garante de l'héritage du peintre qui valut une notoriété internationale au petit village de Giverny. "Jardin-palette", "musée vivant", les qualificatifs n'ont jamais manqué pour dépeindre la beauté du site le plus visité de Normandie après le Mont-Saint-Michel. *84, rue Claude-Monet Tél. 02 32 51 28 21 www.fondation-monet.com Ouvert avr.-nov. : tlj. 9h30-18h (dernière admission à 17h30) Tarif 9,50€, réduit 5,50€, moins de 7 ans gratuit Billet couplé Fondation Claude-Monet + musée des Impressionnismes 16,50€, réduit 7-10€*

La maison Le peintre vécut avec sa nombreuse famille, de 1883 à sa mort en 1926, dans cette demeure crépie de rose qui domine les deux jardins. La visite commence au rez-de-chaussée avec le salon bleu, l'épicerie et le premier atelier de l'artiste, qui lui servit rapidement de salon. Des photos et des tableaux (des reproductions) du maître y sont exposés. Puis le parcours mène au premier étage, réservé aux appartements du couple, où les meubles d'antan nous plongent dans le quotidien de l'époque. Enfin, retour au rez-de-chaussée, où la salle à manger et la cuisine ont été reconstituées avec brio. Les murs jaunes de la première, d'une extrême modernité pour l'époque, ne déplairaient pas aux magazines de décoration d'aujourd'hui et contrastent parfaitement avec les estampes japonaises qui y sont accrochées. Quant à la vaste cuisine aux faïences azur, elle nous rappelle que Monet, fin gourmet, aimait y concocter des dîners pour ses amis. Sa spécialité ? La glace à la banane. D'ailleurs, les recettes de ses carnets de cuisine écrits à quatre mains avec sa femme Alice sont compilées dans un ouvrage vendu à la boutique (et ex-atelier), *Les Carnets de cuisine de Monet.* Quand le couple dînait en ville et qu'un plat les séduisait, ils demandaient ses secrets au chef.

Les jardins Quand Monet prend possession du domaine, le jardin ne fait qu'un hectare, articulé autour d'une pommeraie et d'un potager. Passionné de jardinage, il applique ses dons picturaux à l'agencement de celui-ci tout en

L'ART DE L'ÉMOTION

La démarche de Monet fut joliment résumée par l'un de ses plus proches amis, le président du Conseil Georges Clemenceau : "Monet nous a fait faire un grand pas vers la représentation émotive du monde."

rachetant petit à petit les parcelles voisines. Le **Clos normand**, jardin à la française aux massifs ordonnés, encadrés d'allées rectilignes, est une explosion de couleurs où se bousculent de nombreuses variétés de fleurs : narcisses, iris, tulipes, azalées au printemps, roses, campanules, capucines, giroflées en été, dahlias, anémones et asters à l'automne. Et, par-delà l'ancienne route du Roy, se déploie le fameux **Jardin d'eau** d'inspiration japonaise, l'étang aux nymphéas, alimenté par l'Epte et surmonté de son pont de bois : un paysage connu de tous grâce aux multiples peintures reconstituant l'atmosphère du lieu. Aux quatre coins du monde, les nymphéas restent à jamais associés au nom de Monet. Pas étonnant, donc, que certains jours la foule se masse en nombre devant le guichet d'entrée et qu'il faille s'armer d'une grande patience. Un conseil, privilégiez les quelques minutes avant l'ouverture ou l'heure du déjeuner.

☆ **Musée des Impressionnismes** Le musée d'Art américain, ouvert en 1992 par l'industriel et collectionneur américain Daniel J. Terra, et dont l'architecture singulière a été conçue par l'architecte Philip Robert, est devenu en 2009 le musée des Impressionnismes. Les œuvres exposées illustrent l'histoire de ce mouvement, de la colonie de Giverny aux influences d'autres courants artistiques de la seconde moitié du XXe siècle. La filiation est notamment mise en valeur pour les artistes américains. Sur le site, le restaurant qui donne sur le jardin a été conçu par le très contemporain Mark Rudkin : une ode à la couleur récompensée par le label "Jardin remarquable". Composés de parterres monochromes géométriques, il donne l'impression d'une plongée sensorielle dans la palette d'un impressionniste (un agréable moment contemplatif, lorsque la file d'attente pour les Jardins de Monet dépasse l'entendement). Expositions temporaires et librairie-boutique. *99, rue Claude-Monet Tél. 02 32 51 94 65 ou 02 32 51 93 99 (Visites guidées sur rés.) www.mdig.com Ouvert avr.-oct. : tlj. 10h-18h (dernière admission à 17h30) Tarif 7€, réduit 3-4,50€, moins de 7 ans gratuit et 1er dim. du mois gratuit pour tous Billet couplé Fondation Claude-Monet + musée des Impressionnismes 16,50€, réduit 7-10€ Jardins en accès libre*

GALERIES ET GALERISTES

Héritage impressionniste oblige, moult galeries ont élu domicile à Giverny avec pour objectif de profiter de la foule des touristes. Ne vous laissez pas "impressionner" par l'accueil parfois peu avenant, flânez de galerie en galerie en vous laissant guider par votre curiosité.

☺ **Musée de Mécanique naturelle** Ce musée privé que l'on découvre un peu par hasard – il n'est mentionné nulle part et la plaque qui l'annonce est cachée par une haie de troènes – rassemble la collection de 250 moteurs industriels et agricoles constituée depuis 1966 par trois frères mécaniciens qu'animait une passion simple : redonner vie aux machines. En entrant dans le hangar accolé à leur maison, on découvre toute une série de machines hydrauliques récupérées un peu partout (France, Angleterre, États-Unis, Pologne...) et amoureusement remises en état de marche : motopompes et groupes électrogènes sortis tout droit des *Temps modernes*, engins agricoles et machines d'artisans. Le clou de la collection : une scie à placage de 1824 capable de découper le bois précieux en fines feuilles avec une précision de l'ordre du dixième de millimètre ! *2, rue Blanche-Hoschedé-Monet Tél. 02 32 21 26 33 Ouvert avr.-oct. : tlj. 14h-18h Entrée libre*

● **Où faire une pause ?** Plusieurs restaurants de Giverny disposent d'une terrasse où se rafraîchir après avoir attendu (longtemps) dans les files d'attente de la maison de Monet et avoir déambuler dans ses jardins, à commencer par Le Terra-Café, dans le musée, Les Nymphéas, devant la fondation Monet, la Crêperie La Musardière, ou encore la terrasse de l'Ancien hôtel Baudy.

Les environs de Giverny

VernonSaint Louis et Henri IV firent de fréquents séjours dans cette cité fortifiée au XIIe siècle installée en bord de Seine, non loin du confluent de l'Epte. Lourdement bombardée pendant la Seconde Guerre mondiale, la ville a hérité des immeubles sans charme de la reconstruction, mais elle conserve un intéressant patrimoine médiéval et Renaissance. De l'autre côté de la Seine, une fois le fleuve franchi, dirigez-vous vers l'office de tourisme logé dans la maison du Temps jadis (XVe s.), au cœur du **centre médiéval**. Cette belle construction normande en encorbellement est parée de pans de bois et d'un poteau cornier dont les sculptures évoquent l'Annonciation. En face se dresse la **collégiale Notre-Dame** (XIe-XVIIe s.), qui possède l'un des plus vieux

La haute Normandie gourmande

Distillerie, cidrerie, caves

Cidrerie Ponpon (Darnétal) ____ 83
Le Pressoir d'or (Boisemont) ____ 106
Le Verger de Giverny ____ 114
Caves Bérigny (Le Havre) ____ 141
Épicerie Leroi (Caudebec-en-Caux) ____ 164
Le Fils du Pôvre (Cabourg) ____ 188
La Cave de l'Abbaye (Dives-sur-Mer) ____ 191
La Cave trouvillaise (Trouville-sur-Mer) ____ 210
Ferme de la Croix Solier (Tourgéville) ____ 213
Distillerie du Père Magloire (Pont-l'Evêque) ____ 238
Domaine Cœur de Lion (Pont-l'Évêque) ____ 238
Distillerie La Ribaude (Ouilly-du-Houley) ____ 252
Gérard Desvoye (Beaufour-Druval) ____ 257
Domaine Dupont (Beuvron-en-Auge) ____ 258
Roger Groult (Saint-Cyr-du-Ronceray) ____ 267
Maison Olivier (Dieppe) ____ 339
Parc et vergers des Prés (Criel-sur-Mer) ____ 359
Calvados Morin (Ivry-la-Bataille) ____ 400
Distillerie Busnel (Cormeilles) ____ 416
Ferme de la Godinière (Le Noyer-en-Ouche) ____ 421

Produits de la ferme

Ferme Derly (env. de Gisors) ____ 119
Boutique des 4 fermières (Lyons-la-Forêt) ____ 123
Le Canard Saint-Martin (Thiétreville) ____ 290
Ferme du Grémonval (Londinières) ____ 375
Ferme du Réel (Bosc-le-Hard) ____ 379
Ferme de la Carpenterie (Yvetot) ____ 386

déambulatoires voûtés d'ogives de Normandie. Derrière l'office de tourisme, de petites **rues médiévales** déroulent leur labyrinthe : rue Bourbon-Penthièvre, rue du Chapitre, rue Malaulière, rue Saint-Sauveur et rue Potard, avec son hôtel des Fleurs et ses têtes sculptées. La petite rue du Pont abrite le musée municipal. *5km au nord-ouest de Giverny*

Vieux moulin De la D5 qui vient de Giverny et traverse d'abord Vernonnet, sur la rive droite de la Seine, on peut voir ce moulin à colombages, juché sur un pont du XIIe siècle, dont Vernon a fait son emblème. Un site joliment champêtre, idéal pour y improviser un pique-nique ou pour installer son chevalet, comme le firent Monet en 1883 et de nombreux autres peintres. À proximité, vous pourrez vous promener dans le parc du château des Tourelles. ***Vernon***

Musée municipal Alphonse-Georges-Poulain Ce musée porte le nom d'un archéologue, artiste et érudit local (1875-1966). Sa collection mêle l'histoire (salles d'archéologie évoquant le riche patrimoine de cette zone fluviale de la préhistoire au Moyen Âge) et l'art (toiles de Monet, de sa belle-fille Blanche, du peintre vernonnais Pierre Bonnard et d'artistes américains comme Butler, Mary Fairchild-MacMonnies, ainsi qu'un cabinet des dessins de Steinlein). Unique

Poissons, fruits de mer

Produits laitiers

en Normandie, sa section d'art animalier présente plus de trois cents peintures et sculptures (Vernet, Bugatti, Pompon, etc.). *12, rue du Pont Tél. 02 32 21 28 09 Ouvert avr.-oct. : mar.-dim. 10h30-18h ; nov.-mars : mar.-dim. 14h-17h30 Tarif 4€, réduit 2,50€, moins de 26 ans gratuit Entrée libre pour tous le 1er dim. du mois*

Château de Bizy Coutant d'Ivry s'inspira du palais du Roi-Soleil quand il construisit dans les années 1740 ce château pour Fouquet, duc de Belle-Isle et maréchal de France. Seuls les écuries et les jeux d'eau de ce "petit Versailles" échappèrent aux démolisseurs sous la Révolution. Le bâtiment central, édifié dans les années 1860, se donne des airs de palais romain et le cadre de verdure associe jardin à la française et parc à l'anglaise. L'intérieur est d'une grande richesse : tapisseries des Gobelins tissées pour Louis XIV, mobiliers Louis XIV et Louis XV (une très belle table en marqueterie, un piano, une harpe…), tableaux Premier Empire. ***Vernon** À 1km du centre-ville, dir. A13 Tél. 02 32 51 00 82 Ouvert avr.-oct. : mar.-dim. 10h-18h (jardins) Visite guidée (uniquement) du château 10h30, 11h15, 14h30, 15h30, 16h30 et 17h15 Tarif 8€, 7-18 ans 5€, moins de 7 ans gratuit*

Parc du château de Saint-Just Construit au XVIe siècle, le château (ne se visite pas) domine la vallée de la Seine et ses méandres. Son parc, agrémenté de multiples dépendances, est structuré en terrasses. Son allée principale, élégante et verdoyante, affiche des dimensions dignes d'une avenue, mais ici ni voiture ni lampadaire, plutôt un alignement parfait de tilleuls, hêtres pourpres et cyprès. Mais c'est surtout son circuit d'eau qui retient l'attention ; ponctué de cascades comportant goulottes, bassins, miroirs, il offre un petit écrin de tranquillité. Instinctivement, on y ralentit le pas pour profiter du murmure apaisant de l'eau. *3, rue du Potager **Saint-Just** (9km au nord de Giverny) Tél. 02 32 52 21 52 Ouvert juin-juil. : tlj. 15h-18h Entrée libre en semaine, dimanche 4€*

● Où acheter du cidre ?

Le Verger de Giverny Vous trouverez dans cette exploitation la spécialité de la maison, du cidre, mais aussi du jus de pomme, de la "goutte" (alcool de pomme) et de l'apéritif type pommeau, des confitures et du pain d'épice... *1, rue Sainte-Geneviève **Bois-Jérôme-Saint-Ouen** (3km au nord de Giverny) Tél. 02 32 51 29 36 Ouvert mar.-dim. 10h-19h*

CARNET D'ADRESSES

Restauration

petits prix

La Capucine Voilà du "peps" à Giverny, qui commençait à s'endormir entre menus touristiques lambda et tables bourgeoises. La Capucine, qui conjugue simplicité et inventivité, a composé une carte à petits prix avec sandwichs (6,50-8,50€), salades (6,80-8,50€), soupes et cocottes chaudes (9,50-12,50€). Les portions sont copieuses et les saveurs réservent toujours une petite surprise. La Capucine, c'est aussi un concept-store végétal avec une petite boutique idéale pour dénicher un souvenir – sélection d'artisanat d'art, objets de décoration, livres, etc. – ainsi qu'un espace pépinière. *80, rue Claude-Monet **Giverny** Tél. 02 32 51 76 67 Ouvert tlj. 10h-18h*

Crêperie La Musardière À l'ombre de l'hôtel du même nom, offrez-vous une crêpe sucrée ou salée (de 3,80 et 12,50€) avant de continuer votre découverte de Giverny et de sa flore luxuriante et colorée. Pratique, l'entrée des jardins est à 30m et sa terrasse à l'écart du brouhaha. Également des menus à 26 et 36€. *123, rue Claude-Monet* ***Giverny*** *Tél. 02 32 21 03 18 Ouvert avr.-oct. : tlj. 10h-21h30*

prix moyens

Le Terra-Café Un mobilier discret et design, une carte très française séduisant nombre d'étrangers et surtout une vue imprenable sur l'arc-en-ciel de couleurs des parterres de fleurs du musée des Impressionnistes, telles sont les promesses du café-restaurant du musée. Mais vous pouvez bien sûr vous contenter d'une halte rafraîchissante sur sa terrasse ou dans sa salle lumineuse. Carte de salades autour de 15€, formules 19 et 23€, glaces et pâtisseries environ 7€. *99, rue Claude-Monet* ***Giverny*** *Tél. 02 32 51 94 61 www.terracafe.fr Ouvert avr.-oct. : tlj. 10h-18h*

Les Nymphéas Saviez-vous que studieusement, le couple Monet notait les recettes qui flattaient leur palais lors de leurs sorties en ville ? Le chef du restaurant-salon de thé Les Nymphéas, installé face à l'entrée des jardins, a eu la bonne idée de composer un menu du jour qui puise son inspiration dans ces carnets de cuisine : pigeonneau en compote, terrine de canard, queue de bœuf, veau aux olives, glace à la banane... Menu Monet 25€ en semaine, 27€ le week-end, menu bio 31€. Mais l'adresse séduit avant tout pour sa terrasse et son patio fleuri. On y boit un thé après la visite du chef-d'œuvre végétal de Monet, mais rarement seul, la foule y étant souvent envahissante et bruyante. *109, rue Claude-Monet* ***Giverny*** *Tél. 02 32 21 20 31 Ouvert avr.-oct. : tlj. 9h-18h*

☺ **Ancien hôtel Baudy** Aux beaux jours, difficile de choisir entre la terrasse ombragée qui domine les champs et la salle de bistrot 1900 inondée de lumière. La restauration y est simple : de copieuses salades composées, chaudes ou froides (15-17€ env.) et un menu à 26,90€. On se délecte aussi d'une tranche d'histoire locale : alors qu'il découvre les charmes de la campagne normande, en 1887, Willard Metcalf pousse la porte de l'épicerie-buvette tenue par les Baudy et s'y fait servir à déjeuner. Quand, conquis, il revient deux semaines plus tard en compagnie de deux confrères, il apprend des Baudy que Monet habite le village. Les trois artistes rencontrent le maître, dorment à l'épicerie puis rentrent à Paris transmettre à leurs compatriotes leur enthousiasme pour ce coin de Normandie... Et les Baudy ne tardent pas à ouvrir un atelier au fond de leur jardin, puis un hôtel. Une promenade dans les allées ombragées du jardin constellé de roses anciennes

GAMME DE PRIX	RESTAURATION	HÉBERGEMENT
Très petits prix	moins de 10€	moins de 40€
Petits prix	de 10 à 20€	de 40 à 70€
Prix moyens	de 20 à 35€	de 70 à 100€
Prix élevés	de 35 à 50€	de 100 à 150€
Prix très élevés	plus de 50€	plus de 150€

(accès réservé aux clients) vous permettra de surprendre de flegmatiques retraités, anglo-saxons pour la plupart, qui s'emploient à capter sur leur toile le charme intact de ce lieu. Certainement l'un des plus beaux endroits de Giverny. *81, rue Claude-Monet* ***Giverny*** *Tél. 02 32 21 10 03 www.restaurantbaudy.com Ouvert avr.-oct. : tlj.*

Dans les environs

prix moyens

Les Canisses Le bleu de la Seine, le vert des saules pleureurs et les couleurs "Smarties" des chaises et des tables de la terrasse : aux beaux jours ce restaurant prend des airs de guinguette du bout du monde... à moins d'une heure de Paris et de Rouen. Portions copieuses et savoureuses : noix de joue de bœuf confite, dos de saumon grillé, crumble aux pommes et calvados. Menu à 28€, formule entrée-plat ou plat-dessert à 17 et 18€, autres formules à 24 et 28€. L'hôtel dispose de 18 chambres, petites mais lumineuses entre 75 et 115€ (chambre Privilège). Le petit plus pour profiter de cette escale en bord de Seine : la location de barques et de pédalos (8€/30min ou 15€/1h). *Chemin de halage Le Goulet* ***Saint-Pierre-la-Garenne*** *(15km au nord-ouest de Giverny, via Vernon) Tél. 02 32 52 20 00 www.canisses.com Ouvert 12h15-14h et 19h-22h*

Hébergement

prix moyens

☺ **Chambres d'hôtes Le Coin des artistes** Cette ancienne épicerie-buvette ramène le visiteur à la fin du XIXᵉ siècle : ce genre d'établissement nourrissait et, souvent, hébergeait alors les artistes américains venus capter à Giverny la lumière normande. Le bar a été rénové avec soin, l'arrière-cour réservée aux petits déjeuners est un vrai coin de paradis et les quatre chambres, aux portes décorées de fleurs peintes, sont très lumineuses. Double de 80 à 95€, petit déj. compris. *Laurence Pain 65, rue Claude-Monet* ***Giverny*** *Tél. 02 32 21 36 77 www.lecoindes artistes.org*

prix élevés

Chambres d'hôtes Les Rouges-Gorges Cette ancienne ferme rénovée a beaucoup de charme : les pierres nues, boiseries et carreaux rouges et blancs de la pièce commune, la petite cour verdoyante et les deux dépendances qui abritent les quatre chambres (double 90€ en haute saison, 57€ en basse), mansardées, douillettes et calmes. Éric, le propriétaire des lieux, ne demande qu'à parler du festival de musique dont il est le créateur. Il connaît et aime sa région et pourra vous conseiller sur les balades à faire. *Christelle et Éric Carrière 6, rue aux Juifs* ***Giverny*** *Tél. 02 32 51 02 96 http://lesrougesgorges.com*

Le Moulin des Chennevières Bienvenue dans un havre de paix à l'entrée de Giverny, sur la route de Vernon (les sites sont accessibles à pied en quelques minutes) ! Ici, vous n'aurez jamais le sentiment d'être un énième touriste, au contraire, vous profiterez de cet îlot de calme et de l'accueil charmant de Stéphanie. Les 5 chambres et la suite (de 90 à 140€) aux noms de fleurs offrent un confort certain, mais nul doute que c'est le jardin qui vous séduira le plus. Trois hectares, l'Epte qui le traverse et une petite île où cohabitent wallabys, autruches, émeus d'Australie et cygnes. Table d'hôtes sur réservation (28€). *34, chemin du Roy* ***Giverny*** *Tél. 02 32 51 28 14 ou 06 81 13 77 72* *www.givernymoulin.com*

Dans les environs

camping

Camping Les Fosses rouges Il domine Saint-Marcel et Vernon et compte de nombreux résidents (50 emplacements sur 80). On y trouve les équipements classiques d'un camping 2 étoiles avec, en prime, une aire de jeux pour les enfants. Environ 10€ (avec branchement électrique) la nuit pour deux adultes. Originalité du lieu : des pods, ravissantes petites cabanes de bois pour 2 ou 3 personnes (30€ plus draps). *Chemin de Réanville* ***Saint-Marcel*** *(8km au nord-ouest de Giverny) Tél. 02 32 51 59 86 ou 06 22 42 19 11 Ouvert avr.-sept.*

prix élevés

Hôtel Normandy Avec ses 50 chambres, c'est une adresse à connaître quand la saison touristique bat son plein et que la plupart des hébergements affichent complet ou que l'on se décide pour une escapade à Giverny à la dernière minute. Dommage toutefois que les chambres ne soient pas toujours à la hauteur de la somptueuse façade de l'établissement 3 étoiles, mais l'hôtel se rénove peu à peu. Double à partir de 98€, petit déj. 10,50€. *1, av. Pierre-Mendès-France* ***Vernon*** *(5km au nord-ouest de Giverny) Tél. 02 32 51 97 97 www.le-normandy.net*

GISORS

27140

La capitale du Vexin normand (11 000 hab.) a le calme d'un village. Outre son monumental château-forteresse et sa massive église Saint-Gervais-et-Saint-Protais, on découvrira de petits bijoux médiévaux – le lavoir et le fossé aux tanneurs, la léproserie et le passage du Monarque – en flânant dans ses rues tranquilles… ou dans les environs chargés d'histoire.

MODE D'EMPLOI

accès

EN VOITURE
Gisors, établie sur le cours de l'Epte, occupe une position centrale entre Gournay-en-Bray au nord (25km), Vernon au sud (36km), Rouen au nord-ouest (60km) et Paris au sud-est (75km).

EN TRAIN
Fréquentes liaisons quotidiennes avec Paris (1h15 env. de trajet).
Gare SNCF *Rue Mordret Tél. 3635 www.ter-sncf.com*

EN CAR
Gisors est relié par des lignes régulières départementales à Évreux

(lignes n°200 par Les Andelys et n°300 par Vernon, cars Jacquemard), Vernon (ligne n°250, TVS) et Rouen (ligne n°520, cars Jacquemard).
www.eure-en-ligne.fr Toutes les informations (lignes, horaires, travaux) sur les transports publics dans le département de l'Eure.
Cars Jacquemard *Tél. 02 32 33 09 66*
TVS *Tél. 02 32 54 57 78*

informations touristiques

Office de tourisme Bien documenté et visites guidées organisées par le service patrimoine (1h/5€). *4, rue du Gal-de-Gaulle Tél. 02 32 27 60 63 www.tourisme-gisors.fr Ouvert lun.-sam. 9h-12h et 14h-18h, dim. 10h-12h et 14h-16h*

marchés et manifestations

Marché *Pl. des Carmélites Lun. toute la journée et ven. matin*
Gisors La Légendaire Fête médiévale faisant revivre la légende de la Normandie d'antan : spectacle son et lumière, animations théâtrales, ateliers, marché, etc. *Mi-mai*
Fête de la Libération Spectacles, feu d'artifice, bal, etc. *Dans le parc du château Dernier w.-e. d'août*

DÉCOUVRIR

Découvrir autrement Admirez les bas-reliefs Renaissance et les vitraux de l'église Saint-Gervais-et-Saint-Protais, remontez aux sources de la Normandie à Saint-Clair-sur-Epte

Gisors

Château fort Il fut construit en 1097 par le fils de Guillaume le Conquérant pour surveiller le cours de l'Epte, rivière séparant alors les États anglo-normands de la France. Cette position stratégique justifie les longs travaux (surélévation du donjon, renforcement des fortifications) menés tant par les ducs de Normandie, de Henri Ier Beauclerc à Richard Cœur de Lion, que par les Capétiens, qui conquirent la place forte en 1193 et lui conservèrent sa vocation militaire jusqu'en 1591. De nos jours, la motte castrale, l'enceinte ponctuée de douze tours et le donjon central (fermé au public) retrouvent un peu de vie grâce aux commentaires du guide, féru d'histoire, et pendant la fête médiévale qui se déroule en mai. *Tél. 02 32 55 59 36 Visite guidée 5€, réduit 3€, moins de 6 ans gratuit* **Parc** *Ouvert avr.-sept. : tlj. 8h-19h30 ; oct.-mars : tlj. 8h-17h Ouvert tlj. Entrée libre*

☺ **Église Saint-Gervais-et-Saint-Protais** Consacrée à la fin du XIe siècle, elle fut reconstruite après l'incendie qui ravagea Gisors en 1124. Ses proportions – 70m de long et une nef s'élevant jusqu'à 24m de haut – et les enrichissements qu'elle connut tout au long du Moyen Âge lui donnent l'allure d'une cathédrale. De la structure romane d'origine subsiste la colonnette couronnée d'un chapiteau visible contre le pilier nord-ouest de la croisée. L'édifice actuel se distingue par ses éléments Renaissance : piliers torsadés, escalier et bas-reliefs sculptés (dans une rare harmonie de gris et de jaune pour certains). Les vitraux (attardez-vous devant *La Vie de la Vierge*) sont

petit sentier des **Trois-Moulins**, qui descend vers la Lieure, débouche sur une esplanade tranquille d'où vous pourrez mieux admirer la façade en carreaux et briques de cet édifice du XVIIe siècle. Poussez jusqu'à la rivière que vous entendez gazouiller pour admirer les trois moulins qui fournirent jadis à la ville son énergie hydraulique, puis son électricité. Aventurez-vous plus loin encore pour une balade sous les frondaisons ou revenez sur vos pas. Vous passerez certainement devant le **couvent des Cordeliers**, fondé en 1624, puis devant la **maison dite de Ravel**, au nº4 de la rue d'Enfer qui remonte vers le centre. Le musicien séjourna fréquemment dans cette grande maison à colombages et escalier extérieur, et il y composa *Le Tombeau de Couperin*.

● Où remplir son panier gourmand ?

☺ **Boutique des 4 fermières** Ces quatre fermières – Marie-Louise, Nathalie, Patricia et Sabrina – tiennent une boutique collective où elles exposent leur savoir-faire : produits cidricoles (cidre, calva, pommeau) pour Marie-Louise, légumes frais et confitures maison pour Patricia, produits à base de poulet, de mouton, d'agneau pour Nathalie… Une quinzaine de producteurs se sont depuis joints à elles, une vraie réussite. Vous pourrez trouver là aussi quelques produits issus du commerce équitable. *5, pl. Isaac-Benserade Tél. 02 32 49 19 73 Ouvert jeu.-ven. 9h30-12h30 et 14h30-18h30, sam. 9h30-12h30 et 14h30-19h, dim. 9h30-12h30*

● Où acheter de la faïence et des objets de décoration ?

Faïence des Hogues Philippe tourne et Annie émaille… Ce couple de faïenciers a ouvert une boutique dans la rue principale de Lyons pour y vendre leurs productions artisanales. Décoratives, utilitaires ou originales comme une boîte à camembert (le cadeau parfait pour les aficionados de ce fromage *made in* Calvados), les créations sont variées et les prix restent raisonnables. *8, rue de l'Hôtel-de-Ville Tél. 06 70 43 14 76 Ouvert jeu.-dim. 10h-12h30 et 15h-18h30*

L'Empreinte À mi-chemin entre l'atelier de décoration et la brocante, L'Empreinte mixe tradition normande et modernité. Idéal pour refaire sa déco du sol au plafond et pour tous les budgets. N'hésitez pas à demander des conseils à Julie et Cyril, ils maîtrisent leur sujet. Mais comment rapporter cet énorme miroir pour lequel vous avez le coup de cœur ? De Rouen à Paris, la livraison est possible ! *28, pl. Isaac-Benserade Tél. 02 32 48 23 01 Ouvert jeu.-dim. 10h-12h30 et 14h30-18h*

● Où prendre un petit déjeuner chic ?

Le Grand Cerf Que vous ayez réservé ou non une chambre dans l'hôtel de charme de Lyons, dès 7h30 vous pourrez pousser la porte du Grand Cerf, et vous y poser le temps d'un petit déjeuner (18€). Vous profiterez alors du cadre chaleureux et ultra-tendance de ce restaurant-bistrot (p.131) à la cuisine ouverte. *Pl. Isaac-Benserade* ***Lyons-la-Forêt*** *Tél. 02 32 48 24 24 www.grandcerf.fr* ***Service petit déj.*** *Ouvert 7h30-10h30*

● Où boire un thé, manger une crêpe ?

☺ **Les Lions de Beauclerc** À cette adresse, une crêperie, une épicerie fine et un restaurant. À l'arrière de la maison, on profite d'une jolie terrasse calme et verdoyante où l'on déguste glaces, pâtisseries et crêpes (autour de 4€). *7, rue de l'Hôtel-de-Ville Tél. 02 32 49 18 90 www.liondebeauclerc.com Ouvert mer.-lun. (sam.-dim. service continu)*

GEOPLUS

Balades et randonnées dans la forêt de Lyons

Des arbres aux fûts élancés – les plus vieux s'élèvent jusqu'à 40m –, une lumière douce qui perce les frondaisons pour baigner une herbe grasse et des parterres de digitales : Lyons, l'une des plus grandes hêtraies d'Europe, mérite bien son surnom de forêt-cathédrale. Avec plus de 300km de routes forestières goudronnées ou empierrées, toutes les activités sportives sont permises au cœur de ce massif enchanteur de 10 700ha.

FORÊT-CATHÉDRALE… ET FORÊT-CONFETTIS

Si ce massif forestier se compose pour moitié de hêtres, les chênes, les charmes et les résineux ont su s'y faire une place. La faune présente une variété comparable : les cerfs, chevreuils, sangliers, petits mammifères et oiseaux (plus de 109 espèces répertoriées) se partagent les sous-bois… quitte à traverser, parfois, un champ ou une propriété. La présence de l'homme dans cette forêt irriguée par la Lieure, l'Andelle, le Fouillebroc et la Lévrière est si ancienne qu'elle lui aurait donné son nom : Lyons serait tiré de *li homs*, "les hameaux" en vieux français. Habitations puis villages se sont, en effet, implantés dans les clairières défrichées à partir du VIIe siècle par les moines, et l'exploitation de la futaie, depuis le Moyen Âge, n'a fait qu'accentuer son morcellement. Malgré le reboisement entamé au XIXe siècle, les îlots de verdure épargnés forment une constellation de confettis verts quand on les observe sur une carte.

VISITES GUIDÉES

L'Office national des forêts (ONF) organise, en liaison avec l'OT, des visites guidées à thème (à pied ou à cheval, de 2h à une journée complète) de la forêt de Lyons : essences feuillues et résineuses, ornithologie, orchidées, champignons… Rens. auprès de l'OT de Lyons (p.121).

SENTIER DE DÉCOUVERTE

Arboretum des Bordins Au cœur de ce jardin forestier de 8ha créé dans les années 1980, on se promènera sur le sentier pédagogique (3,7km) qui détaille, wwen quinze étapes, les essences représentées dans la futaie, le mode de reproduction des arbres et les différents biotopes (mares forestières, plateau crayeux, lisières…). Une introduction pédagogique aux nombreux parcours de randonnée qui sillonnent le massif. *À 5km de Lyons-la-Forêt par la D15 Tél. 02 35 14 20 45 Ouvert mai-oct. : tlj. Entrée libre*

À PIED, À DEUX-ROUES...

Dix parcours de randonnée pédestre, de 3 à 18km, partent du centre de Lyons, des villages environnants ou encore du carrefour des Veneurs, en pleine forêt, cf. encadré Parcours de randonnées pédestres. De Lyons rayonnent aussi huit circuits cyclistes de 5 à 62km ; vous pourrez vous en procurer les cartes à l'OT.

Camping Saint-Paul Location de VTT. ***Lyons-la-Forêt*** *Tél. 02 32 49 42 02 www.camping-saint-paul.fr Ouvert avr.-oct.*

... OU À CHEVAL

La forêt de Lyons se prête formidablement à la randonnée équestre, qui se pratique sur des trajets allant de quelques heures à une journée.

L'Étrier de Lyons Promenades accompagnées selon le niveau, randonnées à la journée. *4, La Villenaise Route Lyons-Rosay* ***Lyons-la-Forêt*** *(4km de Lyons-la-Forêt) Tél. 02 32 49 68 65*

Domaine de Lorleau Un bon programme de balades dans la forêt de Lyons et autour des étangs environnants. Notez aussi que le domaine propose un hébergement en gîte. *21, rue de la Lieure* ***Lorleau*** *(3km de Lyons-la-Forêt) Tél. 06 60 04 93 22 www.domainedelorleau.com*

Parcours de randonnées pédestres

Parcours	Départ	Distance	Durée	Difficulté
Sentier du Four à chaux	Place Bensérade ou de la poste	6,5km	2h	Facile
Sentier de la Fontenairesse	Place Bensérade ou de la poste	6,5km	2h	Facile
Sentier du chemin des Écoliers	Place Bensérade ou de la poste	5km	1h30	Facile
Sentier de la boucle des Sept Mares	Place Bensérade ou de la poste	7km	2h	Facile
Sentier du Gros Chêne	Carrefour des Veneurs	3km	1h	Très facile
Sentier de l'abbaye de Mortemer	Carrefour des Veneurs	4,5km/9km	1h30/2h30	Facile
Sentier du Fouillebroc	Carrefour des Veneurs	18,5km	6h30	Difficile
Sentier des Deux Plateaux	Parking de la mairie de Lisors	7,5km	2h	Facile
Sentier Saint-Mathurin	Église des Hogues	6,5km	1h30	Facile
Sentier de la Jacassière	Touffreville	11km	2h30	Moyenne

● S'offrir une parenthèse détente

Spa Nuxe Fabrice Levesque, natif de la région, a décidé de redonner à Lyons toute son attractivité. Il complète son triptyque, commencé par l'ouverture de deux hôtels de charme - La Licorne (p.131) et l'Hôtel-bistrot Le Grand Cerf (p.131) - par un spa Nuxe. Véritable écrin de bien-être pour citadins et vacanciers stressés : matériaux naturels et "écolos", vue sur les toits médiévaux de la ville et la forêt, hammam, sauna, piscine intérieure/extérieure, massages, soins du corps et du visage. Bon plan en semaine, les prix s'affichent XS (lun.-jeu.). *Hôtel Le Grand Cerf Pl. Isaac-Benserade Tél. 02 30 96 09 67 www.spa-balneo-normandie.fr Ouvert lun.-ven. 10h-12h30 et 14h-19h, sam.-dim. 9h-13h et 14h-20h*

Les environs de Lyons-la-Forêt

Au sud de Lyons

☺ **Abbaye de Mortemer** L'abbaye bâtie en 1134 au cœur de la forêt de Lyons, cadre propice à la contemplation, fut la première de Normandie à rallier l'ordre cistercien, en 1138. Le **pigeonnier**, à l'entrée, symbolise la puissance de cette fondation richement dotée par Henri Ier d'Angleterre et par sa fille Mathilde. Ses 937 boulins – les niches destinées à accueillir les couples de pigeons, qui représentent, chacune, un acre de terre, soit 4 046,86 m² – rappellent que le domaine s'étendait à l'époque sur près de 500ha. Le bandeau de justice, collerette de pierre courant sur la façade du pigeonnier, évoque le temps où les moines reconnus coupables d'un menu larcin par le père abbé y étaient enfermés… Le **complexe monastique**, gravement endommagé au XVIIe siècle et reconstruit au XVIIIe siècle, fut vendu à la Révolution. Seuls subsistent le grand logis (XVIIe s.), la galerie nord du cloître (XVIIIe s.) et les bâtiments de la ferme (XIXe s.). L'abbatiale, la salle capitulaire et le cellier ne sont plus que ruines. Le parcours scénographique proposé dans les **sous-sols** retrace l'histoire de l'abbaye en convoquant les fantômes qui hantaient les lieux et auraient fait fuir son dernier occupant en 1965 : Catherine et la fontaine aux maris – une superbe vasque du XIIe siècle –, la Dame blanche de Mortemer (Mathilde, confinée là par son père, Henri Ier, pour ses mœurs légères) ou encore les quatre derniers moines qui l'occupaient sous la Révolution et qui furent exécutés dans le cellier. ***Lisors** (8km au sud de Lyons) Tél. 02 32 49 54 34 www.abbaye-de-mortemer.fr Spectacles tous les w.-e. d'été ; animations "Chemin des Ducs", circuit en petit train autour des étangs* **Parc, ruines et colombier** *Ouvert mai-août : tlj. 11h-18h30 ; sept.-avr. : w.-e. et j. fér. 13h30-18h Tarif 6€, 6-16 ans 4€* **Musée de l'Abbaye** *Ouvert mai-août : tlj. 14h30-17h30 ; sept.-avr. : w.-e. et j. fér. 13h30-18h Tarif 9€, 6-16 ans 7€ (avec parc, ruines et colombier)* **Festival médiéval** *Deux jours mi-août*

À l'est de Lyons

Château de Fleury-la-Forêt Premier contact : sa majestueuse façade en silex et brique rose. Puis, sous la conduite de la famille Caffin, commence une plongée au cœur du quotidien des châtelains du XVIIe siècle. Cave, lavoir, chapelle, parc à la française… Clou de la visite et pièce emblématique de cette demeure, la vaste cuisine typiquement normande qui a conservé de nombreux ustensiles et son décor du XIXe siècle. On aurait presque envie d'enfiler un tablier pour faire mijoter une pièce de viande dans l'une des nombreuses marmites en cuivre étamé suspendues aux murs. C'est d'ailleurs là que le petit déjeuner sera servi à ceux qui ont choisi de séjourner dans l'une des **chambres d'hôtes** du château (de 85 à 125€). Lit à baldaquin, mobilier ancien, tentures et tapis, lustres et miroirs… un hébergement de caractère pour un retour vers le passé tout en bénéficiant du confort d'aujourd'hui. ***Fleury-la-Forêt*** *(7km à l'est de Lyons-la-Forêt) Tél. 02 32 49 63 91 www.chateau-fleury-la-foret.com Ouvert avr.-juin, sept. : w.-e. et j. fér. 14h-18h ; juil.-août : tlj. 14h-18h Tarif 7€, réduit 6€*

☺ **Musée de la Ferme de Rome** "On les trouvait beaux, tout simplement." Consacré au lait, au beurre et au fromage, ce musée a été créé par Jacques et Micheline Renaut, amoureux des deux mille objets (certains remontent au XVIIIe s.) qu'ils ont chinés ou conservés de leur ancienne activité professionnelle, l'élevage bovin et la production laitière. Barattes en verre (pour surveiller la formation du beurre) ou en métal, bidons à lait – le plus imposant, de 30l, se portait à dos d'homme –, malaxeurs, peignes (pour égaliser les grosses mottes) et moules à beurre pour faire apparaître la marque du fabricant en relief sur les plaquettes : souvent une vache. Des objets jadis très courants qui étonneront plus d'un citadin. Petite dégustation en terrasse dans le jardin. *M. et Mme Renaut Hameau de Rome* ***Bézu-la-Forêt*** *(15km à l'est de Lyons) Tél. 02 32 49 66 22 www.fermederome.fr Ouvert Pâques-juin, sept.-oct. : w.-e. et j. fér. 14h-18h ; juil.-août : tlj. 14h-18h Tarif 3€, enfant 1,50€*

La vallée de l'Andelle et ses alentours

Notre-Dame de Fontaine-Guérard De l'abbaye cistercienne fondée au XIIe siècle à l'emplacement d'une source et démantelée à la Révolution française, il ne reste plus que de superbes vestiges aux lignes caractéristiques du gothique normand. Si l'abbatiale est en grande partie réduite à l'état de ruines – une chapelle ornée du sceau royal d'un généreux donateur, Saint-Louis –, en revanche, le bâtiment des moniales nous parvient presque intact. On pourra y visiter la salle capitulaire, dont les harmonieuses ogives reposent sur des chapiteaux à motifs floraux et, au premier niveau, le dortoir doté d'une charpente en berceau. Une visite incontournable pour les amateurs de lieux romantiques. ***Radepont*** *(12,5km au sud ouest de Lyons) Tél. 06 86 08 04 67 Ouvert avr., sept. : sam.-dim. 14h-18h ; mai-juin : mar.-dim. 14h-18h ; juil.-août : mar.-dim. 11h-18h30 Tarif 5€, réduit 3-4€*

Château de Vascœuil-musée Michelet Ce château du XVe siècle, remanié au XVIIIe, est devenu en 1971 un **centre régional d'art contemporain**. Des expositions sont régulièrement organisées dans son colombier et son parc à la française, déjà peuplé d'une cinquantaine de sculptures monumentales de Calder, Cocteau, Vasarely, Dalí, etc. La peinture a envahi les salles du rez-de-chaussée et du premier étage. Il faut grimper dans le cabinet

"TEA TIME" AU CHÂTEAU DE VASCŒUIL

Le château constitue, avec la forêt de Lyons en toile de fond, le cadre idyllique pour faire une pause avant de poursuivre votre découverte de la région. **La Cascade** *Château de Vascœuil Tél. 02 35 23 62 35 Ouvert avr.-juin, sept.-nov. : w.-e. et j. fér. ; juil.-août : tlj.*

de travail de Jules Michelet (1798-1874), au sommet de la tour, pour retrouver un peu de la dimension historique de Vascœuil. ***Vascoeuil*** *(10km au nord-ouest de Lyons) Tél. 02 35 23 62 35 www.chateauvascœuil.com Ouvert avr.-juin, sept.-mi-oct. : mer.-dim. et j. fér. 14h30-18h30 ; juil.-août : tlj. 10h30-13h et 14h-18h30 Tarif 9,50€, réduit 5,50€*

Ry Joli village ombragé et traversé par la rivière Crevon, Ry aurait servi de cadre à *Madame Bovary*, Gustave Flaubert rebaptisant la ville Yonville-l'Abbaye dans son roman. Une balade à pied dans ses ruelles calmes permet d'en apprécier tout le charme et de découvrir les deux attractions locales. La première est l'**église Saint-Sulpice**, datant, pour sa partie la plus ancienne (la tour-lanterne), du XIIe siècle, puis remaniée et restaurée du XVIe au XIXe siècle. Son architecture égrène les styles et passe du roman (clocher, piliers) à la Renaissance (son superbe porche de chêne). L'intérieur est tout aussi riche avec ses tableaux du XVIIIe siècle, ses nombreuses sculptures représentant des saints (dont un groupe sculpté dédié à saint Avoie) et un retable (XVIIIe s.). Installée dans un ancien pressoir du XVIIIe siècle, la galerie Bovary décline à sa façon l'œuvre romanesque de Flaubert : une collection de cinq cents automates, dont trois cents animent les scènes reconstituées de *Madame Bovary* (visite réservée aux groupes). *15km au nord-est de Lyons*

☺ **Château de Martainville-musée des Traditions et Arts normands** Ce château du XVe siècle aux allures de forteresse était la demeure de commerçants rouennais enrichis par la guerre de Cent Ans. Signature de compagnons briquetiers ou motifs maçonniques, les ornements géométriques de sa

☺ À la source de l'inspiration : pas à pas vers Emma

Une très jolie balade le long de routes sinueuses et souvent boisées suit le cours du Crevon et de l'Héronchelles (au nord-ouest de Lyons). Flaubert s'est inspiré d'un fait divers local, l'histoire des familles Delamare et Couturier, pour écrire *Madame Bovary*, et certains des villages traversés (Ry, Saint-Germain-des-Essourts, Héronchelles, Le Héron...) sont mentionnés ou évoqués dans le roman. Ce parcours en quinze étapes bien signalées permet de s'enfoncer dans une campagne normande inchangée et d'y découvrir des trésors : la collégiale Saint-Michel de Blainville-Crevon (1489), la chapelle des Authieux (1735), les châteaux de Bois-Héroult (1721) et de Bois-Guilbert (1672), la chapelle de style néobyzantin du Héron (1868)... En fin de balade, ne manquez pas le point de vue sur la vallée du Crevon à Saint-Denis-le-Thiboult. Rens. auprès de l'OT des trois vallées (p.122).

façade (quadrillages, losanges, croix couverte…) intriguent encore les historiens d'art. L'intérieur, magnifiquement restauré, présente le patrimoine rural normand. Au **rez-de-chaussée**, la salle des Gardes, ou salle des Plaids (où le seigneur rendait justice après avoir entendu les plaidoiries), renferme du mobilier du Moyen Âge au XVIIe siècle : coffres, tréteaux de table et banc-tournis, qui permettait de se tourner vers le feu ou de "revenir" vers la table. Dans la vaste cuisine attenante sont exposés des faïences de Rouen ou de Forges, des ustensiles en cuivre de Villedieu-les-Poêles, des verreries de la Bresle – dont d'élégantes carafes du XVIIIe siècle. Avec la chambre du seigneur, la salle Louis XIII et la bibliothèque, le **premier étage** témoigne de la richesse de ces pièces où trône un coffre de mariage ou une armoire aux motifs révélateurs : gerbes de blé, fléaux, râteaux pour les agriculteurs, corne d'abondance, lauriers et épis pour les commerçants, palette et pinceaux du peintre ou instruments du musicien pour les bourgeois férus d'art. Les salles du **deuxième étage** reproduisent des intérieurs caractéristiques des "pays" normands – pays de Caux, de Bray, de l'Eure, petit Caux et littoral. Le **troisième étage** est dédié aux costumes. La richesse de la collection et la qualité de la scénographie font de Martainville une remarquable vitrine de la culture normande. ***Martainville-Epreville*** *(19km au nord-ouest de Lyons) Tél. 02 35 23 44 70 Ouvert avr.-sept. : mer.-lun. 10h-12h30 et 14h-18h, dim. 14h-18h30 ; oct.-mars : lun. et mer.-sam. 10h-12h30 et 14h-17h, dim. 14h-17h30 Tarif 4€, réduit 2€, moins de 18 ans gratuit*

Jardin Plume Voici l'un de ces adorable jardins intimes dont la Seine-Maritime a le secret. Mis en scène par le couple Quibel, graminées, plantes du verger et arbres fruitiers, herbes folles et sages charmilles se mêlent dans une savante ordonnance et leurs couleurs se métamorphosent au fil des saisons. Nul doute que les impressionnistes qui ont fait la réputation de la région y auraient fait un arrêt au long cours. ***Auzouville-sur-Ry*** *(15km à l'ouest de Lyons-la-Forêt, assez bien indiqué, suivre les panneaux) Tél. 02 35 23 00 01 Ouvert début mai-fin oct. : mer. et sam. 10h-12h et 14h-18h, jeu.-ven., dim. et j. fér. 14h-18h Tarif 8,50€, réduit 4,50€, moins de 10 ans gratuit*

● Pêcher dans l'Andelle L'association la Mouche charlevalaise gère un très beau parcours de 6km de pêche à la mouche à Radepont, peuplé de truites fario. Autre spot : l'étang du moulin d'Elbeuf-sur-Andelle, un bassin peuplé de belles truites et saumons. Comptez 19€ la journée avec tout le matériel du parfait pêcheur : cannes, abri, table et barbecue.

La Mouche charlevalaise *Tél. 06 32 36 98 72 www.parcours-mouche-andelle.com*

Pisciculture du moulin d'Elbeuf *13, chemin du Moulin* ***Elbeuf-sur-Andelle*** *(19km au nord de Lyons-la-Forêt) Tél. 02 35 23 60 03 pisciculturedumoulin.free.fr*

CARNET D'ADRESSES

Restauration, hébergement

camping

Camping Saint-Paul Ce camping 3 étoiles verdoyant de cent emplacements est installé au bord de la Lieure face aux courts de tennis, à la piscine et au stade municipal, à 5min à pied du centre. En basse saison, comptez 14€ (tente) et 16,50€ (caravane ou camping-car) la nuit pour 2 personnes ; en haute, 17€ en tente et 20,50€ en caravane. Location de chalet à la nuit (60-85€ pour 5 pers.) ou à la semaine (210-430€). *Route de Saint-Paul* ***Lyons-la-Forêt*** *(D132 dir. Beauvais) À la sortie nord-est de Lyons Tél. 02 32 49 42 02 www.camping-saint-paul.fr Ouvert avr.-oct.*

petits prix

Café du commerce-Restaurant de la halle Deux tables pour la même maison. Avec ses plats simples, le Café du commerce, qui sert uniquement à midi, vise plutôt les petits budgets (menus à 14 et 18€) : steak-frites, escalope de dinde à la normande, tagliatelles aux fruits de mer… Le Restaurant de la halle propose des menus de 16 à 36€ et une cuisine plus élaborée : médaillon de foie gras à la pomme caramélisée, camembert au four, entrecôte… Chaque établissement dispose d'une terrasse sur la place des Halles. *6, pl. Isaac-Benserade* ***Lyons-la-Forêt*** *Tél. 02 32 49 49 92* ***Café*** *Ouvert mar.-dim. uniquement midi* ***Restaurant*** *Ouvert jeu.-mar. midi et soir*

prix moyens

Hostellerie du domaine Saint-Paul Cocktail d'écrevisses et d'asperges, fricassée de canard au cidre et pommeau, filet de bœuf flambé à la sauce aux morilles… À la lecture de la carte, on peine à imaginer que ce relais de chasse ouvert en 1815 abrita, lors de la Seconde Guerre mondiale, une caserne allemande puis un dépôt de véhicules américains. Différents menus de 23 à 38€. Les 17 chambres, spacieuses, au décor rustique mais un peu vieillot, donnent sur un parc de 3ha et une piscine de 20m. De 72 à 107€ en chambre double, petit déj. 8€. *7, route Saint-Paul* ***Lyons-la-Forêt*** *Tél. 02 32 49 60 57 www.domainesaint paul.fr Ouvert Pâques-1er nov.*

☺ **Les Lions de Beauclerc** La décoration moderne du restaurant se distingue du style classique du magasin (p.123), baigné d'une lumière douce. Dans les menus (de 18 à 33€) : timbale de veau sauce normande, foie gras maison, tarte normande aux pommes caramélisées et aux amandes… Dernière surprise : les six chambres du premier étage, meublées d'objets anciens pour prolonger le plaisir de

GAMME DE PRIX	RESTAURATION	HÉBERGEMENT
Très petits prix	moins de 10€	moins de 40€
Petits prix	de 10 à 20€	de 40 à 70€
Prix moyens	de 20 à 35€	de 70 à 100€
Prix élevés	de 35 à 50€	de 100 à 150€
Prix très élevés	plus de 50€	plus de 150€

l'œil (double de 85 à 120€). Petit déj. 18€. *7, rue de l'Hôtel-de-Ville* ***Lyons-la-Forêt*** *Tél. 02 32 49 18 90 www.liondebeauclerc.com Ouvert ven.-mar. 10h-14h et 18h-21h* ***Salon de thé-terrasse*** *En service continu le w.-e.*

Le Relais de la Lieure Un relais de chasse digne de ce nom : de grandes salles rustiques, une large gamme de menus (de 18 à 40€ env.), une cuisine familiale – aile de raie, côte de veau à la normande, feuilleté aux pommes, calva et foie gras – et des assiettes bien remplies. À l'étage, 14 chambres sobres, spacieuses et calmes, de 72 à 80€, petit déj. 8€. ***Ménesqueville*** *(7km au sud-ouest de Lyons) Tél. 02 32 49 06 21 www.relaisdelalieure.com* ***Hôtel*** *Fermé 15-30 oct., fêtes de fin d'année et 15-30 mars* ***Restaurant*** *Ouvert mar.-dim. midi*

Le Relais de la Pommeraie-American Grill Entre l'abbaye de Mortemer et Lyons-la-Forêt, au centre d'une plaine verdoyante, ce restaurant-grill cultive son côté ranch avec, entre autres, quelques spécialités *made in US*. On vous recommande les hamburgers XL faits maison, à déguster en terrasse quand le temps s'y prête. Menus à 20€, burgers 9,50-15€, ou 16-24€ pour les XXL, salades 14€. La Pommeraie, c'est aussi une escale idéale les soirs d'été pour finir la journée autour d'un cocktail. *Centre équestre de la forêt 101, rue des Maunys* ***Puchay*** *(11km au sud de Lyons-la-Forêt) Tél. 02 32 27 96 35 www.americangrill.fr Ouvert mer.-dim. 12h-15h et 19h15-22h30*

prix élevés

Auberge de la forêt Une adresse appréciée des hommes d'affaires pour sa cuisine fine et variée : fricassée de Saint-Jacques aux morilles, ris de veau aux pommes, tournedos sauce cognac ou encore turbot à la crème de ciboulette. À midi, mieux vaut réserver sa table. Menus à 31 et 42€, plats à la carte 17-25€. *Route de Lyons-la-Forêt 55, rue Saint-Adrien* ***Morgny*** *(10km au sud-est de Lyons) Tél. 02 32 27 27 37 Ouvert mer.-dim. midi sauf début juil. et fin déc.*

prix très élevés

Hôtel-bistrot Le Grand Cerf L'ancien hôtel de poste et sa charcuterie attenante, réaménagé de fond en comble, abrite aujourd'hui un hôtel de charme rendant hommage à la forêt voisine. Le Grand Cerf et sa horde hantent avec raffinement ce chalet forestier chic et tendance dont les 13 chambres (de 140 à 225€, suite 295€) sont aussi cosy que les couettes sont douillettes. L'enchantement se prolonge à la table du bistrot tenu par Christophe Poirier. Le jeune chef talentueux – également aux pianos de La Licorne royale – puise son inspiration dans des recettes de grands-mères normandes qu'il remet au goût du jour façon bistrot. Menus de 20€ (à midi en semaine) à 42€. Cours de cuisine (une fois par mois, renseignez-vous auprès de l'établissement). *Pl. Isaac-Benserade* ***Lyons-la-Forêt*** *Tél. 02 32 48 24 24 www.grandcerf.fr*

☺ **La Licorne royale** Un hôtel vieillissant restauré et remis au goût du jour pour recevoir, version 4 étoiles, les touristes ou citadins en goguette le temps d'un week-end au vert. La décoration élégante des 21 chambres (de 135 à 345€) dans le style gustavien offre un contraste harmonieux avec les façades traditionnelles de cette longère de 1610. Le gîte, mais aussi le couvert... gastronomique avec, au rez-de-chaussée, la Licorne royale, restaurant-musée. Les collections d'uniformes du Premier Empire veillent sur la salle, tandis que la carte, au garde-à-vous, se livre à une interprétation sage et réussie : velouté de cresson, mille-feuille de foie gras ou encore noix de Saint-Jacques rôties au condiments et cœur d'endive à l'orange. Menus de 43 à 85€, ou "carte blanche" à 129€. Comptez autour de 65€ à la carte. Les restaurants étant rares à Lyons, la réservation recommandée le week-end. Double de 180 à 250€ selon le confort, suite 295-345€, avec accès libre au hammam, piscine et sauna. *Pl. Isaac-Benserade* ***Lyons-la-Forêt*** *Tél. 02 32 48 24 24 www.hotel-licorne.com Restaurant Ouvert lun.-mar. et jeu.-ven. 19h30-21h30, sam.-dim. 12h30-14h et 19h30-21h30*

☺ **Château de Bonnemare** C'est certainement l'un des châteaux les plus intéressants de la région, dont vous aurez peut-être la chance de découvrir quelques aspects si vous y séjournez. Construit en 1555 sur des fondations médiévales, Bonnemare forme un harmonieux ensemble Renaissance en pierre et brique, avec ses communs, à gauche du châtelet, sa chapelle, dédiée à saint Christophe, sa magnifique cuisine, et son escalier à double révolution qui mène à cinq superbes chambres, dont deux exceptionnelles : la chambre de parade et la suite Louis XVI, décorées aux XVIIe et XVIIIe siècles. Une plongée dans un rêve historique qui a un prix, certes (de 110 à 210€ la double en haute saison, petit déj. compris), mais amplement justifié. ***Radepont*** *(12,5km au sud-ouest de Lyons) Tél. 02 32 49 03 73 www.bonnemare.com*

★ LE HAVRE

76600

Après les dramatiques bombardements de 1944 qui détruisirent Le Havre à 90%, la reconstruction de la cité est confiée au célèbre architecte Auguste Perret (1874-1954). Les travaux dureront une vingtaine d'années. Le projet urbanistique de Perret et de ses disciples s'inscrit dans la tradition rationaliste antique, la ville au plan orthogonal se découpe en îlots réguliers et s'organise autour de trois grands ensembles : la place de l'Hôtel-de-Ville, la porte Océane et le front de mer. Perret expérimente des techniques modernes de construction mêlées à une inspiration classique (colonnes, chapiteaux…) et crée un nouvel ordre : celui du "béton armé". Il réalise ainsi l'hôtel de ville et l'église Saint-Joseph, considérés comme les pièces maîtresses de son œuvre. La patine du temps, des considérations touristiques sans doute et des contributions plus récentes (la maison de la culture de Niemeyer, dite le "Volcan", la passerelle métallique de Gillet et le musée Malraux de Lagneau et Audinger), tout concourt à faire naître ou renaître le patrimoine havrais, inscrit depuis 2005 au patrimoine mondial de l'Unesco. La cité, ultime signe s'il en est d'une identité enfin assumée, s'est réapproprié ses principaux lieux de vie. L'esplanade sans âme de l'hôtel de ville est devenue un vaste jardin, et la plage a suivi une cure de jouvence, se muant en un agréable lieu de rencontre et de promenade. Le Havre n'est plus seulement le témoin des stigmates de la Seconde Guerre mondiale, elle est devenue,

n'en déplaise aux détracteurs de son urbanisme, une réalisation majeure du XXe siècle. La réputation de ville "froide" qui lui a longtemps collé à la peau n'a plus lieu d'être, au contraire : Le Havre est aujourd'hui une cité dynamique qui mérite d'être (re)découverte.

UN PORT CRÉÉ PAR VOLONTÉ ROYALE Au regard de ses voisines Rouen et Caen, Le Havre est une jeune cité de "seulement" 500 ans. Le "Havre de grâce" est créé *ex nihilo* en 1517 par François Ier pour faire face à l'ensablement de la rade d'Harfleur et doter le royaume d'un bassin commercial et d'une base navale d'envergure. De port militaire, Le Havre devient lieu de négoce : avec l'installation de la Compagnie des Indes décidée par Colbert en 1664, le commerce avec les Indes, la Chine, Madagascar puis les Antilles se développe. Cette place forte s'attire les foudres de la marine anglaise qui la bombarde en 1694, puis en 1759, détruisant des centaines de maisons. La ville n'en poursuit pas moins son expansion et la ligne ferroviaire Paris-Le Havre, inaugurée en 1847, ouvre l'ère du transport des passagers, suivie de celle des paquebots transatlantiques dans les années 1930.
Au début du XXe siècle, Le Havre compte 130 000 habitants, c'est le premier port français de liaison avec l'Amérique du Nord et un grand centre d'importation pour le coton et le café. Pendant la Première Guerre mondiale, le port joue pleinement son rôle de base navale en accueillant les navires alliés… et en essuyant quelques attaques de sous-marins allemands. En 2006, le port est agrandi et on inaugure le nouveau port de conteneurs (baptisé Port 2000) afin de tripler la capacité d'accueil.

LA "VILLE-SALAMANDRE" RENAÎT DE SES CENDRES Dès juin 1940, les Allemands s'emparent du Havre et y rassemblent, dans le cadre de l'opération Seelöwe, une flotte en vue d'un débarquement sur le sol britannique. Ce projet expose Le Havre à de nombreux bombardements alliés dès septembre 1940, mais le pire assaut aérien survient les 5 et 6 septembre 1944 : 132 bombes détruisent le centre, le port et quatre quartiers entiers, faisant 5 000 morts et laissant 10 000 immeubles en ruines et 80 000 sans-abri. La reconstruction est confiée dès 1945 à Auguste Perret, alors âgé de 71 ans, et à son collectif d'architectes (une centaine au total travailleront sur le projet). En 1963, la ville renaît enfin de ses cendres, donnant toute sa signification aux armoiries (une salamandre sur un champ fleurdelisé) et à la devise ("Je nourris et j'éteins le feu") dont François Ier l'avait dotée.

MODE D'EMPLOI

accès

EN VOITURE

Les principaux axes de circulation sont l'autoroute A13 Paris-Rouen (et sa bretelle A131 jusqu'au Havre, 176km) et la D6015 Rouen-Yvetot-Le Havre. L'autoroute A29/A28 traverse le pays de Caux et relie le nord (Abbeville, Amiens) à l'estuaire de la Seine à la hauteur du pont de Normandie. Enfin, les ponts de Normandie (15km, péage 5,40€) et de Tancarville (27km, péage 2,60€) enjambent l'estuaire. Le Havre se situe à 28km de Honfleur et 25km d'Étretat (D940), à 41km de Deauville et de Pont-Audemer et à 90km de Rouen.

EN TRAIN

Plus d'une dizaine de trains par jour sur la ligne Le Havre-Yvetot-Rouen-Paris. Compter 1h pour rallier Rouen et 2h pour Paris.

Gare (plan 3, D2) *Quai Lafayette Cours de la République Tél. 3635 www.voyages-sncf.com*

EN CAR

Le Havre est relié par car grâce aux compagnies Ouibus (de Paris, 4h au départ de Bercy ou 3h de la Défense), Bus verts (ligne n°20 Honfleur-Deauville-Caen, n°50 Honfleur-Lisieux et 39 Express pour Caen), Périer (ligne n°20 pour Lillebonne et Caudebec-en-Caux) et Kéolis (lignes n°23 pour Goderville et Fécamp et n°24 pour Étretat et Fécamp).

Gare routière (plan 3, D2) *Juste derrière la gare SNCF, sortie quai Colbert Tél. 02 35 22 34 00 Ouvert lun.-sam. 7h-19h*

Ouibus *Tél. 0892 68 00 68 http://fr.ouibus.com*

Bus verts *Tél. 0810 214 214 www.busverts.fr*

Keolis *Tél. 02 35 28 19 88 www.keolis-seine-maritime.com*

Cars Périer *Tél. 0808 80 87 03 www.cars-perier.fr*

EN BATEAU

Capitainerie-Port de plaisance (plan 3, B2) *Au sud de la porte Océane Tél. 02 35 21 23 95 www.lehavreplaisance.com*

orientation

Le Havre se déploie d'ouest en est le long de l'estuaire de la Seine. On distingue cinq grands quartiers : le **centre-ville** et son "triangle monumental" (p.136), secteur inscrit au patrimoine mondial de l'Unesco où se côtoient les architectures racées de Perret et les lignes courbes du Volcan dessiné par Neimeyer ; mitoyen, le quartier **Saint-François** (p.142), coincé entre les bassins du Commerce et de la Manche, conserve quelques monuments anciens. Côté mer, la ville affiche deux pôles : **le port et le front de mer** (p.143), avec sa longue plage de galets qui s'étire jusqu'au promontoire de Saint-Adresse. À l'est du centre-ville, le **quartier de l'Eure et des docks** (p.147), où la ville mène à grand train des projets de réhabilitation-construction, a inauguré son icône en 2008 : le splendide complexe balnéo-aquatique conçu par Jean Nouvel. Enfin, plus résidentielle et moins touristique, la **ville haute** (p.148) vaut néanmoins le détour : on y découvre un beau panorama sur la ville et l'estuaire en visitant les Jardins suspendus.

informations touristiques

Office de tourisme (plan 3, B2) Une très bonne idée que d'avoir installé l'office de tourisme face à la mer. Baigné par la lumière océane, le lieu est clair, accueillant et très documenté, le personnel disponible. Vous pourrez, entre autres, vous y procurer le dépliant "Parcours Unesco" qui guidera vos pas dans le périmètre inscrit au patrimoine mondial. *186, bd Clemenceau (à gauche de la porte Océane, face à la plage) Tél. 02 32 74 04 04 www.lehavretourisme.com Ouvert avr.-sept. : tlj. 9h30-18h30 ; oct.-mars : lun. 14h-18h, mar.-dim. 10h-12h et 14h-18h*

visites guidées

Maison du patrimoine (plan 3, C2) Elle organise des visites guidées du patrimoine Perret et des visites thématiques (la cathédrale Notre-Dame, la batterie de Dollemard, balades nocturnes...). des visites "flash" du centre reconstruit invitent à découvrir "l'essentiel" en 1h30 et, deux dimanches par mois en saison, il est possible de monter au fameux 17e étage de l'hôtel de ville, spot idéal pour appréhender l'urbanisme du Havre et prendre quelques photos panoramiques. *181, rue de Paris Tél. 02 35 22 31 22 villeart@lehavre.fr ou se rens. auprès de l'OT*

Train touristique (plan 3, B2) Face à l'OT, on embarque à bord de ce petit train pour une balade commentée de la ville ou pour une promenade thématique intitulée "Le Havre, patrimoine mondial" (1h, toute l'année). Durant les vacances scolaires des trois zones, le train prend la direction de Saint-Adresse pour approcher d'un peu plus près les demeures du début du XIXe siècle ou plus contemporaines des hauteurs de la ville (45min). Enfin, un autre parcours, non commenté mais très pratique, rejoint les Jardins suspendus, dans un quartier un peu excentré du centre-ville (départ 10h-retour 12h30). Rés. auprès de l'OT. Tarif 6€, 5-10 ans 4€. *186, bd Clemenceau Tél. 02 32 74 04 04 ou 02 32 74 04 05*

se déplacer en ville

BUS ET TRAMWAY

Transports LiA Le Havre dispose d'un réseau de 16 lignes d'autobus, de 2 lignes de tramway et d'un funiculaire couvrant bien la ville basse et la ville haute. Les quartiers plus excentrés et les villes de l'agglomération (Harfleur, Gonfreville-l'Orcher, Montivilliers) sont desservis moins fréquemment. Les lignes de tram relient la plage au Grand Hameau et au Pré Fleuri, en passant par la Place Jenner. Ticket 1,70€ (1h), pass journalier 3,90€. *Tél. 02 35 22 35 00 www.transports-lia.fr*

TAXIS

Taxis du Havre Une trentaine de bornes de taxis disséminées dans toute la ville, notamment devant la gare, l'hôtel de ville, la place Gambetta et dans le quartier Saint-François. *Tél. 02 35 25 81 81*

location de deux-roues

Vélos LiA Le service municipal propose la location de vélos pour 2h (3€), à la journée (7€) ou à la semaine (35€). Stations de location à la gare, à l'hôtel de ville, à l'OT et, en été, aux Bains maritimes et à la station haute du funiculaire. *Tél. 02 35 22 35 00 ou 02 35 19 45 45 (Hôtel de ville)*

Mobilboard (plan 3, C2) Le gyropode Segway, drôle d'engin entre le vélo, le scooter et la trottinette, offre une façon ludique et tout sauf fatigante de découvrir Le Havre, du port jusqu'à la promenade François-Lebel, à l'autre extrémité de la ville. Tarif 25€ (1h) ou 35€ (2h). *10, pl. Léon-Meyer Tél. 02 35 41 60 05 ou 06 14 74 38 60 www.mobilboard.com Ouvert lun.-ven. 9h-19h et w.-e. sur rés.*

marchés

Dix-neuf marchés alimentaires se tiennent dans le centre-ville et les quartiers des environs (Aplemont, Bléville, Caucriauville, Graville). Les principaux :

Halles centrales (plan 3, B2) *Pl. des Halles Lun.-jeu. 8h-13h et 14h30-19h30, ven.-sam. 8h-19h30, dim. 9h-13h*

Marché Thiers (plan 3, C1) *Parvis Saint-Michel et av. René-Coty Lun., mer. et ven. 7h30-13h30*

Marché au poisson (plan 3, C3) *Quai de L'Île Tlj. 9h-19h (sauf avis de tempête)*

Marché Champ de Foire (plan 3, D2) *Rue Philippe-Lebon Été : sam. 7h30-18h30 et 7h30-18h ; hiver : 7h30-18h*

Marché du Rond-Point (plan 3, D1) *Angle rue Aristide-Briand et cours de la République Mar., jeu., sam. 7h30-18h30*

Marché Bio (plan 3, C3) *5, rue Saint-Jacques Mar. et ven. 10h-19h, mer.-jeu. et sam. 10h-12h30 et 15h-19h*

fêtes et manifestations

La ville organise un grand nombre d'événements sportifs, dont la **Transat Jacques-Vabre** (années impaires en oct.) le **semi-marathon de Normandie** (oct., sur le pont de Normandie), ainsi que de nombreuses **régates**.

Rondes rollers L'association des Rondes rollers propose des balades familiales ou pour débutants et des parcours nocturnes pour les plus aguerris. *Rens. auprès de l'OT Tél. 02 32 74 04 04 ou 02 35 19 43 79 (mairie) De mai à oct.*

Rendez-vous de Saint-Vincent Sur la place Saint-Vincent-de-Paul aux allures méridionales, peintres et sculpteurs exposent leurs dernières créations certains dimanches. *Rens. auprès de l'OT Tél. 02 32 74 04 04 D'avr. à sept., le dernier dim. de chaque mois 10h-18h*

Fête de la Scie de Harfleur Chaque année, Harfleur honore le cours d'eau qui la traverse d'une fête médiévale digne de ce nom : carnaval de bouffons, représentations théâtrales diurnes et nocturnes, banquet, tournoi de chevalerie, etc. ***Harfleur** (12km du Havre) 1er w.-e. d'avr.*

Polar à la page Festival de littérature policière, sur la plage. *www.lesancresnoires.com 3-4 j. mi-juin*

Z'estivales - Moz'aïque Pour saluer l'été, tous les week-ends, des animations et des spectacles de rue sont organisés dans différents quartiers et sur la plage. Les concerts, axés musiques du monde, prennent place sur une scène installée au cœur des Jardins suspendus. *En juil.*

Fête de la Mer Installée dans le quartier Saint-François, cette fête de rentrée combine Salon des îles et Salon des métiers de la mer, Festival des chants de marins, initiation aux sports nautiques, etc. *1er w.-e. de sept.*

Dixie Days Festival international de jazz sur la promenade maritime. ***Sainte-Adresse** (4km du Havre) W.-e. de la Pentecôte*

DÉCOUVRIR

Le centre-ville, le triangle monumental

☆ **Les essentiels** Le patrimoine architectural havrais, l'appartement témoin de Perret **Découvrir autrement** Offrez-vous un spectacle au Volcan, œuvre emblématique d'Oscar Niemeyer

La porte Océane (plan 3, B2), où est installé l'office de tourisme, l'avenue Foch, perpendiculaire au front de mer, la rue de Paris et le boulevard François-Ier, artère parallèle au front de mer, délimitent un triangle dénommé "monumental" car regroupant la plupart des édifices emblématiques de la ville neuve conçue par l'Atelier de reconstruction du Havre et son chef de file et inventeur de l'"ordre du béton armé", Auguste Perret. Ce remarquable plan urbanistique, constitué d'îlot orthogonaux, forme un ensemble cohérent et aéré, où l'on circule agréablement entre commerces, places, jardins et édifices majeurs de la reconstruction.

Avenue Foch (plan 3, B2) Artère monumentale de 700m, elle relie la place de l'Hôtel-de-Ville à la porte Océane et décroche, avec ses 80m de large, le titre de plus large avenue de France. Record finalement peu surprenant quand on sait qu'Auguste Perret voulait rivaliser avec les Champs-Élysées. Observez sa composition régulière : allées piétonnes, contre-allées, trottoirs, qualités d'exécution des immeubles… L'avenue Foch est aussi un livre d'histoire à ciel ouvert célébrant les grandes figures de la ville à travers les bas-reliefs apposés sur les façades principales : artistes, écrivains, fondateurs, musiciens, industriels et architectes.

PRENDRE DE LA HAUTEUR
Dans le cadre d'une **visite guidée**, grimpez au 17e étage de l'hôtel de ville : de là, la vue prodigieuse sur la ville permet en un clin d'œil d'admirer non seulement l'œuvre de la reconstruction mais aussi l'évolution de la ville depuis sa création ex nihilo au XVIe siècle. *Tél. 02 32 74 04 04 Deux dim./mois sur réservation à l'OT Tarif 5€*

Hôtel de ville (plan 3, C2) C'est à son emplacement d'avant-guerre, à l'extrémité est de l'avenue Foch, que Perret a décidé de reconstruire l'hôtel de ville. Au carrefour des principaux axes de la ville, il a été pensé comme le lien entre la ville neuve, la côte et les quartiers anciens. Les dimensions de son parvis, 243x192m, en font la place d'hôtel de ville la plus vaste d'Europe. Quant à sa tour de 72m, l'un des symboles du Havre, elle fit largement débat au moment de sa construction pour sa référence directe aux buildings américains.

Église Saint-Joseph (plan 3, B2) L'idée d'origine était d'élever un "phare spirituel" à la mémoire des cinq mille Havrais morts sous les bombardements. C'est gagné, puisqu'en tout point de la ville et de la mer se distingue la flèche (106m de haut) de cet édifice titanesque construit par Perret et trois de ses élèves : Raymond Audigier, Georges Brochard et Jacques Poirrier. Un édifice conjuguant force, puissance et élégance. Pour en apprécier la beauté, entrez dans l'église et placez-vous au centre de sa tour-lanterne octogonale, dont les verrières aux 12 768 carreaux colorés, œuvre de Marguerite Huré, restituent toute la palette des lumières océanes. La maître verrier a imaginé un agencement géométrique avec, à la base, sept couleurs (orange, jaune, vert, violet, rouge, verdâtre et blanc) déclinées en une cinquantaine de nuances. *Bd François-Ier*

☆ Parcours Unesco

Juillet 2005, l'Unesco inscrit le centre du Havre reconstruit par Perret sur la liste du patrimoine mondial de l'humanité. L'OT et la Maison du patrimoine ont conçu un itinéraire de découverte à pied des vingt-huit lieux phares de cet ensemble urbain et distribuent une brochure explicative. L'hôtel de ville et sa place, la bibliothèque Armand-Salacrou, l'église Saint-Michel, le square Saint-Roch, la porte Océane… soit 150ha auxquels ont été appliquée une méthodologie rationnelle de construction. Pour les visites guidées thématiques, cf. Maison du patrimoine (p.134).

Plan 3 Le Havre, centre

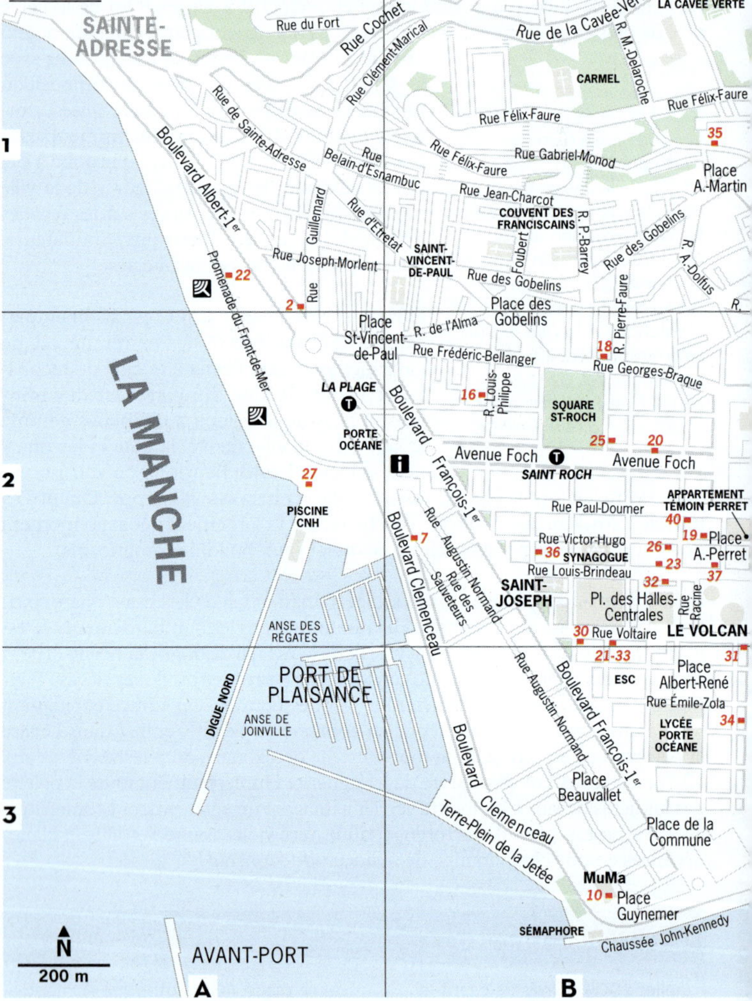

Bars, lieux de sortie, salons de thé ■ 1 à 8

- Au bon retour p.145 — 7 B2
- Chocolate passion p.141 — 4 C2
- Conservatoire Arthur-Honegger p.152 — 3 D2
- Cyclamen'Bar p.151 — 1 C3
- L'Abri côtier p.144 — 2 A1
- L'Appart p.151 — 5 C2
- Le Club Hercule Poirot p.151 — 6 D3
- Pasino p.152 — 8 C2

Restauration ■ 10 à 28

- À l'île Maurice-La Case à Mimi p.153 — 15 D1
- Café-restaurant du MuMa p.154 — 10 B3
- Café Victor p.152 — 19 B2
- Chez André p.153 — 16 B2
- Fleur de sel p.154 — 17 C3
- Jean-Luc Tartarin p.154 — 25 B2
- L'Eau tarie p.152 — 26 B2
- L'Effet mer p.154 — 22 A1
- La Frite à Victor p.144 — 27 A2
- La Petite Brocante p.153 — 23 B2
- La Taverne Paillette p.153 — 18 B2
- Le Nuage dans la tasse p.152 — 20 B2
- Les Gens de mer p.153 — 21 B2
- Les Grands Bassins p.154 — 28 D3

Hébergement ■ 30 à 37

- Art Hôtel p.156 — 37 B2
- Chambres d'hôtes Le Chat perché p.155 — 35 B1

Hôtel Vent d'Ouest **p.156** **36** **B2**
Hôtel Voltaire **p.155** **30** **B2**
Ibis Styles **p.156** **34** **B3**
L'Oscar **p.155** **31** **B3**
Le Petit Vatel **p.155** **32** **B2**
Les Gens de mer **p.155** **33** **B2**

Shopping ■ **40 à 43**

Caves Bérigny **p.141** **40** **B2**
Docks Vauban **p.148** **42** **D2**
Halle aux poissons **p.143** **43** **C3**

Bien-être ■ **50**

Un moment pour soi **p.141** **50** **C3**

Plan 4 Le Havre, agglomération

Bar ▪ 1
Le Bout du monde p.152 ____ 1 A2

Hébergement ▪ 20 et 21
Hôtel des Phares p.156 ____ 20 A2
Hôtel Les Voiles p.156 ____ 21 A2

Le Volcan, espace Oscar-Niemeyer (plan 3, B2) Voile de béton peint en blanc évoquant une cheminée de paquebot, cet espace culturel inauguré en 1982 a été conçu par l'architecte brésilien Oscar Niemeyer. Ses courbes lisses et asymétriques contrastent autant avec la linéarité des constructions de Perret qu'avec le bleu azur du ciel les jours de grand soleil. Baptisé "Pot de yaourt" par les Havrais, il se double d'un Petit Volcan. Après plus de trois ans de gros travaux de rénovation, portant autant sur l'aménagement intérieur (amélioration de l'acoustique du Grand Volcan, transformation du Petit Volcan en médiathèque, etc.) que sur les espaces extérieurs (accès du site, éclairage), le Volcan a rouvert ses portes début 2015. Aujourd'hui, la grande salle, dont la jauge a été ramenée de 1 200 à 820 spectateurs, accueille concerts, théâtre, ballets, etc. *Espace Oscar-Niemeyer Pl. Général-de-Gaulle Tél. 02 35 19 10 10 www.levolcan.com*

Passerelle du bassin du Commerce (plan 3, C2) Dans l'axe du Volcan, de l'autre côté de la rue de Paris, arpentez le bassin du Commerce, enjambé depuis 1972 par une passerelle métallique conçue par l'architecte Gillet, qui reçut, à l'époque, le premier prix des ouvrages métalliques.

☆ **Appartement témoin Perret (plan 3, B2)** La visite guidée (env. 1h), organisée par l'association "Ville d'art et d'histoire", permet de découvrir le type d'aménagement voulu par l'atelier Perret pour les sinistrés havrais lors de la reconstruction de la ville après-guerre (1945-1955). L'architecte souhaitait offrir à chacun "le droit au calme, au soleil, à l'air et à l'espace" tout en faisant "quelque chose de neuf et durable". Ce logement type servit de modèle pour la reconstruction de 10 000 autres. Traversant et doté de nombreuses fenêtres, l'espace intérieur forme un vaste plateau : un nouveau modèle d'habitation réunissant confort moderne et meubles de série comme ceux de René Gabriel et Marcel Gascoin. Un appartement dont on rêverait d'avoir les clés. *Maison du patrimoine 181, rue de Paris Tél. 02 35 22 31 22 Ouvert juin-sept. : mer. et sam.-dim. à 14h, 15, 16h et 17h, lun.-mar. et jeu.-ven. à 14h et 15h (visites guidées) Tarif 5€, réduit 3€, moins de 26 ans gratuit*

Rue de Paris (plan 3, C2-C3) Plus ancienne rue du Havre, elle a été réhabilitée par Perret, qui s'inspira de la rue de Rivoli et de ses larges galeries couvertes abritant des commerces. Les immeubles, tous de même hauteur, offrent une perspective architecturale étonnante, notamment quand on regarde vers la mer et qu'un immense paquebot de croisière est amarré au port.

● Où acheter cidre et calvados ?

Caves Bérigny (plan 3, B2 n°40) Chez ce caviste fécampois, en plus d'un grand choix de vin : cidres, calvados, jus et liqueurs... la pomme dans tous ses états ! *94, rue Paul-Doumer Tél. 02 35 42 37 06 Ouvert mar.-sam. 9h30-12h15 et 14h30-19h15*

● Où boire un chocolat chaud à l'ancienne ?

Chocolate passion (plan 3, C2 n°4) Au premier étage de la boutique de ce chocolatier, une pause confortable le temps d'un épais chocolat maison très gourmand. Et les pâtisseries le sont tout autant. *15, rue Édouard-Larue Tél. 02 35 22 90 27 Ouvert mar.-sam. 10h-19h*

● S'offrir une pause zen

Un moment pour soi (plan 3, C3 n°50) En plein centre-ville, ce petit institut a tout pour plaire. Pas de fioriture, juste de l'ultra pointu côté soins du visage avec la marque Valmont, et de l'holistique et du sensoriel pour le corps avec les Sens de Marrakech. Le geste des esthéticiennes est sûr et pro, on ressort débarrassé de toutes ses tensions, prêt à continuer l'exploration de la ville. *16, pl. du G^al^-de-Gaulle Tél. 02 35 42 75 50 www.institut-umps.fr Ouvert lun. 13h-19h, mar.-ven. 9h30-19h, sam. 9h-17h*

Le quartier Saint-François

Découvrir autrement Plongez au cœur de l'histoire de la ville à l'hôtel Dubocage-de-Bléville, allez humer l'air de la mer à la Halle aux poissons

Ce quartier réputé pour être celui des marins et de la fête s'inscrit dans un mouchoir de poche, bordé par le bassin du Commerce, le quai Delavigne et la place de la Cathédrale-Notre-Dame. Il a été pensé par Jérôme Bellarmato à la demande de François Ier, qui souhaitait un plan orthogonal et moderne, et se distingue de la ville neuve par ses immeubles aux murs de briques et toits d'ardoises. Quelques monuments anciens ont survécu au bombardement de 1944 : la cathédrale, et le Muséum (ancien palais de justice), la maison de l'Armateur et l'hôtel Dubocage-de-Bléville, trois édifices du XVIIIe siècle.

Cathédrale Notre-Dame-du-Havre (plan 3, C3) De l'édifice original construit en 1520 ne subsiste que la tour gothique. L'église, reconstruite fin XVIe-début XVIIe siècle, fut dévastée par la Révolution puis par les bombardements de 1944. Restaurée et élevée au rang de cathédrale en 1974, elle recèle des grandes orgues offertes par le cardinal de Richelieu, gouverneur de la place, une statue de la Vierge du XVIe siècle et des vitraux illustrant des événements de la vie locale. *Rue de Paris*

Muséum d'histoire naturelle (plan 3, B3-C3) Le rez-de-chaussée de ce musée est dédié aux activités pédagogiques et expose une collection d'arts graphiques. Les niveaux supérieurs accueillent des expositions temporaires qui mettent en valeur ses riches collections portant sur le monde animal, végétal ou minéral. Les mercredis et dimanches sont organisés des ateliers pour les enfants et, un mardi par mois, des apéro-conférences, projections de films et visites liés au thème de l'exposition en cours. *Pl. du Vieux-Marché Tél. 02 35 41 37 28 www.museum-lehavre.fr Ouvert mar.-mer. et ven.-dim. 10h-12h et 14h-18h, jeu. 14h-18h Entrée libre*

Maison de l'Armateur (plan 3, C3) La maison a été construite au XVIIIe siècle dans un quartier vivant qui abritait de nombreux hôtels particuliers. Sa façade, différente des demeures voisines, mérite le coup d'œil : décor sculpté de pierre de Caen, corniches et colonnes ioniques. Elle a été tour à tour occupée par des armateurs, des négociants et autres gens de la mer. C'est l'un des rares bâtiments havrais miraculeusement épargné par les bombardements de 1944. Acheté par la ville en 1955, l'édifice est aujourd'hui une maison-musée : cinq étages aménagés autour d'un puits de lumière pour vous replonger dans la vie de la fin du XVIIIe siècle à travers pièces de vie, salles d'exposition, objets et cabinet de curiosités. *3, quai de l'Île Tél. 02 35 19 09 85 Ouvert jeu.-lun. 11h-12h30 et 13h30-18h, mer. 14h-18h Visite commentée sam. à 11h et 15h30, dim. à 11h Tarif 5€, moins de 26 ans gratuit*

Hôtel Dubocage-de-Bléville (plan 3, C3) Longtemps appelé musée de l'Ancien Havre, ce bel hôtel particulier (XVIIe-XVIIIe s.) précédé d'une cour pavée et de parterres à la française met en scène l'histoire havraise du Second

Empire à la Ve République au fil de ses collections d'objets, documents, gravures, tableaux. *1, rue Jérôme-Bellarmato Tél. 02 35 42 27 90 Ouvert jeu.-lun. 10h-12h30 et 13h30-18h, mer. 14h-18h Entrée libre*

● Où se régaler de crevettes ?

Halle aux poissons (plan 3, C3 n°43) Édifiée une première fois en 1885, elle a été revue par Charles Fabre et Jean Le Soudier en 1954. Cette armature de béton au carrelage rouille accueille tous les jours le butin de pêche des marins. Fraîcheur et petits prix garantis sur les étals où se vendent les poissons tout droit sortis du bateau. *Quai de l'Isle Ouvert tlj. 9h-19h (sauf avis de tempête)*

Le port, le front de mer et Sainte-Adresse

☆ **Les essentiels** Le domaine portuaire, le MuMa **Découvrir autrement** Embarquez à bord du *Ville du Havre II* pour une mini-croisière portuaire, baladez-vous dans Sainte-Adresse entre la place Clemenceau et le phare de la Hève

"Je vois un front de mer qui regrouperait tous les monuments de la ville et escorterait les navires jusqu'à leur entrée au port." Voilà le fruit de l'imagination et du travail d'Auguste Perret. En parcourant les 3km à peine qui séparent les bassins portuaires de Sainte-Adresse via le front de mer, Le Havre offre aux promeneurs un visage, certes contrasté, mais riche et harmonieux : du gigantisme des paquebots au charme hors du temps d'un quartier balnéaire, du fracas des déchargements, des sirènes des paquebots au doux roulis des vagues sur les galets.

☆ ☺ **Domaine portuaire (plan 3, B3-C3)** Le Havre est le premier port français pour le commerce extérieur et le trafic de conteneurs. Les récentes modernisations de l'ensemble de la chaîne de transport l'ont placé parmi les dix premiers ports d'Europe. Cette composante essentielle de l'identité havraise peut s'appréhender de deux façons : en bateau (p.145) ou en car. Dans ce dernier cas, des guides conférenciers vous emmènent à bord d'un car qui sillonne les principaux sites portuaires (1h30), de sa fondation au XVIe siècle jusqu'à nos jours : bassins historiques, quartier de l'Eure (ancienne friche industrielle aujourd'hui réhabilitée), les 400m de l'écluse François Ier, jonction entre la Seine et la mer. Cette visite est programmée une ou deux fois par mois en haute saison (rens. à l'OT).

Boulevard Clemenceau et quai de Southampton (plan 3, B3-C3) Auguste Perret a réalisé ici une succession d'immeubles peu élevés ponctués par deux tours de dix étages, pensés comme des îlots ouverts sur une cour intérieure. Les ossatures y sont systématiquement apparentes et le béton y a subi un traitement particulier : il a été lavé, bouchardé, laissé brut de décoffrage, etc. Enfin considéré comme une matière, il a été travaillé avec la même noblesse que la pierre.

☆**MuMa-musée d'Art moderne André-Malraux (plan 3, B3)** Le musée d'Art moderne du Havre est le deuxième musée impressionniste après le musée d'Orsay, à Paris. Inauguré en 1961, il est le premier musée reconstruit en France après la guerre, mais aussi la première maison de la culture, et une véritable œuvre d'art avec ses vastes volumes et ses grandes baies vitrées, sa lumière naturelle omniprésente et doucement filtrée, son escalier de bois sur trois niveaux figurant la coupée d'un bateau. On doit la conception du bâtiment aux architectes Guy Lagneau et Raymond Audinger, en collaboration notamment avec Jean Prouvé pour l'utilisation de l'aluminium (grande porte et panneaux sud-ouest, paralume au-dessus du toit). Cet écrin futuriste, qui répond à la volonté d'André Malraux, alors ministre de la Culture, "d'intégrer la création de quelques-uns à la curiosité de tous", abrite des œuvres de peintres chéris par la ville, Eugène Boudin et Raoul Dufy, mais aussi une riche collection de toiles impressionnistes et postimpressionnistes, fauves et abstraites, auxquelles s'ajoutent des œuvres représentatives des grandes écoles européennes du XVIe au XVIIIe siècle et des principaux genres picturaux (religieux, historique, mythologique…). Des expositions temporaires complètent ce passionnant voyage dans la peinture. La sculpture monumentale jouxtant le musée côté mer est signée Henri-Georges Adam. Une autre prouesse technique puisque cette œuvre de béton (22m de longueur, 7m de hauteur, 220 tonnes) repose sur un socle d'à peine un quart de sa longueur. N'hésitez pas à faire une pause au café-restaurant, très agréable (p.154). *2, bd Clemenceau (face au sémaphore) Tél. 02 35 19 62 62 Ouvert lun. et mer.-ven. 11h-18h, sam.-dim. 11h-19h Tarif 5€, réduit 3€, moins de 26 ans et 1er sam. du mois gratuit (expositions temporaires : tarifs variables)*

PLAGE ET GRIGNOTAGES

Que serait une promenade sur le front de mer sans un arrêt à la baraque des Frites à Victor ? Depuis 1927, on s'y approvisionne en frites, gaufres, crêpes et croustillons pour les déguster en bord de mer. Une institution ! **La Frite à Victor (plan 3, A2 n°27)** *Promenade de la Plage Ouvert mi-mars-oct. : tlj. 10h-20h30 (22h par beau temps)*

Plage (plan 3, A1-A2) La ville déroule 2km de plage de sable et de galets. Malgré les idées reçues, l'eau y est propre (pavillon Bleu), le port étant distant de la zone de baignade, sans courant pour les nageurs et d'une température estivale comprise entre 16° et 18°C. En bordure de plage, une promenade plantée conçue par Alexandre Chemetoff, agrémentée d'un jardin aquatique, apporte une note végétale. Aux beaux jours, de nombreux restaurants de plage déploient leurs terrasses face à la mer (le long du boulevard Albert-Ier). À côté du Point plage (p.145) se tiennent les Bains maritimes qui mettent à disposition vestiaires, douches chaudes, location de vélos et prêt de matériel pour les personnes à mobilité réduite. **Bains maritimes** *Tél. 02 35 43 18 59 Ouvert mai, sept. : tlj. 10h-18h ; juin-août : tlj. 10h-20h*

● Où boire un verre ?

L'Abri côtier (plan 3, A1 n°2) À la jonction du boulevard de la Plage et de la "rue de la Soif" (rue Guillemard), ce bar-paillotte vaut autant pour sa situation – sa terrasse offre un point de vue imprenable sur la plage, les passants, le défilé des automobiles – que pour son ambiance doucement délirante. Un bon endroit pour s'immerger dans la vie balnéaire havraise. *24, bd Albert-Ier Tél. 02 35 42 51 20 Ouvert avr.-sept. : tlj. 11h30-2h ; oct.-mars : lun.-sam. 15h-2h, dim. 15h-21h*

Au bon retour (plan 3, B2 n°7) Une large terrasse où les rangées de tables se multiplient avec les rayons du soleil, face au port de plaisance. *66, rue des Sauveteurs Tél. 02 35 42 55 58 Ouvert jeu.-mar. 7h-13h et 15h-20h, mer. 15h-20h*

● Parcourir le port en bateau, faire une balade en mer

☺ ***Ville du Havre II*** En embarquant à bord du *Ville du Havre II*, vous longerez une partie du port de commerce (le bassin René-Coty). Aucune visite ne ressemble à la précédente, car le rythme de cette singulière croisière est réglé par les allées et venues des porte-conteneurs, pétroliers et autres navires aux dimensions monumentales (certains atteignent jusqu'à 280m de long !). Appareillage avec un remorqueur, manutention, portiques de chargement et de déchargement, codes couleurs des conteneurs selon leur contenu, etc., cette balade enrichissante vous permettra de mieux cerner l'activité portuaire. Tarif 14€, 4-17 ans 10€. Également des balades en mer en été (35min, tarif 8€, 4-17 ans 6€). *125, bd Clemenceau (port de plaisance) Tél. 02 35 83 69 52 ou 06 16 80 24 10 www.visiteduport-lehavre.fr*

● Mettre les voiles

Sport fétiche de la ville, comme le prouve l'abondance de clubs de régates et d'événements nautiques, la voile permet des balades de quelques heures ou des croisières d'une journée ou d'un week-end. Pour faire de la planche à voile au Havre, il suffit de vous garer sur la promenade François-Lebel avec votre matériel et la mer est à vous.

Point plage (plan 3, A2) Location de matériel nautique (canoë, paddle, planche à voile...) et des sorties en mer à bord d'un voilier de 9m, le *Filao*, une fois par jour sous la responsabilité d'un skipper (tarif 13,50€, réduit 6,80-8,90€). *Promenade de la plage (à côté des Bains maritimes) Tél. 02 35 41 49 76 Fax 02 32 74 04 04 (OT) Ouvert juil.-août : tlj. 12h-19h*

La Société des régates havraise (plan 3, B2) Ce club havrais organise toute l'année des sorties en planche les samedis après-midi, mais aussi des stages sur des voiliers habitables. *Quai Éric-Tabarly/Bd Clemenceau Tél. 02 35 42 41 21 www.lesregates.com*

☺ Points de vue impressionniste

Eugène Boudin (1824-1998), né à Honfleur, a fait ses armes sur l'autre rive de la Seine, au Havre, et passa le relais au plus illustre de ses élèves, Claude Monet, dont le pinceau et la créativité furent happés par la lumière exceptionnelle de l'embouchure de l'estuaire, là où se couche le soleil. Pissarro, Sisley, Jongkind tombèrent également sous le charme des lieux. Pour retrouver Le Havre sous l'angle de l'impressionnisme, cinq tables de lecture ont été éparpillées dans la ville, du bassin du Commerce au port en passant bien sûr par Sainte-Adresse, là où Monet peignit une de ses toiles les plus connues, *La Plage à Sainte-Adresse*.

● Atteindre le large d'un coup de pagaie

Kayak Le Havre Océan (KHO) La longue plage que prolongent les falaises de craie en direction d'Étretat semble le site tout indiqué pour le kayak de mer. Ce prestataire vous accompagnera pour une randonnée de 3h, comptez environ 10€ (réservé au plus de 14 ans). *Tél. 02 35 44 33 29 www.clubkho.fr*

● Pêcher à la canne ou au filet

Albatre Plaisance Un marin professionnel encadre amateurs et pêcheurs confirmés pour une sortie en mer, que l'on espère fructueuse ! 80€ l'heure. Matériel de pêche fourni 20€. Réservation indispensable. *56, rue des Sauveteurs Tél. 02 35 43 53 79 www.albatre-plaisance.com*

● Faire des longueurs

Piscine CNH (plan 3, A2) Situé en bord de mer, voilà le bassin où s'entraîne l'ancien médaillé olympique Hugues Duboscq. Couloirs de 50m, bassin avec contre-courant, bancs à bulle, dôme aquatique pour les plus jeunes et même cours d'aquagym... vous avez peu de chance de vous y ennuyer. Tarif Swimpass 13€/j., formule famille 26€. *Bd Clemenceau Tél. 02 35 43 47 65 www.cnhavrais.com Ouvert fin avr.-fin sept. : lun.-mar., jeu. et sam. 9h-20h, mer. et ven. 9h-21h, dim. et j. fér. 10h-19h*

Sainte-Adresse

Adossée à sa grande sœur havraise, cette petite cité balnéaire lui donne une étonnante atmosphère "Côte d'Azur". Alphonse Karr (1808-1890), figure littéraire du XIXe siècle, directeur du *Figaro*, romancier, lui donne vers 1840 ses lettres de noblesse et sa renommée, y attirant alors l'*establishment* de l'époque. Sainte-Adresse plaît toujours : front de mer fréquenté toute l'année par les familles, les joggers et les cyclistes, routes sinueuses et calmes descendant jusqu'à la plage, villas et maisons de charme perchées sur un coteau et baignées de soleil. *À 2km du centre du centre-ville, via le front de mer* **Accès en bus** *Ligne n°10 au départ de l'hôtel de ville ou du front de mer*

Chapelle Notre-Dame-des-Flots (plan 4, A2) Cette chapelle néogothique dédiée aux marins disparus en mer recèle un nombre incalculable de maquettes de bateaux, tableaux et autres ex-voto. À quelques pas, le cénotaphe blanc surnommé le "Pain de sucre" a été érigé en 1852 par une veuve éplorée pour servir d'amer aux marins. *Rue Charles-Alexandre-Lesueur Ouvert tlj. 8h-18h30*

Nice havrais (plan 4, A2) Cet imposant immeuble juché à flanc de falaise est le seul rescapé des quatre édifices bâtis dès 1905 dans le quartier balnéaire, lui-même appelé le "Nice havrais". Tout de brique cauchoise dorée par le soleil de fin de journée, destiné à la villégiature, il accueillit le gouvernement belge en exil pendant la Première Guerre mondiale. À 100m de là, au Balcon de l'estuaire, se dévoilent la Seine et ses rives. *Pl. Frédéric-Sauvage*

Villa de Sarah Bernhardt (plan 4, A2) Pratique, ce pied-à-terre au départ des traversées transatlantiques, pour une actrice habituée à se produire aux

Amériques ! Sur la villa dans laquelle la comédienne résida autour de 1880, on peut voir quelques fresques peintes de sa main. *4, rue Ernest-Hérouard*

● ☺ Se balader vers le phare de la Hève

Pour découvrir tout le charme de Sainte-Adresse, empruntez – à pied de préférence, à vélo il vous faudra des mollets d'acier... – la boucle suivante (comptez 1 h env.) : rendez-vous sur la place Clemenceau (plan 3, A1), qui sépare Sainte-Adresse du Havre et que domine la statue d'Albert Ier, roi des Belges, érigée en son honneur après que celui-ci eut trouvé refuge à Sainte-Adresse et établi là son gouvernement en exil pendant la Première Guerre mondiale. Dos à la mer, repérez, à gauche du café Le Week-End, la **sente du Pain de sucre**. Ce chemin escarpé vous mènera à la chapelle **Notre-Dame-des-Flots**. Après avoir repris votre souffle, poursuivez tout droit dans la rue Lesueur puis sur la **route du Cap**, qui vous fera longer l'École supérieure de la marine marchande (ESMM). Au bout, vous trouverez le **phare de la Hève** et des falaises plus propices à la contemplation qu'à la promenade. Rebroussez chemin sur la route du Cap pour bifurquer à droite face à l'ESMM et descendez le boulevard Félix-Faure. Cette belle artère en lacets vous mènera à un premier panorama, puis à la place Frédéric-Sauvage et à son imposant "**Nice havrais**". Prenez, à droite, le boulevard Dufayel qui descend en pente douce jusqu'à la place du Mal-Joffre, second point de vue à ne pas manquer. Il ne vous reste plus qu'à poursuivre vers le front de mer par le boulevard Foch puis la promenade François-Lebel, pour revenir à votre point de départ. Comptez environ 2h de balade.

Les docks, quartier de l'Eure

Découvrir autrement Laissez-vous séduire par le nouveau visage de ce quartier qui fut jadis le cœur du commerce et du négoce havrais, offrez-vous une pause zen et ludique aux Bains des docks

L'essor et la reconquête du Havre se passent évidemment du côté des docks du quartier de l'Eure. Écoles supérieures et entreprises se sont implantées sur cette ancienne friche dans le sillage des premières réhabilitations des docks et de l'inauguration, en 2008, de l'emblème du renouveau de ce quartier : les Bains, magnifique complexe aquatique dessiné par Jean Nouvel. L'"archi star" devait d'ailleurs mené dans le quartier un nouveau projet de "tour belvédère" graphique et aérienne, Odyssey 21, qui aurait du accueillir, entre autres, un musée de la mer et du développement durable, mais qui est pour le moment abandonné. Le quartier n'en reste pas moins pleine mutation, comme l'ont vécu avant lui les docks de grandes villes telles que Hambourg, Lisbonne ou Londres. Mais l'esprit industriel et portuaire d'antan persiste. À suivre...

Jardin fluvial (plan 3, D3) Cette coulée verte a pour toile de fond le motif coloré et quasi abstrait formé par l'empilement des conteneurs. Une balade aménagée, qui signe avec succès la nouvelle vocation de lieu de flânerie du quartier. *Quai de la Saône*

Cloche des dockers (plan 3, D3) Devenue muette faute d'auditeurs, la cloche du beffroi construit en 1911 scanda la journée des dockers cinquante ans durant, sonnant 14 fois par jour de 6h30 à 23h. *Quai de la Meuse*

● Où faire du shopping, aller au cinéma ?

Docks Vauban (plan 3, D2 n°42) Totalement réhabilités, les anciens entrepôts portuaires ont entamé une nouvelle vie sous le signe du commerce. Ouverts 7 jours sur 7, les 60 000m² des docks Vauban abritent grandes enseignes de shopping et un complexe cinéma. Des restaurants, clubs et bars lounge s'approprient ses espaces XL pour offrir de nouveaux lieux de sortie aux Havrais. *Quai Frissard*

● Passer une après-midi aux Bains des docks

☺ **Les Bains des docks (plan 3, D3)** Là où s'élevait autrefois des hangars à café se dresse maintenant un centre aquatique, spectaculaire prouesse de l'architecte Jean Nouvel qui a offert à la ville son interprétation des thermes romains. Aussi zen que ludique ! L'édifice cubique aux lignes ultra-épurées déploie sur 500m² d'immenses volumes et beaucoup de blanc, donnant le sentiment de pénétrer dans un cocon. Les férus de longueurs évoluent dans le bassin extérieur chauffé (50m, 8 couloirs de nage), tandis que les amateurs se retrouvent dans le second bassin (couvert selon la saison) à vocation plus récréative. À l'intérieur, un autre bassin ludique apprécié des enfants, un espace balnéo (saunas et hammam) et un autre "fitness" pour compléter sa culture physique. Entrée de la piscine 4,90€, 3-12 ans 2€, avec balnéo 12,90€. *Quai de la Réunion Tél. 02 32 79 29 55 www.vert-marine.com Ouvert sam.-jeu. 10h-20h, ven. 10h-22h*

La ville haute et les faubourgs

Découvrir autrement Prenez le funiculaire, offrez-vous une vue panoramique sur la ville du haut des Jardins suspendus, et admirez les plantes des cinq continents qui y poussent

Jardins suspendus (plan 4, A2) Aménagés sur les vestiges du fort de Sainte-Adresse, de type Vauban, ces quatre jardins vous invitent à découvrir des richesses botaniques selon quatre thèmes : l'Amérique du Nord, les explorateurs contemporains, l'Asie orientale et le jardin austral. Des serres de 5 000m², à l'intérieur des remparts, abritent des collections très variées de plantes et de fleurs d'origines diverses : arbustes tropicaux, palmiers, bégonias, orchidées, cactées du Mexique… Ce site remarquable de 17ha constitue ainsi un superbe lieu de promenade et offre de très beaux points de vue sur la ville et l'estuaire. *Rue du Fort Ouvert avr.-sept. : tlj. 10h30-20h ; oct., mars : tlj. 10h30-18h ; nov.-fév. : tlj. 10h30-17h Entrée libre* **Serres** *Ouvert mi-juin-sept. : tlj. 10h30-12h30 et 13h45-18h ; oct.-mi-juin : w.-e. et j. fér. 10h30-17h Entrée libre*

Musée et prieuré de Graville (plan 4, B2) Ce prieuré perché sur une colline d'où l'on domine l'effervescence portuaire et industrielle de la ville possède une belle église romane (XIe s.). Seuls le chœur et le déambulatoire sont gothiques (XIIIe s.). Les bâtiments conventuels – dont une remarquable

DES HAUTS, DES BAS
Inauguré en 1880, le funiculaire relie la ville haute à la ville basse, soit un dénivelé de 77m, en 3min. Aujourd'hui modernisé, il permet de rejoindre, au départ de la rue Gustave-Flaubert, la rue Félix-Faure perchée sur la côte, d'où vous pourrez louer un vélo et poursuivre la balade vers les Jardins suspendus. Ticket 0,40€. **Funiculaire (plan 3, C1)** *Ouvert fin août-fin juil. : lun.-sam. 7h30-21h, dim. et j. fér. 7h30-19h30*

salle capitulaire – abritent des collections d'arts sacré et lapidaire et une collection de maquettes de maisons normandes conçues par Jules Gosselin au XIXe siècle Dans le magnifique jardin du prieuré se dresse une Vierge noire de 6m de haut, patronne des Havrais, qui déposent encore à ses pieds leurs ex-voto. *Rue de l'Abbaye Tél. 02 35 24 51 00 Ouvert mi-avr.-oct. : jeu.-lun. 11h-12h30 et 13h30-18h, mer. 11h-12h30 et 14h-18h ; nov.-mi-avr. : ven.-dim. 11h-12h30 et 13h30-18h Tarif 5€, réduit 3€, moins de 26 ans gratuit*

Forêt de Montgeon (plan 4, B1) Un parcours balisé de 7km (env. 2h20) dans ce parc reposant vous fera découvrir sa flore, sa faune, son parc animalier et sa serre tropicale. Son histoire, aussi : des oppidums témoignent encore d'une occupation gallo-romaine, et le lieu servit de refuge aux Havrais en attente de relogement à la Libération. À savoir : le GR®21 démarre dans cette forêt pour passer près de Montivilliers et remonter vers le nord. Montgeon s'anime aussi autour de son lac, où vous pourrez louer en juillet et août de petits bateaux à pédales ou des VTT. *Rue des Sports ou av. René-Dehayes* **Accès en tram** *Lignes A et B, arrêt Place Jenner* **Pôle loisirs du parc de Montgeon** *Tél. 06 07 41 84 16 Ouvert juil.-août : tlj. 12h-19h*

Les environs du Havre

Découvrir autrement Déambulez dans les ruelles médiévales de Montivilliers et d'Harfleur, admirez l'élégance du pont de Normandie, arpentez le littoral avec l'équipe d'Aquacaux

Montivilliers (plan 4, B1) *Monastii villare* ou la "ville du monastère". En 684, le fondateur des abbayes de Jumièges et de Noirmoutier, saint Philibert, décida d'établir là une communauté de religieuses. De cette période, il reste peu de trace, les vikings ayant tout détruit sur leur passage entre 840 et 850. L'abbaye connaît une seconde vie dès 1035, à la suite d'une charte d'exemption permettant au duc Robert le Magnifique d'y établir une maison féminine, dont le prestige profitera à la cité jusqu'à la Révolution. Le centre historique de Montivilliers, en partie piétonnier, a conservé son aspect du Moyen Âge. L'agréable "Promenade de l'abbaye" (audioguide 2€) vous dévoilera ses rues anciennes, ses fontaines, son moulin et des bâtiments plus excentrés comme l'aître de Brisgaret. Dans cet écrin médiéval brille l'**abbatiale Notre-Dame**, église du monastère superbement restaurée. On traverse le cloître pour gagner les anciens dortoirs au premier étage, où un parcours sonore et lumineux relate l'histoire du lieu, de la ville, des abbayes normandes en général, et de la Normandie des origines. *10km au nord du Havre par la N15, dir. Rouen*

Accès en bus Lignes n°1 et 9 **Abbaye de Montivilliers** *Tél. 02 35 30 96 66 www.abbaye-montivilliers.fr Ouvert avr.-sept. : lun.-ven. 10h-18h, w.-e. et j. fér. 14h-18h ; oct.-mars : lun.-ven. 10h-17h ; w.-e. et j. fér. 14h-18h Tarif 5€, réduit 2,50€*

Harfleur (plan 4, B2) Cet ancien port, dont l'ensablement motiva la création du Havre, possède un très joli **centre médiéval** mis en valeur par des panneaux restituant l'histoire des lieux (berges de la Lézarde, quais bordés de maisons des XVe, XVIIe et XVIIIe siècles). L'environnement peu attirant (proximité des voies rapides et des faubourgs industriels du Havre) rend d'autant plus frappant le charme des édifices anciens, comme l'**église Saint-Martin**, dont le clocher haut de 83m est un des fleurons de l'architecture gothique en Normandie. Les récentes restaurations de sa façade et la mise en lumière de ses vitraux lui donnent une silhouette majestueuse. De là, flânez rue des 104, prolongée par la place Victor-Hugo et les quais bordés de maisons des XVe, XVIIe et XVIIIe siècles.. Installé dans une auberge de la fin du XVe siècle qui recevait les navigateurs portugais en escale, le **musée du Prieuré** présente des collections archéologiques illustrant l'histoire de la ville de la préhistoire à nos jours, et des expositions temporaires consacrées à l'art contemporain. De l'extérieur, observez la façade en pierre calcaire surmontée d'un étage à pans de bois ornés de sculptures. *6km à l'est du Havre, dir. Rouen, sortir au carrefour de la Brèque* ***Accès en bus*** *Ligne n°9, arrêt "Brèque"* **Musée du Prieuré** *50, rue de la République Tél. 02 35 45 30 62 Ouvert été : mer.-dim. 15h-18h ; hiver : mer. et sam.-dim. 15h-18h Tarif 1,30€, réduit 0,80€*

VALLÉE DE LA SEINE

Pont de Normandie Inauguré en 1995, c'est le troisième pont entre Rouen et l'estuaire de la Seine (après Tancarville en 1959 et Brotonne en 1977). Il assure une liaison rapide (36km de moins qu'en passant par Tancarville) entre Le Havre et les sites touristiques d'Honfleur, de Deauville-Trouville et des plages du Débarquement. D'une longueur totale de 2 141m, l'ouvrage a détenu le record mondial de longueur de portée avec sa travée centrale de 856m. Détrôné en 1999 par le pont japonais de Tatara (travée de 890m), puis par le viaduc de Millau en 2004, ce pont demeure, encore aujourd'hui, un ouvrage remarquable. Du côté havrais, n'hésitez pas à vous arrêter sur l'aire de repos avant le péage ; elle accueille un restaurant-cafétéria mais surtout une petite exposition retraçant les différentes étapes d'un chantier hors norme. À l'extérieur, piles types du pont et tubes de fondation des pylônes rappellent le gigantisme du projet. *Du Havre, prendre la sortie Rouen/Paris par l'A131 puis la direction Pont de Normandie Honfleur-Le Havre Péage 5,40€*

Réserve naturelle de l'estuaire de la Seine Cette réserve nationale se déploie sur une vaste zone humide : plus de 8 500ha de part et d'autre des berges de la Seine entre la mer et le pont de Tancarville. Les cinq sentiers de découverte balisés au cœur de ce territoire protégé permettent d'apprécier la richesse des différents écosystèmes de l'estuaire, dont on imagine difficilement la diversité : vasières, dunes, peupleraies, prairies, zones cultivées… La **Maison de la réserve** est une bonne base de départ pour l'explorer. Installé au pied du pont de Normandie, cet espace didactique présente les différents milieux, la faune, la flore, que l'on découvre "en direct" grâce à des caméras disséminées dans la réserve. On y trouve aussi une documentation et une équipe d'animateurs jamais avares d'infos, utile avant de s'échapper sur les sentiers pédagogiques. Et pourquoi ne pas commencer par celui "des vasières à la roselière" (2h) ? **Maison de la réserve** *Route de l'Estuaire* ***Sandouville*** *(16km du Havre, sortie Aire de la baie de Seine) Tél. 02 35 24 80 01 Ouvert mars-oct. : mer. et sam.-dim. 14h-18h*

● S'initier à la pêche à pied

Aquacaux (plan 4, A1) Cette association s'est donné la mission de préserver la biodiversité du littoral tout en sensibilisant le public. Installée dans les années 1990 sur le site d'une ancienne base de l'OTAN, Aquacaux a entrepris de reconvertir les lieux en une ferme marine, où l'on peut voir un élevage de turbots. Elle propose aussi des sorties de pêche à pied, de découvertes de la falaise et même un atelier sur les bienfaits des plantes sauvages. Visite libre de la ferme marine 4€, réduit 3€, visite guidée (à 16h) 5€, réduit 4€. *70, chemin de Saint-Andrieux* ***Octeville-sur-Mer*** *(8km au nord du Havre) Tél. 02 35 46 04 97 Ouvert lun.-ven. 9h-12h et 13h30-16h*

● Parcourir le littoral à vélo

Véloroute du littoral Partant du Havre, la véloroute du littoral de Seine-Maritime permet de musarder sur les routes côtières et de rallier Étretat puis Le Tréport via Fécamp (172km). *Rens. auprès du comité départemental du tourisme ou consulter le site de l'association des véloroutes et voies vertes de France Tél. 02 35 12 10 10 www.af3v.org*

CARNET D'ADRESSES

Lieux de sortie

Bars

Dans le **quartier Saint-François** (plan 3, C3), vous trouverez toutes sortes de bars et d'atmosphères : de l'ambiance étudiante festive (pub Saint-François) aux bars à pêcheurs (Le Retour de la mer, Les Copains d'abord). Attention de ne pas terminer la nuit dans l'un des bassins à flot, il y a des précédents... N'oubliez pas non plus, du côté de la plage, le sympathique bar-paillote l'**Abri côtier** (p.144).

L'Appart (plan 3, C2 n°5) Commandez un cocktail au bar puis filez au premier niveau. Là, une salle de bains transformée en salon n'attend que vous. Si la lumière est tamisée, l'ambiance est électrique et le barman spécialiste des shots flambés. Le tout mis en musique par un DJ. Vous risquez de ne pas vous ennuyer ! ***Centre-ville*** *173, rue Victor-Hugo Tél. 06 59 40 82 74 Ouvert mar.-sam. 18h-2h*

☺ **Cyclamen'Bar (plan 3, C3 n°1)** Cette rhumerie à la décoration chaleureuse est tenue par Alain Gabriel, membre actif de l'Association des barmen de France et grand expérimentateur de recettes de cocktails. Sortez des sentiers battus (planteurs, caïpirinhas et autres mojitos) et découvrez les élixirs de sa composition... ***Quartier Saint-François*** *22, rue Jean-de-La-Fontaine Tél. 02 35 41 29 28 Ouvert mar.-sam. 21h30-2h*

Le Club Hercule Poirot (plan 3, D3 n°6) On retrouve aux commandes

Claude Busnel, patronne de la brasserie Les Grands Bassins (p.154). Comme les bars de palace des années 1930, cette adresse des nuits havraises fait la part belle au jazz et au blues, les concerts se succédant les vendredis et samedis soir. Pour parfaire l'ambiance feutrée piano-bar et fauteuils club, le barman propose une jolie sélection de vins et de whiskys. ***Les docks, quartier de l'Eure*** *23, bd de l'Amiral-Mouchez Tél. 02 35 26 68 82 ou 02 35 55 55 10 Ouvert ven.-sam. 19h-2h*

Le Bout du monde (plan 4, A2 n°1) Un petit coin de paradis... qui a réellement des airs de bout du monde et le coup de cœur de tous les Havrais à qui vous demanderez "Où sortir ?". Ici, rien de surfait, juste le plaisir d'un verre entre amis, face à la mer et l'horizon. Certainement l'un des meilleurs spots pour admirer un coucher de soleil à 360°C. Les conversations se nouent entre les tables... et la soirée commence ! *1, bd Foch* ***Sainte-Adresse*** *Tél. 02 35 48 66 58 Ouvert mi-mars-mi-nov. : 12h-2h*

Concerts

Conservatoire Arthur-Honegger (plan 3, D2 n°3) Le conservatoire de musique, de danse et d'art dramatique ouvre ses portes pour des spectacles parfois gratuits, comme les master classes ou les auditions. Un bon plan pour les jours de pluie. ***Centre-ville*** *70, cours de la République Tél. 02 35 11 33 80 Ouvert lun.-mar. et jeu.-ven. 9h-20h30, mer. 8h30-20h30, sam. 9h-17h*

Casino

Pasino (plan 3, C2 n°8) Cet établissement du groupe Partouche propose, entre autres, plus de 170 machines à sous, une table de roulette... C'est aussi une salle de spectacle. ***Centre-ville*** *Pl. Jules-Ferry Tél. 02 35 26 00 00 www.casinolehavre.com Ouvert lun.-jeu. 10h-4h, ven.-sam. 10h-5h et veilles de j. fér.*

Restauration

petits prix

Le Nuage dans la tasse (plan 3, B2 n°20) Cuisine simple et bon marché : ce petit restaurant semble avoir les faveurs des Havrais. Ceux-ci n'ont pas la tête dans les nuages mais les yeux rivés sur la carte pour choisir entre copieuses salades (8-12€), tartes salées ou viandes, grillées ou en sauce (entrecôte, magret, andouillette... de 10 à 15€). Le petit plus : une salle accueillante avec sa baie vitrée, son large comptoir et les tableaux de Mireille Pelaez, une artiste locale. ***Centre-ville*** *93, av. Foch Tél. 02 35 21 64 94 Ouvert lun.-mer. 12h-14h, jeu.-sam. 12h-14h et 19h-21h*

Café Victor (plan 3, B2 n°19) Noir des parasols aux tabliers des serveurs, le Victor affiche une élégance qui n'est que le prélude à d'agréables dégustations : grand choix de vins au verre, belle sélection de thés et restauration de très bon aloi. Bon choix de salades (11-13€), plats du soir (17€), formule déjeuner 11,50€. ***Centre-ville*** *101, rue Victor-Hugo Tél. 02 35 42 17 90 Ouvert lun.-mer. 10h-20h30, jeu.-sam. 10h-dernier client*

L'Eau tarie (plan 3, B2 n°26) Jeu de mots plein d'humour à l'image de la bande de trentenaires qui animent joyeusement ce bar-restaurant de la zone piétonne. La carte, toute simple, fait la part belle à de savoureuses grillades (formule 14€). Avec son ambiance décontractée, ses murs bleu turquoise, ses jarres de rhum arrangé, ses tables hautes en forme de vague et sa terrasse où quelques transats ont été installés, on se croirait presque plus au sud, dans les Landes. **Centre-ville** *86, rue Victor-Hugo Tél. 02 35 41 39 83 Ouvert lun.-mer. 8h30-0h, jeu.-sam. 8h30-2h, dim. 11h30-13h30 et 18h-23h*

À l'île Maurice-La Case à Mimi (plan 3, D1 n°15) Le chef, Mimi, prépare une cuisine créole des rives de l'océan indien, typique des petits restaurants mauriciens. Rougail de saucisse, dorade à la créole, beignets : toute la magie de l'île Maurice est bien là, jusqu'à l'accueil chaleureux de Mika et Mimi. Le coût du dépaysement n'est pas prohibitif : formule déjeuner en semaine 11,50€. Et si vous avez de la chance, vous participerez à une de ces soirées animées par des danseuses et des chanteurs mauriciens. À la carte, comptez 18-20€. ***Faubourgs*** *299, rue Aristide-Briand Tél. 02 35 13 68 01 Ouvert mar.-sam. 11h30-15h et 19h30-2h*

prix moyens

Les Gens de mer (plan 3, B2 n°21) Bien que la salle de restaurant fasse un peu cantine d'entreprise, la lumière généreuse, l'ambiance bon enfant et surtout la carte variée et d'un bon rapport qualité-prix incitent à y faire escale, tant que cet établissement original existe (il est menacé de disparition). Menus à partir de 19€. Menu du jour à 14,50€. Cf. aussi l'hôtel (p.155). ***Centre-ville*** *44, rue Voltaire Tél. 02 35 41 35 32 Ouvert tlj. 12h-14h et 19h-22h*

La Taverne Paillette (plan 3, B2 n°18) Institution havraise que l'on aime pour son atmosphère bavaroise, où les parfums de la choucroute et du jarret lentement braisé se mélangent à celle de la bière fraîchement tirée. Les amateurs de tartares peuvent s'y faire plaisir en toute confiance, comme les accros aux plateaux de fruits de mer. Une brasserie à l'ancienne, avec sa propre bière, la Paillette, créée au Havre en 1596 ! On apprécie la terrasse, chauffée en hiver. L'établissement est grand mais la réservation est tout de même conseillée. Formules 14,20 et 17,50€ (midi), 30,20€ (menu Paillette) ; à la carte, comptez de 18 à 35€ env. **Centre-ville** *22, rue Georges-Braque Tél. 02 35 41 31 50 www.taverne-paillette.com Ouvert tlj. 12h-0h*

Et aussi...

Pause déjeuner

La Frite à Victor ____ 144

Bars, salon de thé

Chocolate passion ____ 141
L'Abri côtier ____ 144
Au bon retour ____ 145

Chez André (plan 3, B2 n°16) Crème de cèpes au lard fumé, lapin aux boulettes de Tata Chantal, flan coco... des ingrédients simples qui rappellent ces repas à l'ancienne où la bonne chair savait accompagner un bon vin, sans fioritures, sans tralala. Le menu change en fonction du marché et de l'inspiration du chef, animé par "l'amour des bonnes choses". Ici, on n'hésite pas à servir du poulet coquillettes avec un côtes-du-rhône. Plat du jour 12€, formules 14,90-18,90€. À la carte, comptez de 20 à 40€. **Centre-ville** *9-11, rue Louis-Philippe Tél. 02 35 21 88 07 Ouvert mar.-mer. midi, jeu.-ven. midi et soir, sam. soir*

La Petite Brocante (plan 3, B2 n°23) Dans un décor de brasserie 1900 avec banquettes moelleuses et box en bois, Mme Leduc sert à une clientèle d'habitués une cuisine traditionnelle : confit de canard, saumon au beurre blanc ou andouillette de poisson, la spécialité du lieu. Menu unique 22,50€. ***Centre-ville*** *75, rue Louis-Brindeau Tél. 02 35 21 42 20 Ouvert mar.-sam. 12h-14h et 19h-23h Fermé j. fér.*

Fleur de sel (plan 3, C3 n°17) Ce restaurant n'est pas bien grand et le menu du midi attire les salariés du quartier, deux bonnes raisons pour réserver votre table à l'avance. On apprécie la carte, courte mais souvent renouvelée. Le chef cuisine, à partir de produits frais et de saison, des plats aux saveurs parfois originales et aux associations souvent inventives, comme ce filet mignon de cerf et sa mousseline de choux-fleur au chocolat blanc ou le tiramisu violette-myrtille. Décor moderne et salle confortable. Menus à 14,50€ (midi), 27 et 33€. Carte de 24 à 32€. ***Quartier Saint-François*** *50, quai Michel-Féré Tél. 02 35 43 68 10 Ouvert mar.-sam. 12h-15h et 19h-21h30*

☺ **L'Effet mer (plan 3, A1 n°22)** Une bonne adresse aux beaux jours : face à la plage, on regarde de sa table défiler les bateaux... et les Havrais sur la promenade du front de mer. Au menu, de copieuses salades froides ou chaudes (env. 9€), des poissons (env. 15€) et des plats de viande simples mais bons (13-18€) : magret de canard au miel, émincé de volaille au curry. Malgré l'affluence permanente, le service reste rapide et prévenant. ***Front de mer*** *Bd Albert-Ier (en face des Bains maritimes) Tél. 02 35 41 44 62 Ouvert avr.-sept. : tlj. 10h-2h*

Café-restaurant du MuMa (plan 3, B3 n°10) Avec sa salle entièrement vitrée ouvrant sur l'espace maritime, le café du MuMA (p.144) offre une halte aussi contemplative que celle que procure la série des ciels peints par Eugène Boudin figurant dans les collections du musée. On s'installe pour un déjeuner léger (sandwichs, salades et quelques plats à la carte à 14€, menus 20, 25 et 28€) ou pour un café en journée. ***Port, front de mer*** *2, bd Clemenceau Tél. 02 35 19 62 75 Ouvert lun. et mer.-ven. 11h-18h, sam.-dim. 11h-19h*

Les Grands Bassins (plan 3, D3 n°28) Marie Trintignant y a tourné l'un de ses derniers films (*Ce qu'ils imaginent*, 2004). Cette institution havraise par excellence (ouvert en 1854, il a échappé aux bombardements) s'est offert une deuxième jeunesse. On y retrouve les classiques du répertoire bistrotier : ardoises, banquettes, comptoir en bois et terrasse où les discussions vont bon train. Dans l'assiette, du renouveau encore et toujours, puisque ce sont les trouvailles du marché qui mènent la cadence en cuisine : foie gras poêlé, os à moelle, gigot, poisson en papillote, foie de veau, etc. Au cœur des docks : idéal pour prendre le pouls d'un quartier portuaire en pleine mue. Formule déjeuner 14,50€, menus 16,50-34€. ***Docks, quartier de l'Eure*** *23, bd de l'Amiral-Mouchez Tél. 02 35 55 55 10 Ouvert lun.-sam. 11h-14h et 19h-2h*

prix très élevés

Jean-Luc Tartarin (plan 3, B2 n°25) Ce chef étoilé a aménagé son restaurant dans un immeuble Perret offrant à sa salle de beaux volumes lumineux et contemporains. Du contemporain également dans l'assiette, où le talentueux Jean-Luc Tartarin multiplie avec subtilité et audace les saveurs : langoustine fumée à la braise de romarin, cappuccino de jus de têtes à l'encre de sèche, ou ris de veau croustillant, cèpes saisis à la plancha et jus court à l'huile de noisette. Les amoureux des produits de la mer s'orienteront certainement vers le homard en cocotte, en civet... Menu déjeuner 38€ (mar.-sam.), menus "saveur" 59€ et dégustation 99€. En vrai passionné, le chef n'hésite pas à transmettre son savoir en organisant des cours de cuisine pour s'initier aux astuces de sa brigade (le cours 100€). **Centre-ville** *73, av. Foch Tél. 02 35 45 46 20 www.jeanluc-tartarin.com Ouvert mar.-sam. 12h15-13h45 et 19h30-22h*

Hébergement

petits prix

Hôtel Voltaire (plan 3, B2 n°30) Classé comme patrimoine Unesco, cet immeuble d'habitation transformé en hôtel 2 étoiles a été entièrement refait à neuf. Ses 19 chambres vastes, claires et insonorisées sont louées de 60 à 70€ la double. Petit déj. 8€. Un bon rapport qualité-prix à deux pas du quartier des halles. ***Centre-ville*** *14, rue Voltaire Tél. 02 35 19 35 35 www.hotelvoltaire-lehavre.fr*

prix moyens

Le Petit Vatel (plan 3, B2 n°32) Situé derrière les halles centrales, très vivantes dans la journée, cet hôtel tire son nom d'un restaurant aujourd'hui disparu, très coté du temps des paquebots. Ses 24 chambres sont confortables et calmes, malgré la proximité des restaurants et bars animés de la rue Brindeau et du Volcan. Double de 67 à 77€ (familiale 97€), petit déj. buffet à 8€. ***Centre-ville*** *86, rue Louis-Brindeau Tél. 02 35 41 72 07 www.lepetitvatel.com Fermé pendant les fêtes de Noël*

☺ **L'Oscar (plan 3, B3 n°31)** Y dormir, c'est s'immerger dans le charme vintage des années 1950. Au cœur de la ville nouvelle construite par Auguste Perret et face au Volcan d'Oscar Niemeyer, Nathalie a agencé son hôtel de 13 chambres comme une véritable reconstitution de l'habitat d'époque. Tout est dans le détail, jusqu'à la vaisselle du petit déjeuner. Un saut dans le temps réussi qui donne envie de repenser son propre intérieur. Double standard ou supérieure de 69 à 79€ et suite junior (20m²) avec vue sur le Volcan à 89€, petit déj. 8,50€. Offres intéressantes sur le site. ***Centre-ville*** *106, rue Voltaire Tél. 02 35 42 39 77 www.hotel-oscar.fr*

Les Gens de mer (plan 3, B2 n°33) Ses 107 chambres dans les tons crème et bleu marine évoquent des cabines de bateau. Les marins sont toujours là : allez donc trinquer à leur table pour partager leurs souvenirs de voyages. À partir de 74€ la double (mais offres sur le site Internet). Ouvert 24h/24, réservation conseillée. Restaurant (p.153). ***Centre-ville*** *44, rue Voltaire Tél. 02 35 41 35 32 www.lesgensdemer.fr*

☺ **Chambres d'hôtes Le Chat perché (plan 3, B1 n°35)** Blotties dans un écrin de verdure aux portes de la ville haute, les deux chambres aménagées dans un petit chalet (indépendant de la maison de vos hôtes) ont un charme fou. Ce qui séduit ? La vue panoramique sur Le Havre des terrasses privatives, l'adorable jardin verdoyant, l'accueil de Corinne. Mais encore ? Les chambres (70€), douillettes avec leur décoration chaleureuse et raffinée ! Si vous voyagez seul, une cabine de bateau a été aménagée pour prolonger l'aventure (40€). Un petit paradis qui allie calme, convivialité et élégance à deux pas du centre-ville ! ***Ville haute*** *14, rue Germaine-Coty Tél. 02 35 21 42 47 ou 06 61 42 71 77 www.chambresduchatperche.com*

Hôtel des Phares (plan 4, A2 n°20) Avec son double escalier de pierre et ses spacieuses pièces communes aux plafonds moulurés, le bâtiment principal de l'hôtel des Phares a le charme d'une résidence balnéaire Belle Époque (mais pas l'annexe, plus récente), d'autant que la courette donne sur une ruelle qui descend en pente douce vers la mer. Établissement de 27 chambres à la décoration soignée. Double à partir de 65€ avec petit déj. (sur le site Internet). Également un appartement de 40m^2 (chambre + cuisine) pouvant accueillir 4 pers. *29, rue du Général-de-Gaulle* ***Sainte-Adresse*** *(au nord-est du centre-ville) Tél. 02 35 46 31 86 www.hoteldesphares.com*

prix élevés

Ibis Styles (plan 3, B3 n°34) Un hôtel 3 étoiles aux 37 chambres lumineuses et tout confort (accès wifi gratuit), qui a fait le choix de se différencier de sa maison-mère, en optant après rénovation en 2012, pour une déco années 1950, en cohérence avec le quartier. Il est situé sur l'un des axes commerçants du Havre : la rue de Paris, qui mène tout droit à la gare maritime. Double de 85 à 125€, petit déj. inclus. **Centre-ville** *121, rue de Paris Tél. 02 35 41 72 48*

☺ **Art Hôtel (plan 3, B2 n°37)** Curieux, amateur de design et d'architecture, sachez que cet établissement de la chaîne Best Western est tout sauf standard. Bien au contraire ! Dans un immeuble signé Perret, les 31 chambres ouvrent un point de vue grandiose sur la ville (celles orientées plein sud offrent une vue plongeante sur Le Volcan), tandis que les espaces communs font la part belle à la création artistique. Il faudra vous y balader... emprunter absolument le surprenant ascenseur-douche conçu par un cabinet d'architecture havrais. Double à partir de 89€ selon la saison, semaine ou week-end. **Centre-ville** *147, rue Louis-Brindeau Tél. 02 35 22 69 44 www.art-hotel.fr*

☺ **Hôtel Vent d'Ouest (plan 3, B2 n°36)** Dans un quartier résidentiel, à quelques encablures de la plage et du centre, ce petit immeuble datant de la reconstruction de la ville abrite 35 chambres dont 3 appartements avec kitchenette, décorés dans un style bord de mer ou montagne. Le confort n'est pas en reste, tout comme le service, avec, entre autres, la possibilité de commander quasiment à toute heure une petite restauration (servie au bar ou dans la chambre). Et l'été, des entrées gratuites à la piscine du CNH (p.146) vous seront même remises sur simple demande à la réception. Également, un spa et un salon de thé. Double de 100 à 150€, appartement (40m^2) 185€, petit déj. 15€. **Centre-ville** *4, rue de Caligny Tél. 02 35 42 50 69 www.ventdouest.fr*

☺ **Hôtel Les Voiles (plan 4, A2 n°21)** Offrez-vous une nuit en amoureux dans cet établissement du front de mer. La plupart des 15 vastes chambres aux couleurs chaudes – un mélange de jaune, d'orange et de tons boisés – donnent sur la plage et le port. Pour être réveillé par les cris des mouettes et contempler le ballet des bateaux dans la rade... du fond de son lit. Double de 110 à 199€ (studio extérieur à l'hôtel). Petit déj. 11,50€. *3, pl. Clemenceau* ***Sainte-Adresse*** *(au nord-est du centre-ville) Tél. 02 35 54 68 90 www.hotel-lesvoiles.com*

LILLEBONNE

76170

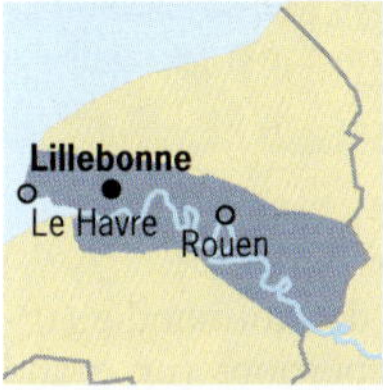

Cachée entre deux collines boisées, au confluent de trois rivières, Lillebonne (presque 10 000 hab.) est un point de passage entre l'estuaire de la Seine, tout proche, et Rouen. Cette position stratégique n'échappa pas aux Romains, qui transformèrent le village gaulois, rebaptisé *Juliobona* ("ville de Jules César"), en un port actif. L'amphithéâtre massif ancré au cœur de la ville rappelle la valeur militaire et économique de la cité gallo-romaine. La capitale des Calètes ne devait être supplantée par Rouen qu'au IVe siècle, après avoir été ravagée par un incendie. Plusieurs fois saccagée par les Vikings au Xe siècle, Lillebonne reprit vie au XIe siècle, quand le duc Guillaume en fit la base arrière de sa conquête de la Normandie, puis de l'Angleterre. Au début du XIXe siècle, la présence de nombreux moulins le long des rivières du Commerce et de la Vallée favorisa l'apparition de filatures de coton et d'"indienneries", une activité florissante jusqu'en 1945. L'industrie pétrolière a, depuis, pris le relais, transformant Port-Jérôme et Notre-Dame-de-Gravenchon en poumons économiques, et Lillebonne, de ville d'histoire… en ville-dortoir.

MODE D'EMPLOI

accès

EN VOITURE

Lillebonne se situe 36km à l'est du Havre et 60km à l'ouest de Rouen. La ville est proche de la Seine, que l'on traverse soit au pont de Tancarville (9km), soit à Quillebeuf (2,2km) pour gagner la forêt de Brotonne. Deux routes enfin la relient aux villes du littoral : Fécamp (32km) et Saint-Valery-en-Caux (46km).

EN TRAIN ET EN CAR

La ligne SNCF Paris-Rouen-Le Havre passe à proximité, et les gares les plus proches sont Bréauté-Beuzeville (16km) et Yvetot (22km). Du Havre, liaison en car avec la ligne n°20 du réseau départemental, assurée par les cars Périer.

Cars Périer *Tél. 0808 80 87 03 www.cars-perier.fr*

orientation

Lillebonne est installée dans une cuvette encaissée cernée de forêts (bois de la Houssaye à l'est, de la côte des Forges à l'ouest) et dans laquelle se rencontrent les rivières de la Vallée, du Commerce et du Hauzay. Une configuration qui lui valut son nom latin d'*insula bona* (""île bonne") et sa position de chef-lieu administratif pendant les premiers siècles de l'ère chrétienne.

informations touristiques

Office de tourisme *Jardin Jean Rostand Rue Victor Hugo Tél. 02 32 70 46 32 www.tourismecauxseine.com Ouvert mer. 10h-12h30 et 13h30-17h*

VALLÉE DE LA SEINE

DÉCOUVRIR

Découvrir autrement Remplissez votre panier pique-nique de produits locaux au Trèfle, partez en balade à la découverte des vestiges gallo-romains autour de Lillebonne

Lillebonne

Théâtre gallo-romain Le plus grand théâtre antique de Normandie (IIe-IIIe s.) n'est plus qu'un amas de pierres, mais ses proportions (un grand axe de 108m et un petit de 80m) attestent encore son importance, et donc celle de la cité gallo-romaine. Cet amphithéâtre, transformé par la suite en théâtre, se composait d'un bloc de scène, d'une arène elliptique, amputée par la construction du mur de scène, et d'une *cavea* (gradins en hémicycle) adossée à une colline. Cette dernière permettait à plus de cinq mille personnes d'assister à des combats de gladiateurs comme à des représentations plus pacifiques. Le site, qui fait actuellement l'objet d'une grande campagne de fouilles, ne se visite que sur réservation, en groupe et avec un guide. *Tél. 02 35 15 69 11 www.theatrelillebonne.fr*

ICI ET AILLEURS Les beaux vestiges ont, hélas ! quitté la ville. La monumentale mosaïque de Lillebonne (début du IVe s.), représentant une scène de chasse mythologique, est exposée au musée des Antiquités de Rouen et ne figure plus à Lillebonne que sous la forme d'une aquarelle ; l'Apollon en bronze doré (fin du IIe s.) s'est envolé pour le Louvre, et seule subsiste une photo grandeur nature.

Château Les ducs de Normandie l'édifièrent au milieu du XIe siècle et les comtes d'Harcourt renforcèrent ses défenses après l'annexion de la Normandie au domaine royal. Le donjon cylindrique en pierre de taille de deux étages et la tour dite du Chartrier sont encore debout. *Propriété privée, ne se visite pas*

Musée de Lillebonne Installé dans l'ancien hôtel de ville, le musée fermé pour travaux devait rouvrir courant 2016, et accorder une place plus importante à la période gallo-romaine : objets de la vie quotidienne (cruches, pots, bols…) et éléments architecturaux (piliers, éléments de corniche…) exhumés depuis le XIXe siècle. *Pl. Félix-Faure Tél. 02 32 84 02 07 Se rens. auparavant*

● Où trouver une bonne épicerie ?

☺ **Torréfaction Le Trèfle** Une épicerie de petite ville assurant elle-même sa torréfaction quotidienne : le fait est assez rare pour être signalé. Outre ce café "maison", on peut y faire provision de maquereaux de Dieppe, de gâteau à la cotentine, d'andouille de Vire, de pont-l'évêque... *5, rue Guillaume-le-Conquérant Tél. 02 35 38 02 61 Ouvert mar.-sam. 9h-12h et 14h30-19h*

● Randonner sur les traces des Romains Sept circuits de randonnée pédestre et cycliste, de 6 à 22km (de 30min à 2h10 à vélo, de 1h45 à 7h à pied), sillonnent les bois éparpillés autour de Lillebonne. Ces chemins balisés croisent d'anciennes voies gallo-romaines ou la ferme de la Lionnière, où l'on parquait les fauves destinés aux jeux du cirque. Renseignements et topoguides à l'office de tourisme.

Les environs de Lillebonne

Parc du Telhuet Ces 25ha d'espaces verts qui réunissent roseraie, saules taillés en têtard, jardin aquatique et aire de jeux pour les enfants, etc., accueillent également un verger de 280 variétés de pommiers. Un véritable conservatoire du patrimoine naturel local. Et pourquoi ne pas agrémenter cette balade d'une dégustation de jus de pomme ? D'autant qu'évidemment conservateurs et autres chimies n'ont pas droit de cité dans la production. Vous pourrez goûter les produits du conservatoire à l'occasion de la manifestation Un dimanche à la campagne (3e w.-e. d'octobre). *Rue Edmond-de-Lillers* ***Notre-Dame-de-Gravenchon*** *(5,5km au sud de Lillebonne) Accès libre*

Bolbec Cité millénaire mentionnée pour la première fois au Xe-XIe siècle, Bolbec apparaît comme la fille naturelle de Lillebonne et d'Yvetot (p.383). Comme Lillebonne, elle conserve un centre-ville aux ruelles souvent pavées et bordées de nombreuses maisons anciennes ; avec Yvetot, elle partage une histoire de marché franc et de centre textile important – on y fabriquait toiles de laine (le froc), mouchoirs et siamoises de lin, et surtout on y imprimait les indiennes sur coton, la spécialité bolbécaise. Une balade à pied dans la ville permet de découvrir ce patrimoine : moulins (à blé, à huile, à foulon) alimentés par la rivière de Bolbec (ruelle Papavoine, rue des Martyrs, rue Alcide-d'Amboise…), atelier-musée du Textile animé par d'anciens ouvriers de ce secteur d'activité. *10km au nord de Lillebonne* **Office de tourisme** *50, rue de la République Tél. 02 32 70 46 32 Ouvert lun. 10h-12h30 et 13h30-17h*

Château de Tancarville Tancarville est avant tout un axe de liaison vital entre Le Havre et la zone pétrolière de Notre-Dame-de-Gravenchon, et il faut grimper jusqu'au château pour retrouver un peu de sérénité. Fondé au Xe siècle, reconstruit au XIIe siècle et complété d'un "château neuf" au XVIIIe siècle, l'édifice surveille, du haut de sa falaise, la ville et l'estuaire de la Seine. Son intérêt architectural, malgré son piteux état, réside surtout dans l'ouvrage d'entrée de la fin du XVe siècle qui donne accès à la cour intérieure, à ses quatre tours et au logis du capitaine. Son intérêt "historique" est, quant à lui, alimenté par maintes légendes. On le dit hanté par le spectre de Jeanne de Harcourt. Cette comtesse bossue et stérile fut répudiée par son mari et, en 1488, mourut… assassinée ou de sa belle mort ? Ce serait pour révéler la vérité que, certaines nuits, elle arpente bruyamment les couloirs du château. Une autre croyance perdure depuis le Moyen Âge. Les nuits sans lune, de sinistres hurlements provenaient de la tour du Diable. Suivant le rituel du "Coven", des sorciers faisaient apparaître le Diable. À l'approche des lieux, les animaux étaient pris de frayeur, et les cavaliers piétinés par leurs montures qui s'emballaient. La tour a été exorcisée et la Bête murée, mais de là à dire qu'elle a disparu… L'écrivain Maurice Leblanc, qui a séjourné au château, l'évoque dans *L'Aiguille creuse*. Ouvert à la visite seulement pour les groupes, le site pourrait être restauré dans le cadre d'un projet immobilier. ***Tancarville*** *9km au sud-ouest de Lillebonne Tél. 02 35 96 00 21 Visite extérieure uniquement, sur rdv (groupes de 10 personnes minimum)*

Pont de Tancarville Fierté de la IVe République, ce pont suspendu possédait, à son inauguration en 1959, la plus longue travée centrale d'Europe (608m, pour une longueur totale de 1 410m) et il apporta une bouffée d'air indispensable à l'activité économique du Havre et de sa région. Mais, en quarante ans, les vents souvent puissants qui soufflent sur l'estuaire de la Seine malmenèrent ses gigantesques câbles porteurs. L'un d'eux commençait à céder quand on entama la restauration de l'ouvrage, en 1995. En 1998, le pont a pu, selon les experts, attaquer sans frémir son deuxième demi-siècle. *9km au sud-ouest de Lillebonne*

● Où acheter des produits du terroir ?

Fromagerie Dumesnil Éleveurs et fromagers passionnés par leur métier, Corinne et Pascal ouvrent les portes de leur ferme pour partager, le temps d'une visite, leurs activités quotidiennes. Une plongée passionnante dans les étapes de transformation du lait en fromages, yaourts, beurres et crèmes. Intarissable, le couple se fera un plaisir de répondre à toutes les questions que vous leur poserez. Visite guidée sur rdv, avec dégustation ou goûter à la ferme. *221, route du Castillon* ***Saint-Vincent-Cramesnil*** *(19km à l'est de Lillebonne) Tél. 02 35 20 75 61 ou 06 62 62 52 09 Ouvert mer. 14h-17h, ven. 9h-12h et 14h-19h, sam. 10h30-12h*

CARNET D'ADRESSES

Restauration, hébergement

prix moyens

Hôtel-restaurant La P'tite Auberge À deux pas du centre piétonnier, l'imposante façade à colombages annonce d'emblée une note rustique : un petit salon garni de fauteuils anciens, une salle en angle avec, au centre, une large cheminée et des poutres blanches au plafond. Au menu (de 18 à 32€) : "marmites" du jour, terrine de lapin aux amandes, crépine de pintade farcie sauce normande... Par leur tranquillité, les 14 chambres (62-66€ pour 2 pers.) sont au diapason de la ville. Petit déj. 7€. Accès wifi gratuit. *20, rue du Havre* ***Lillebonne*** *Tél. 02 32 75 89 65 www.laptite-auberge.fr Ouvert mar.-jeu. 12h-14h et 19h-21h, ven. et dim. 12h-14h, sam. 19h-21h*

☺ **Hôtel-restaurant La Marine** Dans les 9 chambres fleuries (de 85 à 100€ la double, petit déj. 12€) comme dans

GAMME DE PRIX	RESTAURATION	HÉBERGEMENT
Très petits prix	moins de 10€	moins de 40€
Petits prix	de 10 à 20€	de 40 à 70€
Prix moyens	de 20 à 35€	de 70 à 100€
Prix élevés	de 35 à 50€	de 100 à 150€
Prix très élevés	plus de 50€	plus de 150€

la grande salle de restaurant, on est au spectacle : la Seine et son ballet de remorqueurs, de bateaux-pousseurs et de promeneurs, pris sous les ailes d'un échassier géant, le pont de Tancarville. La mer, toute proche, imprègne la carte (menus de 24 à 50€) de ses humeurs changeantes : le poisson est "travaillé", selon l'expression du chef Jean-Pierre Sedon, et les saveurs sont entremêlées (turbot et andouille de Vire, saint-pierre et asperges...). Une cuisine savoureuse que l'on peut également s'offrir à prix doux avec la formule bistrot (18€, midi et soir en semaine). La qualité de la table, la chaleur de l'accueil et la majesté du panorama font vite oublier la route voisine et son cortège de camions. *10, route du Havre* ***Tancarville*** *(9km au sud-ouest de Lillebonne) Tél. 02 35 39 77 15 www.lamarine-tancarville.com Ouvert mar.-ven. midi et soir, sam. soir, dim. midi*

Les Roulottes de la Caroline Sous les pommiers d'un clos normand et aux abords d'un petit étang, ces deux roulottes de bois sont la promesse de vacances à l'esprit bohème. Équipées d'une kitchenette avec un coin repas, d'une salle de douche, d'un petit balcon, d'un salon de jardin et d'un barbecue, les deux roulottes peuvent accueillir jusqu'à 5 personnes. Tout a été pensé pour une véritable immersion champêtre : vous pourrez vous initier à la pêche (matériel à disposition), emprunter des vélos ou encore partir randonner sur les chemins alentour. Comptez à partir de 95€ pour 4 à 5 pers. selon la saison, petit déj. 6-8€, panier repas terroir 42€ (pour 2). *824, route de Saint-Jean* ***Saint-Gilles-de-la-Neuville*** *(16km au nord-ouest de Lillebonne) Tél. 02 35 20 82 14 www.roulotte-caroline.com*

CAUDEBEC-EN-CAUX

76490

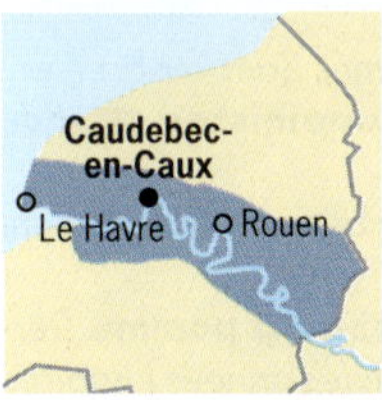

À Caudebec, on peut voir passer des bateaux au bout de la rue... Le ballet tranquille des navires marchands, des embarcations de croisière ou des coquilles de noix est un spectacle dont on ne se lasse pas. C'est aussi une excellente carte de visite pour cette cité cauchoise qui, depuis toujours, tire de son port sa subsistance et une bonne part de son patrimoine.

LE MASCARET, QUAND LE FLEUVE DÉFERLE SUR LA VILLE Jadis, lors des grandes marées, le mascaret, longue déferlante née de la rencontre du flux et du reflux de la Seine, remontait le courant à 25km/h. Ce phénomène, perceptible au-delà de Rouen, culminait à Caudebec : la vague atteignait 4m de haut au milieu du fleuve, jusqu'à 7m sur les rives et 36km/h. Au musée de la Marine de Seine, des films tournés dans la première moitié du XXe siècle témoignent de l'attraction populaire que constituait autrefois cette barre : la foule attroupée sur le quai s'enfuit soudain, chassée par l'énorme lame qui douche les lambins. L'endiguement progressif du fleuve a grandement atténué le danger, bien réel, que le mascaret représentait pour la navigation : autour de Quillebeuf, il endommagea 217 bateaux entre 1789 et 1850.

MODE D'EMPLOI

accès

EN VOITURE

Caudebec se trouve sur la D982 qui relie Rouen (à 40km) – via Le Trait et Duclair – à Lillebonne et au Havre (à 53km), et sur la D131, entre Yvetot (à 12km) et la forêt de Brotonne.

EN CAR

Caudebec est relié en car au Havre (ligne n°20 du réseau départemental, cars Périer), à Rouen (ligne n°30, réseau Astuce), et à Yvetot (ligne n°10, VTNI).
Cars Périer *Tél. 0808 80 87 03 www.cars-perier.fr*
Réseau Astuce *Tél. 02 35 52 52 52 www.reseau-astuce.fr*
VTNI *Tél. 0825 076 027 www.vtni.fr*

orientation

Juchée sur une boucle de la Seine entre Rouen et Le Havre, Caudebec est la plus importante des villes postées sur la rive nord de la basse Seine. Le pont de Brotonne, à la sortie est de la ville, mène à la forêt du même nom, juste "de l'aut' côté d'l'iau" et, au-delà, à la Basse-Normandie (Pont-Audemer n'est qu'à 37km). Au nord de Caudebec se déploie le pays de Caux, avec Yvetot et Bolbec. Le centre-ville s'étire entre l'axe principal qui suit la Seine d'est en ouest (quai Guilbaud, prolongé par l'avenue Winston-Churchill) et la rue de la République, qui contourne la ville par le nord-ouest et remonte vers Yvetot.

informations touristiques

Office de tourisme de Caudebec-en-Caux *Pl. du Gal-de-Gaulle Tél. 02 32 70 46 32 www.tourismecauxseine.com Ouvert juin-sept. : tlj. 10h-12h30 et 13h30-18h30 ; oct.-avr. : mar.-sam. 10h-12h30 et 13h30-17h*

location de deux-roues

Maison Velhano Passionné de vélo, Joël loue une large gamme de deux-roues. VTC : 10€ la demi-journée, 12€/j. ; vélo d'enfant : 6€ la demi-journée, 8€/j. *10, rue de la Vicomté Tél. 02 35 96 24 77 Ouvert mar.-sam. 9h-12h15 et 14h-19h*

marchés, fêtes et manifestations

Marché *Pl. d'Armes Sam. matin*
Salon des bouquinistes *1er dim. d'août*
Salon de la carte ancienne *1er dim. de sept.*
Fête du cidre et de la pomme *Dernier w.-e. de sept. les années impaires*

DÉCOUVRIR

☆ **Les essentiels** Les abbayes de Saint-Wandrille et de Jumièges **Découvrir autrement** Achetez du calvados ou du poiré à l'épicerie Leroi, promenez-vous dans le parc du château d'Ételan, faites une randonnée dans le parc des Boucles de la Seine normande

Caudebec-en-Caux

Vieille ville Ne manquez pas de découvrir les vieilles rues de Caudebec. Dans la rue des Tanneurs, on peut encore apercevoir les vestiges des fortifications édifiées pendant l'occupation anglaise au cours de la guerre de Cent Ans. Ce sont les Caudebecais eux-mêmes qui en demandèrent la destruction en 1759 pour permettre l'extension de la ville. De cet ouvrage ne subsistent plus que la tour d'Harfleur et celle des Fascines, qui abritaient les canons anglais. Dans la Grand-Rue, remarquez l'hôtel du Bailli (ne se visite pas) et, rue Thomas-Bazin, la maison des Templiers.

Maison des Templiers-musée Biochet-Bréchot Rare exemple d'architecture civile du XIIIe siècle, cet édifice est l'un des plus anciens de la ville. L'origine de son nom reste énigmatique : s'il y a bien une croix de templier au manoir de Rétival, dans la partie est de la ville, il n'existe aucune preuve réelle de la présence d'une confrérie. Certains affirment que les moines de Saint-Wandrille auraient bâti cette maison pour y loger une halle de marché. Mais une énigme persiste alors, pourquoi tant de décorations ? Après plusieurs années de rénovation, le musée pourrait rouvrir en 2016 ou 2017, et faire admirer notamment sa collection de poteries du XIe siècle et de plaques de cheminée. *1, rue Thomas-Bazin Tél. 02 35 96 95 91 Actuellement fermé pour travaux*

☺ **Église Notre-Dame** Le contraste est saisissant entre la petite ville de 2 330 habitants, reconstruite après la Seconde Guerre mondiale avec les moyens du bord, et son église de style gothique flamboyant, l'une des plus belles de Normandie. La richesse du monument témoigne encore de celle de la cité médiévale. Au XIVe siècle, Caudebec devint, en effet, un centre administratif et commerçant où séjournaient nombre de notables, de marchands et d'artistes. Sa flèche en pierre ajourée (45m) évoque une tiare avec ses trois couronnes fleurdelisées, et sur les trois portails de la façade ouest sont sculptés 333 personnages. L'intérieur, aménagé de 1426 à 1484, offre la même profusion décorative : le déambulatoire dessert dix-neuf chapelles, dédiées chacune à une confrérie. L'église est éclairée par de magnifiques vitraux du XVIe siècle représentant des scènes de l'Évangile, de l'Exode et de la vie des saints… Dans le chœur trône un lutrin en cuivre ciselé du XVIIe siècle. Deux derniers éléments remarquables : la clé pendante de 4,50m de la chapelle Notre-Dame et les orgues (1740) à tribune de pierre (1539) et buffet de chêne sculptés, célèbres pour leur sonorité. *Ouvert tlj. 9h-12h et 14h-18h (sauf pendant les offices)*

MuséoSeine Avec son ouverture au printemps 2016, ce musée – qui remplace l'ancien musée de la Marine de Seine –, offre un éclairage lumineux sur le rôle du fleuve dans l'histoire et les activités de la région. La Seine, c'est, avant tout, une histoire de bateaux : gribanes – embarcations en bois à fond plat transportant de lourdes charges d'une rive à l'autre –, remorqueurs, pétroliers à voile, bateaux-bus, pilotines et, bien sûr, bacs (entre Rouen et Le Havre, huit d'entre eux secondent encore les ponts de Brotonne, de Tancarville et de Normandie). C'est, aussi, le théâtre d'une vie économique intense : pêche, transport de marchandises, construction navale, industrie pétrolière et aéronautique. C'est, enfin, un écosystème, avec ses phénomènes remarquables (mascaret), ses espèces communes (brèmes, carpes, cormorans) et plus inattendues (veaux marins encore présents en baie de Seine, marsouins abon-

ALTERNATIVE Après avoir visité la chapelle de Barre-y-Va, vous pourrez vous diriger vers la grotte de l'Ermite et le **sentier de la Gribane**. Cette promenade de 1h30 vous ramènera à Caudebec par la voie des Capucins et la voie des Archers ; en chemin, deux panoramas : l'un sur le fleuve et son activité, l'autre sur Caudebec et son église.

dants sur les côtes normandes jusqu'à la fin du XIXe s.). Indispensable pour mieux comprendre l'identité normande. Le nouveau musée met en avant six sites normands permettant autant d'approches thématiques, ainsi qu'une présentation du phénomène du mascaret (p.161). *Av. Winston-Churchill Tél. 02 35 95 90 13 www.museoseine.fr Ouvert fév.-juin, sept.-nov. : mar.-dim. 13h-18h30 ; juil.-août : mar.-dim. 10h-18h30*

Chapelle de Barre-y-Va On remarque sur ce site deux chapelles. La première, la Chapelle bleue, est un simple oratoire érigé au XIIIe siècle ; il abrite une statue de la Vierge qui aurait été découverte sur la berge de la Seine par des marins rescapés d'un naufrage en 1216. La seconde, la chapelle Notre-Dame, édifiée au XVIIe siècle et tapissée d'ex-voto (plaques de marbre, maquettes de bateaux), témoigne de la grande ferveur des pêcheurs et pilotes de la région. *De la mairie, prendre la rue qui monte dir. Lillebonne sur 50m, puis sur la gauche l'escalier du Calidu qui mène à la chapelle*

Où trouver un bon caviste ?

☺ **Épicerie Leroi** Face à l'entrée, des enfilades de bouteilles de toutes les couleurs et de toutes les tailles, et, à gauche, une généreuse sélection de produits du terroir. Caviste fier de son trésor, M. Leroi vante avec ferveur les qualités distinctives de ses vingt-cinq variétés de calva et de ses quatre sortes de cidre. Il explique également le procédé de fabrication du poiré ou de la rainelle (une liqueur de calva). Une passion qui a orienté le reste de la sélection maison – coq au cidre, canard au poiré… Prévoir un cabas d'ogre. *12, quai Guilbaud Tél. 02 35 96 24 01 Ouvert jan.-mars, oct.-nov. : mar.-sam. 8h-12h30 et 14h-19h30 ; avr.-sept., déc. : mar.-sam. 8h-12h30 et 14h-19h30, dim. 9h-12h30 et 15h-19h*

Où boire un verre, déguster une crêpe ?

Les Deux Rives Dans votre ligne de mire : la Seine, le pont de Brotonne, les porte-conteneurs et les années d'Armada, les vieux gréements… vous voilà installé à la terrasse des Deux Rives. Cette petite brasserie et sa terrasse offrent une place de choix pour apprécier, comme un spectacle, la vie du fleuve et son trafic incessant. *2, quai Guillaud Tél. 02 35 96 24 67 Ouvert jeu.-mar. 9h-19h30*

Les environs de Caudebec-en-Caux

Église Saint-Léonard Dédiée au patron des femmes en couches et des captifs attendant la délivrance, cette église gothique nichée dans la forêt du Trait-Maulévrier fut bâtie au XIIe siècle et reconstruite au XVIe-XVIIe siècle. Son clocher s'élève sur le transept – dans la tradition normande – et la façade de la nef porte de nombreux graffitis de navires laissés par les marins en guise d'ex-voto. À l'intérieur, remarquez la clef de voûte du chœur et ses anges suspendus, la sculpture du XVIe siècle représentant sainte Anne et la Vierge, une statue de la Vierge du XVIIIe siècle qui se dressait autrefois… sur les remparts de Caudebec, et l'impressionnant tabernacle hexagonal de 2m de haut en pierre ciselée. ***Maulévrier-Sainte-Gertrude*** *(4km au nord de Caudebec)*

Musée Victor-Hugo-Maison Vacquerie Souvent improprement appelée la maison de Victor Hugo, cette demeure dressée face à la Seine était la résidence familiale de Charles Vacquerie, admirateur et ami du poète. Ce dernier y séjourna souvent, et le mariage de sa fille aînée, Léopoldine, avec Charles, en février 1843, ne fit que renforcer les liens entre les deux familles… tout comme la noyade du jeune couple dans le fleuve le 4 septembre. La visite nous fait découvrir un intérieur bourgeois du XIXe siècle : grand salon où trône un buste d'Auguste Vacquerie (frère de Charles, journaliste et écrivain), salle de billard, petit salon… La chambre rouge est consacrée à Adèle Foucher (Mme Hugo), la rose évoque l'enfance de Léopoldine et les bleue et crème honorent la mémoire des deux jeunes mariés… Au fil des pièces, on (re)découvre le talent de dessinateur de Victor Hugo (voir son tableau *Le Château fantastique*), ainsi que des lithographies et des photos – un art alors balbutiant – immortalisant sa famille. *Quai Victor-Hugo* ***Villequier*** *(13km à l'est de Lillebonne) Tél. 02 35 56 78 31 Ouvert lun. et mer.-sam. 10h-12h30 et 14h-18h, dim. 14h-18h Tarif 4€, réduit 2€, moins de 18 ans gratuit*

☺ **Château d'Ételan** Installé sur une colline, dans un parc de 20ha, il offre d'abord un panorama époustouflant sur la dernière boucle de la Seine et, l'été, sur des champs bleus et jaunes de lin et de colza. Construit à partir de 1494 par Louis Picard, chambellan de Louis XII, sur les ruines d'un château fort, il présente au soleil changeant sa façade de brique rose et de pierre blanche de style gothique flamboyant sur laquelle se détache une galerie d'escalier monumentale. S'il a été endommagé pendant la Seconde Guerre mondiale, on peut aujourd'hui admirer des pièces restaurées comme la loggia, le salon d'apparat et la chambre de la Reine où dormit Catherine de Médicis en 1563. Mais le clou de la visite demeure la chapelle Sainte-Madeleine et ses peintures murales (redécouvertes par hasard) représentant le Jugement dernier et la Jérusalem céleste, les dentelles de bois de style troubadour qui courent sur ses murs et sa statue de la Vierge allaitant l'Enfant-Jésus. Un petit joyau normand à découvrir absolument. Expositions temporaires. ***Saint-Maurice-d'Ételan*** *(11km au sud-ouest de Caudebec via Villequier) Tél. 02 35 39 91 27 www.chateau-etelan.fr Ouvert mi-juin-mi-juil., sept. : tlj. 11h-13h et 15h-19h ; mi-juil.-août : sam.-mar. 11h-13h et 15h-19h Tarif parc et chapelle 3€ ; château, parc, chapelle et exposition 5€, moins de 10 ans gratuit*

● Longer la Seine le temps d'une balade

Voie verte De Villequier à Petiville, ce parcours (8km) longeant les méandres vous fera vivre grandeur nature le spectacle qu'offrent la Seine et les péniches qui y voguent paisiblement. Une boucle cyclable par Petiville permet de rejoindre le château d'Ételan, dévoilant un beau panorama sur la vallée et les boucles de la Seine.

La route des abbayes

☆☺ **Abbaye de Saint-Wandrille** L'abbaye de Fontenelle, occupée par une active communauté bénédictine, est l'une des plus vieilles de Normandie. Bâtie en 649 au bord de la Fontenelle par saint Wandrille, grand-oncle de Charlemagne, elle a connu bien des vicissitudes. Détruite par les Vikings au IXe siècle et reconstruite au Xe siècle, elle fut ravagée par un incendie en 1247 et ne fut épargnée ni par la guerre de Cent Ans et les guerres de Religion, ni par la Révolution française, qui la transforma en fabrique d'épingles, en manufacture de tabac puis en filature. Si l'abbatiale Saint-Pierre (XIIIe s.) est en piètre état, les bâtiments conventuels du XVIIe-XVIIIe siècle affichent une splendeur retrouvée : la porte de Jarente (7,50m), les pavillons surmontés de rébus que déchiffre avec malice le moine qui guide la visite, l'unique cloître gothique complet de Normandie avec celui du Mont-Saint-Michel, le réfectoire (cette dernière pièce ne se visite pas). Une balade dans le parc vous conduira à la nouvelle abbatiale Saint-Pierre-et-Saint-Wandrille, une superbe grange dîmière apportée pièce par pièce de La Neuville-du-Bosc (Eure), en 1969. *2, rue Saint-Jacques* ***Saint-Wandrille*** *(3,5km à l'est de Caudebec) Tél. 02 35 96 23 11 ou 02 35 95 98 44 (boutique) www.st-wandrille.com Ouvert tlj. 5h15-13h et 14h-21h15 Visites guidées printemps et automne : lun.-sam. à 15h30, dim. à 11h30 et 15h30) ; été : tlj. à 11h, 15h et 16h Tarif visite guidée 4€ Accès libre aux ruines*

★ **Abbaye de Jumièges** Fondée en 654 par saint Philibert, courtisan de Dagobert, Jumièges a moins bien traversé les siècles que Saint-Wandrille : seuls les murs de la nef de l'église Saint-Pierre et les tours de l'église Notre-Dame restent stoïquement debout. Ces vestiges n'en constituent pas moins un inestimable témoignage du passage de l'édifice carolingien à l'édifice roman. Détruite par les Vikings en 841, l'abbaye fut relevée vers 930 par Guillaume Longue Épée. Sa reconstruction s'effectua au XIe siècle et son rayonnement intellectuel et artistique, comme sa richesse, ne cessèrent de

Une route à croquer !

La Route des fruits Le Val de Seine, en aval de la ville de Rouen, est propice à l'arboriculture avec ses températures plutôt douces, d'autant que ses falaises de craie réverbèrent la chaleur et protègent les vergers du vent et des précipitations. Une promenade le long du méandre de la Seine entre Duclair et Jumièges vous fera découvrir la Route des fruits (D95) et ses arbres fruitiers plantés sur les deux rives. Vous pourrez même acheter, en chemin, des fruits, du cidre, du poiré, du calvados, du miel... Même si cela vous oblige à un détour, prenez le temps d'emprunter cette route, de préférence en fin de journée, la lumière y est exquise et vous ne croiserez quasiment personne. *Rens. auprès de l'OT de Jumièges Brochure "De Seine en vergers" (autour de Duclair et Jumièges) Tél. 02 35 37 28 97* croître jusqu'au XIVe siècle. Avant d'être mise à mal par la guerre de Cent Ans, elle comptait plus de 170 propriétés disséminées dans toute la Normandie. De nouveau mise à sac en 1562, par les huguenots, elle fut restaurée et agrandie au XVIIe siècle. Vendus à la Révolution, les bâtiments servirent de carrière de réemploi avant d'être protégés au début du XIXe siècle, puis rachetés par l'État en 1946. Avec son porche en avant-corps, flanqué de deux hautes tours, l'austère façade occidentale de l'église Notre-Dame s'inspire probablement d'une structure carolingienne. Innovations notoires, la nef est dominée par une haute tour de croisée, et ses arcades reposent sur des piliers cylindriques et parallélépipédiques – une alternance qui devait par la suite caractériser le style roman normand. Autre nouveauté, une étroite galerie traverse le mur du transept au niveau des hautes fenêtres. Le chœur, reconstruit vers 1267, a conservé deux chapelles gothiques. Édifiée sur cinq siècles, l'église Saint-Pierre cumule les styles : carolingien pour le porche (début du IXe s.), gothique primitif pour la nef sud (XIIIe s.) et gothique rayonnant pour la nef nord et le chœur, des années 1330. La visite s'achève par la porterie, de style Viollet-le-Duc, qui intègre un porche gothique du XIVe siècle. Prenez le temps de découvrir le village : ses puits, ses fours à pain et ses chaumières sont souvent sortis de terre à l'initiative des moines. Deux circuits partant du syndicat d'initiative invitent à découvrir ces monuments et la campagne environnante. *24, rue Guillaume-le-Conquérant* ***Jumièges*** *(15km au sud-est de Caudebec) Tél. 02 35 37 24 02 Ouvert mi-avr.-mi-sept. : tlj. 9h30-18h30 ; mi-sept.-mi-avr. : tlj. 9h30-13h et 14h30-17h30 Tarif 6,50€, réduit 4€, moins de 18 ans gratuit*

● ☺ **Randonner dans le parc des Boucles de la Seine normande** Les boucles de la Seine (p.173), ses forêts (Brotonne, Trait-Maulévrier, Mauny, Roumare) et ses monuments (Jumièges, Saint-Wandrille, Saint-Martin-de-Boscherville...) ont placé ce coin de Normandie sur le trajet de plusieurs GR (GR®2, GR®23, GR®25 et GR®212). On y recense au total pas moins d'une centaine de boucles de randonnée, d'une durée de 45min à 4h15.

Les bacs de Seine-Maritime

Pour joindre l'utile et l'agréable, empruntez le bac qui vous déposera en quelques minutes d'une rive à l'autre de la Seine. Il existe huit points de passage entre Rouen et Le Havre, dont La Bouille-Sahurs. Gratuit, le service de bacs qui embarquera votre véhicule fonctionne toute l'année dès 4h30 à certains passages, et jusqu'à 0h, avec une fréquence allant de 10min à 40min selon les saisons et le lieu de passage. *Tél. 0800 876 876 Fiche horaires sur le site www.seinemaritime.fr*

Principaux points de passage des bacs

Rive droite	Rive gauche
Sahurs (plan 1, A2)	La Bouille (plan 1, A2)
Duclair	Berville
Jumièges	Heurteauville
Port-Jérôme	Quillebeuf-sur-Seine

Pratiquer des activités sportives, faire du canoë-kayak

☺ **Base de loisirs** Sur cette base de loisirs – pourvue d'un vaste plan d'eau ombragé et d'un terrain de camping (p.168) – petits et grands peuvent s'adonner au nautisme (voile, catamaran, planche à voile, canoë-kayak), à l'escalade, au tir à l'arc, jouer au tennis, faire du VTT et profiter du parc aventure (accrobranche, paintball, skatepark, quads électriques, trampolines). *4, route du Manoir* ***Jumièges*** *(15km au sud-est de Caudebec) Tél. 02 32 13 30 00 www.basedeloisirs-jumieges-lemesnil.fr Ouvert tlj. 8h-21h30*

Association Visiter Cette association propose des descentes en canoë et en kayak de l'Austreberthe (20€/demi-j.), un affluent de la Seine, de Villers-Écalles à Duclair via Saint-Pierre-de-Varengeville (soit 14km). Parcours "découverte" de 2h, descente sportive de 30min (sorties encadrées par des moniteurs fédéraux) et aussi un parcours "vélorail" (6km) pour 3€, une "Chasse au trésor"... ***Villers-Écalles*** *(18km à l'est de Caudebec) Tél. 02 35 32 04 56 www.agv-visiter.fr Ouvert haute saison ou sur rés.*

CARNET D'ADRESSES

Restauration, hébergement

camping

Camping du Lac Ce vaste 3-étoiles se trouve à l'intérieur même de la base de loisirs de Jumièges (p.168), avec laquelle il communique par des chemins piétonniers. Avec 115 emplacements répartis sur une superficie généreuse, il permet au campeur de se sentir à l'aise même en période d'affluence. De 10,50 à 12,50€ pour deux personnes en tente avec voiture. Également des mobil-homes, à partir de 90€/nuit en haute saison. Nombreux loisirs proposés sur le site. *Base de loisirs* ***Jumièges*** *(15km au sud-est de Caudebec) Tél. 02 32 13 30 00 www.basedeloisirs-jumieges-lemesnil.fr Ouvert avr.-oct.*

petits prix

Crêperie-salon de thé Le Mascaret Pour une pause salée et/ou sucrée, avant ou après la balade, pénétrez dans ce temple dédié au mascaret : la collection de cartes postales du patron lui est consacrée et le phénomène a donné son nom à une galette au gruyère et noix de Saint-Jacques. Crêpes et galettes 7-14€, salades 8-11€. *Quai Guilbaud* ***Caudebec-en-Caux*** *Tél. 02 35 96 10 45 Ouvert haute saison : mar.-dim. midi et soir ; basse saison : mar.-dim. midi*

La Bonne Famille Après la visite de l'abbaye de Jumièges et avant de reprendre la route vers d'autres découvertes du patrimoine de la vallée de la Seine, traversez la rue et poussez la porte de cette crêperie-salon de thé qui consacre aussi de larges rayonnages à la vente de spécialités du terroir. Des galettes salées (env. 9€) ou sucrées (3€) rassasieront les plus grosses faims. Pour une pause gourmande, optez pour la tarte maison accompagnée d'une tasse de thé (une soixantaine à la carte), à savourer par temps de pluie autour d'une des grandes tables recouvertes d'une toile cirée, les jours de soleil à l'une des tables extérieures, idéalement situées pour profiter une dernière fois du calme de Jumièges.

107, rue Guillaume-le-Conquérant ***Jumièges*** *(15km au sud-est de Caudebec) Tél. 02 35 77 76 27 Ouvert ven.-mer. 11h-20h*

La Taverne des moines Une jeune équipe dynamique qui essaie de donner un peu de peps à la restauration du côté de Jumièges. Cela donne une carte courte, élaborée autour de produits frais et campagnards (plats à 13€), quelques salades copieuses (10€ env.) et des desserts (6€), dont la fameuse tarte normande. On peut s'y restaurer ou y faire une halte pour boire un verre. Aux beaux jours, on s'installera sans hésiter dans l'arrière-cour, spacieuse et ensoleillée jusqu'aux dernières heures du jour. La vue est imprenable sur les deux tours de l'abbaye. *65, rue Guillaume-le-Conquérant* ***Jumièges*** *(15km au sud-est de Caudebec) Tél. 02.32.82.32.22 Ouvert jeu.-mar. 9h-21h*

☺ **Chambres d'hôtes Au temps des cerises** Au cœur de la si bucolique Route des fruits, cette adresse a bien choisi son nom. La maison moderne de style normand trône à merveille au milieu des arbres fruitiers et de la campagne. La décoration de ses 4 chambres confortables (63€) est un clin d'œil au petit fruit rouge. Cerise sur le gâteau : un jardin enchanteur, mais aussi et surtout les talents culinaires de la maîtresse des lieux. Ses dîners réjouissent les gourmets (25€ sur réservation, 16€ assiette gourmande et boisson incluse), il faut dire que Françoise maîtrise à merveille les recettes traditionnelles : cuisse de pintade au cidre, flan de courgettes au camembert, aumônière flambée au calvados... Un conseil : déjeunez light, car, ici, on n'est pas avare sur les proportions. *Route du Mesnil* ***Jumièges*** *Tél. 02 35 37 38 67 www.autempsdescerises76.fr*

prix moyens

Au fil du temps Cette crêperie s'élève sur une jolie placette, face à l'une des (rares) maisons anciennes de Caudebec, et la Seine, à 100m à peine, se donne en spectacle. On y sert une cuisine simple, peu onéreuse mais goûteuse : bavettes ou andouillettes grillées, salades et crêpes, bien sûr. La "Normande" lance un défi aux gourmands : camembert, pont-l'évêque et pommes de terre. Formule à env. 13€ à midi, ardoise 25-30€. *34, rue Saint-Clair* ***Caudebec-en-Caux*** *Tél. 02 35 96 20 01 Ouvert mar.-dim.*

Hôtel-restaurant Le Normandie L'endroit idéal pour "lâcher prise" et se mettre au tempo de la Seine. Seize chambres sobres, classiques ou modernes (de 62 à 78€, petit déj. 8,60€), et une cuisine "retour du marché" plutôt créative : menu à 15€ (à midi en semaine), 24,50, 35 et 49€. *19, quai Guilbaud* ***Caudebec-en-Caux*** *Tél. 02 35 96 25 11 www.le-normandie.fr Ouvert mar. et jeu.-sam. midi et soir, mer. soir, dim. midi Hôtel fermé pour fêtes de fin d'année*

Hôtel-restaurant Le Cheval blanc Une institution locale située un peu à l'écart du fleuve. Les 14 chambres (double 62€, petit déj. 7,50€) arborent des couleurs d'épices, aussi chaleureuses que la salle dévolue aux agapes : foie gras cuit à l'ancienne, cordon bleu de veau au camembert, tartelette amandine aux framboises. Formule 15,50€, menus de 19,50 à 33,50€ env. Parking 6€. *Pl. René-Coty* ***Caudebec-en-Caux*** *Tél. 02 35 96 21 66 www.le-cheval-blanc.fr Ouvert lun.-jeu. 12h15-14h et 19h15-21h, sam. soir, dim. midi*

L'Auberge du bac Quand l'abbaye accueillait encore des moines, ces derniers avaient pour habitude de s'accorder une halte dans cette auberge des bords de Seine. Aujourd'hui, cette table traditionnelle est toujours une bonne étape pour un déjeuner ou un dîner face à la Seine. Aux beaux jours, demandez une table en terrasse, pour observer les allées et venues des bacs sur la Seine. Si le temps n'est pas de la partie, installez-vous près des baies vitrées ou face à la cheminée. Cette halte sera toujours délicieuse, comme le repas. Menu de 13,50€ (en semaine) à 37€. Menu enfant 9,50€. *2, rue Alphonse-Callais* ***Jumièges*** *(15km au sud-est de Caudebec) Tél. 02 35 37 24 16 Ouvert mer.-sam. 12h-14h et 19h-21h, dim. 12h-14h*

Bistro du siècle Un peu à l'écart du centre de Duclair, ce restaurant est installé dans un ancien relais de poste qui a inspiré la décoration de la salle. Les grillades au feu de bois sont faites dans la grande cheminée devant les clients. Brochettes de porc ou de bœuf marinées, entrecôte XXL, salade périgourdine... Le plus difficile est de choisir. Les gourmands apprécieront le plateau de fromage à volonté, posé sur la table, proposé dans deux menus. Tables en terrasse aux beaux jours. Formule midi 13€, menus 18-26€. Carte de 20 à 30€. *75, rue Jules-Ferry* ***Duclair*** *(16km au sud de Caudebec) Tél. 02 35 37 62 36 www.bistrodusiecle.com Ouvert mar.-jeu. 9h-15h et 18h-0h, ven.-sam. 9h-15h et 18h-2h*

Auberge Tartarin Les Bataille tiennent table sur la grand-place de Duclair où, le mardi, le marché bat son plein. Pierres apparentes à mi-mur, mobilier contemporain et recettes du terroir déclinées dans cinq menus (13, 15,50, 24,50, 32 et 38€) : salade de l'auberge (canard), raie au camembert, tournedos au camembert... *125, pl. du Général-de-Gaulle* ***Duclair*** *(16km au sud-est de Caudebec) Tél. 02 35 37 50 38 http://auberge.tartarin.free.fr Ouvert lun.-mar. midi, jeu.-dim. midi*

prix élevés

Le Clos des fontaines Lové dans un écrin aux couleurs de la campagne et de la Route des fruits, cet hôtel, ou plutôt ses charmantes petites maisons normandes construites par des compagnons de France, accueille le voyageur dans une sérénité affichée et revendiquée. Établissement 4 étoiles, affilié au cercle des Relais du silence, il est idyllique pour se ressourcer. Les 21 chambres (de 130 à 150€ en haute saison, de 90 à 110€ en basse) et suites spacieuses (170-290€) invitent elles aussi à la paresse. Et si vous ne vous laissez par tenter par une sieste au bord de la piscine chauffée, peut-être succomberez-vous à une séance de soin du corps aux effluves de thé signé Thémaé ? Ou encore à un moment zen au hammam ? *191, rue des Fontaines* ***Jumièges*** *(15km au sud-est de Caudebec) Tél. 02 35 33 96 96 www.leclosdesfontaines.com*

prix très élevés

☺ **Le Rétival-restaurant G.a.** Tout beau ! En arrivant, on admire d'abord le cadre, somptueux : un manoir et un site historique qui aurait notamment servi, au Moyen Âge, de lieu de rassemblement pour les Templiers. Tout bon ! L'émerveillement se poursuit à table, où un jeune chef propose une cuisine contemporaine et raffinée, mettant à l'honneur les produits du marché dans chaque plat. Pas de menu fixé à l'avance ! Mais des ingrédients fétiches et de choix – truite de Saint-Wandrille, foie gras, huîtres, coquilles Saint-Jacques, etc. – que le talentueux David Goërne mitonne selon son inspiration et qu'il sert avec art à ses hôtes dans sa cuisine (menus à 98 et 149€ avec coupe de champagne, 69€ à midi). Si le soleil est de la partie, il dressera une table sur la terrasse avec vue époustouflante sur la Seine. Une vue dont bénéficient également les 3 chambres-appartements de la noble demeure (de 180 à 260€ pour 2 pers., petit déj. 25€.). Et comme son facétieux propriétaire souhaite que sa maison soit tout sauf un hôtel, vous risquez d'aller de surprise en surprise… Le domaine de Rétival s'approche de l'antichambre du paradis ! *2, rue Saint-Clair* **Caudebec-en-Caux** *Tél. 06 50 23 43 63 www.restaurant-ga.fr Ouvert mer.-sam. midi et soir, dim. uniquement midi Fermé jan. et août Réservation impérative pour la table d'hôtes*

PONT-AUDEMER

27500

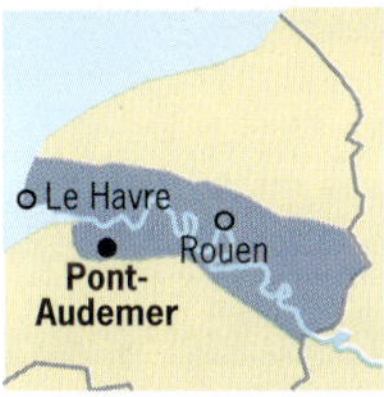

Des pêcheurs au beau milieu d'une ville, la scène n'est pas rare à Pont-Audemer : les bras de la Risle sont poissonneux depuis que les tanneries et les papeteries établies sur leurs rives se sont raréfiées. De l'époque industrieuse (XVe-XIXe s.) subsistent des lavoirs et des séchoirs, que l'on découvre dans un dédale de ruelles piétonnes souvent ponctuées d'un petit pont. Maisons à pans de bois, balcons sculptés et venelles pavées ajoutent une touche médiévale au charme de cette "Venise normande".

MODE D'EMPLOI

accès

EN VOITURE

Trois axes routiers se croisent à Pont-Audemer. La départementale D810 descend vers Bernay (34km) et remonte vers Quillebeuf (où un bac permet de franchir la Seine) et le pont de Tancarville. La D675 suit une bonne partie du cours de la Risle et continue vers Honfleur (24km) et la côte. Enfin, l'autoroute A13 passe 10km à peine au nord de Pont-Audemer (sortie n°26).

EN TRAIN ET EN CAR

La gare SNCF la plus proche se trouve à Bernay (p.411), 34km au sud, relié à Pont-Audemer par la ligne de cars départementaux n°420 (30min). Autres lignes routières : la n°900 vers Le Havre (55min), la n°380 vers Honfleur (45min) et la n°560B vers Lisieux (1h), toutes assurées par VTNI.

VTNI *Tél. 0825 076 027 www.mobiregion.net www.vtni27.fr*

orientation

La ville borde la Risle, dont elle épouse une boucle. Son centre-ville s'étire entre la côte du Long Val et la commune de Manneville-sur-Risle au nord, la voie ferrée et la commune de Saint-Germain-Village au sud.

informations touristiques

Office de tourisme Installé au bord de la Risle, cet office de tourisme accueillant se distingue par sa très riche documentation et son personnel efficace. *2, pl. du Gal-de-Gaulle Tél. 02 32 41 08 21 www.ville-pont-audemer.fr/tourisme Ouvert été : lun.-sam. 9h-12h30 et 14h-18h, dim. 10h-12h ; hiver : lun.-sam. 9h30-12h30 et 14h-17h30 ; j. fér. 10h-12h*

transports urbains

Toutes les heures de 7h40 à 18h30, une ligne sobrement appelée "Le Bus" effectue trois circuits (vert, bleu, rouge) boucles pour relier tous les points importants de la ville. Départs et terminus place Victor-Hugo, tarif 0,90€. *www.mobiregion.net*

marchés, fêtes et manifestations

Marché *Sur l'axe rue Thiers-rue de la République Lun. et ven. (plus important)*

Festival des mascarets Ce festival estival transforme pendant trois semaines le centre piétonnier en scène de concerts, de spectacles de rue, de manifestations sportives et de marchés. *Fin juin-mi-juil.*

DÉCOUVRIR

☆ **Les essentiels** Le parc naturel régional des Boucles de la Seine normande
Découvrir autrement Assistez à la cuisson du pain à La Haye-de-Routot, réservez une nuit ou plus au phare de Fatouville (cf. Carnet d'adresses)

Pont-Audemer

Même sous la pluie, la "Venise normande" garde son cachet. La Risle, qui irrigue la ville de ses multiples bras – les "échaudes" –, doit son débit énergique à la régularité des précipitations normandes. Un circuit touristique, "Bienvenue à Pont-Audemer", invite sous forme de dépliant (disponible à l'OT) à croiser pendant 1h30 cet entrelacs de verdure et d'eau et à remonter l'histoire de la ville en treize étapes. L'été, quelques visites nocturnes sont organisées et certaines prennent la forme d'un rallye. *Tél. 02 32 41 08 21*

Église Saint-Ouen Elle fut construite entre le XIe et le XIIIe siècle. Les projets d'agrandissement du XVe siècle tournèrent vite court, faute d'argent. C'est pourquoi, si les arcs-boutants destinés à soutenir une voûte en pierre sont en place, c'est une voûte en bois, moins chère et plus légère, que reçut finalement la nef. Les treize chapelles sont éclairées par de splendides verrières du XVe-XVIe siècle qui racontent la vie des saints : saint Ouen, bien sûr, le patron de cette église, ou encore saint Eustache, martyrisé avec sa famille dans un taureau d'airain chauffé à blanc… Certains vitraux furent réalisés par Max Ingrand dans les années 1960, comme celui du Jugement dernier, au-dessus de l'orgue du XVIIe siècle. *Rue de la République*

Musée Alfred-Canel Homme politique et érudit local, Alfred Canel (1803-1879) fut l'instigateur de la première bibliothèque de la ville (1936), à laquelle il légua tous ses biens – un ensemble fabuleux que l'on découvre dans ce musée municipal. La visite débute au rez-de-chaussée, où la bibliothèque aligne quelque 20 000 ouvrages dont l'*Encyclopédie* de Diderot et d'Alembert (fonds consultable sur rdv). Au premier niveau, la passionnante galerie des Arts et des Sciences réunit tableaux et objets d'époque. Les deux autres étages sont consacrés à des expositions temporaires dont la mise en scène, généralement ludique, convoque stéréoscopes et diaporamas en 3D. *64, rue de la République Tél. 02 32 56 84 81 www.musee-haute-normandie.fr Ouvert mai-sept. : lun. et mer.-ven. 14h-18h, sam.-dim. 10h-12h30 et 14h-18h ; oct.-avr. : mer. et ven. 14h-18h, sam.-dim. 10h-12h30 et 14h-18h Entrée libre Visite guidée 2,50€*

● Où faire le plein de souvenirs gourmands ?

Craquez pour le mirliton, une douceur mi-pâtisserie-mi-chocolat imaginée par Taillevent en 1340. Le cuisinier de la cour de France (et auteur du premier livre de cuisine en français) a fourré d'une mousse praliné une pâte sablée roulée et fermée aux extrémités par du chocolat noir. On trouve cette délicieuse spécialité à déguster sur place ou à rapporter chez Jean-Marie Aubry mais aussi dans les autres pâtisseries de la ville, comme celle d'Olivier Marinangeli.

Pâtisserie Aubry *80, rue de la République Tél. 02 32 41 09 81 Ouvert mer.-lun. 8h30-12h30 et 15h-19h30*

Pâtisserie Marinangeli *8, rue Gambetta Tél. 02 32 41 09 35 Ouvert lun.-mar. et jeu.-sam. 7h-13h30 et 14h30-19h, dim. 7h-13h*

VALLÉE DE LA SEINE

● Où boire un verre ?

Le Petit Bistro Un petit café-brasserie à la terrasse très agréable, posté en plein cœur de Pont-Audemer. Christèle, qui a pris la suite de la Petit Tine, a soigné la déco et propose, de temps en temps des soirées concert. Sur la table, de bonnes assiettes simples et copieuses. *18, rue de la République Tél. 02 32 57 07 84 Ouvert lun.-sam. 9h-20h*

● ☺ Descendre la Risle en canoë

Les Castors Rislois Trois parcours sur la Risle (7, 9 ou 14km). Une bonne bolée de verdure et de calme. Accessible aux enfants sachant nager. *Allée Pierre-de-Coubertin Tél. 06 33 50 82 64 Ouvert mai-sept. : tlj. ; oct.-avr. sur rés. Tarif de 14 à 25€ selon le nombre de participants et le type de parcours*

● Randonner à pied, à VTT, à cheval

Bienvenue sur les chemins de l'eau Ce réseau d'une vingtaine de boucles de quelques heures (155km de chemins balisés dans un périmètre de 10km autour de Pont-Audemer) est à parcourir à pied, à VTT ou à cheval, permettent de passer d'un manoir à colombages à un portail du XVIIIe siècle (Fourmetot), d'un lavoir à la source d'une rivière (Selles), d'une forêt vallonnée à un panorama (Tourville). Brochure à retirer à l'OT de Pont-Audemer.

Les environs de Pont-Audemer

☆ Les boucles de la Seine normande

Maison du parc des Boucles de la Seine Installée près du pont de Brotonne dans un ancien corps de ferme comprenant un manoir du XVIe siècle, un four à pain, une grange, un colombier, une charreterie et un pressoir, elle mérite une

GEOPLUS

Le parc naturel régional des Boucles de la Seine normande

Ici, le tourisme est synonyme de liberté et de loisirs verts ! C'est parti pour un parcours de 180km au fil des méandres de la Seine. Réserves naturelles, sentiers de découverte ou de randonnée... chemin faisant, simple curieux ou sportif aguerri, le parc vous révélera ses emblèmes et ses curiosités. Coteaux à grimper, forêt à explorer, berges où paresser, vergers ou encore sites historiques à visiter... Désormais, vous regarderez la Seine d'un œil nouveau !

LA SEINE EN MAJESTÉ...
Créé en 1974, c'est le plus ancien mais aussi le plus petit des parcs régionaux : seulement 81 000ha de superficie. Avec ses six méandres, la Seine en constitue l'épine dorsale. Ce "complexe naturel" à cheval sur les départements de la Seine-Maritime et de l'Eure s'étend de la forêt de Roumare à l'est (à une dizaine de kilomètres de Rouen) à la petite forêt de Tancarville à l'ouest.

... ET SES SUIVANTES : FORÊT, MARAIS, BOCAGE
Ce territoire est riche de nombreux milieux naturels, mais aussi fortement anthropisés : au centre, la forêt de Brotonne déploie ses futaies de hêtres et de chênes sur 6 750ha ; la vallée de la Basse-Risle, plus au sud, regorge de canaux serpentant entre des prairies humides bordées de frênes et de saules têtards ; le marais Vernier, à l'extrême ouest, alterne étangs, roselières, prairies humides et tourbières ; enfin, le pays de Caux, tout au nord, et le Roumois, au sud-ouest, offrent au regard leurs champs ouverts ponctués de clos-masures pour le premier et de haies bocagères pour le second. Le parc sert également d'écrin à de multiples joyaux de l'architecture religieuse et profane. De nombreux écomusées cadencent un séjour sur ce territoire, permettant une initiation ludique à des savoir-faire traditionnels comme la production de lin ou l'activité meunière. Des rosières du marais Vernier aux falaises de la presqu'île de Jumièges, en passant par les Routes des fruits et des chaumières, les panoramas et les villages se succèdent, invitant à la découverte d'un patrimoine souvent méconnu. Au centre de cet héritage naturel, on prend le pouls de la richesse de ce territoire, mais aussi de sa fragilité.
Maison du parc des Boucles de la Seine (p.173).

visite pour sa très riche documentation. Les espaces dédiés aux expositions détaillent les enjeux actuels de l'exploitation du parc (protection des zones humides, éco-développement, préservation du patrimoine bâti…). La Maison du parc, c'est aussi un circuit de 2km qui donne à voir un condensé de la diversité du site : bâtiments traditionnels, mare, arboretum, sentier de la haie, hôtel à insectes, ruches et verger conservatoire. Toutes les années paires, en avril, y est organisée la manifestation Parc en fête, une journée conviviale pour apprendre en s'amusant. ***Notre-Dame-de-Bliquetuit*** *(28km au nord-est de Pont-Audemer) Tél. 02 35 37 23 16 www.pnr-seine-normande.com Ouvert avr.-sept. : lun.-ven. 9h-18h, sam.-dim. 11h-17h ; oct.-mars : lun.-ven. 9h-12h30 et 13h30-18h Entrée libre*

Chapelle Saint-Thomas d'Aizier Cet édifice en ruine du XIIe siècle, au bord de la voie romaine de Lisieux à Caudebec-en-Caux, fut jusqu'en 1550 une léproserie. Tous les ans, une campagne de fouilles archéologiques permet d'en connaître un peu plus sur les lépreux à travers les vestiges découverts (chapelle, prieuré, cimetière, etc.). On vient là aussi pour faire un vœu en nouant les branches des noisetiers. ***Aizier*** *(15km au nord-est de Pont-Audemer)*

Maison du lin Elle raconte l'histoire de cette plante utilisée depuis l'Antiquité, explique les traditions qu'elle a fait naître et expose les outils nécessaires à sa culture et à sa transformation. Possibilité de visiter une fabrique. Vente de produits en lin. ***Routot*** *(18km à l'est de Pont-Audemer) Tél. 02 32 56 21 76 Ouvert mars, oct. : sam.-dim. 14h-18h ; avr.-juin, sept. : mer.-lun. 14h-18h ; juil.-août : tlj. 14h-18h30 Tarif 2,50€, réduit 1,50€ Visite de la fabrique 5€*

La Haye-de-Routot Ce village rassemble tout ce que la Normandie peut offrir en termes de patrimoine. Il affiche une tranquillité intemporelle, comme en témoignent les deux ifs-chapelles qui déploient leurs branches près de l'église depuis… mille cinq cents ans. Dans cette petite église paroissiale, on s'initie à la tradition des charitons, ces confréries de charité qui, lors des grandes épidémies, secouraient les malades et évacuaient les cadavres. À l'entrée du village, première halte au **four à pain** restauré par une association locale : un boulanger y cuit le pain à l'ancienne (six heures de travail) le dimanche après-midi, et explique sa méthode avant de vous inviter à mettre la main à la pâte. Non loin, une petite maison de ferme abrite le **musée du Sabot** et ses trois cents paires de sabots provenant de toutes les régions de France et de l'étranger (Pays-Bas, Espagne, Japon). Sabots-bottes du cressonnier, sabots du braconnier imprimant des traces à l'envers, sabots écrase-châtaignes… La collection, lancée quand le dernier sabotier local prit sa retraite, est riche d'explications et d'anecdotes qui sont autant de chapitres de l'histoire

FEU SACRÉ

Si vous visitez La Haye-de-Routot le 16 juillet, vous assisterez avec tous ses habitants au **feu de Saint-Clair**, une fête d'origine païenne destinée à s'attirer les grâces de la nature. Quatre ou cinq peupliers sont sacrifiés pour l'occasion, et une croix fleurie confectionnée par les charitons est dressée au sommet du bûcher. Ce dernier est enflammé, mais la croix ne doit pas brûler. Chacun pourra ensuite récupérer un brandon pour protéger son foyer de la foudre…

VALLÉE DE LA SEINE

rurale. Fin mars, le musée accueille le **festival Orties folies**, célébration de cette plante culinaire et médicinale qui réunit cuisiniers, jardiniers, herboristes et journalistes scientifiques. Des animations autour des recettes traditionnelles et des légumes oubliés sont organisées tout au long de l'année (renseignements auprès de la Maison du parc). *21,5km à l'est de Pont-Audemer Animations sur rdv le mer.* **Four à pain** *Tél. 02 32 57 35 74 (Mme Lesage) Ouvert mars-début juil., sept.-nov. : dim. et j. fér. 14h-18h ; début juil.-août : tlj. 14h-18h30 Tarif 2,50€ Billet cumulé avec musée du Sabot autres activités 6€ Vente de pain sur place le dim.* **Musée du Sabot** *Ouvert mars-début juil., sept.-nov. : dim. 14h-18h ; début juil.-août : tlj. 14h-18h30 Tarif 2,50€ Billet cumulé avec four à pain et autres activités 6€*

Écomusée Moulin de pierre-Maison du meunier Ce moulin à vent, l'un des plus vieux de France (édifié une première fois en 1258 et restauré en 1985), rappelle toute l'importance de la meunerie dans les campagnes normandes. Au XVIIe siècle, on construisit quatre moulins de bois autour de cet ancêtre, dès lors baptisé le "Moulin de pierre". À nouveau en activité, ses pales s'activent quand le vent le permet et animent avec majesté le ciel. La Maison du meunier détaille ce patrimoine par le biais d'une exposition sur les moulins de Normandie, d'outils de meunier et de livres sur la meunerie. ***Hauville** (22km à l'est de Pont-Audemer) Tél. 02 32 56 57 32 Ouvert mai-juin, 1er-20 sept. : dim. 14h30-18h30 ; Pâques, juil.-août : tlj. 14h-18h30 Tarif 2,50€, enfant 1,50€, moins de 12 ans gratuit*

Forêt de Brotonne Centre d'attraction du parc naturel des Boucles de la Seine, cette forêt occupe l'avant-dernière boucle de la Seine avant l'estuaire. On a découvert les vestiges de quatre villas gallo-romaines dans l'ancienne *Arelanum Sylva*, ou forêt d'Arelaune (le nom de Brotonne n'apparut qu'au VIIIe siècle). Propriété du duché de Normandie, elle fut rattachée au royaume de France en 1204 puis confisquée à la Révolution et rebaptisée "forêt de l'Union nationale". Mais ses contours sont restés inchangés depuis le IXe siècle. Trois points de rassemblement (aires du Grand Maître, des Bois de Fécamp et du Chêne Cuve) et de pique-nique sont aménagés dans le massif, ainsi que de nombreux sentiers pédestres et voies cyclables balisés. Suite harmonieuse de futaies de feuillus (hêtres en majorité, chênes) et de résineux (pins sylvestres et épicéas), cette cathédrale naturelle baignée d'une lumière douce insinue chez le promeneur un sentiment de protection et de quiétude, malgré la fréquentation assidue. Attention, tout de même, au gibier (cerfs, chevreuils et sangliers), qui apprécie les coins reculés de ce petit éden. L'ONF (Office national des forêts) propose des balades guidées à ceux qui veulent apprendre à reconnaître les espèces forestières ou comprendre la gestion des arbres et des eaux. **Office national des forêts** *Tél. 02 35 14 20 20 (Rouen) ou 02 35 96 18 20 (Caudebec)*

BALADES EN FORÊT La forêt de Brotonne est traversée par deux itinéraires qui conjuguent balade et découverte du patrimoine local : la **Route des fruits** (p.166), et la **Route des chaumières**, dévoilant quelques constructions traditionnelles et de beaux panoramas. Rens. auprès de la Maison du Parc (p.173).

Randonner dans le parc naturel régional Le GR®23 longe l'orée sud de la forêt, mais de nombreux autres sentiers arpentent le parc. Neuf sentiers balisés de 4 à 16km (de 1h à 4h30), classés en trois niveaux de difficulté croissante (famille, balade ou randonnée), s'offrent ainsi aux marcheurs dans les futaies. Les cyclotouristes disposent, eux, de quatre circuits pour VTC et d'itinéraires non balisés qui décrivent de larges boucles au cœur de la forêt (de 7 à 30km).

● Se promener dans les arbres

Viking Aventure Park "Saut de Tarzan", "passerelle des Andes", "pont himalayen"... sont au programme de ces randonnées dans les arbres. La difficulté est graduée et la sécurité très étudiée, ce qui ouvre ces loisirs aussi bien aux casse-cous qu'aux familles. S'il vous reste de l'énergie, un terrain de paintball de 15 000 m² a été aménagé. Parcours accrobranche 11-23€, enfants 3-7€, paintball (sur rés.) 25€ les 200 billes. ***Aizier** (15km au nord-est de Pont-Audemer) Tél. 02 32 57 24 46 www.vikingaventure.fr Ouvert avr.-mai jours variables (se rens.) ; juin, sept. : mer. 13h-18h, w.-e. et j. fér. 10h-18h30 ; juil.-août : tlj. 10h-18h30*

Le marais Vernier

Réserve nationale du marais Vernier Des visites accompagnées révèlent toutes les particularités de ce biotope aujourd'hui protégé : arbres, arbustes et fleurs spécifiques (saules têtards, haies de houx, lychnis fleur de coucou…), faune permanente (cheval de Camargue, chouette chevêche, criquet ensanglanté) ou migratrice (cigogne). Une très belle leçon de choses. Renseignements à la Maison du parc (p.173). *20km au nord de Pont-Audemer*

Pointe de la Roque Une petite route permet de monter sur cette esplanade naturelle offrant une vue presque à 360° sur l'estuaire et les ponts de Normandie et de Tancarville. L'autre intérêt du lieu – hormis ses tables de pique-nique – est une succession de dix tableaux pédagogiques expliquant dans le détail l'histoire de la Seine, de ses ensablements, de l'évolution de son cours au fil des ères géologiques et des aménagements apportés au fleuve par les hommes, comme la décision de l'enserrer entre des digues en 1850. Enfin, tout au sommet de cette pointe, à quelques mètres de l'aire de pique-nique, un phare désaffecté depuis 1910… et une sombre histoire de monstre qui fit gagner à Samson ses galons de saint : dans une grotte en contrebas vivait une créature qui terrorisait la région ; Samson, évêque de Dol, descendit lui passer son étole au cou, lui ordonna de traverser la Seine et d'aller se terrer sous une pierre. *De Pont-Audemer, prendre la D39 dir. Saint-Samson-de-la-Roque, puis itinéraire fléché jusqu'à la pointe de la Roque*

Quillebeuf-sur-Seine Stratégiquement située sur la première boucle de la Seine, Quillebeuf reçut du roi Henri IV le monopole du pilotage sur le fleuve, ce qui, avec la pêche, assura longtemps à la ville sa prospérité. Mieux vaut tourner le dos au port et au hideux complexe pétrolier de Port-Jérôme qui lui fait face, et s'enfoncer dans les rues du centre, jalonnées de maisons des XVIe, XVIIe et XVIIIe siècles. Ces logis à pans de bois sont particulièrement nombreux dans la Grand-Rue. La maison Henri IV (n°80-82) – où le bon roi aurait séjourné – et celle de l'Amirauté, au n°102, sont assurément les plus belles. Sur la route du marais Vernier, l'église, que signale sa haute tour à

GEOPLUS

Le marais Vernier

Ce marécage qui s'étend sur 4 500ha au nord de Pont-Audemer tire son nom de l'arbre qui prospère sur ses sols humides : l'aulne, ou "verne". La Seine a donné naissance à cette cuvette il y a plusieurs millions d'années : le déplacement progressif de son méandre vers le nord dégagea ces terres envasées et difficilement accessibles. L'homme s'en tint éloigné pendant des siècles, d'où la présence d'un biotope unique.

ENVERS ET CONTRE TOURBE

La configuration du marais – un demi-cercle d'un rayon de 9km –, sa nature – une zone tourbeuse et alluvionnaire –, une basse altitude et la proximité de l'estuaire de la Seine l'ont nanti d'un microclimat et d'une flore particulière. De la pointe de la Roque, de la côte descendant vers le marais Vernier et à Sainte-Opportune-la-Mare, on découvre landes tourbeuses, prairies humides, fossés et étangs. Au fond de la cuvette se déroulent les courtils ("jardins" en vieux français) de Bouquelon.
L'agriculture y est toutefois en déclin : la tourbe est d'une qualité hétérogène, la qualité fourragère des foins médiocre et les sols sont trop meubles pour supporter les engins agricoles. Les terrains sont graduellement abandonnés, au profit de chasseurs par exemple.

UN PATRIMOINE À PRÉSERVER

L'abandon des terrains menace la biodiversité : ainsi, depuis 1979, les zones délaissées sont confiées aux bons soins d'herbivores rustiques qui mâchent tout ce qui se trouve à leur portée. Chevaux de Camargue, vaches écossaises (Highland Cattle) ou bretonnes (pie noire) et moutons shetland constituent de précieux auxiliaires de régulation de la végétation. À la périphérie du marais Vernier – pour demeurer à l'abri des inondations –, des chaumières dressent encore leur architecture. Ces maisons, en général de plain-pied, sont construites dans les matériaux du cru (bois du coteau pour les colombages, roseau pour la toiture, limons pour le torchis) et dotées, pour certaines, d'un cafoutin, cave à demi enterrée où était stockée la récolte des "courtils". Une balade prolongée à pied ou à vélo, une visite de la réserve naturelle (p.177) vous feront découvrir toutes les facettes de ce vaste amphithéâtre naturel, encore relativement coupé du monde moderne.
Maison du parc des Boucles de la Seine (p.173).

colonnades, a été restaurée et mérite une visite pour ses ex-voto et sa collection de vitraux qui comprend de rares bichromes jaune et gris. Un circuit pédestre vous entraînera à la découverte des maisons les plus intéressantes. Dépliant à disposition à la mairie et à l'office de tourisme du pays Risle-Estuaire de Bourneville. *15km au nord de Pont-Audemer* **Office de tourisme du pays Risle-Estuaire** *6, Grande-Rue* **Bourneville** *(13km au sud de Quillebeuf) Tél. 02 32 57 32 23 www.normandie-accueil.fr www.tourisme-quillebeuf.com Ouvert juin-août : lun.-sam. 9h30-12h30 et 14h-18h, dim. et j. fér. 10h-13h ; sept.-mai : lun.-sam. 9h30-12h30 et 14h-18h*

● ☺ Parcourir la région à vélo

Marais Vernier-phare de Saint-Samson-de-la-Roque Un parcours de 20km à VTT qui offre une vue splendide sur l'estuaire de la Seine et le pont de Tancarville. *Rens. auprès de l'OT de Bourneville Tél. 02 32 57 32 23*

Véloroute de la vallée de la Risle Au sud de Pont-Audemer, un circuit balisé de 80km remonte la Risle jusqu'à Rugles en traversant la forêt de Beaumont et le pays d'Ouche au prix de quelques efforts (de belles côtes après Beaumont-le-Roger). Il est possible de bifurquer à mi-chemin vers le sud-ouest pour suivre le cours de la Charentonne sur 40km ou celui du Guiel sur 15km. Un vrai pays de rivières gigognes. *www.af3v.org*

CARNET D'ADRESSES

Restauration, hébergement

Pont-Audemer compte peu d'hôtels, soit chic et chers (parfois même chers sans être chic), soit bas de gamme. Heureusement, les environs immédiats réservent de bonnes surprises. L'office de tourisme édite deux brochures : "Chambres chez l'habitant" et "Location de maisons".

camping

☺ **Camping Les Étangs Risle-Seine** Ce camping municipal niché au creux de collines boisées promet un bain de verdure appréciable. Il bénéficie de la proximité de 50ha d'étangs et de rivières (pêcheurs à vos cannes !) et de celle d'une base nautique (voile, planche à voile, canoë et ski nautique). Comme il n'y a que 51 emplacements, il est prudent de réserver sa place dans ce petit paradis. Comptez 17,50€ la nuit pour deux adultes (tente, caravane ou camping-car) en été, 13,40-15,50€ hors saison. Également des mobil-homes et des Freeflower (bungalows toilés). Le camping gère aussi "Le Cottage des étangs", 10 gîtes originaux sur pilotis (4-6 pers., 580-615€/sem. en été 66-74€/nuit en basse et moyenne saison). *19, route des Étangs* ***Toutainville*** *(accessible par le bus, arrêt "Route des Étangs-Toutainville", de mi-juin à mi-sept.) Tél. 02 32 42 46 65 www.camping-risle-seine.com Ouvert avr.-oct.* ***Le Cottage des Étangs*** *Ouvert mars-déc.*

prix moyens

☺ **L'Épicurien** Ce bistrot gourmand et convivial qui porte bien son nom affiche à sa carte quelques plats copieux dont certains sortent parfois de l'ordinaire, comme la tête de veau sauce gribiche. L'Épicurien, qui participe à l'opération "Assiette de pays" (opération touristique associant restaurateurs et producteurs locaux), vous régalera d'un confit de canard, pommes de terre rissolées et verre de cidre. Le trio adéquat pour improviser un apéritif-dînatoire après une journée de balades dans les mares et étangs alentour. Plat du jour 10,50€, comptez env. 20-25€ à la carte. *22, rue Sadi-Carnot* ***Pont-Audemer*** *Tél. 02 32 42 13 67 Ouvert lun. et mer. midi, mar. et jeu.-sam. midi et soir*

Hôtel-restaurant La Cressonnière Les murs de pierres donne le "la" au moment passé ici : une pause placée sous le signe du charme champêtre et de la gourmandise normande. La cuisine du terroir à prix doux (menus de 20 à 60€) ravit les convives et l'accueil chaleureux du début à la fin du repas, même quand la salle est pleine, finit de les combler. Un seul regret : les 7 chambres, certes à petits prix, sont un peu décevantes (double 52€). *Notre-Dame-des-Préaux* ***Les Préaux*** *(5km au sud de Pont-Audemer) Tél. 02 32 42 10 60 www.la-cressonniere-hotel-restaurant.fr Ouvert ven.-mer. 12h-14h et 19h-21h*

Auberge de l'Étampage Trois chambres (42€, petit déj. 8€) au cœur du marais Vernier. L'étampage est le marquage au fer rouge des bêtes, qui repartent siglées des lettres MV (pour Marais Vernier), un événement célébré le 1er mai par la traditionnelle fête de l'étampage. La table (menus à 22 et 31€) célèbre le terroir : désossé de poulet à la crème et aux champignons, profiteroles de coulommiers, millefeuille d'andouille aux pommes et au cidre fermier... Bonne halte avant de partir musarder dans la région. ***Marais-Vernier*** *(14km au nord-ouest de Pont-Audemer) Tél. 02 32 57 61 51 Ouvert lun.-mar. et jeu.-sam. midi et soir, dim. midi*

Chambres d'hôtes Les Cigognes Pour accéder à cette maison d'hôtes

Nuits insolites au pied d'un phare

☺ **Phare de Fatouville** Donnez de la hauteur à votre séjour Normand ! Retraçons un peu l'histoire de ce phare : construit en 1850 sur un plateau et à plus de 100m au-dessus du niveau de la mer, il s'éteint en 1907 après avoir guidé des milliers de bateaux entrant dans l'estuaire de la Seine. Dans les années 1920, il est acheté par un particulier, Gaston David. Sa petite fille, Mme Durand et actuelle propriétaire, à qui il a transmis sa passion pour le phare, a créé 5 chambres d'hôtes (avec toilettes et salle de bains) dans la maison où étaient logés les gardiens. C'est dans ce pimpant bâtiment entouré d'un jardin qui forme deux ailes au pied de la tour que vous accueille chaleureusement votre hôtesse. Vous aurez le privilège de prendre un délicieux petit déjeuner sous la coupole du phare au pied de l'escalier en colimaçon. Courage ! Il faut absolument grimper les marches (plus de 150 !) pour jouir de la vue imprenable sur le pont de Normandie et les boucles de la Seine. Double 69€, chambre familiale 123€, petit déj. inclus. ***Fatouville-Grestain*** *Tél. 02 32 57 66 56 (réservation par téléphone)* typiquement normande, il vous faudra emprunter à petite allure la route des Chaumières, les Cigognes ayant pour premier intérêt d'être nichées en plein cœur du marais Vernier. Les cinq chambres, délicieusement cosy (de 65 à 79€, petit déj. inclus) ont un charme exquis : salle de bains en teck, couettes douillettes, etc. Deuxième raison de venir ici : le calme propice au lâcher prise... Le sauna et le jacuzzi en bois installés au fond du jardin risquent de vous y aider fortement, surtout le soir venu, quand seule la lumière des bougies, de la lune et du ciel étoilé illumine ce petit coin de Normandie. Une halte romantique orchestrée avec panache et sourire par Isabelle et sa tribu. Et si vous avez le goût des escapades, on vous louera des vélos et vous partirez sur les chemins du marais Vernier avec les meilleurs conseils de balades. *211bis, chemin du Roy* ***Marais-Vernier*** *(14km au nord-ouest de Pont-Audemer) Tél. 02 32 42 88 92 ou 06 68 03 39 39 www.lescigognesdumarais.fr*

Hôtel Le Drakkar Les abords de ce 2-étoiles ne sont guère engageants : une construction moderne sans charme, située derrière un supermarché et tout près d'un axe très passant délicatement appelé "Pénétrante est". Heureusement, l'intérieur est plus accueillant, les 30 chambres sont insonorisées et, comme on dit, il a le mérite d'exister. Double 80€, petit déj. 9€. *Rue Georges-Clemenceau* ***Pont-Audemer*** *Tél. 02 32 41 28 00 www.hotel-ledrakkar.com*

prix très élevés

Hôtel-restaurant Le Belle-Isle sur Risle Quand le temps le permet, cet hôtel-restaurant 4 étoiles installé dans un manoir du XIXe siècle accueille ses clients sur une petite terrasse : on y sirote un apéritif face aux pelouses et à l'étang. Le repas (menus à 32€ à midi, et 42, 58, 76 et 115€ le soir) pousse le raffinement un peu plus loin : pastillade de lapin cumin et citron confis, dorade royale parfumée à la citronnelle et au gingembre, ravioles fraîchesde jarret de veau dans son jus corsé, champignons des bois, homard du vivier de la propriété... Une balade digestive dans le parc conclura en beauté ce repas "coup de folie". Double de 105 à 365€ selon le confort et la saison. *112, route de Rouen* ***Pont-Audemer*** *Tél. 02 32 56 96 22 www.bellile.com Ouvert mi-mars-mi-nov. : mer. soir, jeu.-dim. ; 26 déc.-3 jan.*

Hôtel Le Petit Coq aux champs-restaurant l'Andrien Un 4-étoiles dans une chaumière centenaire... difficile de faire une immersion plus intimiste au cœur d'un habitat traditionnel. Les chambres, récemment rénovées, conservent une touche champêtre qui fait l'authenticité du lieu (double de 140 à 300€, petit déj. 15€). Toutes les fenêtres donnent sur le parc paysager et offrent un bain de nature apaisant dès le réveil. Pourquoi ne pas le prolonger par quelques longueurs de piscine ? Une petite enclave verte doublée d'un restaurant gastronomique, l'Andrien, où le chef sert une cuisine d'intuition de haute volée, composée avec les produits les plus nobles du marché : suprême de caille en croûte de pistache, turbot rôti, crêpes aux pommes flambées à l'eau de vie... Menus à 36, 57, 69 et 74€. *Campigny* ***Pont-Audemer*** *Tél. 02 32 41 04 19 www.lepetitcoqauxchamps.fr* ***Restaurant*** *Ouvert mi-jan.-mi-déc. : 12h15-14h et 19h15-21h*

Giverny, jardins de la fondation Claude-Monet (p.110).

GEOREGION

CÔTE FLEURIE ET PAYS D'AUGE

V

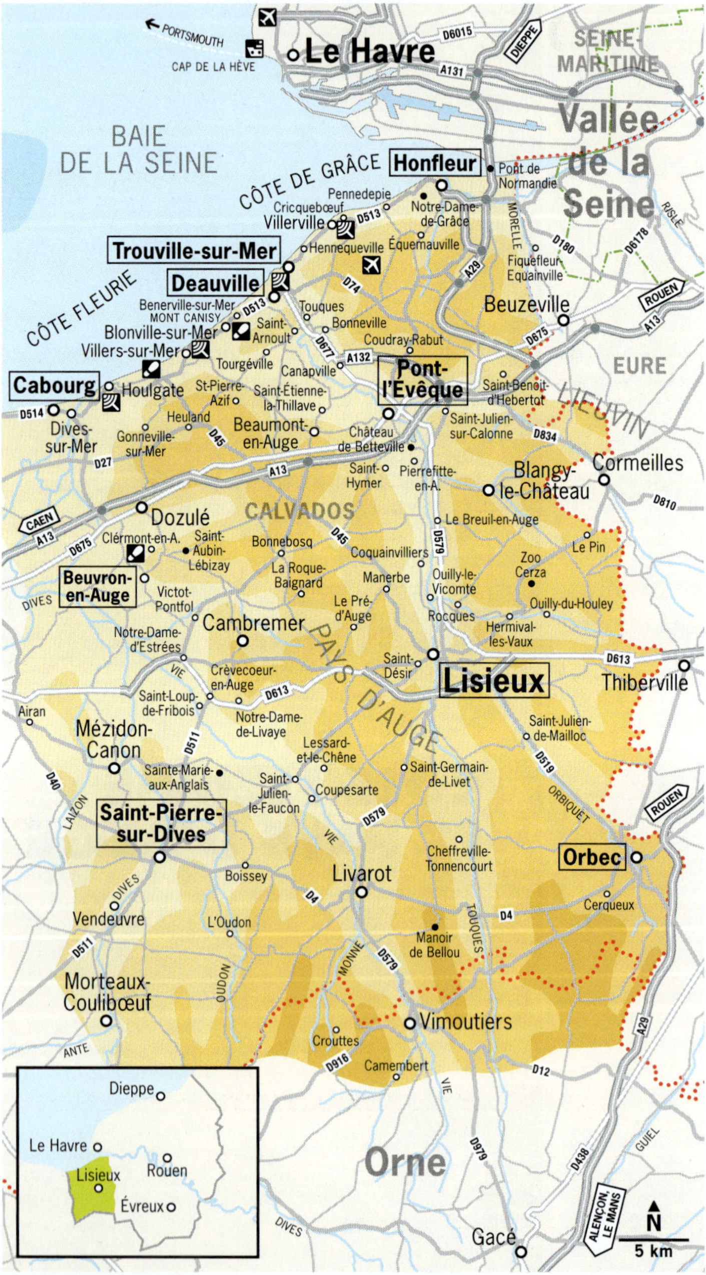

PORTSMOUTH
CAP DE LA HÈVE
Le Havre
D6015
DIEPPE
A131
SEINE-MARITIME
BAIE DE LA SEINE
Vallée de la Seine
CÔTE DE GRÂCE
Honfleur
Pont de Normandie
Pennedepie
Cricquebœuf
Villerville
D513
Notre-Dame-de-Grâce
Équemauville
MORELLE
D180
D6178
RISLE
Trouville-sur-Mer
Hennequeville
Fiquefleur-Equainville
Deauville
A29
D74
CÔTE FLEURIE
Benerville-sur-Mer
MONT CANISY
Touques
Beuzeville
ROUEN
A13
Blonville-sur-Mer
Saint-Arnoult
Bonneville
Villers-sur-Mer
D677
Coudray-Rabut
D675
Tourgéville
A132
Canapville
Pont-l'Évêque
EURE
Cabourg
Houlgate
St-Pierre-Azif
Saint-Étienne-la-Thillaye
Saint-Benoit-d'Hebertot
LIEUVIN
D514
Dives-sur-Mer
Heuland
Beaumont-en-Auge
Saint-Julien-sur-Calonne
Gonneville-sur-Mer
D45
Château de Betteville
D834
D27
Saint-Hymer
Pierrefitte-en-A.
Blangy-le-Château
Cormeilles
A13
D810
Dozulé
CALVADOS
CAEN
Clérmont-en-A.
Saint-Aubin-Lébizay
Bonnebosq
Le Breuil-en-Auge
D675
Coquainvilliers
D579
Le Pin
Beuvron-en-Auge
La Roque-Baignard
Manerbe
Ouilly-le-Vicomte
Zoo Cerza
DIVES
Victot-Pontfol
Le Pré-d'Auge
Ouilly-du-Houley
Cambremer
Rocques
Hermival-les-Vaux
Notre-Dame-d'Estrées
PAYS D'AUGE
Saint-Désir
D613
VIE
Crèvecoeur-en-Auge
Lisieux
Thiberville
Saint-Loup-de-Fribois
D613
Airan
Notre-Dame-de-Livaye
Saint-Julien-de-Mailloc
Mézidon-Canon
D511
Lessard-et-le-Chêne
D519
D40
Sainte-Marie-aux-Anglais
Saint-Germain-de-Livet
ORBIQUET
Saint-Julien-le-Faucon
Coupesarte
LAIZON
D579
ROUEN
Saint-Pierre-sur-Dives
VIE
Cheffreville-Tonnencourt
Orbec
Boissey
Livarot
DIVES
D4
Vendeuvre
TOUQUES
D4
Cerqueux
L'Oudon
D511
Manoir de Bellou
MONNE
D579
Morteaux-Coulibœuf
OUDON
A29
Vimoutiers
Crouttes
ANTE
D916
Camembert
D12
VIE
Dieppe
Le Havre
Lisieux
Rouen
Évreux
Orne
D979
D438
GUIEL
DIVES
Gacé
ALENÇON, LE MANS
N
5 km

CABOURG

14390

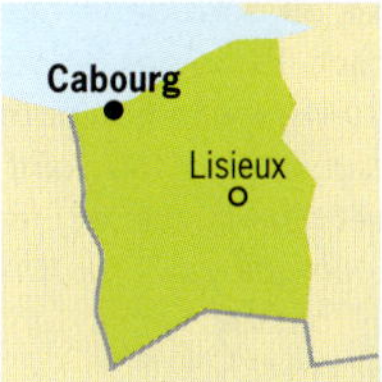

Avec son plan de rues en éventail, la cité balnéaire dessinée en 1861 par l'architecte caennais A. Robinet semble arrêtée dans le temps. Face au casino, la commerçante avenue de la Mer et, sur le front de mer, les abords du Grand Hôtel concentrent à eux seuls l'essentiel des boutiques, cafés et restaurants. Mais il suffit de s'en écarter légèrement pour goûter au charme résidentiel des villas Belle Époque aux noms romantiques, dont certaines évoquent des châteaux miniatures. Dans cet ancien village de pêcheurs, transformé au XIXe siècle en haut lieu de villégiature, ont résidé bien des personnalités. Une seule pourtant, celle de Marcel Proust, ferait presque oublier les autres prestigieux vacanciers du monde littéraire et artistique, parmi lesquels figure, entre autres, Théophile Gautier.

MODE D'EMPLOI

accès

EN VOITURE

De Paris (2h30), Rouen (1h30) et Caen (30min), on y accède le plus rapidement par l'autoroute A13, sortie directe route D400. Cabourg se situe 20km au sud-ouest de Deauville par la route côtière D513.

EN TRAIN

Liaisons Paris-Cabourg (2h30) régulières de mi-juin à septembre et pendant les grands week-ends de mai, avec un changement à Deauville. Le reste de l'année, prendre le train Paris-Cherbourg, arrêt à Caen (2h), puis un bus Caen-Cabourg (45min).

Gare SNCF *Pl. Marius-Trefouel (à Dives-sur-Mer, après le pont) Tél. 3635 www.voyages-sncf.com www.ter-sncf.com*

EN CAR

Des navettes quotidiennes (ligne 20) entre Cabourg et Caen (45min), Deauville (25min), Honfleur (1h), Le Havre (1h25). Plusieurs arrêts dans la ville, le plus central étant "Pasteur", devant la mairie.

Bus verts du Calvados *Tél. 0810 214 214 www.busverts.fr*

Tableau kilométrique

	Cabourg	Bayeux	Caen	Deauville	Le Havre	Lisieux
Bayeux	61					
Caen	24	30				
Deauville	18	90	60			
Le Havre	80	125	95	44		
Lisieux	48	79	64	30	64	
Rouen	112	157	128	93	90	98

www.commentjyvais.fr Ce site regroupe l'ensemble des possibilités de transports (collectifs et personnels) pour toute la région.
Maison de la presse Tickets, horaires. *11, av. de la Mer Tél. 02 31 24 08 58*

EN BATEAU
Vingt places visiteurs dans le port de Cabourg/Dives, et 25 à Port-Guillaume (Dives-sur-Mer).
Bureau du port Cabourg/Dives *Tél. 02 31 35 63 00*
Capitainerie de Port-Guillaume *Sur le port, à gauche du parking Tél. 02 31 24 48 00*

orientation et stationnement

Le centre-ville compte pour principal point de repère son casino, vers lequel convergent une série de rues dont l'avenue de la Mer forme l'artère principale. Le Grand Hôtel trône derrière lui, sur le front de mer, et donne directement sur la promenade Marcel-Proust. Les automobilistes pourront se garer à la sortie du noyau central, où ils trouveront des parkings gratuits. À l'est et au sud, la Dives dessine une frontière naturelle entre Cabourg et Dives-sur-Mer, qui sont reliées par un pont.

informations touristiques

Office de tourisme de Cabourg Son équipe dynamique organise une fois par semaine des parcours théâtralisés dans Cabourg et des visites à vélo (6€/pers., sur réservation). Jardins de l'Hôtel-de-Ville *Tél. 02 31 06 20 00 www.cabourg.net Ouvert juil.-août : tlj. 9h30-19h ; sept.-juin : tlj. 9h30-12h30 et 14h-18h*
Syndicat d'initiative de Dives-sur-Mer *Village d'art Guillaume-le-Conquérant Rue du Général-de-Gaulle Tél. 02 31 91 24 66 Ouvert mai-juin, sept. : mer.-lun. 10h-13h et 15h-18h ; juil.-août : tlj. 10h-13h et 15h-18h ; oct.-avr. : lun.-sam. 10h-12h30 et 15h-17h30*
Office de tourisme de Houlgate Derrière la mairie, au nord de la ville. Équipe très efficace. *10, bd des Belges Tél. 02 31 24 34 79 www.ville-houlgate.fr Ouvert Pâques-juin, sept.-Toussaint : lun.-sam. 10h-13h et 14h-18h, dim. et j. fér. 10h30-13h et 14h-16h ; juil.-août : tlj. 10h-13h et 14h-18h30 ; Toussaint-mars : lun.-sam. 10h-12h30 et 14h-18h*
Office de tourisme de Villers-sur-Mer Personnel compétent et sympathique. Vous pourrez vous y procurer le Villers Pass tourisme : 12€ pour des activités à tarif préférentiel (location de kayaks de mer, balades nature, stages pour enfants…), ainsi que des topoguides sur les circuits de promenades dans la région. L'office organise également toute l'année les "Balades nature : Villers, terre de géologie". Ces visites guidées (par un guide nature) se font à pied (au départ de l'office de tourisme) et vous emmèneront sur le site des falaises des Vaches Noires. Chaque parcours se termine par une initiation à la collecte de fossiles (tarif 5€, 5-14 ans 3,50€, moins de 5 ans gratuit). *Pl. Mermoz Tél. 02 31 87 01 18 www.villers-sur-mer.fr Ouvert mars-juin, sept.-oct. : tlj. 9h30-12h30 et 14h-18h ; juil.-août : tlj. 9h-19h ; nov.-fév. : lun.-sam. 9h30-12h30 et 14h-17h, dim. 9h30-12h30 Fermé 1er jan. et 25 déc.*

fêtes et manifestations

Festival du théâtre universitaire Trois jours de spectacles joués par des comédiens amateurs, étudiants des universités et des grandes écoles. *Tél. 02 31 06 20 00 (Réservation) www.leverderideau.free.fr Fin avr.-début mai*
Festival du film romantique Lors de quatre "Journées romantiques", les trois salles de cinéma de la ville diffusent des courts ou longs métrages inédits dont les réalisateurs gagnants

sont récompensés par un jury. Un grand écran, dressé sur la plage, projette des films de 22h30 jusqu'à 3h du matin. *www.festival-cabourg.com En juin*

Salon du livre Organisé par l'association "Les Amis de Cabourg" : ouvrages dédicacés par plus d'une centaine d'auteurs, conférences et remise de prix. *Deux jours fin juil. ou début août*

RéciDives-Festival de la marionnette Contes, histoires sans paroles et théâtre d'ombres avec marionnettes. En matinée, l'après-midi ou en soirée, pour tous âges. ***Dives-sur-Mer** Sous les vieilles halles http://creamnormandie.com Mi.-juil.*

Festival plein vent Compétitions de cerfs-volants à marée basse, parapente, baptême de kitesurf. ***Houlgate** Sur la plage Début juin*

Festijazz Concerts gratuits de jazz dans les rues et dans le marché couvert, et en soirée sur la plage, devant le casino. ***Houlgate** En août*

Festival des nouveaux talents Huit concerts classiques donnés par des lauréats des conservatoires nationaux de Paris et de Lyon. *Salle panoramique du casino et église Saint-Martin **Villers-sur-Mer** En août*

marchés

Marché de Cabourg Stands de produits frais en plein air et à l'abri, sur la place du Marché. Attention : le parking gratuit de la place est alors monopolisé tôt le matin. *Juil.-août : tlj. ; sept.-juin : mer. et dim.*

Marché de Dives *Sam. matin (et mar. matin en juil.-août)*

DÉCOUVRIR

☆ **Les essentiels** La promenade Marcel-Proust de Cabourg, le patrimoine balnéaire de Houlgate **Découvrir autrement** Dégustez une "madeleine de Proust" chez Dupont avec un thé, allez boire un verre dans le salon du Grand Hôtel de Cabourg

Cabourg

☆ ☺ **Promenade Marcel-Proust** Esplanade rectiligne battue par les vents, l'ancienne promenade des Anglais a pris le nom d'un écrivain qui détestait la foule ! Sur quatre kilomètres, elle longe la plage, que l'on gagne par des

Le Balbec de Proust

En décrivant Cabourg sous le nom de Balbec dans son roman *À l'ombre des jeunes filles en fleurs*, l'écrivain jetait un sort à la cité balnéaire. Son fantôme hante les chambres de l'imposant Grand Hôtel du XIXe siècle, la digue et le front de mer (la promenade Marcel-Proust). On déguste ses madeleines au salon de thé comme un hommage. Enfant, Proust fréquentait la station avec sa mère, et il y revint plus tard sept étés de suite. Ne sortant presque jamais, il puisait une manne précieuse à ses écrits dans l'observation du va-et-vient de la société mondaine et de ses dessous cachés.

escaliers, et est jalonnée par les plus anciens et vénérables édifices de la station. Ce sont d'abord le Grand Hôtel de style Renaissance italienne et le casino, tous deux construits et reconstruits en 1861 et 1907. Puis des villas avec jardins, datant de la même époque, égayées de tourelles, balconnets, façades en damier ou rayées de colombages vrais ou faux... Elles déploient une telle variété architecturale que nul ne croirait que beaucoup furent en fait conçues sur le même plan cubique par l'architecte Mauclerc, qui adapta la station au goût des Parisiens au début du XXe siècle. Autour des avenues du Commandant-Touchard et Jean-Mermoz, il subsiste des villas de l'architecte Robinet datant du milieu du XIXe siècle.

● Où trouver des spécialités régionales ?

Le Fils du Pôvre Grâce au talent de Nicolas Cherrier, toute la Normandie tient dans une boîte à chaussures. Pas un centimètre de mur de sa minuscule boutique qui ne soit occupé par une confiture de l'une des fermes environnantes, un saucisson artisanal au camembert, à la noix ou au poivre, un jus de pommes du verger, ou les incontournables caramels d'Isigny. Pour le liquide, dirigez-vous vers une extension voisine, la cave du Fils du Pôvre, qui propose des spécialités de Normandie (calvados hors d'âge, cidre et pommeau) ou d'ailleurs (classiques bourguignons et bordelais, en rouge ou blanc). Accueil cordial. *31, av. de la Mer Tél. 02 31 91 75 51 ou 02 31 94 99 07 Ouvert tlj. 8h30-20h Fermé mar. hors vac. scol. et mi-nov.-jan.*

● Où boire un thé ?

☺ **Dupont avec un thé** Qui résisterait à une "madeleine de Proust" pur beurre avec un thé de Chine, à un macaron, à un millefeuille, ou à un succulent chocolat chaud amer ? Les douceurs de Jean-Pierre Étienvre, meilleur ouvrier de France, font la renommée du salon Dupont ouvert en 1912. Boîtes à biscuits en fer décorées, recettes, étalages de gâteaux tapissent ce poétique palais de la gourmandise qui rend hommage à la Belle Époque. Gâteaux et pots de gelées cuites en bassine de cuivre à emporter via la boutique. *6, av. de la Mer Tél. 02 31 24 60 32 Ouvert juil.-août : tlj. 8h-20h ; sept. : jeu.-mar. 8h-20h ; oct.-juin : lun. et jeu.-ven. 8h-13h et 14h30-19h, sam.-dim. 8h-20h*

Bar-salon du Grand Hôtel Pour vous réchauffer après la baignade, allez siroter un thé (5-6€) dans ce lieu mythique, installé dans l'un des fauteuils crapauds du salon. Le samedi soir et le dimanche après-midi, laissez-vous bercer par le doux rythme des morceaux de jazz joués par le pianiste. *Promenade Marcel-Proust Tél. 02 31 91 01 79 Ouvert tlj. 11h-23h50*

● Où prendre un verre ?

Bistrot des Arts Ambiance africaine dans ce bar sympathique : peau de crocodile au plafond, tapis tigré au sol et tissus bariolés aux murs. Les propriétaires, qui ont exploré tout le continent noir, s'installent parfois au comptoir pour conter des histoires : on voyage avec eux, solidement arrimé à son verre de *pernojito* (cocktail maison à 8,50€). *The place to be* pendant le Festival du film romantique. *4, av. du Commandant-Bertaux-Levillain Tél. 02 31 91 56 53 Ouvert tlj. 7h30-2h (fermé le jeu. en hiver)*

Le Pub Que nul ne s'étonne si cette salle aérée ne désemplit pas : une quarantaine de bières, une vingtaine de whiskies, un choix de cafés chauds alcoolisés et un excellent cidre biologique bien frappé arrosent les programmes sportifs retransmis en direct ou les concerts réguliers qui s'y tiennent le soir. *9, av. de la Mer Tél. 02 31 28 11 69 Ouvert mai-juin, sept. : tlj. 15h-2h ; juil.-août : tlj. 11h-2h ; oct.-avr. : tlj. 15h-1h*

Chez Guillou LE bar de Cabourg, qui se fait remarquer depuis 1957 par des cocktails à la crème fraîche et au champagne inventés par Jean Guillou. Ces savants mélanges à la liqueur de pomme, de poire ou de framboise, au calvados ou au praliné se dégustent lumière baissée dans un décor fait de planches de tonneaux. *4, av. de la Mer Tél. 02 31 91 31 31 www.chez-guillou.com Ouvert ven.-dim. à partir de 18h30 et tlj. pendant les vac. scol. parisiennes*

☺ **Bar du golf miniature** Avec ses deux vastes terrasses, dont l'une donnant directement sur la promenade balnéaire, son balcon solarium avec vue plongeante sur le parcours et la mer, et sa salle au parfum rétro, presque inchangée depuis sa création dans les années 1950, le bar du "mini" est ouvert à tous, pratiquants de golf ou simples amateurs de détente et de soleil. Ambiance sympathique et décontractée. En été, soirées concerts (jazz le plus souvent) avec restauration-buffet (env. 20€/pers.). *13, av. du Commandant-Touchard Tél. 02 31 24 14 44 www.golfminiaturecabourg.com Ouvert avr.-juin, sept. : mer.-lun. 14h30-18h ; Pâques, Toussaint : tlj. 10h30-12h et 14h30-18h ; juil.-août : tlj. 10h-23h ; oct. : sam.-dim. 14h30-19h*

Où flamber ?

Grand casino de Cabourg Tous les grands événements cabourgeais se passent ici : cinéma, théâtre rococo servant à l'occasion de salle d'exposition, lounge bar, espace jeux (roulette anglaise, black-jack, punto blanco...). Très difficile de s'y ennuyer ! *Promenade Marcel-Proust Tél. 02 31 28 19 19 www.casinocabourg.com Ouvert tlj. 10h-2h*

Aller à la plage

La grande plage de sable fin de Cabourg coïncide avec la promenade Marcel-Proust. Des postes de secours veillent à la sécurité des baigneurs, et des établissements de bains y louent cabines, parasols et transatlantiques (se renseigner au bureau des bains, près de la piscine). Il est possible de rallier à pied la plage de Houlgate en passant par Port-Guillaume (Dives-sur-Mer). Assurez-vous impérativement dans ce cas de l'horaire des marées à l'office de tourisme !

Se baigner face à la Manche

Piscine municipale Les jours où les éléments se déchaînent, le bassin de la piscine de Cabourg réunit les amateurs de barbotage et les nageurs déterminés. C'est un bonheur de faire des longueurs en regardant la mer. Entrée 5€. *Promenade Marcel-Proust (face au casino) Tél. 02 31 91 38 88 Ouvert lun.-mar. et jeu.-ven. 16h30-19h, mer. 14h-19h, sam. 11h-13h et 14h-19h, dim. 9h-13h vac. scol. : tlj. 9h-12h et 15h-19h (lun. 20h, dim. 18h)*

Jouer au tennis

Garden Tennis L'un des plus beaux stade de tennis de France, qui accueillit en 1926 des rencontres de coupe Davis. Seize courts en plein air, quatre couverts et un club-house avec restaurant. Cours particulier 44€/h. Réservez 48h d'avance. *1, av. Charles-de-Gaulle Tél. 02 31 91 91 91*

● Jouer au golf, au minigolf

Golf de Cabourg Le Home Parcours de 18 trous. *38, av. du Président-René-Coty Le Home* ***Varaville*** *Tél. 02 31 91 25 56 www.golfclubdecabourglehome.com Ouvert avr.-juin : tlj. 9h-18h ; juil.-août : tlj. 8h-19h ; sept.-mars : tlj. 9h-17h*

Golf public Parcours de 9 trous avec practice. Green fee (droit d'entrée) de 25 à 38€ la journée selon la saison. *Av. de l'Hippodrome Tél. 02 31 91 70 53 Ouvert tlj.*

Golf miniature Un amusant minigolf devant la mer : trous dans un jeu d'échecs géant, monuments pastiches... Parcours 7€/pers. Bar (p.189). *13, av. du Commandant-Touchard Tél. 02 31 24 14 44 Ouvert avr.-juin, sept. :mer.-lun. 14h30-18h ; Pâques, Toussaint : tlj. 10h30-12h et 14h30-18h ; juil.-août : tlj. 10h-23h ; oct. : sam.-dim. 14h30-19h*

● Faire de la voile

École de char à voile Initiation et perfectionnement pour grands et petits. *Cap-Cabourg, poste de secours n°5 (à l'extrémité est de la digue) Tél. 06 60 19 77 61 www.charavoile-cabourg.com*

École de voile française Cours tous niveaux de catamaran et de planche à voile, à partir de 35€ l'heure. Location de planche (20€/h), de kayak (15€/h), de paddle (20€)... *Côté ouest sur la plage Tél. 06 60 36 17 52*

● Monter à cheval

Les amateurs de sports équestres trouveront à Cabourg des cours tous niveaux, des stages de la demi-journée à la semaine, ou encore des propositions de promenades au bord de la mer ou à la campagne.

Écuries de la Sablonnière Cours 26€/1h, promenade 39€/1h30. *105, av. Guillaume-le-Conquérant (route de Caen) Tél. 02 31 91 61 70 www.ecuriesdelasablonniere.fr*

Poney-club Comptez 31,50€/h pour une promenade à poney, 45€ pour une balade sur la plage. *1, bd des Diablotins Tél. 02 31 91 80 94 www.poneyclubcabourg.com*

Écuries de Cabourg et domaine équestre de Grangues Les deux clubs appartiennent au même propriétaire. L'annexe de Cabourg propose des balades sur la plage : comptez 62€/1h30. *Route de Cricqueville* ***Grangues*** *Tél. 02 31 28 04 28 www.cabourg-equitation.com*

Les environs de Cabourg

Dives-sur-Mer

Ancrée dans son estuaire naturel, Dives était au Moyen Âge l'un des principaux ports du duché de Normandie. En 1066, le duc Guillaume le Conquérant y réunit sa flotte et son armée avant de partir pour l'Angleterre, où il gagna la bataille d'Hastings et devint roi. Reconnaissant envers sa cité portuaire, il la couvrit de largesses qui favorisèrent sa prospérité. L'**église Notre-Dame** fut bâtie à cette époque, à l'emplacement d'une petite chapelle fréquentée par les pèlerins pour son Christ Saint-Sauveur. L'histoire veut qu'en l'an 1000 des pêcheurs aient recueilli en leurs filets un Christ sans sa croix sculpté dans une branche de bois. Trois ans plus tard, ils retrouvèrent en mer une croix qui s'adaptait miraculeusement à la statue et placèrent les deux dans la chapelle. On en voit une copie fidèle du XVIIe siècle, l'original ayant été brûlé par les calvinistes qui avaient mis le feu à l'église en 1562. Quant à l'édifice même, il lui reste du style roman une arcade du XIe siècle et les piliers de sa tour carrée qui, elle, date du XIVe siècle, avec le chœur, la travée de la nef, le transept et certains vitraux. Au centre-ville, les **halles** du XIVe siècle, aux charpentes impressionnantes et à la toiture descendant presque au sol, témoignent d'un passé mercantile. Elles continuent de servir au marché (samedi matin), où des grands-mères viennent vendre leurs fromages et les produits de leurs jardins. Enfin, ne manquez pas de franchir le porche du **Village de Guillaume le Conquérant**, et de pénétrer dans sa cour carrée : vous y découvrirez des bâtiments bas à patios et à colombages occupés par des ateliers d'artistes. Depuis le XVIIe siècle, l'ancien relais de poste transformé en hostellerie ne compte plus les monarques, présidents et célébrités qui le fréquentèrent, dont au XIXe siècle : Alexandre Dumas, Alphonse Karr, Raymond Poincaré et… Marcel Proust. *1km à l'est de Cabourg par la D513* **Église** *Rue Hélène-Boucher* **Halles** *Pl. de la République* **Village Guillaume-le-Conquérant** *Rue d'Hastings*

● Où trouver des spécialités régionales ?

☺ **La Cave de l'Abbaye** Si les caves de la lieutenance ne contiennent pas que des crus normands, vous y trouverez les meilleurs calvados, pommeaux, cidres fermiers, et purs jus de pomme du pays d'Auge. Conseils et dégustations avant d'emporter. *2, pl. de la République Tél. 02 31 28 04 37 Ouvert avr.-déc. : mar.-sam. 10h-12h30 et 15h-19h, dim. 10h-12h30 ; jan.-mars : mer.-sam. 10h-12h30 et 15h-19h*

Repas de cave Le "repas de cave", c'est celui que l'on prépare à l'improviste avec tous les ingrédients dont caves et cuisines peuvent regorger, comme dans le Sud-Ouest dont est originaire la jeune propriétaire de cette boutique, à deux pas des halles. Et c'est vrai que l'on trouve beaucoup de choses, toutes appétissantes, dans ces quelques mètres carrés : des condiments, des thés, des alcools, de la charcuterie, des fromages, des douceurs, de Normandie ou d'ailleurs, mais aussi des plats cuisinés, et un petit espace avec plein d'ustensiles et autres trouvailles pour cuisiner. *12, rue Paul-Canta Tél. 02 31 38 21 13 www.repasdecave.fr Ouvert juil.-août : lun.-sam. 9h30-12h30 et 15h-19h30, dim. 9h30-12h30 ; sept.-juin : mar.-sam. 10h-12h30 et 15h30-19h*

● Où faire une pause gourmande ?

Pâtisserie Dupont En hommage au duc Guillaume, Jean-Pierre Étienvre, qui a repris les pâtisseries Dupont en 1990, a baptisé "le Conquérant" son invincible bonbon inventé à Dives : un pavé tendre au praliné enrobé de sucre glace qui, détail important, résiste aux grosses chaleurs. Vendu en sachets ou à l'unité. *42, rue Gaston-Manneville Tél. 02 31 91 04 30 Ouvert juil.-août : tlj. 8h-13h et 14h30-20h ; sept.-juin : jeu.-lun. 9h-13h et 14h30-19h*

● S'initier à la voile

Pôle nautique de l'Estuaire de la Dives Été comme hiver, stages de bateau, catamaran et planche à voile (de 75 à 200€) dans le bassin abrité que forme l'estuaire de la Dives entre le casino de Cabourg et les falaises des Vaches Noires. *Port-Guillaume Tél. 02 31 91 43 14 www.cc-estuairedeladives.fr Fermé 15 jours à Noël*

☆☺ Houlgate

Vers 1858, il fallait combler les baigneurs, séduits par les plages du petit hameau de Beuzeval. L'architecte Henri Jouvet traça un plan d'urbanisme et Jacques-Claude Baumier dessina des villas sur la rive droite de la rivière du Drochon ; Houlgate naquit sur deux grands axes, la rue des Bains et l'avenue du Sporting, en parallèle à une autre station de villégiature à Beuzeval. Alors que la première rassemblait une société catholique et mondaine, la seconde concentrait des familles bourgeoises protestantes, les deux étant séparées par les eaux du Drochon. De 1860 à 1914, chacun s'autorisa mille fantaisies architecturales selon sa culture, sans lésiner sur les carreaux décoratifs et les épis de faîtage farfelus ! Ainsi, les quelque 300 villas conservées représentent aujourd'hui le plus beau patrimoine balnéaire de la Côte fleurie. Au bout de la rue des Bains, l'ancien Grand Hôtel (1870) se fait remarquer par sa rotonde à l'extravagant dôme ornementé. La rue Léonard-Pillu s'inspire tour à tour de l'Orient, de l'Espagne, de la Suisse et du régionalisme normand. Au n°13, un chalet suédois en bois y côtoie une folie au baroque mêlé de gothique et de Renaissance, tandis qu'au n°18 la villa "Les Clochettes" affiche deux portraits en céramique sur une façade. Rue Henri-Dobert, de grandes ouvertures en bow-windows rappellent les résidences de La Nouvelle-Orléans. Et sur la route de Gonneville-sur-Mer se dresse un château de conte de fées néogothique anglais : l'ancien manoir de Beuzeval, avec son échauguette circulaire en angle dotée d'un toit-cloche.
4km au nord-est de Cabourg par la D513

LES VILLAS
Un plan pucé, disponible à l'office de tourisme, recense une quarantaine de villas : possibilité de suivre un circuit balisé (comptez 2h).

Où trouver des spécialités régionales ?

La Cambuse Rien ne manque du pays d'Auge artisanal dans cette épicerie fine. On y retrouve les fromages du terroir, le cidre fermier biologique doux, sec et demi-sec, des confitures de lait, mais aussi le poiré de l'Orne, des tripes à la mode de Caen en verrine et autres plats cuisinés. *20, bd des Belges Tél. 02 31 24 09 46 Ouvert juil.-août : tlj. 9h30-13h et 15h30-20h ; sept.-juin : jeu.-mar. 10h-13h et 16h-19h30*

Stand Lebrun au marché couvert Outre les œufs frais, le lait caillé et les légumes, l'experte Mme Lebrun apporte sa teurgoule fraîche, cuite pendant la nuit – il s'agit d'un excellent gâteau de riz au lait entier et à la cannelle. *Rue du Général-Leclerc Ouvert juil.-août : tlj. 8h30-13h ; sept.-juin : jeu. et sam. 9h-13h*

Ferme du Bois-Aulnay La production de Mme Lebrun se vend aussi à la ferme de Gonneville-sur-Mer, de préférence le soir à partir de 18h, selon l'heure de la traite. Appelez avant de vous y rendre. ***Gonneville-sur-Mer** (5km de Houlgate) Tél. 02 31 79 25 67*

Où faire une pause sucrée ?

Pâtisserie Chaudemanche Un artisan maître glacier fabrique ses crèmes glacées à de nombreux parfums, notamment aux fruits rouges. N'hésitez pas à faire des folies : croquez sans retenue un "houlgatais" (fine meringue et crème à la noisette) et laissez la "dame d'Houlgate" caresser votre palais (pâte de truffes parfumée au calvados). *59, rue des Bains Tél. 02 31 28 70 09 Ouvert juil.-août : tlj. 8h-23h ; sept.-juin : lun.-mar. et ven. 8h-13h et 15h-19h, sam.-dim. 8h-19h30*

● Où prendre un verre face à la mer ?

Bar Le Privé Le bar du casino demeure un endroit toujours animé, même en hiver ! Durant les soirées fraîches, on se réchauffe à coups de cocktails au bar à la décoration design. La terrasse aménagée face à la mer et découverte quand il fait beau accueille festivals et concerts. *Casino de Houlgate 41, rue Henri-Dobert Tél. 02 31 28 75 75 Ouvert juil.-août : dim.-ven. 18h-3h, sam. 18h-4h ; sept.-juin : ven. 18h-3h, sam. 18h-4h*

● Aller à la plage La plage de Houlgate s'étend sur 1 800m et celle de Villers sur 4km en partant de la falaise des Vaches Noires jusqu'au pied du mont Canisy. Comme celle de Cabourg, elles sont jalonnées de postes de secours et d'établissements de bains qui louent cabines, parasols et chaises longues. De Houlgate, vous pouvez rejoindre la plage de Villers-sur-Mer à pied. N'oubliez surtout pas de vous munir de l'horaire des marées à l'office de tourisme !

● S'initier au kitesurf

Kite Paradise Cours de kitesurf sur l'eau des bassins formés à marée basse sur la plage de Houlgate. Cours particuliers : 95-110€/h. Également des stages de 1 à 3 jours. *48, rue des Bains* **Houlgate** *Tél. 06 72 17 35 74 www.kiteparadise.fr*

● Chasser le birdie

Golf d'Houlgate Superbe terrain de 18 trous dans un parc vallonné avec pièce d'eau. Comptez 53€ en haute saison et 38€ en basse saison. ***Gonneville-sur-Mer*** *(1km au sud d'Houlgate) Tél. 02 31 24 80 49 www.bluegreen.com Ouvert mars-oct. : tlj. 8h-19h30 ; nov.-fév. : tlj. 9h-17h*

Villers-sur-Mer

En contrebas d'abords luxuriants, une ville discrète descend en douceur vers une plage de sable blanc. Dès le Second Empire, l'architecte Félix Pigéory et le rédacteur en chef du *Figaro* Pierre Pitre-Chevalier lancèrent la mode de Villers. À la Belle Époque, elle était une station en vogue prisée des aristocrates et des artistes qui allaient y quérir le calme. C'est en vous promenant sur la digue et sur les hauteurs du centre piétonnier que vous trouverez les meilleurs spécimens de ces deux grandes vagues : des maisons de villégiature classiques, Renaissance ou gothiques du XIXe siècle et du début du XXe siècle, agrémentées de loggias et d'auvents, et décorées de frises et de baldaquins en bois découpé. Elles offrent une perspective gigantesque sur le front de mer, ou se dissimulent dans les arbres, rue de la Comtesse-de-Béarn, des Étangs, des Tamaris… *11km au nord-est de Cabourg par la D513*

☺ **Falaises des Vaches Noires** Haut de 100m, ce site protégé couvert d'algues sèches abrite une mine de fossiles, témoins d'un lointain passé tropical. Il est interdit de les collecter sur la roche, mais l'érosion maritime en libère quelques-uns sur la plage. Difficilement visibles en voiture, les falaises se découvrent à pied à marée basse. Départ de l'école de voile de Villers-sur-Mer

GEOPLUS

De Cabourg à Honfleur en trois jours

Escapade romantique ou virée en famille, découvrez le temps d'un week-end prolongé les charmes du littoral normand. Sur la Côte fleurie, de Cabourg à Deauville, les villas Belle Époque veillent sur des étendues de sable blond, tandis que le Vieux-Bassin de Honfleur reflète à lui seul le charme de la bien nommée Côte de Grâce. Tour à tour familiale, prestigieuse ou intemporelle, chaque station balnéaire dévoile ses charmes à qui prend le temps d'y faire escale.

Vendredi

Une journée de Cabourg à Villers-sur-Mer en passant par Houlgate, l'occasion de découvrir des stations balnéaires attachantes à l'architecture de villégiature typique du XIXe siècle.

MATINÉE

9h30 **Promenade Marcel-Proust à Cabourg** (p.187) L'auteur *Du côté de chez Swann* vantait les mérites des balades matinales sur la digue de Cabourg, longue de 4km. À main gauche se trouve Varaville, à main droite Dives-sur-Mer et Houlgate. Par temps clair, on aperçoit Le Havre.

10h30 **Avenue de la Mer** Admirez le style très XIXe siècle du casino et du Grand Hôtel (p.188), puis continuez vers l'avenue de la Mer, artère commerçante de la ville, où vous pourrez vous installer chez **Dupont avec un thé** (p.188) pour déguster une madeleine et une tasse de... chocolat chaud.

12h **Dives-sur-Mer** (p.190) Un pont sépare Cabourg de Dives, d'où Guillaume le Conquérant embarqua vers l'Angleterre en 1066. Ne manquez pas de faire un détour par les halles du XIVe siècle, puis rejoignez Houlgate, distante de 3km.

Déjeuner **Houlgate** (p.192) Si vous ne craignez ni le froid, ni la pluie, allez vous ravitailler à l'épicerie **La Cambuse** (p.192), puis savourez horizon et saucisson les pieds dans le sable de la longue (1 800m) plage d'Houlgate.

APRÈS-MIDI

14h **Circuit des villas** (p.192) Balade digestive et instructive dans Houlgate pour contempler chalets, maisons à pans de bois et villas mauresques.

15h **Villers-sur-Mer** (p.193) Quittez Houlgate vers l'est, et rejoignez Villers-sur-Mer, station balnéaire prisée par les touristes en quête de calme. Ne manquez pas la balade sur la plage au pied des **falaises des Vaches Noires** (p.193), suivie, pour les mordus de géologie, par la visite du **Paléospace** (p.197), qui présente cet écosystème normand.

17h30 **Balade en kayak** (p.197) Le cercle nautique de Villers-sur-Mer invite les amoureux et les solitaires à glisser sur la mer. La vue sur les falaises est superbe dès que l'on s'éloigne de la côte.

Lisieux ***Dives-sur-Mer*** *(5km à l'est de Cabourg) Tél. 02 31 24 73 09 www.campingdugolf.com Ouvert avr.-fin sept.*

petits prix

Entre mer et campagne Quatre chambres d'hôtes douillettes se blottissent dans l'annexe de la propriété de Bénédicte Heuze. Le charme de la campagne envoûte les citadins en mal de calme : pelotonné sous les couvertures, regardez les arbres tendre vers le ciel et savourez le silence. Salles de bains modernes et cuisine à disposition. Bon rapport qualité-prix : comptez de 50 à 55€ la double. *34, route de Béneauville* ***Bréville-les-Monts*** *(10km au sud de Cabourg par la D513, dir. Bas-Bréville) Tél. 02 31 78 73 07 heuze.olivier.benedicte@orange.fr*

La Rivaudière La maison au toit de chaume semble vivre au rythme des saisons : côté lavoir où batifolent les canards au printemps, côté potager où poussent les légumes pour préparer le dîner. La propriétaire cultive un sens de l'accueil chaleureux et les quatre chambres d'hôtes, confortables, donnent envie d'hiberner. Confitures maison au petit déjeuner, que l'on prend dans le jardin en été. Table d'hôtes pour les appétits d'ogre sur réservation (28€). Double 60€. *1, rue du Lavoir* ***Bavent*** *(17km au nord-est de Caen par la D513) Tél. 02 31 78 16 06 www.table-hotes-cabourg.fr*

☺ **Les Glycines** L'ancien corps de ferme envahi d'hortensias et de rosiers dévoile plus particulièrement ses charmes lorsque l'herbe est humide de rosée et le verger voisin noyé dans la brume. Les 3 chambres indépendantes, dont une familiale en duplex, poussent au farniente et à la contemplation. Changement d'ambiance au petit déjeuner, servi par des hôtes conviviaux : les victuailles s'amoncellent sur la table tandis que les tasses se vident et se remplissent au rythme des conversations animées. Un festin fait maison, où il n'est pas question de modération ! Double 60€. Réservation conseillée. ***Gonneville-sur-Mer*** *(9km à l'est de Cabourg) Tél. 02 31 28 01 15 hexmelin@orange.fr*

Ferme des Champs-Rabats Ambiance campagnarde : tout pour sombrer dans les bras de Morphée et se réveiller avec le chant des oiseaux, dans une ferme d'élevage environnée d'un beau jardin. Des motifs à fleurs couvrent les murs et les très confortables literies des quatre vastes chambres au mobilier ancien. C'est autour d'une table de banquet avec vue sur la mer que les hôtes se réunissent le matin, et goûtent les confitures de Stéphanie, la maîtresse de maison. Double 62-67€, 87€ pour 3 personnes. *Route de Beaumont* ***Villers-sur-Mer*** *(11km au nord-est de Cabourg par la D513) Tél. 02 31 87 10 47 www.fermeleschampsrabats.com*

prix moyens

☺ **Auberge de la ferme des Aulnettes** Le lieu stratégique pour savourer les joies de la campagne et ses prairies d'herbes hautes. D'abord ouverte seulement pour les goûters, cette ferme s'est transformée peu à peu en auberge. Les 13 chambres aux couleurs gaies et les deux pavillons annexes sont de véritables havres de paix. Celles qui sont aménagées sous les toits nous ont particulièrement plu. Comptez 69€ pour 2, petit déj. 10€. Cuisine délicate et un joli service (formule à 15€ à midi en semaine et menus jusqu'à 34€). *Route de la Corniche* ***Houlgate*** *(4km au nord-est de Cabourg par la D513) Tél. 02 31 28 00 28 www.aubergedesaulnettes.fr*

☺ **Hôtel de la Plage** À deux pas de la plage de Houlgate, neuf chambres d'une simplicité charmante dans une jolie maison normande (rénovée en 2011) offrent des aperçus ou une pleine vue sur la mer. On accède à une partie d'entre elles par une passerelle intérieure qui rappelle les patios espagnols. Le matin, l'odeur du pain frais envahit la maison. Comptez de 70 à 98€, petit déj. 9€, accès wifi gratuit. *99, rue des Bains* ***Houlgate*** *(4km au nord-est de Cabourg par la D513) Tél. 02 31 28 70 60 www.hoteldelaplage-houlgate.fr*

☺ **Hôtel 1900** Retour en enfance dans cet hôtel original, décoré sur le thème de l'an 1900 du sol au plafond. Une odeur de biscuit flotte dans les couloirs orangés où sont accrochés des médaillons sculptés d'angelots. Des savons parfumés sont mis à disposition dans les salles de bains, croquignolettes. L'exiguïté de certaines des quinze chambres, aux meubles de poupée, peut réclamer quelques efforts d'acrobatie, mais cela fait partie du jeu. La salle à manger baroque du rez-de-chaussée, où l'on sert une cuisine gastronomique, mérite aussi l'attention. Double de 79 à 95€, petit déj. 10€. *17, rue des Bains* ***Houlgate*** *(4km au nord-est de Cabourg par la D513) Tél. 02 31 28 77 77 www.hotel-1900.fr Fermé fin nov.-début déc. et 2 sem. en jan.*

★ DEAUVILLE ET TROUVILLE

14800-14360

Deux voisines balnéaires, deux mondes qui s'ignorent. Sur la rive gauche de la Touques, Deauville la mondaine se pavane avec ses hippodromes, ses restaurants huppés, ses palaces, ses cabines de bains aux noms de stars d'Hollywood et ses 650 parasols bien alignés. Qui veut se faire connaître ou reconnaître défile sur ses Planches, parade dans une voiture de collection, et vit au train des compétitions équestres pour rester dans le vent. Changement de décor sur la rive droite, de l'autre côté du pont, avec le trépidant port de Trouville derrière lequel se blottit un vieux centre-ville ombragé. À l'aube, des bateaux de pêche y débarquent chargés de poisson frais. Le front de mer, au nord, leur tourne le dos, ne se préoccupant que de parties de ballon en famille. Au mois d'août, spectacle comique, des ânes qui n'avancent pas y font la course. Et, le soir, on se retrouve dans les bars à vins pour trinquer, en écoutant un concert. Un point commun, pourtant, rapproche ces villes si contrastées : chacune fait don à sa manière de son patrimoine de villas aux influences diverses. Celles de Deauville, très inspirées par les styles des différents pays d'Europe, s'exhibent fièrement. À Trouville, plus anciennes, elles évoquent plutôt le lointain Orient et se font discrètes.

DEAUVILLE, LA CITÉ DU CHEVAL Les deux hippodromes, où chaque année 2 000 chevaux viennent courir, doivent leur existence et leur renommée au duc de Morny, demi-frère de Napoléon III. En 1864, aux premières heures de la station, il fit construire celui de la Touques. Ce fut d'emblée un franc succès. Pour le Parisien en vacances, il était de bon ton d'arriver la veille des courses et de repartir dès la fin. Vers 1912, les tribunes furent restaurées avec éclat et l'on construisit en 1928 l'hippodrome de Clairefontaine. Moins solennel et très fleuri, ce dernier bénéficie depuis peu d'une piste en sable fibré qui permet d'organiser des courses en hiver. Au mois d'août, lors des "ventes aux yearlings", les plus gros propriétaires de chevaux, américains, japonais et européens, enchérissent sur les pur-sang dans la salle Élie de Brignac.

MODE D'EMPLOI

accès

EN VOITURE

À un peu plus de 2h de Paris, 1h de Rouen et 45min de Caen par l'A13. Sortir à Pont-l'Évêque, puis prendre l'A132. Deauville se situe 20km au nord-est de Cabourg et 16km au sud-ouest de Honfleur sur la D513.

EN TRAIN

Ligne Paris Saint-Lazare-Deauville (2h de trajet) : plusieurs liaisons quotidiennes.

Gare SNCF (plan 5, C2) *Pl. Louis-Armand* ***Deauville*** *(à droite avant le pont des Belges) Tél. 36 35 www.ter-sncf.com*

EN CAR

Entre Caen et Le Havre, la ligne n°20 des Bus verts du Calvados s'arrête à la gare SNCF de Deauville, près du casino et de l'hippodrome. Comptez environ 1h20 pour venir de Caen, 30min de Honfleur, et 1h du Havre. Les horaires et tickets se prennent à la gare routière (attenante à la gare SNCF) ou dans le bus.

Bus verts du Calvados *Tél. 0810 214 214 www.busverts.fr*

EN BATEAU

Au Port-Morny, 65 places pour les visiteurs, et 45 au Port-Deauville.

Bureau du Port-Morny (plan 5, C2) *Quai de la Marine Tél. 02 31 98 50 40*

Capitainerie du Port-Deauville (plan 5, B1) *Quai des Marchands Tél. 02 31 98 30 01*

TRAJETS EN BAC

Bac de Deauville-Trouville (plan 5, C2-C1) Pour passer d'une ville à l'autre, dans les deux sens, tout en se baladant sur l'eau. Départs et arrivées : quai des yachts à Deauville et quai Albert-Ier à Trouville. Départs pour les traversées toutes les 5min. Ticket 1,20€. *Tél. 06 83 78 95 94 www.le-bac-de-trouville.com Ouvert tlj. 9h-19h*

orientation, circulation

En allant se jeter dans la Manche, la Touques sépare les deux stations, que le pont des Belges relie. À **Deauville**, le centre-ville se trouve isolé des hippodromes par l'avenue de la République, et des Planches par une grosse artère, des pelouses et des courts de tennis. Le parking de l'église Saint-Augustin, avenue de la République (plan 5, B2-C2), est gratuit et peu excentré. Grand parking souterrain derrière la place du Marché (plan 5, C2). À **Trouville**, partant du pont, l'avenue Fernand-Moureaux longe le port jusqu'au casino, qui précède la plage et les Planches. Au passage, il dessert des rues étroites peu propices à la circulation automobile ainsi que la rue des Bains, piétonne. Difficile de stationner en été ! Le mieux est de s'éloigner des plages. Garez-vous sur les quais en face du boulevard Fernand-Moureaux (plan 5, C2).

location de deux-roues

Cycles Jamme (plan 5, B2-C2) Location de VTT et VTC (14€/j.), scooters (38€ la journée). *11bis, av. de la République* ***Deauville*** *Tél. 02 31 88 40 22*

Cycles Lucas (plan 5, B2-C2) Location de VTT, VTC (14€ la journée), vélos à assistance électrique (35€ la journée) et tandems (25€/j.). *92, av. de la République* ***Deauville*** *Tél. 02 31 88 53 55*

Les Trouvillaises (plan 5, C2) Location de rosalies (entre 16 et 32€/h.), de vélos (14€/j.) et de tandems (25€/j.). *Pl. Foch* ***Trouville-sur-Mer*** *Tél. 02 31 98 54 11 www.lestrouvillaises.fr Ouvert mars-mi-nov.*

Fêtes et manifestations

DEAUVILLE	
Mars	**Festival du film asiatique** *www.deauvilleasia.com*
Avril	**Festival de Pâques** Les meilleurs solistes européens, trios, quatuors et orchestres se produisent dans la salle de vente aux enchères des chevaux, dont l'acoustique est excellente. *Trois w.-e. de concerts en avr. et retour de musiciens parrainés au festival de Pâques au mois d'août*
Juillet-août	**Manifestations hippiques** Concours de saut d'obstacles, courses de chevaux dans les deux hippodromes, compétitions de polo et prestigieuses ventes aux enchères ouvertes au public. Des courses reprennent aux mois d'octobre, et à l'hippodrome de la Touques en décembre et janvier.
Septembre	**Festival du film américain** *www.festival-deauville.com*
Octobre	**Rallye Paris-Deauville** Parade des voitures de collection. Arrivée le vendredi soir, concours d'élégance le dimanche après-midi sur l'hippodrome. *www.clubdelauto.org*
Oct.-nov.	**Planche(s) Contact** Festival de photographie contemporaine. *www.deauville-photo.fr*
TROUVILLE	
Juillet	**Fête de la mer** Les marins sortent en mer sur leur bateau de pêche et jettent des gerbes de fleurs pour les disparus. Chants et dégustation de maquereaux. *Deux jours en juil.*
	La Trouvillaise Course à pied (5,5km) réservée aux femmes. Parcours en ville et le long du bord de mer. *Tél. 02 31 53 94 17 www.latrouvillaise.com 4e w.-e. de sept.*
Août	**Courses d'ânes** Des jockeys professionnels et des vedettes chevauchent des ânes à cru pour soutenir l'association ELA (Association européenne contre les leucodystrophies). *www.perce-neige.org*
Septembre	**Festival off-courts** Série de courts métrages. La salle des congrès est alors transformée en salle de cinéma et de concert. *www.off-courts.com*
Octobre	**Hommage à Marguerite Duras** Des comédiens jouent des extraits de ses œuvres. Projection des films inspirés de ses romans au casino. *1er w.-e. d'oct.*

informations touristiques

Office de tourisme de Deauville (plan 5, B2) *Pl. de la Mairie Tél. 02 31 14 40 00 www.deauville.org Ouvert juil.-mi-sept. : lun.-sam. 9h-19h, dim. et j. fér. 10h-18h ; mi-sept.-juin : lun.-sam. 10h-18h, dim. et j. fér. 10h-13h et 14h-17h*

Office de tourisme de Trouville (plan 5, D2) *32, quai Fernand-Moureaux Tél. 02 31 14 60 70 www.trouvillesurmer.org Ouvert avr.-juin, sept.-oct. : lun.-sam. 10h-18h30, dim. et j. fér. 10h-13h ; juil.-août : lun.-sam. 10h-19h, dim. et j. fér. 10h-17h ; nov.-mars : lun.-sam. 9h30-18h, dim. et j. fér. 10h-13h*

marchés

Marché de Deauville (plan 5, C2) Fruits, légumes, et stands de poissonnerie tenus par les marins-pêcheurs. *Pl. du Marché Mar., ven. et sam. Vac. scol. : tlj.*

Marché de Trouville (plan 5, C1) Un étalage sur le port, du pont des Belges à la Halle aux poissons : fleuristes, marchands de quatre-saisons, brocanteurs... *Mer. et dim.*

Marché aux poissons de Trouville (plan 5, C2) Sa halle aux poissons classée, de style anglo-normand (1936), a été entièrement rénovée en 2011. Une dizaine de poissonniers y vendent la pêche de la nuit, dont, en saison, coquilles Saint-Jacques, maquereaux et soles. *Port de Trouville, en face de la rue des Bains Toute la journée*

DÉCOUVRIR

Deauville

☆ **Les essentiels** Les Planches, les villas **Découvrir autrement** Assistez à une course à l'hippodrome de la Touques

C'est sur le site d'un ancien marais que la station chic de la Côte fleurie trouva ses sources. En 1859, le banquier Donon et le médecin de l'ambassade d'Angleterre Olliffe, patronnés par le duc de Morny, rachetèrent des terrains à l'ouest de Trouville. Ils décidèrent de créer une ville qui ne serait rien de moins qu'un nouveau New York. Projet ambitieux, face à la station balnéaire de Trouville déjà développée. Deauville, toutefois, n'explosa que dans les années 1910. D'un commun accord, le maire de Deauville, Désiré Le Hoc, et Eugène Cornuché, gérant du casino de Trouville, lui ajoutèrent un casino (George Wybo, 1912) dont le style néoclassique rappelle le Grand Trianon, l'hôtel Normandy (Théo Petit, 1912) et son immeuble assorti de boutiques de luxe, et le Royal Hôtel sur le front de mer (George Wybo, Théo Petit, 1913). La station était née pour de bon, avec, selon l'écrivain Gabriel Désert, “la trilogie indispensable à une station balnéaire” : les golfs, le casino et l'hippodrome.

☆ **Les Planches (plan 5, A2-B2)** Construites en 1923 en bois d'azobé, elles se déroulent comme un tapis de cérémonie à ciel ouvert entre Port-Deauville et le centre nautique. Bien des membres de familles royales et des célébrités les

Plan 5 Deauville-Trouville

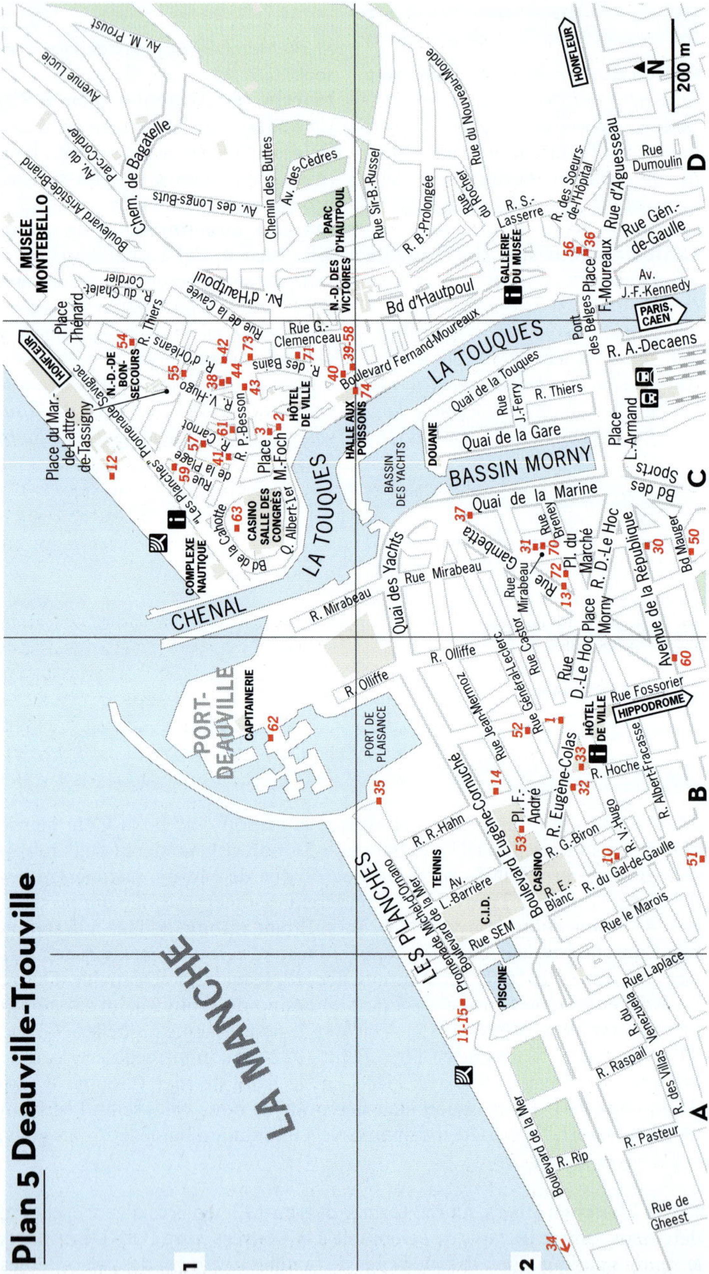

ont parcourues. Depuis la naissance du Festival du film américain en 1974, c'est un des lieux de parade officiels des grandes étoiles du cinéma. Hors festival, elle redevient une promenade panoramique. Au passage, on croise les Bains pompéiens (Charles Adda, 1924), un établissement de bains dont les cabines à la romaine, les *atrium*, et les mosaïques apportent une note d'exotisme.

APÉRO SUR LES PLANCHES

Prenez-vous pour une star sur l'une des deux terrasses des Planches : lunettes de soleil indispensables ! Certes, à l'heure sacrée des repas, nappes et couverts réquisitionnent les tables. Mais on vous laissera tout de même un bar-limonade au soleil pour siroter un verre.

Bar du soleil (plan 5, A2 n°11) *Tél. 02 31 88 04 74 Ouvert Pâques-juin, sept.-oct. : w.-e. et j. fér. 9h-19h ; juil.-août : tlj. 9h-19h*

Bar de la mer (plan 5, A2 n°15) *Tél. 02 31 88 27 51 Mêmes horaires que le Bar du soleil*

Les ports (plan 5, B1-C2) La ville compte deux ports enclavés à l'est : le bassin Morny, inauguré en 1866, et Port-Deauville, qui date des années 1975. Tous deux, surtout le second, offrent un plaisant spectacle de voiliers amarrés. De Port-Deauville, un chemin piéton – autorisé aux vélos – contourne les marinas et s'avance dans la mer. C'est un plaisir que d'y humer l'air du large.

☆ **Les villas** Sur le front de mer et dans le centre-ville se contemplent bon nombre de résidences antérieures à 1915, avec une forte concentration du côté de la rue Jean-Mermoz (plan 5, B2) et de la rue Olliffe (plan 5, B2), où le peintre Eugène Boudin vécut au n°8. La plupart de ces folies s'inspirent de *cottages* anglais ou de chalets nordiques, comme la villa "Camelia" du boulevard Eugène-Cornuché (plan 5, B2), aux boiseries blanches et bleu ardoise. Au n°46 de la rue du Général-Leclerc (plan 5, B2), la ravissante "Charmeuse" ose un minitoit arrondi en forme de chapeau. La plus spectaculaire de toutes se dresse sur une motte gazonnée dans le délicieux quartier de l'hippodrome de la Touques : la villa "Strassburger" (avenue Strassburger), un énorme chalet suisse de style néonormand à tourelles d'angle, dont la toiture aux multiples cheminées rappelle celle d'une pagode. Elle fut bâtie par le baron Henri de Rothschild en 1907, puis offerte à la municipalité en 1980.

● Où acheter des spécialités régionales ?

Au jardin des délices (plan 5, C2 n°70) Dérivés régionaux de la pomme et de la poire et terrines campagnardes en bocaux. En cas d'hésitation, on vous fera goûter avec le sourire. *21, rue Mirabeau Tél. 02 31 88 80 40 Ouvert tlj. 9h-20h (sauf mer. en hiver)*

Confitures de la côte normande (plan 5, C2 n°72) M. Geoffroy, qui a fait ses premières armes chez Paul Bocuse, "colore" aujourd'hui le marché de Deauville (p.205) de ses confitures exquises. Vous trouverez forcément votre bonheur parmi ses 70 variétés : oranges amères à l'anglaise, tomates vertes à l'ancienne, chutney aux figues et confitures d'oignons... Comptez entre 6,90 et 7,90€ le pot. *Pl. du Marché Ouvert mar. et ven.-sam. matin*

● Où boire un thé, un café ?

Le Yacht Café (plan 5, C2 n°13) Si vous êtes en quête d'une place au soleil d'où observer l'agitation du marché, cette adresse est faite pour vous ! Les jours de grand vent, le thé fume dans les tasses, et les serveurs rangent la terrasse d'un air un peu triste. Ambiance détendue dans la salle au carrelage d'autrefois, on l'on peut également déjeuner (15-20€ le plat). *Pl. du Marché Tél. 02 31 88 30 58 Ouvert juil.-août : tlj. 11h-22h ; sept.-déc., fév.-juin : tlj. 9h-14h et 19h-22h Fermé en jan.*

Star Café-Hervé Photos (plan 5, B2 n°14) Après un tourbillon nocturne de luxe, la jeunesse dorée deauvillaise aime à faire étape dans ce salon de thé pour prendre un petit déjeuner face à l'hôtel Normandy. Les prix sont (très) élevés, mais on se prend pour une star en regardant les visages connus qui tapissent les murs : le propriétaire, Hervé Corak, est le photographe attitré de la jet-set. *5, rue Hoche Tél. 02 31 98 10 79 Ouvert tlj. 8h30-20h*

● Où déguster une glace ?

☺ **Martine Lambert (plan 5, B2 n°1)** Enfant du pays, Martine Lambert a inventé ses propres glaces à la crème et au lait, ainsi que de succulents sorbets pur fruit. Pour se sentir comblé, il faudrait repasser plusieurs fois à ses stands tant la gamme est alléchante : pêche, fruits rouges, banane des Antilles, ou compositions au caramel et au beurre salé, orange confite-vanille-paillettes de chocolat, "*after eight*" menthe-chocolat... *76bis, rue Eugène-Colas Tél. 02 31 88 94 04 Ouvert juil.-août : tlj. 9h-0h ; sept.-juin : lun.-jeu. 10h-13h et 14h30-19h, ven.-dim. 9h-0h*

● Où aller danser ?

☺ **Brok Café (plan 5, B2 n°10)** Ce bar cubain, un as du *mojito* frais, jouit d'une cote extraordinaire ! En début de soirée, cela commence par l'apéritif sur les sièges en rotin, dehors si possible. Passé 22h, portes closes, mais sonnez : un aimable "videur" vous introduit dans un club feutré apaisant où la musique salsa peut virer aux rythmes celtiques. *14, av. du Général-de-Gaulle Tél. 02 31 81 30 81 Ouvert tlj. 18h30-2h*

Les Planches À minuit, les grappes d'adolescents branchés envahissent la salle sous les combles. Des minisalons éclairés de lampes marocaines attendent les bandes d'amis qui ont réservé leur table. Si vous n'y avez pas pensé, vous prendrez place au bar, à moins que vous ne lui préfériez la piscine couverte dont le décor imite les Planches. Musique à la mode, vieux tubes, soirées folles sur le thème "T-shirts mouillés", "*ladies*", etc. Entrée 18€ avec consommation, 25-35€ lors des soirées animées par des DJ "stars". *Domaine du Bois-Lauret* ***Blonville-sur-Mer***

(dans la campagne, 4km au sud-ouest de Deauville par la D513, 1re à gauche après le rond-point, fléché avec pancartes) Tél. 02 31 87 58 09 www.lesplanches.com Ouvert vac. scol. : tlj. 23h-aube ; hors vac. scol. : ven.-sam. 23h-aube

● Où assister aux courses, flamber au casino ?

Hippodrome de la Touques (hors plan 5 par B2) *45, av. Hocquart-de-Turtot Tél. 02 31 14 20 00 www.hippodromesdedeauville.com*

Casino de Deauville (plan 5, B2) Machines à sous, boule et jeux de table. *Rue Edmond-Blanc Tél. 02 31 14 31 14 www.lucienbarriere.com Ouvert tlj. à partir de 10h*

● S'adonner aux plaisirs nautiques

Deauville possède une magnifique plage de sable qui s'étire sur 2km.

Établissements de bains (plan 5, A2) Location de parasols, transats et cabines dans les établissements de bains. *Tél. 02 31 14 02 16 Ouvert avr.-oct.*

Piscine olympique (plan 5, A2) Vous pourrez aussi faire des longueurs dans cette piscine où l'eau de mer est chauffée à 28°C. *Bd de la Mer Tél. 02 31 14 02 17 Ouvert été : tlj. 9h30-19h30 ; reste de l'année se rens. Fermé 3 sem. en jan.*

Yacht-club (plan 5, C2) Vous préférez être sur l'eau que dedans ? Le yacht-club organise des initiations à la voile avec sorties en mer. *Bassin de Morny Tél. 02 31 88 38 19 www.deauvilleyachtclub.fr Ouvert toute l'année en fonction de la météo*

● Jouer au tennis

Tennis municipal de Deauville (plan 5, B2) Location à l'heure de courts en terre battue ou en synthétique, leçons et stages. Avec un projet de construction d'un "mini-Wimbledon" et d'une quinzaine de courts sur herbe. *Bd de la Mer Tél. 02 31 98 62 85 Ouvert juil.-août : tlj. 8h30-1h ; sept.-juin : sam.-dim.*

CÔTE FLEURIE ET PAYS D'AUGE

Trouville

☆ **Les essentiels** La villa Montebello-musée de Trouville **Découvrir autrement** Partez sur les traces de Duras au cours d'une promenade littéraire, prenez un bol d'air au mont Canisy, visitez les bunkers allemands et admirez la vue sur l'estuaire de l'Orne

À l'époque du Second Empire, l'aristocratie faisait bâtir ses villas – normandes, persanes, anglo-américaines… – un peu à l'écart du centre, à l'est du port.

À PAS LITTÉRAIRES Avec l'office de tourisme, partez en promenade accompagnée d'un guide et de comédiens sur les traces des grandes figures littéraires qui ont fait la notoriété de Trouville (Proust, Flaubert, Duras) ! *Juil.-août (rens. à l'OT)*

☆ **Villa Montebello-musée de Trouville (plan 5, D1)** Perchée sur une colline face à la mer et ponctuée d'une tourelle en plein milieu, elle s'impose au regard. Cette résidence de la marquise de Montebello est l'une des rares de la Côte à remonter à 1865. Œuvre de l'architecte Celinsky, son style historique se veut à l'image des architectures de plaisance du XVIe-XVIIe siècle : un mélange de briques roses et de pierres de taille pour la façade, ornée de motifs sculptés et de pilastres cannelés. Depuis 1972, elle prête ses murs au musée de Trouville pour des expositions temporaires toujours en lien avec la mer, les stations balnéaires et le tourisme… *64, rue du Général-Leclerc Tél. 02 31 88 16 26 musee@mairie-trouville-sur-mer.fr Ouvert mi-mars-mai, oct.-mi-nov. : mer.-ven. 14h-17h30, sam.-dim. 10h-12h et 14h-17h30 ; juin-sept. : mer.-dim. 10h-12h et 14h-17h30 Tarif 2€, enfant 1,50€, mer. gratuit*

● Où acheter des spécialités régionales ?

Poissonnerie Saiter (plan 5, C1-C2 n°74) Poissonniers de père en fils, les Saiter n'ont pas leurs pareils depuis trois générations pour leurs soupes – à base de congre, rouget grondin, rascasse du Nord, crevette grise du pays… – assaisonnées de vraies épices et d'herbes fraîches, une règle rigoureuse instaurée par le grand-père de l'actuel patron. Soupes de poissons à écailles avec croûtons, rouille et gruyère râpé sur place. Également des plateaux de fruits de mer et de coquillages. *Halle aux poissons Tél. 02 31 88 02 10 Ouvert juin-sept. : tlj. 8h-19h30 ; oct.-mai : tlj. 8h-12h et 15h-19h30*

La Cave trouvillaise (plan 5, C1 n°71) Dans une petite boutique qui croule sous les bouteilles (plus de 1 500 références) se tient un spécialiste en vins fins et en cidres, poirés, pommeaux et calvados fermiers. Également des grands crus de bordeaux et de bourgogne. Dégustations limitées aux alcools, mais, pour le cidre, on peut se fier aux conseils d'un connaisseur les yeux fermés. *34-36, rue des Bains Tél. 02 31 88 87 49 Ouvert tlj. 9h30-13h et 15h30-20h (fermé le mer. hors saison)*

L'Instant Fromages (plan 5, C1 n°73) Empruntant la rue des Bains, vous ne pourrez manquer cette boutique et les effluves de la trilogie normande qui s'en dégagent : livarot, camembert et pont-l'évêque. Également une grande variété de chèvres issus des producteurs des environs et pas moins de six camemberts différents ; celui affiné au calvados séduira les palais bien accrochés. Quelques bouteilles et terrines pour concocter un pique-nique royal. *50, rue des Bains Tél. 02 31 98 28 14 Ouvert mar.-dim. 10h-13h et 15h30-19h*

● Où faire une pause gourmande ?

☺ **Raimo (plan 5, C1 n°2)** Une annexe d'un glacier historique, installé à Paris depuis 1947, et sur la côte normande depuis 2013, au bout du port de Trouville, juste avant la plage. Parmi les classiques, ne manquez pas les glaces ou sorbets

Trouville : source d'inspiration

Depuis que le jeune peintre Charles Mozin l'a découverte en 1825, Trouville a toujours attiré artistes et écrivains : Monet, Boudin, Flaubert… Sur les hauteurs de la ville, les aquarellistes ont même élu domicile dans l'escalier du Serpent. De 1963 à sa mort en 1996, l'écrivain **Marguerite Duras** résida à l'hôtel des Roches-Noires, un ancien palace néoclassique (Crépinet, 1868) au bout de la promenade des Planches. Sans doute la résidence d'aspect colonial lui rappelait-elle son Indochine natale. Tournés sur place, la plupart de ses films – *La Femme du Gange*, *Agatha* – utilisent la plage en toile de fond, et c'est à Trouville que l'écrivain rédigea une partie de son œuvre, romans et pièces de théâtre.

au gingembre, au lait d'amande ou au citron-basilic. *172, bd Fernand-Moureaux Tél. 02 31 98 31 13 Ouvert tlj. 11h-22h*

Pâtisserie Charlotte Corday (plan 5, C1 n°3) Le décor de cette pâtisserie, courue des célébrités, véritable bonbonnière truffée de corniches, n'a pas bougé depuis son ouverture en 1929. Marguerite Duras aimait y manger une douceur, et, aujourd'hui, les personnalités habituées laissent leur nom à un gâteau : l'"Antoine de Caunes", une tarte abricot-pistache, l'"Emma de Caunes", un biscuit noisette avec des éclats de marrons glacés ou le "chou de Francis Huster", à base de vanille et de coulis de fruits rouges. Péché mignon de la maison : le chocolat chaud, parfumé au rhum, à la cannelle, au café, à l'orange... ou la tasse de cacao pur. *172, bd Fernand-Moureaux Tél. 02 31 88 11 76 Ouvert ven.-mer. 8h-19h*

Léopold (plan 5, C1 n°44) On s'installe pour savourer l'un des cinquante-quatre thés Damman, un jus de pomme local, et quelques délicieuses pâtisseries maison (scones, pain d'épices, tarte paysanne), préparés par Léopold Andreu, un amoureux des bonnes choses. Brunch 14€, et restauration légère à midi (tartes, pâtes...). *73, rue des Bains Tél. 02 31 14 07 73 Ouvert juil.-sept. : tlj. 9h-21h ; oct.-juin : jeu.-lun. 9h-21h Fermé 1 sem. en juin*

● Où boire un verre en terrasse ?

Le Galatée (plan 5, C1 n°12) Après la baignade, vous n'avez que quelques pas à faire pour aller vous sécher sur sa terrasse à ciel ouvert. Le soir, c'est l'occasion d'y regarder les étoiles. Un restaurant à l'intérieur sert des plats de poissons plutôt banals et onéreux : il vaut mieux vous limiter au bar et profiter de l'horizon. À noter que la terrasse est chauffée en hiver. *Sur la plage Tél. 02 31 88 15 04 Ouvert tlj. 10h-21h Fermé en jan.*

● Où flamber ?

Casino de Trouville (plan 5, C3) Jeux de table et machines à sous. *Pl. du Maréchal-Foch Tél. 02 31 87 75 00 www.lucienbarriere.com Ouvert lun.-jeu. 9h-2h, ven. 9h-3h, sam. 9h-4h*

● Aller à la plage, faire de la voile

Établissements de bains La plage, longue de 1,5km, est en partie occupée côté port par un parc à jeux pour enfants (trampoline, toboggans...). On y loue des parasols (7,20€/j.), des transats et des cabines de plage (28€/j.). *Tél. 02 31 88 38 71 Ouvert avr.-sept.*

Club nautique de Trouville-Hennequeville On peut y suivre, au choix : des cours de voile (mi-mars-mi-déc.), de char à voile (toute l'année) et de speed sail (planche à voile sur roulettes). Organisation de régates l'été. *Digue des Roches Noires au bout de la promenade Savignac Tél. 02 31 88 13 59 www.cnth.org Ouvert avr.-mi-déc.*

● Piquer une tête à la piscine, jouer au tennis

Complexe nautique (plan 5, C1) Deux bassins, un couvert (25m) et un découvert (50m), les deux chauffés. *"Les Planches" Promenade Savignac Tél. 02 31 14 48 10 Ouvert juil.-août : tlj. 10h-19h (et vac. scol.) ; sept.-juin : lun.-mar. et jeu.-ven. 11h30-14h et 16h-18h45 se rens., mer. 11h30-17h, sam.-dim. 10h30-18h45*

Tennis municipal de Trouville (plan 5, C1) Mêmes prestations qu'à Deauville. *"Les Planches" Promenade Savignac Tél. 02 31 88 91 62*

● Faire un spa, une thalasso

Cures marines Thalasso & Spa (plan 5, C1) Ouvert en 2015, ce centre de thalassothérapie renoue avec la tradition des cures marines de Trouville, tout en bénéficiant des dernières innovations et technologies. Proposant courts et longs séjours, il ouvre également ses portes pour de très nombreux soins à la carte : gommage (60€), aquabiking (30€), douche à jet (40€), etc. Le centre bénéficie d'un hébergement haut de gamme (p.220). *Bd de la Cahotte Tél. 02 31 14 25 70 ou 02 31 14 42 80 www.thalassa.com*

● Faire du poney

Minigolf/poney-club de Trouville (plan 5, C1) Pour les enfants, baptême de poney sur le sable (2,50€). *"Les Planches" Promenade Savignac S'adresser au minigolf Tél. 06 11 47 79 12 Ouvert mer., w.-e. et j. fér. à partir de 11h (vac. scol. tlj.)*

Les environs de Deauville et de Trouville

Touques De nos jours au milieu des terres, Touques était au Moyen Âge le premier port du pays d'Auge. Sa rue principale offre de beaux échantillons de façades à briquettes obliques et colombages en croisillons, et dessert deux églises remarquables. Celle de **Saint-Pierre** remonte au XIe siècle et on la considère comme l'un des meilleurs exemples d'art roman bas-normand. Des ronds tracés sur son parvis rappellent que sa nef mesurait autrefois 28,5m au lieu des 11m actuels. Désaffectée peu après la Révolution, elle servit de dépôt de pétrole et de salle de sport avant qu'une restauration en 1990 ne lui rende son authenticité dépouillée. Devenue galerie d'art, elle ouvre essentiellement lors d'expositions. Plus loin, à la sortie nord du village, **Saint-Thomas** – en l'honneur de Thomas Becket, l'archevêque de Canterbury –, toujours en activité, a gardé sa nef d'origine (XIIe siècle). *3,5km au sud-est de Deauville par la D513 et la N177* **Office de tourisme** *7, pl. Lemercier Tél. 02 31 88 70 93*

☺ **Mont Canisy** À 110m au-dessus de la mer, le point culminant de la Côte fleurie est un parc naturel protégé pour son sol calcaire, où pousse une riche flore sauvage. Pendant la Seconde Guerre mondiale, l'armée allemande en fit un poste d'artillerie côtière qui joua un rôle important lors de la mémorable bataille de Normandie. Ses batteries, vestiges militaires laissés en friche, en font un site historique de casemates à canons de 155m, bunkers et blockhaus. Une forteresse souterraine bétonnée abritait les stocks de munitions et les logements des soldats. Longue de 260m, elle s'enfonce à 12m de profondeur et, pour des raisons de sécurité, ne se visite qu'accompagné. En revanche, il est possible de découvrir librement les batteries extérieures. *5km au sud-ouest de Deauville par la D513 dir. Bénerville-sur-Mer (bifurcation à gauche avant l'église, puis encore*

UN VÉLO DANS LA TÊTE

De Villers-sur-Mer à Deauville, les adeptes du VTT peuvent emprunter les chemins du **mont Canisy**. Ses multiples sentiers se prêtent à des sauts de puce entre les abris d'observation et les belvédères donnant sur l'embouchure de la Seine et l'arrière-pays augeron.

à gauche à la mairie ; suivre les pancartes mont Canisy-batteries du mont Canisy jusqu'au point de départ de la montée pédestre et se garer au bas de la côte : accès à 5min de marche) **Amis du mont Canisy** *www.mont-canisy.org Visites guidées gratuites (2h) de la forteresse principalement en juil. et août (se renseigner à l'office de tourisme de Deauville)*

Parc Calouste-Gulbenkian Magnat du pétrole, diplomate et passionné d'art, Calouste Gulbenkian (1869-1955), Arménien de nationalité britannique installé au Portugal, a remodelé ce terrain de 24ha pour en faire un espace harmonieux, avec une vue superbe sur la vallée. Il est planté d'essences rares (séquoia, tilleul de Hollande et noyer noir) et les allées, bosquets et clairières invitent à la promenade. *Domaine des Enclos (fléché au départ de la mairie)* ***Bénerville-sur-Mer*** *(3km au sud-ouest de Deauville) Ouvert juil.-août : tlj. 14h-18h Tarif 3€, moins de 18 ans gratuit*

Église de Saint-Pierre-Azif En pleine nature, cette église du XIe-XVe siècle est aujourd'hui classée monument historique. Elle abrite des peintures de l'école flamande (Rubens, Jordaens, Van Dyck, Van Cleef…) que lui légua le paroissien Lechanteur vers l'an 1800. S'y rendre constitue une jolie promenade en partant du minuscule hameau de Saint-Pierre : une pente douce descend vers cet îlot qui se tient à part avec son cimetière, gardé par des tourterelles. ***Saint-Pierre-Azif*** *(10km au sud de Deauville, après Tourgéville, rouler vers le sud-ouest, puis tourner à gauche sur la D118, et prendre la première route à droite) Ouvert juil.-août : ven. 15h-18h*

● Où trouver une bouteille de champagne en chocolat ?

Les Marianik's Marianik Mignon façonne les fèves de cacao avec amour et humour, et surfe sur la vague chic et choc en vogue à Touques. Sa toute première invention, le touc-touc, fond dans la bouche (ganache pomme-calvados), tandis que le camembert d'Honfleur pétille contre le palais (pâte d'amandes aux grains d'anis). La bouteille de champagne en chocolat noir fait des ravages dans les soirées branchées : effet garanti ! Démonstrations et dégustations le jeudi en été (5€ sur réservation). *8, quai Monrival* ***Touques*** *Tél. 02 31 88 29 18 www.marianiks.fr Ouvert lun.-sam. 10h-12h30 et 14h-19h*

● Où faire provision de calvados ?

☺ **Ferme de la Croix Solier** La visite guidée de la superbe propriété des Lebey mène du vieux pressoir aux tonneaux en chêne de la cave à cidre, et se termine avec une dégustation de calvados fermier (gratuite, sur réservation). Vous pensiez ne pas aimer le calvados ? Attendez d'avoir goûté à cet assemblage unique de 27 et 40 ans d'âge, une perle rare vendue à un prix dérisoire, fixée par Mr Lebey, qui était amoureux de ses pommiers (45€ la bouteille). Téléphoner avant de s'y rendre. ***Tourgéville*** *(5km au sud de Deauville, dir. mont Canisy) Tél. 02 31 88 14 50 www.fermedelacroixsolier.fr*

● Assister aux courses

Hippodrome de Clairefontaine Courses pendant les saisons en juillet, août et octobre. ***Tourgéville*** *(6km au sud de Deauville) Tél. 02 31 14 69 00 www.hippodrome-deauville-clairefontaine.com*

Jouer au golf

Golf Barrière de Deauville Idéalement situé sur le mont Canisy, ce golf de 9 et 18 trous (5 951m) offre une vue splendide sur la mer et la campagne environnante. Parcours 18 trous : de 50 à 100€ selon la période. *Mont Canisy* ***Blonville-sur-Mer*** *(5km au sud-ouest de Deauville) Tél. 02 31 14 24 24 www.lucienbarriere.com Ouvert juil.-août : tlj. 8h-20h ; sept.-juin : tlj. 9h-18h*

Se distraire en famille

Circuit de Deauville Pistes de karting, randonnées en quad, parcours d'accro-branche, location de Zodiac, jet-ski, paint-ball (adulte et enfant), balades en buggy. *Chemin du Moulin* ***Saint-Arnoult*** *(3km au sud de Deauville sur la D27) Tél. 02 31 81 31 31 Ouvert w.-e. et j. fér. 9h30-18h (et vac. scol.)*

Parc Deauville Aventure Paint-ball pour enfants dans un labyrinthe végétal et un parcours avec onze exercices au-dessus du sol. ***Saint-Arnoult*** *(1km du Circuit de Deauville) Tél. 02 31 81 25 25 Ouvert w.-e. et j. fér. 10h-18h*

CARNET D'ADRESSES

Restauration

Malgré le grand nombre d'établissements, les restaurants bon marché se font très rares dans le centre-ville de Deauville. Quelques bonnes adresses à Trouville pour les budgets plus modestes.

À Deauville

prix moyens

Pizza Santa Lucia (plan 5, C2 n°30) Le fils de Vincenzo, une personnalité dans le monde du cheval, a repris l'affaire de son père. Ici, on est à l'affût des derniers événements équestres : tendez l'oreille dans la file d'attente... Portraits de pur-sang et coupures de journaux tapissent les murs du restaurant. Quant aux pizzas, cuites au feu de bois, elles remportent la palme, de la simple Margherita tomate-fromage à 9,50€ aux extravagantes pizzas au caviar (95€), aux truffes blanches (70€) ou au foie gras (23€). Pâtes également fameuses, dont les *linguine* aux truffes qui s'invitent parfois sur la carte du jour. *15, av. de la République* ***Deauville*** *Tél. 02 31 88 89 84 Ouvert tlj. 12h-15h et 19h-23h*

La Péniche (plan 5, B2 n°35) Déjeuner, dîner ou simplement prendre un thé sur l'eau au milieu des bateaux : voilà le concept de ce restaurant flottant. Posté au bout des Planches de Deauville, il fait la part belle aux produits locaux, notamment les fruits de la mer, dont certains auront d'ailleurs à peine touché terre... Menus à 23 et 34 €, formules à midi à 17,50€ et 22€. *Port Marina Promenade Michel d'Ornano* ***Deauville*** *Tél. 02 31 98 52 75 Ouvert été : tlj. ; reste de l'année : jeu.-mar.*

Le Comptoir & la Table (plan 5, C2 n°37) Dans ce restaurant avec vue sur le port, ainsi que sur le casino et les hauteurs de Trouville, les ingrédients sont déclinés à l'ardoise selon les arrivages du jour, ce qui garantit une grande fraîcheur des produits. Mais la carte assure aussi quelques classiques, comme le risotto ou le tiramisu... le chef est d'origine italienne ! Une bonne table à l'ambiance conviviale, pour profiter des quais de Deauville. Menus à partir de 20€ à midi, 30€ le soir. *1, quai de la Marine* ***Deauville*** *Tél. 02 31 88 92 51 www.lecomptoiretlatable.fr Ouvert jeu.-mar.*

prix élevés

Chez Hervé (plan 5, C2 n°31) Une savoureuse cuisine familiale, pour retrouver les produits du marché d'en face. La terrasse sous la bâche jouxte les étals, à moins que vous ne préfériez l'agréable salle parquetée à l'ancienne. On vous recommandera les spécialités avec gentillesse : la poule au pot, un empereur au beurre blanc, ou encore un bar au thym. Comptez autour de 45€ à la carte, menu à 27€. *44, rue Mirabeau* ***Deauville*** *Tél. 02 31 87 82 36 Ouvert juil.-août : tlj. soir Ouverture variable à midi et le reste de l'année*

Chez Miocque (plan 5, B2 n°32) Incontournable ! Le patron, qui servit sur le paquebot *France*, est une figure locale. Il vous tutoie d'emblée et les photos commémorant la visite de ses amis les stars envahissent sa brasserie, autant que les bouteilles. Quant à la cuisine, de bons plats traditionnels vous sont proposés, où les produits frais priment sur l'artifice : des poissons grillés, des rognons de veau à la moutarde, des charlottes aux fruits, et une carte du jour selon la pêche. Comptez environ 40€ pour un repas. *81, rue Eugène-Colas* ***Deauville*** *Tél. 02 31 88 09 52 Ouvert juil.-août : tlj. 12h-6h et 19h-0h (et vac. scol.) ; sept.-juin : jeu.-lun. 12h-16h et 19h-0h*

Le Drakkar (plan 5, B2 n°33) Un autre rendez-vous à ne pas manquer, contigu au premier. Il s'en distingue pourtant par ses allures de pub chic, avec canapés en cuir et moquettes écossaises. Et si les serveurs paraissent plus froids, l'atmosphère décontractée se charge de démentir cette impression. Même type de carte, avec un choix de purées de légumes en accompagnement pour varier les plaisirs. Carte de grands crus de bordeaux. Comptez 40-50€ à la carte, menu à 29,80€. *77, rue Eugène-Colas* ***Deauville*** *Tél. 02 31 88 71 24 www.restaurant-le-drakkar.com Ouvert tlj. 12h-16h et 19h-0h*

Les 3 Mages (plan 5, A2 n°34) Ne soyez pas trop exigeant sur l'accueil et attendez-vous à des prix exorbitants : ce lounge bar, niché dans une maison en bord de mer, est un must deauvillais. Masques bouddhiques, parasol chinois, tabourets léopard ou zébrés :

Et aussi...

Bars, salons de thé

Les Planches — 205
Bar du soleil — 207
Bar de la mer — 207
Le Yacht Café — 208
Star Café-Hervé Photos — 208
Brok Café — 208
Léopold — 211
Le Galatée — 211

Glacier, pâtisserie

Martine Lambert (Deauville) — 208
Raimo (Trouville-sur-Mer) — 210
Pâtisserie Charlotte Corday — 211

Shopping

Au jardin des délices — 208
Confitures de la côte normande — 208
Poissonnerie Saiter — 210
La Cave trouvillaise — 210
L'Instant Fromages — 210
Les Marianik's — 213
Ferme de la Croix Solier — 213

les salles surdécorées évoquent un train fantôme ou la demeure d'un prince oriental. Au menu : plateau de fruits de mer et saveurs du monde. Menus de 32 à 47€. *1, av. de la Terrasse Les Planches **Deauville** (suivre le boulevard de la Mer) Tél. 02 31 88 55 00 www.les3mages.com Ouvert juil.-août : tlj. 12h30-14h30 et 19h-21h30 (et vac. scol.) ; sept.-juin : mer.-dim. 12h30-14h30 et 19h-22h30*

À Trouville

prix moyens

Il Parasole (plan 5, D2 n°36) Cette pizzeria bondée connaît un tel succès que les Trouvillais en font leur cantine. Il faut dire que les pizzas (à partir de 9,50€) y sont généreuses et que le choix est infini. Idem pour les pâtes (à partir de 9,20€) et les salades démesurées. L'ambiance bonne franquette et la décoration kitsch dissipent les soucis. Des petits frères existent aussi à Trouville (6, rue Hoche) et à Honfleur (2, rue Haute). Menus à 16,90 et 19,90€. Également des formules "Pêcheur" et "Gambas". *2, pl. Fernand-Moureaux **Trouville-sur-Mer** Tél. 02 31 87 33 87 www.ilparasole.com Ouvert haute saison : tlj. 12h-15h et 19h-0h ; basse saison : jeu.-lun. 12h-15h et 19h-0h Fermé en nov.*

Le Central (plan 5, C1 n°39) Une institution trouvillaise ! Dans les années 1930, des artistes se réunissaient déjà dans cette brasserie rétro. Aujourd'hui, les *people* de la Côte fleurie poursuivent la tradition. Les pêcheurs y prennent leur café, et s'il vous vient une envie d'huîtres à 8h du matin, on peut vous les servir ! Les menus du restaurant font la part belle aux produits de la mer. Parmi les plats du terroir, tentez les tripes à la mode de Caen de Michel Ruault, qui en est le champion du monde. Menus de 19,70 à 29,90€, menu enfant à 8,10€. Également des chambres (p.220). *158, bd Fernand-Moureaux **Trouville-sur-Mer** Tél. 02 31 88 13 68 Ouvert tlj. 7h30-1h*

L'Inattendu (plan 5, C1 n°38) Une adresse sympathique au cadre chaleureux et à l'accueil souriant. Le menu à 28€ ne brille pas par son originalité, mais les plats normands sont maîtrisés, la cuisson des poissons à point et les viandes issues des environs. Excellente côte de veau à la crème, au cidre et au camembert, à savourer à l'ombre d'un joyeux fatras, réuni par un propriétaire brocanteur amateur de porcelaine et de meubles chinés. Autre formule à 23€. *87, rue des Bains **Trouville-sur-Mer** Tél. 02 31 88 74 04 Ouvert juil.-août : tlj. midi et soir (et vac. scol.) ; sept.-juin : jeu.-lun. midi et soir*

Tivoli Bistro (plan 5, C1 n°43) Des produits du terroir, de saison et du marché : tel est le tiercé gagnant de Gérard Verger, un chef normand qui a le goût des choses simples. Au menu, il est question de terrine de foies de volaille maison, de pot-au-feu, de sole fraîchement pêchée par un copain et de clafoutis aux fruits du jardin. Vous apprécierez la carte des vins, à l'image du restaurant, réjouissante et gourmande. Menu à 29€. *27, rue Charles-Mozin **Trouville-sur-Mer** Tél. 02 31 98 43 44 Ouvert ven.-mar. midi et soir Fermé 2 sem. en juin*

prix élevés

Les Vapeurs-Les Voiles (plan 5, C1 n°40) Les doyennes des brasseries, restées intactes avec leurs airs de vieux Paris. Celle des Vapeurs fut fondée en 1927 sur ce quai où arrivent les bateaux de pêche. Celle des Voiles suivit. En apparence jumelles, ces grands-mères accolées sont en réalité siamoises, puisqu'un couloir les relie à l'étage. Salles ouvertes à tous vents et terrasse où le soleil aime s'attarder : vous écoutez les mouettes rieuses en dégustant vos moules-frites et crevettes chaudes. À la carte, comptez de 35 à 40€. *160, quai Fernand-Moureaux* ***Trouville-sur-Mer*** *Tél. 02 31 88 15 24 ou 02 31 88 45 85 www.lesvapeurs.fr Ouvert tlj. 9h-0h*

La Petite Auberge (plan 5, C1 n°41) Accueil doux, cliquetis de fourchettes, murmures… On sert dans cette petite salle à manger bourgeoise au décor rustique une cuisine normande inventive : pêche du jour sur feuilleté, sole de pays poêlée au beurre de noix et girolles, huîtres de Normandie et d'excellents desserts. Menu à 40€, formule déjeuner à 29€. *7, rue Carnot* ***Trouville-sur-Mer*** *Tél. 02 31 88 11 07 Ouvert jeu.-lun. 12h-14h et 19h30-21h30*

prix très élevés

Les Quatre Chats (plan 5, C1 n°42) Fondé par un ancien de la Closerie des Lilas : un cadre bohème de style années 1950, un peu fou et adulé de tous. Les matous expressifs envahissent jusqu'à l'obsession les sets de table et les affiches des murs, collées les unes sur les autres en vrac. De faux nuages flottent au-dessus d'un bar circulaire. La cuisine raffinée achèvera de vous séduire : croustillant de crabe, tajine de lotte, hachis parmentier de veau marengo, tarte aux légumes confits. À la carte, comptez 50-60€. *8, rue d'Orléans* ***Trouville-sur-Mer*** *Tél. 02 31 88 94 94 Ouvert haute saison : lun. et jeu. soir, ven.-dim. midi et soir (juil.-août : tlj. le soir) ; reste de l'année horaires variables, appeler avant de s'y rendre*

Dans les environs

petits prix

Le Grand Manège Pas besoin d'être un cavalier émérite pour profiter de l'ambiance équestre deauvillaise. Le déjeuner se déroule face aux chevaux à l'entraînement. Dans l'assiette, produits locaux et filière courte qui se traduisent dans des plats simples et régulièrement renouvelés (croq'andouille, crumble de tomates, parmentier de poisson…) qui peuvent s'accompagner d'une bière blonde locale, la Paillette. Entrées 6,50-8,50€, plats 9,50-13,50€. *Pôle international du cheval de Deauville 14, av. Ox-and-Bucks* ***Saint-Arnoult*** *(3km au sud du centre de Deauville) Tél. 02 31 14 06 40 Ouvert 8h30-19h30*

prix élevés

L'Achillée L'ancien Landiers, repris en 2015 par Sylvain Revelant, a vite trouvé sa place sur la scène gastronomique régionale. Le jeune chef, comme beaucoup de confrères de sa génération, se fournit auprès de producteurs locaux pour des recettes à la fois simples et originales : saint-pierre, *lardo di Colonnata*, poivrons et coco plat et émulsion amandes, petits pois en panacotta avec *burrata*

GAMME DE PRIX	RESTAURATION	HÉBERGEMENT
Très petits prix	moins de 10€	moins de 40€
Petits prix	de 10 à 20€	de 40 à 70€
Prix moyens	de 20 à 35€	de 70 à 100€
Prix élevés	de 35 à 50€	de 100 à 150€
Prix très élevés	plus de 50€	plus de 150€

crémeuse et sauge, dos de cochon, haricots et nectarine blanche, huile de céleri... Dépêchez-vous de découvrir son travail avant qu'il ne soit trop connu. Enfin, ne ratez pas les sublimes desserts de Marie... Menus à 22€ (à midi en semaine), 32, 35 et 55€. Menu enfant 15€. *90, rue Louvel-et-Brière **Touques** (3,5km au sud-est de Deauville) Tél. 02 31 87 41 08 http://lachillee.com Ouvert ven.-mar. 12h15-13h30 et 19h15-21h30*

Hébergement

À Deauville

prix moyens

Hôtel Helios (plan 5, B2 n°52) Un immeuble qui ne se pique pas de décors particuliers mais au confort irréprochable. Un ascenseur vous permettra de monter vos bagages sans effort dans l'une de ses quarante-cinq chambres modernes et spacieuses. Et, dès la réception, les eaux bleues d'une mini piscine chauffée en plein air risquent fort de vous combler ! Double de 59 à 109€, petit déj. 9€. *10, rue Fossorier **Deauville** Tél. 02 31 14 46 46 www.hotelheliosdeauville.com*

Hôtel du Polo (plan 5, C2 n°50) Un petit hôtel à prix vraiment modérés au centre d'une station chic. La plupart des 15 chambres de son unique étage donnent sur une courette fleurie. On se console de l'éloignement de la mer par un joli quartier résidentiel, et surtout par le voisinage tout proche de l'hippodrome. Double de 69 à 88€ (51-66€ en basse saison). Petit déjeuner 8€. *33, bd Mauger **Deauville** Tél. 02 31 98 16 02 www.deauville-hotel-du-polo.com*

Le Patio (plan 5, B2 n°51) Cette maison de douze chambres, agréables et très claires, ressemble à une pension de famille. Un patio attend les amateurs de sieste au soleil, et les petits déjeuners (9,50€) se prennent dans une coquette salle à manger. Double à partir de 59€. *180, av. de la République **Deauville** Tél. 02 31 88 25 07 www.hotel-lepatio.fr*

prix élevés

Hôtel de la Côte fleurie (plan 5, B2 n°60) Bien que la maison soit située à côté de l'hippodrome, la décoration des 15 chambres est paradoxalement tournée vers la mer : aquarelles, papiers peints bleu et blanc et nœuds marins. La chambre mansardée du dernier étage séduit les familles en quête de confort, tandis qu'"iris d'eau", côté jardin, plaît aux Roméo en goguette, qui jouent la scène du balcon et content fleurette à leur Juliette. Confort moderne et accueil soigné. Double de 89 à 125€ (68-92€ en basse saison), petit déj. 9€. *55, av. de la République **Deauville** Tél. 02 31 98 47 47 www.hoteldelacotefleurie.com Fermé 2 sem. fin nov. et en jan.*

prix très élevés

☺ **Hôtel Normandy (plan 5, B2 n°53)** Stars et VIP descendent ici. Ce superbe édifice de 1912, au style anglo-normand, occupe un pâté de maisons et offre de belles vues sur le vieux Deauville, la mer ou le jardin. Une fois passé le hall d'entrée, les couloirs respirent la sérénité : toiles de Jouy, fleurs vives, tissus imitant les pans de bois tapissent les murs, et le décor d'une piscine de luxe copie les colombages de la façade. Si vous n'êtes pas client, asseyez-vous dans le café du rez-de-chaussée (attention, onéreux) rien que pour son cadre doré, ses rideaux de théâtre et ses fauteuils moelleux. Piscine, vélos, golf, hammam et sauna compris avec la chambre. De 330 à 650€ la double, petit déj. 30€. *38, rue Jean-Mermoz* ***Deauville*** *Tél. 02 31 98 66 22 www.lucienbarriere.com*

À Trouville

prix moyens

Hôtel La Petite Cour (plan 5, C1 n°61) Les adresses pour les petits budgets ne courant pas les ruelles de Trouville, cet hôtel (ex-Sablettes) apparaît comme une véritable aubaine (réservation conseillée). Les dix-huit chambres, rénovées en 2015, plus ou moins grandes, possèdent toutes une propreté irréprochable et un confort honnête. Ouvrez les fenêtres : on entend les mouettes et, en vous penchant un peu, vous apercevrez la grande bleue ! Double 75-105€, petit déj. 9€. *15, rue Paul-Besson* ***Trouville-sur-Mer*** *Tél. 02 31 88 10 66 http://trouville-hotel.com*

☺ **La Maison normande (plan 5, C1 n°55)** Ces deux demeures mitoyennes du XVIIIe siècle ont magnifiquement su résister au temps. Dans les années 1920, la boulangerie et la pharmacie qu'elles abritaient furent transformées en hôtel. Les dix-sept chambres présentent l'avantage d'un aspect varié, certaines arborent des papiers peints à fleurs vives et des tissus imprimés de nœuds marins, d'autres privilégient la toile de Jouy. Une adresse qui ne manque pas de cachet. De 53 à 95€ la double, petit déj. 8€. *4, pl. du Maréchal-de-Lattre-de-Tassigny* ***Trouville-sur-Mer*** *Tél. 02 31 88 12 25*

Le Trouville (plan 5, C1 n°54) Dans une rue tranquille près de la plage. Les patrons ont le cœur sur la main et ne négligent rien : quinze chambres, un parking privé et, le matin, des viennoiseries ou un petit déjeuner anglais (8 ou 14€). Et qu'importe qu'il n'y ait pas d'ascenseur ! Les chambres du troisième étage sont particulièrement lumineuses. Double de 65 à 94€ en haute saison, à partir de 55€ en basse saison. *1-5, rue Thiers* ***Trouville-sur-Mer*** *Tél. 02 31 98 45 48 www.hotelletrouville.com*

Hôtel de la Paix (plan 5, D2 n°56) Bien qu'il ne se situe pas au bord de

☺ Dormir sur un bateau amarré au port de Deauville

Krischarter (plan 5, B1 n°62) Les marins d'eau douce tangueront le temps d'une nuit sur l'*Idéfix*, un voilier de 13m qui mouille dans le port de Deauville. Les 3 cabines sont étroites, mais ce bateau tout en teck de Birmanie possède un charme fou : musique d'ambiance, salon confortable et possibilité de dîner à bord d'un plateau de fruits de mer (50€/pers., vin compris). Pour une fois, la croisière s'amuse à quai, et, si l'appel du large se fait sentir, possibilité d'organiser une sortie en mer avec skipper (300€ les 3h). Comptez pour 6 personnes 600€ la location du bateau pour deux nuits, un excellent rapport qualité-prix à Deauville. En revanche, si vous voulez réserver pour un couple dans la semaine, il vous faudra privatiser le bateau (100€ la nuit). *215, rue des Bassins* ***Deauville*** *(dans le port) Tél. 02 31 88 67 32 ou 06 07 24 70 59 www.krischarter.fr*

la mer, on ne saurait être mieux placé. En quelques pas, vous franchissez le pont d'en face pour vous rendre à Deauville, ou vous profitez sur place de la foule trépidante du port de Trouville du matin au soir. Des vingt-trois chambres standard, de couleurs différentes, celles côté cour, plutôt sombres, vous garantissent le calme. Les plus chères, côté port, reçoivent le soleil de plein fouet. Double 89-92€ (57-72€ en basse saison), petit déj. 8€. *4, pl. Fernand-Moureaux* ***Trouville-sur-Mer*** *Tél. 02 31 88 35 15 www.hotel-trouville-deauville.com*

Le Reynita (plan 5, C1 n°57) Cet hôtel propose vingt-deux chambres personnalisées : l'hôtesse a peint à la main des motifs élégants sur le mobilier. En se penchant par la fenêtre de certaines chambres, on aperçoit la plage au bout de la rue. Double de 57 à 135€. Wifi. *29, rue Carnot* ***Trouville-sur-Mer*** *Tél. 02 31 88 15 13 www.hotelreynita.com*

prix élevés

Le Central (plan 5, C1 n°58) L'immeuble de la célèbre brasserie ne se vide jamais (p.216). Sur quatre étages, les vingt-trois chambres clinquantes donnent sur les toits, sur la rue des Bains (98€) ou sur le port (à partir de 107€). Quel que soit son poste, on ne perd pas une miette de ce qui se passe. Petit déj. 9,50€. *5-7, rue des Bains* ***Trouville-sur-Mer*** *Tél. 02 31 88 80 84 www.le-central-trouville.com*

☺ **Le Flaubert (plan 5, C1 n°59)** Le plus beau de tous, directement sur le front de mer. L'énorme chalet à pignons, bâti en 1936, a conservé de l'époque son ascenseur grillagé. Le décor apaisant, qui décline toute la gamme des blancs, réjouit l'œil et repose l'esprit. Une délicieuse façon de se ressourcer entre deux baignades. La plupart des 32 chambres possèdent une terrasse. Double à partir de 120€, 149€ avec vue sur mer, suite 189-290€, petit déj. inclus. Grosses promotions en semaine hors saison. *Rue Gustave-Flaubert* ***Trouville-sur-Mer*** *Tél. 02 31 88 37 23 www.flaubert.fr*

prix très élevés

Cures marines (plan 5, C1 n°63) C'est dans une partie délaissée de l'ancien Grand Casino de Trouville, ouvert en 1912, qu'ont été aménagées les cent trois chambres de ce complexe balnéaire de luxe (5 étoiles). Devenue musée de la ville, puis siège de la société des cures marines en 1959, cette aile du bâtiment a subi de gros travaux pour accueillir à partir de 2015 amateurs de thalasso et de confort optimal, se positionnant comme l'un des fleurons de l'hôtellerie normande. La déco respecte l'âme de la ville, rendant hommage à ses illustres visiteurs (Proust, Duras, etc.) et à son âge d'or, la Belle Époque. Comptez à partir de 200€ env. pour une chambre double, petit déj. 27€. Restaurant, parking privé payant. Nombreuses formules hôtel + thalasso. *Bd de la Cahotte* ***Trouville-sur-Mer*** *Tél. 02 31 14 42 80 http://lescuresmarines.com*

GAMME DE PRIX	RESTAURATION	HÉBERGEMENT
Très petits prix	moins de 10€	moins de 40€
Petits prix	de 10 à 20€	de 40 à 70€
Prix moyens	de 20 à 35€	de 70 à 100€
Prix élevés	de 35 à 50€	de 100 à 150€
Prix très élevés	plus de 50€	plus de 150€

Dans les environs

prix moyens

Le Village Sur la place centrale du "village fleuri" de Touques, huit chambres dans une petite auberge aux rideaux festonnés. Demi-pension obligatoire en été au restaurant, où flotte un air de gastronomie. Double à 70 et 130€ en demi-pension (2 pers.), petit déj. 8€. Accueil souriant. *64, rue Louvel-et-Brières **Touques** (3,5km au sud-est de Deauville) Tél. 02 31 88 01 77 www.restaurant-traditionnel-le-village.com*

Home de Préaumont L'occasion de dormir face à la plage dans une authentique villa construite en 1908, qui dispose de 5 chambres vastes et pimpantes avec lits doubles ou superposés et, pour certaines, vue sur la mer. Pour marcher dans le sable, il vous suffira de contourner la maison. Double 63€, quadruple 142€, petit déj. inclus. Accès wifi. *50, av. d'Ornano **Blonville-sur-Mer** (4km au sud de Deauville par la D513) Tél. 02 31 98 18 32 www.cathome.fr*

★ ☺ HONFLEUR

14600

Une cité choyée par l'Histoire se blottit au milieu des collines, au carrefour de la Manche et de l'embouchure de la Seine. Elle donna des marins illustres et des artistes. Son cœur bat à l'unisson avec celui du port. Déjà importante au XIe siècle sous le duché de Normandie, fortifiée au XIVe siècle, elle défendit le fleuve face aux Anglais pendant la guerre de Cent Ans et succomba aux assauts de l'envahisseur. Mais la Renaissance lui offrit des maisons à pans de bois, et Louis XIV y engagea des restaurations : l'ancien havre d'échouage devint un port florissant. Aujourd'hui, Honfleur la dynamique a su préserver son riche patrimoine. Il est charmant d'y glaner les souvenirs de son passé dans des bâtiments du XVIIe siècle, ou un vestige de rempart dans la cour de l'ancienne prison… Pour autant, la ville ne saurait s'endormir ! Sur les quais du Vieux-Bassin, cafés et restaurants bruissent d'activité du matin au soir dans les hautes maisons dont les reflets ondulent sur l'eau. L'animation contamine les rues pavées loin derrière et sur la place de l'église Sainte-Catherine. Même les greniers à sel du temps de Colbert se mettent de la partie, attirant comiques et musiciens sous leurs combles.

L'ÂGE D'OR DE LA MARINE Les richesses du terroir augeron pour approvisionner les bateaux, des marins confirmés, des charpentiers qualifiés, et nombre de chantiers navals favorisèrent de grandes expéditions vers les pays lointains. En 1503, Binot Paulmier de Gonneville parvint au Brésil, en 1506 Jean Denis s'aventura à Terre-Neuve, et en 1608 Samuel de Champlain partit fonder le Québec. Au XVIIe siècle, le commerce maritime tendit ses antennes vers le Canada, les Antilles, l'Afrique et les Açores. Nombreux furent alors à Honfleur les pilotes, négociants, armateurs et corsaires, avant que la perte du Canada au XVIIIe siècle ne marque la fin de cette prospérité.

MODE D'EMPLOI

accès

EN VOITURE

L'A13 rejoint la ville par le sud (venant de Paris, compter 2h de route, et de Caen 1h), tandis que l'A29 l'aborde par le nord (à 30min du Havre). Honfleur se situe 16km au nord-est de Deauville par la D513. De Lisieux, suivre la D579 sur 16km, prendre l'A132 pendant 2km puis la D579 (15km).

EN TRAIN ET EN CAR

Pas de train jusqu'à Honfleur, mais les Bus verts du Calvados assurent la correspondance au départ des gares de Caen et de Deauville (ligne n°20, 30min de Deauville), et de Lisieux ou de Pont-l'Évêque (ligne n°50, 20min de Pont-l'Évêque). Une autre ligne, la n°39, emprunte le pont de Normandie et relie Honfleur au Havre en 30min.

Gare routière (plan 6, B2) *Quai Lepaulmier Tél. 02 31 89 28 41*

Bus verts du Calvados *Tél. 0810 214 214 www.busverts.fr*

EN BATEAU

Le port de plaisance propose une trentaine de places visiteurs.

Cercle nautique (plan 6, B2) *8, rue Saint-Antoine Tél. 02 31 98 87 13 www.cnh-honfleur.net*

orientation et stationnement

Honfleur est une cité à la fois fluviale et maritime, bâtie sur la rive gauche de l'estuaire de la Seine. Elle compte trois bassins et, à l'entrée de la ville, un avant-port où s'amarre une flottille de pêche. La vie du centre, très dense, se focalise autour du Vieux-Bassin. N'espérez pas vous garer gratuitement. Tous les parkings centraux sont payants et... chers. Le plus pratique : celui du bassin du Centre, quai de la Tour (forfaits de 24h intéressants). Pour trouver des places, engagez-vous vers le cours Manuel, qui suit la rue de la République. Le parking du Môle, de l'autre côté de la jetée, est également pratique et bon marché (4€ la journée).

informations touristiques

Office de tourisme (plan 6, B2) Installé dans un bâtiment contigu à la médiathèque. *Quai Lepaulmier Tél. 02 31 89 23 30 www.ot-honfleur.fr Ouvert Pâques-juin, sept. : lun.-sam. 9h-12h30 et 14h-18h30, dim. et j. fér. 10h-12h30 et 14h-17h ; juil.-août : lun.-sam. 10h-19h, dim. et j. fér. 10h-17h ; oct.-Pâques : lun.-sam. 9h30-12h30 et 14h-18h, dim. et j. fér. 10h-13h*

Office de tourisme de Villerville *40, rue du Général-Leclerc Tél. 02 31 87 21 49 www.villerville.fr Ouvert mai-juin, sept. : mar.-mer. et ven.-sam. 10h-12h et 15h-18h ; juil.-août : tlj. 10h-12h et 15h-18h ; oct.-avr. : mar.-mer. et ven.-sam. 10h-12h et 14h-17h*

location de deux-roues

Station Total (hors plan 6 par A2) Location de VTC : 12€/4h, 17€/j., 70€/sem. (avec caution). *18, cours Albert-Manuel Tél. 02 31 89 16 67*

marchés

Marché traditionnel (plan 6, B2-A1) Poissons, crevettes, et bons produits du terroir sur le cours des Fossés, devant le Vieux-Bassin, et surtout place Sainte-Catherine. Beaucoup plus de stands en été. *Sam. matin*

Marché bio (plan 6, A1) Ce tout petit marché a la particularité d'être le seul entièrement bio du Calvados. Une douzaine de producteurs du département se retrouvent chaque semaine pour remplir les paniers de légumes, fruits, cidres, fromages... Il est aussi possible de manger sur le pouce une crêpe ou une galette saucisse, celle-ci bretonne, mais toujours bio ! *Pl. Sainte-Catherine Mer. matin*

fêtes et manifestations

Fête des marins Procession de bateaux décorés et pèlerinage à Notre-Dame-de-Grâce, où une messe est célébrée sous les arbres. *Week-end de Pentecôte*

Festival Jazz aux greniers *www.jazzauxgreniers.com Mi-août*

Estuaire d'en rire Festival d'humour. *www.estuairedenrire.com En sept.*

Fête de la crevette Un week-end dédié à la crevette grise. Les vieux gréements prennent l'air sur le bassin et ouvrent leurs portes à la visite. Concours d'écaillage, chants marins, dégustations. *Fin sept.-début oct.*

Semi-marathon de Normandie Honfleur-Le Havre Il permet d'emprunter le pont de Normandie. *Tél. 02 31 81 88 00 En oct. Rens. Service des sports de la mairie de Honfleur*

Festival du cinéma russe *www.festival-honfleur.fr Fin nov.*

DÉCOUVRIR

Honfleur

☆ **Les essentiels** Le Vieux-Bassin, le musée Eugène-Boudin **Découvrir autrement** Apprenez l'histoire maritime de Honfleur au musée du Vieux-Honfleur, découvrez l'univers sonore d'Erik Satie, savourez en famille la magie des papillons au Naturospace

Église Saint-Léonard (plan 6, B2) L'édifice dédié à Léonard, le saint patron des prisonniers, mort en 559, s'élèverait sur ce site depuis 1186, d'après une charte de l'abbaye de Grestain. Le sanctuaire primitif fut détruit pendant la guerre de Cent Ans, reconstruit en style gothique à la fin du XVe siècle, puis à nouveau incendié en 1562 pendant les guerres de Religion. Il lui resta la première travée de la nef et une façade dont le portail ciselé est cité comme un exemple du gothique flamboyant. On rebâtit le reste au XVIIe siècle, ainsi que l'atteste la date de 1625 sur le mur du chevet. Puis on le dota au XVIIIe siècle d'un clocher octogonal orné d'instruments de musique en bas-reliefs et d'un cadran d'horloge également sculpté. Si vous avez la chance de visiter l'intérieur, vous y verrez deux bénitiers dans de vraies coquilles, cadeaux de marins, un lutrin représentant un aigle terrassant le dragon et de belles statues en bois verni, dont celle de saint Léonard. À proximité, une fontaine et un lavoir du XVIIe siècle restauré. *Pl. Saint-Léonard Ouvert avr.-oct. : tlj. 8h30-18h45 ; nov.-mars : tlj. 8h30-17h*

Greniers à sel (plan 6, B2) Aux XVIe et XVIIe siècles, les lointaines pêches à la morue entraînant le développement du commerce du sel, le besoin d'entrepôts se fit ressentir. On construisit donc en 1670 trois bâtiments capables de contenir au moins 10 000t de sel. Les deux qui ont subsisté dévoilent au public leurs charpentes en chêne rappelant la coque d'un bateau lors d'expositions, de concerts ou de manifestations (Festival de jazz, d'humour "Estuaire d'en rire"...). *Rue de la Ville*

Plan 6 Honfleur

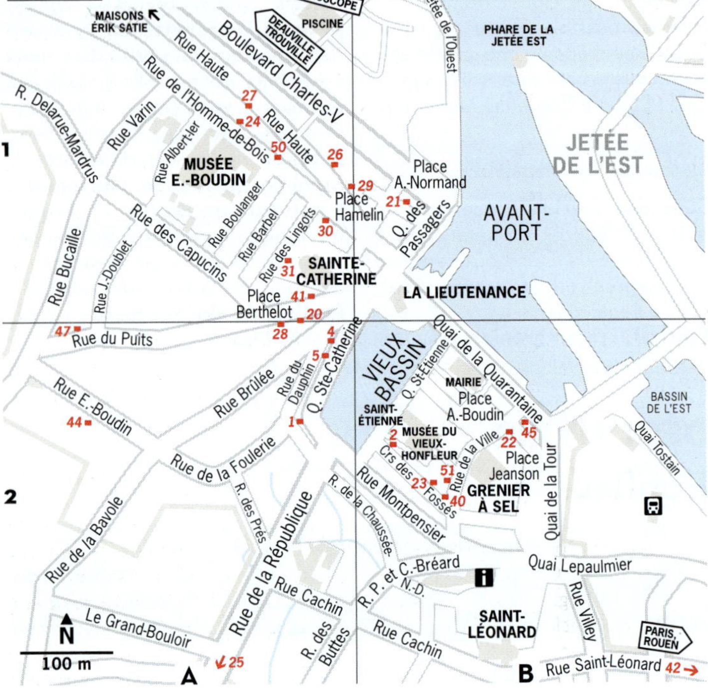

Cafés, bars et lieux de sortie 1 à 5

- L'Albatros p.228 — 4 A2
- La Petite Chine p.228 — 1 A2
- Le Perroquet vert p.228 — 5 A2
- Le Week-End p.228 — 2 B2

Restauration 20 à 31

- Au bouillon normand p.231 — 22 B2
- Au Galetas p.230 — 21 B1
- Au p'tit mareyeur p.232 — 26 A1
- Bistro des Artistes p.231 — 20 A1
- Entre terre et mer p.232 — 29 A1-B1
- Ex-Voto p.231 — 25 A2
- L'Atelier p.231 — 23 B2
- L'Homme de bois p.231 — 24 A1
- La Fleur de sel p.232 — 27 A1
- Le Bréard p.232 — 28 A2
- Les Maisons de Léa p.232 — 31 A1
- Sa.Qua.Na p.233 — 30 A1

Hébergement 40 à 47

- Hôtel du Dauphin p.233 — 41 A1
- L'Absinthe p.234 — 45 B2
- L'Écrin p.234 — 44 A2
- La Cour Sainte-Catherine p.234 — 47 A2
- Les Cascades p.233 — 40 B2
- Maison du parc p.234 — 42 B2

Shopping 50 et 51

- Gribouille p.228 — 50 A1
- La Normandie de Marianne p.227 — 51 B2

☺ **Musée du Vieux-Honfleur (plan 6, B2)** Il comprend deux parties distinctes, logées l'une en face de l'autre dans deux bâtiments historiques. Les collections du **musée de la Marine** réunies sous les voûtes de l'église Saint-Étienne, la plus ancienne de la ville (1329), reflètent le riche passé maritime du port. On y trouve des maquettes – frégates militaires du XVIIIe siècle, goélettes et trois-mâts de commerce, crevettiers de pêche –, les bustes et les portraits d'illustres navigateurs – le corsaire Jean-François Doublet (1656-1728), le capitaine de vaisseau Paul-Pierre Motard (1655-1728) – et de l'artisanat marin en bouteille confectionné pendant les mois passés en mer. À leur retour de Terre-Neuve,

C'EST BEAU UNE VILLE LA NUIT
L'office de tourisme (p.222) organise des visites historiques de 1h30 en nocturne, équipées d'une lampe-tempête, avec détour par les légendes honfleuraises. *Mai-mi-oct. : sam., rdv à l'OT*

les capitaines morutiers portaient le pain bénit à l'église dans la civière du XVIIIe siècle exposée dans la nef. À quelques mètres de là, l'ancienne prison des seigneurs de Rocheville, une authentique propriété du XVIe siècle, abrite le **musée d'Ethnographie et d'Art populaire**. Après avoir frissonné dans les anciens cachots, vous verrez dans les étages des intérieurs reconstitués avec mobilier normand et costumes du XVIIIe-XIXe siècle : lit clos, vêtements de travail, peigne, baignoire en cuivre... un véritable voyage social, allant de la vie quotidienne d'un marin dans sa demeure à celle d'un bourgeois aisé. *Ouvert mi-fév.-mars, oct.-nov. : mar.-ven. 14h30-17h30, sam.-dim. 10h-12h et 14h30-17h30 ; avr.-sept. : mar.-dim. 10h-12h et 14h-18h30 Fermé déc.-mi-fév., 1er mai et 14 juil. Tarif 3,90€ (1 musée)/5,10€ (2 musées), réduit 2,70€/3,60€ Pass'Musées (avec musée Eugène-Boudin et Maisons Satie) Tarif 10,20€, réduit 7,20€* **Musée de la Marine** *Quai Saint-Étienne* **Musée d'Ethnographie et d'Art populaire** *Rue de la Prison*

☆ ☺ **Vieux-Bassin (plan 6, B2)** Le premier port de Honfleur fut et reste le centre de gravité de la ville. Là convergent les plaisanciers, les yachts et les voiliers. Au sud, le quai Saint-Étienne précède le quartier de l'Enclos, qui inclut la rue de la Ville et correspond à la cité d'origine. C'est autour de cet îlot de rues et du bassin que le roi Charles V fit ériger des remparts au XIVe siècle, pour protéger son port des Anglais. Fin XVIIe siècle, sous l'impulsion de Colbert, les remparts furent détruits et le Vieux-Bassin fut agrandi jusqu'au quai de Sainte-Catherine. La plupart des maisons étroites que l'on admire le long des quais datent de cette époque. D'autres furent bâties au XVIIIe siècle sur des lots de terrains vendus à 8,25m de largeur et compensent leur exiguïté par la hauteur.

Lieutenance (plan 6, B1) Ce corps de bastion en pierre et en brique (XVIe siècle), flanqué d'échauguettes, est le seul survivant des deux portes de la ville (celles de Caen et de Rouen). Au Moyen Âge, il commandait l'accès à un faubourg ouest. Dès 1684 et jusqu'à la Révolution, le lieutenant du roi résida dans le bâtiment surmontant le passage voûté, qui était alors bien plus important qu'aujourd'hui et doté d'un pont-levis à chaînes. Un quai remplace désormais la partie nord, et une plaque murale rappelle que l'armateur Samuel de Champlain partit de là pour la Nouvelle France vers 1607. Il y fonda Québec en 1608.

Pharmacie du Passocéan (plan 6, A1) Danger ! Le rire ne se guérit pas, il se transmet. Née au XVIIIe siècle, cette pharmacie dorlote la mémoire de deux ancêtres bouffons. Le premier, l'humoriste Alphonse Allais (1854-1905), mit au point une série de remèdes farces et attrapes, dont les boulettes pour constiper les mouches, ou l'amidon tricolore pour drapeaux les jours sans vent. Comme si cela n'avait pas suffi, le sérieux mais involontairement comique Paul Démarais (1872-1951) lui succéda. Politicien convaincu, il se porta candidat à la présidence de la République en 1939. Durant sa campagne, il distribua à la foule bonbons et billets de banque, et sa notoriété lui valut nombre de décorations pastiches. On lui doit le "Passocéan", médicament contre le mal de mer, qui donna son nom à l'établissement. À l'étage du magasin, le plus petit **musée** de France (8m² !), aménagé en laboratoire à l'ancienne, expose des inventions d'Alphonse Allais, dont son trésor particulier composé d'une tasse chinoise pour empereur gaucher, d'un crâne de Voltaire à dix-sept ans et d'un vrai morceau de la fausse Croix de Jésus-Christ. À la fois conservateur, guide et préparateur, Jean-Yves Loriot organise fréquemment des manifestations "allaisiennes" en présence de célébrités du monde des arts et du spectacle. *4, pl. Hamelin Tél. 02 31 89 03 53 ou 06 74 07 72 29 (musée) http://pharmaciepassocean.blogspot.fr Musée Ouvert sur rdv*

☺ **Église et clocher Sainte-Catherine (plan 6, A1)** Classée monument historique en 1879, cette immense église en bois aux toits et aux murs en essence de châtaignier se distingue de ses consœurs : elle comprend deux nefs et vit séparée de son clocher, situé en face ! Au XVe siècle, après le départ des Anglais, on remplaça à la hâte l'édifice en pierre, qui avait été détruit, avec les moyens du bord : du bois, fourni par la proche forêt de Touques, et le savoir-faire des nombreux charpentiers de marine. Une première nef fut prête en 1460. Mais, avec l'essor démographique, il fallut en ajouter une seconde en 1496. Dénaturée au XIXe siècle par des enduits de plâtre et un portail néoclassique, l'église bénéficia de restaurations qui lui rendirent ses colombages et son portail d'origine. À la même époque, le clocher fut bâti à part, afin que ses bases en bois fussent assez solides pour supporter six cloches : une tour carrée sur des piliers forts, au-dessus de l'ancienne maison du sonneur, soutenue par des étais. Une annexe du musée Boudin y présente en saison une collection d'objets religieux et des figures de poupe de vaisseaux du XVIIe siècle. *Pl. Sainte-Catherine* **Clocher** *Ouvert Rameaux-15 nov. (mêmes horaires que le musée Eugène-Boudin) Tarif 2€, gratuit sur présentation du billet du musée Eugène-Boudin*

☆☺ **Musée Eugène-Boudin (plan 6, A1)** Les peintres Louis-Alexandre Dubourg (1821-1891) et Eugène Boudin (1824-1898) voulaient sensibiliser les Honfleurais aux beaux-arts. Le musée qu'ils créèrent, en 1868, immortalise les études de paysages de leurs amis, leurs propres œuvres et celles de leurs

Peintres à Honfleur : d'hier à aujourd'hui

Baignés par la lumière de l'estuaire, la ville et ses alentours ne pouvaient qu'inspirer la peinture de plein air. Dans les années 1820, une vague de "découvreurs de paysages" – Bonington, Paul Huet, Eugène Isabey – s'attela à l'étude des effets atmosphériques. Leurs élèves – Troyon, Daubigny – transmirent leur savoir à la génération suivante. Précurseur de l'impressionnisme, le jeune **Eugène Boudin**, qui en faisait partie, prodigua ses conseils à Claude Monet. Les ateliers se situaient à la ferme Saint-Simon, une propriété des environs devenue un hôtel de luxe. En dehors du musée des Beaux-Arts, des expositions temporaires et des galeries d'art, promenez-vous le long des quais du Vieux-Bassin (plan 6, B2) : des aquarellistes y plantent toujours leur chevalet.

Vedettes *La Lieutenance* et *Évasion III* Ces deux vedettes proposent des balades de 20km d'une durée de 1h30. Départ quai des Passagers (toutes les heures environ, de fév. à nov.) de 10h30 à 17h30 selon les marées. Tarif 9,50€, réduit 5€. *Tél. 02 31 89 21 10 ou 06 14 96 37 95 www.promenades-en-mer.com*
Vedette *Jolie France* Vous embarquerez sur la *Jolie France* pour une découverte de 1h30. Départ près du parking du Môle à 11h30, 14h30 et 16h30. Tarif 9,50€, réduit 5€. *Tél. 06 71 64 50 46 www.promenade-en-bateau-honfleur.fr*

La Côte de Grâce

Chapelle Notre-Dame-de-Grâce Un duc de Normandie en péril, Robert le Magnifique, fit vœu, s'il échappait au naufrage, de bâtir un sanctuaire à la Vierge. Le premier édifice (1023) disparut dans un éboulement de la côte en 1538. Nous devons la chapelle actuelle et son élégant portail aux dons et à la volonté réunis des bourgeois de Honfleur, qui la firent reconstruire entre 1600 et 1615. De longue date, les marins y font pèlerinage et y déposent des navires ex-voto en signe de reconnaissance. En contrebas, on assiste au défilé de leurs bateaux lors du week-end de la Pentecôte. ***Équemauville*** *À 1,5km de Honfleur (suivre la rue des Capucins et la rue Delarue-Mardrus, puis prendre à gauche rue Charrière-de-Grâce et rue Notre-Dame-de-Grâce)*

PROMENADE BUCOLIQUE
Le ☺ **plateau de Grâce**, une colline haute de 90m au-dessus de Honfleur, offre de magnifiques panoramas sur l'estuaire de la Seine et une route borde le front de mer en direction de la commune de Villerville-sur-Mer. Charmante balade vers le Mont-Joli à partir de la chapelle Notre-Dame-de-Grâce. *À 2km de Honfleur*

Mont-Joli Un éblouissant point de vue : au-dessus des toits de Honfleur et de son plan de rues irrégulières, vous apercevez la côte Vassale, la commune de La Rivière-Saint-Sauveur, et le pont de Normandie. Enfouie sous la végétation, la rampe du Mont-Joli – sentier de 2km en épingle à cheveux – permet de regagner le centre-ville à pied. *À 500m de la chapelle Notre-Dame-de-Grâce par la petite route qui part à gauche*

Cricquebœuf Ce hameau aux maisons disséminées recèle un étonnant patrimoine. L'église Saint-Martin, dite "chapelle aux Lierres", date du XIIe siècle et domine un étang. Mutilée de deux travées, elle a conservé trois corbeaux sculptés sur son portail. À gauche de l'édifice, en montant sur le chemin du Petit-Paris, un autre sentier étroit mène à l'ancien lavoir communal (1902), fleuri au printemps. *8km au sud-ouest de Honfleur par la D513*

Villerville-sur-Mer Cette station balnéaire fréquentée depuis 1850 a conservé sa taille modeste et une ambiance familiale. Des rues en pente descendent jusqu'aux falaises, dominant les plages. Malgré leur air tranquille, elles se prêtent volontiers à des fêtes l'été et à une brocante (broc'ville, le 2e samedi du mois de mai à août). De nombreux artistes y ont résidé, dont le compositeur Gabriel Fauré (1845-1924), qui dédia à la ville une messe aux pêcheurs. Les villas, classiques, se contentent de rester élégantes, avec leurs colombages dépouillés. Hélas ! des chutes de terrain ont eu raison de certaines, trop à pic, comme celle de la danseuse Mistinguett. L'église du XIIe siècle au clocher de pierre abrite une célèbre *Vierge à l'Enfant* du XIVe siècle en bois polychrome : remarquez ses mains disproportionnées sur un buste menu. *9,5km au sud-ouest de Honfleur par la D513*

● Où acheter du cidre ?

Manoir d'Apreval Un magnifique domaine planté de dix-sept variétés de pommiers. Fabriqués sur place : cidre, poiré, vinaigre de cidre, prune, jus de pomme, pommeau et calvados AOC. La cidrerie se visite en saison. Tarif 4,35€, enfant gratuit. Durée 1h (avec dégustation). ***Pennedepie*** *(5km au sud-ouest de Honfleur) Tél. 02 31 14 88 24 www.apreval.com Ouvert fév.-nov. : tlj. 10h-12h30 et 14h-18h Visites guidées mi-juil.-août : lun.-mar., ven.-dim. 10h30 et 15h30*

● Où s'attabler dans un bar mythique ?

☺ **Le Cabaret normand** À première vue, cet établissement s'affiche comme un discret bar de village. C'est pourtant sa devanture qui servit de décor au célèbre film *Un singe en hiver*, sorti en 1962 avec un duo de choc : Jean Gabin et Jean-Paul Belmondo. L'actuel propriétaire, un ancien architecte, a conservé le café tel qu'il était dans les années 1960 avec ses banquettes rouges et ses rideaux opalescents. Plats sans fioritures, en-cas, tourtes et crumbles, tout est simple, bon, et pensé dans les moindres détails, y compris la musique langoureuse. Comptez 15-20€ pour un repas. *Rue Daubigny* ***Villerville*** *(9,5km au sud-est de Honfleur par la D513) Tél. 02 31 87 20 57 Ouvert juil.-août : jeu.-lun. midi et soir (et vac. scol.), mar. midi ; sept.-juin : sam.-dim. midi*

● Aller à la plage Deux plages à **Villerville** (9,5km au sud-ouest de Honfleur), un peu vaseuses mais non sans charme : une à hauteur du parc des Graves, une autre près du village, sous des falaises, où l'on trouvera des rochers à moules.

● Pratiquer l'équitation

Centre équestre du Ramier Cours, promenades dans la campagne et concours. Comptez 16-18€ pour un cours de 1h et 25€ pour une promenade. *Ferme du Ramier* ***Équemauville*** *(3,5km au sud de Honfleur) Tél. 02 31 89 49 97 ou 06 60 15 42 28*

CARNET D'ADRESSES

Restauration

petits prix

☺ **Au Galetas (plan 6, B1 n°21)** Un amour de petit resto niché près de la Lieutenance au coin d'une cour discrète. La joviale propriétaire concocte des douceurs à base de produits du marché : tartes aux légumes bio, assiette de saumon fumé et plat du jour (10-15€). Savourez le calme et le charme de l'endroit, en dégustant la farandole des desserts dans la salle cosy du 1er étage ou sur la terrasse. *8, pl. Hamelin* ***Honfleur*** *(sous le porche au fond de la cour) Tél. 02 31 98 31 06 Ouvert avr.-juin, oct. : ven.-mer. 10h30-*

19h30 ; juil.-sept. : tlj. 10h30-19h30 ; nov.-mars : ven.-lun. 10h30-19h Hors saison : repas sur réservation

L'Atelier (plan 6, B2 n°23) C'est un peintre ayant délaissé son chevalet pour les fourneaux qui a créé ce salon de thé-bistrot. Parti depuis, il a laissé à ses successeurs une adresse sympathique pour prendre l'apéro en compagnie de tableaux, au son de Nina Simone ou de Brassens. Vous goûterez la charcuterie, les fromages normands ou les tartes salées(formule avec dessert 13€) blotti au fond d'un fauteuil moelleux ou installé autour d'une table, un verre de vin à la main et un sourire aux lèvres. Les gâteaux qui accompagnent le *tea time* sont faits maison. *15, cours des Fossés* ***Honfleur*** *Tél. 02 31 89 33 66 Ouvert avr.-mi-oct. : mar.-mer. 12h-19h, jeu.-dim. 12h-22h ; nov.-mars : sam.-dim. 12h-22h*

Ex-Voto (plan 6, A2 n°25) Un bistrot comme on les aime, avec quelques tables jetées près du comptoir, les habitués qui papotent, les petits pois qu'on écosse et les plats du jour pour les nostalgiques des repas chez mamie. Produits simples et frais servis par Patricia, patronne au grand cœur, qui loue également quelques chambres. Plat du jour à 8,50€, formule 15€. *8, pl. Albert-Sorel* ***Honfleur*** *Tél. 02 31 89 19 69 Ouvert juin-sept. : tlj. 8h-20h ; oct.-mai : jeu.-mar. 8h-19h30*

prix moyens

Au bouillon normand (plan 6, B2 n°22) Un bistrot vraiment bon enfant. Le brouhaha y retentit sous une galerie de photos, tandis que le terroir s'exprime : craquant au camembert, marmite de poissons, parmentier de canard, fruit rôti au beurre de caramel. Ce serait un péché que de ne pas ouvrir une bouteille ! Menus seulement, de 22 à 30€. *7, rue de la Ville* ***Honfleur*** *Tél. 02 31 89 02 41 Ouvert juin-sept. : tlj. 12h-14h et 19h-21h30 ; oct.-mai : ven.-mar. 12h-14h et 19h-21h oct.-mai : lun.-mar., jeu.-dim. 12h-14h et 19h-21h*

☺ **L'Homme de bois (plan 6, A1 n°24)** Caché sous le lierre d'une vieille rue, il excelle dans les poissons cuisinés et propose un joli choix d'huîtres de Saint-Vaast. Bien qu'il y ait foule en continu, on vous trouvera toujours une place dans l'une des salles superposées au bois apparent. Trônant sur leurs plateaux, dorade ou bar grillé, canard au poivre, et de splendides desserts défilent au-dessus des têtes au son d'une musique entraînante. Menus à 24, 27 et 36€. *30, rue de l'Homme-de-Bois* ***Honfleur*** *Tél. 02 31 89 75 27 Ouvert tlj. 12h-14h et 19h-22h*

Bistro des Artistes (plan 6, A1 n°20) On peut manger, boire et s'attabler à toute heure dans ce bistrot de poche, qui bénéficie d'une vue imprenable sur le Vieux-Bassin. Aussi bien le pain que le saumon mariné, tout est fait maison et s'accompagne d'une salade fraîche. L'après-midi, l'endroit fait salon de thé, avec des pâtisseries également préparées sur place. Comptez 26-28€

Et aussi...

Bars, salons de thé

La Petite Chine ______ 228
L'Albatros ______ 228
Le Perroquet vert ______ 228
Le Week-End ______ 228
Le Cabaret normand ______ 230

Shopping

La Normandie de Marianne ______ 227
Gribouille ______ 228
Manoir d'Apreval ______ 230

pour un plat et un verre de vin. Service rapide. *30, pl. Berthelot* ***Honfleur*** *Tél. 02 31 89 95 90 Ouvert juil.-sept. : tlj. 12h-15h30 et 19h-22h ; oct.-juin : ven.-mar. 12h-15h30 et 19h-22h*

Au p'tit mareyeur (plan 6, A1 n°26) Petit et très convoité, à juste titre : les prix ne sont pas à la hauteur de la cuisine réjouissante de Julien Domin ni du service, digne d'un haut de gamme. Essentiellement du poisson à la carte, préparé au beurre ou à la vapeur de sel, mais aussi un feuilleté d'escargots et une tarte aux pommes caramélisées. Goûtez la bouillabaisse honfleuraise, la spécialité de la maison. Le tout débute par des mises en bouche, et s'achève sur une mignardise. Pensez à réserver. Menu de 28€ (midi) à 35€. *4, rue Haute* ***Honfleur*** *Tél. 02 31 98 84 23 www.auptitmareyeur.fr Ouvert jeu.-lun. 12h-13h30 et 19h-22h Fermé en jan.*

prix élevés

La Fleur de sel (plan 6, A1 n°27) C'est avec respect que l'on pénètre dans la salle, chic et décorée de natures mortes. En cuisine œuvre Vincent Guyon qui propose une gastronomie raffinée, avec autant de viandes que de poissons : foie gras et son chutney pomme-abricot, dos de cabillaud, embeurrée de fèves, concombre et oignon rouge, velouté de coquillages et pomme de terre et graines de sarazin torréfiées, et, en dessert, un sablé au beurre salé, pommes confites au caramel, crème glacée à la bière brune. Menus de 30 à 60€. *17, rue Haute* ***Honfleur*** *Tél. 02 31 89 01 92 Ouvert jeu.-lun. 12h15-13h30 et 19h15-21h30 Fermé en jan.*

Les Maisons de Léa (plan 6, A1 n°31) Postée en face de l'église Sainte-Catherine, cette grande bâtisse couverte de lierre cache un hôtel 3 étoiles où les non-résidents peuvent se réfugier au calme dans l'ancien salon-bibliothèque, se lover près de la grande cheminée en hiver ou profiter de la terrasse en été. Cuisine raffinée et délicate à base de produits frais et de saison : suprême de pintade farci au chorizo et risotto de roquette, filet de dorade grillé, artichaut poivrade, tomate confite et crumble de parmesan, figues rôties au miel, crumble d'amande et glace pistache... Formule à midi 24€, menus de 30 à 58€. *Pl. Sainte-Catherine* ***Honfleur*** *Tél. 02 31 14 49 49 Ouvert mer.-dim. midi et soir*

☺ **Le Bréard (plan 6, A2 n°28)** Des mélis-mélos froid-chaud et croquant-fondant, où se glissent quelques épices pour un feu d'artifice lancé sans stress par Fabrice Sébire, magicien en coulisse. La carte, fine et fraîche, est renouvelée régulièrement, mais, avec un peu de chance, vous croiserez les huîtres pochées et la déclinaison autour du chocolat. En dessert, une armée de serveurs jongle avec les assiettes, où les boules de glace de moutarde à l'ancienne jouent les équilibristes avec les tuiles de sésame et les émulsions de pomme-calvados. Le premier menu à 32€ est un régal, tout comme ceux à 48 et 58€. *7, rue du Puits* ***Honfleur*** *Tél. 02 31 89 53 40 www.restaurant-lebreard.com Ouvert mi-juil.-mi-sept. : mar. soir, mer.-dim. midi et soir ; mi-sept.-mi-juil. : mer. soir, jeu.-dim. midi et soir Fermé 2 sem. en jan.*

Entre terre et mer (plan 6, A1-B1 n°29) "Peut-être Terre... ou Mer ?" suggère un menu à la réputation incontestée. La cuisine, créative, s'essaie sans cesse à des œuvres innovantes. Même à ses quelques recettes traditionnelles – ris de veau, foie gras poêlé... –, elle n'épargne pas les nouvelles sauces. Le dessert fétiche, à base de pommes tatin, varie selon l'inspiration du chef (sésame, mascarpone, caramel aux épices...). Autre invention, au gré des saisons : un pressé de pont-l'évêque travaillé avec du beurre, des pignons, des baies roses et des fines herbes. Comptez 55€ à la carte. Menus de 29,50 à 56€. *12-14, pl. Hamelin* ***Honfleur*** *Tél. 02 31 89 70 60 www.entreterreetmer-honfleur.com Ouvert tlj. 12h-14h et 19h-22h Fermé début jan.-mi-fév.*

prix très élevés

☺ **Sa.Qua.Na (plan 6, A1 n°30)** Pour un dîner gastronomique, faites escale dans ce restaurant salué par de nombreux critiques. À la carte, vous trouverez peut-être un saumon d'Isigny à l'étuvé avec chou, beurre noisette à la bergamote, moules et pomélos, ou une lotte pochée au citron vert, livèche et coriandre accompagnée d'un bouillon clair à la noix de coco et huile de combava, suivie en dessert d'une rhubarbe en gelée et mousse de truffe... Menus de 80 à 120€. *22, pl. Hamelin* ***Honfleur*** *Tél. 02 31 89 40 80 www.alexandre-bourdas.com Ouvert jeu.-dim. midi et soir*

Dans les environs

prix moyens

Moulin Saint-Georges Les auberges de village disparaissent peu à peu, aussi faut-il se précipiter dans cette chaumière du XIXe siècle pour faire bombance. On y goûte une cuisine normande, où le gingembre s'invite parfois : foie gras maison, pièces de bœuf du boucher, légumes en délicate purée. N'oubliez pas de faire un détour au comptoir pour prendre un dernier verre avec le patron et commenter ses menus à 19, 26 et 35€. Accueil chaleureux. ***Pennedepie*** *(6km à l'ouest de Honfleur) Tél. 02 31 81 48 48 Ouvert mer.-dim. midi et soir Fermé en jan.*

Hébergement

Pour loger dans le centre-ville même, prévoyez un budget assez conséquent. Les prix descendent rarement au-dessous de 70€ la nuit, attrait touristique oblige.

prix moyens

La Cerisaie (hors plan 6 par B1) Le vent caresse les fleurs du jardin et apporte les embruns du large jusqu'aux fenêtres de la maison située face à la mer. Des 4 chambres lumineuses, la vue est superbe, notamment du balcon du "Phare", une mansarde d'où l'on embrasse l'horizon. Décoration discrète, tout comme la charmante hôtesse, qui prépare un petit déjeuner revigorant. Double de 78 à 115€, suite familiale à 135€. *Route de Trouville* ***Honfleur*** *(sortie de la ville, dir. Deauville) Tél. 06 64 88 86 76 www.honfleur-sejours.com*

☺ **Hôtel du Dauphin (plan 6, A1 n°41)** Un charmant 2-étoiles dans une demeure du XVIIe siècle ancrée entre deux rues étroites. Les 34 chambres aux tons marins, fleuries aux fenêtres, ont vue sur les toits et le clocher de Sainte-Catherine. Baignoire ou douche selon les chambres. Double de 89 à 129€, petit déj. 12,90€. Accès wifi gratuit. Équipe souriante. *10, pl. Pierre-Berthelot* ***Honfleur*** *Tél. 02 31 89 15 53 www.hoteldudauphin.com*

Les Cascades (plan 6, B2 n°40) Ici, vous aurez le Vieux Honfleur historique à portée de main. Certes, quelques pièces sont sombres, sans télévision, et les escaliers, de vrais labyrinthes pour les nouveaux arrivants. Mais la plupart des 17 chambres offrent lumière et couleurs vives. Double à 95€ en haute saison, 70-80€ en basse saison, petit déj. 8,50€.

17, pl. Thiers ***Honfleur*** *Tél. 02 31 89 05 83 www.lescascades.com Ouvert mars-oct.*

prix élevés

La Cour Sainte-Catherine (plan 6, A2 n°47) Les chaleureux propriétaires ont transformé un ancien couvent en un espace contemporain, de style loft : poutres apparentes, lits *king size*, salles de bains modernes, aquarelles et lumières tamisées. Une avalanche de charme dans les chambres... et dans l'ancien pressoir, où l'on prend le petit déjeuner. Le jardin fleuri, ode à la sérénité, invite à se détendre après une journée découverte de Honfleur ou des environs (bons conseils touristiques sur la région). Double 110€ avec petit déj.. *74, rue du Puits* ***Honfleur*** *Tél. 02 31 89 42 40 www.coursaintecatherine.com Ouvert toute l'année*

L'Écrin (plan 6, A2 n°44) La vie d'un châtelain sans sortir de la ville ! Un portail clôt cette maison bourgeoise. Les salles, y compris la réception, abondent de dorures et de sculptures (presque trop). Au-delà d'un escalier au tapis épais, une trentaine de chambres donnent sur un jardin luxuriant ou sur la piscine extérieure chauffée. Au rez-de-chaussée, la véranda des petits déjeuners (11-15€) croule sous la verdure. De 120 à 145€ la double, suite 250€. *19, rue Eugène-Boudin* ***Honfleur*** *Tél. 02 31 14 43 45 www.honfleur.com*

☺ **L'Absinthe (plan 6, B2 n°45)** Un ancien presbytère du XVIe siècle admirablement rénové. Les pans de bois jaillissent sous les plafonds bas dans un cadre épuré, de petites lucarnes dégagent des lumières douces, on marche sur des tomettes en terre cuite. Baignoires à bulles dans des salles de bains décorées de carreaux-miroirs. Télévisions à écran plat. De fait, il est indispensable de réserver au moins trois semaines à l'avance. Double 130-160€, suite à 265€, petit déj. 13€. *1, rue de la Ville* ***Honfleur*** *Tél. 02 31 89 23 23 www.absinthe.fr*

prix très élevés

☺ **Maison du parc (plan 6, B2 n°42)** Cette demeure de charme du XVIIIe siècle nous a laissé un souvenir ému. Passé l'accueil (formidable), se dévoilent les cinq chambres décorées avec un goût parfait, dans le respect de l'écrin que constitue la maison. Notre coup de cœur : l'Araucaria située au 3e étage et aux prestations exceptionnelles, un véritable loft

Passer la nuit dans une roulotte

Domaine des 4 saisons (hors plan 6 par B2) La roulotte Mam'zelle Bonaventure, postée sur les hauteurs de Honfleur, est un paradis pour les amoureux de la nature, et un miracle pour les sédentaires qui veulent se mettre au vert. Fraîche et confortable, elle dispose d'un coin cuisine, d'une terrasse et d'un jardin privé. Avis aux amoureux... Nuit à 99€, petit déjeuner en kit compris. Également un kota finlandais, chalet manquant un peu d'authenticité, au fond du jardin (nuit à 89€)., et des gîtes cosy (4-5 pers.). *Chemin du Petit-Saint-Pierre* ***Honfleur*** *Tél. 06 03 06 31 96 ou 07 63 10 25 04 www.domaine-des-quatre-saisons.fr*

privé à l'ambiance normande. Dans le grand parc, l'Orangerie, une villa indépendante, comporte, outre la vaste chambre, un jardin d'hiver, un sauna et un espace sport. Comptez de 140 à 180€ la chambre double, 230€ pour l'Orangerie. Le petit déjeuner (inclus) est à la hauteur du lieu : généreux et délicieux. Situation idéale, à deux pas du port. Parking privé gratuit. *76, rue Saint-Léonard* ***Honfleur*** *Tél. 06 01 86 56 80 http://alamaisonduparc-honfleur.com*

Dans les environs

camping

☺ **Domaine La Catinière** Un camping 3 étoiles dans une vallée profonde au bord de la rivière. Pas de tapage touristique, ni de grand-route indésirable : les tentes voisinent avec des champs et une vieille ferme à flanc de coteau. Une petite chaumière à colombages avec une chambre et une kitchenette se loue à la semaine. Attention, elle est prise d'assaut. Bon équipement et piscine chauffée. Forfait emplacement tente + 2 pers. de 17 à 29€/j., chaumière ou mobile home de 320 à 690€/sem. selon saison. *Hameau Route de Honfleur Riquebec* ***Fiquefleur-Équainville*** *(6km au sud-est de Honfleur par la D580) Tél. 02 32 57 63 51 www.camping-catiniere.com Ouvert avr.-sept.*

prix moyens

Ferme de la grande cour Une ferme-auberge aux barrières de haras et 15 chambres tapissées de papier à fleurs avec rideaux assortis. Celles du bâtiment principal ont été rénovées. Double de 60 à 85€, de 130 à 170€ en demi-pension (obligatoire le week-end). Le restaurant champêtre sert une cuisine du terroir mijotée et de nombreux produits maison. Plat autour de 15€. Menus de 22 à 49€. *Côte de Grâce* ***Honfleur*** *(1,5km à l'ouest de Honfleur par la D513, à côté de Notre-Dame-de-Grâce) Tél. 02 31 89 04 69 www.fermedelagrandecour.com*

☺ **Villa des rosiers** Plages à proximité, calme garanti et gentillesse de l'accueil dans ce petit cottage anglais. Le matin, la maîtresse de maison dépose d'appétissantes douceurs sur la table du petit déjeuner, que l'on prend à proximité d'un bow-window pour profiter du jardin sauvage. Cinq chambres dans des tons pâles, et de bons conseils pour visiter la région. Double de 65 à 80€ avec petit déj. ***Cricqueboeuf*** *(8km au sud-ouest de Honfleur, sur la D513 à côté de la mairie) Tél. 02 31 98 25 22 villa.rosiers@orange.fr www.lavilladesrosiers-cricqueboeuf.fr*

La Cour de Bas Les cocottes humoristiques créées par Huguette, propriétaire de lieux, font des clins d'œil aux hôtes de ce pressoir du XVIIe siècle. Les 3 chambres, confortables et spacieuses, invitent au voyage en Orient (duplex mansardé), en Asie (pierres apparentes et baignoire balnéo) et en Afrique (avec une atypique salle de bains). Le charme opère également dans le jardin, où murmure une fontaine et où chantent les oiseaux le matin. Accueil souriant. Double de 85 à 110€. *Chemin de la Moulière* ***Barneville-la-Bertran*** *(5km au sud-ouest de Honfleur par la D62 puis la D279, tourner à droite après l'église) Tél. 02 31 89 03 64 www.cour2bas.com*

prix élevés

Le Bellevue Superbement située, cette résidence largement centenaire dominant mer et plage trône parmi les villas patriciennes de Villerville. Des vingt-six chambres (115-130€) et trois suites (195€) avec baignoire ancienne ou moderne, les plus chères jouissent d'un balcon-terrasse et d'un beau panorama. Le restaurant chic du rez-de-chaussée attire les foules (menus 29-48€). *7, allée du Jardin-Madame (12, rue du Général-Leclerc)* **Villerville** *(9,5km au sud-est de Honfleur par la D513) Tél. 02 31 87 20 22 www.bellevue-hotel.fr Fermé en jan.*

PONT-L'ÉVÊQUE

14130

Située entre la vallée de la Touques et le pays d'Auge, Pont-l'Évêque est environnée de douces plaines et de domaines gourmands, où les amoureux de produits du terroir croisent les amateurs de châteaux et manoirs. Fief du célèbre fromage, classé AOC depuis 1973, elle tirerait son nom d'un pont bâti sur la Touques par un évêque. Flaubert enfant déambulait dans la "ville-rue", un axe unique bordé de précieuses maisons à colombages d'époque Renaissance. Peut-être croiserez-vous son fantôme à l'ombre de l'église Saint-Michel, bijou du gothique flamboyant et fierté des Épiscopiens.

MODE D'EMPLOI

accès

EN VOITURE

Pont-l'Évêque, desservie par l'A13, se situe 13km au sud de Deauville par la D677 et 19km au nord de Lisieux par la D579.

EN CAR

Plusieurs liaisons quotidiennes avec Lisieux et Honfleur (ligne 50) ou Caen (ligne 39).

Bus verts du Calvados *Tél. 0810 214 214 www.busverts.fr*

informations touristiques

Office de tourisme de Pont-l'Évêque Une foule de documentation locale et les programmes des festivités. *16bis, pl. Jean-Bureau Tél. 02 31 64 12 77 www.blangy-pontleveque.com Ouvert juil.-août : lun.-sam. 9h-18h30, dim. 10h-13h ; sept.-juin : lun.-sam. 10h-12h30 et 14h-18h*

Office de tourisme de Blangy-le-Château Annexe de l'office de Pont-l'Évêque. *9,5km au sud-est de Pont-l'Évêque par la D286 Tél. 02 31 65 48 36 www.blangy-pontleveque.com Ouvert avr.-mi-sept. : mer.-sam. 10h-12h30 et 14h-18h, dim. 10h-13h*

fêtes et manifestations

Fête du fromage de Pont-l'Évêque Deux jours de réjouissances sur la place du Marché. Les producteurs élisent le meilleur pont-l'évêque. *2e w.-e. de mai*

Peintres au village Exposition à ciel ouvert de peintres amateurs et professionnels à Blangy-le-Château. *3e dim. de juil.*

Fête de la pomme Les producteurs des environs de Blangy-le-Château y exposent leurs produits cidricoles et leurs pommes fraîchement récoltées. *Fin oct.*

marchés

Marché traditionnel Les producteurs de la région se rassemblent à Pont-l'Évêque autour de la place Foch. *Lun. matin*

Marché campagnard à l'ancienne de Pont-l'Évêque Une remontée dans le temps ! Une vingtaine de stands artisanaux couvrent la place des Dominicaines, et chacun déguste : cidre, pommeau, calvados, charcuterie, camembert, confiture de lait... Musique et danses paysannes avec groupe folklorique en costume. *Dim. de Pâques, Pentecôte et juil.-août : 10h-13h*

DÉCOUVRIR

Découvrir autrement Dégustez le cidre du Cœur de Lion, arpentez le pays d'Auge au volant d'une 2 CV, offrez-vous un kaléidoscope à Beaumont-en-Auge (Après la pluie)

Pont-l'Évêque

Église Saint-Michel Le maître maçon Guillemot de Samaison, également auteur de l'église Saint-Jacques-de-Lisieux, a bâti cet édifice flamboyant entre 1483 et 1519. Observez les bas-côtés, aux pendentifs finement ciselés du XVIe siècle, et la tour carrée, flanquée de contreforts en saillie. Comme à Saint-Jacques, les bombardements de 1944 eurent raison des vitraux du XVIe siècle, remplacés en 1964 par ceux du maître verrier Chapuis. *Ouvert tlj. (horaires variables)*

Espace culturel des Dominicaines La place du Tribunal occupe l'emplacement d'un couvent partiellement rasé à la Révolution. La partie du bâtiment (XVIe s.) qui a survécu, dotée d'un étage en bois et d'un balcon en encorbellement, abrite un centre culturel. Une exposition permanente y présente les coutumes et traditions de Pont-l'Évêque, tandis que la visite guidée de l'ancienne prison réserve quelques frissons (sur réservation uniquement). Un peu plus loin dans la rue de Vaucelles, l'élégant hôtel Montpensier (1624) mêle avec coquetterie la briquette de Saint-Jean, de couleur rose, à la pierre calcaire. Une légende veut que la duchesse de Montpensier y ait résidé, d'où son nom. *Pl. du Tribunal Tél. 02 31 64 89 33 lesdominicaines@pontleveque.fr Ouvert mi-fév.-mars, oct.-mi-déc. : mer.-dim. 14h30-18h ; avr.-juin, sept. : mer.-dim. 10h30-12h30 et 14h30-18h ; juil.-août : tlj. 10h30-12h30 et 14h30-18h Tarif 3,25€, moins de 15 ans gratuit*

● Où remplir son panier pique-nique de fromage ?

La Fromagerie d'Annabelle Jeune femme passionnée par son métier, Annabelle a fait le tour de la région pour proposer les meilleurs producteurs, notamment des AOP locales, dont bien sûr le pont-l'évêque. N'hésitez pas à la consulter : elle est d'excellent conseil pour un choix de fromage, bien sûr, mais aussi une idée de recette. *11, rue Hamelin Tél. 02 31 65 54 37 Ouvert mer.-sam. 9h-12h30 et 15h-19h, dim. 9h30-12h30*

● Visiter les chais et déguster cidre et calvados

Distillerie du Père Magloire Cette entreprise très balisée – vous ne pourrez manquer ses pancartes – existe depuis 1821 et se spécialise dans les calvados de 4 à 20 ans d'âge. Le domaine manque de charme, mais la visite guidée a le mérite d'être très claire et de se clore sur la dégustation de doux calvados. *Route de Trouville Tél. 02 31 64 30 31 www.pere-magloire.com Visite mai-sept. : 10h30, 11h30, 14h30, 15h30, 16h30 et 17h30 ; avr., oct. : à 11h, 14h30, 15h30 et 16h30 (durée 45min)* **Boutique** *Ouvert avr.-oct. : tlj. 10h-12h30 et 14h-18h30 ; nov.-mars : lun.-ven. 10h-12h et 14h-17h30*

☺ **Domaine Cœur de Lion-Calvados Christian Drouin** Il fallait au moins cet ancien haras du XVIIe siècle pour abriter la distillerie artisanale de Christian Drouin et ses nombreuses productions : une trentaine de calvados millésimés, un pommeau, un poiré et plusieurs cidres. Les visites des chais de vieillissement, pressoirs et vieux alambics se terminent naturellement par un passage au comptoir par curiosité... ou par plaisir. *Route de Trouville* **Coudray-Rabut** *(RD677, 1km au nord de Pont-l'Évêque) Tél. 02 31 64 30 05 www.calvados-drouin.com Ouvert lun.-sam. 9h-12h et 14h-18h*

● S'amuser au bord de l'eau

Lac de Pont-l'Évêque Ce lac qui s'étend en face de l'élégant château de Betteville offre de multiples activités nautiques à sensations fortes (scooter des mers, jet-ski) ou plus calmes (pédalo, canoë, baignade), et l'on peut s'adonner à proximité à des sports plus classiques comme le volley, le minigolf et la pétanque. De l'entrée, vous effectuez une agréable marche d'un bon kilomètre avant d'atteindre la plage. Au bord de l'eau, un restaurant-bar-brasserie : La Cidria, proposant en saison des animations en soirée. *1km au sud de Pont-l'Évêque, dir. Lisieux (D48)* **Base nautique** *Tél. 02 31 64 31 31 www.lacdepontleveque.com Ouvert Pâques-juin, août-Toussaint : w.-e. et j. fér. ; juin-août : tlj.* **La Cidria** *Tél. 02 31 64 94 15 Ouvert mer.-dim. 10h-20h*

● Découvrir le pays d'Auge en 2 CV

La Normandie à 2 CV La formule clé-en-main est aussi simple que charmante : s'installer au volant d'une 2 CV (4 personnes maximum par véhicule) et faire une boucle d'une journée dans les environs de Pont-l'Évêque. Au programme : dégustation de cidre (dans des dés à coudre pour reprendre le volant ensuite), visite de manoirs, détours campagnards... Comptez 210€ la journée, assurances, essence et droits d'entrée compris. *Tél. 02 31 65 20 79 ou 06 81 38 73 08 www.balades-2cv-normandie.com Ouvert toute l'année, sur réservation uniquement*

Les environs de Pont-l'Évêque

Manoir des Évêques Un domaine privé, classé monument historique. Deux manoirs du XVIe siècle à pans de bois et silex en damier se dressent sur le site d'une seigneurie épiscopale. Les évêques qui l'occupèrent du Xe au XVe siècle ne lui laissèrent guère que sa tour octogonale. La propriété fut par la suite reconstituée par un particulier. Intéressantes visites guidées d'une heure, incluant celle du pressoir, et de la salle où se prenaient les repas au Moyen

Âge. **Canapville** *(5km au nord-ouest de Pont-l'Évêque par la N177) Tél. 02 31 65 24 75 www.manoirdeseveques.fr Ouvert juil.-août : mer.-lun. 14h-20h Visite guidée de 45min env. Tarif 7€, moins de 12 ans gratuit*

☺ **Beaumont-en-Auge** Perchées sur un éperon à 90m, des maisons anciennes s'éparpillent autour de l'ancien prieuré bénédictin qui fit la renommée de ce bourg agricole. Fondé par le seigneur Robert Bertran en 1060, il connut un renouveau monastique après la réforme de saint Maur en 1660. Un collège de garçons l'occupa de 1733 à 1794, tenu par les pères jésuites, professeurs réputés. Le plus célèbre de leurs élèves, le mathématicien Pierre Simon de Laplace (1749-1827), se dresse en statue sur la place centrale devant sa maison natale. L'église, d'une nudité austère, comprend une tour romane presque invisible sous le clocher d'ardoise, un chœur et un transept du XIIIe siècle remodelés au XVIIe siècle. *7km à l'ouest de Pont-l'Évêque*

Saint-Hymer Dans le creux d'une riante vallée qu'arrose l'Yvie, un minuscule village et son lavoir. Près du cimetière se tient le prieuré fondé par Henri de Montfort vers 1066. Après une période de déclin, l'abbé Henri de Roquette (1699-1789) y installa un foyer janséniste et fit reconstruire une partie des bâtiments. Le prieuré abrite aujourd'hui un établissement de soins et ne se visite pas. À ses côtés, l'église recèle dans la chapelle sud du transept des chapiteaux du XIIe siècle et un chœur gothique rayonnant du XIIIe siècle. Son clocher, bâti en 1665, copie trait pour trait celui de l'abbaye de Port-Royal-des-Champs, dissoute en 1709 par Louis XIV. *5,5km au sud-ouest de Pont-l'Évêque* **Église** *Tél. 02 31 64 00 84 Clé à la mairie*

VEDETTE LOCALE
L'une des enfants de Saint-Hymer, la "**mère Denis**", connut une véritable notoriété dans les années 1980 avec une publicité pour lave-linge. Elle scandait, penchée sur un lavoir, avec son accent du terroir "Ch'est ben vrai, cha" ! Elle repose dans le cimetière du village.

Pierrefitte-en-Auge Ce village, qui domine la vallée de la Touques et ses toits de chaume, culmine à l'église Saint-Denis, qui date du XIIIe siècle. Outre sa nef et son chœur d'origine, l'édifice se distingue pour ses voûtes peintes en bois de châtaignier : ciels étoilés, guirlandes baroques, médaillons ornés d'anges, de saints et de personnages bibliques. Des moines italiens, exilés dans le pays au XVIIe siècle, en seraient les auteurs. *5km au sud-est de Pont-l'Évêque* **Église** *Clé à l'auberge des Deux Tonneaux*

Saint-Julien-sur-Calonne Un hameau de bout du monde auquel on accède par un chemin très ombragé. L'église, dont la tour carrée à ressauts domine les arbres, règne sur un ensemble à pans de bois formant une ferme-manoir. Elle est là depuis le XIe siècle ; autrefois puissante, elle rayonnait sur plusieurs paroisses. Le bâtiment reconstruit au XVIe siècle comporte entre autres un portail Renaissance et un chœur richement décoré. Sur le sommet d'une chapelle pointe un épi de faîtage en terre d'argile, caractéristique de l'artisanat du Pré d'Auge. *4km à l'est de Pont-l'Évêque*

☺ **Château du Breuil-en-Auge** Classé monument historique, il se cache au fond d'un parc d'arbres centenaires où se niche une distillerie du XVIIIe siècle abritant un alambic moderne, une orangerie du XVIIe siècle, contenant des chais, et un lac artificiel. Le bâtiment principal n'est pas ouvert à la visite, mais vous pourrez flânez dans le parc, entre les vestiges d'un pont-levis et de deux tours en poutres de chêne et tuileaux montés en arête de poisson, puis découvrir la distillerie et les chais, avant de terminer par une dégustation de cidre ou de calvados. ***Le Breuil-en-Auge** (8,5km au sud de Pont-l'Évêque) Tél. 02 31 65 60 00 www.chateau-breuil.fr Ouvert tlj. 9h-12h et 14h-18h Tarif 4,50€, moins de 18 ans gratuit* **Église** *Pour visiter l'intérieur, s'adresser au presbytère Tél. 02 31 64 28 38*

BOUTIQUE DU CHÂTEAU

Après vous être régalé les yeux devant le **château du Breuil**, une dégustation s'impose dans la boutique du domaine. Une bonne entrée en matière avant de faire provision, si le cœur vous en dit. Cidre, calvados jusqu'à 15 ans d'âge, vieille prune, liqueur de calvados.

● Où acheter des fromages ?

Fromagerie de Maître Pennec Le plus inventif des fromagers hante les marchés de la Côte fleurie. Ici trône sa gamme complète aux noms burlesques – "la Pucelle", "le Puant Normand", "l'Extase", "le Baiser de Feu"... – par ordre croissant, des plus doux aux plus relevés, vendus à la coupe ou à la pièce. ***Saint-Benoît-d'Hébertot** (7,5km au nord-est de Pont-l'Évêque) Tél. 02 31 64 39 49 Ouvert juil.-août : tlj. 10h-18h ; sept.-juin : mar.-sam. 10h-18h*

● Où dénicher une douceur chocolatée ?

☺ **Chocolaterie Bradfer** Dans une maison d'angle du XVIIe siècle, Patrick Bradfer donne furieusement envie de tomber sur la fève : ses plaques de chocolat noir, où l'amertume fait d'aériennes apparitions, sont un délice de finesse. Cet artiste, qui manie l'art du cacao aussi bien que les mots, sert oranges confites, pralines et confitures avec une charmante bonhomie. *1, rue de la Libération* ***Beaumont-en-Auge*** *(7km à l'ouest de Pont-l'Évêque) Tél. 02 31 64 67 66 Horaires variables, se renseigner*

● Où voir la vie en couleurs ?

☺ **Après la pluie** On franchit la porte de ce cabinet de curiosités comme Alice traverse le miroir pour une plongée irrésistible dans le monde de l'enfance. Ce magasin d'antiquités, tenu par Dominic Stora, regorge d'objets loufoques et de livres anciens, mais c'est pour ses kaléidoscopes faits main que l'on vient de loin. Ce passionné passe de longues heures à positionner les miroirs dans les tubes, et on lui rend hommage en faisant tourner ces appareils poétiques, qui colorent le monde et célèbrent l'éphémère. Comptez entre 20 et 39€ pour un petit modèle, de 100 à 150€ pour un kaléidoscope en métal peint à la main. *3, rue de la Libération* ***Beaumont-en-Auge*** *(7km à l'ouest de Pont-l'Évêque) Tél. 02 31 65 13 20 apreslapluie@orange.fr Ouvert juil.-sept. : tlj. 10h-13h et 15h-19h ; oct.-juin : sam.-dim. 10h-13h et 15h-19h (et vac. scol.)*

● Où faire une pause ?

Auberge du prieuré de Saint-Hymer Un délicieux moyen de s'attarder devant un cours d'eau : l'auberge sert entre 14 et 18h des assiettes de cochonnailles ou de fromages, omelettes, foie gras, crèmes brûlées, tartes aux pommes, crêpes et boissons sans alcool. En-cas de 5 à 12€. Mais on vient ici plus pour le cadre que pour la cuisine. ***Saint-Hymer*** *(6,5km au sud de Pont-l'Évêque) Tél. 02 31 64 07 82 Ouvert mar.-dim. 12h-14h et 19h30-22h*

● Faire un golf

Golf Barrière de Saint-Julien En pleine campagne, un golf de 9 et 18 trous. Parcours 18 trous de 40 à 70€ selon la saison. ***Saint-Julien-sur-Calonne*** *(à 1,4km du village, dir. La Briqueterie) Tél. 02 31 64 30 30 www.lucienbarriere.com Ouvert avr.-juin : tlj. 8h30-19h30 ; juil.-sept. : tlj. 8h-20h ; oct.-nov. : tlj. 8h30-17h30 ; déc.-mars : tlj. 9h-17h*

CARNET D'ADRESSES

Restauration

prix moyens

Le Vaucelles La gentillesse du patron n'est pas étrangère au fait que l'auberge soit chérie par les habitants de la ville. Chacun aime venir discuter dans cette salle de café rétro, et goûter l'un des plats suggérés : feuilleté de foies de volaille sauce au miel, matelote de poissons, bavette à la moutarde... l'ardoise change sans cesse. Assiettes copieuses, cuisine bon marché et quelque peu recherchée. Comptez 15€ à la carte, menus avec plats du jour de 14 à 24€. *39, rue de Vaucelles* ***Pont-l'Evêque*** *Tél. 02 31 65 29 22 Ouvert juil.-août : tlj. ; sept.-juin : lun. midi, mer.-dim. midi et soir*

Auberge de la Touques Près de la Touques, un site ravissant où goûter une cuisine du terroir, dans une salle aux poutres apparentes. Les plats, normands, mettent en valeur les produits des environs et privilégient les recettes de grand-mère (tripes, coq au vin et boudin aux pommes). Une cuisine riche mais délicate, à accompagner de l'un des nombreux cidres à la carte. Menus de 21 à 39€, formule déjeuner à 16€. *2, pl. de l'Église* ***Pont-l'Evêque*** *Tél. 02 31 64 01 69 Ouvert juil.-août : tlj. 12h-14h30 et 19h-21h ; sept.-juin : mer.-dim. 12h-14h et 19h-21h*

Auberge de l'Abbaye Reprise en 2015 par une jeune équipe, la vénérable Auberge en a perdu son caractère gastronomique pour proposer une cuisine "bistro chic" où le produit frais, local et de saison est roi. Cécile, la cheffe, est même prête à écouter les desiderata de ses clients en matière de menu si on lui téléphone 48 heures à l'avance ! Formule (entrée, plat et dessert) à 26€. *2, rue de la Libération* ***Beaumont-en-Auge*** *(7km à l'ouest de Pont-l'Évêque) Tél. 02 31 64 82 31 www.aubergedelabbaye.net Ouvert jeu.-mar. 12h-14h30 et 19h-22h*

GAMME DE PRIX	RESTAURATION	HÉBERGEMENT
Très petits prix	moins de 10€	moins de 40€
Petits prix	de 10 à 20€	de 40 à 70€
Prix moyens	de 20 à 35€	de 70 à 100€
Prix élevés	de 35 à 50€	de 100 à 150€
Prix très élevés	plus de 50€	plus de 150€

Café des Arts Vivement qu'il pleuve que l'on profite de la chaleur de ce salon de thé de Beaumont : meubles chinés, terrasse chauffée et plaids à disposition. On déguste selon l'heure et l'envie du foie gras, une tarte aux fruits ou un plat du jour copieux (env. 25€ à la carte). Sur les tables sont disposés des bouquets de fleurs aussi fraîches que les produits proposés. *Pl. de Verdun* ***Beaumont-en-Auge*** *(7km à l'ouest de Pont-l'Évêque) Tél. 02 31 64 81 70 Ouvert lun. et mer. midi, jeu.-dim. midi et soir*

prix élevés

☺ **Auberge des Deux Tonneaux** Cette bâtisse du XVIIe siècle cultive une atmosphère de pub irlandais avec ses tables en bois et ses fioles de whisky alignées au-dessus du comptoir. Le feu de cheminée qui crépite et le potage au camembert qui mijote donnent la touche normande... À la carte, un festival de cochonnailles : superbes jarretons au cidre, boudin artisanal, tripes... Si le temps le permet, on dîne sous les pommiers, dans le jardin qui domine la vallée. Comptez de 35 à 45€. ***Pierrefitte-en-Auge*** *(5km au sud-est de Pont-l'Évêque) Tél. 02 31 64 09 31 www.aubergedesdeuxtonneaux.com Ouvert juil.-août : mar.-dim. ; sept.-juin : mer.-dim.*

prix très élevés

☺ **Le Dauphin** La table de Régis Lecomte, l'une des meilleures de la région, ravit tous les palais. Les traditionnels peuvent opter pour ses plats du terroir façon raffinée, comme le barbecue d'huîtres d'Isigny ou les rognons au camembert. Et ceux qui sont en quête de nouveauté tenteront les yeux fermés une poêlée de saint-pierre à la vanille, un pigeonneau désossé en cage... Comptez 80€ à la carte, menus à 42 et 52€. ***Le Breuil-en-Auge*** *(8,5km au sud de Pont-l'Évêque) Tél. 02 31 65 08 11 www.ledauphin-restaurant.com Ouvert mar.-sam. 12h15-14h et 19h15-21h, dim. 12h15-14h*

Hébergement

prix moyens

Hostellerie de l'Aubergade Pour se ressourcer le corps et l'esprit : d'abord, 13 chambres confortables et traditionnelles en demi-pension (60-66€/pers.) dans une maison de pays à colombages, entièrement restaurée, avec un immense jardin, où l'on passerait des heures à arpenter la pelouse. Ensuite, au menu, quelques plats savoureux : magret de canard aux poires, lottes, noix de Saint-Jacques, marmite de poissons, moelleux au chocolat, tarte aux pommes. Menus 18, 26 et 30€. *Longdouet* ***Canapville*** *(6km au nord de Pont-l'Évêque, dir. Deauville et à gauche de la grand-route en venant de Pont-l'Évêque) Tél. 02 31 65 22 59 Ouvert avr.-nov.*

prix élevés

Les Vikings À la sortie de Pont-l'Évêque, cette somptueuse bâtisse typiquement normande possède un charme fou, avec ses colombages et ses vitraux. À l'intérieur, trois chambres lumineuses et reposantes bénéficient d'une déco personnalisée. Une roulotte roumaine traditionnelle, installée dans le parc, peut également accueillir un couple en tout confort. Double 95-100€ en haute saison, 85-90€ en basse, roulotte 120€. Petit déj. (inclus) en terrasse aux beaux jours. Parking fermé. *15, av. de la Libération* ***Pont-l'Evêque*** *(du centre-ville, prendre la D48 dir. Coquainvilliers, puis à droite après 800m) Tél. 06 82 23 42 64 www.lesvikings.fr*

LISIEUX

14100

Au creux de la vallée de la Touques, la capitale du pays d'Auge panse tranquillement ses blessures de guerre. Jadis cité industrielle et commerçante, elle se consacre de nos jours au culte de sainte Thérèse, qui la porte à bout de bras : la vie s'allume autour de la basilique avec son lot de marchands de souvenirs et le flux des visiteurs. À l'occasion, une foire ancestrale, un marché ou un concert viennent réjouir ses places, et c'est la fête. Ses plus beaux monuments rappellent qu'elle fut le siège d'un évêché, du VIe siècle à la Révolution. Le sous-sol fournit des vestiges de Lisieux la romaine, l'ancienne Noviomagus, capitale des Lexovii. Et qui imaginerait le lacis de ruelles tortueuses du Lisieux d'avant-guerre ? Les maisons anciennes à pans de bois s'alignaient alors, avec leurs façades ornementées – ce qui valut à la ville le nom de "capitale du bois sculpté". Aujourd'hui, les survivantes se dissimulent parmi les immeubles, offrant à qui sait les voir leurs attraits discrets : en arpentant les rues Paul-Banaston, Henri-Chéron, du Docteur-Degrenne ou Aristide-Briand, on découvre des merveilles à encorbellement – logis urbains, tours, manoirs.

MALHEURS ET RECONSTRUCTION La ville vécut l'enfer le 6 juin 1944, lorsque les tirs alliés la mutilèrent. Ils récidivèrent le lendemain, achevant de la ruiner complètement. Sa cathédrale, son patrimoine thérésien comprenant le carmel, quelques bâtiments historiques et 300 habitations sur près de 3 000 avaient résisté. Pour les sinistrés, la reconstruction s'imposait d'urgence et l'architecte Robert Camelot se chargea d'en tracer le plan en 1946. Il souhaitait rompre avec le passé en dégageant de grandes artères aérées, capables d'accueillir les nombreux pèlerins. Vœu à demi réalisé : il fallut rebâtir vite, avec des matériaux bon marché, en élargissant à peine les rues. Pour compenser, Camelot tenta de personnaliser l'architecture de chaque immeuble.

SAINTE THÉRÈSE Thérèse Martin naquit le 2 janvier 1873 à Alençon, et passa son enfance à Lisieux dans la "maison des Buissonnets". À l'âge exceptionnellement jeune de quinze ans, elle entra au carmel et y vécut neuf ans, avant de mourir de tuberculose en 1897. Canonisée en 1925, déclarée patronne universelle des missions en 1927 et faite docteur de l'Église en 1997, elle doit sa célébrité à son *Histoire d'une âme*, récit qu'elle rédigea à la demande de la mère supérieure. Elle y consigne ses souvenirs d'enfance, mêlés à son cheminement personnel, en se référant à la Bible et aux écrits de saint Jean de la Croix. Par la "petite voie", les actes simples de la vie de tous les jours deviennent des actes d'amour. Thérèse récuse l'idée du Dieu justicier, message véhiculé alors dans les discours catholiques. Pour les croyants, ce témoignage révéla un renouveau spirituel et un tournant dans l'histoire religieuse.

MODE D'EMPLOI

accès

EN VOITURE
Par la route N13 Paris-Lisieux, ou l'autoroute A13 sortie Pont-l'Évêque. À 180km de Paris (2h), 50km de Caen (1h). Lisieux se situe 19km au sud de Pont-l'Évêque, 33km au sud de Honfleur par la D579 et 70km à l'ouest d'Évreux par la D613.

EN TRAIN
Les lignes Paris-Deauville, Paris-Cherbourg (départs de la gare Saint-Lazare) et Caen-Rouen marquent l'arrêt à Lisieux. Durée des trajets : env. 1h30 de Paris, 20min de Deauville, 30min de Caen, 2h de Cherbourg et 1h10 de Rouen.
Gare SNCF (plan 7, A3) *Pl. Pierre-Sémard Tél. 3635 www.voyages-sncf.com www.ter-sncf.com*

EN CAR
Les Bus verts du Calvados assurent des liaisons régulières avec Honfleur (ligne n°50, 1h), Le Havre (ligne n°50, 1h30) et Orbec (ligne n°56, 45min).
Bus verts du Calvados *Tél. 0810 214 214 www.busverts.fr*
Gare routière *Attenante à la gare SNCF Tél. 02 31 62 49 95*

orientation et stationnement

Lisieux se déploie dans la vallée de la Touques, au confluent de la Touques, de l'Orbiquet et du Cirieux. À l'est, sa basilique à dôme domine la ville, faisant écho à la cathédrale Saint-Pierre à l'ouest. Les deux monuments bornent le centre, coupé par la rue Henri-Chéron qui relie la route de Caen au nœud routier de la Porte de Paris. Parking gratuit en face de l'office de tourisme, rue d'Alençon, et sur une partie de la place de la République ; payant place François-Mitterrand.

circuler en ville

Cars Lexobus Ils desservent tous les quartiers de la ville du lundi au samedi de 6h à 20h environ (ne circulent pas le dimanche ni les jours fériés). *Tél. 0800 800 773 www.lexobus.com*

marchés et foires

Marché traditionnel (plan 7, A1) Toute l'année, la place de la République est envahie de marchands le samedi matin. Également le mercredi à partir de 15h place François-Mitterrand (plan 7, B1) pendant les Mercredis de l'été.
Foire aux arbres (plan 7, B2) Connue aussi sous le nom de Foire aux pépins et fêtée depuis plus de cinq cents ans ! Les arboriculteurs prennent possession trois jours durant des rues du centre-ville : vente de graines, de plantes, d'arbustes, cours de taille, et expositions sur des compositions à thème à l'espace Victor-Hugo, place Boudin-Desvergées. *1er w.-e. de mars, du sam. au lun.*
Foire aux picots (plan 7, B1) La coutume veut que la dinde de Noël - le picot - soit achetée vivante et à l'avance, afin de pouvoir l'engraisser. Volaillers place François-Mitterrand et sur la partie piétonne de la rue Pont-Mortain. *1er dim. d'août*

fêtes et manifestations

Festival de musique ancienne L'Académie de musique ancienne de Lisieux se produit dans les églises des alentours et à l'hôtel du Haut-Doyenné. *Une sem. au mois de juil.*
Les Rendez-vous de l'été Série de concerts gratuits se déroulant en plein air avec une tête d'affiche : chants marins, soul, rythm and blues,

musique folk, variétés... Programme à l'office de tourisme. *À 20h45 place François-Mitterrand En juil.-août*

Jazzitudes Les semi-professionnels peuvent suivre des ateliers, qu'ils clôturent de représentations dans les restaurants, bars et monuments historiques. *Tél. 02 31 48 31 88 (association Sibémol) www.jazzitudes.com Une sem. au mois d'août*

Fêtes thérésiennes Procession des reliques de sainte Thérèse : départ du carmel, pèlerinage à la basilique puis à la cathédrale Saint-Pierre, et retour au carmel. Importantes messes. *Tél. 02 31 48 55 08 Dernier w.-e. de sept.*

informations touristiques

Office de tourisme de Lisieux-Pays d'Auge (plan 7, A2) Un bureau central ouvert à l'année, plus un point d'information pendant l'été. **Bureau central** *11, rue d'Alençon Tél. 02 31 48 18 10 www.lisieux-tourisme.com Ouvert juin-sept. : lun.-sam. 8h30-18h30, dim. et j. fér. 10h-12h30 et 14h-17h ; oct.-mai : lun.-sam. 8h30-12h et 13h30-18h* **Annexe (plan 7, A3)** *Pl. François-Mitterrand Ouvert mi-juin-août : lun.-sam. 9h-12h et 13h-17h15*

Sanctuaire Sainte-Thérèse Un numéro et un site Internet pour obtenir toutes les informations concernant l'itinéraire Sainte-Thérèse : visites, événements, messes... *Tél. 02 31 48 55 08 www.therese-de-lisieux.com*

VISITES THÉMATIQUES

Un circuit (2h) avec panneaux lumineux pour partir à la découverte de la ville : "Lisieux historique" (la cité médiévale, départ de l'OT). Visite audioguidée du centre-ville historique (2h) jalonnée de trente stations commentées (location audioguide 5€). Se renseigner à l'office de tourisme.

DÉCOUVRIR

Lisieux

☆ **Les essentiels** La basilique Sainte-Thérèse **Découvrir autrement** Visitez le couvent des carmélites et faites un détour par le magasin du carmel, admirez un chocolatier modeler sous vos yeux un piano à queue

☆ ☺ **Basilique Sainte-Thérèse (plan 7, B3)** L'âme, imposante, de la ville ! Une masse discontinue de pèlerins effectue la montée pour fouler ses marches, depuis que le sanctuaire reçut la bénédiction qui l'ouvrait au culte, le 11 juillet 1937. Lorsque Thérèse fut canonisée à Rome le 17 mai 1925, le projet de lui élever une basilique n'allait pas sans obstacles. Mais les avis contraires importaient peu à l'évêque de l'époque, Mgr Lemonnier : ayant en tête l'idée d'une réplique de sanctuaire de Lourdes, il commanda à l'architecte Jules Barbier des plans qui furent jugés trop exigus par les fidèles. La basilique devait être grande. Finalement, l'architecte Louis-Marie Cordonnier (1854-1940) fut choisi pour sa réputation mondiale, et conçut cet édifice de style néobyzantin en forme de croix grecque. En 1937, l'énorme basilique en pierre était née : on eut le temps de lui ajouter deux cloîtres, avant que n'éclate la Seconde Guerre mondiale. En juin 1944, elle reçut deux bombes, mais les Alliés l'épargnèrent de justesse. Après les réparations, elle fut décorée et dotée en 1974 de son campanile inachevé – il aurait dû mesurer 95m, et dépasser le dôme. Elle comprend une nef gigantesque et une crypte en sous-sol, les deux recouverts des mosaïques de

Pierre Gaudin (1908-1973), qui conçut aussi la série des vitraux. L'artiste, formé dans les ateliers d'art sacré, s'inspira des verriers du Moyen Âge pour créer une lumière céleste, capable d'illuminer le sanctuaire avec peu de soleil. Il joua sur les couleurs des vitraux représentant les saints préférés de Thérèse. Une multiplicité de cierges brûlent devant des photos très vivantes de la sainte. À gauche de la crypte, le **Diorama** (musée de Cire) représente onze scènes de la vie de la sainte. *Av. Sainte-Thérèse Ouvert avr., oct. : tlj. 9h-18h30 ; mai-juin, sept. : tlj. 9h-19h ; juil.-août : tlj. 9h-19h30 ; nov.-mars : tlj. 9h-17h30* **Diorama** *Ouvert mars-oct. : lun.-sam. 11h-13h et 14h-18h, dim. 14h-18h Audioguide 3€, réduit 1€*

COLOSSE AUX PIEDS D'ARGILE
Avant d'entamer la construction de la **basilique**, on usa des mêmes techniques que pour le Sacré-Cœur de Montmartre : on creusa notamment 130 puits cylindriques, pour consolider un sol argileux. Grâce à l'équilibre des proportions, la basilique peut camper sur ses positions !

Église Saint-Jacques (plan 7, B2) Le maître maçon Guillemot de Samaison la commença en 1498, mais l'édifice ne fut achevé qu'en 1540, sur un plan sobre et dégagé. Son originalité : pas de transept, et une parfaite unité architecturale. Un vaisseau central, baigné par la lumière, se divise en douze travées égales et s'allonge sur un sol légèrement pentu. L'église a perdu en 1944 ses verrières du XVIe siècle et un précieux mobilier. Les parties hautes et le clocher-porche ont été reconstruits après la guerre. Fermée au culte, elle ouvre ses portes pour des expositions temporaires. *Rue au Char Rens. sur les expositions auprès de l'office de tourisme*

Couvent des Carmélites (plan 7, B2) Un gisant de sainte Thérèse en cire repose au-dessus de son tombeau dans la petite chapelle. À droite, vous pourrez voir aussi un intéressant et bref "**exporama**" sur sa vie au carmel. Un espace de visite honore le souvenir de la sainte à travers des objets lui ayant appartenu, une salle d'ex-voto et plusieurs films, dont un présentant la vie des carmélites de nos jours. *37, rue du Carmel Ouvert tlj. 7h15-19h Entrée libre* **Exporama** *Ouvert mars-oct. : tlj. 9h30-12h15 et 13h30-18h ; nov.-fév. : tlj. 9h45-11h45 et 14h-17h45*

SOUVENIRS DU CARMEL
Le magasin du carmel, discrète boutique de souvenirs, présente le travail des sœurs du carmel : vous pourrez choisir entre icônes et marque-pages. **Magasin du carmel (plan 7, A2 n°40)** *37, rue du Carmel Tél. 02 31 62 90 46 Ouvert Pâques-début oct. : tlj. 9h30-12h15 et 13h30-18h ; début oct.-Pâques : tlj. 9h45-12h et 14h-17h30*

☺ **Maison des Buissonnets (plan 7, B1)** Thérèse arriva en 1877, et grandit dans cette demeure bourgeoise où sa vocation lui fut révélée pour la première fois en 1886, le soir de Noël. Visite semi-guidée gratuite : on découvre les pièces, le mobilier et la vie quotidienne de la famille Martin. Derrière la maison s'étend un joli jardin, où les statues de Thérèse et de son père semblent bavarder sur un banc. *Chemin des Buissonnets Ouvert fév.-Pâques, oct. : tlj. 10h-12h et 14h-17h ; Pâques-sept. : tlj. 9h-12h et 14h-18h ; mi-déc.-jan. : tlj. 10h-12h et 14h-16h Fermé nov.-mi-déc.*

Plan 7 Lisieux

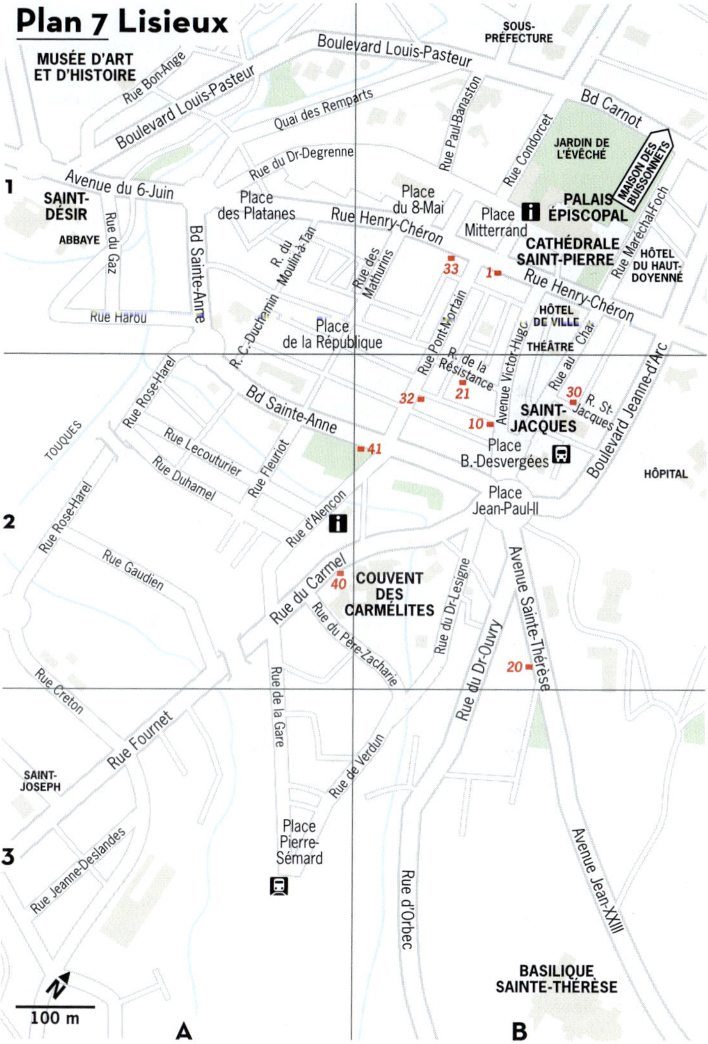

Pâtisserie, salon de thé ■ 1

Pâtisserie Billoudet p.249 ______ 1 B1

Cafés, bars et lieux de sortie ■ 10

Victoria Pub p.249 ______ 10 B2

Restauration ■ 20 et 21

L'Avenue p.253 ______ 20 B2
Les Acacias p.253 ______ 21 B2

Hébergement ■ 30 à 33

Hôtel de la Coupe d'or p.254 ______ 32 B2
Hôtel de la Place p.254 ______ 33 B1
Hôtel Saint-Louis p.254 ______ 30 B2

Shopping ■ 40 et 41

Atelier Benoît Cazelles p.249 ______ 41 B2
Magasin du carmel p.246 ______ 40 A2

☺ **Cathédrale Saint-Pierre (plan 7, B1)** Fruit de quatre siècles de travail, siège d'un évêché puis église paroissiale, elle survécut quasi indemne aux bombardements de juin 1944 ! Pour remplacer une cathédrale romane qui avait brûlé – dont il reste deux piliers, un de chaque côté de l'entrée –, l'évêque Arnoul lança vers 1170 la construction d'un édifice de style gothique dans le calcaire tendre de la vallée de la Touques. Le chantier introduisait en Normandie une technique nouvelle, venue d'Île-de-France : celle des arcs-boutants soutenant les voûtes d'ogives. Gothique confirmé par les plans du chœur, rajouté avec le déambulatoire et la tour-lanterne entre 1202 et 1250. Aux XIVe et XVe siècles, on agrandit la cathédrale en lui adjoignant les chapelles collatérales nord et sud. L'évêque Pierre Cauchon (1371-1442), tristement célèbre pour avoir fait condamner Jeanne d'Arc au bûcher, repose dans celle de la Vierge, qu'il fit lui-même bâtir. En juillet 1887, alors qu'elle assistait à la messe, la paroissienne Thérèse Martin eut la vision du Christ en croix : ce fut pour elle "la révélation de sauver les âmes par la prière et le sacrifice". *Pl. François-Mitterrand Ouvert tlj. 9h30-18h30*

Palais épiscopal (plan 7, B1) Passé le porche, vous pénétrez dans la cour Matignon, enceinte de l'actuel palais de justice et ancien palais épiscopal. En brique et en pierres sculptées, il date du XVIIe siècle et fut commandé par l'évêque Cospéan, aumônier de Louis XIII. Sa Salle dorée (XVIIe siècle) comprend un plafond à caissons bordé d'une frise ornée des armes de l'évêque Léonor II de Matignon et décoré de grisailles en bas-relief dont les figures s'inspirent de l'Antiquité. Elle servait jadis de salon de réception et est aujourd'hui malheureusement fermée au public. Un escalier mène à des jardins attenants, aménagés à l'époque et ouverts en 1837 par François Leroy-Beaulieu : là, le bâtiment dévoile sa façade au-dessus des parterres à la française, façon Le Nôtre, des statues, et des jets d'eau permanents. *Pl. François-Mitterrand (entre la cathédrale et la poste) Ne se visite pas*

Hôtel du Haut-Doyenné (plan 7, B1) Il se cache derrière la cathédrale, entre cour et jardin, cerné par des maisons à pans de bois. À partir de 1769, l'hôtel bâti par Le Bas de Fresne logea le haut-doyen – le deuxième dignitaire ecclésiastique après l'évêque. De construction classique, il réserve de belles surprises : le corps central, qui s'avance sur deux ailes déployées, présente un fronton curviligne et des clés de fenêtre ciselés de motifs rocaille et agricoles – une mode de la fin du XVIIIe siècle. Tombé dans l'oubli depuis la Seconde Guerre mondiale, il fut acheté et restauré par la Ville, puis devint l'École nationale de musique et de danse. *3, pl. Georges-Clemenceau Ne se visite pas*

☺ **Musée d'Art et d'Histoire (plan 7, A1)** À la suite des bombardements de juin 1944, le musée du Vieux-Lisieux qui logeait dans le manoir de la Salamandre, rue aux Fèves, disparut avec ses collections. Un érudit lexovien, François Cottin, les restitua avec patience. Les trésors archéologiques que l'on découvrit en déblayant la ville détruite y contribuèrent largement. Un nouveau musée naquit en 1969 dans l'ancienne auberge de "la Grâce de Dieu". Au premier étage de cette belle maison à colombages, les fresques du XVIe siècle côtoient les collections du Ier siècle au IVe siècle ap. J.-C. : verreries gallo-romaines, biberons en terre cuite, tessons de statuettes, épingles à cheveux, peintures murales issues des thermes exhumés au pied du centre hospitalier (on y reconstitue des visages du IIIe siècle !). Dans d'autres pièces, des vases médiévaux pour tous usages – vase de nuit, vase funéraire… –, une bouillotte du XIIIe siècle et, au dernier étage, une série de hautes statues religieuses (XVe-XVIIe s.), d'authentiques carrelages du Pré d'Auge, cf. Manerbe (p.251), et une collection de porcelaines fines du XIXe siècle, avec des menus de repas. Une visite charmante, hétéroclite et non fléchée : comme chez vous, vous fermez la porte avant de monter à l'étage suivant. Également des expositions temporaires. *38, bd Pasteur Tél. 02 31 62 07 70 Ouvert lun.-ven. 14h-18h, sam.-dim. 11h-13h et 14h-18h Entrée libre*

Église Saint-Désir (plan 7, A1) Une église en béton armé, aux formes strictes, s'élève à la place d'un sanctuaire du XVIIIe siècle. Terminée en 1959, elle n'est pas sans rappeler les bâtiments soviétiques. Après 1944, l'architecte Robert Camelot, qui reprit en main la reconstruction de la ville, choisit la voie de la modernité. Résultat surprenant : la nef à sept travées s'abrite dans un "bloc" carré, strié de minces colonnes, et surmonté d'un clocher quasi rectangulaire. Deux vitraux gigantesques, signés du maître verrier Max Ingrand, occupent deux pans de mur et éclairent l'intérieur par le chœur. *Bd du 6-Juin Ouvert seulement pour la messe sam. 18h*

● Où rencontrer un enlumineur contemporain ?

Atelier Benoît Cazelles (plan 7, B2 n°41) Benoît Cazelles donne un grand coup de pied aux idées reçues et fait de l'enluminure un art d'aujourd'hui. Dans la boutique de cet artiste-artisan résolument moderne, il n'y a ni manuscrit poussiéreux, ni incunables en cours de restauration, seulement des créations personnelles, abstraites ou figuratives, de petit et de grand format (de 75 à 3 500€). Au programme, par exemple, *Saint Michel terrassant le dragon*, déclinaison aux tons or et rouge, et le *Vieux-Bassin d'Honfleur* – un lieu où Benoît Cazelles est régulièrement exposé. *7, bd Sainte-Anne Tél. 02 31 31 59 59 www.benoit-cazelles.com Ouvert mar.-sam. 10h-12h30 et 14h-18h30*

● Où faire une pause douceur ?

Pâtisserie Billoudet (plan 7, B1 n°1) La pâtisserie Billoudet régale les Lexoviens, surtout le dimanche à midi lorsque s'allonge la file d'attente. L'un des comptoirs est réservé aux gâteaux, petits et aguichants, comme le "Normandy" avec son bel habit noir, le "Thérésien" rayé, ou le "Créole" couleur citron vert. Des chocolats et des caramels "régionaux" occupent l'autre comptoir. Les variétés sont infinies ! "Couci-couça" à la crème venant de Camembert, "Tonneau" ganache-calvados, "Caluador" calvados-crème, "Calichon" au beurre salé… Possibilité de composer un sachet au détail. Avec quelques tables au fond du magasin, l'établissement fait aussi salon de thé. *44, rue Henry-Chéron Tél. 02 31 62 17 91 Ouvert mar.-dim. 7h30-19h30*

● Où boire un verre ?

Victoria Pub (plan 7, B2 n°10) Rien ne semble se passer dans cette rue trop calme… Erreur ! Un pub tout bleu au nom rouge fluo vous fait signe, et vous voilà happé dans une atmosphère d'outre-Manche sous les décibels rock. Si vous n'aimez pas regarder la télévision, l'endroit est assez grand pour se réfugier

GEOPLUS

Le pays d'Auge gourmand

Aux portes de la mer s'étend le délicieux pays d'Auge, tout en chaumières et en rivières. Symbole de la gastronomie normande, cet arrière-pays cultive au rythme des années la tradition gourmande. Le pays d'Auge compte d'ailleurs quatre AOC pour les boissons à base de pomme (cidre pays d'Auge, pommeau de Normandie, calvados et calvados pays d'Auge), et trois pour les fromages (pont-l'évêque, livarot et camembert). Attention aux excès de gourmandise !

De la pomme à la bouteille La région produit des "pommes à boire", riches en tanins, que l'on classe en quatre variétés : les douces, les amères, les douces-amères et les acidulées. La récolte a lieu d'octobre à décembre. Le **cidre** ne titre que 4° ou 5° d'alcool et se boit doux, sec, ou demi-sec. Il s'obtient par la fermentation du jus des pommes pressées, le "moût". Le **pommeau**, le "moût" le plus fruité, mélangé au calvados et fermenté pendant quatorze mois, donne un apéritif ambré de 17° qui se consomme frais. L'origine du **calvados** remonterait à 1553, lorsque Gilles de Gouberville distilla le cidre pour la première fois ! L'alcool ainsi récolté vieillit en fût de chêne, puis le maître de chais compose avec plusieurs calvados d'âges différents jusqu'à baisse du taux à 40°.

SUR LA ROUTE
Des itinéraires gourmands vous font découvrir les producteurs, cf. les offices de tourisme de Lisieux (p.245), *de Beuvron* (p.255) *ou d'Orbec* (p.265).

La trilogie fromagère Un titre de noblesse correspondant aux trois grandes pâtes molles : trois références ! Le **pont-l'évêque** est le doyen de cette trilogie (les moines de Pont-l'Évêque le fabriquaient déjà au XIIe siècle). Tout en étant corsé, le goût est raffiné. Mentionné dès 1690, le **livarot** connut un engouement dans la seconde moitié du XIXe siècle. Les cinq lanières de roseaux qui ceignent sa croûte orange rappellent les barrettes d'un colonel – d'où son surnom – et il se fait remarquer par son caractère fort. L'histoire du **camembert** commença en 1791, lorsque Marie Harel le créa au manoir de Beaumoncel : la légende veut qu'elle y ait caché un prêtre réfractaire à la Révolution, qui lui aurait transmis une recette. Depuis 1987, l'appellation camembert normand protège son authenticité régionale des nombreuses imitations. Fabriqué au lait cru, il est traditionnellement moulé à la louche entre amis sur les banquettes de velours vert. L'arrière-cour ne suffit pas à sa terrasse qui, à la belle saison, s'étend jusqu'au trottoir. Une fois assis, vous ne décollez plus, tandis que la foule envahit les lieux. Bon choix de whiskies et de cocktails au café. *76, av. Victor-Hugo Tél. 02 31 62 11 13 Ouvert lun.-jeu. 17h-1h, ven.-sam. 17h-3h*

● Visiter une chocolaterie

Chocolaterie Mérimée (plan 7, B1) Projection d'une vidéo sur les fèves de cacao, puis moulage et trempage en direct pour créer à l'envi un piano à queue, une voiture de course ou une girafe : ce show chocolaté plonge les participants au cœur du savoir-faire d'Emmanuelle et d'Emmanuel Mérimée. S'il n'est pas l'heure de la démonstration, le salon de thé de cette maison lexovienne à pans de bois réserve de douces surprises, comme ces macarons framboise et pain d'épice (0,90€). Ballotin de chocolats à emporter. *5-7, rue Aristide-Briand Tél. 02 31 31 69 18 Ouvert mar.-sam. 9h-19h, dim. 10h-13h Visite sur rdv Tarif (avec dégustation) 4€, réduit 3€*

● Jouer au bowling

Bowling La récréation des Lexoviens, dans un bar confortable : 8 pistes de bowling, 8 billards *pool*, et un coin réservé aux jeux vidéo interactifs. Hors parties, on y boit un verre avec plaisir en contemplant sur les murs les inoubliables clichés noir et blanc des photographes Doisneau, Abeyta, Moss, Erwitt... *69, rue de Paris (tout droit par la rue Henry-Chéron, à 1km du centre) Tél. 02 31 62 19 30 Ouvert lun.-mar. et jeu. 20h-2h, mer. et ven.-sam. 15h-2h, dim. 15h-1h (vac. scol. : lun.-jeu., dim. 15h-2h, ven.-sam. 15h-3h)*

Les environs de Lisieux

Découvrir autrement Arpentez les parterres du château de Boutemont, faites une balade à cheval dans la campagne lexovienne, parcourez en train le parc animalier de Cerza

Au nord de la ville

Rocques Le lieu-dit dédié à saint Roch (qui s'exila dans la forêt) passerait presque inaperçu tant les fourrés l'enserrent. Un monument historique, l'église Saint-Ouen, y étend ses ailes en forme de croix latine à un carrefour. Un clocher, des ouvertures, et un porche ornementé du XVIe siècle complètent la tour, le chœur et un mur du XIIIe siècle. À l'intérieur, des torchères du XVIIe siècle servent encore lors des processions. *3,5km au nord de Lisieux par la D263*

Manerbe Très ancien, le village fit longtemps parler de lui pour ses céramiques du Pré d'Auge. Cet art pratiqué depuis le XIIIe siècle prit fin au XIXe siècle lorsque les gisements d'argile s'épuisèrent. Sur les trois paroisses qui existaient au Moyen Âge, il ne reste que celle de Saint-Jean-Baptiste – rebâtie au XVIe siècle –, dont la flèche du clocher s'étire comme une aiguille. S'y cachent un beau mobilier du XVIIe siècle et des vitraux Renaissance. En face, les communs de l'ancien château aux pilastres en pierres taillées ont résisté aux bombes de 1944 et appartiennent à un particulier. *7km au nord-ouest de Lisieux* **Église** *Tél. 02 31 32 37 83 Ouvert mar.-sam. 8h-19h, dim. 8h-12h30 Clé à l'épicerie*

Ouilly-le-Vicomte Jadis isolée, cette commune d'apparence banale reçoit de plein fouet la route départementale qui dessert des lotissements modernes… et l'**église** Notre-Dame, l'une des plus vieilles de Normandie. Elle remonterait au xe siècle ou au xie siècle, comme l'attestent ses appareils de pierre et de brique à la romaine. Elle renferme une pièce maîtresse : un lutrin en bois rare (xvie siècle) d'un superbe travail. Un peu à l'extérieur, en suivant un chemin d'herbes folles, on débouche sur le **manoir des Mathurins**, laissé en friche : un authentique joyau à colombages, doté d'une galerie à l'étage. *5km au nord de Lisieux par la D48* **Église** *En direction de Manerbe Tél. 02 31 61 12 64 (mairie) Visite sur rdv uniquement* **Manoir** *En direction de Lisieux sur la rocade puis 2e chemin à droite Ne se visite pas*

Château de Boutemont Au fil du temps, les jardins du château (xv-xviie s.) ont perdu de leur superbe, aussi le parc de 4ha subit-il actuellement une campagne de restauration. Il est d'ores et déjà possible de découvrir le bassin et sa fontaine, la serre, le jardin des simples et la "chambre de verdure". Seront bientôt accessibles à la visite : la roseraie, le jardin des papillons et le temple de Salomon. Une promenade dans les jardins à la française ménage de superbes vues sur la poterne du xvie siècle, le pont-levis et les trois tours d'angle du château. ***Ouilly-le-Vicomte*** *(5km au nord de Lisieux par la D48) Tél. 02 31 61 12 16 www.chateau-de-boutemont.com Ouvert juil.-août : tlj. 10h-12h et 14h-18h ; sept.-juin : mer. et w.-e. 10h-12h et 14h-18h Tarif 9€, réduit 4€ Visite guidée le sam. à 15h*

● Où acheter des produits à base de pomme ?

Distillerie La Ribaude Cette propriété familiale refuse les AOC. Brut, demi-doux ou doux, les cidres produits ici n'en sont pas moins excellents. On les retrouve dans la petite boutique avec les poirés, pommeaux et calvados. Les indécis peuvent emporter des mignonnettes. ***Ouilly-du-Houley*** *(10km au nord-est de Lisieux) Tél. 02 31 63 63 46 www.laribaude.com Ouvert lun.-ven. 9h30-12h30 et 14h-18h, sam. 10h-12h30 et 14h-18h Entrée libre*

● Se balader à cheval dans le pays d'Auge

La Chevauchée Inutile d'être un cavalier averti : un accompagnateur vous explique le b.a.-ba pour tenir votre monture (tous niveaux et personnes souffrant d'un handicap) et vous voilà prêt à le suivre dans le pays d'Auge. Promenades de 1h à 3h. Comptez 18,50€/h., 80€/journée. ***Rocques*** *(3,5km au nord de Lisieux) Tél. 02 31 32 29 92 Sur réservation*

● Voir des animaux sauvages

Le Cerza Un parc vallonné de 60ha où s'ébattent, dans leur environnement naturel reconstitué, des animaux exotiques. Deux circuits pédestres et un train pour observer des rhinocéros, tigres, girafes, ouistitis… Comptez 4h pour tout voir. ***Hermival-les-Vaux*** *(9km au nord-est de Lisieux par la D510, dir. Cormeilles) Tél. 02 31 62 17 22 www.cerza.com Ouvert fév.-mars, oct.-nov. : tlj. 10h-17h30 ; avr.-juin, sept. : tlj. 9h30-18h30 ; juil.-août : tlj. 9h30-19h Fermé déc.-jan. Tarif 19,50€, 3-11 ans 12€*

Au sud de Lisieux

Château de Saint-Germain-de-Livet Dominant ses anciennes douves, il comprend un manoir typiquement augeron accolé à un pavillon Renaissance. Au XVe siècle, la famille Tournebu fit bâtir un premier édifice sur le site d'une forteresse. Au XVIe siècle, un descendant le flanqua d'un châtelet original dont le gros œuvre forme un damier rose et vert. Sur le toit, des tuiles vernissées du Pré d'Auge apportent des touches de couleur. Berthe Morisot, Gustave Doré, Georges Bizet et d'autres célébrités du XIXe siècle y séjournèrent. *6km au sud de Lisieux par la D579 (dir. Livarot) Tél. 02 31 31 00 03 Ouvert juil.-août : tlj. 10h-19h Visites guidées Avr.-juin et sept.-mi-nov. : mar.-dim. à 11h, 12h, 14h, 15h, 16h et 17h (parc ouvert 11h-18h) ; mi-nov.-mars : sam.-dim. à 14h, 15h 16h et 17h (parc ouvert 14h-18h) ; Tarif parc + musée 7,10€, réduit 5,10€, parc 2€, moins de 26 ans gratuit, 1er dim. du mois gratuit*

● Apprivoiser poules, veaux, cochons

Parc animalier de la Dame blanche Une association a créé un parcours pédagogique rassemblant des animaux de ferme du monde entier et de vieilles races de poules normandes désormais rares. Sentiers dans la nature, ponctués d'enclos où l'on reconnaît le pays d'origine de chaque espèce par sa maisonnette : une pyramide, un moulin, une chaumière... En bout de promenade, vous croiserez une maternité pour volailles. Les enfants adorent ! ***Saint-Julien-de-Mailloc*** *(12km au sud-est de Lisieux) Tél. 02 31 63 91 70 www.parcanimalierdeladameblanche.fr Ouvert mars-août : tlj. 10h-19h ; sept.-Toussaint : mar.-ven. et dim. 14h-18h Tarif 7,50€, enfant 4,50€*

CARNET D'ADRESSES

Restauration

Vous trouverez peu de restaurants séduisants dans le centre-ville de Lisieux, qui donne surtout dans les bars-grills et des établissements sans attraits autour de la basilique. Heureusement, le pays d'Auge et sa cuisine du terroir ne sont pas loin.

prix moyens

L'Avenue (plan 7, B2 n°20) Ouvert en 2015 à proximité de la basilique, ce petit restaurant privilégie la simplicité et la convivialité (l'accueil est souriant) autour d'une cuisine à base de produits frais, où l'œil joue un rôle aussi important que les papilles. Au menu, filet de dorade aux légumes croquants, tarte au citron meringué et coulis de fruits rouges, pièce du boucher... Belle salle à la déco douce et à la vue panoramique. Menus à 19 et 27€. *20bis, av. Sainte-Thérèse* ***Lisieux*** *Tél. 02 31 62 14 50 Ouvert mar.-dim. midi et soir*

prix élevés

☺ **Les Acacias (plan 7, B2 n°21)** Ni manières guindées, ni fioritures, ni espace confiné pour cette adresse d'un certain standing : l'une des meilleures tables de la ville. Le personnel, vif et souriant, vous met aussitôt à l'aise et vous apprécierez l'atmosphère printanière qui se dégage de la spacieuse salle à manger décorée dans des tons vert tendre, avec des notes de tissus à fleurs et des meubles peints de couleur claire. On ne sera pas surpris de se voir apporter des gourmandises salées à l'apéritif, et des douceurs avec le café. Les compositions, inventives, marient toujours harmonieusement aussi bien les viandes que les poissons. Menus de 18 à 45€, comptez 40-45€ à la carte. *13, rue de la Résistance* ***Lisieux*** *Tél. 02 31 62 10 95 Ouvert mar.-sam. 12h-14h et 19h-21h30, dim. 12h-14h*

Dans les environs

prix élevés

Restaurant de la Paquine L'une des plus vieilles adresses augeronnes, installée au bord de la rivière Paquine. L'été, elle dresse ses tables sur une rive et le voisinage de la route ne la gêne en rien : les voitures sont rares dans ce lieu-dit. À l'intérieur, la petitesse de la salle (en général pleine) exige que l'on réserve. La cuisine, très fermière, n'oublie pas les poissons. Rognons de veau, pintade à la crème, bar aux légumes confits... selon les saisons. Autour de 50€ à la carte. Menu 32€. ***Ouilly-du-Houley*** *(10km au nord-est de Lisieux) Tél. 02 31 63 63 80 Ouvert lun. et jeu.-sam. midi et soir, dim. midi*

Hébergement

petits prix

Hôtel de la Coupe d'or (plan 7, B2 n°32) Un petit air de chalet de montagne : des lambris de bois ornent la salle du restaurant et ajoutent encore à l'attrait des 16 chambres, éclatantes. Avec leurs courtepointes rembourrées, les lits ne donnent qu'une envie : se laisser choir. Double 66-68€, petit déj. 9€. Accueil sympathique. *49, rue Pont-Mortain* ***Lisieux*** *Tél. 02 31 31 16 84 www.la-coupe-dor.com* **Restaurant** *Fermé dim. soir*

prix moyens

Hôtel Saint-Louis (plan 7, B2 n°30) La propriétaire de cette charmante maison de ville a doté les 14 chambres de salles de bains modernes ; elles sont en outre toutes orientées pour recevoir la lumière. Ici, vous êtes au calme, en compagnie de l'église Saint-Jacques. Double de 65 à 90€, petit déj. bio 9€. *4, rue Saint-Jacques* ***Lisieux*** *Tél. 02 31 62 06 50 www.hotelsaintlouis-lisieux.com*

Hôtel de la Place (plan 7, B1 n°33) Dans cet immeuble sans cachet particulier, vous croiserez beaucoup d'hommes d'affaires en voyage. Mais les 30 chambres, plutôt généreuses en espace, offrent un excellent rapport qualité-prix et tout le confort (accès wifi gratuit). Personnel très aimable et serviable. Double de 88 à 98€, petit déjeuner-buffet 10€. *67, rue Henry-Chéron* ***Lisieux*** *Tél. 02 31 48 27 27 www.lisieux-hotel-delaplace.com Fermé en déc.*

Dans les environs

petits prix

Le Lieu chéri La bâtisse, striée de colombages et fleurie en été,

GAMME DE PRIX	RESTAURATION	HÉBERGEMENT
Très petits prix	moins de 10€	moins de 40€
Petits prix	de 10 à 20€	de 40 à 70€
Prix moyens	de 20 à 35€	de 70 à 100€
Prix élevés	de 35 à 50€	de 100 à 150€
Prix très élevés	plus de 50€	plus de 150€

contemple la vallée depuis le XVIe siècle. Une odeur de pomme flotte dans les trois chambres (dont une familiale) qui ouvrent sur le verger. La propriétaire fait visiter la distillerie et les chais, ce qui donne illico envie d'être à la table du petit déjeuner pour goûter au confit de cidre et au jus de pomme maison. Nuit calme à 57€. ***Ouilly-le-Vicomte*** *(5km au nord de Lisieux par la D48) Tél. 02 31 61 11 71 www.lelieucheri.fr*

☺ BEUVRON-EN-AUGE

14430

Joyau du pays d'Auge, il fait partie des cent plus beaux villages de France. Une rue unique, mais quelle rue ! Elle n'aligne que des maisons classées des XVIIe et XVIIIe siècles probablement construites avec des matériaux de demeures disparues. On s'arrête pour admirer chaque façade en brique, à pans droits ou obliques, collée à sa voisine. Ne manquez pas de faire un détour dans les environs pour admirer chaumières et manoirs à pans de bois, qui dévoilent leurs charmes à qui prend le temps de les dénicher.

MODE D'EMPLOI

accès

EN VOITURE

Beuvron-en-Auge est situé 7km au sud de Dozulé (sortie A13), 27km au nord-ouest de Lisieux par la D613 et 22km au nord de Saint-Pierre-sur-Dives.

informations touristiques

Office de tourisme de Beuvron-en-Auge En été, il organise des visites guidées hebdomadaires dans le village et des parcours thématiques dans les environs (manoirs, patrimoine gourmand...). *2, esplanade Woolsery Tél. 02 31 39 59 14 Ouvert mars-avr., juin, sept.-oct. : lun.-sam. 10h-13h et 14h-18h ; mai, juil.-août : tlj. 10h-13h et 14h-19h ; nov.-fév. : mar., jeu. et sam. 10h-13h et 14h-17h*

Office de tourisme de Cambremer L'office de tourisme de la route du cidre rassemble la liste des "producteurs de cidre du cru de Cambremer". *16, rue Pasteur Tél. 02 31 63 08 87 www.office-tourisme-cambremer.fr Ouvert avr.-juin, sept. : mar.-sam. 10h30-12h30 et 14h30-18h ; juil.-août : mar.-sam. 9h30-13h et 14h-18h, dim. 10h-13h ; oct.-mars : ven. 10h30-12h30 et 14h30-18h, sam. 10h30-12h30*

fêtes et manifestations

Rencontres de Cambremer Festival de produits AOC. Expositions, vente et ateliers cuisine. *1er w.-e. de mai*

Promenades musicales du pays d'Auge Concerts de musique classique et rencontres amicales dans des lieux insolites (haras, jardins, châteaux, chapelles...). *Association Culture et patrimoine 9, rue Aristide-Briand Tél. 02 31 31 06 00 www.pays-auge-culture.org Mi-juil.-mi août*

Fête du cidre à Beuvron-en-Auge À la récolte des pommes. *Fin oct.*

DÉCOUVRIR

Découvrir autrement Admirez la vue sur la vallée du promontoire de la chapelle de Clermont-en-Auge, parcourez les Jardins du pays d'Auge, faites provision de camembert au domaine de Saint-Loup

Beuvron-en-Auge

En été, les maisons fleuries, éclatantes de couleurs, vivent sous le feu des flashs, mais, dès l'automne, vous pourrez vous promener en toute quiétude dans la rue du village pour admirer les colombages. La Renaissance augeronne et le style classique triomphent autour des anciennes halles du XVe siècle.

● Où acheter des douceurs normandes ?

Sweet Auge Une épicerie inhabituelle, gérée par deux Parisiennes anglophiles. Entre quelques denrées plus banales se calent des pains d'épice au miel, des confitures artisanales, des jus de pomme bio, les meilleurs cidres à la ronde, et autres gourmandises. *Le Bourg Tél. 02 31 79 23 28 Ouvert tlj. 10h-13h et 14h30-19h*

● Où boire un verre ?

Le Café du coiffeur Un café comme au bon vieux temps, sans aucune restauration ! Chacun apporte son casse-croûte et bavarde gaiement avec son voisin. Le cafetier fondateur du lieu, ancien coiffeur, a exposé en 1929 quelques outils et ustensiles… qui n'ont pas bougé depuis ! *Le Bourg Tél. 02 31 79 25 62 Ouvert mar.-dim. 8h30-19h30*

Les environs de Beuvron-en-Auge

Chapelle de Clermont-en-Auge Un sentier sous une hêtraie débouche sur le panorama grandiose des vallées de la Dives et de la Vie. Une humble chapelle abrite des statues en pierre polychrome, dont celles des saints guérisseurs Marcouf et Thibault. De son XIIe siècle d'origine, il lui reste quelques éléments de charpente. *3km au nord-est de Beuvron-en-Auge*

Carnet de route du pays d'Auge

Le pays d'Auge s'étend de Camembert jusqu'au sud de Pont-l'Évêque. De Vimoutiers, la route D579 parcourt un plateau jusqu'à Lisieux, puis suit la trajectoire de la rivière de la Touques parmi les collines entre Lisieux et Pont-l'Évêque. Les communes les plus isolées s'en écartent à l'ouest, autour de Saint-Pierre-sur-Dives et de Beuvron-en-Auge. Pour découvrir l'intérieur des terres, l'idéal est de suivre une des "routes" : du fromage, du cidre ou des châteaux (se renseigner dans les offices de tourisme).

Manoir du Champ-Versant Mi-ferme, mi-château, cet habitat typique de la noblesse terrienne du XVIe siècle, planté en plein champ, cumule tourelles et pignons sur une surface relativement modeste. L'ancienne exploitation comprend une charretterie, une boulangerie, une bouillerie, et un lavoir devenu mare à canards. ***Bonnebosq** (13km au nord-est de Beuvron-en-Auge) Tél. 02 31 65 11 07 Visite guidée sur rdv (1h) Tarif 3€*

La Rocque-Baignard L'écrivain André Gide y vécut et fit maintes fois allusion dans ses romans à sa commune dispersée au milieu des arbres. Sa famille en possédait l'ancien château seigneurial (XIVe-XIXe siècle), en brique rose et moellon blanc. Les routes serpentent vers l'église Saint-Martin (XVe siècle), dont le gros œuvre rustique aurait inspiré des églises du Québec. *14km à l'est de Beuvron-en-Auge* **Château** *Sur la D59 (dir. le Val-Richer)*

Les Jardins du pays d'Auge Partant d'une prairie de 3ha, Jacques et Armelle Noppe ont créé autour d'une ferme du XVIIe siècle un paradis de plantes augeronnes, ponctué de bâtiments de ferme "importés" et de petites pièces d'eau. Vous arpentez des jardins à thème superbement entretenus et pénétrez à l'intérieur de maisons à pans de bois rénovées, illustration des métiers d'autrefois : boulangerie, forge, bouillerie, cordonnier… Pour une pause, n'hésitez pas à goûter crêpes et galettes de la Crêperie des jardins (p.258). *Av. des Tilleuls **Cambremer** (11km au sud-est de Beuvron-en-Auge, petite route face au cimetière, 500m après le village sur la route de Caen/Mézidon) Tél. 02 31 63 01 81 ou 06 84 43 59 29 www.lesjardinsdupaysdauge.com Ouvert mai-sept. : tlj. 10h-18h30 ; oct. : lun.-ven. 10h-17h Tarif 7,90€, enfant 5€*

Château de Crèvecœur-en-Auge Cette seigneurie médiévale a conservé exactement son plan d'origine. La basse-cour comprend la ferme, le colombier et la grange ; la haute cour (motte), "îlot" entouré d'eau, abrite le logis du seigneur. En longeant des fossés circulaires, on visite ces bâtiments rustiques du XVe siècle, ainsi que la chapelle romane du XIIe siècle. Des expositions et animations sont organisées toute l'année : fête des œufs à Pâques, les Médiévales, les traditions en s'amusant… *10km au sud de Beuvron-en-Auge Tél. 02 31 63 02 45 www.chateau-de-crevecoeur.com Ouvert fin mars-juin, sept. : tlj. 11h-18h ; juil.-août : tlj. 11h-19h ; oct. : dim. 14h-18h ; Toussaint : tlj. 14h-18h Tarif 7€, réduit 5€, moins de 7 ans gratuit*

● Où acheter du camembert moulé à la louche ?

☺ **Domaine de Saint-Loup** L'une des adresses incontournables du pays d'Auge, fondée à la fin du XIXe siècle par un descendant de Marie Harel, considérée comme l'inventrice du camembert. Thierry Graindorge, qui la dirige aujourd'hui, défend la fabrication du camembert comme autrefois : au lait cru et moulé manuellement à la louche par des femmes. Label AOC et vente de boîtes au détail (différents degrés d'affinage). *Chapelle Fribois **Saint-Loup-de-Fribois** (11km au sud de Beuvron-en-Auge) Tél. 02 31 63 42 21 ou 02 31 63 04 04 Ouvert jeu. 15h-17h*

● Où acheter des spécialités à base de pomme ?

Gérard Desvoye Une petite boutique cohabite avec la presse à pomme, qui entre en activité de la Toussaint jusqu'en décembre. Pommeau, vinaigre de cidre, calvados de 5 et 8 ans d'âge, un poiré fermier, un cidre fermier brut et deux cidres AOC. *Le Lieu-Gris Saint-Aubin-Lébizay* ***Beaufour-Druval*** *(2km au nord-est de Beuvron-en-Auge) Tél. 02 31 65 11 94 Ouvert Pâques-mi-oct. : tlj. 9h-12h et 14h-19h*

Domaine Dupont Trois cidres plus fins que le traditionnel cidre fermier bouché : un "dégorgé" sans levure, un "réservé" influencé par le goût du calvados et un "givré" fait avec des pommes d'hiver. Également une crème de calvados. Vente à la propriété. *La Vigannerie* ***Victot-Pontfol*** *(4km au sud de Beuvron-en-Auge) Tél. 02 31 63 24 24 www.calvados-dupont.com Ouvert lun.-sam. 10h-18h*

● Où dénicher de la mosaïque ?

Elle Mosaïque Les créations de Valérie Bourrianne ne manquent ni d'inspiration, ni d'originalité, ni de fantaisie, et montrent un talent particulier pour l'harmonie des couleurs, des formes et des motifs : plateaux de tables en mosaïque picassiette, interrupteurs, luminaires, miroirs fabriqués avec de la vaisselle ancienne, petits objets à s'offrir ou à faire soi-même... Une boutique qui regorge d'idées et qui fera changer d'avis ceux qui ne voient dans la mosaïque qu'un artisanat kitsch ! Valérie organise également des ateliers à la demi-journée. *8, pl. de l'Église* ***Cambremer*** *Tél. 06 89 12 57 79 www.elle-mosaique.com Ouvert haute saison : mer.-dim. 10h-19h ; basse saison : mar. et jeu.-sam. 10h-18h*

● Percer les secrets de la distillation

Pierre Huet Un domaine discret et une production issue de cinq générations : huit gammes de calvados – de 3 à 50 ans d'âge ! –, un poiré, un jus de pomme, un pommeau, et trois cidres – dont un acidulé en AOC. Si vous visitez les caves en début ou en fin de saison, vous verrez fonctionner les alambics au printemps ou assisterez au ramassage des pommes en automne. *5, av. des Tilleuls* ***Cambremer*** *(11km au sud-est de Beuvron-en-Auge) Tél. 02 31 63 01 09 www.calvados-huet.com Visite guidée Avr.-sept. : tlj. 10h, 11, 14h30 (sauf dim.), 15h30 et 17h ; oct.-mars : lun.-ven. 11h et 15h Tarif 3€*

CARNET D'ADRESSES

Restauration

petits prix

La Crêperie des jardins Parmi les crêpes, les gaufres et la teurgoule cuite sept heures d'affilée, c'est la pomme qui prime dans de nombreux desserts. Bolées de cidre AOC et thés variés pour une pause sucrée après la visite de l'écomusée des Jardins du pays d'Auge (p.257). Env. 15€ à la carte. *Av. des Tilleuls* ***Cambremer*** *(11km au sud-est de Beuvron-en-Auge) Tél. 02 31*

GAMME DE PRIX	RESTAURATION	HÉBERGEMENT
Très petits prix	moins de 10€	moins de 40€
Petits prix	de 10 à 20€	de 40 à 70€
Prix moyens	de 20 à 35€	de 70 à 100€
Prix élevés	de 35 à 50€	de 100 à 150€
Prix très élevés	plus de 50€	plus de 150€

63 01 81 ou 06 84 43 59 29 Ouvert mai-juin, sept. : lun. midi, mer.-dim. midi et soir ; juil.-août : tlj. 12h-21h

☺ **Les Saisons** Du simple, mais du bon et... de saison. Croustillant de pont-l'évêque aux poires poivrées, hamburger "viroix" avec son pavé à l'andouille, pintade vallée d'Auge aux champignons et pommes sautées : ici, on respecte les produits, et le client par la même occasion. Petit plus non négligeable : la salle du restaurant au décor charmant, ornée d'un superbe comptoir de bar ancien. Remarquable rapport qualité-prix : menu du jour (qui change... tous les jours !) avec entrée, plat et dessert : 14€ en semaine, 18€ le week-end. Autres formules 10-15€. Accueil très agréable. Attention, arrivez tôt : comme tout est frais, le choix des plats diminue rapidement. *3, rue du Commerce* ***Cambremer*** *(12km au sud-est de Beuvron) Tél. 02 31 31 32 58 www.lessaisonsdecambremer.fr Ouvert lun.-jeu. midi, ven.-sam. midi et soir*

prix moyens

Café Forges Ouvert par les propriétaires du Pavé d'Auge, ce bistrot-brasserie "parisien" vous accueille à la petite terrasse donnant sur la rue du village, ou dans une salle chaleureuse, aux belles boiseries et à la grande cheminée où l'on grille au feu de bois devant vous les viandes ou l'andouillette. Cuisine locale : tripes maison, jambon au cidre, teurgoule, etc. Bon choix de cidres. Menu 19€ ou carte : entrées env. 7,50€, plats env. 14€, desserts env. 5€. ***Beuvron-en-Auge*** *Tél. 02 31 74 01 78 Ouvert haute saison : jeu.-mar. midi et soir ; basse saison : ven.-mar. midi et soir*

Au P'tit Normand Une adresse pour les gourmands qui "font" la route du cidre ! La chef travaille exclusivement avec des producteurs locaux, et les clients ne s'y trompent pas : la dizaine de tables est prise d'assaut à chaque service, aussi est-il prudent de réserver. Salades garnies, andouillettes et entrecôtes tentent de rivaliser avec la spécialité de la maison : l'omelette soufflée. Formule déjeuner à 16€, plats de 15 à 22€. *Pl. de l'Église* ***Cambremer*** *(12km au sud-est de Beuvron-en-Auge) Tél. 02 31 32 03 20 Ouvert juil.-août : mar.-dim. 12h-14h et 19h-22h ; sept.-juin : mar.-sam. 12h-14h et 19h-21h, dim. 12h-14h*

prix très élevés

Le Pavé d'Auge Du haut de gamme dans les murs des anciennes halles. Le restaurant collectionne les prix, son chef Jérôme Bansard compte un macaron Michelin et les gourmets l'idolâtrent, grâce par exemple à sa charlotte d'andouille à l'embeurrée de choux, son filet de saint-pierre grillé, ragout de Paimpol aux lardons d'andouille, émulsion crémeuse, ou en dessert son soufflé chaud au Grand-Marnier et pannacotta à l'orange. Menus de 40€ (2 plats) à 68€ (4 plats). ***Beuvron-en-Auge*** *Tél. 02 31 79 26 71 www.pavedauge.com Ouvert juil.-août : mar.-dim. 12h-13h30 et 19h30-21h30 ; sept.-juin : mer.-dim. 12h-13h30 et 19h30-21h*

Hébergement

petits prix

La Vignerie Si les vignes n'existent plus sur ce plateau dominant le village de Cambremer, le corps de ferme du XVIIe siècle et le pressoir ont été amoureusement conservé et restauré par Marie-France Huet. Dans le salon trône l'ancien pressoir, que l'on contourne pour accéder aux trois chambres d'hôtes, simples et agréables. Les effluves du plateau de fromages servi au petit déjeuner réveillent bien vite les hôtes qui ont du mal à émerger après une nuit bienfaisante. Double 52€. ***Saint-Laurent-du-Mont*** *(11km de Beuvron-en-Auge par la D16) Tél. 02 31 63 08 65 http://lavignerie.free.fr*

prix moyens

☺ **Les Marronniers** Charme et poésie : un accueil exquis et cinq chambres délicatement décorées dans une ferme cosy du XVIIe siècle entourée d'un jardin très bien entretenu. De la grande baie vitrée du salon, superbe vue sur la vallée. Doubles et suites de 63 à 115€ (tarifs dégressifs). Également un gîte de 320 à 630€ la semaine. *4235, route d'Englesqueville* ***Cambremer*** *(17km au nord de Saint-Pierre-sur-Dives par la D16) Tél. 02 31 63 08 28 www.les-marronniers.com*

Au repos des chineurs Pourquoi des chineurs ? Parce que la propriétaire, Mme Steffen, glane depuis de longues années une foule d'antiquités principalement anglaises. Tout est à vendre au rez-de-chaussée, ainsi que dans son salon de thé, où l'on trouve de merveilleuses porcelaines fines et des cloches à gâteaux. Cinq chambres, la plupart ornées de tissus Laura Ashley. Jacuzzi et baignoire thalasso pour les plus chères. Double 95€, petit déjeuner bio compris. *Chemin de l'Église* ***Notre-Dame-d'Estrées*** *(6km au sud de Beuvron-en-Auge) Tél. 02 31 63 72 51 http://au-repos-des-chineurs.fr*
Salon de thé *Ouvert ven.-lun.*

SAINT-PIERRE-SUR-DIVES 14170

Un village marchand entre le pays d'Auge et la plaine de Caen. Autrefois, les commerçants des deux territoires y troquaient leurs produits. Perpétuant la tradition, de nombreux commerces foisonnent dans les rues bordant les superbes halles du XIIIe siècle. Pas de maisons à colombages dans Saint-Pierre-sur-Dives, mais le village et ses alentours ne manquent pas d'attraits !

MODE D'EMPLOI

accès

À 30km de Lisieux par la D613 et à 20km de Falaise par la D511.

informations touristiques

Office de tourisme de Saint-Pierre-sur-Dives *Rue Saint-Benoist Tél. 02 31 20 97 90 www.mairie-saint-pierre-sur-dives.fr Ouvert mi-avr.-mi-oct. : lun.-ven. 9h30-12h30 et 13h30-18h, sam. 10h-12h30 et 14h30-17h ; mi-oct.-mi-avr. : lun.-ven. 9h30-12h30 et 13h30-17h30*

marchés

Marché traditionnel Cf. Où faire son marché ? *Lun. matin*
Marché d'antiquités-brocante *Rue Saint-Benoist 1er dim. du mois*

DÉCOUVRIR

☆ **Les essentiels** Le château de Vendeuvre **Découvrir autrement** Faites votre marché à Saint-Pierre le lundi, dégustez l'unique vin normand aux Arpents du soleil

Saint-Pierre-sur-Dives

Halles médiévales Au cœur de cette charmante cité trônent les halles du XIIIe siècle, détruites en 1944 et reconstruites à l'identique. Immenses (70m de long) et fraîches, elles accueillent marchés et concerts sous une immense charpente de bois. *Rue Saint-Benoist*

Ancienne abbaye Le cœur de Saint-Pierre ! Lesceline, épouse de Guillaume le Conquérant, fonda l'abbaye au XIe siècle dans sa propre demeure. Rebâtie au XIIIe siècle, elle bénéficia d'une importante restauration au XVIIe siècle. Elle accueille, de nos jours, l'office de tourisme et une exposition permanente des œuvres d'André Lemaître (1909-1995), peintre né à Falaise. Profitez de l'occasion pour admirer l'ancien réfectoire et les bâtiments conventuels sur cour. L'**église abbatiale** attenante date dans son ensemble du XVIe siècle. Sa tour du XIIe siècle servit de pigeonnier, puis de donjon. Une autre tour-lanterne du XVIIIe siècle éclaire sa nef de huit travées, terminée par cinq chapelles rayonnantes. On y découvre des stalles Renaissance du XVIe-XVIIe siècle, sculptées d'instruments de musique. À quelques pas de l'entrée principale, une ligne oblique est tracée sur le sol : il s'agit de la méridienne. **Église** *Rue de l'Église Ouvert tlj. 9h30-12h et 14h30-18h*

Jardin conservatoire Situé juste en face de l'abbaye, il ressuscite d'intrigantes plantes du Moyen Âge aux vertus magiques, médicinales ou autres. Vous trouverez en tout plus de 450 espèces de fleurs et de plantes. *Rue Saint-Benoist Ouvert mai-sept. : 10h-12h et 14h-18h Entrée libre Visite guidée Rens. à l'OT*

● Où faire son marché ?

☺ **Marché du lundi** C'est LE marché de la région, et ce depuis plus de 1 000 ans... Si les magnifiques halles n'accueillent plus la volaille, reléguée aux abords pour des raisons sanitaires, la manifestation n'en a pas perdu pour autant son caractère authentique, grand marché mêlant animaux et étals en tous genres (ustensiles de cuisine, linge de maison, meubles, vêtements, commerces de bouche à foison), sans rien sacrifier aux touristes, pourtant nombreux en été. *Sous les halles et autour Lun. matin*

● Où remplir son panier pique-nique ?

Délices Pétruviens Indifférente au nom de l'actuelle échoppe, une enseigne au design rétro indique "Boulangerie centrale". De la rue, on admire les gestes réguliers du boulanger, qui travaille derrière une baie vitrée et place dans le four à bois de 1932 deux spécialités normandes : la teurgoule (riz au lait régional 5,80€/l.) et le bourdelot (pâte feuilletée et pommes). *20, rue de Falaise Tél. 02 31 90 53 68 Ouvert jeu.-lun. 7h30-13h et 14h30-19h30 Fermé 3 sem. en août*

Charcuterie Patalier Les tripes de Patalier paradent avec leurs médailles, tandis que le pâté breton, finement relevé au poivre, fait jaser les Normands, qui se rabattent sur le saucisson à l'ail et les rillons. Farandole de salades et de plats cuisinés, pratiques si vous improvisez un pique-nique. *27, rue de Falaise Tél. 02 31 20 81 10 Ouvert lun.-mar. et jeu.-sam. 8h30-13h Fermé 3 sem. en sept.*

Les environs de Saint-Pierre-sur-Dives

☺ **Parc du château de Canon** Que de surprises dans ce parc ! Élie de Beaumont, ami des philosophes au siècle des Lumières, le conçut peu après 1768 selon le style alors en vogue : le jardin symbolise les idées, le savoir, l'ordre "à la française" et le désordre "à l'anglaise". Passé un verger à pommes, les flèches vous conduisent vers un bosquet touffu ; après un bref passage dans la forêt, vous déboucherez au milieu des déesses antiques, puis des étangs, tout en croisant de petits monuments (temple grec, kiosque chinois, chartreuse). À vous de sortir du labyrinthe. Dégustation gratuite et vente de produits biologiques du château (pommeau, poiré, confitures…) à la cave à cidre. Nombreuses animations en été, et possibilité lors de cette période de visiter l'intérieur du château avec un guide. ***Mézidon-Canon** (9km au nord de Saint-Pierre-sur-Dives) Tél. 02 31 20 65 17 www.chateaudecanon.com Ouvert avr.-juin, sept. : mer.-lun. 14h-19h ; juil.-août : tlj. 11h-13h et 14h-19h Visite guidée du château Juil.-août : tlj. 15h Tarif 7€, réduit 5€, moins de 12 ans gratuit*

Manoir de Coupesarte De loin, on dirait une ferme avec ses vaches. En s'approchant, on découvre un charmant petit manoir du XVe siècle à tourelles et pignons à capucins. Sur la façade, un enchevêtrement de briquettes et de bois obliques et verticaux. En contournant le bâtiment sur la gauche, surprise : il est entouré d'eau sur trois côtés ! *13km au nord-est de Saint-Pierre-Sur-Dives par la D511 Propriété privée : visites extérieures autorisées jusqu'à 21h*

LE BONHEUR EST DANS LE PARC
Haies taillées, jeux d'eau en musique, labyrinthe, grottes décorées, animaux qui déambulent librement dans le parc du château de Vendeuvre constituent un musée en plein air… et une véritable aire de jeux pour les petits !

☆☺ **Château de Vendeuvre** Vers 1750, Alexandre Le Forestier de Vendeuvre se fit bâtir une élégante maison des champs. Il en confia la conception à l'architecte Jacques-François Blondel, qui privilégia l'intérieur, laissant la façade sobre "afin de ne pas jeter de la poudre aux yeux". Après la dernière guerre, non seulement le château a été restauré, mais le parc a été entièrement recréé dans le goût du XVIIIe siècle. À l'emplacement de ce qui était un jardin de soleil au XVIIIe siècle, s'épanouit aujourd'hui un **jardin exotique** fort de plus de cent cinquante espèces de plantes tropicales. L'orangerie abrite une collection inouïe de miniatures fabriquées à l'époque par les compagnons du Devoir ; et, au sous-sol, les cuisines reconstituées du XVIe siècle et de curieuses niches à chiens et à chats en bois canne, en soie, ornées de chinoiseries… Quant au château, vous découvrirez à votre rythme ses délicats décors pastel peints de paysages, pièce par pièce. Un paradis ! *5km* *au sud de Saint-Pierre-sur-Dives par la D511 Tél. 02 31 40 93 83 www.vendeuvre.com Ouvert avr., Toussaint : tlj. 14h-18h ; mai-sept. : tlj. 11h-18h ; oct. : dim. et j. fér. 14h-18h Tarif de 8,50 à 10,50€, enfant de 7 à 8,50€*

● Où acheter du fromage ?

Fromagerie de Boissey La société fondée par Michel Fromage en 1810 donne ses lettres de noblesse au pont-l'évêque et au livarot (ici AOC). Comment ? Grâce à la ténacité de son responsable, Serge Lechevalier : un lent processus de fabrication artisanal et du lait collecté chaque jour chez une vingtaine de producteurs. Vente à l'unité. ***Boissey** (6km à l'est de Saint-Pierre-sur-Dives) Tél. 02 31 20 64 00 www.fromageriedelahoussaye.fr Ouvert lun.-ven. 8h45-12h et 14h-17h*

● Où déguster du vin de Normandie ?

Les Arpents du soleil Gérard Samson a ressuscité en 1995 ce vignoble de 5ha qui s'était endormi au XVIIIe siècle, et produit aujourd'hui six crus normands aux cépages différents (pinot noir, chardonnay, melon de Bourgogne, etc.). L'auxerrois est de loin notre préféré : un vin blanc minéral de garde à siroter avec un livarot ou un pont-l'évêque. Environ 10€ la bouteille de 50cl. Visite du domaine et dégustation possibles. ***Grisy** (5km au nord-ouest de Saint-Pierre-sur-Dives) Tél. 02 31 40 71 82 www.arpents-du-soleil.com Ouvert avr.-déc. : lun.-ven. 14h-18h30 Visite guidée le jeu. à 14h30 (6,70€, sur réservation au domaine ou à l'OT de Saint-Pierre-sur-Dives)*

● Écouter des histoires sur l'Histoire

☺ **Jardin de Manou** À l'origine, Manou voulait montrer son jardin paysager et vendre ses confitures maison. Puis elle a redonné vie à la ferme de son enfance et raconte aujourd'hui l'histoire locale avec simplicité, humour et passion. Beaucoup de chaleur dans ce récit, qui balaie le quotidien sous l'Occupation, les outils d'autrefois et le savoir-faire normand... L'art de prouver aux petits et aux grands que l'Histoire s'enseigne sur les bancs de l'école, se perpétue oralement et se transmet avec le sourire. *8, Grande-Rue **Percy-en-Auge** (5km au nord de Saint-Pierre-sur-Dives) Tél. 06 08 09 57 90 www.chezmanou.fr Ouvert avr.-oct. : jeu. 14h30 Tarif 4€, enfant 3€*

● Faire une promenade à cheval

Rando Loisirs Accueil sympathique dans ce club équestre situé au pied des monts d'Éraine : quel que soit votre niveau, vous pourrez battre la campagne à cheval (de 1 à 3h maximum). Les parents guideront leur enfant le temps d'une "promenade en main" dans les champs voisins. Comptez 18€/h. Également un gîte d'étape pour 5 personnes. ***Perrières** (8km de Saint-Pierre-sur-Dives par la D511) Tél. 02 31 90 60 10 Ouvert sam.-jeu.*

● Assister à la traite des chèvres dans une ferme bio

Ferme de la Biquetière L'idéal est d'arriver vers 17h pour pouvoir assister à la traite des chèvres. Léa et Vincent produisent dans cette exploitation bio plus de 400 fromages par jour : bûches, cendrés ou crottins. Également quelques savons maison à vendre, dont certains au lait de chèvre ! Un gîte, inauguré en 2015, accueille jusqu'à 8 personnes. *La Varinière **Tortisambert** (15km au sud-est de Saint-Pierre-sur-Dives) Tél. 02 31 31 57 27 ou 06 88 18 08 23*

● Taquiner le cochon et caresser les ânes

Ferme de Canon Les enfants découvrent avec plaisir cette ferme pédagogique constituée d'enclos, d'espaces ouverts, d'un bois et d'un étang. La plupart des animaux sont en semi-liberté (chèvres, poules, lamas, cochons, lapins, ânes, poneys...) et l'on prend une piqûre de nature en suivant le parcours fléché qui mène sur une île au pied de cabanes accrochées dans les arbres, cf. encadré Dormir dans une cabane perchée. ***Mézidon-Canon*** *(9km au nord de Saint-Pierre-sur-Dives) Tél. 02 31 90 94 49 www.ferme-pedagogique.fr Ouvert mars-nov. : tlj. 9h-19h Tarif 4€*

CARNET D'ADRESSES

Restauration

petits prix

Le Relais du Billot Une salle sans prétention pour goûter aux omelettes et aux assiettes de pays, où le fromage fondu s'étale sans façon (de 10 à 15€ avec un verre de cidre). Les randonneurs profitent en été de la terrasse pour reprendre leur souffle et savourent des gaufres parfumées à l'ombre des parasols. Service chaleureux. ***L'Oudon*** *(5km au sud-est de Saint-Pierre-sur-Dives) Tél. 02 31 20 92 31 Ouvert juil.-août : mar.-dim. ; sept.-juin : mar.-sam. en continu, dim. matin*

prix moyens

Auberge de la Dives Ne vous fiez pas à la façade, qui manque cruellement de charme, et plongez-vous dans la lecture de la carte pour choisir l'un des menus alléchants (de 21 à 38€). Les plats piochent dans le répertoire normand, option poisson en saison et gibier en hiver, toujours sur fond de sauce mais sans excès. Foie gras, filet de saint-pierre et rognons de veau à ne pas manquer. Belle carte de cidres. *27, bd Collas* ***Saint-Pierre-sur-Dives*** *Tél. 02 31 20 50 50 Ouvert lun. 12h-14h, mer.-dim. 12h-14h et 19h30-21h30 Fermé 3 sem. fin nov.*

Hébergement

prix très élevés

Ferme de L'Oudon Sept chambres et suites indépendantes, réparties autour du corps de ferme principal, et aménagées par les propriétaires, amoureux du rétro version luxe et du design tendance campagne ! La chambre dite du "Lavoir" fait face aux nénuphars et semble flotter hors du temps, tandis que les hôtes de celle dénommée "Piscine" font des longueurs (bassin chauffé toute l'année). Également des maisons d'hôtes, gîtes superbement

☺ Dormir dans une cabane perchée

Les Cabanes de Canon Cinq cabanes spacieuses, dont la plus haute de France (22m !), accueillent les Robinson pour une nuit perchée dans les arbres. Le matin, il suffit de tirer sur la corde pour faire monter le petit déjeuner ! Nuit de 130 à 190€, dîner à 25€/pers. (cidre compris). Au sol, un lodge peut accueillir 6 personnes. ***Mézidon-Canon*** *Tél. 02 31 90 94 49 www.cabane-insolite.com*

équipés pour 2 à 8 personnes. Luxe, calme et confort au prix de 130 à 180€ la chambre double, de 262 à 325€ la suite. *12, route d'Écots* **L'Oudon** *(3km de Saint-Pierre-sur-Dives) Tél. 02 31 20 77 96 www.fermedeloudon.com*

ORBEC

14290

Implanté dans la vallée fertile de l'Orbiquet, le berceau du Lanquetot tire son nom d'un mot viking signifiant "ruisseau". Seigneurie donnée par les ducs de Normandie à Gilbert de Brionne en l'an 1000, elle devint bailliage au XVIe siècle, ce qui y attira la noblesse de robe. L'époque industrielle apporta au bourg laiteries et fromageries, qui participent de nos jours à la renommée de la Normandie. Entre Livarot et Camembert, laissez-vous aller à une flânerie gourmande, gommant ainsi la frontière qui sépare l'Orne du Calvados.

MODE D'EMPLOI

accès

EN VOITURE

Orbec se situe 20km au sud de Lisieux par la D519 et 17km au sud-ouest de Bernay.

EN CAR

La ligne n°56 des Bus verts relie plusieurs fois par jour Lisieux à Orbec (30min), tandis que la ligne n°53 assure la liaison entre Livarot, Vimoutiers et Lisieux.

Bus verts du Calvados *Tél. 0810 214 214 www.busverts.fr*

informations touristiques

Office de tourisme du pays de l'Orbiquet *6, rue Grande* **Orbec** *Tél. 02 31 32 56 68 www.tourisme-normandie.fr Ouvert lun.-sam. 9h30-12h30 et 14h-18h*

Office de tourisme de Livarot Met en vente un excellent topoguide *Randonnées en pays de Livarot* (6,10€). *1, pl. Georges-Bisson* **Livarot** *Tél. 02 31 63 47 39 Ouvert lun.-sam. 9h30-12h et 14h-18h*

Office de tourisme du pays du Camembert *21, pl. de Mackau* **Vimoutiers** *Tél. 02 33 67 49 42 www.tourisme-camembert.fr Ouvert mai-août : lun.-sam. 10h30-18h ; sept.-avr. : lun.-ven. 10h30-12h30 et 14h30-17h30* **Annexe** *1, pl. du Marché* **Le Sap** *Tél. 02 33 36 93 31 Ouvert juin-août : mar.-sam. 10h-12h30 et 15h30-18h, dim. 10h-12h30*

marchés

Marché d'Orbec Les producteurs locaux prennent d'assaut la rue Grande d'Orbec. *Mer. matin*

Marché de Vimoutiers *Lun. ap.-m. et ven. matin*

fêtes et manifestations

Foire aux fromages de Livarot Le village accueille un cirque, une fanfare, et une multitude d'exposants. Le clou de la fête : un concours du "plus gros mangeur de livarot" ! *1er w.-e. d'août*

DÉCOUVRIR

Découvrir autrement Faites un stage de poterie avec Françoise Dupuis, passez la nuit au calme dans le prieuré de Crouttes, achetez du fromage à la Maison du camembert

Orbec

Pour observer de remarquables maisons à pans de bois du XVe au XVIIIe siècle, il suffit d'arpenter la rue principale, jalonnée de commerces, et de s'écarter dans les rues perpendiculaires. Au centre de la rue Grande, vous croiserez la tour de l'hôtel-Dieu Saint-Rémy fondé en 1290, qui servit d'hôpital au XVe siècle. En haut de la rue de Geôle se trouvent les ruines en grès et en silex du Vieux Château, disparu au XIVe siècle. Et, en descendant la rue des Religieuses, vous admirerez un bâtiment historique à la façade crème : le couvent des Augustines, prieuré installé en 1632 dans l'ancien jeu de Paume, aujourd'hui centre culturel.

Église Notre-Dame L'édifice actuel fut construit à la fin du XVe siècle et au XVIe siècle, après la guerre de Cent Ans, avec les pierres du château démantelé en 1378. L'intérieur recèle au moins vingt-six curiosités ! Une superbe série de vitraux Renaissance aux dessins délicats, une Vierge à l'Enfant resplendissante de santé (XVIIe siècle), un autel néogothique primé à l'Exposition universelle de 1889 et un buffet d'orgue du XVIe siècle issu de l'abbaye du Bec-Hellouin, qui patronna l'église primitive au XIe siècle. *Au bout de la rue Grande*

Vieux Manoir Une spectaculaire maison de style Renaissance, bâtie en 1568 pour un tanneur : les murs, sculptés de cariatides et de frises, mêlent hourdis de tuileaux roses, silex noirs et triangles de pierres blanches. Son aménagement en musée municipal dévoile sa façade intérieure, entièrement à colombages sur deux étages. Expositions permanentes et temporaires. *107, rue Grande Tél. 02 31 32 58 89 Ouvert avr.-sept. : mer.-dim. 10h-12h30 et 15h-18h Tarif 2€, moins de 18 ans gratuit*

● Faire un stage de poterie

Atelier Poterie Françoise Dupuis Françoise Dupuis, au sourire contagieux, se fait un plaisir de transmettre les techniques du travail du grès et de l'émaillage. Les mains dans la terre glaise en provenance du Berry, on apprend à faire naître sous ses doigts une boîte, un cendrier ou un pichet (35€/2h30 de cours particulier). Si vous ne faites qu'un passage express à Orbec, contentez-vous de faire un détour par la boutique. *11, rue des Augustines Tél. 02 31 32 74 21 http://poterie.dupuis.free.fr Ouvert mar.-sam. 10h30-12h et 15h-18h30*

● Faire une pause pique-nique

La Folletière Abenon Un vieux pressoir restauré, les vestiges d'un moulin du XIIIe siècle et le clapotis de l'Orbiquet (source vauclusienne) : voilà le cadre parfait pour une pause pique-nique à l'ombre des pommiers. *4km au sud d'Orbec*

Les environs d'Orbec

Livarot et alentours

Livarot Au début du XVIIIe siècle, la petite commune se mit à rayonner lorsque Thomas Corneille, frère du dramaturge, glorifia son fromage. L'industrie Graindorge en raconte la fabrication. Au cœur du village, quelques façades Renaissance à colombages ont échappé au crépi, et l'église Saint-Ouen du XVIe siècle possède un orgue classé à 15 jeux et 996 tuyaux (de 1892) conçu par Charles Mutin – successeur du grand facteur Cavaillet-Coll. *22km à l'ouest d'Orbec par la D4*

☺ **Manoir de Bellou** Construit entre 1475 et 1680, le domaine, classé monument historique, offre un merveilleux ensemble architectural allant du Moyen Âge à la Renaissance. Le corps principal, bâti sur une ancienne maison forte, comporte un encorbellement du XVe siècle, des rageurs du XVIIe siècle et une façade Renaissance en pierre blanche. Cuisines et pigeonnier octogonal du XVIe siècle, tout comme les peintures qui ornent l'une des chambres. ***Bellou*** *(15km à l'est de Livarot) Tél. 02 31 61 06 55 Ouvert juil.-août : tlj. 10h30-12h30 et 15h-19h Visites guidées Tarif 1,50€ (parc), 4€ (parc et manoir), enfant 1€/1,50€*

● Où en savoir plus sur la fabrication du livarot ?

☺ **Fromagerie Graindorge - Le Village fromager** Cette fromagerie tenue par la famille Graindorge depuis 1910 reste l'une des dernières à pratiquer le tri et le liage manuels. Un circuit touristique (et passionnant) permet de visiter l'usine par un système de films et un son et lumière. De la traite à l'emballage, vous assistez à la naissance du livarot et du pont-l'évêque (AOC) tout en surplombant les ateliers de fabrication, et vous devenez incollable ! Comment résister ensuite aux "colonels" dorés de la boutique - au lait cru, thermisé, affiné... *42, rue du Général-Leclerc* ***Livarot*** *(route de Vimoutiers) Tél. 02 31 48 20 10 www.graindorge.fr Ouvert avr.-juin, sept.-oct. : lun.-sam. 9h30-12h et 14h-17h30 ; juil.-août : lun.-sam. 9h30-17h30, dim. 10h30-17h30 ; nov.-mars : lun.-ven. 10h-12h30 et 14h30-17h30, sam. 10h-13h*

● Où faire provision de calvados ?

☺ **Roger Groult** Les calvados Groult ont remporté à la fin du XIXe siècle leurs premières médailles et n'ont cessé depuis de convaincre les plus fins palais. Sans doute est-ce dû à leur double distillerie au feu de bois, une particularité de ce calvados étiqueté AOC Pays d'Auge. Visite guidée du domaine conseillée en automne, au moment de la récolte des pommes. *Clos de la Hervanière* ***Saint-Cyr-du-Ronceray*** *(14km au nord-est de Livarot) Tél. 02 31 63 71 53 www.calvados-groult.com Visite et vente Lun.-ven. 9h-12h et 13h-16h, w.-e. et j. fér. sur rdv*

Vimoutiers et alentours

Vimoutiers Deux statues de Marie Harel trônent dans le centre-ville de Vimoutiers. La première, située sur le boulevard Dentu, a été inaugurée en 1928 par le président Millerand. La seconde a été érigée dans le square Bosworth, après le bombardement du 14 juin 1944, qui détruisit, hélas, les trois quarts du village. Allez jeter un coup d'œil aux vitraux modernes de l'église Notre-Dame : on les doit au maître verrier de Chartres, Gabriel Loire. *22km au sud d'Orbec par la D46*

Musée du Camembert Riche entre autres d'une exposition de 1 400 étiquettes cosmopolites de "faussaires", il organise chaque année une rencontre de tyrosémiophiles (collectionneurs d'étiquettes) ; également une exposition permanente sur Charlotte Corday au premier étage. *10, av. du Général-de-Gaulle* ***Vimoutiers*** *Ouvert avr.-oct. : mar.-dim. 14h-17h30 Tarif 3€, 7-14 ans 2€ Dégustation 4€*

Prieuré de Crouttes Une délicieuse escapade dans un cadre séculaire. Fondé au Xe siècle, ce prieuré bénédictin dépendait de l'abbaye de Jumièges. Avec la prospérité, il s'étendait à la fin du XVIe siècle sur 860ha. Un industriel le racheta en 1984 et le remit en état. Une grange dîmière et une chapelle du XIIIe siècle subsistent encore, à côté d'un cellier du XIVe siècle, d'un pressoir du XVe siècle et de bâtiments du XVIIIe siècle. La balade se termine au bassin des nymphéas, une pièce d'eau à nénuphars fleurie d'iris, de prêles et d'ail des ours… Cinq chambres d'hôtes de charme pour y passer la nuit (de 110 à 140€ avec petit déj.). ***Crouttes*** *(7km à l'ouest de Vimoutiers) Tél. 02 33 39 15 15 www.prieure-saint-michel.com Ouvert mai-sept. : mer.-dim. 14h-18h Tarif 6€, 10-18 ans 3€*

Camembert

On comprend l'inspiration des publicitaires : un village perché sur des vallons plus verts que nature, où paissent des vaches grasses. Une route grimpe jusqu'au **manoir de Beaumoncel**. C'est ici que la fermière Marie Harel aurait conçu le roi des fromages. L'été, on peut visiter le rez-de-chaussée, le pressoir et le four à pain. *26km au sud d'Orbec*

Musée de la Maison du camembert On y présente un intéressant montage audio-vidéo : présentation d'une chaîne industrielle et reconstitution d'une fabrication artisanale. On ne repartira pas sans faire escale à la boutique (cf. ci-après). *Tél. 02 33 36 06 60 www.maisonducamembert.com Ouvert avr.-mai, sept.-oct. : mer.-dim. 10h-12h30 et 14h-17h30 ; juin-août : tlj. 10h01-12h et 14h-17h30 Tarif 3€, 11-14 ans 1€*

● Où acheter du fromage ?

Maison du camembert On pourra y acheter deux marques artisanales au lait cru : le "Moulin de Carel" (en camembert et en livarot), et le "Jort" (en camembert et en neufchâtel). Assiettes de fromages AOC et verre de cidre 7€, sandwich normand et verre de cidre 5€. ***Camembert*** *Tél. 02 33 12 10 37 www.maisonducamembert.com Ouvert mi-fév.-mars : ven.-dim. 10h-12h et 14h-17h30 ; avr., oct. : mer.-dim. 10h-12h et 14h-18h ; mai-sept. : tlj. 10h-17h30*

Fromagerie Durand Le dernier fabricant fermier de camembert AOC propose aussi de la crème, du fromage blanc et des œufs de la ferme. Vente au détail, assiette-dégustation sur demande à l'avance (env. 4€), et visites de la fromagerie sans rendez-vous. *Ferme de la Héronnière* ***Camembert*** *(3km à droite en venant du village) Tél. 02 33 39 08 08 Ouvert lun.-sam. 10h-13h et 15h-18h*

CARNET D'ADRESSES

Restauration, hébergement

prix moyens

Moulin de Fossard Les plats, renouvelés tous les mois, jouent avec les saveurs du Calvados sans jamais brusquer les papilles. Le chef, inventeur un peu fou, sert ses trouvailles dans la salle, où trône le mécanisme d'un moulin : d'excellents poissons cuits en papillote ou à l'unilatérale. Amateur de chocolat, il ne manque pas de créer des mariages avec du caramel, du beurre salé ou des épices. Un régal à prix doux : menu à 25€, à midi 17€. *Route de Lisieux* ***Saint-Martin-de-Bienfaite*** *(5km au nord d'Orbec) Tél. 02 31 31 40 38 Ouvert mar.-sam. 12h15-14h et 19h15-20h45, dim. 12h15-14h*

Côté jardin Aménagées dans les combles, 2 chambres d'hôtes en duplex ouvrent sur un immense jardin, à la fois sauvage et fleuri. Bien équipées (bouilloire, frigo, ventilateur) et confortables, elles séduisent leurs hôtes qui pourront glaner des informations touristiques auprès du sympathique propriétaire. Agréable terrasse où l'on peut prendre son petit déjeuner. Nuit à 80€. *62, rue Grande* ***Orbec*** *Tél. 02 31 32 77 99 ou 06 48 05 02 36*

prix élevés

☺ **Le Manoir de l'engagiste** Cette maison du XVe siècle on ne peut plus conviviale est l'un des plus beaux témoignages historiques d'Orbec : le représentant du roi, dit "engagiste", chargé de gérer la ville, y résida jusqu'à la Révolution. Elle serait bien délabrée si Christian et Annick Dubois ne l'avaient remise sur pied en s'aidant de documents d'époque. Deux chambres et deux suites (dont une accessible aux handicapés). Dans le salon, des peintures sur bois représentent des scènes de la vie quotidienne. Salle de billard. Double 120€, petit déj. inclus. *15, rue Saint-Rémy* ***Orbec*** *Tél. 02 31 32 57 22 ou 06 84 75 67 33 www.manoir-engagiste.fr*

Château de la Vespière Un parc arboré, un cygne noir en balade sur le lac, une barque pour canoter, des chevaux au loin : une onde romantique enveloppe l'extérieur du château. Dans les 5 chambres, on se glisse sous des couettes vaporeuses, on susurre des secrets d'alcôves et on savoure la douceur du temps entre parenthèses. Décoration discrète, aménagement réfléchi et salles de bains modernes. La rayonnante propriétaire, Suzanne Björklund, donne des cours de cuisine, mais vous pouvez vous contenter de glisser vos pieds sous la table et vous offrir un dîner de luxe. Double 130€, petit déj. compris. *Rue de l'Église* ***La Vespière*** *(1km d'Orbec) Tél. 02 31 32 97 55 www.chateaudelavespière.com*

Les célèbres Planches de Deauville (p.205).

Le Volcan du Havre (p.140), l'un des symboles du renouveau architectural de la ville.

GEOREGION

V

CÔTE D'ALBÂTRE, PAYS DE CAUX ET PAYS DE BRAY

CÔTE D'ALBÂTRE, PAYS DE CAUX ET PAYS DE BRAY

★ÉTRETAT

76790

Étretat, la "ville des pêcheurs sans port" ou le "hameau du couchant" a le privilège d'attirer mille fois plus de touristes (deux millions de visiteurs chaque année !) qu'elle ne compte d'habitants. Cet extraordinaire succès, jamais démenti depuis le milieu du XIXe siècle, doit tout à la nature : une plage en forme de diadème serti de galets ronds, des falaises spectaculaires mêlant le vert de la lande et le blanc de la craie et, monuments millénaires érigés par la mer, l'Aiguille et la Manneporte. Dans cette petite valleuse ont défilé la noblesse (le prince Napoléon, la reine douairière d'Espagne), des écrivains (Hugo, Flaubert, Maupassant, Maurice Leblanc...) et des artistes (Delacroix, Corot, Courbet, Boudin, Monet...) avant que les vacanciers y affluent du monde entier. Pour autant, cette renommée n'a pas fait enfler démesurément la ville : imperturbable, Étretat demeure l'archétype de la petite station balnéaire au charme tranquille. Sage comme une image ou, plus précisément, comme une carte postale.

MODE D'EMPLOI

accès

EN VOITURE

La principale voie d'accès est la D940 qui, en longeant la côte, relie Étretat au Havre (25km) au sud, à Fécamp (16km) et à Saint-Valery-en-Caux (50km) au nord. La D139 file en direction du sud-est, dans l'intérieur des terres, vers Criquetot-l'Esneval pour rallier ensuite Goderville, Bolbec (29km) et Lillebonne.

EN TRAIN ET EN CAR

Le train Paris-Le Havre dessert la gare de Bréauté-Beuzeville. De là un car départemental (ligne n°17, liaison assurée par Keolis) rejoint Étretat en 30min. Du Havre ou de Fécamp empruntez la ligne de car n°24, également Keolis. Billet 2€.

Keolis *Tél. 02 35 28 19 88 www.keolis-seine-maritime.com*

www.atoumod.fr Le site fédérateur de tous les moyens de transports des départements de Seine-Maritime et d'Eure.

orientation

La ville s'étire entre la route Le Havre-Fécamp et le littoral. La plage est bordée au nord par la falaise d'Amont, au sommet de laquelle se dresse la chapelle Notre-Dame-de-la-Garde, et au sud par la falaise d'Aval, devant laquelle veillent l'Aiguille et la Manneporte.

informations touristiques

Office de tourisme Vous pourrez vous y procurer l'indispensable brochure *Étretat, naturellement belle* et le *Carnet de balades*, également à télécharger sur le site Internet. Par ailleurs, la ville met en valeur son patrimoine par le biais de **sorties découverte** du centre et des falaises (1h30, 2 à 3 fois par semaine), dates indiquées sur le site. L'OT a également pensé à ceux qui préfèrent découvrir le charme et le patrimoine d'Étretat à leur rythme : un **audioguide** regroupe cinq visites culturelles thématiques consacrées à l'éclectique architecture, à l'histoire maritime et balnéaire de cet ancien village de pêcheurs et enfin à la diversité de sa nature. *Pl. Maurice-Guillard (dans la mairie) Tél. 02 35 27 05 21 www.etretat.net Ouvert mi-mars-mi-juin, mi-sept.-mi-nov. : tlj. 10h-12h et 14h-18h ; mi-juin-mi-sept. : tlj. 9h30-18h30*

marchés, fêtes et manifestations

Halles du marché Vous trouverez sous la halle construite en 1926 des échoppes d'artisanat : vêtements, objets décoratifs et produits régionaux. *Pl. du Marché Tlj.*

Marché Son intérêt réside surtout dans la présence de producteurs et artisans (cidre, fromages locaux). *Derrière les halles Jeu. (si jour férié, avancé au mer.)*

Journée des arts Cette journée concours rend hommage à la peinture et à la beauté du cadre. Installés sur tous les sites naturels d'Étretat, peintres amateurs et professionnels réalisent une œuvre dans la journée. Ces huiles, acryliques, gouaches et aquarelles sont ensuite exposées et vendues aux enchères en fin de journée. *Dernier dim. de juil.*

Festival Offenbach Concerts, conférences, bals... à l'honneur du compositeur, qui possédait une villa à Étretat. *Mairie d'Étretat Pl. Maurice-Guillard www.etretat-festivaloffenbach.fr 5 jours fin juil.-début août*

Salon du livre et des patrimoines littéraires Commune d'adoption de Maurice Leblanc, Étretat organise chaque année un salon du livre attirant les amateurs d'ouvrages... et de dédicaces. *Un w.-e. fin oct.*

Fête du hareng Comme à Dieppe, le hareng est dignement célébré une fois l'an... *Fin oct.-début nov.*

Tableau kilométrique

	Étretat	Dieppe	Fécamp	Le Havre	Le Tréport	Rouen
Dieppe	85					
Fécamp	16	67				
Le Havre	25	110	43			
Le Tréport	112	29	96	137		
Rouen	90	65	71	90	93	
Yvetot	48	53	35	57	81	35

DÉCOUVRIR

☆ Les essentiels Les falaises **Découvrir autrement** Amusez-vous à résoudre les énigmes de Maurice Leblanc au Clos Arsène-Lupin, faites une balade à vélorail en prenant le train touristique Étretat-pays de Caux, initiez-vous au golf sur le superbe parcours situé juste au-dessus des falaises

Étretat

☺ **Plage** La mer, à Étretat, a des manières de chercheur d'or : le reflux dérobe une partie des galets, le flot les tamise avec vigueur et le flux les rejette sans ménagement, avec un raclement minéral caractéristique. La ville appelle ses habitants de longue date des "vieux galets", c'est dire l'importance, dans la culture, de ces pierres chahutées du lieu et leur symbolisme. Le front de mer, lui, apaise d'emblée les promeneurs qu'il attire de jour comme de nuit et par tous les temps.

☆ **Falaises** La plage est bordée par deux falaises, celle d'Aval (vers Le Havre, au sud-ouest) et celle d'Amont (vers Fécamp, au nord), accessibles à tous les marcheurs pourvu qu'ils adoptent un rythme régulier.
Falaise d'Aval Un chemin aménagé permet de la gravir jusqu'à un point de vue superbe : le regard embrasse l'**Aiguille**, deux falaises en forme d'arche (la plus imposante est la **Manneporte**) et les *fairways* très pentus du golf local, avec ses golfeurs et… ses lapins.

Des falaises qui tombent à pic

Les falaises se prêtent aux balades et randonnées pédestres même si, selon l'office de tourisme, se promener sur ces terrains instables "s'apparente au jeu de la roulette russe" ! Une règle simple : équipez-vous de bonnes chaussures, d'un coupe-vent, et ne vous approchez JAMAIS du bord de la falaise.
Sur la falaise d'Amont, où passe le GR®21, deux balades (de 1h20 et 3h) partent de la chapelle Notre-Dame-de-la-Garde. De la falaise d'Aval, gagner la plage d'Antifer prend environ 1h. Enfin, 12 parcours de randonnée, de 2h à 4h, recoupant par endroits les GR®21 et 21b, quadrillent l'arrière-pays. Vous pourrez vous procurer à l'office de tourisme les excellentes brochures *Étretat naturelle* et *Carnet de balades, falaises naturelles, falaises culturelles*.
Association Défi-Caux Organise des promenades naturalistes sur le littoral et des sorties en attelage. *Tél. 06 85 94 40 58*
Natterra Cyriaque Lethuillier, guide naturaliste et enfant du pays, fait découvrir les espaces naturels d'Étretat et de ses environs, notamment à travers des pêches à pied et des balades vespérales. Prestation sur mesure : en couple, en famille... Comptez 30€/pers. pour 2h sur les falaises. *Tél. 06 82 77 87 55 www.natterra.fr*

Falaise d'Amont On se hisse sur les hauteurs par un escalier assez régulier caché derrière l'ancien restaurant des Roches Blanches. Au sommet vous attendent un second belvédère, un chemin des douaniers aux zones d'effondrement potentiel (mais bien signalées) et deux sites touristiques isolés. On rencontre en premier lieu la chapelle Notre-Dame-de-la-Garde, consacrée en 1854 et édifiée grâce aux marins du village qui portèrent à dos et à bras les matériaux. Détruite en 1942, elle fut reconstruite après la guerre. Rachetée par le Conservatoire du littoral en 2015, elle accueille dorénavant des expositions. Puis se dresse le monument Nungesser et Coli : flèche-mémorial érigée en 1963 pour rendre hommage aux deux premiers aviateurs qui tentèrent la traversée de l'Atlantique sans escale. On les aperçut pour la dernière fois le 8 mai 1927 au-dessus d'Étretat et jamais on ne les revit.

Vieux marché et halles Placé sur l'axe reliant la route principale à la plage, le vieux marché s'étend au cœur de la ville sur un site jadis occupé par une ferme, une mare, un canal et un pont. Tout en poutres, en ardoises et en petites fenêtres, les halles actuelles, construites en 1926 par les Compagnons de la Manche, partagent avec l'hôtel La Résidence qui leur fait face un même goût pour le style rustique médiéval.

Église Notre-Dame Tout près de la gare désaffectée, cette église du XIIe siècle est le seul monument historique de la ville. Elle marie le roman normand – grosses colonnes trapues, cintres – au gothique (tour-lanterne et chœur) et a été remaniée au XIXe siècle (portail). *Ouvert tlj. 10h-18h*

☺ **Clos Arsène-Lupin** Difficile de ne pas se croire chez Arsène Lupin quand on entre dans la maison de son "père", Maurice Leblanc (1864-1941). On est accueilli par le fidèle Grognard, puis poussé dans l'obscurité mystérieuse de cette belle demeure de style balnéaire, réhabilitée par la petite-fille de l'écrivain. Commence alors un parcours en sept étapes mêlant visite du cabinet de travail, dialogue entre l'auteur et son héros et résolution de l'énigme de l'Aiguille creuse. Une visite ludique et captivante de bout en bout. *15, rue Guy-de-Maupassant Tél. 02 35 10 59 53 www.arsene-lupin.com Ouvert avr.-sept. : mar.-dim. 10h-12h30 et 13h30-18h ; oct.-mars : sam.-dim. 10h30-12h30 et 13h30-17h30 ; vac. scol. d'hiver : mar.-dim. 10h30-12h30 et 13h30-17h30 Tarif 7,50€, 6-16 ans et étudiants 5€*

Château des Aygues Construit sous le Second Empire, ce manoir fut l'une des plus prestigieuses résidences balnéaires de la ville. On y venait de toute l'Europe et même de Russie, le grand chambellan du tsar y avait ses habitudes. Aujourd'hui les propriétaires des lieux convient à une visite guidée (env. 45min) : une véritable immersion dans le quotidien de la noblesse en villégiature au bord de la mer, avec une collection de 250 pièces de porcelaine chinoise. En fin de visite, n'hésitez pas à vous promener dans le parc somptueux qui fut aménagé par les paysagistes des Buttes-Chaumont. *Route de Fécamp Tél. 02 35 28 92 77 Ouvert juil.-sept. : mer.-lun. 14h-19h (visite gudiée) Tarif 8€, réduit 6€, moins de 12 ans gratuit*

Fromagerie Le Valaine Avec la visite de cette exploitation (1h), vous saurez tout sur les techniques d'élevage et la production laitière artisanale. En fin de visite, filez à la boutique acheter le valaine, le fromage maison, mais aussi d'autres spécialités artisanales produites sur place : cidre, chocolats et glaces au lait de chèvre (glaces pomme-calvados ou encore cassis). *Route du Havre Tél. 02 35 27 14 02 www.levalaine.com Ouvert Pâques-juin, sept.-mi-nov. : dim. et j. fér. 11h ; juil.-août : sam.-mer. et j. fér. 11h Tarif 7€, 8-17 ans 5€* **Boutique** *Ouvert mars-nov. : tlj. 9h-12h30 et 14h30-19h*

● Où faire une pause ?

Le Repaire des Pirates Une vue imprenable sur la mer que surveille un pirate grandeur nature... Heureusement qu'il s'agit d'une statue, son regard est terrifiant. Même si l'adresse est - très - touristique, vous trouverez forcément quelque chose à votre goût pour reprendre des forces après l'ascension des falaises (crêpes, soupe de poisson, moules...). Quand le temps le permet, installez-vous sur la terrasse. *Rue du Gal-Leclerc Tél. 02 35 27 02 12 Ouvert tlj. 9h-22h*

● Flamber au casino

Joa Casino Blackjack, machines à sous, jeu de boule et un bar-restaurant donnant sur la mer et les falaises. En été, concert et animations les samedis soir. *1, rue Adolphe-Boissaye Tél. 02 35 27 00 54 www.joa-casino.com Ouvert dim.-jeu. 10h-1h, ven.-sam. 10h-4h (et veille de j. fér.)*

● Survoler les falaises

Aéroclub Jean-Maridor Prenez place à bord d'un avion de tourisme pour un baptême de l'air ou un vol d'initiation : à coup sûr une belle balade aérienne au-dessus des falaises d'Étretat. Vol simple, comptez 50€/pers. si vous êtes deux ou trois, 80€ si vous êtes seuls. Vol d'initiation au pilotage 128€. *Aéroport Le Havre-Octeville (20km d'Étretat) Tél. 02 35 48 35 91 http:/aeroclub-lehavre.e-monsite.com*

● Prendre le large

Association Voiles et Galets À Étretat, difficile de lézarder sur la plage : le sable est grossier et peu confortable, le temps variable et les cormorans envahissants. En revanche, les activités nautiques - dériveur, catamaran (55€/h), planche à voile (20-25€/h), kayak (simple 15€/h, double 30€/h) et paddle (20€/h) - offrent de belles occasions de profiter du cadre et d'admirer la ville du large. *Tél. 06 10 56 69 67 ou 06 20 70 07 84 www.voilesetgalets.com Ouvert mi-avr.-début nov. : tlj. 10h-19h*

● Pédaler sur des rails

Train touristique Étretat-pays de Caux (TTEPAC) Une balade ferroviaire à cyclo-draisine - une sorte de vélorail propulsé à la seule force des mollets - et/ou en train touristique de 5,2km. Vous pourrez faire l'aller-retour à cyclo-draisine (22€ pour 2 à 5 pers.), ou seulement l'aller et le retour en train (23,50€ pour 2, 29,50€ pour 5 pers), ou encore l'aller-retour en train (6,20€, 4-14 ans 3,10€, moins de 4 ans gratuit). ***Départ*** *Les Loges (village à 5km d'Étretat)* ***Arrivée*** *Gare d'Étretat (rue du Colonel-Raynal) Tél. 02 35 29 49 61 www.lafrancevuedurail.fr Circulation régulière avr.-oct., horaires variables (téléphoner)*

Parcourir les greens

Golf d'Étretat Un golf de 18 trous dans un cadre exceptionnel : au-dessus de la mer et des falaises ! Parcours de 63 à 73€ en haute saison, de 45 à 63€ en basse saison. L'école organise des initiations de groupe, des cours individuels de 30min (25€) à 1h (45€), etc. Licence FFG et réservation obligatoires. *Route du Havre Tél. 02 35 27 04 89 www.golfetretat.com Ouvert avr.-oct. : tlj. 8h30-19h ; nov.-mi-mars : mer.-lun. 9h-17h30*

Les environs d'Étretat

Cap d'Antifer Cette falaise située dans le prolongement de la falaise d'Aval offre deux spectacles diamétralement opposés. Commençons par le plus réjouissant : sur le territoire de la commune de La Poterie se cache la réserve ornithologique d'Antifer, une bande côtière de hautes falaises délimitées par les valleuses de Bruneval et du Fouquet. Sept espèces d'oiseaux marins (grand cormoran, fulmar boréal, mouette tridactyle…), onze espèces d'oiseaux rupestres nicheurs (cormoran huppé ou argenté, faucon pèlerin…) ont trouvé là leur coin de paradis. Pour une découverte de la réserve, s'adresser à Natterra (p.275) ou à Défi-Caux (p.275). Passons maintenant au revers de la médaille : les pétroliers viennent décharger leur cargaison au terminal aménagé sur cette côte isolée, une énorme installation (plusieurs millions de tonnes reçues chaque année) aux gigantesques citernes assez incongrues dans le paysage. *7km au sud d'Étretat*

CI-GIDE
Faites un détour pour vous incliner sur la tombe d'André Gide dans le petit village de Cuverville. La femme du prix Nobel de littérature (1947) y vécut une partie de sa vie. ***Cuverville-en-Caux** (12km au sud-est d'Étretat par la D39)*

Plage de Saint-Jouin-Bruneval La proximité du terminal pétrolier du cap d'Antifer ne doit pas être un frein pour découvrir la plage de cette commune. À l'inverse d'Étretat, le stationnement y est facile et gratuit et l'ambiance bien plus agréable. On trouve sur place des cabanes avec petite restauration, des tables de pique-nique, une aire de jeu pour les enfants, un terrain de beach-volley et même une base nautique. On peut y louer du matériel (catamaran, planche à voile, kayak), prendre un cours particulier ou encore s'initier au jet ski ou au char à voile. *10km au sud d'Étretat* **Point plage-Base nautique** *Tél. 02 35 13 96 00 Ouvert juil.-août : tlj. 12h-19h*

Où faire une pause gourmande ?

La Dame au Chapeau Crumble, cupcake, moelleux au chocolat, cafés et thés gourmands… Du salé et du sucré, le tout à déguster à toute heure sur les hauteurs de la falaise d'Amont d'Étretat. On se sent tout de suite bien dans ce salon de thé aussi coloré que le tableau du même nom de Matisse et la jolie décoration participe au bonheur d'être là… même quand des trombes d'eau s'abattent dehors ! *3, rue du Clos-Masure* ***Bénouville*** *(3km à l'est d'Étretat, accessible par le GR®21) Tél. 06 67 82 49 99 www.ladameauchapeau.com Ouvert jeu.-dim. 12h-18h*

Jouer les funambules dans les arbres

Étretat Aventures Cinq parcours acrobatiques forestiers pour petits et grands (de 5 à 25€ selon le parcours, formule tout parcours de 3h 25€), 85 jeux dont trois tyroliennes géantes (200m) dans un parc de 6ha, saut à l'élastique d'une tour de 20m (35€) et *mégajump* d'une plateforme de 5 ou 7m (à partir de 5€). *Le Château du Bois 1632, route de Gonneville* ***Les Loges*** *(8km au sud-est d'Étretat, sur la D74) Tél. 02 35 29 84 45 ou 06 60 67 86 11 www.etretat-aventure.fr Ouvert début avr.-début oct. : mer. et w.-e. 13h-20h (et vac. scol.) (en semaine, téléphoner)*

CARNET D'ADRESSES

Restauration

petits prix

Crêperie Lann-Bihoué Dans une petite salle aux murs jaune paille, cet établissement propose des crêpes et des galettes, bien sûr, mais aussi des salades et deux plats différents chaque jour. Les galettes sont tout aussi originales et délicieuses que le service efficace et souriant. Galettes de 2,50 à 9€, crêpes de 2,50 à 7€, formule 1 galette + 1 crêpe 10,50€, menus 14,30 et 17,30€. *45, rue Notre-Dame* ***Etretat*** *Tél. 02 35 27 04 65 Ouvert ven.-mar. 12h-15h et 19h-22h30*

prix moyens

La Salamandre Cette brasserie bio occupe le rez-de-chaussée de l'hôtel La Résidence (p.280), et en partage le style : avec sa grande salle décorée de poutres, ses chandeliers en fer forgé et ses longues tables rustiques, La Salamandre restitue l'ambiance d'une auberge médiévale telle qu'on se l'imagine. La cuisine cultive la tradition et la part du lion revient aux produits de la mer : bar grillé aux herbes, dorade entière à l'estragon, morue à la cauchoise ou tête de thon grillée à la provençale... Attention, il y a souvent foule le week-end et il vous faudra parfois patienter avant d'être placé. Menus de 16,85 à 37€. *4, bd René-Coty* ***Etretat*** *Tél. 02 35 27 17 07 Ouvert tlj. 12h-14h et 19h-23h*

prix élevés

Le Belvédère D'un côté, le ruban des falaises qui se déroule jusqu'au Havre ; de l'autre, le même spectacle... le regard butant sur le terminal pétrolier d'Antifer. Quoi qu'il en soit, le panorama est exceptionnel et la vue imprenable au coucher du soleil. La cuisine est à la hauteur : rognons de veau flambés au calvados et gratin cauchois, fricassée des armateurs aux filets de poissons et Saint-Jacques, duo de turbot et bar avec sauce au beurre blanc... Le chef, Jérôme Geulin, a fait ses armes chez Fauchon, Ledoyen, Harrods et au Ritz, une garantie supplémentaire de découvrir ce que gastronomie veut dire. Menus à 24, 34 et 44€, menu enfant 12€. ***Saint-Jouin-Bruneval*** *(10km au sud d'Étretat par la D940) Tél. 02 35 20 13 76 www.restaurant-lebelvedere.com Ouvert lun.-mar. et ven.-sam. midi et soir, mer. et dim. midi*

Hébergement

camping

Camping Les Tilleuls Le camping idéal pour se mettre au vert : caché au bout d'un chemin ombragé, face à des champs, et bordé par le classique talus normand. Le terrain (96 emplacements) est en outre planté d'arbres et d'hortensias sur toute sa surface. À ne pas manquer, les balades dans la campagne environnante, l'église Saint-Martin du village, de style gothique flamboyant… et la jolie plage du Tilleul, dont le calme est apprécié des familles. Comptez 14,50€ la nuit pour 2 personnes (tente, camping-car ou caravane). Location de bungalows, mobil-homes et chalets pour la semaine (uniquement en juil.-août) ou un week-end, à partir de 130€. ***Le Tilleul*** *(3km au sud d'Étretat) Tél. 02 35 27 11 61 Ouvert avr.-sept.*

petits prix

Hôtel New Windsor On peut séjourner à Étretat sans se ruiner et cette ancienne pension de famille s'attache à le démontrer. Située le long de la route principale en retrait de l'agitation de la plage (qui n'est pourtant qu'à 200m), elle a de quoi attirer une clientèle au budget limité : des chambres simples et peu onéreuses (double à partir de 66€, petit déj. 7,50€), un restaurant aux prix alléchants (menus à 13 et 19€) et des formules nuit + petit déj. + repas qui bat allègrement la concurrence. Wifi gratuit. *9, av. George-V* ***Etretat*** *Tél. 02 35 27 07 27 www.newwindsorhotel.net Fermé fin nov.-mi-déc. et fin jan.*

Hôtel L'Aiguille creuse Un petit hôtel pour dormir face aux caloges (d'anciennes barques de pêcheurs retirées des flots), à la plage et à la célébrissime Aiguille. Les sept chambres (double 65 à 69€, suite familiale 75€) sont claires et propres, mais un peu vieillottes et assez mal insonorisées. L'endroit est néanmoins idéal pour être réveillé par le roulis apaisant des galets et la lumière marine… *Pl. du Général-de-Gaulle* ***Etretat*** *(front de mer) Tél. 02 35 27 04 21*

Ferme de la Châtaigneraie À mi-chemin entre Étretat et Fécamp, deux chambres d'hôtes dans une grande maison de ferme qui en impose avec sa façade couverte de lierre, la large cheminée de son salon et son parc. L'accueil est chaleureux et le calme complet, un endroit approprié pour se ressourcer avant de reprendre la route. Double 55€, chambre familiale 88€. *Yves et Monique Édouard* ***Vattetot-sur-Mer*** *(4km au nord-est d'Étretat par la D11) Tél. 02 35 27 31 42 http://chambrelachataigneraie.com Ouvert Pâques-Toussaint*

prix moyens

☺ **Hôtel La Résidence** Quand on se dirige vers le centre et la plage, on ne voit qu'elle : massive, tout en pans de bois et en poutres sculptées, cette splendide maison construite en galandage date de la Belle Époque (1912), mais ses colombages proviennent d'une maison de Lisieux du XIVe siècle. À l'intérieur, le large escalier aux marches inégales et à la rampe usée par le temps, les couloirs étroits et les quinze chambres mansardées plongent le visiteur dans une atmosphère emplie d'un charme désuet. Double de 49 à 148€, petit déj. 9,50€. Prenez le temps d'admirer les sculptures de la façade (lapins, fruits, orchestres d'animaux, dragons). Wifi gratuit dans tout l'établissement. *4, bd René-Coty* ***Etretat*** *Tél. 02 35 27 02 87 www.hotelresidenceetretat.com*

prix élevés

☺ **Chambres d'hôtes Le Jardin Gorbeau** À 50m de la plage, la belle maison de maître et une dépendance abritent cinq suites de charme décorées dans un esprit années 1960-1970, et dotées de jolies salles de bains (l'une d'entre elle est pavée de galets). Toutes les chambres ouvrent sur le jardin clos planté d'arbres fruitiers, un bonheur à la belle saison. Le lieu ne manque pas non plus de distractions : un des salons a été transformé en salle de cinéma d'une dizaine de places, et le propriétaire, Jon Cooper, musicien, artiste, pianiste et contrebassiste vous propose d'apporter vos instruments pour un bœuf improvisé. Suites de 121 à 169€. *27, rue Boissaye* ***Etretat*** *Tél. 02 35 27 16 73 www.gorbeau.com*

☺ **Villa Sans Souci** Arrivée grandiose ! C'est par une longue allée plantée de tilleuls que l'on atteint cette splendide villa normande du XIXe siècle. Mais ce n'est pas tout ! Mordus de cinéma, Jocelyne et Jean-Pierre ont donné une âme à leur maison et thématisé les chambres. À vous de choisir entre la glamour Certains l'aiment chaud hantée par Marilyn Monroe et sa salle de bains hollywoodienne (165€), l'exotique Out of Africa (115€), la bohème Moulin Rouge, la pop Talons Aiguille... sans oublier l'incontournable hommage à Arsène Lupin avec celle nommée Mystère de la chambre jaune (120€). Autres tarifs 95 et 140€. Des chambres spacieuses et confortables à souhait. Le petit déjeuner copieux (une mémorable confiture d'églantine maison) est inclus dans le tarif. *27 ter, rue Guy-de-Maupassant* ***Etretat*** *Tél. 02 35 28 60 14 www.villa-sans-souci.fr*

prix très élevés

Hôtel-restaurant Domaine Saint-Clair-Le Donjon Une adresse de charme propice à un séjour romantique. Dominant le village, ce manoir rappelle ses splendeurs passées. Les 17 chambres 3-étoiles sont réparties entre un donjon et une villa de la fin du XIXe siècle, et toutes sont dédiées à l'évocation d'une personnalité ayant fréquenté la demeure : Maupassant, Flaubert, Loti, Offenbach, une actrice, un dandy... et ainsi chacune d'elles s'enveloppe dans une atmosphère, tantôt cosy, flashy, feutrée, coquine. À la belle saison, on profite aussi du parc et de la piscine qui se love discrètement dans le domaine et offre une vue de rêve sur les falaises. Vous pourrez également vous laisser séduire par les lieux le temps d'un repas (menus de 29 à 75€). Double de 90 à 570€ et formules de séjours thématiques (spa, fiançailles, etc.) de 257 à 506€. *Chemin de Saint-Clair* ***Etretat*** *Tél. 02 35 27 08 23 www.hoteletretat.com*

GAMME DE PRIX	RESTAURATION	HÉBERGEMENT
Très petits prix	moins de 10€	moins de 40€
Petits prix	de 10 à 20€	de 40 à 70€
Prix moyens	de 20 à 35€	de 70 à 100€
Prix élevés	de 35 à 50€	de 100 à 150€
Prix très élevés	plus de 50€	plus de 150€

FÉCAMP

76400

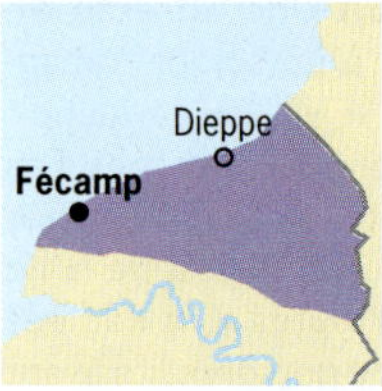

À la sortie du port de Fécamp, les estacades, ces passerelles hautes de 15-20m, livrent sans doute le meilleur point de vue sur la ville. Sur ces grands miradors au bois vieilli par les intempéries, on voit d'abord, dans le prolongement direct du chenal, la mer et rien d'autre. Attirés par ce grand large, les terre-neuvas y appareillaient pour des campagnes de pêche qui, du XVIe au XXe siècle, firent la richesse et la renommée de la ville. Mais les "odeurs de poisson frais jeté sur les quais, de poisson salé roulé dans les barils, de poisson fumé (...), parfums rudes et senteurs âcres" captés par Maupassant – il passa une partie de son enfance à Fécamp – se sont évanouies. Aujourd'hui, les bateaux de pêche sont moins nombreux dans le port que les plaisanciers, et les maisons de pêcheurs colorées du quai Maupassant semblent être là pour le décor. Les quais, encore drapés d'un certain charme, présentent une enfilade de restaurants ; sur la plage, plutôt sage, alternent bars et hôtels, villas et casino. Depuis plus d'une dizaine d'années, l'identité de Fécamp est bien moins maritime que balnéaire. Pourtant, il ne faut pas se fier à cette première apparence, la ville garde une authenticité qui lui a valu d'être labellisée Ville d'art et d'histoire. Au carrefour de quatre routes historiques, témoin de la grande période de la pêche industrielle, capitale ducale, berceau de la liqueur Bénédictine et important centre de radars pendant la Seconde Guerre mondiale, Fécamp ne demande qu'à dévoiler ses richesses.

LES TERRE-NEUVAS, BAGNARDS DES MERS "Les forçats de Cayenne sont plus heureux que les terre-neuvas", disait-on de ces pêcheurs qui, chaque année à l'équinoxe de mars, embarquaient sur des trois-mâts morutiers, à destination de Terre-Neuve, au large du Canada. Les campagnes de huit mois qui les menaient vers l'"or blanc", les bancs de morues, étaient en effet très éprouvantes : des vêtements humides et durcis par le sel de la conservation des morues et cisaillant les poignets, un climat rude, une activité rendue dangereuse par la proximité des baleines sur les bancs de poissons. Cette activité fit la richesse de Fécamp surtout au XIXe siècle ; si les derniers voiliers morutiers fécampois furent désarmés en 1930, deux grands chalutiers perpétuent aujourd'hui cette pêche traditionnelle.

MODE D'EMPLOI

accès

EN VOITURE
Fécamp est desservie par des départementales rapides : la D925 venant du Havre (43km) et filant ensuite vers Saint-Valery-en-Caux (33km) et Dieppe (67km), et la D926 qui descend vers Yvetot. Plus sinueuse, la route littorale (D940, puis D11) permet d'at-

teindre Fécamp à partir du Havre et d'Étretat (16km).

EN TRAIN

Fécamp est à 2h30 de Paris, 1h de Rouen et 40min du Havre (ligne Paris-Le Havre), avec changement à Bréauté-Beuzeville (attention, en raison de travaux, la liaison s'effectue par car en 2016, avant reprise du trafic ferroviaire début 2017).

Gare (plan 8, C2) *Bd de la République Tél. 36 35 www.ter-sncf.com*

EN CAR

Plusieurs lignes de cars départementales, assurées par la compagnie Keolis, desservent Fécamp, dont la ligne n°23 Fécamp-Goderville-Le Havre (1h10 env.), la n°24 Fécamp-Étretat-Le Havre (1h30 env. du Havre), la n°25 Fécamp-Yvetot (40min), et la n°60 Fécamp-Saint-Valery (1h15 env.).

Keolis *Tél. 02 35 28 19 88 www.keolis-seine-maritime.com*

Gare routière (plan 8, B2) *Av. Gambetta (face à l'église Saint-Étienne) Tél. 02 32 84 12 60*

orientation

Le port de plaisance et les bassins du port de pêche et de commerce qui s'étirent d'ouest en est séparent le centre-ville de la falaise nord (cap Fagnet). Au sud s'étendent le quartier de la Côte-Saint-Jacques et la commune de Saint-Léonard.

informations touristiques

Office intercommunal de tourisme (plan 8, B2) Service efficace et professionnel : vous y trouverez des brochures, bien sûr, un personnel souriant mais aussi un service de consigne, des bornes iPad pour se connecter à Internet et un accès wifi. Location de vélos. *Quai Sadi-Carnot Tél. 02 35 28 51 01 www.fecamptourisme.com Ouvert avr.-août : tlj. 9h-18h30 ; sept.-mars : lun.-sam. 9h-12h30 et 14h-17h30 (et dim. matin pendant les vac. scol.)*

Point plage (plan 8, B2) Informations et location de matériel nautique. *Digue-promenade-Bd Albert-1er Tél. 06 84 81 49 55 Ouvert en période estivale*

transports urbains

La ville est dotée de six lignes d'autobus. Tous les bus passent par la place Saint-Étienne, dans la ville haute.

Ficibus *Tél. 02 35 28 19 88 www.ficibus.com*

marchés, fêtes et manifestations

Marché (plan 8, C2) Une institution locale faisant la part belle à la production des fermes environnantes. *Zone piétonnière de la ville haute Rue Jacques-Huet Sam. 8h-17h*

Marché aux poissons (plan 8, B1) Les produits des ports de Fécamp, Dieppe, et Boulogne vendus aux particuliers. *2, rue du Commandant-Riondel (grand quai) Ouvert ven.-sam. 9h-12h30 et 15h-19h*

Fête Saint-Pierre des marins Cette célébration traditionnelle qui fut instaurée à la fin du XIXe siècle par les armateurs de la "grande pêche", en février, annonçait alors le début de la saison morutière et le départ des bateaux vers Terre-Neuve. Il n'est pas possible d'embarquer sur les bateaux, mais les plaisanciers sont autorisés à accompagner la cérémonie. *1er dim. de fév. dans le port*

Fête du nautisme Sur le port, le front de mer et au lac des Ballastières, les novices sont invités, le temps d'un week-end, à s'initier aux sports nau-

tiques (voile, kayak, planche, etc.). *www.fetedunautisme.com En mai ou juin*
Lire à la plage Prêt de livres gratuit pour lire sur la plage. *Cabane sur la digue-promenade Tlj. en juil.-août*
Fête du hareng Comme à Dieppe, le hareng est dignement célébré une fois l'an. *En nov.*

DÉCOUVRIR

☆**Les essentiels** Le palais Bénédictine, l'abbatiale de la Sainte-Trinité
Découvrir autrement Alliez culture et gourmandise au musée-découverte du Chocolat Hautot, glissez-vous dans la peau d'un matelot en embarquant sur le Mil'Pat

Fécamp

☆☺ **Palais Bénédictine (plan 8, B2)** Visiter "le palais Bénédictine", à la fois palais, distillerie et musée, donne un peu le tournis, et un mot pour le décrire revient sans cesse à l'esprit : profusion. Profusion des styles et surcharge décorative de cet incroyable "palais", dont l'architecture mêle le gothique, l'esprit Renaissance et l'Art nouveau. Profusion de la collection d'objets d'art amassée par Alexandre-Prosper Le Grand (1830-1898), l'industriel qui fit fortune avec la bénédictine : statues et tableaux du Moyen Âge et de la Renaissance, chefs-d'œuvre de ferronnerie et splendides émaux, ivoires et albâtres. Profusion, enfin, de l'espace d'art contemporain ou moderne (expositions temporaires). Même l'élixir qui donna à l'industriel fécampois les moyens de cette démesure ne fait pas dans l'étriqué avec ses vingt-sept plantes et épices ! Les méthodes de distillation et les différents ingrédients (angélique, hysope, mélisse…) sont présentés dans nombreuses salles dédiées à la Bénédictine. Prévoyez au moins 2h de visite pour apprécier toute cette richesse et déguster en fin de parcours cette liqueur digestive à la recette toujours tenue secrète. *110, rue Alexandre-Le Grand (tout près du port) Tél. 02 35 10 26 10 www.benedictine.fr Ouvert mi-fév.-mi-avr., mi-oct.-mi-nov. : tlj. 10h30-12h30 et 14h30-17h30 ; mi-avr.-début juil., début sept.-déc. : tlj. 10h-13h et 14h-18h30 ; début juil.-début sept. : tlj. 10h-18h30 Fermé début jan.-début fév., 1er mai et 25 déc. Tarif (avec dégustation) 8,50€, 12-18 ans 3,40€, moins de 12 ans gratuit Visite guidée 15€, 12-18 ans 3,90€*

☆☺ **Abbatiale de la Sainte-Trinité (plan 8, C2)** La porte de l'édifice à peine franchie, on est saisi par la majesté de ce lieu d'inspiration romane et gothique. Une volée de marches descend vers une nef des XIe et XIIe siècles à la belle élévation et un transept richement doté. Dans le bras gauche, une horloge de 1667 indique les heures, les mois, les saisons et les marées ; dans celui de droite, un magnifique groupe sculpté en pierre polychrome de 1495 représentant la dormition de la Vierge et, au fond, les cénotaphes des premiers ducs de Normandie, Richard Ier (qui édifia la première église en 990) et son fils Richard II qui y installa une communauté de bénédictins en 1001. La puissance politique de ces deux bienfaiteurs du monastère et la relique du Précieux Sang du Christ firent la renommée de l'abbatiale, consacrée en

Plan 8 Fécamp

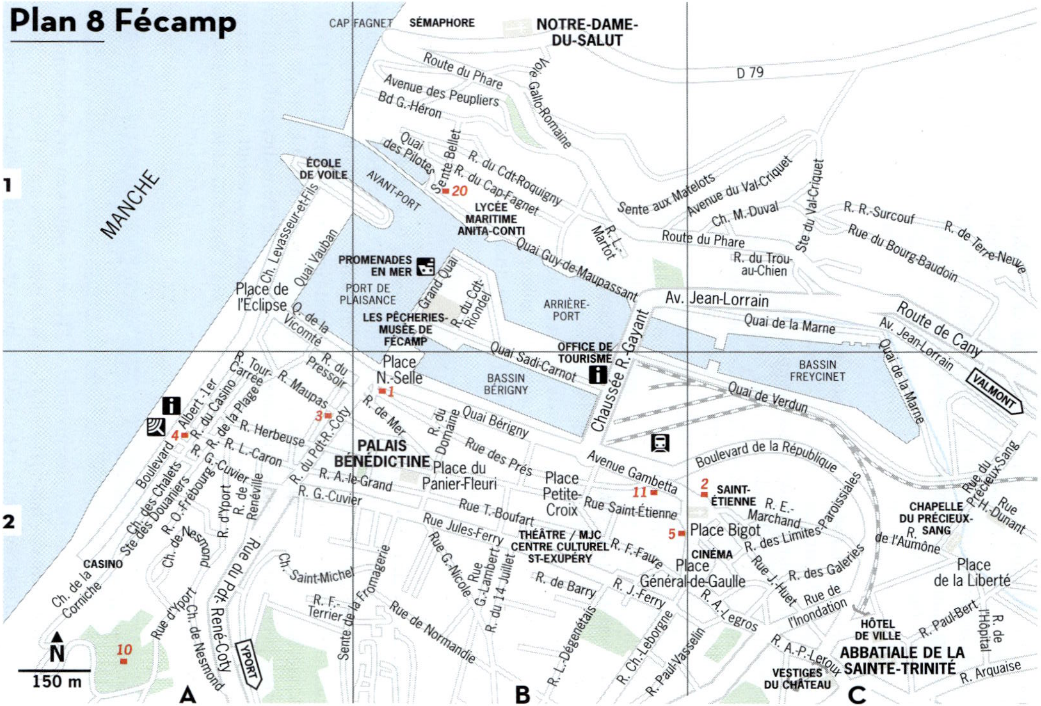

Restauration ■ 1 à 5

Chez Nounoute **p.291** — 1 B2
Le Bouchon **p.290** — 2 C2
Le Vicomté **p.291** — 3 A2
Les Terre-Neuvas **p.292** — 4 A2
Mamie Renée **p.290** — 5 B2

Hébergement ■ 10 et 11

Camping de Renéville **p.290** — 10 A2
Hôtel Vent d'ouest **p.290** — 11 B2

Bar ■ 20

Bar Zoo **p.287** — 20 B1

1106 et constamment enrichie jusqu'au XVIIIe siècle. La très belle chapelle de la Vierge (XVe s.), avec son retable et ses splendides verrières, le baldaquin baroque du chœur (XVIIIe s.), la chaire ouvragée, l'orgue restauré par Cavaillé-Coll sur lequel joua Charles Gounod complètent la liste des trésors accumulés là. *Pl. des Ducs-Richard (face aux ruines du château des Ducs) Tél. 02 35 10 60 96 Ouvert avr.-sept. : tlj. 9h-19h ; oct.-mars : tlj. 9h-12h et 14h-17h*

Église Notre-Dame-du-Salut (plan 8, B1) Culminant à 110m d'altitude, le cap Fagnet domine Fécamp et le littoral et constitue depuis toujours un site stratégique. Il fut donné en récompense par Rollon à son fidèle compagnon, le comte Baldwin (Baudouin), mais on ne sait pas ensuite qui, de Baudouin ou de Robert le Magnifique, duc de Normandie, édifia l'église Notre-Dame-du-Salut sur ce site fortifié. Elle accumule depuis les ex-voto (documents, tableaux) et la Vierge est présente dans l'église sous diverses formes : Vierge noire du XIIIe siècle, Vierge dorée au sommet du clocher. Les marins continuent à l'honorer en faisant retentir trois fois leur corne de brume "pour qu'elle assure bon vent et bonne mer" chaque fois qu'ils sortent. Le lieu offre une vue panoramique sur Fécamp et le littoral, et ce site de défense et d'observation fut très convoité du Moyen Âge à la Seconde Guerre mondiale – les troupes allemandes y avaient d'ailleurs leur radar. Un sémaphore pacifique a aujourd'hui pris le relais. Autrefois chemin de pèlerinage, la Sente aux matelots relie le port à la chapelle au départ du quai Guy-de-Maupassant. *Au nord du centre-ville*

Musée des pêcheries, cité des Terre-Neuvas (plan 8, B1) Ce musée est installé dans l'ancienne sécherie des Pêcheries de Fécamp, bâtiment construit dans les années 1950 et complètement réhabilité, avec notamment l'édification d'un belvédère qui domine la ville, le port et la mer. À l'intérieur, les collections évoquent l'aventure des pêcheurs fécampois, qui partaient de longs mois pêcher la morue dans les eaux de Terre-Neuve. Pour des problèmes de sécurité nécessitant d'importants travaux, cet établissement tant attendu ne sera inauguré probablement qu'en 2017. *3, quai Capitaine-Jean-Recher Fermé pour travaux jusqu'à au moins 2017*

Ville labellisée aux parcours balisés

Cinq balades thématiques invitent à découvrir la cité, labellisée ville d'Art et d'Histoire, en se reportant aux panneaux qui signalent les monuments (plans disponibles à l'OT), notamment :

"Ville abbatiale, ville ducale" Concentré sur la ville haute, il promène le visiteur dans le Fécamp médiéval (palais ducal, abbatiale, vieilles rues).

"Homme nouveau, art nouveau" Il se concentre sur le Fécamp du XIXe siècle et de la révolution industrielle avec, en point d'orgue, le palais Bénédictine.

"Les terre-neuvas" Il dévoile les racines populaires de la cité avec l'église Saint-Étienne, le port, la place Nicolas-Selle, les boucanes et les falaises.

Jardins de Louanne Potager et aromatique, aquatique et exotique, sauvage et marécageux, planté de conifères, zen ou rocailleux, ces jardins amènent le visiteur à se plonger dans une succession d'atmosphères et à cultiver ses sensations. Comptez environ 1h de visite. *Le Moulin bleu Route de Ganzeville (route de Valmont) Tél. 02 35 10 78 41 www.lesjardinsdelouanne.com Ouvert mai-juin, sept. : w.-e. et j. fér. 13h-19h ; juil.-août : tlj. 13h-19h Tarif 7€, 18-12 ans 5€, moins de 12 ans gratuit*

Musée-découverte du Chocolat Hautot Le chocolat a une histoire, des traditions, des techniques, tout un patrimoine que ce musée installé dans les locaux de l'entreprise Hautot fait découvrir aux gourmands qui s'assument. De son importation des Amériques aux techniques actuelles de fabrication – on voit à travers une vitre les ouvrières chocolatières en plein travail –, rien n'a été oublié, pas même les échantillons de dégustation. *851, route de Valmont Tél. 02 35 27 62 02 Ouvert juil.-août : lun.-sam. 9h-12h et 14h-18h30, dim. 14h-18h ; sept.-juin : lun.-sam. 9h-12h et 14h-18h30 Entrée libre, avec dégustation 2€, 6-12 ans 1€, moins de 6 ans gratuit*

● Où boire un verre ?

Bar Zoo (plan 8, B1 n°20) Au nord du chenal et à deux pas des falaises, ce petit bar sympathique et sans prétention est essentiellement fréquenté par des Fécampois. Loin de l'agitation du quai Berigny et de son enfilade de restaurants touristiques, on s'accoude au zinc ou l'on s'installe sur la mini-terrasse qui déborde sur le trottoir pour apprécier cette immersion dans le Fécamp "pur jus". *56, quai de Maupassant Tél. 02 35 27 33 21 Ouvert mer.-lun. 8h30-14h et 17h-0h*

● Partir en croisière sur un vieux gréement

☺ ***Mil'Pat*** Montez à bord du *Michel-et-Patrick*, plus familièrement appelé *Mil'Pat*, un langoustier des années 1960, et glissez-vous dans la peau d'un matelot. Le capitaine vous considérera vite comme l'un des siens en vous demandant de hisser les voiles dès la sortie du port de Fécamp. Au programme, d'avril à octobre : des sorties de 2h (25€, 6-14 ans 15€) pour découvrir un autre point de vue sur les falaises de la Côte d'Albâtre, des promenades jusqu'à Étretat (4h, 45€, 6-14 ans 25€), une sortie au couchant (35€, 6-14 ans 25€) et même des croisière de courte durée (se renseigner). Jamais à court de bonnes idées pour transmettre sa passion de la mer, le capitaine a mis en place des sorties apéritives avec cidre et jus de pomme locaux et des sessions cabotage thématiques avec conteuse, accordéoniste ou encore cornemuseur. *Quai Sadi-Carnot Tél. 02 35 28 84 61 (OT)*

● Pratiquer des activités nautiques

Jardin des Mers Fécamp propose un riche éventail d'occupations liées à la mer, dont certaines pour les petits. Cette initiative locale invite par exemple les 8-10 ans à découvrir la mer à travers des jeux et des activités : réalisation d'un aquarium, pêche à pied... *Local des Toupillons Pl. de l'Éclipse Tél. 02 35 10 60 51 Ouvert l'été*

Base nautique Paul-Vatine Tous les dimanches matins (9h-12h) et les mardis soir (19h-22h) de mai à septembre, vous pourrez faire une sortie en kayak de mer.

Séance initiation pour les débutants le premier dimanche du mois. *Chaussée Édouard-Levasseur Tél. 06 60 83 65 52*
École de voile des Régates de Fécamp En été, les week-ends, ce club propose des sorties sur un catamaran, le temps d'une escapade le long des côtes vers Étretat ou Yport (comptez environ 45€). *Chaussée Édouard-Levasseur Tél. 02 35 28 08 44*

S'amuser dans les arbres

Woody Park Dans ce parc arboricole qui s'étend sur 7ha, on prend de la hauteur (les parcours montent jusqu'à 30m) mais peu de risques, puisque tout est balisé, sécurisé et adapté à la condition physique des visiteurs qui ont de 3-4 ans à... 80 ans. Nombreuses autres activités : joutes suspendues, combats de sumo (avec combinaisons de géant !), babyfoot humain, et l'occasion de réveiller le stratège qui sommeille en vous grâce à un parcours de paintball. Un parcours aventures 12€, deux 20€, trois 24€, journée 31€. Paintball 25€/1h, 45€/3h. *Av. du Maréchal-de-Lattre-de-Tassigny (sud de la ville) Tél. 02 35 10 84 83 www.woody-park.com Ouvert avr.-juin, sept. : tlj. 10h-18h ; juil.-août : tlj. 10h-19h30 ; oct.-mars : tlj. 14h-17h30 pendant vac. scol. (sauf Noël)*

Les environs de Fécamp

Découvrir autrement Faites comme Sissi, Monet ou Pissaro en profitant de la plage des Petites-Dalles, devenez incollable sur la fermentation de la pomme à l'écomusée de la Pomme et du Cidre de Bretteville-du-Grand-Caux

La côte

☺ **Yport** Au terme d'une descente en pente douce le long d'une route boisée, Yport apparaît d'un coup avec ses petites rues de village balnéaire. Ses 2km de plage en sont, bien sûr, l'attraction majeure, mais les villas bourgeoises de la fin du XIXe siècle cachées dans le dédale des rues (sente Josette, avenue Marguerite, rue Ernest-Lethuillier) méritent une exploration en règle, les jours où la mer est trop forte, par exemple. *6km au sud-ouest de Fécamp*

De valleuse en valleuse

Les valleuses, petites vallées côtières asséchées qui se succèdent autour de Fécamp et de son arrière-pays boisé, permettent maintes randonnées pédestres. Saint-Pierre-en-Port, Élétot, Vattetot-sur-Mer, Senneville-sur-Fécamp... en suivant les chemins des valleuses, vous découvrirez de petits villages de pêcheurs à l'authenticité préservée. Ces voies qui ouvrent vers la mer, oscillant du bleu au vert, offrent un spectacle somptueux. Autour de Fécamp et d'Yport, pas moins de dix circuits de 45min à 4h ont été balisés. Renseignements auprès de l'office de tourisme de Fécamp (p.283).

SAINT-VALERY-EN-CAUX

76460

Saint-Valery – le nom complet est rarement prononcé, et les Cauchois l'abrègent encore en "Saint-Val'ry" – est à l'origine une cité de pénitents : la venue de l'"apôtre des falaises", Wallerich, prédicateur franc qui prêchait sur tout le littoral, donna naissance à un culte et à une ville. Les pénitents se firent pêcheurs, partant en mer d'un port d'échouage bien protégé des vents par deux hautes falaises, mais exposé aux dépôts incessants de galets et d'alluvions qui, aujourd'hui, parent encore la mer de toutes les teintes de vert. Le creusement d'un port, en 1234, ouvrit l'ère de la pêche hauturière au hareng, à la morue et au maquereau. Une période aujourd'hui révolue : les 600 anneaux du port de plaisance, l'accueil touristique assuré tous les jours de l'année – un volontarisme d'autant plus frappant que la ville ne compte que 4 500 habitants – montrent clairement l'essor qu'a pris le tourisme depuis un siècle pour cette cité reconstruite après la Seconde Guerre mondiale. Les "pêqueux" – c'est ainsi que les Cauchois appellent leurs pêcheurs – n'ont plus droit qu'à une petite place sur le quai amont pour vendre leur pêche du jour. Ici comme dans les autres villes de la Côte d'Albâtre, touristes et plaisanciers sont les nouveaux maîtres du port.

MODE D'EMPLOI

accès

EN VOITURE

Deux routes permettent de se rendre à Saint-Valery : la D925 longe le littoral et va vers Fécamp (33km) d'un côté, vers Dieppe (33km) et Le Tréport (64km) de l'autre ; la D20 descend vers le sud-est et Doudeville avant de rejoindre l'A150 menant à Rouen (64km).

EN TRAIN ET EN CAR

Les gares SNCF les plus proches sont celles de Fécamp (p.283) et de Dieppe (p.337). De là, des cars départementaux (compagnie Keolis) assurent la liaison avec Saint-Valery : la ligne n°60 de Fécamp (1h25), et la ligne n°61 de Dieppe (1h).

Keolis *Tél. 02 35 28 19 88 www.keolis-seine-maritime.com*

orientation

Saint-Valery est installée dans un vallon. Le port constitue le cœur de la ville, l'autre zone d'intérêt touristique étant le quartier Saint-Léger, qui part du quai d'Aval et remonte la rue Saint-Léger vers l'ouest.

informations touristiques

Office de tourisme *Quai d'Amont Tél. 02 35 97 00 63 www.plateaudecauxmaritime.com Ouvert avr.-sept. : tlj. 9h30-12h30 et 14h-18h30 ; oct.-mars : lun.-sam. 9h30-12h30 et 14h-18h*

marchés, fêtes et manifestations

Marché *Autour de la chapelle Notre-Dame-du-Bon-Port et sur la place du Marché Juil.-août : ven. et dim. matin ; sept.-juin : ven. matin*

Fête de la mer et des marins Près de vieux gréements par la fête alléchés se succèdent, pendant trois jours, concours de pêche et de bateaux pavoisés, chants de marins et concerts. *3 premiers jours d'août*

Voyage et aventure/festival de l'image Ce festival du voyage immobile est un concentré d'expositions, de conférences et de films : courts métrages, grands reportages, diaporamas. *www.festival-image.org 1er w.-e. d'oct.*

Fête du hareng et du cidre Entre les concours de cidre et le hareng préparé à toutes les sauces, vous allez déguster... *En nov.*

DÉCOUVRIR

Découvrir autrement Promenez-vous sur les chemins des falaises, faites une pause gourmande aux Douceurs du rivage

Saint-Valery-en-Caux

Le patrimoine valériquais s'offre tout d'abord au regard du flâneur : le quartier Saint-Léger aux belles maisons à colombages ainsi que son cloître des Pénitents (rue Jeanne-Armand-Colin) ; la falaise d'Aval et son Conservatoire du littoral, parc de 6ha où poussent plus de trois mille essences (pins d'Autriche, érables, charmilles, saules…) ; la place du Marché, où se dresse la chapelle Notre-Dame-du-Bon-Port, construction avant-gardiste dont la toiture en forme de coque de bateau renversée s'inspire du modèle viking. On se promènera aussi sur le port où, au retour de la pêche, ligneurs-caseyeurs, chalutiers, doris vendent directement leur prises.

UNE PAUSE EN BORD DE MER
L'été, quelques "paillottes" s'installent sur l'esplanade du bord de plage et y déploient de petites terrasse où il fait bon lézarder.

Maison Henri-IV Sur la façade de cette demeure de 1540 qui aurait accueilli Henri IV (1553-1610) se lit le passé glorieux de la ville, quand celle-ci lançait ses bateaux vers le Brésil. La maison fut construite par un armateur, Guillaume Ladiré. Les singes, sirènes et créatures fabuleuses sculptés sur sa façade évoquent de lointains horizons. La cour intérieure révèle une tour octogonale à colombages et des bâtiments de la fin du XVIIe siècle. Un espace muséographique présente le mobilier classique de Saint-Valery-en-Caux : armoires normandes, dentelles, lit clos cauchois. Plus surprenant, les critiques de restaurants et d'hôtels rédigées par… Victor Hugo. Une salle évoque l'histoire de Saint-Valery-en-Caux et le traumatisme des bombardements de la Seconde Guerre mondiale à travers quelques objets, et des expositions temporaires, notamment d'art contemporain, sont organisées régulièrement. *Quai de la Batellerie Ouvert fév.-mars, oct.-déc. : w.-e. et j. fér. 10h15-12h30 et 14h-16h45 (et* *mer.-ven. pendant vac. scol.) ; avr.-juin, sept. : mer.-dim. et j. fér. 10h15-12h30 et 14h-18h15 ; juil.-août : tlj. 10h15-12h30 et 14h-18h15 Tarif 2€, moins de 10 ans gratuit, visite guidée 3€*

Falaises Celle d'Amont offre un superbe panorama sur la ville, et le Monument écossais célèbre la résistance de la 51e division écossaise à l'offensive des panzers de Rommel (accès par la sente des douaniers et le GR®21). À ses côtés, un monument commémore l'envol de Costes et de Bellonte qui réussirent la première traversée transatlantique est-ouest en avion le 1er septembre 1930. Quant à la falaise d'Aval, la balade est aussi magnifique que la vue puisque par beau temps vous pourrez apercevoir Veules-les-Roses et Sotteville (accès par le quai d'Aval, suivre également la sente des Douaniers). Sur cette falaise s'étend un parc de 6ha, propriété du Conservatoire du littoral, où poussent plus de trois mille essences (pins d'Autriche, érables, charmilles, saules...).

● Où faire une pause gourmande ?

☺ **Les Douceurs du rivage** Comment choisir entre la tarte au pécan, le crumble, le clafoutis à la rhubarbe, le cake à la violette, tous maison bien sûr, ou entre les 70 sortes de thé ou les 10 de cafés, les confitures artisanales, la vaisselle anglaise, les paniers gourmands.... Salon de thé et petite restauration à midi (quiches, charcuterie, fromages, etc.). Accueil adorable. *14, pl. de la Chapelle Tél. 02 35 97 03 14 Ouvert mi-juil.-mi-août : mar.-jeu. et sam.-dim. 11h-19h, ven. 10h-19h ; mi-août-mi-juil. : mer.-jeu. et sam.-dim. 11h-19h, ven. 10h-19h*

● Randonner autour de Saint-Valery Pas moins de soixante-quinze boucles de randonnée pédestre (de 45min à 4h30) sillonnent un large périmètre autour de Saint-Valery-en-Caux, englobant tout le littoral de Saint-Pierre-en-Port à Saint-Aubin-sur-Mer et l'arrière-pays jusqu'à Doudeville et ses environs. Renseignements auprès de l'office de tourisme.

● Faire une sortie en mer

CNV Le Club nautique valériquais organise des sorties découverte (25€/pers., formule "Ptit Mousse" à partir de 6 ans, 20€), des stages d'initiation et de perfectionnement (4 j., 195€/pers.), des entraînements à la régate et des stages de course-croisière (2 j., 175€/pers.). *40, quai du Havre Tél. 02 35 97 25 49 www.cnvaleriquais.fr*

● Voir le pays de Caux d'en haut

Aéroclub cauchois Promenade, baptême de l'air, vol d'initiation et même école de pilotage, l'Aéroclub cauchois propose des balades de 15min pour deux à 50€, un vol vers Dieppe ou Fécamp à partir de 80€, et un vol découverte des falaises de 30min à 100€ (2 pers.). *Aérodrome Tél. 09 53 86 08 56 Ouvert tlj. 10h-19h sur rdv.*

CARNET D'ADRESSES

Restauration

petits prix

Ô Clair de nos terres Des produits de saison et du terroir en version "snacking" à déguster sur place ou à emporter. Soupes, salades, sandwichs aux charcuteries et fromages locaux. L'adresse conviviale doit beaucoup à son propriétaire, Thierry Équilbec, musicien de formation et surtout amateur de gastronomie qui passe tous les jours derrière ses fourneaux pour proposer un plat unique. Parfait pour un savoureux grignotage sur le pouce. De 10 à 20€ la formule, de 10 à 25€ le menu. *1bis, route de Dieppe* ***Saint-Valery-en-Caux*** *Tél. 02 35 57 46 78 Ouvert haute saison : tlj. midi et soir ; basse saison : dim.-jeu. midi, ven.-sam. midi et soir*

La Galette du Pêqueu Si cette crêperie n'est pas très visible de l'extérieur ni très spacieuse, ses assiettes sont très bonnes et généreuses. Et à la belle saison, vous pourrez vous installer en terrasse, bien exposée et donnant sur le port de plaisance. Grand choix de galettes de sarrasin et de crêpes, classiques ou inventives, garnies de produits frais. Nous conseillons les noix de Saint-Jacques sur lit de poireaux fondus et les pommes caramélisées. Comptez 10-15€ à la carte. *16, quai du Havre* ***Saint-Valery-en-Caux*** *Tél. 02 35 57 12 06 Ouvert tlj. midi et soir Fermeture annuelle en jan.*

La Boussole Dans cette maison balnéaire à la façade rajeunie par les teintes blanc, bleu foncé et bleu tendre, l'ambiance se veut cosy dans la grande salle comme sur la terrasse. Au menu, de grosses salades entre 12 et 15€, des plats fleurant bon le large (copieuse assiette de la mer, soupe de poisson, moules...) et, en prime, une vue imprenable sur le port et la ville. Menus de 13,50 à 30€. *1, rue Max-Leclerc* ***Saint-Valery-en-Caux*** *Tél. 02 35 57 16 28 Ouvert mer.-ven. 12h-14h et 19h-21h30, sam. 12h-16h et 19h-22h, dim. 12h-16h*

La Taverne d'Éole Menu à 13,50€, moules-frites, carte terre et mer (10-13€), quelques glaces et des smoothies... le restaurant du casino de Veulettes-sur-Mer mise sur l'éclectisme côté menu. Il a surtout le mérite de vous servir après 14h30 alors que la plupart des restaurateurs alentour vous répondront par la négative, même en plein été. *La Plage* ***Veulettes-sur-Mer*** *(12km à l'est de Saint-Valery-en-Caux) Tél. 02 35 57 93 00*

prix moyens

Brasserie Les Bains Cet établissement est un bon poste d'observation de la vie valériquaise : il fait face à l'église et sa terrasse accueille une clientèle mélangée les jours de marché. La carte vise elle aussi tous les publics (salades et pizzas à 12-13€, plats de viande ou poisson 16-21€, plateaux de fruits de mer à 26,50 et 36,50€) et privilégie le poisson (choucroute de la mer, vapeur de cabillot à la crème, marmite du pêcheur...). Ses boiseries, ses banquettes crème et ses sièges en peau de vache composent une image plutôt tendance de la Normandie. L'établissement fait aussi hôtel (p.297). *15, pl. du Marché* ***Saint-Valery-en-Caux*** *Tél. 02 35 97 04 32 Ouvert avr.-oct. : tlj. 12h-15h et 19h-22h ; nov.-mars : lun.-jeu. 12h-14h30 et 19h-21h30, dim. 12h-14h30*

La Passerelle Le restaurant du casino vaut surtout pour sa grande baie vitrée qui ouvre sur la mer. La carte est dédiée aux saveurs d'ici et d'ailleurs, mettant bien sûr à l'honneur les produits de la mer : saumon et carrelet aux herbes fraîches, filet de turbot et dorade aux artichauts basilic, homard grillé au beurre de thym. Menus de 19 à 38€, plats de 16 à 28€. *1, promenade Jacques-Couture* ***Saint-Valery-en-Caux*** *Tél. 02 35 57 84 11 Ouvert tlj. 12h-14h et 19h30-22h*

Hébergement

Les camping-cars peuvent stationner sur la rive gauche du port (40 places, 6€ la nuit + taxe de séjour).

camping

Camping d'Étennemare Ce 3-étoiles aux 116 emplacements et 10 chalets est situé à la lisière du bois du même nom, à la sortie du vallon. Piscine chauffée avec toboggan. Forfait 26€ la nuit pour 2 personnes en été (caravane ou camping-car), 18,50€ en basse saison, chalets 4-6 pers. de 590 à 750€/sem. en été, 320-430€ en basse saison. ***Saint-Valery-en-Caux*** *Tél. 02 35 97 15 79 www.vacances-seasonova.com Ouvert avr.-oct.*

prix moyens

Hôtel-brasserie Les Bains Bains ou "Bains douches" ? Cet hôtel très "chic parisien", presque incongru dans cette sage petite station balnéaire du pays de Caux, a une classe certaine avec ses seize chambres au style épuré. Il y a la GriGri plus sobre mais ultra-contemporaine ou encore la Mignonne allons voir si la rose et son ambiance "arty". Double de 77 à 95€, petit déj. 8€. Accès wifi gratuit. *15, pl. du Marché* ***Saint-Valery-en-Caux*** *Tél. 02 35 97 04 32 www.lesbains76.fr*

prix très élevés

☺ **Chambre d'hôtes Nature et Lin** Producteur de lin, Philippe et son épouse Gladys ont fait d'une ancienne charreterie datant de 1850 un havre de sérénité et de plaisir. Les 4 chambres aménagées avec goût portent toutes le nom d'une variété de lin : Rosaline, Maryline, Aurore et Élise. Tout ici rend hommage à cette petite graine : rideaux, abat-jour, coussins, nappes, chauffage au blé... et jusqu'au pain au lin servi au petit déjeuner ! La mer n'est qu'à 5km, mais comment résister à la piscine intérieure dont les larges baies vitrées ouvrent sur l'adorable jardin. Également un très joli gîte indépendant, avec terrasse. En été, double de 140 à 160€ et gîte 180€, petit déj. inclus ; le reste de l'année, comptez 10€ de moins. *9, rue de la Bergerie* ***Néville*** *(5km au sud de Saint-Valery) Tél. 02 35 57 07 66 www.nature-lin.com*

GAMME DE PRIX	RESTAURATION	HÉBERGEMENT
Très petits prix	moins de 10€	moins de 40€
Petits prix	de 10 à 20€	de 40 à 70€
Prix moyens	de 20 à 35€	de 70 à 100€
Prix élevés	de 35 à 50€	de 100 à 150€
Prix très élevés	plus de 50€	plus de 150€

La plage et les falaises de craie d'Étretat (p.275).

Cloître de la cathédrale Notre-Dame (p.69), Rouen.

Cargo sur la Seine, dans les environs de Jumièges (p.166).

Le Vieux-Bassin (p.225), Honfleur.

La maison et le jardin de Claude Monet (p.110), Giverny.

Rouen, cadran du Gros-Horloge (p.69).

Festival international du cerf-volant (p.338), Dieppe.

LeTréport (p.355), ses falaises, sa plage et son port.

Troupeau de vaches sur le plateau du pays de Caux (p.271).

Architecture balnéaire, plage de Trouville (p.209).

Le phare de Trouville (p.209).

Vitrail du XVIe siècle, église Saint-Gervais-et-Saint-Protais de Gisors (p.118).

Le marais Vernier (p.177), dans la vallée de la Seine.

Varengeville-sur-Mer (p.345), manoir d'Ango.

Le port de pêche de Dieppe (p.335).

Abbaye Notre-Dame de Fontaine-Guérard (p.127), Radepont.

Course de chevaux, hippodrome de Clairefontaine (p.213).

Le vieux moulin (p.113), à Vernon.

CANY-BARVILLE

L'histoire de ce village situé au milieu de la vallée de la Durdent et à une petite dizaine de kilomètres de la côte, a été marquée par le commerce du lin. Après la Révolution française, Cany et Barville, qui formaient deux bourgades indépendantes, ont décidé de s'unir pour profiter de l'essor de la production locale et jusqu'au XIXe siècle, des négociants de toute l'Europe faisaient le voyage jusqu'à Cany-Barville pour s'y approvisionner. Vous pourrez consacrer une journée à cette bourgade – son vénérable château, construit au XVIIe siècle, mérite la première visite – et à la vallée de la Durdent en empruntant la route des moulins.

MODE D'EMPLOI

accès

EN VOITURE
Cany-Barville est situé à 24km de Fécamp, et 14km au sud-ouest de Saint-Valery-en-Caux par la D925.

EN CAR
La ligne départementale n°60 (compagnie Keolis) relie Fécamp à Saint-Valery-en-Caux (1h15) en passant par Cany-Barville (direct 30min).
Keolis *Tél. 02 35 28 19 88 www.keolis-seine-maritime.com*

marchés, fêtes et manifestations

Marché *Pl. de l'Hôtel-de-Ville* ***Cany-Barville*** *Lun. matin*
Le lin en fête Pendant 3 jours Doudeville, capitale du lin, célèbre la petite plante bleue : vente-exposition d'artisanat, ateliers, défilé de mode, randonnées, etc. ***Doudeville*** 3e *w.-e. de juin*
Festival du lin et de l'aiguille Manifestation distincte de la précédente, le Festival du lin se déroule dans la vallée du Dun (principalement à Fontaine-le-Dun) et réunit agriculteurs, artisans, brodeurs, autour d'ateliers, de concours et d'expositions mettant à l'honneur la plante et son utilisation textile. *www.festivaldulin.org 3 jours début juil.*

informations touristiques

Office de tourisme Il organise des visites commentées "au fil de l'eau" pour découvrir le patrimoine de la ville à travers ses moulins et ses églises (juil.-août : lun. à 15h, 2,50€). *Pl. Robert-Gabel Tél. 02 35 57 17 70 www.cany-barville.fr www.plateaudecauxmaritime.com Ouvert avr.-sept. : lun. 9h30-12h30, mer.-sam. 9h30-12h30 et 14h-18h et vac. scol. ; oct.-mars : lun. 9h30-12h30, ven. 14h-18h, sam. 9h30-12h30 et 14h-18h*

DÉCOUVRIR

Cany-Barville et ses environs

☆**Les essentiels** Le château de Cany-Barville **Découvrir autrement** Admirez les moulins de la vallée de la Durdent, parcourez les vallées côtières à cheval, suivez les traces de Bourvil

☆ **Château de Cany-Barville** L'impressionnante avenue d'arbres qui dévale d'une colline pour arriver à la grille d'entrée, la douve qui court autour de la propriété, la majestueuse cour d'honneur flanquée de vastes communs semblent rendre hommage à ce château magnifique, construit de 1640 à 1646, auquel on accède par un petit pont de pierre. À l'intérieur, vous admirerez un mobilier préservé des pillages de la Révolution, des tapisseries flamandes du xve siècle, des porcelaines chinoises et des portraits de famille. Derrière le château se déploie un parc serti de vastes pièces d'eau alimentées par la Durdent. Un vrai Versailles normand. *Tél. 02 35 97 87 36 Ouvert juil.-août : sam.-jeu. 10h-12h et 15h-18h Tarif 8€, 7-18 ans 4€*

Écomusée du Moulin Saint-Martin Avant de vous échapper pour une balade au fil de la Durdent, faites une escale dans ce moulin dont la construction remonte au xve siècle. Une collection d'outils et d'objet anciens vous plongera au cœur de la vie rurale d'autrefois de cette vallée prospère. *1, rue de l'Abreuvoir Tél. 02 35 97 59 71 Ouvert mai-oct. Visite sur rdv Tarif 5€, moins de 10 ans 4€*

Route des moulins S'écoulant sur 23km d'Héricourt-en-Caux à Veulettes-sur-Mer, la Durdent arrose de nombreux villages qui tiraient parti de cette énergie abondante en construisant un moulin (Robertot, Oherville, Mautheville, Cany-Barville), voire deux comme à Grainville-la-Teinturière. Au totla, 63 moulins furent édifiés sur la rivière. Au départ de Robertot, la D131 permet d'admirer ce qu'il reste de ce chapelet de moulins restaurés et souvent en état de marche. Après Cany-Barville, la D10 suit le cours de la Durdent jusqu'à la mer. Les moulins sont visitables lors de quelques manifestations, notamment les Journées du patrimoine.

● Où faire des provisions de crème à la ferme ?

Les Prés d'Artemare Cette ferme qui s'est lancée dans un processus d'agriculture durable et biologique vend sur place la production laitière de son troupeau de vaches normandes : tomme, palet, beurre, crème, fromage blanc, faisselle, confiture de lait... Des produits goûteux et de grande qualité qui n'ont rien à envier à ceux des plus fines épiceries ! Ouverture au public à l'heure de la traite, l'occasion de faire découvrir aux enfants d'où vient le lait. *308, impasse d'Artemare **Saint-Vaast-Dieppedalle** (6km au sud de Cany-Barville) Tél. 02 35 96 57 41 Ouvert ven.-sam. 16h-19h Stand sur le marché d'Yvetot sam. matin*

● Passer un après-midi au bord de l'eau

Base de loisirs du lac de Caniel Parc familial par excellence, cette base de loisirs relève le défi d'occuper les plus jeunes pendant une bonne demi-journée : luge d'été, pédalo, canoë, parcours nature et pédagogique... Les plus grands s'essaieront au ski nautique automatique – le skieur est tiré sur toute la longueur du lac par un téléski – ou, plus calmement, au bowling. Un espace de détente, populaire et bon enfant, victime de son succès certains jours. Tarif pour 1h : pédalo 4 places : 17€ ; barque ou canoë 10€ ; kayak env. 7,50€ ; téléski 15€ (sans l'équipement) ; location de VTT : 3€. Si vous n'avez pas eu le temps de remplir votre panier pique-nique, vous pourrez improviser au **bistro** un repas simple et bon marché en contemplant le lac. Formules de 11,90€ (en semaine) à 19,50€, menus enfant 8,50€. Formules brasserie + bowling de 14,90 à 29,90€. ***Vittefleur** (4km au nord de Cany-Barville) Tél. 02 35 97 40 55 www.lacdecaniel.com Ouvert toute l'année (activités nautiques interrompues les mois d'hiver)* **Bowling** *Ouvert lun.-ven. 12h-0h, w.-e. 12h-2h Tarif de 4 à 7€ la partie selon les heures (sans la location des chaussures)* **Bistro du lac de Caniel** *Route du Lac **Vittefleur** (4km au nord de Cany-Barville) Ouvert tlj. 12h-14h et 19h-21h Fermé dim. soir hors saison*

● Parcourir les vallées côtières à cheval

La Cavale Mérens Fabrice Martin, moniteur diplômé et champion de France d'attelage, a choisi pour son centre équestre des anglo-arabes, de poneys shetland et surtout des mérens, ces petits chevaux originaires d'Ariège réputés pour leur docilité. Cavaliers confirmés et débutants s'initient à l'attelage au pas, au trot ou au galop ou partent pour une balade dans la campagne environnante (1h, env. 15€) ou en bord de mer (4h). Balades sur rdv. *Hameau de Calvaille **Cany-Barville** (3,5km au sud de la ville) Tél. 02 35 97 76 26 http://martin.fab.free.fr Ouvert lun.-mer. et ven.-sam. et jeu. pendant vac. scol.*

Doudeville

Surnommée “capitale du lin” (la Seine-Maritime est le premier département linier de France), Doudeville a su mettre en valeur les symboles de son industrie textile du XIXe siècle. Au détour des rues, vous apercevrez des séchoirs ainsi que les maisons de maîtres reflétant la prospérité que la ville a tirée de cette plante en devenant vers 1840 un important centre d'industrie textile. *13km au sud-est de Cany-Barville par la D88* **Office de tourisme** *4, rue Cacheleu Tél. 02 35 95 68 64 www.plateaudecauxmaritime.com Ouvert avr.-sept. : lun.-sam. 9h30-12h30 et 14h-18h ; oct.-mars : mer. et ven.-sam. 9h30-12h30 et 14h-18h*

Carrefour du lin Cet espace d'exposition présente cette plante fibreuse, ses multiples vertus et la diversité de ses usages : vêtements, linge de maison, gastronomie… Aux alentours de Doudeville arrêtez-vous à proximité des champs où vous attend, en juin, un magnifique spectacle à l'occasion de la floraison éphémère du lin : de vastes parcelles bleutées se confondant avec l'azur du ciel. *Rue Cacheleu-Fils Tél. 02 35 95 68 64 Ouvert avr.-sept. : mar.-sam. 9h30-12h30 et 14h-18h ; Toussaint, Noël, fév., Pâques : mar.-sam. 9h30-12h30 et 14h-18h Entrée libre*

Château et parc de Galleville Construit d'un seul tenant à la fin du XVIIe siècle par M. de Varengeville, conseiller du Roi-Soleil, Galleville doit son élégance à cette remarquable unité architecturale : le corps de logis, les communs, les murs de la basse-cour et de la cour d'honneur mêlent le silex, la brique et le grès pour le soubassement, et le fer forgé des balcons court sur toute la façade. L'intérieur exalte la même période, avec des meubles et des tableaux des XVIIe et XVIIIe siècles et des souvenirs de la cour impériale de Vienne que fréquenta le diplomate. La visite se conclut par une agréable promenade dans le parc à la française, le jardin de fleurs, le potager et le verger aux arbres fruitiers taillés en espalier, en contre-espalier et en gobelet. *18,5km au sud de Veules Tél. 02 35 96 52 40 www.chateaudegalleville.com Ouvert juin-oct. : lun.-ven. 10h-12h et 14h-17h Tarif château + parc 6€, parc seul 5€*

● Partir en vadrouille sur les traces de Bourvil

Circuit Bourvil Bourvil emprunta son nom de scène au village de Bourville, près de Fontaine-le-Dun, où il passa une partie de sa jeunesse. Un parcours touristique musardant de Doudeville, dont il fréquenta l'école, à Saint-Aubin-sur-Mer, station balnéaire où il se rendait en famille, fournit un prétexte à la découverte de recoins ignorés de Normandie. Sur ce parcours, une gerbe de hauts-de-forme en acier vous arrêtera peut-être à Canville-les-Deux-Églises : elle signale l'**atelier de Roger Douville** (1915-1981), "paysan sculpteur" qui découvrit son don artistique dans un camp de prisonniers en 1940. Il se consacra à la sculpture sur bois exotiques dès son retour de captivité, acquérant rapidement une renommée qui le fit exposer à l'étranger. Renseignements à l'office de tourisme de Doudeville. **Atelier Roger Douville** *Tél. 02 35 37 82 81 http://perso.orange.fr/clsh.spv/douville Ouvert jeu. 14h-18h Visite sur rdv Entrée libre*

CARNET D'ADRESSES

Restauration, hébergement

prix moyens

La Table d'Agnès La belle cheminée de pierre, les fauteuils cosy, les lumières, le soin dans chaque détail de la déco : tout contribue à un moment de bien-être, renforcé par l'accueil particulièrement chaleureux. Et l'assiette est au diapason : des produits frais, locaux et de saison, cuisinés avec respect, comme ce foie gras maison, ces escargots à la normande, ou ces profiteroles... Simple et délicieux. Menus à 19,50 et 35€. *73, rue du Général-de-Gaulle* ***Cany-Barville*** *Tél. 02 35 97 96 88 www.la-table-d-agnes.fr Ouvert jeu.-lun. 12h-14h et 19h-21h*

L'Estable Ici le calme règne en maître. D'abord dans les trois chambres d'hôtes installées dans la dépendance d'un ancien clos masure du XVIIIe siècle (double 75€, petit déj. inclus) et qui ouvrent sur la verdure, puis dans le jardin où, aux beaux jours, vous prendrez le petit déjeuner. Un authentique petit coin de paradis vert ! Ne manquez pas une promenade jusqu'à la mare bordée de roseaux, de saules et d'érables. Assiette gourmande sur réservation. *57, impasse de l'Église* ***Ouainville*** *(4km à l'est de Cany-Barville) Tél. 02 35 97 73 49 www.gite-estable.com*

VEULES-LES-ROSES

76980

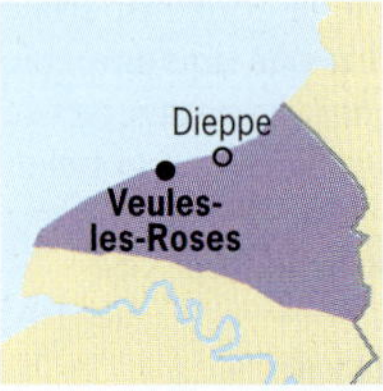

Veules (déformation du saxon *waël*, le "point d'eau") doit son nom et sa richesse au plus petit fleuve de France, la Veules (1 194m de long). Celle-ci donna à la ville sa prospérité grâce à ses nombreux moulins à blé et à l'activité du lavage de la laine, et la sérénité de ses berges ornées de maisons restaurées lui assure aujourd'hui sa renommée touristique. Mais la mer a contribué tout autant au succès de la cité : au XVe siècle, les marins veulais partirent pour l'"Aventure" à la recherche de nouvelles voies commerciales, et la beauté de sa plage de sable et de galets a attiré les premiers touristes, lettrés et artistes, en 1830. Avec une fréquentation touristique en progression constante, le charme opère toujours, celui de la campagne à la mer.

MODE D'EMPLOI

accès

EN VOITURE

Veules est située entre Saint-Valery-en-Caux (7km) et Dieppe (27km), dans la partie haute de la Côte d'Albâtre. Le Tréport se trouve 57km au nord-est, Le Havre, 91km au sud-ouest, et Rouen, au sud-est, à 57km. On accède à la ville soit par la D925, qui longe le littoral, soit par la D142, qui monte d'Yerville, de Barentin et de Rouen.

EN CAR

Une seule ligne départementale dessert Veules, la n°61, assurée par Keolis, et reliant Saint-Valery-en-Caux (à 10min) à Dieppe (45min).

Keolis *Tél. 02 35 28 19 88 www.keolis-seine-maritime.com*

orientation

Veules-les-Roses épouse le cours de la Veules sur son parcours sinueux. La D925, qui relie Veules aux stations balnéaires voisines, passe à l'est de la ville.

informations touristiques

Office de tourisme *27, rue Victor-Hugo Tél. 02 35 97 63 05 www.plateaudecauxmaritime.com www.veules-les-roses.fr Ouvert avr.-juin, sept. : mer.-dim. 10h-13h et 14h-18h ; juil.-août : tlj. 9h30-12h30 et 14h-18h30 ; oct.-mars : mer. et ven.-sam. ; vac. scol. : mer.-sam.*

marchés, fêtes et manifestations

Marché *Pl. de l'Église Mer. matin Sam. et dim. après-midi.*

Fête du cresson *Dim. de Pâques*

DÉCOUVRIR

Découvrir autrement Suivez le circuit de la Veules, passez un après-midi au milieu des chèvres de Saint-Cosme à Crasville-la-Rocquefort

Veules-les-Roses

☺ **Circuit de la Veules** Moulins, abreuvoirs et cressonnières ornent le circuit de la Veules qui court de sa source, à la sortie du village, à la plage où elle se jette. Une flânerie le long de ce canal sage, entre maisons à colombages, lavoirs et jardins verdoyants, est tout ce qu'il y a de plus apaisant et qui permet de découvrir l'histoire et le patrimoine de ce village plein de charme. Des onze moulins d'origine, quatre fonctionnent encore. Comptez environ 1h30/2h. *Visite guidée juil.-août : mar. à 10h30 Tarif 2,50€ Rens. à l'OT*

Église Saint-Martin Construite du XIIIe au XVIe siècle, cette église à trois nefs a mal supporté les ans et l'humidité. Cependant, son patrimoine reste d'une grande richesse : les piles du chœur ornées de motifs fantastiques (sirènes, chouettes, dauphins, bustes et têtes humaines, coquilles et aumônières), les nombreuses statues blanches ou polychromes de saints comme Notre Dame des Neiges, Madone des marins veulais, ou saint Roch censé écarter la peste.

● Où déguster une douzaine d'huîtres sur le pouce ?

Huîtres Gallot La Veulaise, seule huître présente sur le littoral de Seine-Maritime, a obtenu la médaille d'argent au Salon de l'agriculture 2011. Rendez-vous sur le front de mer de Veules, le week-end pour une dégustation de ces huîtres charnues élevées en pleine mer sur l'estran de Veules. *Front de mer Tél. 02 35 97 29 98 Ouvert sam.-dim. 9h-13h et l'après-midi en été*

● Où boire un thé, un café ?

Douce France Thé vert de Chine ou Darjeeling, glacé ou chaud, crêpe ou glace... peu importe, car dans ce relais hôtelier (p.335), ce qui compte avant tout, c'est l'ivresse poétique du lieu : un exquis petit jardin bordé par la Veules et fleuri avec un raffinement "so British". *13, rue du Dr-Pierre-Girard Tél. 02 35 57 85 30*

"Veules-le-Cresson"

Situées aux sources de la Veules, les cressonnières fournissent depuis le XIVe siècle un cresson réputé pour son goût piquant et pour la finesse de ses feuilles. D'octobre à mars vous croiserez certainement un cressiculteur ramassant à la main et au couteau sa récolte, vendue quelquefois sous un petit kiosque juste à côté de la cressonnière. Le dimanche de Pâques, Veules met à l'honneur cette production locale avec notamment la vente de produits dérivés, tels beurre et vin.

Atelier 2 Des thés, cafés ou jus de fruits (locaux) et des pâtisseries anglaises (gâteaux, scones, muffins), à déguster aux beaux jours dans un joli jardin. Gâteau 2-7€. Accueil délicieux. *2, rue du Bouloir Tél. 02 35 97 07 95 ou 06 38 21 27 37 http://atelier2veules.com Ouvert mai-juin, sept. : sam.-dim. 15h-19h ; juil.-août : mer.-dim. 11h-12h et 15h-19h*

Le Victor Hugo Ce restaurant étant l'un des plus courus des groupes et des autocaristes, vous l'apprécierez surtout pour une pause apéritive sur sa terrasse (chauffée en hiver). Panoramique, elle surplombe la plage de Veules-les-Roses et domine l'horizon. *1, pl. Melinge Tél. 02 35 97 98 98 Ouvert avr.-sept. : tlj. ; hors saison : lun. midi et sam.-dim. midi et soir*

Les environs de Veules-les-Roses

Église du Bourg-Dun Cette église massive (45m de long) assez bien conservée date, pour sa partie la plus ancienne, du XIe siècle. Mais la nef et le chœur sont de style gothique, le portail et la chapelle du Sépulcre Renaissance, et les vitraux résolument contemporains. À noter, le maître-autel et le retable du XVIIe siècle représentant la première toilette de Marie à sa naissance, et les fonts baptismaux Renaissance aux six bustes de femmes exaltant les vertus théologales (foi, espérance, charité) et cardinales (justice, courage, tempérance). *7km au sud-est de Veules*

● Passer l'après-midi près des chèvres

Chèvrerie Saint-Cosme Visite de la ferme de Virginie et Damien et présentation de l'activité d'éleveur de chèvres et de producteur de fromage. Vente de fromages sur place le soir à partir de 17h30 ou sur rdv. ***Crasville-la-Rocquefort*** *(11km au sud-est de Veules) Tél. 02 35 57 82 96 ou 06 22 60 37 64 ou 06 09 83 78 16 Ouvert lun.-sam. à partir de 17h30 sur rdv Visite de la ferme et de la chèvrerie l'après-midi Entrée libre*

CARNET D'ADRESSES

Restauration, hébergement

petits prix

Le P'tit Veulais Dans un décor typiquement normand on prend le temps de lire la carte qui offre un bon choix de galettes au blé et au sarrasin (de 2,50 à 14€) mais aussi une belle sélection de viandes (locales, s'il vous plaît) grillées à la plancha et une formule moules marinières (14€). En saison, profitez de la petite terrasse. *1, rue du Docteur-Girard* ***Veules-les-Roses*** *Tél. 02 35 97 59 19 Ouvert mi-fév.-juin, sept.-début nov. : mer.-dim. ; juil.-août : mar.-dim.*

Chalet du Bel Event Ce "chalet" est un ancien relais de chasse du XIXe siècle campé dans un très joli parc. Tenu par un couple franco-américain amoureux de la région – leur site recense d'ailleurs les activités à pratiquer dans le coin –, il propose, sur deux étages, cinq chambres (de 60 à 75€) classiques, très spacieuses et lumineuses. Accès wifi. *Daniel et*

Virginie Westhead Chemin du Bel Event ***La Chapelle-sur-Dun*** *(4km au sud-est de Veules) Tél. 02 35 57 08 44 www.chaletdubelevent.com*

prix moyens

Le 4 d'Alice Une petite adresse très sympathique ouverte en 2015 à deux pas de la plage de Veules. Cuisine simple, fraîche et copieuse à prix raisonnables : tapas (3,50-5€), salades (12-13,50€), planchas et tartines (12-18€) et quelques plats chauds (tajine de canard, bœuf carottes, etc., à 12-14€), à déguster en salle ou en terrasse. Délicieux cafés ou thés gourmands. Le patron organise régulièrement des soirées animées (concerts souvent le samedi soir, matches...). *4, rue du Docteur-Girard* ***Veules-les-Roses*** *Tél. 02 35 97 76 41 http://le4dalice.com Ouvert juil.-août : tlj. 10h-22h ; sept.-juin : mer.-dim. 10h-22h*

prix élevés

Auberge du Dun Située en face de l'église, cette table gastronomique un peu en retrait de la vallée du Dun et de ses moulins, est tenue par Nathalie et Pierre Chrétien, maître-cuisinier de France. Menu renouvelé à chaque saison : turbotin de petit bateau, crème mousseuse au vin jaune, légumes d'automne, pigeonneaux aux éclats de fèves de cacao, moka feuille et caramel au beurre salé... Menus 30 et 54€. Belle carte des vins. ***Le Bourg-Dun*** *(7km au sud-est de Veules) Tél. 02 35 83 05 84 Ouvert mar. et jeu.-sam. midi et soir, mer. et dim. midi*

Douce France Les tourelles d'allure médiévale, la voûte de pierre du porche donnent envie de visiter ce relais de poste du XVIIe siècle comme on le ferait d'un musée. Dans la cour pavée alternent l'ancien – le jardin cloître bordé par la Veules – et le moderne – les bâtiments abritant les chambres. Les suites et appartements en duplex, aux noms d'artistes ou de personnages célèbres, sont meublés avec goût, très confortablement équipés et parfois décorés d'œuvres d'art contemporain (double et suite pour 2 pers. de 99 à 179€). Petit déj. 13€ et brunch (sur rés.) à 26€. *13, rue du Dr-Pierre-Girard* ***Veules-les-Roses*** *Tél. 02 35 57 85 30 www.doucefrance.fr Ouvert mi-fév.-déc. Fermé jan.-mi-fév. Restauration Tlj. (jusqu'à 18h pour les non résidents)*

★ DIEPPE

76200

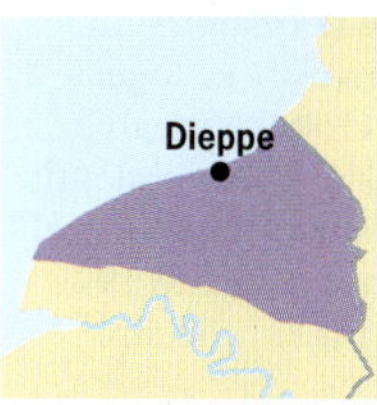

Dieppe revient de loin. En 1999, trois immeubles anciens du centre s'effondrèrent, victimes d'un abandon prolongé et des intempéries, et seul un soutènement d'urgence empêcha les églises Saint-Rémy et Saint-Jacques de faire de même. Une étude du bâti menée par la municipalité recense alors jusqu'à cent édifices en péril imminent. Il était temps de réagir. Une vaste réhabilitation des sites clés fut engagée (les quais Henri-IV et Duquesne, la Grand-Rue, la place Camille-Saint-Saëns et le parvis Saint-Rémy), tant pour sauver

le patrimoine dieppois que pour en faire un atout touristique. Dieppe n'est qu'à 180km de Paris, ce qui en fait la plage la plus proche de la capitale. C'est aussi le premier port de France pour la gastronomique coquille Saint-Jacques. Quant au front de mer, lourdement détruit par les bombardements du raid de 1942, il a su reprendre vie avec son casino, sa longue plage et ses emblématiques Bains de mer créés dès 1822 et remis au goût du jour. Dieppe a su renouer avec les recettes du passé pour mettre en valeur son patrimoine. Un pari réussi puisque la cité fait aujourd'hui partie du réseau des Villes d'art et d'histoire et que le centre ancien, le Pollet et le quartier de Saint-Pierre, sont désormais des secteurs protégés.

UNE VILLE PRISE ENTRE DEUX FEUX Au Xe siècle, les Vikings apprécient la profondeur de l'estuaire de l'Arques et lui donnent un nom approprié, *djepp* ("profond"). Le village de pêcheurs devient un port avec la conquête de l'Angleterre en 1066, les Normands ayant besoin de relais des deux côtés de la Manche. Après en avoir chassé son rival Richard Cœur de Lion, Philippe Auguste fait raser la ville en 1195. Dieppe, peu à peu reconstruite et fortifiée, connaît plusieurs siècles de paix et de prospérité. Au XIVe siècle s'ouvre l'ère des explorateurs et des corsaires. Les armateurs, tel Jehan Ango, s'enrichissent et font appel à des artistes. En 1694, Dieppe fait les frais des guerres de Religion : une flotte anglo-hollandaise la bombarde si copieusement que seules 300 de ses 3 900 maisons en réchappent. Louis XIV exige la reconstruction immédiate de la cité, un grand œuvre mené à bien par Vauban : celui-ci reprend le tracé médiéval en élargissant les places et les rues. Dieppe a mis près d'un siècle à se relever de la "Grande Bombarderie".

LES BAINS DE MER DIEPPOIS, UNE PREMIÈRE EN NORMANDIE Pour l'anecdote, l'un des premiers baigneurs officiels connus en France a été le roi Henri III, et ce fut à Dieppe, sur conseil de ses médecins, qu'il se rendit afin de guérir ses maux. Mais c'est la chute de l'empire napoléonien et la disparition des corsaires qui ouvrent une ère de tranquillité maritime ; les Anglais, qui affluent, mettent les bains de mer à la mode. La duchesse de Berry vante les mérites de Dieppe, et un premier "établissement de bains" ouvre en 1822. L'engouement des aristocrates, puis des bourgeois aisés, est tel que casinos, palaces et théâtres poussent l'un après l'autre sur le front de mer. La révolution industrielle prend le relais et double la station balnéaire d'un port industriel. Le creusement des trois bassins à flot coupe le quartier du Pollet en deux, et ses habitants les plus pauvres sont envoyés se loger sur les hauteurs… ou dans les grottes de la falaise, les Gobes. Envahie deux fois par les Prussiens pendant la guerre de 1870, la ville ne ralentit son essor qu'avec la Première Guerre mondiale et fut surtout éprouvée, lors de la Seconde, par l'échec sanglant du débarquement allié de 1942. Après la dernière guerre, la pêche industrielle entame un lent déclin. Le tourisme, depuis, essaie de prendre le relais.

MODE D'EMPLOI

accès

EN VOITURE
La D925 relie Dieppe aux autres villes du littoral – Fécamp, Saint-Valery-en-Caux (34km), Le Tréport (29km). Vers le sud, la N27 (prolongée par les A151 et 150) permet de rallier rapidement Rouen (65km) ; enfin, plusieurs routes filent vers le pays de Bray, au sud-est : la D915 vers Forges-les-Eaux, et la D1 vers Neufchâtel-en-Bray (40km), puis l'A28 vers Abbeville.

EN TRAIN
Une quinzaine de trains circulent quotidiennement entre Dieppe, Rouen (40min à 1h env.) et Paris (env. 1h30).
Gare (plan 9, C4) *Bd Georges-Clemenceau*

EN CAR
La ligne départementale n°61 (Keolis) relie Dieppe à Saint-Valery-en-Caux (1h) et la ligne n°68 (cars Denis) Dieppe à Eu-Le Tréport (1h).
Keolis *Tél. 02 35 28 19 88 www.keolis-seine-maritime.com*
Cars Denis *Tél. 02 35 06 86 86*

EN TAXI
Taxi Tour Évasion Navette aéroports (Roissy, Orly, Beauvais et Deauville) et au départ de Rouen. David propose aussi des excursions dans la région (Fécamp, Étretat, Le Havre...) dans son taxi 7 places. *Tél. 07 60 20 40 36 41 www.navette-taxi76.fr*

orientation

La ville est naturellement orientée vers le nord-ouest et la mer. Le port et les trois bassins dédiés à la plaisance ou à la pêche – bassin Duquesne, bassin du Canada, bassin de Paris – coupent la ville en deux : à l'ouest des bassins, l'ancien quartier des armateurs et des familles bourgeoises forme aujourd'hui le cœur de Dieppe. À l'est s'étendent le Pollet, ancien quartier des pêcheurs, la zone industrielle et la zone résidentielle de Neuville-lès-Dieppe.

informations touristiques

Office de tourisme (plan 9, C3) Pour un point de vue imprenable sur le port de Dieppe et de belles photos panoramiques, montez sur sa terrasse. *Pont Jehan-Ango Tél. 02 32 14 40 60 www.dieppetourisme.com Ouvert avr.-juin, sept. : tlj. 9h-13h et 14h-18h ; juil.-août : lun.-sam. 9h-19h, dim. et j. fér. 9h-13h et 14h-17h30 ; oct.-mars : lun.-sam. 9h-13h et 14h-17h*

transports urbains

Stradibus Un réseau de lignes régulières (lignes n°1, 2, 3, 4, 5 et 10, ligne n°14 le dimanche) dessert les principaux points du centre de Dieppe (toutes passent par les gares routières et ferroviaires), d'autres les villes de l'agglomération. Pour Varengeville, il existe un système de transport à la demande, Créabus, qui fonctionne du lundi au samedi de 9h à 19h, à réserver jusqu'à la veille. *Tél. 02 32 14 03 03 ou 02 32 14 09 09 (Créabus) www.stradibus.fr*

marchés

Marché (plan 9, B3-A4) Un éventail complet des produits du terroir normand à découvrir le matin. L'après-midi ce sont des vendeurs de vêtements qui prennent le relais. D'autres marchés de quartiers se déroulent notamment place Nationale (mar. et jeu.) et au Pollet (mer.). *Centre-ville Ouvert sam. matin Sam. matin*

Marché aux poissons (plan 9, C3) Un petit marché (quelques stands) appelé également "vente à la pierre du quai" dresse ses étals devant l'office de tourisme. *Quai Henri-IV (et quai Trudaine) Ouvert tlj. matin (horaires en fonction de la marée)*

fêtes et manifestations

Exposition canine et concours d'*agility* Animal très prisé dans toute station balnéaire respectable : le chien, de race évidemment. Ces bêtes de concours montent sur les planches une fois l'an, et un concours de dressage (*agility*) distingue les plus dégourdis. *En juil.*

Dieppe rétro Bentley, Bugatti, MG, Cadillac, De Dion, Triumph... Avec ce défilé de chromes rutilants et de mécaniques ronronnantes, Dieppe feuillette quelques pages glorieuses d'une histoire automobile aujourd'hui révolue. *Tél. 02 35 82 49 29 www.diepperetro.org 1er w.-e. de sept.*

Festival international du cerf-volant Ce festival, l'un des trois grands rendez-vous mondiaux dans la discipline, attire un nombre croissant de pays (35 à ce jour), de cerfs-volistes et de spectateurs, et colore le ciel dieppois comme à nul autre moment de l'année. *www.dieppe-cerf-volant.org Une sem. en sept., les années paires*

Foire au hareng et à la coquille Saint-Jacques Dieppe est le premier port français pour la coquille Saint-Jacques, et n'oublie pas non plus le hareng, ancien "poisson-roi" de la ville. Les deux sont, pendant tout un week-end, proposés grillés, en brochettes ou marinés, et célébrés lors d'animations, de spectacles, de concours de pêche, etc. *Quai Henri-IV Un w.-e. mi-nov.*

DÉCOUVRIR

Dieppe

☆ **Les essentiels** Le château-musée, l'Estran-Cité de la mer **Découvrir autrement** Déambulez dans le vieux quartier de pêcheurs du Pollet, admirez la vue de la chapelle Notre-Dame-de-Bon-Secours et de sa falaise

Le centre

Église Saint-Jacques (plan 9, B3) Cette église romane du XIIe siècle constituait jadis une étape du pèlerinage à Compostelle. Seuls son transept et ses deux portails échappèrent à l'incendie ordonné par Philippe Auguste en 1195. Elle fut reconstruite à la fin du XIIIe siècle dans le style gothique et enrichie... puis endommagée par la "Grande Bombarderie" de 1694. Restaurée aux XVIIIe et XIXe siècles, elle connut ensuite une lente décrépitude. Un mur latéral menaçait de s'effondrer quand fut décidée l'énergique restauration tout juste achevée. Vous pourrez admirer l'oratoire de Jehan Ango, les chapelles de la Vierge, du Saint-Sépulcre et de Saint-Jean-Baptiste, l'escalier en chêne de la sacristie sur lequel abondent coquilles, arabesques et figurines (non accessible au public) ou encore le mur du Trésor, avec sa curieuse caravelle gravée dans la pierre par un marin en guise d'ex-voto. Sa sacristie est ornée de la frise des Sauvages. Ces bas-reliefs réalisés vers 1530 représentent des personnages des

CÔTÉ BÂTIMENT
Remarquez, dans le quartier de la gare, les maisons particulières Belle Époque de la rue de la République (plan 9, A4) et de la rue Jules-Ferry (plan 9, B4). Elles illustrent le goût pour l'éclectisme et les styles régionalistes de la fin du XIXe siècle : faux pans de bois, toits débordants, profusion d'appendices et décors polychromes du style néo-normand.

contrées visitées par Jehan Ango (1480-1551), humaniste et armateur qui initia et finança de nombreuses expéditions et notamment l'une des premières vers Terre-Neuve au début du XVIe siècle. *Pl. Saint-Jacques*

Maison Miffant (plan 9, B4) Achevée en 1624, cette demeure dieppoise édifiée en 1624 et classée est appelée maison Miffant en référence au riche négociant auquel elle a d'abord appartenu. C'est l'une des rares maisons épargnées par l'incendie de 1694. Avec ses petites fenêtres carrées judicieusement positionnées, la variété recherchée de ses pans de bois et son soubassement en grès, la façade traduit bien la double préoccupation, fonctionnelle et esthétique, des charpentiers de l'époque. Rénovée en 2015, elle accueille maintenant des logements privatifs. *9-11, rue d'Écosse (près de la place Louis-Vitet)*

Où acheter des produits du terroir ?

Maison Olivier (plan 9, B3 n°30) Depuis les années 1950, trois générations de la famille Olivier ont fait de cette épicerie une adresse unique, qui sélectionne minutieusement ses produits : cœur de camembert, petit-lisieux, deauville, noyau de Vernon, suc de pomme à la rouennaise... Dans cette maison, le cidre est fermier et œcuménique (pays de Bray, pays de Caux et pays d'Auge) et le calva “à double chauffe” doctement encensé. En face, au n°33, la même famille a ouvert L'Instant, une boutique de thé et de café torréfié par ses soins, en partenariat avec Kusmi et Betjeman & Barton. *16, rue Saint-Jacques Tél. 02 35 84 22 55 http://olivierdieppe.com Ouvert jan.-juin, sept.-nov. : mar.-jeu. 8h-12h30 et 14h-19h15, ven.-sam. 8h-19h ; juil.-août, déc. : lun. 14h30-19h, mar.-jeu. 8h-12h30 et 14h-19h15, ven.-sam. 8h-19h*

Où s'offrir une pause sucrée ?

Le Fournil (plan 9, B3 n°31) Cette boulangerie revisite à sa manière les indémodables chouquettes. Ici et seulement ici (le concept est déposé), elles prennent la forme d'étoiles de mer et leur cœur est fondant à souhait. En les dégustant à l'une des quelques tables installées dehors vous aurez tout le loisir d'observer l'animation de Dieppe et sa Grande-Rue. *174, Grande-Rue Tél. 02 35 82 74 77 Ouvert lun.-sam. 8h-19h*

Le front de mer

Mémorial du 19 août 1942 (plan 9, A3) Dans ce petit théâtre construit en 1826 à l'instigation de la duchesse de Berry sont rassemblés maquettes, photographies et autres témoignages d'un épisode sanglant de la Seconde Guerre mondiale : l'opération Jubilee, débarquement manqué sur les plages dieppoises de 6 000 soldats canadiens et britanniques. Leur objectif était de détruire les défenses et les installations stratégiques allemandes et de tester la possibilité d'un débarquement dans un port. Quelque 1 600 soldats y

Plan 9 Dieppe

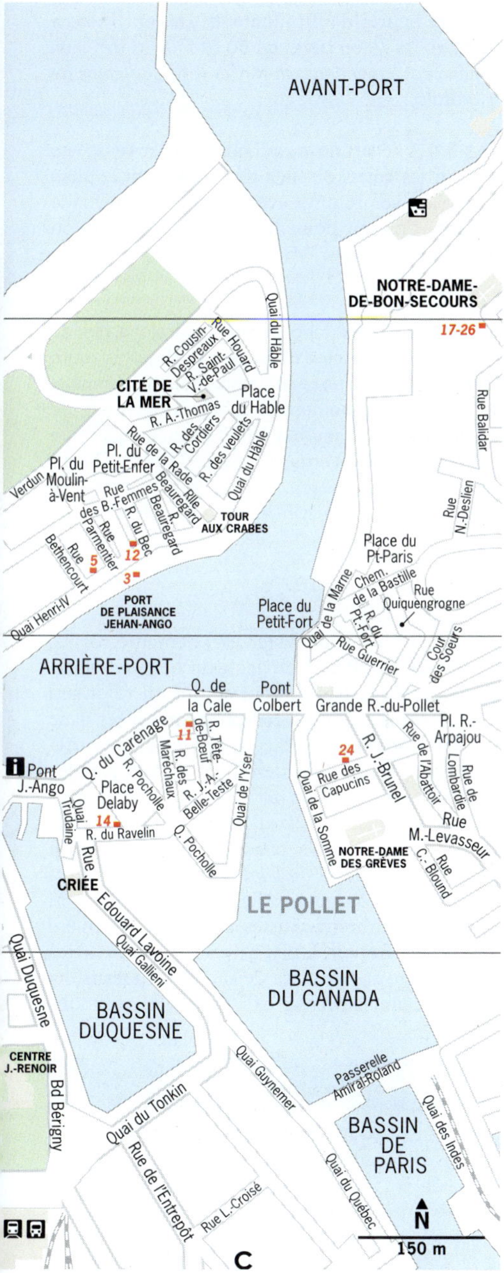

Cafés, bars, glaciers et lieux de sortie ■ 1 à 5

- Cactus Café p.349 — 5 C2
- Café des Tribunaux p.349 — 1 B3
- Epsom Bar p.349 — 2 B3
- La Dunette p.344 — 3 C2
- La Potinière p.349 — 4 A3

Restauration ■ 10 à 18

- Bistrot des Barrières p.350 — 15 B3
- Bistrot du Pollet p.350 — 11 C3
- Epsom Bar p.350 — 10 B3
- L'Art Café p.344 — 14 C3
- La Marmite Dieppoise p.351 — 16 B3
- Le Coup de torchon p.351 — 18 B3
- Les Voiles d'Or p.351 — 17 C2
- Restaurant du port p.350 — 12 C2
- Xavier Divernet p.349 — 13 B3

Hébergement ■ 20 à 26

Chambres d'hôtes

- Bali-Dieppe p.353 — 26 C2
- Egg Hôtel p.352 — 21 A4
- Hôtel Aguado p.353 — 23 B2
- Hôtel de la Plage p.352 — 22 B3
- Hôtel Windsor p.354 — 20 B3
- La Villa Florida p.353 — 25 A4
- Villa des Capucins p.353 — 24 C3

Shopping ■ 30 et 31

- Le Fournil p.339 — 31 B3
- Maison Olivier p.339 — 30 B3

Bien-être ■ 40

- Le Carré p.342 — 40 A3

laissèrent la vie, au terme de douze heures d'affrontements. *Le Petit Théâtre Pl. Camille-Saint-Saëns Tél. 02 35 40 36 65 ou 02 35 84 80 67 Ouvert avr.-mai, oct.-nov. : jeu.-dim. 14h-18h30 ; juin-sept. : mer.-lun. 14h-18h30 Tarif 3€, moins de 16 ans et anciens combattants gratuit*

Plage et esplanade (plan 9, A3-B2) À l'écart de la circulation, on se laisse vite bercer par le roulis des vagues sur les galets de silex tout en faisant le plein d'iode et d'air pur. À Dieppe, la plage se prolonge avec l'immense esplanade qui longe la mer et sa pelouse, spot parfait pour déplier un cerf-volant ou s'initier au kitesurf roller.

● S'offrir une pause bien-être

Le Carré (plan 9, A3 n°40) Si vous trouvez la Manche un peu trop fraîche, filez au Carré pour vous offrir un plongeon dans la piscine d'eau de mer chauffée toute l'année (28-30°C). Profitez également de l'espace thalasso. : sauna, hammam, espace forme et spa... nul doute que l'équipement séduirait la duchesse de Berry, qui avait initié ici la tradition des bains en 1822 ! Tarif espace aquatique 6,30€, réduit 5,30€, activités 10,20€. *61, bd de Verdun Tél. 02 35 82 89 90 Ouvert haute saison : lun., mer. et ven. 10h-20h, mar. et jeu. 10h-21h, w.-e. et j. fér. 10h-19h ; basse saison : lun.-mar. et jeu. 12h-14h et 17h-20h, mer. et ven. 12h-20h, w.-e. et j. fér. 10h-18h*

Sur les hauteurs

☆ ☺ **Château-musée (plan 9, A3)** Tour à tour forteresse, demeure royale, caserne et logis des gouverneurs de la ville, ce château du XIVe-XVe siècle servit aussi de prison aux ennemis de la Révolution, ce qui lui valut son surnom de "Bastille dieppoise". Depuis 1923, les collections installées dans ses vastes salles illustrent l'histoire locale. À la place d'honneur, la **tradition ivoirière** aujourd'hui presque éteinte : patiemment ciselés par des marins dans des défenses d'éléphant, des dents de narval et de l'os rapportés d'outre-mer à partir du XVIe siècle, ces 1 500 chefs-d'œuvre – maquettes de navires, éventails, statuettes, broches, pendentifs, crucifix, râpes à tabac ou scènes de genre comme le *Groupe de mendiants au bord d'une forêt* de Pierre-Adrien Graillon… – étaient destinés à la bourgeoisie dieppoise, parisienne ou anglaise. Également des tableaux de nombreux artistes attirés par la lumière dieppoise (Courbet, Boudin, Pissarro, Renoir, Dufy, Lurçat…) et des cartes anciennes évoquant l'identité maritime et portuaire de la cité et sa transformation en 1820 en une station balnéaire, la première de France. Expositions

En suivant la mouette

Flânez à votre rythme dans les différents quartiers dieppois en suivant une petite mouette gravée au sol. Une flèche en guise de bec indique la direction à suivre, et aux points d'intérêts stratégiques on trouve des bornes pour appréhender le passé de cette ville portuaire et ses différentes facettes.

temporaires. *Rue de Chastes (accès en voiture par la route de Pourville, tourner au bd de l'Esplanade) Tél. 02 35 06 61 99 Ouvert juin-sept. : mer.-lun. 10h-18h ; oct.-mai : mer.-lun. 10h-12h et 14h-17h Tarif 5,50€, 12-25 ans 2€*

Esplanade du Belvédère (plan 9, A3) Elle offre une vue dégagée sur la ville qui inspira des peintres comme Camille Pissarro, Jules Noël ou Eva Gonzalès. *Au nord-ouest du château*

Le quartier du Bout-du-Quai et le port

Quai Henri-IV (plan 9, B3-B2-C2) Plusieurs édifices anciens de ce quai, sur le port de plaisance, méritent une mention : l'hôtel d'Anvers (près du restaurant Le New Haven), le collège des Oratoriens (près du restaurant chinois Le Mandarin), l'hôtel de la Vicomté (n°35-37), du XIIIe siècle, ancien siège de l'administration civile et religieuse de la ville (les archevêques de Rouen furent les seigneurs de Dieppe jusqu'en 1789) et, enfin, la tour aux Crabes, dernier vestige d'une construction plus importante du XVIe siècle qui commandait l'entrée du port.

☆☺ **Estran-Cité de la mer (plan 9, C2)** La mer est le passé, le présent et l'avenir de la ville, c'est le message que livre ce musée didactique. S'il retrace en détail l'histoire des moyens de navigation, des techniques de pêche et de conservation, l'actualité y tient aussi une place de choix avec des cartes des zones de pêche, des topos sur les quotas, la transformation industrielle des produits de la mer (en particulier la Saint-Jacques, principale pêche dieppoise), l'importance de l'aquaculture et l'exploitation des galets. L'avenir est évoqué avec l'explication du dispositif antipollution qui tente de préserver le littoral. Les grands aquariums dans lesquels évoluent des morues, des bars et des raies peu farouches donnent une dimension concrète à ce plaidoyer. *37, rue de l'Asile-Thomas Tél. 02 35 06 93 20 http://estrancitedelamer.free.fr Ouvert lun.-ven. 9h30-18h, w.-e. et j. fér. 9h30-12h30 et 13h30-18h Tarif 7€, réduit 6€, 4-16 ans 3,50€*

L'or blanc de Dieppe

Au XIXe siècle la plupart des cent maîtres ivoiriers vivant à Dieppe résidaient rue Ango. Aujourd'hui, à l'heure de l'interdiction internationale du commerce des défenses d'éléphant (1989), deux artisans perpétuent la tradition de la taille de l'ivoire, sculptant conformément à la loi de l'ivoire "arrivé sur le territoire européen avant 1989 et provenant d'un animal mort avant 1976". Ces ténors dans leur profession ont chacun une boutique dans la rue Ango : Annick Colette, seule femme de la profession, et représentante de la cinquième génération d'une famille d'ivoiriers et Philippe Ragault, un autodidacte passionné. Ce dernier propose une visite commentée de son atelier, une véritable caverne d'Ali Baba (sur réservation).

Atelier Colette *3, rue Ango Tél. 02 76 37 04 05*

Philippe Ragault *2, rue Ango Tél. 02 35 82 10 50*

La Criée (plan 9, C3) Une visite guidée insolite et instructive au cœur de l'univers des pêcheurs mais qui exige de se lever aux aurores : rendez-vous à 5h45. Le poisson passe de main en main en quelques secondes via la vente aux enchères informatisée. À 7h vous prendrez le petit déjeuner dans un café de pêcheurs avant d'assister à la transformation du poisson chez un mareyeur. *Quai Gallieni Tél. 02 35 06 55 10 Juil.-août : 5 visites planifiées (inscription à l'OT) et possibilité de prendre rdv Tarif : 7€*

● Où se régaler d'une glace, manger sur le pouce ?

La Dunette (plan 9, C2 n°3) Dès que le soleil s'annonce, ce glacier sort tables et chaises pour le plus grand bonheur des flâneurs. Son immense terrasse est une invitation irrésistible à une halte face au port de plaisance pour sa vue imprenable sur le quartier du Pollet et de son église. *Ouvert juin-août*

L'Art Café (plan 9, C3 n°14) Ce bar associatif plein d'initiative fait partager son sens de l'engagement et de l'entraide. Vous pourrez vous y installer pour un déjeuner sur le pouce (menu unique à 8,50€) ou juste pour y boire un café. Le service est assuré avec brio et enthousiasme par de jeunes adultes en situation de handicap. *11, rue Guillaume-Terrien Tél. 03 32 90 55 77 Ouvert lun.-jeu. 9h-17h, ven. 9h-15h*

● Partir pêcher en mer, s'initier à la navigation de plaisance

Location Dieppoise (plan 9, C3) Spécialisé dans la location de bateaux avec ou sans permis (à l'heure à partir de 35€ ou à la journée de 200 à 325€), Alban Legardien propose également de vous emmener en mer pour une journée de pêche à bord de son ancien trémailleur, l'*Ange de mer*. Comptez env. 65€/pers., location de matériel "prêt à pêcher" env. 13€. *Bateau amarré dans le port de plaisance (près de l'OT) Tél. 06 07 08 94 15 www.peche-location-dieppe.fr*

Cercle de la voile de Dieppe (plan 9, C3) Cette association propose toutes les formes de navigation de plaisance sur sa flotte qui va de l'Optimist au voilier de 13m. Stage découverte 55€ la demi-journée, stage navigation 180€ le week-end, ou encore la formule Randonautique qui consiste en une journée de croisière le long des falaises de la Côte d'Albâtre pour 120€ la journée (repas inclus). *Quai du Carénage (à côté de l'OT) Tél. 02 35 84 32 99 (club) ou 06 11 80 27 12 (école) www.cvdieppe.org*

Le quartier du Pollet et la falaise

Il faut franchir le pont Jehan-Ango à droite de l'office de tourisme, pour entrer dans ce haut lieu de l'histoire dieppoise. Le quartier était déjà habité au Moyen Âge par des pêcheurs et des marins, et, jusqu'au XIXe siècle, les Polletais conservèrent leurs coutumes et leurs croyances, ainsi du costume traditionnel. Le Pollet, épargné par l'incendie de la ville en 1694, a gardé ses maisons modestes, en silex, et ses ruelles sinueuses. Çà et là, on pourra voir des traces de son passé : le passage Quiquengrogne (cri de guerre des corsaires de la Manche au XVe siècle), une maison antérieure à la "Grande Bombarderie" de 1694 (3, rue du Petit-Fort) ou encore une statue de Notre-Dame-des-Grèves, qui marque l'emplacement d'une ancienne chapelle (au-dessus de l'agence de la Caisse d'Épargne).

Falaise et chapelle Notre-Dame-de-Bon-Secours (plan 9, C1) Du Pollet, on peut gravir la falaise qui domine Dieppe en suivant la rue du Petit-Fort, le chemin de la Bastille et son escalier, la rue Samuel-de-Champlain et le chemin de la Chapelle. Une superbe vue sur la mer et les toits en ardoise de la ville récompensera le grimpeur qui découvrira, en se retournant, l'étrange chapelle Notre-Dame-de-Bon-Secours : sa frise bariolée et ses vitraux de facture moderne cohabitent avec de nombreux ex-voto en marbre et les maquettes des bateaux disparus en mer. Bâtie en 1876 pour perpétuer la mémoire des nombreux marins ayant péri en mer, cette chapelle, victime de fréquentes intempéries, a déjà été restaurée à trois reprises. Du quartier du Bout-du-Quai, on peut observer dans la falaise quelques grottes qui, jusqu'à l'occupation allemande, servirent d'habitation à une poignée de pêcheurs. Après la guerre, on y entreposait les bananes venues des Antilles.

Les environs de Dieppe

☆ **Les essentiels** L'église de Varengeville et son panorama, le Bois des Moutiers **Découvrir autrement** Remettez vos pendules à l'heure au musée de l'Horlogerie à Saint-Nicolas-d'Aliermont

Varengeville-sur-Mer et la côte

Varengeville-sur-Mer Cette station balnéaire à l'intérêt autant historique que botanique s'étend sur plusieurs hameaux éparpillés le long de chemins creux, dans un cadre typiquement normand. Le village est installé sur les hauteurs, et on accède à la plage par de petits chemins de mer. Et ici, à la différence des destinations prisées de la Côte fleurie, on peut se retrouver au calme sur la plage. *9km à l'ouest de Dieppe*

Sous le charme des valleuses

Le spectacle offert par la Côte d'Albâtre ne se limite pas à Étretat. Se priver du plaisir de la majesté de la valleuse de Vasterival et des gorges de Moutiers et du Petit-Ailly ? Dommage ! Débouchant sur la mer, ces "failles terrestres" dévoilent un cadre exceptionnel qui inspira de nombreux peintres et écrivains. Malheureusement la gorge de Moutiers est interdite et vous ne pourrez aller bien loin. En revanche, celle du **Petit-Ailly** vous mènera à une grande plage de sable qui se découvre à marée basse. Quant à la valleuse de **Vasterival**, elle s'ouvre sur une plage rocheuse où les amateurs de pêche à pied ont leurs habitudes pour remplir leur panier de moules, crabes et crevettes. Vous pouvez également suivre le sentier qui serpente au sommet des falaises, il vous conduira (via 91 marches) au **phare d'Ailly**, un point de vue époustouflant qui embrasse les falaises de Saint-Valery-en-Caux sur la droite, et du Tréport sur la gauche.

☆ **Église** Le panorama qui s'offre du parvis de l'église est d'une beauté à couper le souffle : une longue ligne de côte, de hautes falaises avec leur plateau de verdure, une mer teintée de toutes les nuances de vert, de bleu et de gris. C'est là, dans le cimetière marin, que repose Georges Braque (1882-1963), familier de Varengeville ; la tombe de l'artiste, ornée d'une de ses mosaïques, est reconnaissable entre toutes. À l'intérieur de l'église, l'artiste a peint une Cène sur un tabernacle et un vitrail dit de "l'Arbre de Jessé". L'austérité des blocs de pierre, l'élégance des voûtes en ogive, l'étrangeté des piliers et des fonts baptismaux sculptés de coquillages, de sirènes ou de personnages composent ici une étrange harmonie. ***Varengeville-sur-Mer***

☆ ☺ **Bois des Moutiers** L'horticulture est un art et le parc des Moutiers en fait la subtile démonstration avec sa collection de "tableaux de nature". Un parc musée de 12ha qui descend en pente douce vers la mer. Dès sa création, en 1898, la famille Mallet a voulu faire de ce jardin hors norme un lieu harmonieux, puisant son inspiration dans les préceptes de la théosophie. Kandinsky, Miro, Braque, tous les adeptes de cette pensée ont défilé ici pour des week-ends d'étude. La nature acide du sol, exceptionnelle en pays de Caux, a permis l'introduction d'espèces rares, contrastant avec la végétation locale. Quant aux sept jardins ils sont conçus comme des tableaux vivants et en font l'un des plus beaux jardins, de France. À visiter également la maison inspirée du mouvement Arts & Crafts, un joyau architectural dans lequel de nombreux artisans déployèrent leur talent (visite sur rés.). ***Varengeville-sur-Mer*** *Tél. 02 35 85 10 02 www.boisdesmoutiers.com Ouvert tlj. 10h-12h et 14h-18h (mais promenade avec billet 10h-20h sans interruption) Tarif 11€, étudiant 9€, 7-15 ans 5€*

Jardin Shamrock Voisin du manoir d'Ango, ce jardin de 2ha vénère l'hydrangea, dont l'hortensia est une espèce. Rouges, bleus, mauves ou blancs, plus de 1 200 "taxons" différents y poussent sur de petits îlots. Le jardin abrite la Collection nationale d'hydrangeas et attire horticulteurs et passionnés du monde entier venus échanger expériences, conseils et taxons. ***Varengeville-sur-Mer*** *(devant le manoir d'Ango) Tél. 02 35 85 14 64 www.hortensias-hydrangea.com Ouvert mi-juin-mi-sept. : mer.-lun. 10h-12h et 14h30-18h, mar. 14h30-18h ; mi-sept.-fin sept. : mer.-lun. 14h30-18h Tarif 7€ (8€ du 15 juil. au 15 août), moins de 15 ans gratuit*

Musée Michel-Ciry Peintre, mais aussi graveur, écrivain, illustrateur ou compositeur, Michel Ciry, né en 1919, s'installe à Varengeville en 1964. Sa ville d'accueil lui a rendu hommage avec l'ouverture en 2012 de ce beau musée où sont exposées aquarelles et peintures, pour beaucoup d'inspiration religieuse. D'autres œuvres du peintre sont également visibles dans l'église du village. *6bis, rue Marguerite-Rolle* ***Varengeville-sur-Mer*** *Tél. 02 32 90 01 52 www.museemichelciry.com Ouvert avr.-sept. : mer.-lun. 14h-18h ; oct., Toussaint : w.-e. et j. fér. 14h-18h Tarif 5€, réduit 3€, moins de 12 ans gratuit*

☺ **Jardin du Vasterival** D'une beauté tout aussi stupéfiante et à quelques pas du parc floral des Moutiers, il est choyé depuis 1957 par la princesse Sturdza. Des visiteurs souvent experts viennent du monde entier admirer ce dédale de massifs où se succèdent les floraisons d'hydrangeas et de rosiers, de magnolias et d'azalées. "Chez moi, les plantes sont heureuses", explique simplement cette passionnée d'horticulture. Impeccablement tenu, riche de teintes harmonieuses et du savoir-faire de sa créatrice – sa technique du *mulching* pour protéger et nourrir les massifs a fait florès –, le Vasterival est une œuvre d'art horticole. *Route du Phare-d'Ailly* ***Sainte-Marguerite-sur-Mer*** *(4,5km au sud-ouest de Varengeville-sur-Mer) Tél. 02 35 85 12 05 www.vasterival.fr Visite guidée "découverte" (1h) lun.-ven. à 11h : 15€/pers. ; visite détaillée sur rdv (2-3h) lun.-ven. sur rdv : 25-28€*

● Où acheter un souvenir *made in* Normandie ?

Lin et l'autre On fouille et farfouille dans cette charmante boutique dédiée au lin. Tissus et galons au mètre, bobines de fil, vêtements, objets de décoration, bijoux, etc. et un petit coin épicerie avec confitures maison, farine... de lin bien sûr ! Tout y est ravissant et affiché à des prix plutôt raisonnables. *Pl. des Canadiens* ***Varengeville-sur-Mer*** *Tél. 02 35 04 93 37 Ouvert avr.-sept. : tlj. 10h-13h et 14h-18h ; oct.-mars : lun.-jeu. 14h-18h, ven.-dim. 10h-13h et 14h-18h*

● Partir en balade le long de la côte, louer un vélo Trois itinéraires de randonnée pédestre, trois parcours cyclistes et trois cyclotouristes se déroulent le long de la côte ou dans l'arrière-pays le long des vallées de la Saâne, de la Scie et de la Varenne. Renseignements auprès de l'OT de Dieppe (p.337).

La haute Normandie côté mer

Falaises vertigineuses

Plages

Croisières, sorties en mer

Hébergements avec vue

Attitud'Bike Les routes côtières sont un formidable terrain de jeu pour les très nombreux cyclistes. Chez Attitud'Bike, la location comprend un mini-guide de randonnée ainsi qu'un kit de réparation... au cas où... *Route du Manoir-Ango* ***Varengeville-sur-Mer*** *Tél. 06 27 89 07 80*

● Aller à la plage, se baigner

Pourville À moins de 10min de route de Dieppe et 5min de Varangeville, la plage de Pourville est l'une des plus longues de la côte. Les plus courageux profiteront de la mer, les autres du soleil. *6km à l'ouest de Dieppe*

Dans les terres

Parc William-Farcy Installé au cœur du village d'Offranville, ce parc à l'anglaise est dédié à la rose ancienne. Une visite articulée autour de dix-huit jardins thématiques où se mêlent avec harmonie 2 500 variétés de plantes. La Maison du parc, une charreterie du XVIIIe siècle rénovée, accueille au rez-de-chaussée un salon de thé et à l'étage un petit musée consacré au peintre portraitiste Jacques-Emile Blanche (1851-1942) qui avait élu résidence à Offranville. *1, rue Jehan-Veron* ***Offranville*** *(10km au sud de Dieppe) Tél. 02 35 85 40 42 Ouvert avr. : mer.-lun. 14h-18h ; mai-juin : mer.-lun. 10h-18h ; juil.-août : tlj. 10h-18h Tarif 4€, moins de 12 ans gratuit*

Château et église d'Arques-la-Bataille Le château fort d'Arques (XIe s.) n'est plus qu'un amas de pierres fermé au public ; seule la vue sur la vallée qu'offre l'éperon rocheux sur lequel il fut érigé vaut le détour. L'église paroissiale, en revanche, accueille volontiers les visiteurs. Construite de 1515 à 1784 (pour le portail), elle est remarquable par son jubé de 1540 aux trois arcs en plein cintre de style Renaissance (à la jonction du chœur et de la nef) et ses chapelles latérales (voir celle de la Vierge avec ses boiseries de 1613). ***Arques-la-Bataille*** *(7km au sud de Dieppe)* **Église** *Ouvert tlj. 8h30-19h*

Château de Miromesnil Sur ce site de 20ha s'élèvent le château du XVIe siècle où naquit Guy de Maupassant, une petite chapelle de la même époque, un parc, un jardin potager et une splendide hêtraie (plus de 3 000 arbres). On ne sait plus vraiment où donner du regard : le château avec sa façade rose et beige en brique et pierre de Caen, ornée de mascarons et flanquée de deux tourelles, les vitraux et les statues de pierre polychromes de la chapelle, les hêtres hauts de plus de 40m, le cèdre du Liban et les clématites du parc, les plates-bandes et les massifs de fleurs du potager, tout ici invite à la contemplation. Comptez au moins 1h30 de visite. ***Tourville-sur-Arques*** *(10km au sud de Dieppe) Tél. 02 35 85 02 80 www.chateaumiromesnil.com Ouvert avr.-nov. : tlj. 10h-12h et 14h-18h Tarif parc 5€, 7-17 ans 4€ Visites guidées château + jardin 8€, 7-17 ans 5€, château + jardin + chapelle 10€, 7-17ans 6,50€*

Musée de l'Horlogerie Ce musée s'attache à perpétuer le souvenir de la forte tradition de l'industrie horlogère, de l'horlogerie de précision et de la micromécanique, spécialités de Saint-Nicolas-d'Aliermont depuis le XVIIIe siècle. En plus de la découverte des collections, qui rassemblent quelque trois cents objets exposés, les visiteurs peuvent suivre, à certaines heures, des démonstrations de travaux d'horlogerie. Des expositions temporaires sont aussi régulièrement organisées. *48, rue Édouard-Cannevel* ***Saint-Nicolas-d'Aliermont*** *(15km au sud-est de Dieppe) Tél. 02 35 04 53 98 Ouvert mi-fév.-mai, oct.-déc. : mer.-dim. 14h30-18h ; juin-sept. : mar.-dim. 10h-12h et 14h-18h Tarif 4€, réduit 2€, moins de 14 ans gratuit*

CARNET D'ADRESSES

Lieux de sortie

Bars

☺ **Café des Tribunaux (plan 9, B3 n°1)** Le café culte de Dieppe. On raconte qu'Oscar Wilde s'en fit expulser après une soirée placée sous le signe des excès. Au cœur de la zone piétonne, sa salle spacieuse où dominent l'acajou et les couleurs chaudes ne désemplit pas de la journée. La terrasse face au Puits salé est le lieu idéal pour discuter avec des Dieppois ou regarder passer la ville. *1, pl. du Puits-Salé* ***Dieppe*** *Tél. 02 32 14 44 65 Ouvert tlj. 8h-20h*

☺ **Epsom Bar (plan 9, B3 n°2)** L'Epsom ne sert pas que des repas sur le pouce (p.350), c'est aussi un bar qui, avec son confort douillet et sa grande variété de cocktails, est dédié au jazz. La salle en contrebas accueille un imposant piano à queue et, le vendredi, des groupes ou des solistes venus interpréter quelques standards et improviser des scats. *11, bd de Verdun* ***Dieppe*** *Tél. 02 35 84 12 27 Ouvert dim.-jeu. 12h-1h, ven.-sam. 12h-2h*

La Potinière (plan 9, A3 n°4) Le bar idéal en fin de journée et pour bien commencer la soirée. Sa petite terrasse face au soleil couchant a ses habitués qui viennent pour la *play-list* du patron, aussi éclectique que sa carte de cocktails. Funk, électro, rock et parfois concerts *live* pour la musique, gingembre, fraise, mangue du côté des rhums arrangés. Atmosphère festive garantie. *18, rue du 19-Août-1942* ***Dieppe*** *Ouvert mer.-sam.*

Cactus Café (plan 9, C2 n°5) Une terrasse d'une vingtaine de tables souvent animée. Dieppois et touristes s'y retrouvent pour boire un verre et grignoter quelques tapas au son du reggae. Le Cactus est l'un des établissements phares de la vie nocturne dieppoise. *71, quai Henri-IV* ***Dieppe*** *Tél. 02 35 82 59 38 Ouvert haute saison : tlj. 10h-2h*

Restauration

petits prix

Xavier Divernet (plan 9, B3 n°13) Le traiteur phare de la ville a eu la bonne idée de transformer le premier étage de sa pâtisserie en petite brasserie à la décoration années 1930, et d'ins-

Et aussi...

Bars, salons de thé

L'Art Café 344
Xavier Divernet 349
Epsom Bar 350

Pâtisseries, glaciers

Le Fournil 339
La Dunette 344

Shopping gourmand

Maison Olivier 339

taller, face à sa vitrine alléchante, une terrasse d'une petite dizaine de places. Xavier Divernet, qui a été notamment formé à Paris, chez Dalloyau, ne ménage pas son imagination : tentantes et audacieuses pâtisseries (macarons classiques ou façon "bonbec" à la fraise tagada ou au carambar) mais aussi un très beau choix de spécialités salées sur le mode fusion (wok de crevettes, sauté de canard au fruit de la passion...) : chaque plat est un plaisir pour le palais. Plat du jour 9,50€, formule plat + dessert 13,80€, menu 22€. *134, Grande-Rue* ***Dieppe*** *Tél. 02 35 84 13 87 www.divernet.fr Ouvert mi-juil.-début sept. : tlj. 9h-19h ; début sept.-mi-juil. : mar.-dim. 9h-19h*

Epsom Bar (plan 9, B3 n°10) Ce bar très "British" – moquettes moelleuses, box confortables, teintes chaudes – surprend par sa petite restauration bon marché : quiches (env. 9,50€), salades (de 11 à 16,50€), tapas (de 6,50 à 10,50€) et bruschetta (de 9 à 15€). Mais le vrai chic est de bien manger pour pas cher, n'est-il pas ? ! Brunch le dimanche de 12h à 15h autour de 16,50€. *11, bd de Verdun* ***Dieppe*** *Tél. 02 35 84 12 27 Ouvert dim.-jeu. 12h-1h, ven.-sam. 12h-2h*

prix moyens

☺ **Bistrot du Pollet (plan 9, C3 n°11)** Une petite salle intime avec banquettes, sol carrelé et, aux murs, des marines pour une ambiance cosy. La cuisine est classique et fine (Saint-Jacques en saison, rognon à la graine de moutarde...). Les becs sucrés ne passeront pas à côté du baba au rhum maison. Une serveuse qui virevolte entre les tables sans jamais se départir de son sourire ni de sa bonhomie et des prix raisonnables, voilà bien l'une des meilleures tables de Dieppe. À la carte, entrées de 9 à 12€, plats entre 16 et 25€, une formule à 23€ et un menu à 30€ servi midi et soir toute la semaine (plat + dessert). Réservation conseillée. *Quartier du Pollet 23, rue Tête-de-Bœuf* ***Dieppe*** *Tél. 02 35 84 68 57 www.bistrotdupollet.fr Ouvert mar.-sam. 12h-14h et 19h30-21h30*

Restaurant du port (plan 9, C2 n°12) Depuis 1976, Michel Mouny nourrit une passion pour le poisson et les crustacés au point de leur consacrer un menu tout entier : julienne à la ratatouille, cabillaud en croûte et champignons, sole meunière, vinaigrette à l'estragon et au sésame... Indéniablement le meilleur de la pêche locale et une alternative bienvenue aux incontournables moules-frites des stations balnéaires. Menus de 17 à 42€. *99, quai Henri-IV (face au port de plaisance)* ***Dieppe*** *Tél. 02 35 84 36 64 Ouvert ven.-mar., mer. midi Fermé jan.*

☺ **Bistrot des Barrières (plan 9, B3 n°15)** François Hue, patron, a mis le cap sur le *slowfood*. Traduction : ce chef talentueux qui est passé par les plus grandes tables (chez Bernard Loiseau à la Côte d'Or entre autres) ne cuisine et ne sert que des produits frais, de saison et locaux. Aucune

GAMME DE PRIX	RESTAURATION	HÉBERGEMENT
Très petits prix	moins de 10€	moins de 40€
Petits prix	de 10 à 20€	de 40 à 70€
Prix moyens	de 20 à 35€	de 70 à 100€
Prix élevés	de 35 à 50€	de 100 à 150€
Prix très élevés	plus de 50€	plus de 150€

chance de trouver sur l'ardoise un plat de poisson si les marins sont restés à quai à cause du mauvais temps. Son objectif : donner le plaisir du goût. Une cuisine vive et curieuse. Et pour ne rien gâcher, les portions sont généreuses et gourmandes (plats entre 15 et 25€). En dessert, craquez pour le Douillon, une recette emblématique du patrimoine culinaire normand, sorte de soufflé à base de pommes, calvados et miel. *5-7, arcades de la Poissonnerie* ***Dieppe*** *Tél. 02 35 40 83 Ouvert lun.-mar. midi 12h-14h30, mer.-sam. 12h-14h30 et 19h-21h30*

prix élevés

Le Coup de torchon (plan 9, B3 n°18) Laurence et Nicolas Fromentin ont ouvert leur établissement en 2010 et ont su en faire rapidement une adresse réputée. Les produits de la pêche locale sont mis en avant, aussi laissez-vous tenter par la terrine de cabillaud et saumon, les Saint-Jacques grillées ou encore la raie aux morilles. Les desserts sont recherchés, ainsi de l'inoubliable verrine de mousse d'abricot au chocolat blanc. Bonne cave et abordable. Menu à midi 17,80€, le soir à la carte 40€ env. *4, rue Vauquelin* ***Dieppe*** *Tél. 02 35 85 94 84 Ouvert dim.-mar. 12h-14h, jeu.-sam. 12h-14h et 19h-21h*

La Marmite Dieppoise (plan 9, B3 n°16) Ce restaurant réputé du centre-ville, repris par un jeune chef en 2013, offre une cuisine authentique et riche en saveurs. Des plats à base de produits de la mer et de viande, bien sûr, mais on vient surtout ici pour déguster la marmite dieppoise, créée en 1964 dans cet établissement. Au programme : une matelote composée de poissons plats et de crustacés, de crème fraîche et de beurre, et une fricassée de lotte aux homards et aux morilles. Menus à 21, 33, 38 et 44€. *8, rue Saint-Jean* ***Dieppe*** *Tél. 02 35 84 24 26 Ouvert mar.-sam. 12h-14h et 19h-21h, dim. 12h-14h*

☺ **Les Voiles d'Or (plan 9, C2 n°17)** On ferait des kilomètres pour rejoindre ce restaurant gastronomique installé sur les hauteurs de Dieppe face à la chapelle de Notre-Dame-de-Bon-secours... mais du port de Dieppe, c'est à 5 minutes en voiture ! En véritable maître des saveurs et des cuissons justes, Tristan Arhan improvise, chaque jour, une cuisine d'imagination avec les trouvailles qu'il a faites au marché. La marée du jour est à l'honneur avec les poissons et les fruits de mer les plus nobles : aiguillettes de bar et sa poêlée de bulots en persillade, soupière d'encornets et queues de langoustines servie avec crème au basilic... mais ce chef talentueux n'en délaisse pas pour autant les viandes ni les volailles. Une cuisine haut de gamme mais non moins copieuse qui se décline dans des menus à 38€ (midi) et 55€ (menu dégustation). À la carte, des plats autour de 30€. *2, chemin de la Falaise* ***Dieppe*** *Tél. 02 35 84 16 84 www.lesvoilesdor.fr Ouvert mer.-sam. midi et soir, dim. midi*

Dans les environs

prix moyens

L'Huîtrière En Normandie comme en Bretagne, l'huître suscite une adoration – et des discussions sans fin – et méritait bien un restaurant. La salle panoramique vous régale du spectacle de la mer avant que vous passiez aux choses sérieuses : des huîtres, par 6 (les n°3, 9,50€) ou à la douzaine (les n°3, 17,50€), de la timide n°5 à la n°1 bien en chair. Le magasin attenant permet de renouveler le festin à domicile. *Rue du 19-Août-1942* ***Hautot-sur-Mer*** *(6km à l'ouest* *de Dieppe) Tél. 02 35 84 36 20 Ouvert juil.-sept. : tlj. 10h-20h ; oct.-juin : lun.-ven. 10h-18h, sam.-dim. 10h-20h*

Les Régates En terrasse ou en salle, on se réjouit de la vue sur le rivage avant de consulter la carte : moules (13-14€), salades pleines d'originalité comme l'Asiatique (lentilles, riz, soja, nem, samossa... 17-21€) et bien sûr quelques poissons (18-23€). Une adresse prisée des Dieppois, il est donc prudent de réserver, surtout le week-end. *30, rue du Casino* ***Pourville-sur-Mer*** *(6km à l'ouest de Dieppe) Tél. 02 35 84 11 33 Ouvert haute saison : tlj. 9h30-23h (dernier service 14h30 et 21h30) ; basse saison : jeu.-dim. 9h30-23h (dernier service 14h30 et 21h30)*

Auberge de la Forêt La cuisine proposée dans les deux salles spacieuses accorde la même importance aux viandes qu'aux poissons : escalope de foie gras et pommes granites poêlées au caramel de cidre, ris de veau et croustillant de girolles, filet de barbue poêlé à la crème d'oseille... Pêche du jour à l'ardoise. Menus à 26 et 38€. Si l'emplacement en bord de route de ce restaurant n'est pas des plus attrayants, il a au moins l'avantage d'offrir un parking facile d'accès. *15, route Saint-Nicolas* ***Arques-la-Bataille*** *(7km au sud de Dieppe) Tél. 02 35 85 53 06 http://auberge.arques.free.fr Ouvert dim.-mer. uniquement midi, jeu.-sam.*

☺ **Auberge des caves normandes** Dans cette vaste auberge bordée par un bras de l'Eaulne, la cuisine surprend par sa variété et sa préférence marquée pour le terroir : tartiflette normande gratinée au camembert, salade de foies de volaille au vinaigre de cidre... En semaine à midi, formules 2 plats 10,80€ et 3 plats 13,80€. Menus de 17,50 à 29€. On est prié de jeter ses idées de régime à la rivière. L'été, optez pour la terrasse ombragée. *Route de Saint-Nicolas* ***Envermeu*** *(13,5km au sud-est de Dieppe) Tél. 02 35 85 71 28 www.cavesnormandes.fr Ouvert dim.-mar. uniquement midi, jeu.-sam. 12h-dernier client et 19h-dernier client*

prix élevés

☺ **Le Colombier** Située dans le petit village d'Offranville, voici une adresse qui, comme on dit, vaut le détour. La pêche du jour conditionne le choix proposé. À midi (menu 23€), c'est carrelet, raie ou merlan. Pour les grandes occasions, menus à 29, 43, 52€, et dégustation à 75€, avec des poissons nobles : turbot, bar, sole... Bon choix de plats à base de viande également. Quant au fromage, il vient de chez Olivier, la référence dieppoise. Le tout est servi dans un cadre traditionnel rehaussé de touches plus contemporaines. *Parc du Colombier* ***Offranville*** *(9,5km au sud de Dieppe) Tél. 02 35 85 48 50 Ouvert lun. et jeu.-sam. 12h-14h et 19h-22h, dim. 12h-14h*

Hébergement

petits prix

Egg Hôtel (plan 9, A4 n°21) Compte tenu de la pénurie d'établissements bon marché à Dieppe, cet hôtelpeut être la solution avec ses 49 chambres (de 46 à 60€) plutôt banales, un peu exiguës mais tout confort, et son service attentif. Autres bons points : le petit déjeuner (7,50€) est très complet et l'hôtel, situé face à la gare, se trouve à proximité du quartier semi-piétonnier. *6, rue Claude-Groulard* ***Dieppe*** *Tél. 02 35 85 76 37*

prix moyens

☺ **Hôtel de la Plage (plan 9, B3 n°22)** Une institution que cet établissement inauguré en 1890, à la belle époque des bains de mer. Il a beaucoup de cachet avec son labyrinthe de couloirs, ses faux paliers, ses détours... et ses clients fidèles – certains le fréquentent depuis plus de vingt ans. Ses 40 chambres donnent sur la plage, sur une cour intérieure ou sur un jardinet, et l'on partage vite l'engouement de ces pensionnaires épris de calme. Double de 77 à 107€, à partir de 112€ avec balnéo, petit déj. 9,15€. Accès wifi gratuit. *20, bd de Verdun* **Dieppe** *Tél. 02 35 84 18 28 www.plagehotel-dieppe.com Ouvert toute l'année*

Villa des Capucins (plan 9, C3 n°24) Un lieu quasi secret au cœur du quartier historique du Pollet. Aussi atypique que ravissant, l'ancien couvent du XVIIIe siècle et son jardin clos central accueillent désormais trois chambres d'hôtes, pleines de charme : tommettes, mobilier ancien, teintes lumineuses. Comptez 75€ pour 2 pers. et 125€ la suite pour 4 pers., petit déjeuner compris. Un seul bémol : l'accueil qui manque parfois de chaleur. *Ghislaine Boré 11, rue des Capucins* **Dieppe** *Tél. 02 35 82 16 52*

☺ **La Villa Florida (plan 9, A4 n°25)** Une maison contemporaine dans un quartier résidentiel qui cache bien son jeu : 4 chambres d'hôtes spacieuses aux parfums de Thaïlande (de 86 à 110€ pour 2 pers.). Un dépaysant mélange de styles orchestré par Danièle, une experte du yoga, qui vous initiera peut-être à sa passion. Quant aux amateurs de golf, ils seront ravis d'apprendre que 20% de réduction ont été négociés avec le 18-trous situé... pratiquement au bout du jardin. *24, chemin du Golf* **Dieppe** *Tél. 02 35 84 80 47 www.lavillaflorida.com*

prix élevés

Hôtel Aguado (plan 9, B2 n°23) D'emblée, ce deuxième hôtel face à la mer attire le regard – il chevauche la rue Duquesne reliant le port de plaisance au front de mer. Les cinquante-six chambres, de style anglais ou contemporain, donnent dans les tons pastel, et les grandes mosaïques des salles de bains ajoutent au charme balnéaire de l'endroit, très "chic classique". Double à partir de 99€ (vue ville) ou 128€ (vue mer), petit déj. 10€. *30, bd de Verdun* **Dieppe** *Tél. 02 35 84 27 00 www.hoteldieppe.com*

☺ **Chambres d'hôtes Bali-Dieppe (plan 9, C2 n°26)** Du dépaysement au rendez-vous ! Après avoir traversé le quartier du Pollet, dirigez-vous vers les falaises nord pour découvrir à côté de la chapelle de Bon-Secours une architecture inattendue : un chalet sur pilotis inspiré des villas balinaises. Bois et mobilier en rotin arrivés d'Indonésie par la mer font de ce nid exotique un endroit d'exception. Les beaux volumes accueillent au rez-de-chaussée une chambre (aménagée pour les personnes à mobilité réduite) et deux autres au premier étage dont les balcons ouvrent sur le grand large. Comptez 120€ pour 2, petit déjeuner compris. Et pour un séjour épicurien

GAMME DE PRIX	RESTAURATION	HÉBERGEMENT
Très petits prix	moins de 10€	moins de 40€
Petits prix	de 10 à 20€	de 40 à 70€
Prix moyens	de 20 à 35€	de 70 à 100€
Prix élevés	de 35 à 50€	de 100 à 150€
Prix très élevés	plus de 50€	plus de 150€

à souhait, sachez que Bali-Dieppe est tenu par les propriétaires des Voiles d'Or (p.351), l'une des meilleures tables dieppoises. *2, chemin de la Falaise* ***Dieppe*** *Tél. 02 35 84 16 84 www.lesvoilesdor.fr*

Hôtel Windsor (plan 9, B3 n°20) Idéalement situé entre le front de mer, et le quai Henri-IV, ce 3-étoiles vous assure de somptueux réveils face à la mer. Si ses 44 chambres sont sans grand charme, elles offrent néanmoins un confort appréciable. Double de 95 à 205€ selon la saison, petit déj. 11,50€, wifi gratuit. *18, bd de Verdun* ***Dieppe*** *Tél. 02 35 84 15 23 www.hotelwindsor.fr*

Dans les environs

camping

Camping La Source Ce terrain, avec ses peupliers étêtés à la demande des clients qui souhaitaient plus de soleil, offre aujourd'hui l'aspect d'une morne plaine. Son calme et le cadre de la vallée de la Scie (la mer est à 5km) en font malgré tout une bonne base de découverte du pays dieppois. Il compte 120 emplacements : 22€ (tente), 27-30€ (caravane ou camping-car) la nuit pour 2 personnes en haute saison. *63, rue des Tisserands Petit-Appeville* ***Hautot-sur-Mer*** *(3km au sud-ouest de Dieppe) Tél. 02 35 84 27 04 www.camping-la-source.fr Ouvert mi-mars-mi-oct.*

prix moyens

☺ **Manoir d'Archelles** Quand le soleil couchant flatte ses briques rouges, ce manoir du XVIIe siècle prend des allures féeriques : le châtelet et ses deux tourelles, le pont-levis sous lequel coule une rivière, la cour intérieure, le second bâtiment qui abrite huit chambres semblent sortis tout droit d'un livre d'histoire. Cette ancienne demeure seigneuriale et son hospitalité d'un autre temps vous laisseront sous le charme. Double à partir de 71€. Menus de 21,50 à 35€. *M. et Mme Manuelle Manoir d'Archelles* ***Arques-la-Bataille*** *(7km au sud de Dieppe) Tél. 02 35 83 40 51*

Hôtel-restaurant de la Terrasse Cette villa (1903) nichée dans la forêt d'Ailly fait face à la mer. Un spectacle dont ne se lassent pas les clients de passage ou les pensionnaires réputés (Peter Brook, Claude Santelli) venus chercher là l'isolement propice à l'inspiration. Les 22 chambres, très calmes, le spectacle immuable des falaises et de la mer, l'accueil attentif et la formule hébergement avec restauration renforcent son caractère de pension de famille du bout du monde. Double de 65 à 80€, demi-pension de 120 à 150€/2 pers. Menus de 18 à 38€. *Route du Vasterival* ***Varengeville-sur-Mer*** *(9km à l'ouest de Dieppe) Tél. 02 35 85 12 54 www.hotel-restaurant-la-terrasse.com Ouvert mi-mars-oct.*

prix élevés

☺ **Chambres d'hôtes Fenêtres sur mer** Le nom de cette maison d'hôtes parle de lui-même, ici, vous serez en "pole position" pour vivre en harmonie avec la nature environnante. Chacune des trois chambres ouvre généreusement sur un paysage à couper le souffle : la lande, les falaises et la mer. La plage n'est qu'à quelques minutes à pied mais vous pouvez aussi contempler l'horizon depuis l'une des terrasses ou plus original, depuis le jacuzzi (doublé d'un sauna). Double 100€ incluant un petit déjeuner copieux et une heure de spa ou de sauna. Tarifs dégressifs dès la seconde nuit. *220, rue* *aux Juifs* ***Sainte-Marguerite-sur-Mer*** *(12km à l'est de Dieppe) Tél. 02 35 40 32 48 http://fenetres-sur-mer.com*

☺ **Villa Quartz** Un gîte d'exception accroché à la falaise et une architecture singulière, ultracontemporaine, épousant avec légèreté la déclivité du terrain en surplomb de la mer. La fusion entre la nature et l'architecture atteint la perfection : les cinq gîtes ou plutôt mini-villas (de 30 à $55m^2$ pour 2 à 6 pers.) qui se déclinent autour dans les gammes du noir, du blanc et de l'anthracite, offrent tous une vue plongeante sur la mer, la plage de Pourville et les falaises. Nicolas et Éric, les propriétaires, ont pensé à tout, accordant un soin extrême aux moindres détails : le seul risque que vous encourrez est de ne plus vouloir bouger et préférer suivre la course du soleil en lézardant sur l'une des terrasses privatives. Location à la semaine (obligatoire en haute saison) de 739 à 1 169€ en été selon le gîte. Hors saison (2 ou 3 nuits minimum), comptez de 74 à 159€/nuit. *Rue Juliette* ***Pourville-sur-Mer*** *(9km à l'est de Dieppe) Tél. 02 35 84 04 31 www.pourville-sur-mer.com*

LE TRÉPORT

76470

Ouverture maritime de la ville d'Eu à la période gallo-romaine et petit port à l'embouchure de la Bresle, Le Tréport prit son essor au XIe siècle quand le comte d'Eu, Robert Ier, décida d'y fonder une abbaye bénédictine. Au XIIe siècle, les Tréportais se lancèrent dans une pêche et un commerce maritime fructueux. Mais les assauts répétés des Anglais et celui des huguenots de Dieppe, en 1562, détruisirent la majeure partie de la ville. Au XIXe siècle, Louis-Philippe s'y fit construire une villa et Le Tréport devint une station balnéaire à la mode, attirant par deux fois la reine Victoria. Concurrencée par Dieppe, la villégiature retomba dans l'oubli au début du XXe siècle, mais, en 1936, l'avènement des congés payés lui assura un nouveau succès qui ne s'est pas démenti depuis. Le Tréport, l'un des premiers ports de pêche de Seine-Maritime, accueille petits bâtiments (pour la pêche au bar, à la sole, au turbot, aux crustacés et coquillages) et gros bateaux (pour la pêche au merlan, à la morue, au maquereau et au lieu).

MODE D'EMPLOI

accès

EN VOITURE

Un faisceau de départementales relie Le Tréport et Eu à Dieppe (D925), Saint-Valery-sur-Somme (D940), Abbeville (D925), Blangy-sur-Bresle (D49) et Neufchâtel-en-Bray (D1314). L'autoroute A28 rejoint Rouen via Neufchâtel ou file vers Abbeville et le nord.

EN TRAIN

Le Tréport est relié à Paris avec correspondance à Beauvais, Abbeville ou Amiens. Comptez env. 1h pour Abbe-

ville, de 1h30 à 1h45 pour Amiens, 1h45 pour Beauvais et 3h pour Paris.
Gare du Tréport - Mers-les-Bains *Pl. Sémard*

EN CAR

La ligne départementale n°68, assurée par les cars Denis, relie Le Tréport à Dieppe (de 45min à 1h). Également des lignes de la Somme : la n°1 (Amiens) et la n°2 (Abbeville), des Courriers picards.
Cars Denis *Tél. 02 35 06 86 86 www.voyagesdenis.com*

informations touristiques

Office de tourisme Il propose des visites guidées pour découvrir les richesses patrimoniales tréportaises (4€, enfant 1,50€) dont un circuit spécial enfant (3,50€, 45min) et, deux fois dans l'été, une visite du domaine portuaire (4€, enfant 1,50€). *Quai Sadi-Carnot Tél. 02 35 86 05 69 www.ville-le-treport.fr Ouvert juin-sept. : tlj. 9h30-12h30 et 14h-18h ; oct.-mai : lun.-sam. 10h-12h et 14h-18h (et dim. en avr.-mai)*

orientation et stationnement

La ville forme un arc de cercle : au sud, au pied de la falaise, le quartier des Cordiers ; au sud-ouest, les quartiers des Terrasses, du vieux Tréport et du Tréport moderne ; au nord-est, le quartier des ports et de la gare. Vous pouvez vous épargner un stationnement au centre-ville en laissant votre véhicule sur le parking au sommet de la falaise (en plein air ou souterrain : 2,50€), puis en empruntant le funiculaire (gratuit) qui relie en 5min les Terrasses au quartier des Cordiers.

marchés, fêtes et manifestations

Marché alimentaire *Pl. de la Poissonnerie (près du casino) Mar. et sam. matin*
Marché aux poissons *Sur la jetée au bout du port Tlj.*
Foire aux moules Près d'une tonne de moules sont dévorées pendant cette manifestation, organisée au profit des associations de la ville. *Chapiteau sur la plage En mai*
Lire à la plage Romans, polars, bandes dessinées, livres jeunesse... plus de 1 000 titres à emprunter avant de s'installer sur les transats mis à disposition par la bibliothèque de plage. *Juil.-août*

DÉCOUVRIR
Le Tréport

☆ **Les essentiels** Le funiculaire et les falaises **Découvrir autrement** Glissez-vous dans le labyrinthe du Kahl-Burg, déambulez dans l'ancien quartier de pêcheurs des Cordiers

☆ **Funiculaire** Inauguré en 1902, le funiculaire du Tréport relie, en traversant la falaise, le quartier des Cordiers au **belvédère des Terrasses**. Alors qu'il n'était plus en service depuis la fin de la Seconde Guerre mondiale, la municipalité l'a remis en service en 2006. L'ancienne voiture de bois composée de quatre compartiments disposés en gradin et lourde de 6t a été remplacée, le système rénové et les visiteurs peuvent à nouveau parcourir sans effort et en 5min les 150m de la falaise. À elle seule, la voûte creusée dans la falaise vaut la peine d'une mini-balade en funiculaire. À la gare d'Amont située à plus de 90m au-dessus du niveau de la mer vous pourrez voir une petite exposition consacrée aux funiculaires encore en service en France. *Rue de l'Amiral-Courbet Ouvert mi-juin-mi-sept. : tlj. 7h45-0h45 ; mi-sept.-mi-juin : lun.-ven. 7h30-21h ; sam.-dim. 7h45-0h45 Gratuit*

☆ **Falaises** Moins réputées, ces falaises sont pourtant tout autant impressionnantes que leurs consœurs situées plus au sud. La preuve : elles culminent à 100m de hauteur pour un âge estimé à 80 millions d'années. Deux possibilités pour y accéder : par le funiculaire ou par un escalier à partir de la place de l'Ancien-Hôtel-de Ville. Même s'il paraît abrupt, il se monte plutôt facilement… On vous laisse compter les marches, on dit qu'il y en a autant que le nombre de jours dans une année. Là-haut, la vue est imprenable et, par temps clair, le panorama s'étend du cap d'Ailly (sud de Dieppe) à la baie de Somme (30km au nord).

☺ **Kahl-Burg** Une visite insolite et trop méconnue ! Sur rendez-vous, l'association Le Mur de la Manche vous ouvre les portes du Kahl-Burg (château sans tour en allemand), de ses 270m de galeries et de ses 35 pièces. Un labyrinthe creusé et taillé dans la craie par les Allemands en 1942, lors de l'occupation de la région, les falaises du Tréport leur offrant une position stratégique. Poste de transmission et de surveillance, c'est également là que s'abritait l'état-major des batteries d'artillerie qui défendait le secteur durant la Seconde Guerre mondiale, soit 80 hommes. Une page d'histoire qu'essaient de faire revivre des passionnés et un devoir de mémoire. Pas de droit d'entrée mais une libre participation pour soutenir la restauration incessante du lieu. *Tél. 06 81 07 22 95 www.kahl-burg.fr Rens. auprès de la mairie*

☺ **Quartier des Cordiers** Bâti au début du XIXe siècle sur un lit de galets, il doit son nom à ses premiers habitants, des pêcheurs trop pauvres pour se procurer un filet et qui utilisaient de longues cordes munies d'hameçons. Les demeures alternent les styles anglais – bow-windows, jardin derrière la maison – ou nordiste avec des enfilades de maisons aux murs sombres de brique et toit d'ardoise. À ne pas manquer : les résidences plus élégantes – voir la Villa Jeanne d'Arc au n°29 de la rue de la Grève ou l'Héloïse au n°9 de la rue des Pêcheurs. Avec, dans les années 1930, l'apparition des congés payés, les propriétaires seront obligés de partager en appartement leurs demeures devenues trop grandes et coûteuses et de cohabiter (en

Promenades autour du Tréport

Le Tréport se prête également à la randonnée pédestre ou cycliste, avec de nombreux parcours le long de la falaise, de l'ancien canal maritime vers Eu ou dans l'arrière-pays (vallées de l'Yères et de la Bresle). Renseignements auprès de l'OT (p.356).

passant leurs vacances au sous-sol) avec "ché vacanciers", nouvelle clientèle populaire venue du Nord et de Picardie. Un quartier également à admirer de haut, depuis Les Terrasses d'où le regard plonge sur les toits d'ardoise.

Musée du Vieux-Tréport Cette ancienne prison renferme, sur trois étages, tout un patrimoine maritime : matériel de pêche, souvenirs d'activités comme les bains de mer, la charpenterie de marine, le sauvetage en mer, le ramassage de galets… Adossée au musée, une immense fresque de 30m permet de se remémorer l'âge d'or balnéaire de la ville. *1, rue de l'Anguainerie (près de l'ancien hôtel de ville) Tél. 02 35 86 13 36 Ouvert Pâques-sept. : w.-e. et j. fér. 10h-12h et 15h-18h Tarif 3€, enfant 1,50€*

Église Saint-Jacques Reconstruite au XIVe siècle et restaurée à la fin du XVIIe siècle, elle impressionne par ses dimensions, sa façade polychrome à motifs géométriques et ses vitraux du maître verrier Lusson (XIXe s.). *Quartier du Vieux-Tréport*

● Où acheter du poisson frais ou fumé ?

Marché aux poissons Le Tréport vit évidemment au rythme des marées et de la pêche. Amateurs de produits de la mer, filez au marché aux poissons (ou poissonnerie municipale) pour acheter quelques produits de la mer : homards, étrilles, amandes, gambas, huîtres, moules, coquilles Saint-Jacques, maquereaux, saumons... Fraîcheur et prix défiant toute concurrence. *Sur la jetée au bout du port Tlj.*

Saurisserie Tréportaise Depuis 1936, la saurisserie tréportaise fume et prépare de façon traditionnelle hareng, saumon, kipper et bouffi. Ce qui la différencie ? Une production 100% artisanale. Salage au sel sec, fumage à froid en cheminée, conditionnement manuel... et l'assurance de se régaler. Et pour le pique-nique, optez pour un assortiment maison : saumon, flétan, haddock, truite, hareng. *ZA Sainte-Croix Tél. 02 35 86 29 36 www.delgove.com Ouvert mar.-sam. 9h-12h15 et 14h30-17h*

● Où trouver de la verrerie ?

Galerie Verre Mer Au premier coup d'œil, le magasin n'a rien de particulier : bijoux divers et menus objets cadeaux, rien que de très classique pour une station balnéaire. C'est l'atelier derrière l'échoppe qui révèle l'originalité du lieu : Frédéric Marey, artiste verrier, fabrique lui-même tous les objets exposés à partir de longues tiges de verre de Murano, déclinées en plus d'une centaine de couleurs. Il propose à ses clients des stages pour leur apprendre à maîtriser la technique du soufflage du verre au chalumeau. *7, rue de l'Amiral-Courbet Tél. 06 70 89 04 31 www.frederic-marey.com* **Magasin** *21, rue de l'Amiral-Courbet Ouvert tlj. 10h-12h et 14h-18h30*

● Où tenter sa chance à la boule, aller au cinéma ?

Joa Casino Une centaine de machines à sous, boule, blackjack, roulette anglaise... un petit casino au charme désuet idéal pour passer une soirée sous le signe (modéré) du jeu. À noter une salle de cinéma, bienvenue les soirs de pluie. *Esplanade Louis-Aragon Tél. 02 35 86 35 45 Ouvert dim.-jeu. 10h-2h, ven.-sam. 10h-3h*

● Pêcher à pied ou en mer, faire une balade en mer

Éden et Étoile filante La pêche à pied (aux moules ou à la rocaille) se pratique au Tréport comme sur tout le littoral de Seine-Maritime. Vous pourrez aussi partir pêcher en mer à bord de l'*Éden* ou de l'*Étoile filante* (environ 6h, 55€). Le capitaine propose également des balades en mer classiques le long des falaises (30min, 8€) et une excursion à Dieppe de 2h30 avec escale de 3h (sur réservation, 30€, 3-12 ans 25€). *Charles Masson Tél. 02 35 50 38 87 www.edenletreport.fr Ouvert mars.-nov.*

Les environs

● Où acheter de l'eau-de-vie de cidre ?

Parc et vergers des Prés Au cours d'une visite de son domaine, la famille Tailleux vous livrera les secrets de distillation de l'eau-de-vie de cidre, une cousine très (très) proche du calva. La visite est évidemment ponctuée d'une dégustation. Maniant l'art de la pomme, Les Tailleux produisent également du cidre et du vinaigre. *35, rue Chantereine* ***Criel-sur-Mer*** *(8km à l'ouest du Tréport) Tél. 06 66 75 74 05 www.3clos.fr Visite (sur rdv) 6€, 2-15 ans 3,50€* **Magasin** *Ouvert sept.-mi-juil. : w.-e. et j. fér. 15h-18h ; mi-juil.-août : jeu.-mar. 15h-19h ou sur rdv toute l'année*

CARNET D'ADRESSES

Restauration

Attention, sachez qu'après 22h30-23h il vous sera très difficile de trouver un restaurant qui vous servira, même un samedi d'été. Prévoyance de rigueur sous peine de se retrouver obligé de passer commande au fast-food à la sortie de la ville. Vraiment dommage, quand on sait que Le Tréport reste l'un des "spots" de Seine-Maritime pour se régaler de fruits de mer ; leur fraîcheur est sans pareille, les bateaux débarquant leur pêche à quelques mètres des restaurants.

petits prix

La Calypso Voici le restaurant idéal pour assouvir une fringale de moules. On y trouve, pour tous les goûts et à prix doux un grand choix de cassolettes préparées façon marinière, normande, au cidre, au roquefort, au curry... Comptez autour de 12€ pour un plat de moules. Menu à 15€. *47, quai François-Ier* ***Le Tréport*** *Tél. 02 35 86 31 31 Ouvert tlj. 11h30-14h et 18h-21h30*

☺ **Les Délices d'Alice** Une adresse rare. La recette ? Une carte simple mais prometteuse en saveurs, une atmosphère joyeuse insufflée par les jeunes propriétaires, et un service qui ne se départit jamais de son sourire. À vous de choisir suivant votre appétit entre tapas, tartines, salades, grillades de poisson ou de viandes, à déguster au comptoir, en salle ou en terrasse (moules 11-13€, assiette de tapas de 6 à 12€, tartines autour de 10-12€). On apprécie aussi la décoration qui tourne définitivement le dos au folklore des autres restaurants tréportais avec leur cortège de coquillages et de crustacés de pacotille, et opte pour un cadre sobre, élégant et coloré. Totalement rafraîchissant ! *6, rue du Duc-de-Penthièvre* ***Le Tréport*** *Tél. 02 35 83 48 75 Ouvert mar.-sam. 12h-14h30 et 18h30-22h*

prix moyens

La Villa marine Café On se sent bien dans cette salle en angle baignée de lumière, tout en teintes chaudes et en bois clair. Aux menus (formule à 17,90€, menus de 22,50 à 43,90€), de bons produits du terroir (filet de bar, médaillon de lotte, magret de canard...). Pour le dessert, on peut se contenter de la vue sur le port et le centre-ville juste en face, un vrai régal. Également plusieurs chambres (p.361). *1, pl. Pierre-Sémard* ***Le Tréport*** *Tél. 02 35 86 02 22 Ouvert juil.-août : dim.-ven. midi et soir, sam. midi ; Pâques-nov. : lun.-ven. midi et soir, sam.-dim. midi*

☺ **La Pile d'assiettes** D'Eu au Tréport, tout le monde recommande ce petit restaurant du quartier des Cordiers. Il faut parfois patienter mais, au bout de cette attente, vous vivrez une explosion de saveurs. Le chef martiniquais aime marier le sucré et le salé et apporter à sa cuisine du marché une once d'originalité propre aux Antilles et tout en raffinement. Formule déjeuner à 11€, à la carte entre 25 et 30€. *Pl. Notre-Dame* ***Le Tréport*** *Tél. 02 35 84 65 61 Ouvert lun. et jeu.-sam. 12h-14h et 19h30-20h30, mar. et dim. 12h-14h*

Comptoirs de l'Océan Une fois de plus, il ne faut pas s'arrêter au panachage de couleurs de la décoration intérieure... D'ailleurs, si le temps s'y prête, installez-vous à l'une des tables en terrasse. Le midi, elles sont dans l'axe du soleil quand la plupart des restaurants du Tréport sont à l'ombre. Concentrez-vous sur l'assiette : elle ne vous décevra pas avec son beau choix de plateaux de fruits de mer avec des prix qui restent raisonnables. Menus de 15 à 41,50€, menu homard à 60€. *46, quai François-Ier* ***Le Tréport*** *Tél. 02 35 86 24 92 Ouvert lun. midi, mar.-ven. 11h-14h30 et 18h30-21h30, sam.-dim. 11h-22h*

prix élevés

Le Saint-Louis Avec ses plafonds ornés de vitraux en pâte de verre, ses affiches et tableaux de paquebots, ce restaurant prisé des Tréportais évoque le temps des croisières transatlantiques et affiche une passion pour les poissons : turbot rôti au vinaigre balsamique, morue rôtie à l'andouille de Vire, marmite du port... Le homard est la spécialité de la maison. Menus de 19,50 à 64€. *43, quai François-Ier* ***Le Tréport*** *Tél. 02 35 86 20 70 Ouvert tlj. 12h-14h et 19h-22h*

Le Homard Bleu S'il y en avait un seul à retenir parmi les restaurants de tout genre qui se bousculent sur le port, ce serait sans hésitation celui-ci. Tréportais dans l'âme, ce restaurant de fruits de mer existe depuis trois générations, un premier gage de qualité. Ici huîtres, tourteaux, homards ou langoustines sont d'une fraîcheur absolue. Ne vous fiez ni à sa façade bariolée ni à sa décoration d'un autre âge. Vous manqueriez le plaisir de la gastronomie de la mer et de l'assiette... ou plutôt du plateau à un, deux ou trois étages,

GAMME DE PRIX	RESTAURATION	HÉBERGEMENT
Très petits prix	moins de 10€	moins de 40€
Petits prix	de 10 à 20€	de 40 à 70€
Prix moyens	de 20 à 35€	de 70 à 100€
Prix élevés	de 35 à 50€	de 100 à 150€
Prix très élevés	plus de 50€	plus de 150€

selon votre gourmandise. Demandez de préférence une table dans la salle panoramique. Menus de 29 à 46€, plateaux de fruits de mer de 26 à 104€. *45, quai François-Ier* **Le Tréport** *Tél. 02 35 86 15 89 Ouvert mars-oct. : tlj. 11h30-14h30 et 18h30-22h ; nov.-fév. : mar.-sam. 11h30-14h30 et 18h30-22h, dim. midi Fermé 3 sem. en jan.*

Hébergement

très petits prix

Château de Chantereine Ce manoir du XVIIIe siècle, qui abrite nombre d'associations sportives locales, propose également un centre d'hébergement : 16 chambres doubles (20,90€/pers.), 58 chambres de 2 à 5 lits (16,80€/pers.). Petit déj. 4,50€. Le parc de 4ha offre ses allées et ses pelouses aux promeneurs et la plage est à 800m. **Criel-sur-Mer** *(8km au sud-ouest du Tréport) Tél. 02 35 50 18 46 www.chateaudechantereine.fr*

petits prix

☺ **Hôtel de Calais** Cet ancien relais de poste (1778) hébergea Victor Hugo, venu admirer la mer et le site, ainsi que de nombreux réfugiés de Mers-les-Bains, de Belgique et de Pologne pendant la Seconde Guerre mondiale. L'hôtel tire son charme de sa position dominante lui offrant une vue panoramique sur la ville et le port, de son dédale de passages et de couloirs et de ses chambres stylées (appliques en verre de Murano, salles de bains aux mosaïques design...). Enfin, son site web est un vrai album photo de l'histoire tréportaise. L'établissement dispose de 43 chambres, de 61 à 83€ pour 2 pers. Petit déj. 8,80€ *1, rue de la Commune-de-Paris* **Le Tréport** *Tél. 02 27 28 09 09 www.hoteldecalais.fr*

prix moyens

☺ **Hôtel La Villa Marine** Sur la jetée, on ne peut pas rater cette sentinelle blanche massive, éclairée la nuit par des spots de couleur. Elle surveille tantôt la mer et ses furies, tantôt les quais, ses restaurants et sa cohorte de touristes. Les 33 chambres sont accueillantes, lumineuses, calmes (enfin... les goélands font office de réveille-matin) et confortables, et la gare est à 20m. Double à partir de 59€ (nombreuses offres sur Internet). Attention, demi-pension obligatoire les week-ends d'été (de 119 à 159€) à la table du café (p.360). *1, pl. Pierre-Sémard* **Le Tréport** *Tél. 02 35 86 02 22 www.hotel-lavillamarine.com Ouvert toute l'année*

prix élevés

Royal Albion À un jet de pierre de la mer, ce 3-étoiles dont le nom fleure bon l'Angleterre évoque plutôt la Louisiane avec ses lambris, ses balustrades et ses murs blancs. Parmi la vingtaine de chambres à la décoration un brin désuète, optez de préférence pour celles avec balcon ouvrant sur la mer. Selon le confort, double de 57 à 97€ en semaine, de 81 à 142€ le week-end. Petit déj. 9,90€. *1, rue de la Mer* ***Mesnil-Val-Plage*** *(5km au sud-ouest du Tréport) Tél. 02 35 86 21 42 www.hotels-treport.com*

EU

76260

Aristocratique et huppée, la ville d'Eu forme depuis toujours un étrange attelage avec Le Tréport, ouvrier et populaire. À l'époque gallo-romaine, cette dernière était déjà l'indispensable ouverture maritime du *Castrum Auga* (nom latin d'Eu), la "tour de guet" adossée à une vaste forêt et à la Bresle, qui constituait une voie de commerce vers l'intérieur et le pays de Bray. Ville-musée, Eu n'a cessé d'accumuler les monuments et les hôtes de marque, de la famille de Guise au dernier roi de France, Louis-Philippe, qui lui donna tout son lustre. Une ville qui, en dépit de sa modeste population de 7 300 habitants, possède le patrimoine le plus important de la région après Rouen. Elle surprend d'autant plus qu'en l'abordant par la route, rien ne laisse présager sa richesse. Pas étonnant que le peintre anglais de la lumière William Turner y ait trouvé l'inspiration à la toute fin de sa vie.

MODE D'EMPLOI

accès

EN VOITURE

Un faisceau de départementales relie Eu à Dieppe (route littorale D925), Saint-Valery-sur-Somme (D940), Abbeville (D925 à nouveau), Blangy-sur-Bresle (D49) et Neufchâtel-en-Bray (D1314). L'autoroute A28 permet de rallier Rouen via Neufchâtel ou de filer vers Abbeville.

EN TRAIN

Deux lignes relient Eu à Paris (3h) en deux trajets différents : par une escale à Beauvais (5 liaisons/j.) ou à Abbeville ou Amiens (7 liaisons/j.). Comptez env. 1h d'Abbeville, 1h40 de Beauvais.

Gare Arrêt sans personnel ni guichet. *Pl. de la Gare*

EN CAR

Eu est desservie par la ligne départementale n°68 au départ de Dieppe (1h, assurée par les cars Denis), et par des ligne des transports de la Somme : la n°1 au départ d'Amiens (1h20) et la n°2 d'Abbeville (1h20), les deux proposées par les Courriers picards. Un ligne (compagnie L'Oiseau bleu) relie également les trois "villes sœurs" : Le Tréport, Eu et Mers.

Cars Denis *Tél. 02 35 06 86 86 www.voyagesdenis.com*

Courriers automobiles picards *Tél. 03 22 70 70 70 www.trans80.fr*

L'Oiseau bleu *Tél. 08 10 00 01 09 www.oiseau-bleu.fr*

orientation

Légèrement en retrait de l'estuaire qui ouvre sur la Manche, Eu est installée sur le cours de la Bresle, petit fleuve côtier qui sépare à la fois deux régions (Normandie et Picardie) et deux départements (Seine-Maritime et Somme). Le cœur de la ville est délimité par quatre boulevards en rocade. Au nord coule la Bresle, qui se transforme en un canal pour relier Eu à la mer. Au sud s'étendent les quartiers résidentiels. Le reste de l'agglomération eudoise est composé de parcs, signes avant-coureurs de la forêt d'Eu.

marchés, fêtes et manifestations

Marché *Pl. Guillaume-le-Conquérant Ven. matin*

Rendez-vous musicaux du jeudi Des concerts décontractés dans les jardins du château dès 19h. *Juil.-sept. : 6 concerts les jeu.*

Le Murmure du son "LE" petit festival de l'Ouest qui monte, avec chaque année un ou deux pointures. Consacré aux musiques actuelles. *Quartier Morris www.murmureduson.org Début juil.*

Les Fèvres Rassemblement autour des métiers d'art des métaux et de la ferronnerie. On y admire des pièces réalisées par des d'artisans venus du monde entier. Au programme, exposition-vente, démonstration des savoir-faire, montage et affûtage de couteaux, coulées de bronze et d'étain... *Dans la cour d'honneur du château www.ifram.fr Fin oct. (années impaires)*

informations touristiques

Office de tourisme Un personnel dynamique et jamais avare en conseils et bons plans pour faire découvrir le patrimoine de la ville. La programmation des nombreuses visites guidées suit généralement le rythme des vacances scolaires. *Pl. Guillaume-le-Conquérant Tél. 02 35 86 04 68 www.eu-tourisme.fr Ouvert lun.-sam. 9h30-12h30 et 14h-18h, dim. 10h-12h30*

DÉCOUVRIR

Eu

☆ **Les essentiels** Le château-musée Louis-Philippe **Découvrir autrement** Admirez les proportions de la collégiale Notre-Dame-et-Saint-Laurent, prenez un verre en soirée au Bragance, traversez la forêt d'Eu pour y observer les animaux qui la peuplent

La vieille ville cache son lot de trésors architecturaux : l'**hôtel-Dieu**, monastère du XVIIe siècle (passez le porche pour en admirer l'intérieur : la maison à pans de bois, les salles voûtées du bâtiment central et le cimetière couvert) ; la **chapelle du collège des Jésuites** (1613-1628) aux deux mausolées en marbre blanc et noir, celui de Catherine de Clèves et de son époux, le duc de Guise, assassiné sur ordre d'Henri III. La **chapelle Saint-Laurent**, érigée au XIXe siècle en dehors de la ville, offre une vue d'ensemble sur Eu, sa forêt et la mer. Déambuler dans le centre historique réserve une vraie surprise : on y admire les belles demeures du dernier domaine royal de France, des maisons à colombages et celles aux façades de brique parfois plus austères, une mosaïque de styles architecturaux parfaits entre Normandie et Picardie. Deux à trois fois l'an, l'office de tourisme organise une visite en calèche du cœur historique d'Eu, et le meneur vous laissera prendre les rênes pour vous initier à l'attelage.

☺ **Collégiale Notre-Dame-et-Saint-Laurent-d'Eu** Elle impressionne autant par ses proportions monumentales (80m de long, 21m de large et de haut) que par la combinaison harmonieuse de ses styles architecturaux :

roman pour la crypte du XIe siècle où reposent les comtes d'Eu et saint Laurent O'Toole, archevêque de Dublin mort au monastère d'Eu en 1181 et devenu le patron de la ville ; gothique primitif pour la nef avec ses ouvertures en ogive, flamboyant pour le chœur, la chapelle de la Vierge et la porte de la sacristie ; Renaissance pour les grilles du transept. Viollet-le-Duc, qui la restaura au XIXe siècle, en a résumé la majesté d'un avis d'expert : "J'ai vu plus grand, j'ai vu plus haut, je n'ai jamais vu plus beau." *Ouvert avr.-sept. : dim.-lun. 14h30-17h30, mar.-sam. 9h30-12h30 et 14h30-17h30 ; oct.-mars : dim.-lun. 14h-16h30, mar.-sam. 9h30-12h30 et 14h-16h30 Fermé j. fér.*

VUE SUR LA VILLE À la sortie de la collégiale, le panorama de la place Saint-Laurent-O'Toole permet d'apprécier l'entrelacs de ruelles de la ville basse et les rives ombragées de la Bresle, fleuve côtier dans lequel truites et saumons viennent frayer.

☆ **Château-musée Louis-Philippe** Emblème de cette ville royale, le château actuel, avec ses toitures d'ardoise violette et ses murs de brique et de pierre, a été mis en chantier en 1578 et terminé en 1665 par Catherine de Clèves, comtesse d'Eu, et son second époux, le célèbre duc Henri de Guise, puis aménagé et redécoré vingt ans plus tard par la Grande Mademoiselle, duchesse de Montpensier, exilée dans ce bout de Normandie par son cousin Louis XIV après la Fronde. Au XIXe siècle, le château devient la résidence d'été de Louis-Philippe qui confie sa restauration et sa décoration au célèbre architecte Viollet-le-Duc dont ce fût d'ailleurs l'un de ses derniers chantiers. Le parcours de visite permet d'appréhender l'ensemble des fonctions d'un château : apparat, politique et habitation, comme la salle de bains et l'office avec ses objets d'art de la table de l'époque. Le rez-de-chaussée dévoile un grand escalier en bois précieux et fer forgé, un salon brésilien avec des meubles typiques et un portique dont les vitraux, signés Viollet-le-Duc, reproduisent les armoiries du comté (des animaux fantastiques à tête de femme). Au premier étage se succèdent le salon et la salle à manger royaux, une chambre dorée, à la décoration frappée du nombre 28 – la Grande Mademoiselle était la vingt-huitième comtesse d'Eu – et, en point d'orgue, la galerie des Guise, succession de quarante-six portraits de la famille de Lorraine-Guise. Dans toutes ces pièces, jetez un coup d'œil aux magnifiques parquets en marqueterie composés de cinq essences différentes, de véritables œuvres d'art. *Tél. 02 35 04 10 14 www.chateau-eu.fr Ouvert mi-mars-Toussaint : mer.-jeu. et sam.-lun. 10h-11h30 et 14h-17h30, ven. 14h-17h30 Tarif 5€, enfant 2€, moins de 6 ans gratuit Visite guidée sur réservation*

Musée des Traditions verrières Des premiers fours aux machines automatisant la production (de bouteilles, notamment) en passant par les outils comme la canne à souffler... Ce musée retrace l'histoire de l'installation des premières verreries en forêt d'Eu au XIVe siècle et celle d'une production qui s'industrialisa au XIXe siècle dans la vallée de la Bresle. Aujourd'hui, les cinq verreries de la vallée de la Bresle (dont Saint-Gobain-Desjonquères et Pochet-Le Courval, les deux leaders mondiaux) fournissent 82% du marché mondial des flacons de la parfumerie haut de gamme. Une salle du musée présente les secrets du flaconnage de luxe et expose les plus beaux d'entre eux, véritables œuvres d'art miniatures. Des visites commentées et des démonstrations de souffleurs de verre sont parfois programmées, l'occasion de découvrir un savoir-faire se raréfiant, renseignements et inscription auprès de l'OT. *Caserne Morris Rue Sémichon Tél. 02 35 86 21 91 Ouvert avr.-juin : mar., w.-e. et j. fér. 14h30-18h ; juil.-sept. : mar.-mer., w.-e. et j. fér. 14h30-18h ; oct.-nov. : mar., sam. et j. fér. 14h30-18h Visites guidées à 15h, 16h et 17h Tarif 4€, moins de 12 ans gratuit*

La Ferme de Beaumont Pour y accéder, il faut longer un champ verdoyant où paissent des vaches normandes, puis vous voilà dans le domaine, une des références nationales en matière d'élevage d'animaux d'ornement. Canards, poules, pigeons, cygnes, paons, lapins, moutons… et même lamas et kangourous ! Et tous les animaux que vous admirez sont en vente ! *Route de Beaumont Tél. 02 35 86 15 94 www.fermedebeaumont.com Ouvert lun.-sam. 9h-12h et 14h-18h30 Entrée libre*

Où s'offrir des souvenirs gourmands ?

Marché Le vendredi matin, autour du marché, Eu prend presque des airs ville du Sud. Les nombreux étals de producteurs locaux attirent la foule. C'est aussi l'occasion de découvrir le gâteau battu, spécialité de la Picardie voisine, composée de beaucoup de beurre et d'œufs. *Pl. Guillaume-le-Conquérant Ven. matin*

Le Comptoir des saveurs Pommeau de Normandie, jus de pomme, cidre, calvados, gelée de pomme, sucre de pomme... des classiques mais un choix de produits du terroir joliment mis en scène dans cette boutique phare recommandée par tous les Eudois. *46, rue Charles-Morin Tél. 02 35 40 06 18 Ouvert juil.-août : mar.-sam. 9h-12h et 14h-18h, dim. 9h-12h ; sept.-juin : mar.-sam. 9h-12h et 14h-18h*

Où boire un verre dans une glacière ?

Le Bragance Saluons cette belle initiative de la municipalité qui a transformé les anciennes glacières du château en bar offrant ainsi à la ville un lieu original et convivial. Face à la roseraie du château, Le Bragance déploie une agréable terrasse où l'on peut grignoter (croque-monsieur et saucissons). Le soir, on y apprécie bières et cocktails sous la voûte de pierre. *Parc du château Tél. 02 35 50 69 23 Ouvert mar.-jeu. 17h-21h, w.-e. 17h-2h*

Où sortir ?

Théâtre du Château Le charmant petit théâtre à l'italienne construit au XIXe siècle dans l'enceinte du château a rempli pendant plus d'un siècle un rôle créatif et culturel essentiel dans la région. Après un long passage à vide, le théâtre a entamé en 2001 une réjouissante deuxième vie. La programmation pluridisciplinaire avec de belles têtes d'affiche (le Mime Marceau, François Morel, André Dussolier...) s'est spécialisée dans la musique et le théâtre baroque. *Tél. 02 35 50 20 97 www.theatreduchateau.fr*

Se faire chouchouter

L Détente Boudoir bucolique, cet institut de poche s'est installé dans l'une des demeures du Eu historique. Une adresse confidentielle où l'on passe un moment délicieux avec des massages du corps et soins du visage signés Cinq Mondes. Hammam et sauna (privatisés en solo, en duo) 16€/pers. *65, rue Paul-Bignon Tél. 02 35 82 42 21 www.ldetente.fr Ouvert lun. 14h-19h, mar.-sam. 9h-12h et 14h-19h*

Les environs d'Eu

La frontière entre la Normandie et la Picardie est purement administrative : **Eu**, **Le Tréport** (p.355) et la ville picarde de **Mers-les-Bains** qui lui est accolée sont regroupées sous le surnom des "trois villes sœurs" et se visitent souvent ensemble. Le Tréport, le port de pêche très animé, apporte au trio une jolie animation mais il ne faut pas manquer non plus la promenade sur le front de mer de Mers-les-Bains où l'on admirera les villas Belle Époque. La forteresse féodale de Rambures (XVe s.), témoignage majeur de l'architecture militaire médiévale tardive, ou le musée des Industries du Vimeu à Friville se découvrent dans leur voisinage immédiat. **Château de Rambures** *Rambures 27km au sud-est d'Eu Tél. 03 22 25 10 93 www.chateau-rambures-picardie.fr Ouvert mars, oct. : jeu.-mar. 14h-18h ; avr.-sept. : jeu.-mar. 10h-12h et 14h-18h Tarif château + parc 8€, 6-15 ans 6€* **Musée des Industries du Vimeu** *Pl. Adéobat-Gilson* ***Friville-Escarbotin*** *(14km au nord-est d'Eu) Tél. 03 22 60 21 60*

La forêt d'Eu

Cette ancienne forêt royale de 9 315ha est, à 70%, une hêtraie, d'où son aspect de forêt-cathédrale. Les tempêtes de 1987 et de 1999 ont opéré des coupes claires dans ce patrimoine végétal, abattant des arbres sur plus de 1 000ha. Massif relativement étroit (12km à son point le plus large), il est facile de passer d'un versant à l'autre. Parmi ses lieux légendaires, découvrez la pierre de bise, un ancien monument druidique, dont on prétend que la pierre devient dégage de la fumée quelques heures avant la pluie. Et comme au temps des rois, cette forêt indivise abrite chevreuils et sangliers, renards et blaireaux, rapaces et passereaux ainsi que de nombreux oiseaux migrateurs du fait de la proximité de la côte. Au printemps, il ne faut surtout pas manquer le sublime spectacle qu'offrent les jacinthes qui recouvrent le sol des sous-bois d'un voile bleuté. L'Office national des forêts organise pour des groupes de douze à trente personnes des visites de deux à trois heures consacrées à l'aménagement forestier, aux animaux dans le milieu forestier… Renseignements à l'OT d'Eu (p.363). *Au sud-est d'Eu*

Site du Bois-L'Abbé Sur 23ha au cœur de la forêt d'Eu, au point culminant du plateau de Beaumont, gisent de monumentaux vestiges gallo-romains découverts à la fin du XVIIIe siècle : temple, théâtres, thermes… Des visites, guidées par un archéologue, sont organisées pendant les périodes de fouilles. *4,5km au sud-est d'Eu, par la route de Beaumont Tél. 02 35 86 04 68 (OT) Ouvert juil.-août : lun.-ven. 14h Tarif 5€, réduit 2€, moins de 6 ans gratuit*

● **Randonner dans les vallées de la Bresle et de l'Yères** À la croisée des chemins, Eu est le lieu de départ privilégié pour les amoureux de nature et les randonneurs. Une autre manière de découvrir le patrimoine de la région. On compte 180km de pistes et 17 parcours de 4,5km à 18km (1h30 à 4h30) qui sillonnent la forêt mais aussi la vallée de la Bresle, fleuve qui se jette dans la Manche au Tréport, et la vallée de l'Yères, qui fait de même à Criel-sur-Mer. À noter entre autres le canal maritime et son ancien chemin de halage qui longe la Bresle jusqu'au Tréport et le chemin de Saint-Laurent passant de colline en colline. Certaines boucles sont praticables à cheval ou à VTT. Documents, cartes et tracés disponibles dans les OT d'Eu (p.363) et du Tréport (p.356).

● Pêcher en eau vive

Hôtel de Picardie Les 4km de rivière 1re catégorie et l'étang à truites de 1,50ha de ce domaine ravissent les pêcheurs de toujours et du dimanche. Parcours accessible en journée et possibilité de souscrire une carte vacances 15 jours. Quant aux 2km de rives du canal reliant Eu au Tréport, c'est un domaine public accessible à tous. *75, chaussée de Picardie Tél. 02 35 86 06 67 Ouvert mars-nov.*

CARNET D'ADRESSES

Restauration

petits prix

Le Patio Un joli compromis entre salon de thé et crêperie. La propriétaire s'affaire au point du jour pour préparer salades (de 8,50 à 12€), pâte à crêpes et galettes (de 3 à 12€). Mais, comme elle gère seule l'affaire, l'attente est souvent longue. Compensation certaine : qualité et goût sont au rendez-vous. Formule déjeuner 11,50€. *46, rue Paul-Bignon **Eu** Tél. 02 35 50 02 48 Ouvert mar.-sam. 10h-20h (et parfois dim. en saison)*

prix moyens

☺ **Restaurant de la Poste** Une bonne adresse, fréquentée par les Eudois au déjeuner. Les prix sont raisonnables et de la décoration de style bistrot se dégage un charme d'antan. Des classiques comme l'andouillette grillée et la truite pochée… et quelques (bonnes) surprises : mille-feuille de boudin noir et foie gras poêlé, tarte fin de Saint-Jacques et champignons, etc. Formule déjeuner à 12,50€, menus à 18,50 et 28€, enfant 8,50€. Un excellent rapport qualité-prix… et accueil. *5, rue de la Poste **Eu** Tél. 02 35 86 10 78 Ouvert août-juin : mar.-ven. et dim. uniquement midi, sam. midi et soir*

☺ **Restaurant Le Collège** Si vous êtes à Eu un jeudi, un vendredi ou un samedi soir, c'est dans ce restaurant grand comme un mouchoir de poche et à l'ambiance feutrée et bon enfant qu'il faut dîner. Valérie est en salle et Vincent aux fourneaux. Après quelques mois de retraite, ces restaurateurs du cru ont décidé de reprendre cette affaire, de ne l'ouvrir que quelques heures par semaine pour offrir à vos papilles le meilleur d'une cuisine du marché (plat de 15 à 20€). Formules midi 13,50 et 16€. Réservation conseillée. *9, rue du Collège **Eu** Tél. 09 80 78 49 74 Ouvert jeu.-ven. midi et soir, sam. soir*

Hébergement

Le patrimoine remarquable de la petite cité et le charme associé à la qualité des lieux de séjour… deux bonnes raisons qui incitent à privilégier Eu au Tréport en matière d'hébergement.

très petits prix

Auberge de jeunesse Centre des Fontaines Cette auberge de jeunesse bénéficie d'un cadre exceptionnel : elle occupe les anciennes cuisines royales, à l'entrée du parc à la française du château-musée. Un bon refuge quand le temps et les finances ne sont pas au beau fixe : 14,50€ la nuit avec les draps, gratuit pour les moins de six ans hors vac. scol. Petit déjeuner 4,50€. La carte d'adhérent obligatoire est vendue sur place (de 7 à 50€). *Rue des Fontaines* ***Eu*** *Tél. 02 35 86 05 03 www.centredesfontaines.fr Fermé 2 sem. fin déc.-début jan.*

petits prix

☺ **Manoir de Beaumont** Cet ancien relais de chasse du XVIIIe siècle a si peu de chambres – seulement trois "bonbonnières" Louis XVI mansardées à 53€, 61€ (familiale) et 65€ (suite) – qu'il est difficile d'y loger au débotté. Les premiers de ses atouts sont sans doute le confort et le silence reposant du lieu, que vient compléter une vue dégagée sur la vallée et sur la forêt d'Eu. La maison joue le charme rustique, avec ses pièces spacieuses tout en poutres apparentes et, surtout, son jardin agrémenté d'un bassin soigneusement entretenu par Mme Demarquet. Gîtes pour 4-5 pers., de 200 à 340€ la semaine. *Route de Beaumont* ***Eu*** *(3km au sud-est du centre-ville) Tél. 02 35 50 91 91 ou 06 72 80 01 04 www.demarquet.eu*

☺ **Le Clos Sainte-Anne** Au cœur du centre historique d'Eu, cette belle maison d'hôtes joue la mélodie du charme sur une partition qui s'inspire du romantisme à l'italienne tout en affichant des prix doux (68€, petit déj. inclus). Les trois chambres élégantes ouvrent sur la nature luxuriante du jardin, et la plus grande donne sur un toit terrasse où l'on oublie vite la valse du temps. Évelyne, chaleureuse maîtresse de maison, propose à ses invités sa table d'hôtes (entrée, plat, dessert, vin et calva, 25€). *6, rue Sainte-Anne* ***Eu*** *Tél. 02 35 50 75 56 ou 06 82 94 95 36 www.leclossainteanne.com*

prix moyens

Hôtel Maine Ce 3-étoiles occupe une belle maison de ville de 1897, agréablement restaurée, qui donne sur une placette tranquille un peu excentrée. Ses chambres sont bien équipées et confortables. Aux beaux jours, on apprécie le petit déjeuner (13€) servi sur la terrasse. Double à partir de 85€, mais nombreuses offres sur le site Internet. Wifi gratuit. *20, av. de la Gare* ***Eu*** *Tél. 02 35 86 16 64 www.hotel-maine.com*

prix élevés

Hôtel de la Cour Carrée Posée en rase campagne sur la route de Dieppe, cette ancienne briqueterie abrite vingt-huit chambres spacieuses et confortables, et décorées dans les styles "ethnique" ou "campagne fleurie". Double de 89 à 125€. Petit déj. et buffet 11€. *Route de Dieppe* ***Eu*** *Tél. 02 35 50 60 60 www.hotel-cour carree-eu.fr*

Les Hortensias En plus de ses deux chambres-suites (105€ pour 2 pers.), M. Pérone a eu la bonne idée d'installer une roulotte dans son jardin

GAMME DE PRIX	RESTAURATION	HÉBERGEMENT
Très petits prix	moins de 10€	moins de 40€
Petits prix	de 10 à 20€	de 40 à 70€
Prix moyens	de 20 à 35€	de 70 à 100€
Prix élevés	de 35 à 50€	de 100 à 150€
Prix très élevés	plus de 50€	plus de 150€

de 3 000m². Qualifiée Grand siècle, elle offre tout le confort qui ravira les fans de séjours insolites (110€/nuit). Les petits plus : la piscine couverte et chauffée 365 jours par an, la salle de jeux et le spa (10€/pers.). L'adresse étant un peu difficile à trouver, armez-vous de patience et d'une bonne carte. *6, rue du Mont-Viot Lieu-dit Mesnil-Sterling* **Étalondes** *(4km à l'ouest d'Eu par la D925) Tél. 02 35 50 29 65*

FORGES-LES-EAUX

76440

La devise de Forges-les-Eaux, "Par le fer et par l'eau", résume son histoire : son économie reposa sur l'exploitation du minerai de fer de l'époque gallo-romaine au XVIe siècle, puis sur celle d'une source ferrugineuse. Ces eaux censées traiter la stérilité, l'hydropisie ou les maux de gorge attirèrent à Forges Louis XIII, Anne d'Autriche, la Grande Mademoiselle et, dans leur sillage, Voltaire, Corneille, Buffon et Marivaux. Cette renommée favorisa l'essor de la faïence forgionne – les "culs-blancs" aux motifs délicats, réservés aux nantis, ou les "culs-noirs" destinés aux petites gens. Ce faste est aujourd'hui révolu et le tourisme peine à se développer dans une ville-carrefour transpercée par deux axes routiers.

MODE D'EMPLOI

accès

EN VOITURE

Située à la limite est de la Normandie, la ville de Forges est presque aussi éloignée de la Seine (Rouen est à 44km) que de la côte (à 55km de Dieppe). Les autres villes brayonnes, Neufchâtel et Gournay, sont à 20min de route. Deux axes traversent la ville : la D915 en provenance de Gournay (20km au sud-est) – que la D1314 prolonge vers Neufchâtel (17km au nord-ouest) – et la D919, qui rallie Rouen via l'A28 et Amiens via la D1029.

EN TRAIN ET EN CAR

La gare la plus proche est celle de Serqueux, placée sur la ligne Rouen-Amiens (comptez de 30 à 50min pour relier Rouen à Serqueux). Un autocar SNCF fait le trajet Dieppe-Paris avec une halte à Forges (arrêt rue de Neufchâtel, en face du Crédit agricole).

Gare de Serqueux *2,5km au nord de Forges-les-Eaux*

orientation

Le croisement des deux axes routiers constitue le cœur de la ville ; celle-ci s'est surtout développée à l'ouest de ce carrefour, un secteur plus vert et plus agréable avec ses bois du Donjon et de l'Épinay et ses deux lacs (Épinay et Andelle).

informations touristiques

Office de tourisme *Rue Albert-Bochet Tél. 02 35 90 52 10 www.*

forgesleseaux-tourisme.fr Ouvert mai-sept. : lun.-sam. 9h30-12h30 et 14h-18h, dim. et j. fér. 9h-13h ; oct.-avr. : lun.-sam. 9h30-12h30 et 14h-17h

location de deux-roues

Cycles Vauquet À 100m à peine de l'office de tourisme, ce professionnel du vélo fournit des cycles modernes à l'état irréprochable… et quelques bons conseils pour les itinéraires. Dix vélos VTC et VTT. Tarif : 7,50€/demi-journée, 14€/j. *29, rue de la Libération Tél. 02 32 89 02 64 Ouvert mar.-sam.*

marchés, fêtes et manifestations

Marché Forges accueille deux marchés alimentaires à l'ambiance joyeuse. Le plus important, celui du jeudi, est aussi très réputé pour ses bestiaux. *Pl. Charles-de-Gaulle (et place Brévière) Jeu. Halle Baltard Dim.*

Juillet en fête Spectacles de rue : musique, théâtre et traditionnelle **Fête du cheval** (concours hippiques, défilés équestres, etc.) qui conclue le festival le dernier week-end du mois. Rens. à l'OT. *En juil.*

DÉCOUVRIR

Découvrir autrement Accordez-vous un après-midi de détente au Forges Hôtel-Spa, flânez au milieu des bâtiments qui constituent l'écomusée de la ferme de Bray, faites une randonnée cycliste le long de la Béthune ou de l'Epte en pays de Bray

Forges-les-Eaux

Collection de faïences Vieux-Forges Logée dans la salle municipale des mariages, aux magnifiques boiseries, cette collection de 250 pièces retrace deux siècles de tradition faïencière dite du Vieux-Forges. C'est en 1797 qu'un Anglais, George Wood, installa la première faïencerie à Forges, qui n'avait jusqu'alors produit que des poteries grossières et des pipes. Les progrès successifs réalisés dans la maîtrise des cuissons et des couleurs firent naître deux types de faïence : la faïence fine, réalisée à partir d'argile blanche, ornée de scènes de genre (chasses, batailles, images d'Épinal…), était destinée aux riches familles ; l'argile grisâtre donnait une faïence plus grossière et plus robuste, destinée à un usage quotidien. Ces assiettes, plats, saucières ou saladiers décorés de sujets plus naïfs (maisons, églises, fleurs…) étaient appelés "culs-noirs" ou "culs-bruns" en raison du vernis foncé qui couvrait leur revers. Cet artisanat s'éteignit progressivement à la fin du XIXe siècle. *Rue Albert-Bochet (office de tourisme) Tél. 02 35 90 52 10 Ouvert mar.-ven. Visite uniquement sur rdv auprès de l'OT Tarif 2,50€*

RANDO CITADINE
Une balade permet de découvrir le patrimoine naturel et architectural de Forges : l'hôtel de ville du milieu du XIXe siècle, le parc Mondory qui le borde – où se jouèrent des pièces de théâtre d'un inconnu nommé Corneille –, les rues anciennes (rue des Fées, rue du Bout-de-l'Enfer…) et leurs maisons à pans de bois, les parcs enfin… Parcours libre. Brochure disponible à l'OT. **Forges au fil des rues** *Tél. 02 35 90 52 10*

Musée départemental de la Résistance et de la Déportation Ce musée évoque différentes facettes de la Seconde Guerre mondiale : l'occupation nazie, la collaboration de Vichy, la Résistance et la déportation. Ses trois sections font revivre cette période sombre à travers les objets du quotidien : tenues de déportés, postes à galène, matériel de sabotage, armes, affiches et tracts… Des films d'époque poussent encore un peu plus loin ce voyage dans le temps. *Rue du Maréchal-Leclerc Tél. 02 35 90 64 07 Ouvert tlj. 14h-18h Tarif 5€, 10-16 ans 2€*

● Où tenter sa chance au blackjack ?

Casino-Domaine de Forges La petite cité doit aussi sa réputation à son casino, le plus proche de Paris après celui d'Enghien, qui propose plus de 300 machines à sous, jeux de table comme la roulette anglaise, le blackjack, la boule et évidemment le poker. Ne prenez pas peur en voyant les trois vigiles à l'entrée, l'ambiance à l'intérieur est beaucoup plus festive, on y trouve d'ailleurs une discothèque (soirée lounge le samedi soir). *Av. des Sources Tél. 02 32 89 50 50 www.domaineforges.com Ouvert lun.-jeu. 11h-3h, ven. 11h-4h, sam. 10h-4h, dim. 10h-3h*

● Prendre soin de son corps

Forges Hôtel-Spa La tradition thermale de Forges, vieille de cinq siècles, s'est mise au goût du jour avec ce centre de remise en forme (anciennement Club Med), assez éloigné de l'image classique des établissements de bains. Soins hydrothérapiques, évidemment, mais aussi une palette de massages et soins du visage signés Sothys. Modelages relaxants à partir de 30€, soin du dos (1h) 80€. *Av. des Sources (en face du casino) Tél. 02 32 89 50 57*

● Randonner à pied ou en deux-roues

L'avenue Verte A pied, à vélo, en fauteuil roulant, en roller... Les 45km qui séparent Forges-les-Eaux d'Arques-la-Bataille (aux portes de Dieppe) sont considérés comme l'un des meilleurs itinéraires aménagés du grand Ouest. Ils font partie intégrante de la future voie verte entre Paris et Londres. Traversant les paysages préservés du pays de Bray, cette voie verte peut se poursuivre, via ferry, de Dieppe à Newhaven où vous déposera la liaison quotidienne Transmanche, puis jusqu'à Londres en empruntant alors la NCN21. *www.voiesvertes.com www.af3v.org*

Le pays de Bray

Motte castrale de La Ferté-Saint-Samson Cette colline aux allures de terrasses cultivées est en réalité un vestige militaire du Moyen Âge. Les premiers châteaux de la période féodale étaient souvent de simples tours hâtivement aménagées sur une hauteur naturelle et protégées par une palissade en bois pour mieux prévenir toute attaque éventuelle. À la fois résidence du seigneur, siège de son exploitation agricole et refuge pour ses serfs en cas d'attaque, la motte castrale abritait une garnison quand il était assez riche pour lever une troupe. Certaines furent ensuite utilisées comme point d'appui pour des campagnes militaires d'importance et donnèrent naissance à des agglomérations appelées bourgs castraux. À 189m d'altitude, la butte offre un panorama sans égal sur le pays de Bray. À voir dans le village, l'église du Xe siècle et son abside du XVIe siècle. *5km au sud-ouest de Forges*

Abbatiale Saint-Martin Cette abbatiale du XIe siècle, devenue un simple prieuré au XIIIe siècle, est aujourd'hui classée aux monuments historiques et surprend d'abord avec sa tête de cheval incrustée sur la façade sud et évoquant la monture de saint Martin. Si la nef est d'origine, le reste de l'édifice (XIIIe s.) figure parmi les fleurons du gothique primitif. Restauré, le chœur a retrouvé sa superbe grâce. Sur les chapiteaux des colonnes de l'abside à sept pans apparaissent des motifs de corne de bœuf ou de boutons de crosse. À l'intérieur, deux caractéristiques remarquables : la voûte à huit arceaux et une

La haute Normandie en amoureux

Longez la côte au-dessus des falaises d'Étretat, flânez autour du Vieux-Bassin de Honfleur, dormez dans une roulotte cosy au cœur des prés cauchois ou offrez-vous un séjour de rêve dans un hôtel avec vue sur la mer...

Sites romantiques

Giverny — 108
Abbaye de Saint-Wandrille — 166
Pont-Audemer — 171
Marais Vernier — 177
Honfleur — 221
Beuvron-en-Auge — 255
Falaises d'Étretat — 275
Château de Sissi — 292
Veules-les-Roses — 332
Varengeville-sur-Mer — 345
Bois des Moutiers — 346
Château d'Acquigny — 398
La Ferrière-sur-Risle — 418
Abbaye du Bec-Hellouin — 419

Hébergement

La Boulangerie (Rouen) — 95
Le Chat perché (Le Havre) — 155
Le Rétival (Caudebec-en-Caux) — 170
Le Petit Coq aux champs (Pont-Audemer) — 181
Hôtel Normandy (Deauville) — 218
Le Flaubert (Trouville-sur-Mer) — 220
La Cour Sainte-Catherine (Honfleur) — 234
Maison du parc (Honfleur) — 234
Château de la Vespière (Orbec) — 269
Villa Sans Souci (Etretat) — 281
Domaine saint-clair (Étretat) — 281
Nature et Lin (Néville) — 297
Bali-dieppe (Dieppe) — 353
Manoir d'Archelles (Arques-la-Bataille) — 354
Villa Quartz (Varengeville-sur-Mer) — 355
Le Clos Sainte-Anne (Eu) — 368
Cabanes de Fontaine-Châtel (Saint-Germain-des-Essourts) — 377
Château du Bois de la Lune (Angerville-la-Campagne) — 403
Château de Boscherville — 424
Au Vieux Cadran (Harcourt) — 425

statue de pierre du XVIIe siècle, le Christ aux liens, une représentation peu courante de Jésus-Christ en position assise. ***Sigy-en-Bray*** *(11km au sud-ouest de Forges) Ouvert tlj. 9h30-18h Entrée libre*

☺ **Ferme de Bray** Ce joli écomusée invite plus à la flânerie qu'à une visite pointilleuse. Le lieu est habité depuis 1270 et la ferme et ses dépendances datent du XVIe-XVIIe siècle. Ces dernières comprennent un moulin alimenté par le Sorson, un pressoir, une cave à cidre, un four à pain et un colombier. Les bâtiments, plus récents, de la ferme actuelle resituent de vieux métiers (meunier, forgeron) dans leur environnement ou exposent une batterie d'outils agricoles (un peu foisonnante, elle mériterait les explications d'un guide). Vous pourrez conclure la balade au bord d'un des étangs aménagés en lisière de ferme et y pêcher sereinement la truite. ***Sommery*** *(10km au nord-ouest de Forges) Tél. 02 35 90 57 27 Ouvert Pâques-Toussaint : w.-e. et j. fér. 14h-19h ; juil.-août : tlj. 14h-19h Tarif 6€, moins de 12 ans gratuit*

Neufchâtel-en-Bray Lourdement bombardée en mai-juin 1940, Neufchâtel incarne l'architecture fonctionnelle et sans grande recherche esthétique des cités reconstruites dans les années 1950. L'église gothique Notre-Dame-de-l'Assomption, ravagée par les flammes comme 70% de la ville, n'a été rendue aux fidèles qu'en 1981. En 2004, c'est le château Renaissance de Mesnières-en-Bray, principale attraction du voisinage, qui fut ravagé par un incendie. La richesse touristique de la ville et de ses environs s'en trouve fortement amoindrie et se résume à l'éclectique **musée du pays de Bray Mathon-Durand**, où sont rassemblés pêle-mêle poteries de Martincamp (un centre de production très proche et remarquable), coiffes, canons, barattes, outils de sabotier, de tonnelier, de chirurgien, molaire de mammouth (!)... Le principal atout du patrimoine neufchâtelois se situe peut-être hors de la ville : les randonnées proposées par l'office de tourisme incitent à découvrir la beauté du pays de Bray et à rendre une petite visite aux nombreux agriculteurs qui confectionnent et vendent le plus ancien des fromages normands, le neufchâtel. ***Neufchâtel-en-Bray*** *(17km au nord-ouest de Forges) Tél. 02 35 93 06 55 (Musée)* **Office de tourisme** *6, pl. Notre-Dame Tél. 02 35 93 22 96* **Musée Mathon-Durand** *53, Grande-Rue-Saint-Pierre Tél. 02 35 93 06 55 Ouvert avr.-mi-juin, mi-sept.-oct. : dim. 15h-18h ; mi-juin-mi-sept. : mar.-dim. 15h-18h Tarif 3€, réduit 1,50€*

Gournay-en-Bray Une visite dans les vieilles rues de Gournay révèle la variété de son patrimoine architectural : couvent des Capucins (XVIIe s.), moulin de la rue de Ferrières, halle au beurre (XIXe s.)... Mais c'est surtout la **collégiale Saint-Hildevert** qui mérite le détour. Si sa partie la plus ancienne – la chapelle Saint-Julien – date du XIe siècle, cette église doit ses proportions imposantes à des agrandissements du XIIe-XIIIe siècle. Elle fut érigée en l'honneur d'un simple abbé devenu plus tard évêque de Meaux et dont les reliques seraient à l'origine de plusieurs miracles. L'église abrite de belles statues polychromes du XVe siècle (Vierge à la grappe, statue de saint Hildevert) au XVIIIe siècle (saint Augustin, Assomption). Dans les élevages de la campagne environnante, le curieux découvrira les spécificités du terroir, comme la poule de Gournay ou le carré de Bray, fromage blanc légèrement salé. *20km au sud-est de Forges*

☺ **Panorama de Beauvoir-en-Lyons** Une petite route sinueuse et boisée vous conduira jusqu'à Beauvoir-en-Lyons, puis un chemin gravillonné, coincé entre deux maisons, vous mènera jusqu'à ce belvédère qui domine de plusieurs dizaines de mètres une dépression, des champs et des bois. Dans le champ en contrebas, un troupeau de vaches peu farouches viendra sûrement tenter de vous extorquer un quignon de pain et, peut-être, se laisser caresser. Le bocage à perte de vue et des vaches à portée de la main, toute la Normandie est là. *15km au sud de Forges*

● **Où déguster du neufchâtel ?** Le plus ancien des fromages normands va doucement mais sûrement vers son millénaire, des écrits de 1035 évoquaient déjà sa pâte molle et crémeuse et sa croûte fleurie. Pourquoi un cœur ? Pour séduire les Anglais. Durant les guerres du Moyen Âge qui opposèrent ces derniers aux Français, les Normandes, pleines de malice, offraient aux soldats britanniques du neufchâtel pour manifester leurs sentiments et eurent l'idée de lui donner la forme de l'amour. Mais on le trouve également sous forme de briquette, de carré et de bonde. L'important ? Que son étiquette mentionne l'appellation AOC, il ne peut donc être élaboré que dans un périmètre de 30km autour de Neufchâtel. Comme pour un chèvre, il peut se déguster à différents stades d'affinage : jeune à partir de 12 jours, semi-affiné dès 3 semaines et affiné

Les principales randonnées en pays de Bray

Parcours cyclistes	Distance	Durée
Circuit de l'Andelle	35km	2h30
Circuit de la Béthune	35km	2h30
Circuit de la Rosière	37km	2h40
Circuit de l'Epte	44km	3h10

Parcours pédestres	Distance	Durée	Difficulté
Rauvray-Catillon	3,5km	0h45/1h15	Facile
La Papillonerie	5k	1h30	Moyenne
Mesnil-Mauger	5,5km	1h30	Moyenne
Beaussault	6km	1h30	Facile
Le Thil Riberpré	6km	1h30	Moyenne
Forges-Le Fossé	9km	2h15	Facile
La Bellière	9km	2h15	Moyenne
Saumont-la-Poterie	8km/11km	2h/2h45	Facile
Grumesnil	8,5km/11km	2h/2h45	Facile
Neufchâtel	10km	2h30	Moyenne
Saint-Michel-d'Halescourt	10,8km	3h30	Moyenne
Gaillefontaine	11km	2h45	Facile
Mauquenchy	11km	2h45	Moyenne
Forges-La Ferté	14km	3h30	Facile
Forges-Beaubec	14,5km	3h30	Facile
Forges-les-Eaux	20,5km	7h	Moyenne

entre 1 et 3 mois. Et là, attention à la force de son goût... Rendez-vous aux fromageries Monnier ou des Fontaines pour trouver un fromage jeune ou affiné.
Fromagerie Monnier *Route de Gaillefontaine* ***Neufchâtel-en-Bray*** *Tél. 02 35 94 40 42 Ouvert lun.-jeu. 9h-12h, ven. 9h-12h et 14h-18h, sam. 14h-18h*
Fromagerie des Fontaines ***Nesle-Hodeng*** *(6km au sud de Neufchâtel, à l'entrée du bourg) Tél. 02 32 97 07 17 Ouvert lun.-sam. 9h30-12h et 14h-18h30*

● Où étancher sa soif comme un viking ?

Cervoiserie Northmaen Dominique Camus a deux passions aisément conciliables : la bière et les Vikings. Il décline la première – brassée à partir d'orge crue du pays de Bray fermentant en cuve ouverte – sous toutes ses formes : blonde, ambrée, rousse, brune, blanche, à la châtaigne... Du précieux élixir il tire encore de la cervoise infusée à la bruyère, au frêne ou à l'ortie, ou des variétés de whisky, le "Thor boyo" ou "marteau de Thor". Des breuvages qui coulent à flots lors des Fêtes vikings organisées à chaque solstice d'été par Dominique. *Ferme-brasserie La Chapelle* ***La Chapelle-Saint-Ouen*** *(15km au sud-ouest de Forges) Tél. 02 35 09 21 54 www.northmaen.com Ouvert tlj. 9h-12h et 14h-18h Visite de la brasserie et dégustation gratuite sam. 15h30*

● Où remplir son panier comme Obélix ?

Ferme du Grémonval Adossée à une forêt, la ferme du Grémonval, isolée au bout d'un long chemin, dispose du cadre idéal pour élever des animaux plutôt farouches : des cerfs et des sangliers. Les époux Demarais vendent toute une gamme de charcuteries – pâté, rillettes, saucisson, jambon fumé, jarret... –, proposent des casse-croûtes et des goûters (12€, enfant 8€) et laissent également leurs visiteurs approcher les animaux qu'abritent le petit bois (la ferme compte environ 70 sangliers). Mais quand vous aurez vu s'ébattre cerfs et biches, laies et marcassins, aurez-vous encore envie d'en manger ? *Bailleul-Neuville* ***Londinières*** *(30km au nord-ouest de Forges) Tél. 02 35 93 86 06 Ouvert avr.-sept. : lun.-sam. 10h-19h Visite de 1h sur rdv*

● Parcours sportifs en pays de Bray

Randonnées cyclistes Quatre parcours cyclistes partent de l'hôtel de ville de Forges, cf. Les principales randonnées en pays de Bray (p.374). Le **premier** et le plus court suit plus ou moins le cours de la Béthune et révèle quelques châteaux à Gaillefontaine et Beaussault. Le **deuxième** suit la rivière... jusqu'à la Manche et traverse notamment Arques-la-Bataille. Un **troisième** parcours suit la Rosière et passe près des vestiges de l'abbaye de Beaubec, traverse la commune de Sommery avec son église en grès et sa Ferme de Bray. La **quatrième** boucle suit le cours de l'Epte, passant devant plusieurs monuments civils (lavoir d'Haussez, ancienne demeure seigneuriale de Pommereux) et religieux (chapelle des Templiers de Villedieu-la-Montagne, églises d'Haucourt et du Thil-Riberpré). Renseignements auprès de l'OT de Forges-les-Eaux (p.373).
Randonnées pédestres Une cinquantaine de circuits, de 4km jusqu'à 23km, disposés en boucle autour de Forges, révèlent les particularités du relief brayon, telle la Boutonnière du pays de Bray, une dépression argileuse longue de 60km et large de 15km, au fond plat, drainée par de nombreux ruisseaux. Au gré de ces circuits, faites un tour par Gaillefontaine pour son château

néogothique, ses maisons du XVe siècle et son ancien prieuré de bénédictines. Dépliant *Rando Pays de Bray* distribué à l'OT (p.373). Et aussi cf. Les principales randonnées en pays de Bray (p.374).

● Survoler le pays de Bray en montgolfière

Mister Montgolfière Prenez de la hauteur, montez à bord de la nacelle de Mister Montgolfière pour vivre une aventure "vue du ciel" de la région de Forges, ses vallées et pâturages verts. Si vous optez pour un vol le matin, le petit déjeuner vous sera offert ; le soir, le vol se ponctuera par une coupe de champagne accompagnée de petit fours. Tarif (vol, assurance, transfert et diplôme) 170€ pour 1h à 1h15 de vol, enfant 100€. *Tél. 02 35 90 91 31 www.mistermontgolfiere.com*

CARNET D'ADRESSES

Restauration, hébergement

petits prix

Sofhôtel À quelques mètres de la gare, cet hôtel est le seul de sa catégorie à proposer des prix raisonnables et un calme appréciable. Trente-quatre chambres (double de 56 à 75€, petit déj. 8€) sans fioritures. Le restaurant (ouvert le soir) sert des filets de bœuf grillés, daube de bœuf, bourguignon et escalopes de veau à la normande. Menus de 11 à 29,50€. *57, rue du Maréchal-Leclerc* ***Forges-les-Eaux*** *Tél. 02 35 90 44 51 www.sofhotel.com*

prix moyens

Le 235 Son hamburger maison a fait la réputation du 235. On le déguste dans l'une des deux salles à l'atmosphère lounge ou en terrasse à l'étage. Ici, on aime à revisiter la tradition, en proposant par exemple un magret avec émulsion de cidre. Le foie gras non plus ne décevra pas. Le choix des plats (12,50€) est volontairement limité, tout comme le sont d'ailleurs les tarifs (16€ pour la formule entrée-plat ou plat-dessert). *29, rue de la République* ***Forges-les-Eaux*** *Tél. 02 35 90 52 67 Ouvert mar.-mer. 11h30-14h30, jeu.-dim. 11h30-14h30 et 18h30-20h30 (ven. et sam. 22h30)*

Hôtel-restaurant La Paix Malgré sa situation au bord de la route, cet établissement mérite son nom : la salle de restaurant, au fond de la cour, et les dix-huit chambres aménagées au-dessus sont insonorisées (double 62-65€). Aux menus (de 21,90 à 38,80€), magret de canard sur canapé, aile de raie crème d'oseille. *15, rue de Neufchâtel* ***Forges-les-Eaux*** *Tél. 02 35 90 51 22 www.hotellapaix.fr Ouvert lun. 19h-21h, mar.-sam. 12h-14h et 19h-21h, dim. 12h-14h*

Le Clos du Quesnay Cinq chambres (2-4 pers.) au confort impeccable, mais aussi quatre roulottes orange, bleue, jaune et rouge, 100% authentiques (ce qui n'est pas toujours le cas avec ce type d'hébergement) vous attendent pour un séjour reposant. Pour deux à quatre personnes, ces dernières accueillent les familles grâce aux lits gigognes. Et pour les plus grands, lit double en alcôve. Tout a été pensé pour rendre le séjour des plus agréables : douche balnéo, salon de jardin et barbecue. Possibilité de table d'hôtes. Chambres 90€/2 pers., roulottes 105€/nuit ou week-end à 210€. *651, route de Rouen* ***Mauquenchy*** *(6km à l'ouest de Forges-les-Eaux) Tél. 02 35 90 00 97 www.leclosduquesnay.fr*

☺ **Auberge bucheoise** Christophe Hardier veut révolutionner la carte de ce restaurant tenu par la même famille depuis quatre générations en mettant les produits du terroir "à la sauce moderne" et en recherchant les contrastes – craquant-fondant, sucré-salé, chaud-froid... La petite ville de Buchy semble avoir trouvé son grand chef. Formule à 11,90€ (midi en semaine), menus de 17 à 52,50€ (menu dégustation). Réservation fortement recommandée. *110, Grande-Rue* ***Buchy*** *(14km au sud-ouest de Forges) Tél. 02 35 34 41 22 christophehardier@wanadoo.fr Ouvert lun. et jeu.-sam. midi et soir, mar. et dim. midi*

prix très élevés

☺ **Cabanes de Fontaine-Châtel** Blotties au cœur d'une forêt protégée de 27ha, Ces dix cabanes feront prendre de la hauteur à vos rêves. Perchées dans des arbres plus que centenaires, elles disposent de tout le confort nécessaire. Les plus chanceux pourront apercevoir sangliers, chevreuils, écureuils et faisans. Un couple de buse aurait même élu domicile près de la cabane du Berceau. Possibilité de commander un kit apéritif (de 21 à 35€ pour 2 pers.) ou un repas froid (29€/2 pers.). En haute saison, de 129 à 149€ pour 2 pers., 189€ pour la cabane familiale la nuit pour 2 pers. avec petit déj. *4, route du Château* ***Saint-Germain-des-Essourts*** *Hameau de Fontaine-Château (21km au sud-ouest de Forges-les-Eaux) Tél. 02 35 34 82 17 www.lescabanesdefontaine.com*

CLÈRES

76690

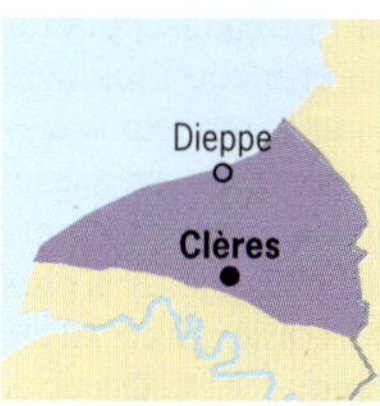

Dans les eaux indolentes de la Clérette se reflète ce village qui, comme Lyons-la-Forêt ou Étretat, compose l'image d'une Normandie d'autrefois. Il doit sa renommée à son château vieux de cinq siècles et à son parc zoologique où paissent des gazelles naines et où s'ébrouent des flamants roses. Un "petit Éden" – le compliment vient de Colette – à vingt minutes de l'industrieuse vallée rouennaise.

MODE D'EMPLOI

accès

EN VOITURE

Les D6, D155 et D2 se croisent à Clères. Le village s'inscrit en outre au cœur d'un triangle formé par trois grands axes routiers : au nord, l'autoroute A29 traverse la Seine-Maritime et file vers Neufchâtel-en-Bray (35km) à l'est et Yvetot (35km) à l'ouest ; à l'est, l'autoroute A28 relie Saint-Saëns (18,5km) et la forêt d'Eawy à Rouen ; enfin, à l'ouest, l'A151 (doublée de la N27) relie Rouen à Dieppe (43km).

EN TRAIN

La ligne Rouen-Dieppe prévoit un arrêt dans le village, qui se trouve ainsi

à une vingtaine de minutes de Rouen et à 30min de Dieppe.
Gare *Rue Henri-Lemarchand*

EN CAR
La ligne départementale assurée par VTNI n°29 relie Rouen à Clères (1h) et Bosc-le-Hard. Arrêt devant les Halles.
VTNI *Tél. 02 32 08 19 75 www.vtni76.fr*

orientation

Orienté est-ouest, le village suit le cours de la Clérette, via son principal axe de circulation (avenue du Parc prolongée par la rue Edmond-Spalikowski).

informations touristiques

Office de tourisme *59, av. du Parc Tél. 02 35 33 38 64 www.ot-cleres.fr Ouvert avr.-sept. : lun. 14h-17h30, mar.-ven. 10h-12h et 14h-17h30, w.-e. et j. fér. 14h-18h ; oct.-avr. : lun. 14h-17h, mar.-ven. 10h-12h et 14h-17h*

DÉCOUVRIR

Découvrir autrement Promenez-vous dans l'étonnant parc zoologique du château de Clères, remontez le fil du temps à la corderie Vallois de Notre-Dame-de-Bondeville, faites une balade pleine de couleurs et de senteurs aux Jardins d'Agapanthe

Clères et ses environs

☺ **Parc animalier et botanique** Déroutant mélange d'exotisme, de nature et d'histoire, le parc et le château de Clères sont avant tout un monument de sérénité. D'allée en sous-bois et de jardin en volière, le visiteur ralentit le pas pour jouir du spectacle qu'offre le parc. Sur les 13ha ouverts au public s'épanouit toute une flore exotique (gunnera géante du Brésil, gingko et métaséquoïa de Chine et du Japon…) ordonnée en massifs, taillis et futaies par l'architecte-paysagiste britannique M. H. Avray Tipping dans la première moitié du XXe siècle. Ce parc créé en 1919 par le naturaliste Jean Delacour abrite les représentants de 7 espèces de mammifères et de 250 espèces d'oiseaux, menacées pour la plupart. Sur cette arche de Noé veille un château Renaissance, édifié au XVe siècle sur des ruines médiévales et remanié dans le style néogothique au XIXe siècle. *32, av. du Parc Tél. 02 35 33 23 08 www.parcdecleres.net Ouvert début avr.-sept. : tlj. 10h-19h ; oct. : tlj. 10h-12h et 13h30-17h30 Tarif 7,50€, réduit 5,50€*

ANIMAUX EN LIBERTÉ
Sur les pelouses du château de Clère déambulent librement paons, flamants, grues, antilopes et kangourous nains... pour le plaisir des petits. Gibbons, calaos, sarcelles hottentotes, émeus et nandous, eux, ne sortent pas de leur cage...

Musée des Sapeurs-Pompiers de France On peut s'étonner que l'histoire des sapeurs-pompiers français déroulée en trois siècles de combat contre le feu soit présentée dans un bâtiment-caserne moderne aussi froid. Dans cette atmosphère un peu désincarnée sont alignés, comme au garde-à-vous, mannequins en uniforme, pompes à bras (dont un splendide modèle de 1721) et véhicules d'intervention.

L'exposition a tendance à réduire l'action des soldats du feu à la seule manipulation de belles machines, et il faut partager la visite d'un groupe pour entendre un pompier rendre hommage à ses pairs. Une telle profession méritait une présentation plus chaleureuse et plus vivante. *Rue Baron-Bigot* ***Montville*** *(7km au sud-ouest de Clères) Tél. 02 35 33 13 51 www.musee-sapeurs.pompiers.org Ouvert avr.-oct. : lun.-sam. 9h-12h30 et 14h-18h, dim. 14h-18h ; nov.-mars : lun.-ven. 9h-12h30 et 14h-17h, lun.-sam. 10h-12h et 14h-17h, dim. 14h-17h Tarif 4,30€, enfant 1,70€*

Corderie Vallois On descend vers ce musée industriel attiré par le murmure d'une rivière, le Cailly, puis par l'ahanement sourd d'une énorme roue à aubes. Un moulin à papier précéda l'actuel bâtiment industriel à pans de bois de trois étages, massive filature de coton construite par Jules Vallois au début du XIXe siècle. À l'intérieur, l'énergie du Cailly anima les impressionnants métiers anglais et français jusque dans les années 1880. Puis cette ruche fabriqua des tresses, câbles et moulinets. Le dynamisme des filatures normandes du XIXe siècle n'est plus qu'un vague souvenir et la corderie ferma ses portes en 1978. Elle est remise en fonctionnement tous les après-midi, toutes les heures, pour les visiteurs et accueille des expositions temporaires. *185, route de Dieppe* ***Notre-Dame-de-Bondeville*** *(15km au sud-ouest de Clères) Tél. 02 35 74 35 35 www.corderievallois.fr Ouvert tlj. 13h30-18h Tarif 4€, réduit 2€, moins de 18 ans gratuit*

Centre Abbé-Pierre C'est ici qu'Henri Grouès, plus connu sous le nom d'abbé Pierre (1912-2007), installe dans un vieux manoir dont on lui a fait don, la Halte d'Emmaüs en 1964, à la fois centre d'accueil, lieu de travail, siège du secrétariat international et maison de repos du Mouvement. L'abbé y vivra une dizaine d'années. Aujourd'hui, une partie des locaux a été transformée en lieu de mémoire : le rez-de-chaussée présente Emmaüs, tandis que l'étage est consacré à son fondateur (on y visite notamment sa chambre, conservée en l'état). Autres lieux : la chapelle où il se recueillait, et le cimetière où il est inhumé. Le site se veut autant espace de mémoire que de réflexion sur l'œuvre qu'a menée l'abbé. *280, route de Cailly (route Emmaüs)* ***Esteville*** *(11km à l'est de Clères) Tél. 02 35 23 87 76 www.centre-abbe-pierre-emmaus.org Ouvert tlj. 10h-18h*

● Où trouver du linge en lin ?

Le lin d'ACB La première quinzaine de juin, les champs de lin offrent un beau spectacle de crinières bleues ou blanches ondulant sous l'effet de la brise... Annie-Claude Bouquet cultive une passion pour cette plante à fibres textiles. Elle confectionne elle-même quelques objets artisanaux, fait faire des dentelles et des galons (la spécialité de la maison) et vend toiles, tissus et divers produits finis (tabliers, sacs, pochons à pain, vêtements sur mesure, etc.). Début juillet, à l'occasion de la fête "Lin en folie", elle accueille des créateurs, des auteurs et autres personnalités qui mettent en valeur le lin. *650, route du Val* ***Biville-la-Baignarde*** *(16km au nord-ouest de Clères) Tél. 02 35 32 88 86 www.lin-acb.com Ouvert lun.-sam. 14h-18h30 Rens. auprès de l'OT de Veules-les-Roses*

● Où acheter des produits du terroir ?

La Ferme du Réel Cidre fermier, calvados, fromages, miel de pays et volailles (poulets, pintades, canards) sont la spécialité des Leclerc, qui proposent aussi des plats cuisinés. Mieux qu'une ferme du bocage normand, cette vieille maison en briques rouges dressée au milieu des arbres fruitiers est une véritable ambassade du terroir. *Evelyne et Gervais Leclerc Chemin de Crécieusemare* ***Bosc-le-Hard*** *(7km au nord-est de Clères) Tél. 02 35 33 32 29 Ouvert jeu. 17h-19h, ven. 9h-19h, sam. 9h-18h, dim. 9h-12h*

● **Randonner sur les "sentes à panier"** Six boucles de 12 à 19km (de 2h30 à 5h) plongent le randonneur (à pied, à vélo ou à cheval) dans le bocage normand ; il pourra y suivre les chemins qu'empruntaient jadis les ouvriers des moulins et filatures des vallées de la Clérette et du Cailly. On les appelle "sentes à panier", car on y cheminait avec son panier-repas au bras. Renseignements auprès de l'office de tourisme de Clères, qui vend les fiches des randonnées 0,35€ chacune ou 2€ les 6.

La forêt d'Eawy et les environs d'Auffay

Frontière naturelle entre la vallée de la Varenne et le pays de Bray, la forêt d'Eawy (7 000ha) est plantée principalement de hêtres et peuplée de sangliers, de chevreuils, de cerfs et de biches.

Saint-Saëns Au sud-est de la forêt, on découvrira ce très joli village, et ses maisons médiévales magnifiquement préservées. Une petite visite s'impose à l'église Saint-Saëns pour ses vitraux classés des XIVe et XVIe siècles illustrant la vie de Saint Louis et la Passion du Christ. Renseignements auprès de l'OT. *19km au nord-est de Clères* **Mairie** *Pl. Maintenon Tél. 02 35 34 51 19 www.saintsaens.fr*

☺ **Musée du Cidre et des Métiers traditionnels** Conserver la mémoire des pratiques du passé, c'est la passion de Marc Cornier, qui a reconstitué l'environnement des métiers ruraux du début du XXe siècle – cidrier et sabotier, charron et forgeron, lavandière et matelassière – avec outils et objets d'époque. Les ateliers, les boutiques ou l'école primaire reconstitués plongent les visiteurs dans la Normandie d'antan. Mieux qu'un musée, un conservatoire vibrant de la mémoire rurale. *1, route de la Forêt-des-Eawy* ***Rosay*** *(17km au nord-est de Clères) Tél. 02 35 94 31 66 Ouvert Pâques-juil., mi-août-oct. : dim. et j. fér. 14h30-18h ; mi-juil.-mi-août : tlj. 14h30-18h Tarif 5€, 5-14 ans 3,50€*

Collégiale Notre-Dame d'Auffay La guerre de Cent Ans (XVe-XVe s.), les guerres de Religion (XVIe s.) et la Seconde Guerre mondiale ont failli avoir raison de cette église, qui constitue un catalogue architectural. Les transepts sont d'origine (XIe s., la nef est du XIIIe siècle, les chapelles du XIVe-XVe siècle, le portail et le chœur du XVIe siècle et la flèche du XIXe siècle. Le tour de l'édifice vous permettra d'admirer les tourelles, les baies ouvragées et les deux automates en costume XVIIIe siècle du clocher. ***Auffay*** *(15km au nord de Clères) Ouvert 9h-17h*

☺ **Château de Bosmelet** Il faut aller le dénicher, dissimulé derrière un épais rideau de tilleuls et de châtaigniers – un site dont les Allemands apprécièrent la discrétion dès le mois de mai 1940. Trônant dans un parc face à une avenue de 162 tilleuls centenaires et à une superbe perspective, ce fleuron de l'architecture Louis XIII (1632) expose sur sa façade de brique et de pierre de curieux motifs en croisillons. Sur son flanc gauche, un potager "arc-en-ciel" de 1ha réunit plus de neuf cents variétés de fruits, de légumes et de fleurs ordonnées en de délicats camaïeux de couleurs. Sur la droite, une allée mène à l'aire de lancement de V1 aménagée par les Allemands pour bombarder l'Angleterre. La découverte de ce site par le résistant Michel Hollard détruisit dans l'œuf ces projets belliqueux : en décembre 1943, 28 raids aériens et 200 bombes eurent raison des installations et de la majeure partie du bâtiment. Une fureur guerrière difficile à imaginer dans le cadre bucolique et serein du château restauré. ***Auffay*** *(15km au nord de Clères) Tél. 02 35 32 81 07 www.chateau-de-bosmelet.fr Ouvert mai-sept. sur rdv (jours d'ouverture très variables, appeler préalablement) Tarif 5€, moins de 18 ans gratuit*

☺ **Jardins d'Agapanthe** Passionné d'horticulture depuis l'enfance, Alexandre Thomas a transformé un champ de 6 000m² en un parcours de découverte de trois jardins (intimiste, exotique et méditerranéen) et vingt-six étapes : allée des senteurs, des véroniques ou des daphnés, sous-bois et pergola… Dans ce labyrinthe luxuriant, on se faufile, on hume les parfums, puis on s'arrête sur une placette pour mieux apprécier la perspective, on s'assied sur un banc pour scruter le buis ou le "désespoir du singe" et caresser les hortensias. ***Grigneuseville*** *(9km au nord-est de Clères) Tél. 02 35 33 32 05 ou 06 08 62 24 58 www.jardins-agapanthe.com Ouvert avr., oct. : w.-e. 14h-18h ; mai-sept. : jeu.-mar. 14h-19h Tarif 10€, 6-15 ans 5€*

La haute Normandie des parcs et jardins

CARNET D'ADRESSES

Restauration, hébergement

petits prix

Les P'tites Pommes Pour un repas léger, il vous suffit de puiser dans la collection de galettes (7-13,50€), de crêpes (3,40-7€) et de salades (14€ env.). L'espace brasserie propose également des grillades. Des prix modiques (formules et menus de 12,90 à 24,50€), un service rapide, un accueil chaleureux, trois bonnes raisons pour faire une pause entre ces murs égayés d'un orange mandarine solaire et de quelques stickers. *Pl. des Halles* **Clères** *Tél. 02 32 82 02 73 www.lesptitespommes.fr Ouvert mar.-mer. et dim. midi, jeu.-sam. midi et soir*

Chambres d'hôtes La Cambrière Les quatre chambres d'hôtes de cette grande demeure bourgeoise privilégient le confort. Ici pas d'effet de style mais l'assurance d'un séjour dans la quiétude de la campagne normande... Pourquoi ne pas en profiter du bord de la magnifique piscine extérieure chauffée ? Comptez 60€ pour une chambre double, table d'hôtes 22€. *346, route de Dieppe Hameau des Cambres* ***Anceaumeville*** *(6km au sud-ouest de Clères) Tél. 02 35 61 26 64 http://lacambriere.pagesperso-orange.fr*

prix moyens

Le Clos de la Roseraie Ici, la cuisine est aussi douce qu'une rose... ou aussi piquante. Le chef aime autant mijoter les classiques de la région qu'associer les épices et marier le sucré et le salé. Aux beaux jours, installez-vous sur la terrasse face à la Clérette, petit ruisseau traversant le village, et humez l'air frais de ce petit coin de Normandie. Formule 14,50 et 22€ (midi), et menus à 26 et 35€. *48, pl. des Halles* ***Clères*** *Tél. 02 35 37 72 19 Ouvert dim.-mer. midi, jeu.-sam. midi et soir*

☺ **Chambres d'hôtes La Gourmandine** Cette grande maison en brique sombre du XIXe siècle se détache du jardin verdoyant qui l'entoure. Les quatre chambres (2 doubles à 65-85€ et 2 familiales pour 4 à 6 personnes, chacune avec douche et WC), toutes totalement rénovées en 2011 ou 2013 dans des tons modernes et raffinés, offrent un sommeil réparateur. Le petit déjeuner est composé de produits de la maison, des confitures aux crêpes ou aux gâteaux, et annonce les petits bonheurs culinaires de la table d'hôtes (25€, ou assiette gourmande 15€). Accueil à la hauteur des prestations. Également un gîte rural (5 pers., 410€ en haute saison). *M. et Mme Lefebvre 69, rue des Lilas* ***Eslettes*** *(8,5km au sud-ouest de Clères) Tél. 02 35 33 14 75 www.gourmandine76.com*

GAMME DE PRIX	RESTAURATION	HÉBERGEMENT
Très petits prix	moins de 10€	moins de 40€
Petits prix	de 10 à 20€	de 40 à 70€
Prix moyens	de 20 à 35€	de 70 à 100€
Prix élevés	de 35 à 50€	de 100 à 150€
Prix très élevés	plus de 50€	plus de 150€

prix élevés

Au souper fin Une salle de 27 couverts sert de cadre à la démonstration de grande cuisine d'Éric Buisset, chef repéré par les guides gastronomiques. Langoustines de Loctudy, juste poêlées, fumet crémé au beurre d'algues, filet de Saint-Pierre meunière à l'amande et beurre de Yuzu ou ris de veau rôti au poêlon, beurre de vanille et racines de saison : le menu allie finesse et réelle originalité. Formule déjeuner 30€ et menus à 36€ (en semaine), 50€ et 59€. Réservation indispensable. *1, route de Clères* ***Frichemesnil*** *(4km au nord-est de Clères) Tél. 02 35 33 33 88 www.souperfin.com Ouvert lun.-mar. et ven.-sam. 12h-14h et 19h-21h, dim. 12h-14h*

L'Osmose Sélectionné en 2015 par la mairie pour reprendre les locaux de la calèbre Bolhardaise, Thomas Cordier, alors une vingtaine d'années, a apporté son insouciance mais aussi sa solide formation traditionnelle pour revisiter des classiques avec talent : ris de Veau, poêlée de champignons sauce morilles, magret de canard sauce balsamique, crumble de clémentines et chocolat... Bel espace moderne et confortable, avec cheminée. Menus de 15 à 19€ à midi, de 29 à 47€ le soir. *6, pl. du Marché* ***Bosc-le-Hard*** *Tél. 02 35 87 67 34 www.restaurantlosmose.com Ouvert mer.-sam. midi et soir, dim. midi*

La Roulotte de Manon Un ancien corps de ferme entouré de prés et, un peu à l'écart, une roulotte au tons joyeux jaune et orange. Un lieu de séjour atypique et dépaysant pour 4 à 5 personnes qui donnera à vos nuits un esprit bohème. À l'intérieur, l'essentiel est là (kitchenette, chauffage...) et conjugue à merveille confort douillet et romantisme. Comptez 210€/week-end (2 pers.), 360€ la semaine, ou 130€/2 pers. le nuit. *7, rue de la Plaine* ***Grigneuseville*** *(12km au nord-est de Clères) Tél. 02 35 76 85 98 ou 05 62 60 83 84 www.roulotte-manon.com*

YVETOT

76190

Établie au cœur du pays de Caux, région dédiée à l'élevage et à l'agriculture, la cité a longtemps drainé vers ses marchés les fruits de ces deux activités, sa position avantageuse se conjuguant à des privilèges fiscaux non négligeables. Par les bizarreries de l'Histoire, Yvetot forma, en effet, une royauté de 1203 à 1555, puis une principauté jusqu'à la Révolution. Un statut de "franc-fief" exemptait ses habitants des taxes accablant commerçants, artisans et petit peuple sous l'Ancien Régime. Mais elle perdit ces privilèges en 1789 et avec eux la vigueur de son marché agricole. S'appuyant sur une population nombreuse, elle développa au XVIIIe siècle une florissante activité de tissage de siamoises, de toiles et de draps. Le 10 juin 1940, le centre-ville – plus de 326 maisons – fut bombardé puis incendié par un régiment de panzers de Rommel. Reconstruite, la petite ville semble avoir perdu sa vitalité d'autrefois. La confection y survit difficilement avec seulement deux entreprises. Pourtant sa situation centrale au cœur du pays de Caux en fait une ville carrefour d'un séjour normand.

MODE D'EMPLOI

accès

EN VOITURE

La ville est très bien desservie sur le plan routier. L'A150, ouverte en 2015, la relie à Rouen (35km) et l'A29 au Havre (57km) et au pont de Normandie ; la même A29 file à l'est vers le pays de Bray et Neufchâtel (57km) ; enfin, la D131 descend plein sud vers Caudebec-en-Caux (12km) et le pont de Brotonne.

EN TRAIN

Yvetot est l'une des gares majeures de la ligne Paris-Rouen-Le Havre. Comptez 30min pour rallier Le Havre, 20min pour Rouen et 1h30 pour Paris.
Gare *Pl. de la Gare Tél. 3635 www.voyages-sncf.com*

EN CAR

Yvetot est relié à Fécamp par la ligne n°25 (40min, compagnie Keolis).
Keolis *Tél. 02 35 28 19 88 www.keolis-seine-maritime.com*

orientation

Orientée sud-est/nord-ouest, Yvetot est traversée d'ouest en est par la nationale 15, le cœur de la ville se situant au sud de cet axe routier.

informations touristiques

Office de tourisme Ce petit office de tourisme a l'avantage d'être bien documenté et d'héberger le musée des Ivoires (p.385), une bonne entrée en matière pour découvrir la ville. Il organise par ailleurs des expositions variées toute l'année. *8, pl. du Maréchal-Joffre Tél. 02 32 70 99 96 www.mairie-yvetot.fr Ouvert avr.-sept. : lun. 14h-18h, mar.-sam. 9h-12h30 et 14h-18h ; oct.-mars : mar.-sam. 9h-12h30 et 14h-17h30*

marchés

Marchés d'Yvetot Les deux marchés du centre-ville (place Joffre, place des Belges, rue des Princes-d'Albon et rue du Château) se tiennent le mercredi (le plus important) et le samedi matin.

DÉCOUVRIR

Découvrir autrement Admirez les verrières de l'église Saint-Pierre, étonnez-vous devant des légumes oubliés au manoir du Fay, appréhendez tous les aspects de la vie rurale cauchoise lors d'une visite de la ferme Au fil des saisons à Amfreville-les-Champs

Yvetot

☺ **Église Saint-Pierre** Les bombardements allemands de 1940 eurent raison de l'église du XVIIIe siècle. Achevé en 1956, le nouvel édifice, massive boîte ronde aux parois roses, est flanqué d'un étroit clocher arborant lui aussi des structures de béton dans le plus pur style Perret – Le Havre et l'église Saint-François ne sont pas loin. Toute la beauté du bâtiment éclate à l'intérieur : un chœur circulaire de 40m de diamètre, aux allures d'agora ou de théâtre antique, avec des bancs disposés en arc de cercle devant un autel monumental en pierre de Larrys. Sur le mur circulaire court une **verrière** de 1 046m² peinte par Max Ingrand : *La Crucifixion et la vie des saints* (saint

Michel dans son manteau de Justice, saint Pierre le "pêcheur d'hommes", saint Philippe chassant le dragon...). Une œuvre monumentale qui capte la lumière du jour et projette sur les bancs de multiples taches de couleur. *Ouvert lun.-sam. 8h30-12h et 14h-19h, dim. 8h30-12h*

Musée des Ivoires Si ce musée se résume à deux salles, sa collection de deux cents objets en os et en ivoire fait la démonstration éclatante de la finesse du travail des ivoiriers de Dieppe et de la région au XIXe siècle, inscrivant cet artisanat normand presque disparu dans un courant artistique plus large. Aux côtés des statuettes de Polletais, des râpes à tabac et des retables miniatures de facture locale figurent des chefs-d'œuvre en provenance d'autres pays européens ou même d'Extrême-Orient, comme les *netsuke* et *okimono* du Japon, finement ciselés. *OT 8, pl. du Maréchal-Joffre Ouvert avr.-sept. : lun. 14h-18h, mar.-sam. 9h15-12h30 et 14h-18h ; oct.-mars : mar.-sam. 9h-12h30 et 14h-17h30 Tarif 2,30€, étudiant 1,20€, moins de 10 ans gratuit*

Manoir du Fay et jardin de l'Aneth À la sortie nord-est d'Yvetot, perdue au milieu des résidences secondaires et des fermes protégées par des talus, cette gentilhommière du XVIIe siècle mêle le rouge de ses briques et le blanc de ses pierres de taille à toutes les nuances de vert de son vaste jardin. Ce manoir, aujourd'hui classé aux monument historiques fut notamment la résidence d'été de Corneille. Les passionnés de l'association Animations nature environnement et techniques horticoles (Aneth) ont décidé d'utiliser ce cadre historique pour faire revivre les légumes du passé. Plus d'une centaine d'espèces oubliées de légumes, de fleurs et d'arbres fruitiers ont repris racine dans ce jardin conservatoire ; on les découvre en déambulant librement au fil des allées ou en compagnie d'un horticulteur. En revanche, le manoir, qui accuse le poids des ans et attend une hypothétique restauration, ne se visite pas. *Tél. 02 35 95 24 61 (Mme Confais) www.manoirdufayasso.com Visites thématiques : consulter le site Internet Entrée libre*

Les environs d'Yvetot

Allouville-Bellefosse Berceau de Pierre Belain d'Esnambuc, "père" des Antilles françaises, ce village est connu dans toute la région pour son chêne pédonculé millénaire, sans doute le plus vieux chêne de France, cf. encart Fort comme un chêne. Le large tronc ceinturé d'un escalier et soutenu par des étais enserre deux chapelles superposées : la chapelle Notre-Dame-de-la-Paix et, à l'étage, la "Chambre de l'ermite", qui accueille un office une fois l'an. *7km au sud-ouest d'Yvetot*

FORT COMME UN CHÊNE

L'impressionnante circonférence (16m) du chêne d'Allouville a permis de déduire que le végétal était a priori né à l'époque de la signature du traité de Saint-Clair-sur-Epte en... 911.

Musée de la Nature Animé par une association de protection de la nature, ce musée-refuge accueille les particuliers qui y déposent des oiseaux marins et des rapaces, mais aussi des hérissons, des renards ou... des veaux marins, phoques blessés, mazoutés ou rendus orphelins par l'homme. La clinique pour animaux joue aussi un rôle pédagogique en informant le public sur les agressions que subit le littoral. Le centre d'accueil des visiteurs, ouvert en 2015, est organisé autour de dioramas présentant la faune normande dans son milieu naturel, et de salles d'expositions thématiques. À l'extérieur, une mare pédagogique, destinée à l'observation *in situ* des animaux par les enfants. *Centre d'hébergement et d'étude sur la nature et l'environnement (Chene) 12, rue du Musée* ***Allouville-Bellefosse*** *(7km au sud-ouest d'Yvetot) Tél. 02 35 96 06 54 www.chene.asso.fr Ouvert mai-sept. : tlj. 14h-18h ; oct.-avr. : mer., w.-e. et j. fér. 14h-18h Tarif* 5€, 5-12 ans 3,50€

● Où remplir son panier gourmand ?

Ferme d'autrefois-La Carpenterie Poulet de Gournay et pintade, canard de Rouen ou mulard, tous produits de la ferme et transformés sur place, et des produits plus classiques : pommeau, calvados, neufchâtel, gelée de pomme, mais aussi charcuterie venue d'un élevage voisin, pour un ravitaillement original et de grande qualité. *419, route de la Carpenterie* ***Valliquerville*** *(5km à l'ouest d'Yvetot, dir. Le Havre) Tél. 02 35 96 39 11 ou 06 84 94 84 96 Ouvert jeu. 14h-18h, ven. 9h-12h et 14h-18h, sam. 9h-18h*

● Prendre un cours de cuisine à la ferme

☺ **La Ferme de Martine** Se mettre au vert normand tout en enrichissant son savoir-faire culinaire dans la convivialité, voici une réjouissante formule proposée par Martine avec des stages de fabrication artisanale de confiture. Elle vous confiera ses petits secrets et vous transmettra son amour des produits frais, de ceux qui peuvent révéler un plat. Ses confitures bio sont également vendues à la ferme. Tarifs : de 28 à 60€ le stage, possibilité d'hébergement. *Hameau de Brunville* ***Mont-de-l'If*** *(11km au sud d'Yvetot, route de Rouen, puis D20) Tél. 06 51 38 70 86 www.la-ferme-de-martine.com*

● Randonner dans le pays de Caux Soixante-quinze boucles de 3 à 19km sillonnent la région d'Yvetot et l'ensemble du plateau de Caux maritime, dont certaines suivent les GR®2 et GR®211. Dépliant (2€) en vente à l'OT (p.384).

● Explorer les environs d'Yvetot à vélo Trois longues randonnées cyclistes parcourent au nord d'Yvetot les vastes champs du plateau de Caux et, au sud, coteaux et vallons de la Seine.

Circuit du Chêne d'Allouville Il part vers le sud-ouest et traverse les villages d'Auzebosc, du Bois-Himont (où trône un château du XVIIIe siècle flanqué d'un colombier du XVIIe s.), d'Allouville-Bellefosse et de Valliquerville, à la belle église en pierre blanche de Vernon du XIIIe siècle. ***Distance*** *20km*

Circuit du Val-au-Cesne Cette deuxième boucle descend vers Duclair et la Seine, au sud-est, en traversant seize villages dont Croixmare, niché dans le très verdoyant Val-au-Cesne, et Touffreville-la-Corbeline, riche de son église du XVIIIe siècle, de sa motte castrale et de ses deux manoirs médiévaux. ***Distance*** *22km*

Circuit de la Justice royale Ce parcours traverse sept villages, dont la commune fleurie d'Autretot, Écretteville-les-Baons qui s'enorgueillit de son château (XIe s.), du manoir du Câtel, de son église Saint-Blaise-et-Notre-Dame (XIIIe s.) et d'une maison de 1601 (route du Hameau Champs d'Oisel). ***Distance*** *40km*

● À la découverte de la vie rurale cauchoise

Ferme Au fil des saisons Si l'on peut y acheter volailles, lapins, légumes, fruits, fromages et produits cidricoles, c'est surtout par sa vocation pédagogique que cette ferme se distingue. La vie rurale du pays de Caux, le clos-masure, la flore et la faune de la mare, la culture du lin et l'apiculture sont expliqués dans le détail au fil d'une balade-découverte de 2h ou, pour les enfants, de journées pédagogiques. Participation libre. *B. et A. Vandecandelaere Hameau de Yémanville* ***Amfreville-les-Champs*** *(10km au nord-est d'Yvetot) Tél. 02 35 56 41 46 ou 06 18 17 23 39 Ouvert mer. et ven. 14h-18h30, sam. 9h30-12h et 14h-18h30*

CARNET D'ADRESSES

Restauration, hébergement

Trouver un hébergement à Yvetot ? Le choix est très limité... Si vous vous y prenez suffisamment à l'avance, peut-être aurez-vous la chance de trouver une chambre dans un village des environs... souvent éloigné d'une bonne dizaine de kilomètres.

petits prix

Manoir de la Rue verte À quelques minutes d'Yvetot se dresse ce manoir du XVIIe siècle en pierre blanche et brique rose, à la façade couverte de cœurs et de losanges en brique noire. Les quatre chambres, vastes et calmes, dont deux partageant une salle de bains commune (double 60€, triple 80€), donnent toutes sur un vaste jardin des plus reposants. Un gîte permet d'accueillir 7 pers. (400€/sem. en haute saison). *Yves et Béatrice Quevilly-Baret Le Bourg Rue Verte* ***Flamanville*** *(7km à l'est d'Yvetot) Tél. 02 35 96 81 27*

Chambres d'hôtes La Hêtraie Dès l'arrivée, la propriété en impose avec ses rangées de hêtres, son colombier, ses granges et son corps de ferme du XVIIIe siècle. À l'intérieur, les pièces communes comme les trois chambres, cosy, ont adopté le chic rustique : meubles en bois, teintes blanche ou pastel sur les murs, tableaux de facture classique représentant des paysages... Idéal pour une nuit en amoureux. Double 75€, petit déjeuner compris. Également gîte de groupe (tarifs sur demande). *M. et Mme Vin 402, rue de l'Église* ***Ectot-l'Auber*** *(14,5km à l'est d'Yvetot) Tél. 02 35 96 84 14 ou 06 20 43 20 55 www.lahetraie.com*

☺ **Chambres d'hôtes Le Colombier** Entre hêtres et pommiers à cidre, cette cour masure cauchoise a un sacré cachet. Amoureusement restaurée par Alain Duval, la demeure abrite deux chambres

GAMME DE PRIX	RESTAURATION	HÉBERGEMENT
Très petits prix	moins de 10€	moins de 40€
Petits prix	de 10 à 20€	de 40 à 70€
Prix moyens	de 20 à 35€	de 70 à 100€
Prix élevés	de 35 à 50€	de 100 à 150€
Prix très élevés	plus de 50€	plus de 150€

ravissantes (de 60 à 75€ pour 2 pers.), une troisième, aménagée à l'étage de l'adorable colombier du XVIIIe siècle qui abrite en outre un séjour avec cheminée au rez-de-chaussée - remporte notre coup de cœur (95€ pour 2 pers.). Quand les pommiers sont en fleur et que la lumière de printemps se reflète sur le toit d'ardoise, la magie envahit le lieu. Table d'hôtes sur réservation à 27€. ***Bertrimont*** *(21km à l'est d'Yvetot) Tél. 02 32 80 14 24 www.le-colombier.net*

prix moyens

Hôtel du Havre-La Closerie Le seul hôtel d'Yvetot jouit d'une position centrale et ses vingt-huit chambres fleuries (de 65 à 84€, petit déj. 12€) d'un calme douillet. Un accueil un peu plus chaleureux serait, toutefois, un plus appréciable. Le restaurant La Closerie consacre le terroir normand - cassolette d'escargots aux lentilles, véritable boudin de Saint-Romain - avec quelques incursions dans les autres régions françaises. Menus à 25 et 29€. Mais vous pouvez également opter pour le bar-brasserie Le Pimm's au look bistrot et aux prix plus doux. *2, rue Guy-de-Maupassant (pl. des Belges)* ***Yvetot*** *Tél. 02 35 95 16 77 www.hotel-du-havre.fr Ouvert tlj.*

☺ **Auberge du Val-au-Cesne** Difficile de faire plus authentique... et plus bucolique que cette auberge tricentenaire postée aux portes d'Yvetot, sur le joli site classé du Val-au-Cesne. Les cinq chambres, douillettes avec leurs couettes moelleuses, occupent une chaumière à colombages et disposent toutes d'une télévision, de sanitaires, d'une terrasse et d'un accès au jardin (double à 90€, petit déj. 10€). Le restaurant a encore plus de charme : plafonds bas aux poutres sombres, mobilier rustique, et cinq petites salles distribuées sur deux niveaux où défilent hors-d'œuvre froids et chauds (gaspacho de langoustines, feuilleté de ris de veau, foie gras à la fleur de sel), poissons et viandes (roulé de carrelet aux écrevisses, pintade rôtie aux griottes, escalope "Vieille Henriette"), une cuisine fine (menu à 29€) qui vous invitera certainement à échanger vos impressions avec les convives de la table voisine. *Le Val-au-Cesne* ***Croix-Mare*** *(3km au sud-est d'Yvetot) Tél. 02 35 56 63 06 www.valaucesne.fr*

PLAINES DE L'EURE

V

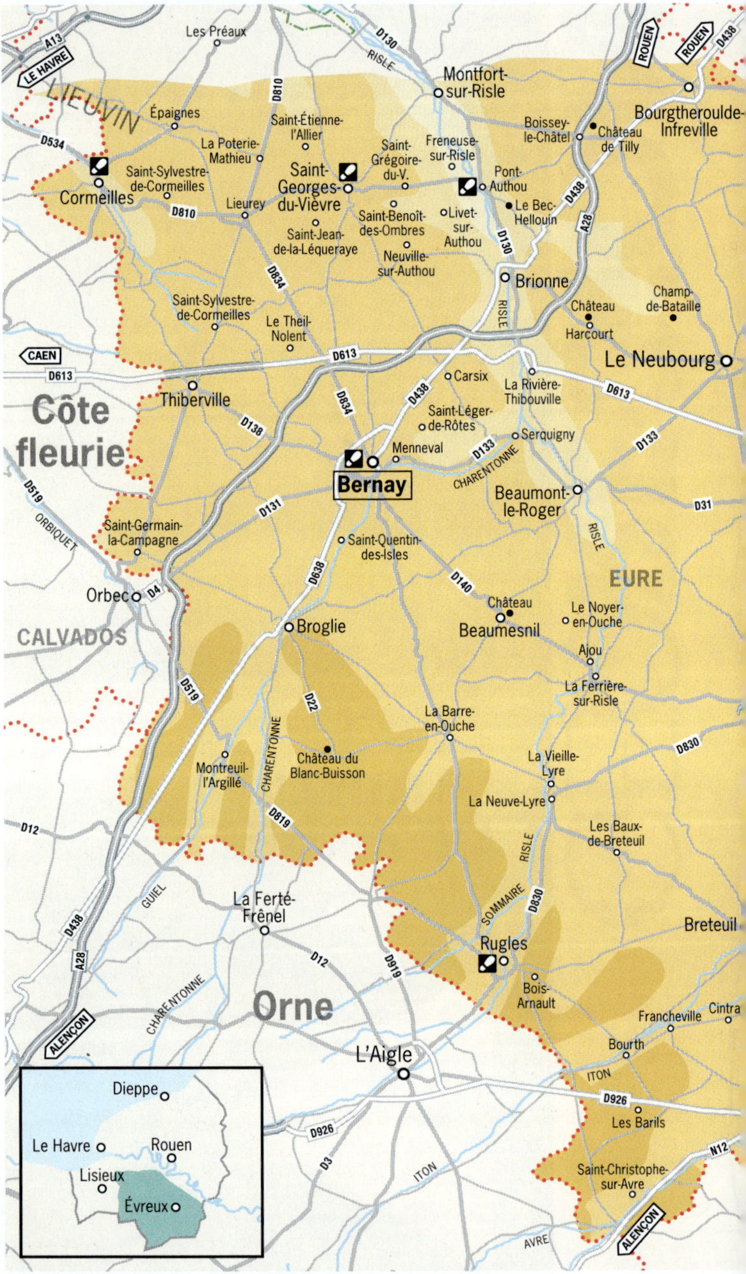

Les Préaux
LE HAVRE
A13
LIEUVIN
Épaignes
D534
Cormeilles
Saint-Sylvestre-de-Cormeilles
La Poterie-Mathieu
D810
Lieurey
Saint-Étienne-l'Allier
Saint-Georges-du-Vièvre
Saint-Jean-de-la-Léqueraye
Saint-Grégoire-du-V.
Saint-Benoît-des-Ombres
Neuville-sur-Authou
Freneuse-sur-Risle
Livet-sur-Authou
Pont-Authou
Le Bec-Hellouin
Montfort-sur-Risle
D130
RISLE
Boissey-le-Châtel
Château de Tilly
Bourgtheroulde-Infreville
ROUEN
D438
A28
Brionne
Château Harcourt
Champ-de-Bataille
Le Neubourg
D834
Le Theil-Nolent
CAEN
D613
Thiberville
Côte fleurie
D138
Carsix
La Rivière-Thibouville
Saint-Léger-de-Rôtes
Serquigny
Menneval
Bernay
D133
CHARENTONNE
Beaumont-le-Roger
D31
D519
ORBIQUET
Saint-Germain-la-Campagne
D131
Saint-Quentin-des-Isles
Orbec
D4
CALVADOS
D638
Broglie
D140
Château
Beaumesnil
Le Noyer-en-Ouche
EURE
Ajou
La Ferrière-sur-Risle
D22
La Barre-en-Ouche
Château du Blanc-Buisson
Montreuil-l'Argillé
La Vieille-Lyre
La Neuve-Lyre
D830
D819
D12
Les Baux-de-Breteuil
GUIEL
La Ferté-Frênel
SOMMAIRE
Breteuil
Rugles
D919
Bois-Arnault
Orne
Francheville
Cintra
ALENÇON
L'Aigle
Bourth
ITON
D926
Les Baris
D3
N12
Saint-Christophe-sur-Avre
AVRE
Dieppe
Le Havre
Rouen
Lisieux
Évreux

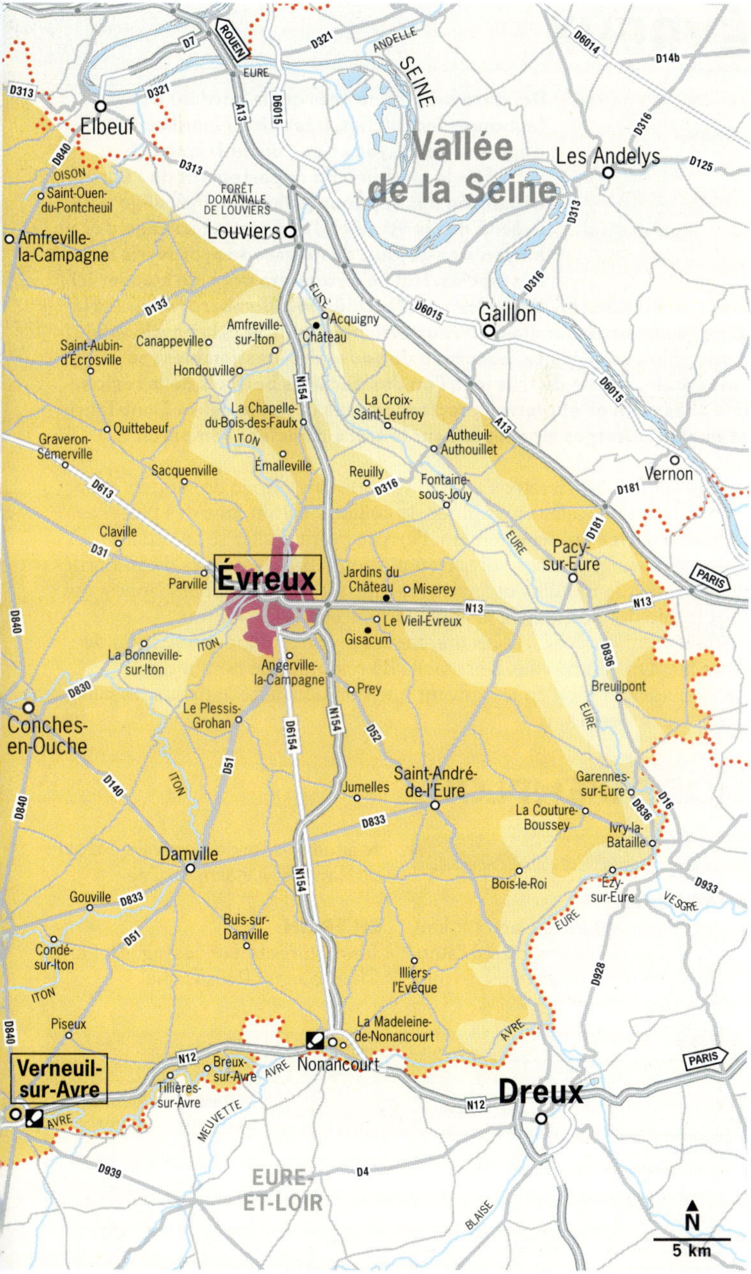
Vallée de la Seine
Elbeuf
Les Andelys
Louviers
Amfreville-la-Campagne
Saint-Ouen-du-Pontcheuil
FORÊT DOMANIALE DE LOUVIERS
Gaillon
Acquigny
Château
Amfreville-sur-Iton
Canappeville
Saint-Aubin-d'Écrosville
Hondouville
La Croix-Saint-Leufroy
La Chapelle-du-Bois-des-Faulx
Quittebeuf
Graveron-Sémerville
Autheuil-Authouillet
Émalleville
Sacquenville
Reuilly
Fontaine-sous-Jouy
Vernon
Claville
Pacy-sur-Eure
Évreux
Parville
Jardins du Château
Miserey
Le Vieil-Évreux
Gisacum
La Bonneville-sur-Iton
Angerville-la-Campagne
Prey
Breuilpont
Conches-en-Ouche
Le Plessis-Grohan
Saint-André-de-l'Eure
Jumelles
Garennes-sur-Eure
La Couture-Boussey
Ivry-la-Bataille
Damville
Bois-le-Roi
Ézy-sur-Eure
Gouville
Buis-sur-Damville
Condé-sur-Iton
Illiers-l'Evêque
Piseux
La Madeleine-de-Nonancourt
Nonancourt
Breux-sur-Avre
Tillières-sur-Avre
Verneuil-sur-Avre
Dreux
EURE-ET-LOIR
SEINE
EURE
ANDELLE
OISON
ITON
AVRE
VESGRE
MEUVETTE
BLAISE
ROUEN
PARIS
A13
N154
N13
N12
D6154
D7
D321
D313
D6015
D6014
D14b
D316
D125
D840
D133
D613
D31
D181
D836
D830
D52
D51
D140
D833
D16
D933
D928
D939
D4
N
5 km

ÉVREUX

27000

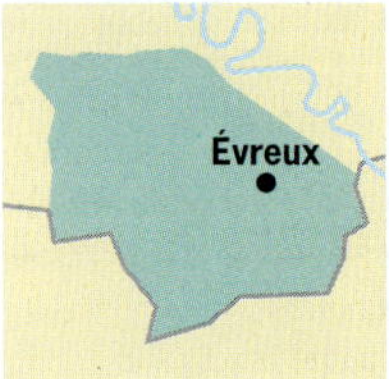

Derrière les grands axes qui la bordent et ses faubourgs industriels, il faut imaginer la cité d'églises, d'abbayes et de couvents que fut autrefois le chef-lieu du département de l'Eure. Urbanisée dès l'époque gallo-romaine, siège d'un évêché dès le VIe siècle, elle connut son âge d'or au Moyen Âge et jouit d'une grande prospérité durant des siècles. Nul ne s'étonnera donc de trouver ici la plupart des perles de la Normandie. Deux fois bombardée durant la Seconde Guerre mondiale, Évreux affiche depuis 1945 la physionomie d'une ville reconstruite, ponctuée de souvenirs inestimables : sa cathédrale, visible de très loin, l'un des derniers beffrois de la région, une châsse en or et pierres précieuses dans la vieille église Saint-Taurin et quelques berges aménagées sur le tracé d'anciens remparts.

AU FIL DE L'ITON Évreux s'appuie sur une forêt striée de sentiers et se blottit dans une vallée environnée de collines. L'Iton, une des plus longues rivières du département, l'arrose avant d'aller se jeter dans l'Eure à Acquigny. Elle se divise en plusieurs bras, en cours d'eau bordés de lavoirs et de moulins ou en mares tapissées de nénuphars jaunes, qui font la joie des pêcheurs à la ligne. Parfois espiègles, les flux disparaissent, asséchés, et les marcheurs prennent alors possession de leurs lits. Du centre-ville, il est facile de rejoindre de nombreuses promenades, et c'est en les suivant que l'on découvre le mieux les villages agricoles des environs.

MODE D'EMPLOI

accès

EN VOITURE
Accès par la N13 Paris-Caen (110km), par la N154 de Chartres, ou par l'autoroute A13, sortie n°15 (97km). Évreux se situe à 96km de Deauville, à 120km du Havre et à 156km de Caen.

EN TRAIN
Trains directs sur les lignes Paris-Cherbourg et Paris-Caen.

Tableau kilométrique

	Évreux	Bernay	Le Bec-Hellouin	Pont-Audemer	Verneuil-sur-Avre
Bernay	50				
Le Bec-Hellouin	47	22			
Pont-Audemer	70	34	23		
Verneuil-sur-Avre	40	54	70	90	
Rouen	55	75	45	55	103

Gare (plan 10, B3) *Pl. de la Gare Tél. 3635 www.voyages-sncf.com*

EN CAR

De nombreuses lignes départementales relient Évreux, certaines assurées par VTNI, dont la n°390 vers Val-de-Reuil et Rouen, la n°360 (Verneuil-sur-Avre), la n°380 (Pont-Audemer) ou la n°370 (L'Aigle) ; et d'autres par les cars Jacquemard, dont la n°300 (Vernon-Gisors).

Gare routière (plan 10, B3) *6, bd Gambetta (à côté de la SNCF) Tél. 02 32 39 40 60*

www.eure-en-ligne.fr Toutes les informations (lignes, horaires, travaux) sur les transports publics dans le département de l'Eure.

VTNI *Tél. 02 32 08 19 75 www.vtni27.fr*

Cars Jacquemard *Tél. 02 32 33 09 66*

orientation

La cathédrale Notre-Dame et le beffroi offrent des points de repère à la ville, traversée par l'Iton. Entre le boulevard Gambetta au sud, longé par la voie ferrée, et la rue Isambard au nord, vingt-six balises d'information jalonnent le centre-ville.

informations touristiques

Office de tourisme du Grand Évreux (plan 10, B2) Il diffuse, entre autres, une brochure sur la ville et centralise les informations publiées par les comités départemental et régional de tourisme. Visite de la ville par audioguide. *1ter, pl. du Général-de-Gaulle Tél. 02 32 24 04 43 www.grandevreuxtourisme.fr Ouvert lun.-sam. 9h30-18h*

location de deux-roues

Cycles Chasserez (plan 10, B1) VTT et VTC en semaine (12€/j.) et le week-end (18€/j.). *63, rue Isambard Tél. 02 32 33 32 17 Ouvert mar.-ven. 9h-12h30 et 14h-19h, 9h-12h30 et 14h-18h*

Cicérone (hors plan 10 par B1) Cette association d'insertion propose, après adhésion (7€/ans) la location de vélos standards (5€/j., 8€/week-end) ou électrique (10€/j.). *73, rue Willy-Brandt Tél. 02 32 39 39 96 http://cicerone-tandem.fr Ouvert lun.-ven. 8h30-12h et 16h30-17h, sam. 9h-16h*

marchés

Marché du centre (plan 10, B1) Étals de fruits, légumes, charcuteries, poissons, fleurs et tissus. *Pl. Clemenceau Mer. et sam. 7h30-13h*

Marché de la Madeleine (hors plan 10 par B3) Une halle alimentaire mais surtout vêtements et accessoires. *Pl. Kennedy Ven. ap.-m. et dim. matin*

fêtes et manifestations

La Ronde des jardins Deux jours consacrés aux plantes, avec interventions d'horticulteurs et animations contées. *Tél. 06 60 07 69 54 Fin mai*

Le Rock dans tous ses états (hors plan 10 par A3) Un festival créé en 1983, devenu une institution. *Hippodrome www.lerock.org Dernier w.-e. de juin*

Foire Saint-Nicolas La grande braderie traditionnelle se déroule dans tout le centre-ville. *Le 6 déc.*

DÉCOUVRIR
Évreux

☆ **Les essentiels** La cathédrale Notre-Dame **Découvrir autrement** Suivez le cours de l'Iton, admirez la châsse du XIIIe siècle de l'église abbatiale Saint-Taurin, allez boire un verre en écoutant du rock au Matahari

Promenade de l'Iton (plan 10, B2) Une promenade, aménagée le long de l'Iton, relie la place du Général-de-Gaulle à la rue Charles-Corbeau. Elle correspond au tracé des anciens remparts, et compte pour seul vestige le **beffroi**, ou tour de l'Horloge. Achevé dans les années 1490 par l'architecte Pierre Smoteau, il se dresse sur le site d'une tour de bois qui gardait l'entrée de la ville et conserve une cloche plus ancienne que lui, la Louyse (1406). De style gothique flamboyant, il s'élance sur près de 44m de haut. En remontant ensuite par la rue de la Harpe jusqu'à la rue de Pannette, vous déboucherez sur un ravissant **jardin public**, échelonné sur plusieurs niveaux. Il englobe l'ancien **couvent des Capucins**, l'un des rescapés des XVIIe et XVIIIe siècles, qui servit d'hôpital militaire pendant la Grande Guerre et abrite aujourd'hui l'École nationale de musique. **Jardin public** *Rue de Pannette Ouvert mars-mi-oct. : tlj. 8h-20h ; nov.-fév. : tlj. 8h-17h*

Ancien palais épiscopal-musée d'Art, d'Histoire et d'Archéologie (plan 10, B2) À la fin du XVe siècle, l'évêque Raoul du Fou fit reconstruire par Pierre Smoteau (l'architecte du beffroi) le palais de l'Évêché, qui avait été incendié en 1378. Retouché plusieurs fois, il a gardé de son aspect médiéval une façade flamboyante, des meneaux et une tourelle hexagonale ouvragée, dotée d'un escalier à vis. De grandes ouvertures furent percées au XVIIe siècle et une nouvelle aile l'agrandit au XIXe siècle. Épargné par les bombardements de la Seconde Guerre mondiale, il accueille depuis 1955 le musée municipal. Destiné à conserver à l'origine le produit des fouilles archéologiques du Vieil-Évreux (p.398), on y découvre au sous-sol d'intéressants témoignages de la période gallo-romaine (Ier-Ve siècle ap. J.-C.) : vaisselle, dieux en bronze, monnaies fossilisées par la terre, instruments médicaux, ainsi qu'un pan du rempart ! Le rez-de-chaussée retrace l'histoire de la ville et de la région du Moyen Âge au XIXe siècle à travers une collection d'arts religieux (tapisseries d'Aubusson) et décoratifs, dont une peinture et des meubles en marqueterie provenant du château de Navarre, domaine disparu des anciens seigneurs d'Évreux, les ducs de Bouillon. Enfin, les deux niveaux supérieurs recèlent une riche collection de peintures et de sculptures couvrant cinq siècles d'histoire, de la Renaissance au XXe siècle. *6, rue Charles-Corbeau Tél. 02 32 31 81 90 Ouvert mar.-dim. 10h-12h et 14h-18h Entrée libre*

☆ ☺ **Cathédrale Notre-Dame (plan 10, B2)** D'une taille démesurée, le plus vaste sanctuaire de l'Eure réunit tous les grands courants de l'architecture religieuse. Édifiée au Xe siècle pour le baptême du chef des Normands, Rollon, célébré en 912, sa nef garde de la période romane des arcades en plein cintre du XIIe siècle. Quant aux parties hautes, elles furent rebâties au XIIIe siècle

Plan 10 Évreux

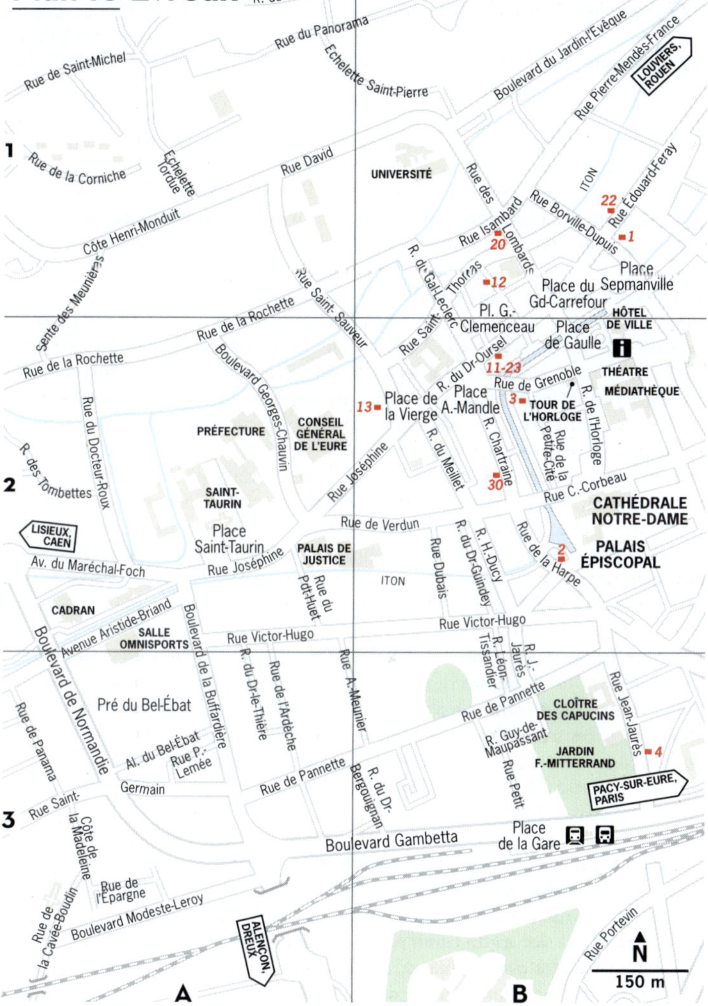

Cafés, bars et lieux de sortie ■ 1 à 4

Le Hastings **p.397** ______ **2 B2**
Le Mac Leod **p.397** ______ **4 B3**
Le Matahari **p.397** ______ **3 B2**
London Pub Tavern **p.396** ______ **1 B1**

Restauration ■ 11 à 13

La Gazette **p.401** ______ **13 B2**
La Vieille Gabelle **p.401** ______ **12 B1**
Salon de thé
Fée maison **p.396** ______ **11 B2**

Hébergement ■ 20 à 23

Chambres d'hôtes
Fée maison **p.403** ______ **23 B2**
Hôtel de l'Orme **p.401** ______ **20 B1**
Hôtel de Normandie **p.403** ______ **22 B1**

Shopping ■ 30

Chocolatier Auzou **p.396** ______ **30 B2**

dans le style gothique en même temps que le transept et le chœur. Une tour-lanterne du XVe siècle – au plafond presque invisible d'en bas ! – l'éclaire de ses 45m de hauteur. À l'entrée, on remarque un éblouissant portail nord, chef-d'œuvre dû à Jehan de Cossard (1504). La chaire, issue de l'abbaye du Bec-Hellouin, fut réalisée par le moine-sculpteur et architecte Guillaume de La Tremblaye en 1674, alors que le maître serrurier Jacques de La Haye confectionna les grilles sophistiquées fermant le chœur en 1750. Les vitraux, dont les plus anciens remontent au XIIe siècle, comptent parmi les plus beaux de France. Représentant des scènes de la Bible, la plupart d'entre eux sont célèbres pour leur couleur jaune, utilisée pour la première fois au Moyen Âge à Évreux. *Rue Charles-Corbeau Tél. 02 32 24 04 43 Ouvert tlj. 9h-19h*

☺ **Église abbatiale Saint-Taurin (plan 10, A2)** La légende veut qu'un ermite, Landulphe, ait retrouvé au VIe siècle le tombeau de saint Taurin, premier évêque d'Évreux (IVe-Ve s.). Au Xe siècle, le troisième duc de Normandie, Richard Ier sans Peur, dédia une abbaye au saint. Reconstruite à deux reprises, l'église comprend des éléments romans, gothiques et Renaissance (piliers, arcatures, voûtes, triforium) et de nombreuses références à Taurin : scènes de sa vie sur le portail sud du XIIIe siècle et sur les vitraux du chœur, et surtout sa superbe **châsse**, un chef-d'œuvre datant de la même époque que le portail. Pieusement conservée dans une chapelle, cette pièce d'orfèvrerie unique au monde et recouverte de feuilles d'or représente une multiplicité de personnages. D'une délicatesse exceptionnelle ! *Rue Joséphine Ouvert tlj. 9h-17h30*

● Où acheter des gourmandises ?

☺ **Chocolatier Auzou (plan 10, B2 n°30)** Bienvenue au palais de la tentation ! Une fontaine de chocolat coule au côté de sujets à croquer, en forme de larmes ou en plaques, aux fruits secs, au lait ou à l'orange. Parmi les multiples confiseries, on trouve comme spécialités des chocolats, bien sûr, mais aussi des macarons (sucrés, salés ou glacés) et des pommes en pâte d'amandes au calvados. *34, rue Chartraine Tél. 02 32 33 28 05 Ouvert mar.-ven. 9h-19h30, sam. 8h-19h30, dim. 8h30-13h*

● Où faire une pause salée ou sucrée ?

Salon de thé Fée maison (plan 10, B2 n°11) Délicieux ! Au rez-de-chaussée de sa jolie maison d'hôtes, la propriétaire a ouvert un lieu de gourmandise et de curiosité. À midi, on fait une pause déjeuner, où de grandes assiettes de dégustation à base de produits du marché (15€) régalent tous les appétits. On revient l'après-midi pour des douceurs sucrées (salon de thé jusqu'à 18h). Charmant ! En attendant d'être servi, faites un tour dans la cour, vous y trouverez une petite boutique de décoration et de fleurs. *21, rue du Dr-Oursel Tél. 02 32 30 24 14 Ouvert mar.-sam. 12h-18h (service déjeuner 12h-14h)*

● Où boire un verre ?

London Pub Tavern (plan 10, B1 n°1) Lorsque vous en poussez la porte sur la place déserte, le brouhaha vous surprend, surtout le dimanche quand la ville dort. Installez-vous de préférence dans la salle du premier étage pour profiter de la proximité de l'Iton. Vous serez comblé par la carte, proposant un bon choix de bières (blonde légère, brassée glacée ou ambrée au malt) ainsi que des menus complets à 12 et 15€. *8, rue Borville-Dupuis Tél. 02 32 38 07 00 Ouvert lun.-sam. 10h-1h, dim. 11h-1h*

Le Hastings (plan 10, B2 n°2) Un pub *British* mais bohème, idéal pour bavarder entre amis. À l'intérieur, des têtes de marins et autres statuettes kitsch se réfléchissent dans un plafond luisant comme un miroir. Bons thés – Earl Grey, darjeeling, ceylan – et cocktails à la bière parfois audacieux – au kiwi, citron vert et crème de banane. Service brasserie midi et soir. *17, rue de la Harpe Tél. 02 32 39 06 22 Ouvert lun.-sam. 11h-1h*

☺ **Le Mac Leod (plan 10, B3 n°4)** Derrière sa façade bleu ciel se cache l'un des meilleurs pubs d'Évreux. Clientèle jeune, décor de taverne ancienne avec poutres et cheminées, l'ambiance y est chaude lorsqu'il fait froid dehors et la terrasse rafraîchissante en été. Musique celtique, huit bières pression et concerts certains samedis soir : le "Mac", c'est un petit coin d'Irlande en Normandie ! *47, av. Jean-Jaurès Tél. 02 32 33 00 09 Ouvert mar.-sam. 17h-1h*

☺ **Le Matahari (plan 10, B2 n°3)** Des manifestations musicales (concerts et festivals) régulièrement s'invitent dans ce *lounge* bar, installé dans un hangar aux briques apparentes d'une ancienne serrurerie. La décoration, indianisante, évoque un temple décrépit avec ses peintures murales, ses tapis suspendus, ses canapés défoncés et ses chaises en peau tigrée. Il ne vous reste plus qu'à vous laisser aller, d'autant que la terrasse, sur une partie piétonne des berges de l'Iton est des plus agréables quand il fait beau. Menu 14,50€. *15, rue de la Petite-Cité Tél. 02 32 38 49 88 www.matahari-bar.fr Ouvert lun.-sam. 10h-1h*

● Faire du parapente

Association Eur'enciel (plan 10, A3) Le week-end (selon la météo), un moniteur agréé donne à la demi-journée des cours d'initiation autour d'Évreux et sur les bords de l'Eure. Achat obligatoire d'une licence (20€ env.) Tarif cours 50€. *1, av. Aristide-Briand Tél. 02 32 31 86 87 (répondeur) ou 06 11 77 81 03 http://eurenciel-mjc.ning.com*

● Se promener dans les arbres

Arbr'en ciel-Domaine du château de Trangis Dans le magnifique parc du château de Trangis, cinq parcours acrobatiques sécurisés vous hisseront de plus en plus haut vers les cimes de grands chênes. Tyroliennes, ponts de singe, échelles de cordes ou agrès d'initiation pour tout-petits (à partir de 3 ans) : de l'aventure en pleine nature pour tous les âges. Tarif de 10€ à 15€ selon le parcours. *Rue du Plus-que-Tout (2km au sud du centre-ville par la rue Jean-Moulin) Tél. 02 32 28 97 61 ou 06 45 77 85 85 www.arbreenciel-aventure.com Ouvert avr.-mai, oct. : w.-e. et j. fér. 13h30-17h (et vac. scol.) ; juil.-août : tlj. 13h30-18h*

● Se balader à pied ou à vélo

Divers circuits permettent de randonner autour d'Évreux et de découvrir sa campagne, ses mares, ses moulins. Plans disponibles à l'OT (p.393).

Voie verte Évreux-Pont-Authou Cet itinéraire aménagé sur le tracé de l'ancienne voie ferrée Évreux-Honfleur relie la petite capitale euroise à Pont-Authon via Quittebœuf, Le Neubourg et Le Bec-Hellouin ; 43km à faire par étapes ou d'un seul tenant. Aires de pique-nique avec point d'eau. *www.voiesvertes.com*

Les environs d'Évreux

☆ **Les essentiels** Gisacum **Découvrir autrement** Montez à bord d'une vieille locomotive à Pacy-sur-Eure, faites une balade en canoë au fil de l'Eure

La vallée de l'Eure

☆ **Gisacum-jardins archéologiques du Vieil-Évreux** Au IIe siècle ap. J.-C. s'étendait près d'Évreux la ville-pèlerinage de Gisacum, qui ne disparut complètement qu'au haut Moyen Âge. Les recherches menées par l'archéologue François Rever dès 1801 ont mis au jour l'une des plus grandes villes sanctuaire du monde romain : elle se déployait sur 250ha soit beaucoup plus que l'actuelle superficie d'Évreux. Aujourd'hui, le site fait toujours l'objet de fouilles, qui révéleront sans doute dans les prochaines années d'autres découvertes. Parmi les vestiges, seuls les thermes et le théâtre sont visibles, car la plupart d'entre eux sont encore enfouis sous les champs alentour. La visite s'ouvre par le "jardin archéologique", bel espace vert où les pins et les poiriers à feuilles de saules plantés à l'emplacement des murs de l'ancienne cité aident à imaginer son gigantisme et sa densité monumentale. Elle se poursuit dans les salles du centre d'interprétation, où l'on approfondit l'histoire de Gisacum, la vie quotidienne de la cité, la vie religieuse et les grandes fêtes qui y attiraient des milliers de visiteurs… à travers les découvertes faites sur le site et les travaux de reconstitution très didactiques des scientifiques. Le premier week-end d'août s'y déroulent les "Grandes Journées gallo-romaines" avec, au menu, démonstration d'artisanat, atelier de cuisine antique, combats, spectacles, etc. En août et septembre ont lieu également des journées d'initiation à l'archéologie : renseignez-vous sur leur programme. *8, rue des Thermes* ***Le Vieil-Évreux*** *(7km à l'est d'Évreux, dir. Paris, fléché à partir du village de Saint-Aubin) Tél. 02 32 31 94 78 gisacum@cg27.fr Ouvert mars, oct.-nov. : mer.-lun. 13h-17h ; avr.-juin, sept. : tlj. 13h-18h ; juil.-août : tlj. 10h30-18h30 Entrée libre*

Jardins et roseraie du château de Miserey Autour d'un château en briques et pierres du XVIIIe siècle, dans un parc de 10ha, ces jardins thématiques inspirés de la *Divine Comédie* de Dante invitent à une promenade bucolique dans une nature riche et recomposée. Première étape : l'Enfer, avec ses rosiers aux épines acérées, ses grands chardons et ses ronces redoutables. Vient ensuite le Purgatoire et ses allées d'ifs. Et enfin le Paradis, son jardin de feuilles dorées et ses roses inermes (sans épine) aux parfums délicats – et si un serpent veille jalousement ici, il est taillé dans un buis ! ***Miserey*** *(10km à l'est d'Évreux par la N13) Tél. 02 32 67 00 21 Ouvert avr.-oct. : ven.-lun. et j. fér. 14h30-18h sur rdv Tarif 8€, réduit 4,50€, moins de 10 ans gratuit*

Château d'Acquigny Par amour pour son mari Louis de Silly, Anne de Montmorency-Laval fit bâtir en 1560 un château dont les corniches sont ornées des initiales enlacées A, L, S d'Anne et de son époux. Vers 1750, Robert Leroux d'Esneval – dit M. d'Acquigny – lui ajouta trois pavillons à balustres, une église et une orangerie. Le parc, cerné par l'Iton et par l'Eure, offre une promenade romantique parmi les séquoias tricentenaires et une cascade. ***Acquigny*** *(18km au nord d'Évreux par la D155, dans le village, juste* *avant le pont) Tél. 02 32 50 23 31 http://chateau-acquigny.fr Ouvert début avr.-juin, sept.-fin oct. : w.-e. et j. fér. 14h-18h ; juil.-août : tlj. 14h-19h Visite guidée à 15h et 16h30 Tarif 7,50€, 8-16 ans 5€, moins de 8 ans gratuit*

● Faire du canoë-kayak

Le Randonn'Eure Vous pouvez y louer des canoës-kayaks et plusieurs itinéraires vous sont proposés, selon vos aptitudes. Navettes en camion. Comptez 48-53€/2 pers. la journée en canoë biplace, 28-32€/pers. en kayak. Restaurant-barbecue grill au bord de l'eau. *20, rue du Manoir* ***Autheuil-Authouillet*** *(10km au nord-est d'Évreux) Tél. 02 32 35 16 46 ou 06 74 99 53 68 www.lerandonneure.com Ouvert mai-sept. : tlj. 9h-18h*

Au sud d'Évreux, la vallée de l'Eure

Pacy-sur-Eure Cette porte d'entrée en Normandie, jadis fortifiée, fut une pomme de discorde entre Anglais et Français durant le Moyen Âge. Tranquille et accueillante avec ses petits commerces, la commune recèle comme principal édifice l'**église Saint-Aubin**, du XIIIe siècle, dont la nef et le chœur possèdent chacun deux bas-côtés. Deux curiosités retiennent l'attention : des vitraux modernes aux tons vifs du maître verrier François Décorchemont et une *Vierge à l'Enfant* baroque du XVIe siècle issue du château d'Anet. Le train qui traverse la vallée de l'Eure (p.400) part de cette ville. *20km à l'est d'Évreux par la N13* **Église** *Rue Aristide-Briand Ouvert tlj. 10h-18h Fermé dim. ap.-m.*

La Couture-Boussey La légende veut que des fifres, abandonnés par les soldats après la bataille d'Ivry, aient séduit les habitants de ce village. L'abondance du buis et la pratique de tourneur sur bois permirent l'envolée de cette activité dès le XVIe siècle. Enfant du pays et d'une famille de musiciens, le flûtiste Jacques de Hotteterre (1684-1760) se distingua auprès de Louis XIV. Vous trouverez une copie de sa flûte au **musée**, ainsi que toute une gamme de hautbois, clarinettes, flûtes à bec, cors anglais du XVIIIe au XXe siècle. Des quatorze fabriques d'instruments à vent que comptait autrefois la commune, deux subsistent aujourd'hui. *30km au sud-est d'Évreux* **Musée des Instruments à vent** *La Couture-Boussey Tél. 02 32 36 28 80 www.lacoutureboussey.com Ouvert fév.-mi-nov. : mar.-dim. 14h-18h Visite guidée à 14h30 et 16h Tarif 4€, réduit 1,50€*

Ivry-la-Bataille Pour renforcer la frontière entre la Normandie et l'Île-de-France, Raoul d'Ivry, demi-frère du duc de Normandie (Richard Ier), et sa femme Albérède firent bâtir au Xe siècle une **tour** "fameuse, énorme et très fortifiée". Son œuvre achevée, l'architecte Lanfred eut la tête tranchée, afin qu'il ne puisse reproduire ailleurs une pareille forteresse. Dès lors, les rois de France et d'Angleterre ne cessèrent de la convoiter. En 1590, le roi de France Henri IV conforta sa position sur le trône en y remportant une bataille mémorable. En arpentant les ruines, on mesure son importance par l'étendue de l'enceinte, les vestiges des constructions et la taille imposante du donjon. À l'origine, celui-ci formait un rectangle de 32m de long sur 25m de large. Des études attestent qu'il aurait servi d'exemple à la Tour de Londres, bâtie au XIe siècle. Au bas du château, une riante bourgade offre d'autres trésors : l'**église Saint-Martin** du XVe-XVIe siècle, de style gothique flamboyant et

Renaissance, le **portail de l'abbaye** fondée en 1076 par un échanson de Guillaume le Conquérant, et la **maison de l'Ange**, aux pans de bois du XVIe siècle sculptés de rageurs (rue de Garennes). *35km au sud-est d'Évreux*

Ézy-sur-Eure Dès le XVIIe siècle, une corporation de peigniers se développa dans les environs et Ézy en devint la capitale. Ce savoir-faire prit essor au XIXe siècle avec l'usage de la corne – sabot de cheval, ergot de vache, corne de bélier –, de l'ivoire, du celluloïd, de la galalithe, du rhodoïd et de l'écaille. Le **musée du Peigne**, installé dans une ancienne manufacture, présente la chaîne de fabrication, les ateliers et des collections de vieux modèles, autrefois prisés des Parisiens. *32km au sud-est d'Évreux* **Musée du Peigne** *Bd Gambetta Tél. 02 37 64 64 69 Ouvert mi-fév.-mi-déc. : mer. 14h-18h, w.-e. et j. fér. 10h-12h et 14h-18h Tarif 5,50€, 10-16 ans 1,50€*

● Où acheter du calvados ?

Calvados Morin Creusées à flanc des collines calcaires de la vallée de l'Eure, les caves Morin sont idéales, avec leur température constante : l'eau-de-vie de pomme y vieillit dans des fûts de chêne qui doteront avec le temps le calvados de sa belle couleur ambrée. Celui de Morin est multi-médaillé, et ses caves se visitent, avec comme guide un maître de chai passionné. Dégustation. *10, rue d'Ézy* ***Ivry-la-Bataille*** *Tél. 02 32 24 90 27 www.calvadosmorin.com Ouvert mar.-sam. 9h30-12h15 et 15h-19h, dim. 10h-12h30 Visite guidée mars-oct. : ven. à 14h30*

● Où acheter de la bière ?

Ferme des Luthiers-brasserie de Hotteterre L'orge cultivée ici sert à la fabrication de bières non pasteurisées selon un procédé traditionnel : une blonde, une rousse et une brune portent le nom du musicien Hotteterre. Dégustation en terrasse dans le jardin. Possibilité de se loger (p.402). *12, rue Jacques-de-Hotteterre* ***La Couture-Boussey*** *(29km au sud-est d'Évreux) Tél. 02 32 36 76 06 www.brasserie-hotteterre.com Visite guidée (sur réservation) 3,50€, enfant 1,50€* **Boutique** *Ouvert lun.-sam. 9h30-12h30 et 14h30-18h30*

● Prenez le train en direction du XIXe siècle

Chemins de fer de la vallée de l'Eure Une association de passionnés a restauré une portion de l'ancienne ligne Dreux-Louviers via Breuilpont, Hécourt, Cocherel… Le voyage commence dès que vous entrez dans la gare de Pacy-sur-Eure. Guichets polis par le temps, vieilles affiches de la SNCF, antique chariot de porteur, vous pénétrez dans une autre époque. Une agréable balade commentée à bord d'une locomotive cocasse qui part de la gare Belle Époque de Pacy-sur-Eure (env. 1h15). Plusieurs fois par an, les wagons se transforment en restaurants, avec déjeuner ou dîner à bord préparés par un restaurateur local. Ambiance rétro assurée. Trains réguliers en juil.-août : mar.-jeu. et dim. ; trains spéciaux toute l'année (se rens.). Tarif 9€, 4-15 ans 7€, pass famille 28€. *Pl. de la Gare* ***Pacy-sur-Eure*** *(20km à l'est d'Évreux par la N13) Tél. 02 32 36 04 63 www.cfve.org Ouvert 14h-18h30*

CARNET D'ADRESSES

Restauration

prix moyens

La Vieille Gabelle (plan 10, B1 n°12) Ce restaurant, une agréable maison blanche et fleurie, s'approvisionne en produits frais au marché. Les menus changent selon les saisons tout en restant fidèles aux incontournables : turbot, joue de bœuf braisé au romarin, ris de veau, foie gras, profiteroles... Menus à 16,50 et 23,50€, plateau de fruits de mer 36€. *3, rue de la Vieille-Gabelle **Évreux** Tél. 02 32 39 77 13 Ouvert mar.-ven. 12h-14h et 19h30-21h30, sam. 19h30-21h30, dim. 12h-14h*

La Gazette (plan 10, B2 n°13) Pour changer de l'ordinaire, testez cette référence gastronomique qui cuisine les produits du terroir au goût du jour. Les recettes régionales se teintent de créativité, mariant par exemple le tartare de Saint-Jacques à la mangue, avec vinaigrette aux fruits de la passion, ou l'escalope de foie gras poêlée aux carottes au miel de lavande en savarin. Menu à 24, 39 et 59€. Le chef propose également des cocottes à emporter (21-24€, à réserver la veille) et des cours de cuisine, avec préparation et dégustation d'un menu complet (69€, sam. matin et certains lundis ap.-m.) *7, rue Saint-Sauveur **Évreux** Tél. 02 32 33 43 40 www.restaurant-lagazette.fr Ouvert mar.-ven. 12h-13h30 et 19h-21h15, sam. 19h-21h15*

Ferme-auberge de la Côte blanche Dans la cour d'un beau corps de ferme du XVIIe siècle, près d'une carrière en bordure de la vallée de l'Eure, vous jugerez des bonnes conditions d'élevage des volailles qui batifolent dans la cour, pour mieux les apprécier ensuite dans votre assiette. Ambiance conviviale et cuisine régionale bien maîtrisée : poulet au cidre à la normande, canard au vin, tarte aux pommes. Menu unique, boisson comprise, à 30€. *Rue Côte-Blanche **Ézy-sur-Eure** (32km au sud-est d'Évreux) Tél. 02 37 64 73 60 Ouvert ven. soir, sam., dim. midi*

prix élevés

Hostellerie d'Acquigny Dans cet ancien relais de poste aux fenêtres fleuries, un couple de restaurateurs propose une gastronomie de belle facture, à base de produits frais issus des producteurs de la région. Croustillant de langoustines, pomme de ris de veau braisée à l'huile de noisette, le tout servi dans deux salles à la décoration soignée ou sur une terrasse ombragée. Belle carte de vins. Comptez de 36€ (menu du marché) à 66€ (menu découverte, 6 plats !). Formules à midi 27-29€. Soirées jazz chaque 3e jeudi du mois (menu spectacle 46€). *1, route d'Évreux (D71) **Acquigny** (18km au nord d'Évreux par la D155) Tél. 02 32 50 20 05 www.hostellerie-acquigny.fr Ouvert mar. 19h30-21h30, mer.-sam. 12h-14h et 19h30-21h30, dim. 12h-14h*

Hébergement

Vous n'aurez guère le choix en matière d'hébergement : les chaînes internationales qui s'alignent sur les grandes artères comblent en majeure partie le parc hôtelier. En revanche, on se loge facilement et pour un prix raisonnable.

petits prix

Hôtel de l'Orme (plan 10, B1 n°20) Un hôtel moderne en plein centre-ville proposant 39 chambres spacieuses et confortables ainsi qu'un bar privé. Wifi, câble et télé écran plat. Double à partir de 65€, mais offres intéressantes par Internet. Bon rapport qualité-prix. *13, rue des Lombards* ***Évreux*** *Tél. 02 32 39 34 12 www.hotel-de-lorme.fr*

La Roseraie À deux pas du château et du joli village d'Acquigny, les Heullant louent deux chambres de leur maison et trois autres dans une annexe, dont l'une est accessible aux handicapés. Simple mais confortable. Double à 47,50 et 54,50€, petit déj. inclus. *La Roseraie Quartier Saint-Mauxe (près de la mairie)* ***Acquigny*** *(20km au nord d'Évreux par la D155) Tél. 02 32 50 20 10 http://claude.heullant.monsite-orange.fr*

La Passée d'août Une ferme restaurée qui n'a rien perdu de son aspect champêtre. Pas un bruit dans les environs hormis celui des tracteurs qui passent. Les quatre vastes chambres, de couleur prune ou bleue, aux larges lits et armoires, portent des noms de céréales et l'hôtesse vous fera goûter ses confitures maison au petit déjeuner. Double à 60€, triple à 70€, petit déj. inclus. Table d'hôtes 20€ (sur réservation.). *Viviane Bertout 1, rue du Stade* ***Miserey*** *(10km à l'est d'Évreux par la N13) Tél. 02 32 67 06 24 www.lapasseedaout.fr*

Chambres d'hôtes La Huguenoterie Cette jolie longère n'est séparée d'un champ que par la route et une cour de gravier fermée par un portail. Les cinq chambres cosy et traditionnelles, aux poutres apparentes, à l'étage ou en rez-de-jardin, abritent de confortables salles de bains. Double 66€, triple 85€, petit déj. inclus. ***Jumelles*** *(16km au sud d'Évreux) Tél. 02 32 37 50 06 ou 06 33 19 36 45 www.lahuguenoterie.fr*

prix moyens

☺ **Ferme des Luthiers** Au cœur de la patrie des instruments à vent, elle ne génère pas la tristesse ! La bière coule à flots dans une grange du XVIIe siècle (p.400) et la salle de réception accueille l'été des concerts en tout genre. D'un studio perché dans la bergerie, on aperçoit la plaine par la lucarne. Dans une demeure attenante, on retrouve sa maison de campagne : livres d'enfants, jouets, lits gigognes ou mezzanine, tissus pimpants et plafonds mansardés. La ferme dispose de quatre chambres, dont un studio avec petite cuisine. Double à 70€ (65€ la deuxième nuit) avec petit déj. *12, rue Jacques-de-Hotteterre* ***La Couture-Boussey*** *(29km au sud-est d'Évreux) Tél. 02 32 36 26 23 www.lafermedesluthiers.com*

Hôtel-restaurant L'Étape de la vallée Au bord de l'Eure et en retrait de la rue principale de Pacy, ce vénérable hôtel-restaurant 2 étoiles propose 15 chambres dotées de literies confortables, de télés à écran plat et d'un accès wifi gratuit. Préférez les chambres n°1, 6, 14, 15 et 16 qui ouvrent sur la rivière. Double de 69 à 96€. Côté restaurant, la carte réjouira les amateurs de fruits de mer. Menus à 18,50€ (à midi), 28,50, 36,50 et 48,50€. *1, rue Isambard* ***Pacy-sur-Eure*** *(23km à l'est d'Évreux par la N13) Tél. 02 32 36 12 77*

☺ **Le Clos des Galinettes** Dans une maisonnette séparée de celle des propriétaires par un jardin arboré, les deux chambres, Eugénie et Salambo, vous accueillent au bord de la rivière. Piscine, terrasse "les pieds dans l'eau" : un bel endroit au calme pour recharger les batteries dans la vallée de l'Eure, à moins d'une heure de Paris. Double 85€ (25€ par pers.

supplémentaire). Table d'hôtes 25€. *12, rue du Dr-Roux* ***Garennes-sur-Eure*** *(35km au sud-est d'Évreux) Tél. 02 32 34 14 81 ou 06 24 79 31 49 www.le-clos-des-gallinettes.com*

prix élevés

Hôtel de Normandie (plan 10, B1 n°22) Un hôtel de charme, inespéré ici ! Cette belle maison à colombages où l'on pénètre par un porche se veut des plus accueillantes avec ses jardinières, ses fenêtres à petits carreaux et son intérieur cossu. Les dix-neuf chambres, équipées d'un authentique mobilier normand, donnent sur une courette ou sur la rue. Double de 76 à 115€, petit déj. 9€. Également un restaurant gastronomique avec terrasse en été : menus de 29 à 46€. *37, rue Édouard-Feray* ***Évreux*** *Tél. 02 32 33 14 40 www.hotel-restaurantdenormandie-evreux.fr Ouvert lun.-sam. 12h-14h et 19h30-21h15*

Chambres d'hôtes Fée maison (plan 10, B2 n°23) Situées en plein centre-ville, les deux grandes chambres aménagées au deuxième étage d'une maison de 1905 allient confort et élégance. Écran plat, petit salon, percolateur à disposition, douche à l'italienne et grand lit confortable. Décoratrice dans l'âme, votre hôte a pensé et embelli sa demeure pour que l'on s'y sente comme chez soi. Au rez-de-chaussée, la maison fait aussi salon de thé et boutique (p.396). Chambres 100 et 110€ (20€ supplémentaire par pers.), petit déj. inclus. *21, rue du Dr-Oursel* ***Évreux*** *Tél. 02 32 30 24 14*

☺ **Château du Bois de la Lune** Ce beau château néoclassique des années 1820, planté au milieu d'un parc de 3ha paysagé, à quelques minutes d'Évreux, abrite trois chambres d'hôtes, dont la décoration respecte l'histoire de la demeure. Chacune possède son propre caractère : la romantique et vaste "Dame verte", aux tons vert et mauve ; l'impériale "Cantecolombe" aux belles tomettes d'origine et à la charpente apparente ; et enfin la "Loewy", notre préférée, avec son style années 1930/1950 et son immense douche. Le petit déjeuner est pris dans la cuisine qui a gardé tout son charme d'antan. Enfin, un spa a été aménagé dans l'ancienne serre, ornée d'une vigne. Comptez de 130 à 140€ la double. *6, rue du Bois-de-la-Lune* ***Angerville-la-Campagne*** *(5km au sud d'Evreux par la D6154 dir. Nonancourt) Tél. 02 32 28 81 18 ou 07 86 30 14 77 rbonleu@orange.fr*

Chambres d'hôtes Château d'Émalleville Ce château du XVIIe siècle et son parc de 16ha (classés) abrite dans ses communs 6 chambres et 2 suites parentales de charme, dont une particulièrement séduisante aménagée dans l'ancien pigeonnier. Tout a été conçu pour offrir un séjour parfait, autant pour ceux qui sont en mal d'exercice que pour les plus contemplatifs : plongeon dans la piscine chauffée, parties de tennis endiablées sur les courts privés, promenade romantique dans le parc, ou encore lecture au coin de la cheminée.... Un de ces nids chic et douillets que l'on quitte à regret. De 120 à 160€, petit déj. compris. Wifi. *17, rue de l'Église* ***Émalleville*** *(10km au nord d'Évreux, prendre la D155 dir. Acquigny, puis 500m après le village du Boulay-Morin sur la gauche, dir. Émaleville ; l'entrée du château se situe devant l'église) Tél. 02 32 34 01 87 ou 06 14 49 24 20 www.chateaudemalleville.com*

VERNEUIL-SUR-AVRE

27130

Fondée en 1120 par Henri Ier Beauclerc, fils de Guillaume le Conquérant, roi d'Angleterre et duc de Normandie, Verneuil-sur-Avre, fortifiée et enceinte de douves défensives, servit pendant trois siècles de ville frontière entre le royaume de France et le duché de Normandie. Théâtre de sanglantes batailles pendant la guerre de Cent Ans, la cité passa plusieurs fois sous domination anglo-normande avant de devenir française pour de bon en 1449 et de connaître un essor architectural et culturel à la Renaissance. Épargnée par les bombardements de la Seconde Guerre mondiale, la petite cité a conservé intacts nombre de vestiges de son riche passé.

MODE D'EMPLOI

accès

EN VOITURE

Verneuil-sur-Avre se situe à 115km de Paris par la N12 via Dreux, 40km environ au sud-ouest d'Évreux via Conches-en-Ouche et à 103km de Rouen par la N154.

EN TRAIN ET EN CAR

Trains directs sur les lignes Paris-Montparnasse-Granville et Paris-Vaugirard-L'Aigle (environ 1h15). Verneuil est aussi relié en car à Évreux (ligne départementale n°360, assurée par Keolis), à L'Aigle (ligne n°620, VTNI) et à Dreux (ligne n°6 d'Eure et Loir, Transbeauce).

Gare *Pl. de la Gare Tél. 3635 www.voyages-sncf.com*

VTNI *Tél. 02 32 08 19 75 www.vtni27.fr*

Cars Transbeauce *Tél. 02 37 18 59 00 www.transbeauce.fr*

orientation

La place de la Madeleine, dominée par la tour de l'église du même nom, se repère à des kilomètres alentour. Véritable centre névralgique de la cité, elle est reliée aux anciennes fortifications par des rues distribuées en étoile.

informations touristiques

Office de tourisme Normandie Sud L'OT distribue un fascicule pour suivre les deux parcours fléchés : circuit historique (1h45), et circuit des fossés (1h). Il programme aussi (avr.-sept.) des visites guidées de la ville et de l'abbaye Saint-Nicolas avec ascension de la tour de la Madeleine. *129, pl. de la Madeleine Tél. 02 32 32 17 17 www.normandie-sud-tourisme.fr Ouvert juil.-août : tlj. 9h30-13h et 14h-18h ; sept.-juin : lun.-sam. 9h30-13h et 14h-18h*

Histoires en calèche Une balade tirée par des percherons avec un guide passionné qui conte l'histoire de la ville. Départ toutes les heures en été les mer., jeu. et dim. Durée 45min, tarif 6€, 3-11 ans 4€. Réservation auprès de l'OT. *Juil.-août : mer, sam.-dim.*

marchés

Marché Le grand marché de la région (une centaine de commerçants). *Pl. de la Madeleine Sam. matin dès 7h*

fêtes et manifestations

La Fête des Gueux Fête médiévale, avec tournoi, village d'artisans sur les promenades, banquet, concerts et défilés… *www.fete-des-gueux.com Fin mai-début juin*

Festival franco-québécois "La Vache et le Caribou" Cinq jours de concerts, récitals, films, marché de livres et de produits québécois, grand bal, expositions… *1re quinzaine d'août*

Les Mauvaises Graines Festival de rock, événement devenu incontournable de la scène normande. *Le Silo 46, rue de la Petite-Vitesse www.festival-mauvaisesgraines.fr 2 jours début sept.*

DÉCOUVRIR

☆**Les essentiels** L'église et la tour de la Madeleine **Découvrir autrement** Mêlez plaisir gourmand et découverte au Chocolatrium, admirez les vitraux de l'église Sainte-Foy de Conches-en-Ouche

Verneuil-sur-Avre

☺ **Vieille ville** Pour alimenter les profondes douves qui entouraient la ville sans risquer d'assécher l'Avre qui servait de frontière naturelle entre la France et la Normandie, son fondateur, Henri Ier Beauclerc, détourna la rivière Iton, distante d'une dizaine de kilomètres, en un "bras forcé". Ces vénérables fossés existent toujours et une promenade fléchée (en vert) les longe, dévoilant entre le boulevard Casati et la ruelle du Goulet les ruines du fort Goulet et de la tour Gelée, deux vestiges des remparts. Autour de l'immense place de la Madeleine, cœur de Verneuil, et dans les petites rues rayonnantes s'alignent des **maisons à pans de bois** et des **hôtels particuliers** datant du XVe siècle au XVIIIe siècle. À l'angle de la rue de la Madeleine et de la rue Canon, et à l'angle de la rue Notre-Dame et de la rue du Pont-aux-Chèvres, ne manquez pas deux exemples raffinés de façades en damier typiques de l'architecture régionale du XVe-XVIe siècle. Au n°136 de la rue des Tanneries subsiste une maison aux portes travaillées, environnée de sculptures. Au bout de la rue des Trois-Maillets pointe une **tour** du XVIe siècle… et l'on pénètre dans le sanctuaire à ciel ouvert de l'ancienne **église Saint-Jean** : les bombardements de 1944 ont épargné son clocher et une très belle façade à arcade en grison ou mâchefer. Composée de fragments de silex enduits d'un ciment ferrugineux, cette matière très utilisée ici convenait jadis à l'architecture militaire, dont la **tour Grise** reste le meilleur exemple. Bâtie au XIIIe siècle par Philippe Auguste, cet imposant donjon avait pour fonction de défendre le roi de France contre les Vernoliens, restés partisans du duché de Normandie ! La tour Grise est aujourd'hui un lieu d'exposition. On peut y monter lors des Journées du patrimoine (3e w.-e. de sept.). Derrière la tour, un petit pont de bois conduit au parc Faugère, un agréable lieu de promenade traversé de ruisseaux.

☆**Église et tour de la Madeleine** Monument emblématique de Verneuil culminant à 56m et dominant la ville et ses environs, la **tour de la Madeleine** fut commencée en 1465. La légende raconte qu'elle fut construite avec les indulgences payées par les bourgeois locaux qui ne respectaient pas le jeûne pendant le carême. Bâtie sur trois niveaux, elle paraît de plus en plus délicate et légère au fur et à mesure qu'elle s'élève. Son sommet sculpté en double diadème de fine dentelle de pierres est un prodigieux exemple de l'art gothique flamboyant. De l'église attenante originelle ne demeurent que la façade et la nef du XIIe siècle. Elle renferme d'éclatants vitraux du XVe-XVIe siècle et une série de statues polychromes – dont une *Vierge à la pomme* (XVe s.) et une *Mise au tombeau* (XVIe s.) particulièrement saisissante –, ainsi qu'un orgue classé (1753) construit par le facteur Jean-Baptiste Lefèvre. Un cénotaphe évoque une grande figure de la ville, le chef de la chouannerie normande Louis de Frotté, fusillé le 18 février 1800. *Ouvert tlj. 8h-18h (été 20h)* **Tour de la Madeleine** *Visite guidée sur rés. à l'OT*

BALADE À BICYCLETTE

La **voie verte des Bois francs**, un agréable itinéraire goudronné (les paysages champêtres succèdent aux passages en sous-bois) vous conduira en 8,5km et 30min env. de Verneuil-sur-Avre au village des Barils, à l'ouest. Départ de l'avenue Pasteur, à proximité du cimetière.

Église Notre-Dame Entrez dans cette église d'origine romane pour y admirer une austère *Vierge dolente*, un *Saint Jean* en bois du XIVe siècle et de nombreux saints sculptés dans les ateliers de Verneuil au XVIe siècle. *Ouvert tlj. 8h-18h30*

Espace Saint-Laurent L'ancienne église des XVe et XVIe siècles, désaffectée à la Révolution et qui servit tour à tour de tribunal, de salle de réunions politiques et d'atelier de charronnage, a été réaménagée en lieu d'exposition et de spectacle. À l'occasion d'une visite ou d'une manifestation, vous pourrez admirer sa charpente en forme de coque de navire renversée. Ne manquez pas la vue sur la ville à travers l'énorme œil-de-bœuf. *Rue Notre-Dame Tél. 02 32 32 72 41 Ouvert lors d'expositions temporaires*

Les environs de Verneuil-sur-Avre

Pays d'Avre et d'Iton

Francheville Au XIXe siècle, ce village minuscule à placette unique comptait près d'un forgeron par foyer ! Un petit **musée de la Ferronnerie** rappelle qu'ils se spécialisèrent dans la bourrellerie : exposition de mors, selles, attelles, soufflets de forge... On y observe aussi le mécanisme de l'ancienne horloge de l'église Saint-Martin (XVIe s.). D'extérieur austère, avec son beffroi recouvert de grison, elle possède en fait un riche mobilier Renaissance. *10km au nord-ouest de Verneuil par la D56* **Musée** *Pl. Modeste-Leroy Tél. 02 32 60 18 89 Ouvert Pâques-oct. : dim. et j. fér. 15h-19h Tarif 2,50€, moins de 13 ans gratuit*

Breteuil Bourg insouciant, aux confins d'une forêt, il garde comme souvenir de son château aujourd'hui disparu le "bras forcé" de l'Iton creusé en 1055 par Guillaume le Conquérant pour protéger l'enceinte. Les douves profondes servent désormais d'étang et de pièce d'eau à un jardin public poétique. Son église Saint-Sulpice, bâtie en grison, comprend des piliers et une tour romane du XIIe siècle, et un précieux buffet d'orgue en bois du XVIe siècle, orné de douze statuettes d'anges musiciens. *14km au nord de Verneuil par la D856*

Tillières-sur-Avre Un pan de mur et une porte à arcade enjambant la rue du Fort témoignent de la plus ancienne place forte normande, qui remonte à 1017. En empruntant la rue du Château, on domine la vallée et les toits du haut d'un jardin. À l'entrée du village, la discrète église Sainte-Hilaire, remodelée au XVIe siècle, cache des joyaux de clés pendantes baroques, finement ciselées. *10km à l'est de Verneuil sur la N12*

Nonancourt Fortifiée au XIIe siècle par Henri Beauclerc, la ville s'étale au bord de l'Avre sur le tracé des anciens remparts et offre de jolies promenades le long de la rivière, jalonnée de petits ponts. Des ruelles creusées de rigoles rejoignent la place Aristide-Briand et ses antiques maisons à colombages. Au centre, l'église Saint-Martin (visite guidée organisée par l'OT) se remarque avec sa tour-clocher octogonale munie de clochetons en encorbellement (XIIe s.). *20km à l'est de Verneuil*

● Où visiter un élevage d'escargots, goûter les croquilles ?

L'Escargot des Marnières À la ferme des Marnières, un couple d'héliciculteurs cuisine et conditionne des escargots qu'ils élèvent en plein air. En coquilles, en "croquilles", en bouchées, court-bouillonnés en verrine... il y en a pour tous les goûts. ***Tillières-sur-Avre*** *(10km à l'est de Verneuil sur la N12, dir. Dreux) Tél. 06 71 71 16 03 Ouvert tlj. 15h30-19h Visite et dégustation mai-sept. : tlj. ap.-m., tarif 5,50€*

● Où acheter du foie gras ?

GAEC Ferme de Buray Canards, poulets, pintades, canettes, dindes ou chapons : dans ce joli corps de ferme, vous les trouverez déjà cuisinés de façon artisanale, en bocaux, sous vide ou prêts à rôtir. Visite de l'élevage sur rdv. *3, chemin des Brosses* ***La Madeleine-de-Nonancourt*** *(22km à l'est de Verneuil, dir. Dreux) Tél. 02 32 58 32 06 Ouvert lun., mer. et ven.-sam. 10h-19h ; jeu. 14h-18h*

● Tout savoir sur le chocolat en s'amusant

Chocolatrium Dans les locaux de l'entreprise familiale Cluzel, chocolatier installé dans la région depuis 1948, un parcours ludique en cinq étapes retrace l'"odyssée" du chocolat et les procédés de sa transformation, de la fève de cacao aux ballotins des boutiques parisiennes. Exposition, film, visite de l'atelier, reconstitution d'un atelier d'autrefois, et, pour conclure, l'inévitable magasin où parfaire par le goût son initiation au chocolat. *Av. de Conches* ***Damville*** *(20km au nord-est de Verneuil) Tél. 02 32 35 20 75 www.chocolatrium.com Ouvert mar.-sam. 10h-17h (dernière visite à 16h45) Tarif 5,50€, 6-18 ans 4€, moins de 6 ans gratuit*

● Nager dans une bulle tropicale

Center Parcs des Bois-Francs Parmi de nombreuses activités (équitation, golf, tennis, tir à l'arc, parcours accrobranche, quad...), ce parc résidentiel dans les bois offre l'accès au luxuriant Aqua Mundo, parc aquatique avec piscines à vagues et torrents dans une eau chauffée à 29°C. Tickets à la journée jusqu'en nocturne. Avant d'atteindre l'entrée, ne manquez pas de jeter un coup d'œil au passage sur le château des Bois-Francs et ses façades décorées dans le style Louis XIII. Attention, réservation obligatoire (places limitées). Tarif journée 36€ (20,50€ à partir de 16h), 4-12 ans 16,50€, moins de 4 ans gratuit. ***Les Barils*** *(2km à l'est du village, 8,5km à l'ouest de Verneuil) Tél. 0891 70 00 27 www.journee-centerparcs.fr*

● Cavaler dans les sous-bois

Chevauchées du Genetay Ce centre équestre propose des randonnées à la journée et des promenades de 1 à 3h sur les pistes et les chemins de la campagne et des forêts environnantes. Pour tout type de cavaliers, du confirmé au débutant, et des chevaux adaptés à tous les niveaux. Promenade à poneys pour les enfants. Promenade 20€/1h, 70€/j. ***Saint-Christophe-sur-Avre*** *(10km à l'ouest de Verneuil) Tél. 06 64 39 57 06 (Grazziella) Ouvert toute l'année*

☺ Conches-en-Ouche

À 20km à peine d'Évreux, la capitale du pays d'Ouche, bourg d'artisanat et de maisons traditionnelles, domine la vallée féconde du Rouloir. En 1034, elle existait de longue date lorsque les seigneurs de Tosny en héritèrent. Ils construisirent le donjon à la fin du XIe siècle ; il se dresse toujours à l'entrée de la ville. Au retour d'un pèlerinage à Saint-Jacques-de-Compostelle, Roger de Tosny s'arrêta à Conques-en-Rouergue, où l'on rend un culte à sainte Foy, et en rapporta les reliques sur son fief. L'église Sainte-Foy, bâtie au XIe siècle et reconstruite au XVIe, possède l'un des plus harmonieux ensembles de l'art

Visites et activités avec des enfants

verrier du XVIe siècle. Il fut réalisé en deux temps par l'abbé Le Vavasseur et des artistes de diverses écoles. Les vitraux du chœur illustrent dans le registre inférieur la vie de la sainte martyre et, au niveau supérieur, la Passion du Christ. *25km au nord de Verneuil par la D840* **Maison du tourisme** *Pl. Aristide-Briand Tél. 02 32 30 76 42 www.conches-en-ouche.fr*

Musée du Verre Ce musée présente les œuvres de François Décorchemont (1880-1971) et celles de ses petits-fils Étienne et Antoine Leperlier. Ce dernier, célèbre maître dans l'art de la pâte de verre, fonda une académie d'art à Conches et décora plusieurs églises de l'Eure après la guerre de 1939-1945. *Route de Sainte-Marguerite Tél. 02 32 30 90 41 http://museeduverre.fr Ouvert mars-nov. . mer. dim. 14h 18h Tarif 3€, moins de 16 ans gratuit*

Musée du Pays de Conches Au centre d'un arboretum de 200 arbres, dont de nombreux pommiers, intégré au parc du Rouloir, cet écomusée retrace la vie et l'artisanat dans le pays d'Ouche du XIXe siècle aux années 1950. Avec un bâtiment entièrement dédié à la pomme et un four à pain. *Rue du Dr-Paul-Guilbaud Tél. 02 32 37 92 16 Ouvert juin-sept. : mer.-dim. 14h-18h Tarif 3€, moins de 16 ans gratuit*

PLAINES DE L'EURE

CARNET D'ADRESSES

Restauration, hébergement

petits prix

Ferme de la Troudière Deux grandes chambres bien tenues et à petit prix dans une exploitation agricole qui propose aussi des gîtes pour six personnes. Chambre double 49€, gîtes 330€/sem. en haute saison, week-end (basse et moyenne saisons) 150-170€. *Lieu-dit La Troudière* ***Breux-sur-Avre*** *(12km à l'est de Verneuil-sur-Avre) Tél. 02 32 32 50 79 http://latroudiere.free.fr*

prix moyens

Le Collectionneur gourmand Maquettes de bateaux et d'avions, soldats de plomb au garde-à-vous dans des vitrines, vieilles mignonnettes de parfum, trains électriques...ces objets amassés des années durant par le propriétaire, collectionneur invétéré, sont tous à vendre. Au plaisir des yeux s'ajoute celui d'une bonne table traditionnelle dont la carte varie au fil des saisons. Cheminée l'hiver, terrasse l'été. Menus à 16€ (à midi), entrées 5-13€, plats 13-23€, desserts 6-9€. *Ruelle de l'Abreuvoir* ***Verneuil-sur-Avre*** *Tél. 02 32 60 11 11 Ouvert avr.-août : tlj. midi et soir ; sept.-mars : lun. soir, mar.-sam. midi et soir, dim. midi*

Hôtel-restaurant du Saumon Sur la place centrale, lieu de passage et de convivialité, et à proximité des terrasses de café, cet ancien relais de poste ne saurait être mieux situé. Les 29 chambres et la salle à manger se parent de légers papiers à fleurs, courants dans la région. Literies moelleuses et sympathique corbeille de croissants le matin (double de 48 à 74€, petit déj. 9€). Son restaurant sert le saumon sous toutes ses formes : en escalope, en tartare, en salade, grillé, cru, fumé. Formule à 12€, menus à 19,

24, 38 et 58€. À la carte, 30-35€. Terrasse en saison. *89, pl. de la Madeleine* ***Verneuil-sur-Avre*** *Tél. 02 32 32 02 36 www.hoteldusaumon.fr Ouvert nov.-mars : lun.-sam. 12h-14h et 19h30-21h, dim. midi*

Hôtel-restaurant Le Cygne Derrière le porche de cet établissement au charme désuet, vous trouverez calme et verdure. Si deux des treize chambres (bien équipées : wifi gratuit, TV à écran plat) dominent un parc, les autres ouvrent sur un patio embelli de plantes vertes. L'hiver, il fait bon s'approcher de la superbe cheminée du restaurant, tandis que, en cuisine, s'active le chef (clafoutis de courgettes et de langoustines, cube croustillant au chocolat...). Menus de 20 à 29€. Double de 50 à 57€, petit déj. 8€. *2, rue du Dr-Paul-Guilbaud* ***Conches-en-Ouche*** *(25km au nord de Verneuil par la D840) Tél. 02 32 30 20 60 www.lecygne.fr Ouvert mar.-jeu. et sam. midi et soir, ven. soir, dim. midi*

Manoir Les perdrix Au cœur d'un parc de 4ha, cette élégante demeure de style anglo-normand abrite cinq chambres d'hôtes tout confort (certaines équipées de balnéothérapie) avec vue sur le parc (où l'on peut faire du tir à l'arc). Double 90€ en haute saison (75-90€ sinon), chambre familiale 90-100€. Table d'hôtes 28€, panier pique-nique 10€. *Lieu-dit Les Marnières* ***Tillières-sur-Avre*** *(sur la N12 entre Verneuil et Nonancourt) Tél. 06 21 21 08 52 www.manoirlesperdrix.fr*

prix élevés

Chambres d'hôtes La Trimardière Au cœur du Verneuil historique, cette belle demeure du XVIIIe siècle allie calme, élégance et authenticité. Les salons aux parquets cirés donnent sur le grand jardin aux buis bien taillés. Au premier étage, les cinq chambres (dont une suite), spacieuses et confortables, sont meublées avec goût. Et, aux beaux jours, le petit déjeuner est servi dans le jardin. Double de 110 à 130€. *Mme Aranda 366, rue Gambetta* ***Verneuil-sur-Avre*** *Tél. 02 32 30 28 41 ou 06 30 50 83 08 www.latrimardiere.com*

Château de la Puisaye Comme un joyau de pierres blanches au milieu d'un parc giboyeux de 19ha, ce château Napoléon III vous offre la vie de... château : en plus des cinq chambres très claires situées aux premier et second étages, vous pourrez profiter des salons et de la salle à manger du rez-de-chaussée, avec de belles cheminées, un piano et des bibliothèques remplies de livres anciens. Envie d'une pause zen ? Filez au sauna pour une séance aroma et luminothérapie. Le vaste potager du domaine alimente le copieux repas de la table d'hôtes. Chambre double de 98 à 128€. Table d'hôtes 35 ou 55€, plateau repas 16€. *M. et Mme Costes-Brook* ***Verneuil-sur-Avre*** *(de Verneuil, D839 dir. Chartres, puis 400m à gauche D56 dir. Senonches ; entrée du château à 1,5km) Tél. 02 32 58 65 35 ou 06 85 07 61 24 www.chateaudelapuisaye.fr*

GAMME DE PRIX	RESTAURATION	HÉBERGEMENT
Très petits prix	moins de 10€	moins de 40€
Petits prix	de 10 à 20€	de 40 à 70€
Prix moyens	de 20 à 35€	de 70 à 100€
Prix élevés	de 35 à 50€	de 100 à 150€
Prix très élevés	plus de 50€	plus de 150€

BERNAY

27300

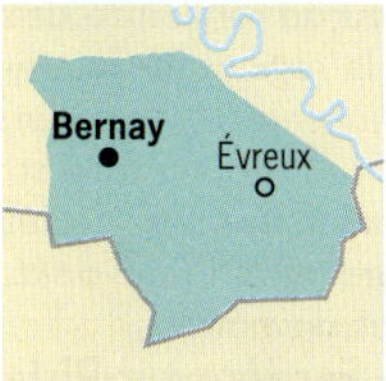

Rien ne semble troubler la cité heureuse qui doit son nom à Alexandre de Bernay, le poète qui inventa l'alexandrin. Écrivain normand du XIIe siècle, il fut le premier à utiliser le vers de deux hémistiches de six syllabes chacun dans l'*Alexandriade*. À l'origine simple marais exploité par les moines, la cité s'est ensuite développée autour des foires, marchés, industries drapières et industries textiles grâce aux bienfaits d'une abbaye influente et de la présence de l'eau. Calée entre ses deux rivières, cette "chenille le long d'une rose", selon les mots de Mme de Staël, resplendit de maisons médiévales et Renaissance aux sculptures intrigantes. Elles offrent des décors de théâtre à des fêtes de rue, concerts et brocantes dans les rues Thiers et Gaston-Follope, tandis que l'abbatiale du XIe siècle prête gracieusement ses murs à de nombreuses manifestations. Au sud de la ville, les rues paisibles autour de Notre-Dame-de-la-Couture – la paroisse des champs – se souviennent d'un quartier ouvrier dynamique au temps où les rubaneries régnaient.

MODE D'EMPLOI

accès

EN VOITURE
De Brionne au nord-est (25km) ou d'Alençon au sud-ouest (88km), on rejoint la ville par la D438. Pont-Audemer se situe 34km au nord par la D834, 30km à l'est de Lisieux et 50km à l'ouest d'Évreux par la D613 (ancienne N13).

EN TRAIN
La ligne Paris-Caen-Cherbourg s'arrête à Bernay (env. 1h20).
Gare SNCF *Bd Dubus Tél. 3635 www.voyages-sncf.com www.ter-sncf.com*

EN CAR
Un service départemental de car (ligne n°420, assurée par VTNI) navigue entre Pont-Audemer et Bernay en 35min : arrêt et départ devant leurs deux gares SNCF (5 AR/j. en moyenne., 1 à 2 le week-end).
VTNI *Tél. 02 32 08 19 75 www.bus-region.fr www.vtni27.fr*

orientation

La rivière du Cosnier au nord et celle de la Charentonne au sud délimitent le centre ancien et se rejoignent derrière l'église Sainte-Croix. Entre les deux s'étend la rue Thiers, la principale artère.

fêtes et manifestations

Salon des vieux papiers Achat-vente de livres anciens, de cartes postales, etc. *Mi-fév.*
Fête des antiquaires Un rendez-vous important pour les amateurs de meubles anciens. *Dans l'abbatiale W.-e. de Pâques*
Manifestation de tracteurs-pulling Une compétition internationale de tracteurs qui attire les foules. Chaque

moteur est mis à l'épreuve en tirant un poids de plus en plus lourd sur une distance minimale. *www.bernaypulling.com 1er w.-e. de juin (nocturne et feux d'artifice le sam. soir)*

Les bouquinistes au bord de l'eau Est-ce l'attrait de la rivière ? Au mois de juin, les bouquinistes déballent leurs trésors sur ses berges, dans la rue Gaston-Foloppe, dite "rue des Antiquaires", et sous la halle. *Un dim. en juin*

Son et Lumière du Blanc-Buisson Depuis 1995, ce spectacle redonne vie à un superbe château médiéval (p.418). *27330* ***Saint-Pierre-du-Mesnil*** *(21km au sud de Bernay) Tél. 02 32 46 45 68 En juil.*

Puces de printemps et d'hiver Cormeilles attire depuis des années antiquaires, brocanteurs et décorateurs, cf. La Chine en Normandie (p.416). ***Cormeilles*** *Un dim. en avr. et le 2e dim. d'oct.*

La Voie du lin Une manifestation qui met en valeur la culture emblématique du pays de Neubourg, et qui est accueillie dans les différentes communes de la région. *www.paysduneubourg.fr Début juin (années impaires)*

marchés

Marché traditionnel de Bernay Très vivant, c'est le lieu de rencontre des producteurs de la région. *Pl. Sainte-Croix (et rues adjacentes) Mer. matin, sam. matin*

Marchés de Cormeilles *Ven. matin (traditionnel), dim. matin (juil.-août, campagnard avec animations)*

Marchés de La Ferrière-sur-Risle *Dim. matin, 3e dim. du mois (brocante), 1er mai ("foire à tout")*

informations touristiques

Office de tourisme de Bernay Il fournit une bonne documentation sur le département et quelques brochures sur la ville dont un circuit historique balisé : "L'eau, la pierre et le bois". Accueil aimable et serviable. *29, rue Thiers Tél. 02 32 43 32 08 www.bernaytourisme.fr Ouvert mi-juin-mi-sept. : lun.-sam. 9h30-18h, dim. et j. fér. 10h-13h ; mi-sept.-mi-juin : lun.-sam. 9h30-12h30 et 14h-17h30*

DÉCOUVRIR

Bernay

☆ **Les essentiels** Le musée des Beaux-Arts, l'abbatiale Notre-Dame **Découvrir autrement** Suivez le circuit "L'eau, la pierre et le bois", initiez-vous au golf écolo, offrez-vous un goûter champêtre à la ferme de la Bretterie

Vieille ville Figures grotesques, visages, personnages costumés abondent sur les façades à pans de bois. La pittoresque et animée rue Gaston-Follope (ou rue des Antiquaires) rassemble les plus anciennes. Ses demeures de guingois, du XVe et du XVIe siècle, à pignons, à encorbellements et à ouvertures basses, abritent des cafés et des boutiques. Remarquez celle du n°22, un bouquiniste. Au bout de la rue coule le Cosnier, que l'on franchit par un pont-placette, avant de longer les rues des Sources et du Chanoine-Porée. De là s'éparpillent des ruelles tout juste assez larges pour le passage. Rue Thiers, un véritable musée d'architecture, vous observerez au n°34 l'un de ces porches qui protégeaient autrefois les habitants des

AU FIL DE L'EAU Suivez le circuit "**L'eau, la pierre et le bois**", une promenade balisée de 1h30 au fil des ruelles médiévales, des abbayes et des églises, des rus et des canaux, omniprésents dans la ville. Départ de l'OT, où vous pourrez retirer une brochure explicative.

intempéries. La maison qui le porte s'orne de motifs de feuilles en briquettes et de rageurs boudeurs. Une autre tête sculptée, souriante celle-là, décore la demeure du n°8 de la rue de la Sous-Préfecture, au côté d'une résidence du XVIIIe siècle à double face, l'une en brique, l'autre à colombages. Cette rue mène à la Charentonne, d'où part une allée piétonne le long du cours d'eau. En poursuivant au sud, rue de la Charentonne, le moulin de la Grosse Tour, au n°16, marque l'un des sites d'une ancienne forteresse. Juste après la place de Verdun à l'ouest, dans la rue du Général-de-Gaulle, ne manquez pas l'hôtel des Gabelles bâti en 1750 par l'architecte Jacques-Ange Gabriel, et ses ornements en forme de masques, d'instruments et d'animaux.

☆☺ **Musée des Beaux-Arts** Ce beau bâtiment du XVIe siècle en damier rouge et blanc abritait la demeure de l'abbé commanditaire. En 1866, l'archéologue-écrivain-peintre Lottin de Laval (1810-1903) y conçut une muséographie inspirée du salon Carré du Louvre et en devint le premier conservateur. Outre les peintures Renaissance des écoles hollandaise, flamande, italienne, Rembrandt (1606-1669), Pieter Bruegel (vers 1525-1569), Nicolas Poussin (1594-1665), etc., le musée expose les œuvres du cubiste avant-gardiste André Mare (1885-1932), dont le pinceau génial inspira le camouflage utilisé durant la Première Guerre mondiale. Une petite salle recèle d'admirables faïences de Rouen et de Delft, léguées au musée par les notables bernayens : plats, vases, vinaigriers, porte-huiliers ornés de fleurs et de fruits sur des camaïeux bleus. Pour finir, une exposition originale vous attend au sous-sol : en tirant des tiroirs, on découvre des costumes d'arts et traditions populaires, des rubans de la dernière rubanerie de la ville, des chaperons de charité… à côté du sarcophage en plomb de Judith de Bretagne (XIe s.). *Pl. Guillaume-Volpiano Tél. 02 32 46 63 23 Ouvert mi-juin-mi-sept. : mar.-dim. 11h-18h ; mi-sept.-mi-juin : mar.-dim. 14h-17h30 Tarif (visite de l'abbatiale Notre-Dame incluse) 4€, réduit 2,30€, moins de 16 ans, mer. et 1er dim. du mois gratuit*

☆☺ **Abbatiale Notre-Dame** Construite entre 1013 et 1050 par un moine-architecte surdoué, Guillaume de Volpiano, elle influença l'éclosion de l'art roman normand et joua un rôle important dans le développement de Bernay. À la fin du Xe siècle, Judith de Bretagne reçut en dot le douaire de Bernay lors de son mariage avec le duc de Normandie Richard II. Elle y fonda cette abbaye, mais mourut en 1017 sans la voir achevée et fut enterrée dans l'église abbatiale. Une communauté de moines dépendant de l'ordre de Fécamp s'y établit. Au cours des siècles, l'édifice subit bien des ravages – un incendie au XIIIe siècle, la guerre de Cent Ans, une révolte de paysans au XVIe siècle. Au XVIIe-XVIIIe siècle, la congrégation des mauristes le redressa, mais, après la Révolution, il perdit sa fonction. Grâce à une restauration active dans les années 1960, l'église aux piles nues offre un exemple de l'architecture primitive romane dans sa quasi-intégralité. Exceptionnellement haute pour l'époque, elle s'échelonne sur trois niveaux, et ses motifs de chapiteaux s'inspirent d'enluminures. Son chevet, disparu au XIXe siècle, a été reconstruit récemment en essentes de châtaignier. *Pl. de l'Hôtel-de-Ville Tél. 02 32 46 63 23 Accès avec le musée des Beaux-Arts*

☺ **Église Sainte-Croix** L'imposante paroisse du centre-ville, bâtie du XIVe au XVe siècle, se remarque dès l'arrivée à Bernay. Mais elle doit surtout sa réputation à son mobilier précieux, provenant en partie de l'abbaye du Bec-Hellouin : les dalles funéraires des abbés du Bec, dont celle de Guillaume d'Auvillars (1418), un maître-autel (XVIIe s.) en marbre mauve surmonté d'anges dorés, que l'on attribue au moine-sculpteur Guillaume de La Tremblaye, une série de statues (fin XIVe s.) d'apôtres presque grandeur nature, et celles (XVIIe s.) en terre cuite de saint Benoît et de saint Maur. Tout au long de la nef, les vitraux du maître verrier Duhamel-Marette (1883), riches de nombreuses scènes, émerveillent le visiteur. *Au bout de la rue Thiers (au nord)*

Église Notre-Dame-de-la-Couture Selon la légende, des moutons auraient trouvé dans les champs une *Vierge à l'Enfant* que l'on baptisa Notre-Dame-de-la-Culture (Couture). Le site devint alors un lieu de pèlerinage. On y situe un premier sanctuaire dès l'époque mérovingienne, mais l'édifice actuel date du XIVe siècle : il abrite des verrières de même époque près du chœur et une belle Vierge en bois polychrome vêtue de velours. Une confrérie de charité s'y rassemble le lundi de Pentecôte. Sur un mur extérieur, vous pourrez observer d'émouvantes empreintes, des graffitis laissés au fil du temps par des pèlerins. *Rue Taillefer (1km au sud de la gare) Ouvert tlj. 9h-18h*

● Où trouver une librairie militante ?

Librairie Rouge et Noir Dans la rue dite des Antiquaires, une librairie associative pleine de vie et de vieux livres où souffle un vent libertaire... Polars, romans, BD, poésie, sciences humaines, mais aussi des CD. Vous êtes sûr d'y faire des trouvailles ! La librairie organise également des signatures, dédicaces et des soirées thématiques à la MJC locale. *22, rue Gaston-Folloppe Tél. 06 83 09 66 50 Horaires variables, les membres de l'association ouvrent les portes après leur journée de travail et le w.-e.*

● Où acheter des produits du terroir ?

La ferme de Julien Installé sur un carrefour routier important, ce lieu fait office de magasin de primeurs, de charcuterie, d'épicerie, de crémerie et de boulangerie, uniquement du terroir : fruits et légumes du jardin, terrines de la ferme, viandes du pays, cidres bouchés, beurre, fromages, pains de blé normand, issus de toute la région. Également un self-service. *Carrefour de la Bretagne **Boissy-Lamberville** (7km au nord de Bernay, croisement D613 et D834) Tél. 02 32 46 81 86 Ouvert mer.-sam. 9h-19h, dim. 9h-13h*

● Où boire un verre ?

Café de l'Agriculture Il s'en passe des choses, au café philo ! Deux fois par mois, des groupes de réflexion vont y débattre et des concerts de jazz, rock ou reggae y retentissent de temps à autre. Sur sa terrasse ou sur ses banquettes de cuir, chacun boit un verre, regarde la télévision, joue à des jeux de société, épluche un journal, ou grignote un en-cas sur un coin de table. *38, rue du Général-de-Gaulle Tél. 02 32 43 06 00 Ouvert tlj. 8h30-1h*

Le Brin d'Zinc Ce bar d'ambiance fait l'unanimité : tout le monde se donne rendez-vous dans ses salles basses où la musique se maintient à un volume parfait pour laisser place au bavardage. Une fois assis, vous risquez de ne plus repartir : des jeux de dames, de vieilles guitares aux murs et une bonne sélection de CD vous retiennent. En été, Hervé, le patron, organise des concerts le vendredi soir, qui débordent gaiement sur la rue. *32, rue Gaston-Follope www.lebrindzinc.com Ouvert mar.-ven. 16h-1h, sam. 10h30-1h*

● Pratiquer le golf bio

Golf pastoral de la Charentonne Pourquoi pastoral ? Pour retourner aux racines d'un sport autrefois pratiqué par des bergers écossais, et parce que ce sont des espèces rares de poneys et de moutons qui assurent la tonte du parcours. À 5min à pied du centre de Bernay et à proximité de la Voie verte, ce golf écolo de 9 trous mélange sport et respect de la nature sur 13ha. Accessible à tous, du débutant au confirmé. Practice, cours et location de matétiel. Tarif green fee 9 trous 20€ en semaine, 25€ le week-end ; practice 22,50€ pour 10 seaux. *177, rue Val-de-Couture Tél. 02 32 43 26 42 ou 06 45 86 45 56 www.golf-charentonne.fr*

● Faire une escapade à vélo

Voie verte Bernay-Broglie Sur l'ancien tracé d'une voie ferrée, une voie verte de 13km permet de rallier Bernay à Broglie le long de la vallée de la Charentonne. À pied, à vélo, en rollers… Départ à proximité de la gare ou rue du 8-Mai. Rens. à l'OT. *www.voiesvertes.com*

● S'offrir un goûter à la ferme

Ferme de la Bretterie Vous trouverez dans cette ferme pédagogique des gelées de cidre en pots de toutes tailles, un pommeau de 6 à 10 ans d'âge, et un cidre demi-sec à emporter à l'unité, par trois ou par six. En faisant provision, vous découvrirez un pressoir "à longue étreinte" du XVIIe siècle, une curiosité locale. Les enfants peuvent se joindre à un groupe pour visiter la basse-cour, assister à la traite, à l'alimentation des agneaux, etc. Des goûters champêtres à base de fromages, cidre et pain de campagne sont proposés. Téléphonez à l'avance pour y prendre part. Visite cave avec dégustation 4€, enfant 3,50€, goûter 6,50€, cave avec dégustation et goûter 10€. *2, rue Allaume-le-Bret* **Carsix** *(7km de Bernay par la D438 puis la D31, indiqué par pancartes) Tél. 02 32 46 16 25 labretterie@orange.fr*

Les environs de Bernay

☆ **Les essentiels** L'abbaye du Bec-Hellouin, le château du Champ-de-Bataille **Découvrir autrement** "Escaladez" la nef de l'église Saint-Croix à Cormeilles, dégustez une glace au camembert à la ferme du Bois Louvet, suivez la Risle à vélo, promenez-vous dans l'arboretum du château d'Harcourt

Cormeilles et ses alentours

Cormeilles Adossé à des vallons, arrosé par la Calonne, ce joli bourg s'ancre au départ de randonnées à travers prés et champs. La richesse de ses commerces évoque une tradition agricole ancestrale : jadis, un marché au beurre se tenait sous une halle destinée à garder les mottes au frais. Malgré les bombes tombées à proximité pendant la Seconde Guerre mondiale, le village a conservé ses maisons Renaissance. En haut de la rue de Pont-Audemer, fief d'artisans et de drapiers au XIXe siècle, la plus ancienne soutient ses consœurs à bout portant. Le peintre et sculpteur Joao Miranda y a son atelier. Une frise qu'il retrouva sur une poutre permet de dater la maison des environs de 1500. Sur le mont Mirel qui domine un panorama de toits en ardoise, l'église Sainte-Croix (des XIIe, XVe et XIXe s.) recèle une curiosité unique en Normandie : poursuivant la montée, sa nef s'élève en pente douce vers l'autel, hissant ce dernier au niveau des orgues ! L'obscurité renforce l'ambiance intimiste et fait ressortir une série de dix-neuf vitraux aux couleurs contrastées. Tous datent du XXe siècle et le maître verrier Guays-Merigot a signé bon nombre d'entre eux en 1949. Pour découvrir la ville, munissez-vous du dépliant gratuit proposé par l'OT, ou louez un audioguide (3€). *26km au nord-ouest de Bernay*

LA CHINE EN NORMANDIE
Depuis plusieurs années, Cormeilles a vu s'implanter une quinzaine d'antiquaires, de brocanteurs et de décorateurs qui renouent avec le passé commerçant de la ville. Ils sont en première ligne lors des puces de printemps (un dim. en avr.) et d'hiver (le 2e dim. d'oct.) qui réunissent chaque année plusieurs centaines d'exposants.

Office de tourisme du canton de Cormeilles *21, pl. du Général-de-Gaulle Tél. 02 32 56 02 39 www.office-tourisme-cormeilles.com Ouvert juil.-août : lun.-sam. 10h-19h, dim. 10h-13h ; sept.-juin : mar.-sam. 10h-13h et 14h-18h*

Où remplir son panier de volailles ?

Ferme de la Houssaye S'il est un animal que la pluie normande ne dérange pas, c'est le canard, sur lequel glissent les gouttes et qui s'empiffre volontiers d'herbe fraîche. Franck et Christelle Lavigne confectionnent foie gras, magret, saucisson, confit… Une gamme de produits vendue dans leur boutique d'Épaignes, et qui s'enrichit à l'occasion d'autres volailles de leur ferme comme la dinde, l'oie ou la pintade. L'exploitation a obtenu les labels de qualité "Fermiers des Becs" et "Bienvenue à la Ferme". On peut également déguster leurs produits, dans l'Auberge du même nom, au centre d'Épaignes (p.425). *Pl. Pierre-Dubosc **Épaignes** (6km au nord-est de Cormeilles) Tél. 02 32 42 53 53 ou 02 32 41 10 77 www.fermedelahoussaye.com Ouvert jan.-nov. : ven.-sam. 8h-13h et 14h-19h, dim. 8h-13h ; déc. : tlj.*

Où acheter du cidre, du calvados ?

Distillerie Busnel L'un des musts de Normandie, très prisé des touristes. Née en 1910, elle fabrique un cidre demi-sec 100% pommes du pays d'Auge, et deux calvados : l'un de 10 à 12 ans d'âge, l'autre (la "fine") d'au moins 4 ans d'âge, réservé à la cuisine, qui parfume les soufflés des meilleurs restaurants.

Le visiteur peut suivre le processus d'élaboration de A à Z, des silos à pommes à la salle d'embouteillage, et terminer par la traditionnelle dégustation à la boutique (tarif 2€, dégustation comprise). *Route de Lisieux* **Cormeilles** *Tél. 02 32 57 80 08 Ouvert mars-mi-nov. : tlj. 10h-12h30 et 14h30-19h ; mi-nov.-déc. : dim. et j. fér. 10h-12h30 et 14h30-19h*

● Où se laisser tenter par une glace au camembert ?

Ferme du Bois Louvet Diversification oblige, les producteurs laitiers de cette ferme ont commencé à produire, il y a quelques années, leur propre glace, composée de lait entier, de crème, de jaune d'œuf et de sucre. Mais attention, aucun colorant ni conservateur n'entrent dans la composition de ces crèmes glacées (d'où la couleur jaune naturelle uniforme de toutes les glaces). Parmi les cinquante parfums disponibles, certains éveillent la curiosité (sinon l'appétit), comme la glace au foie gras, au camembert, ou tomate-basilic. *30, rue du Pigeonnier* **Saint-Jean-de-la-Léqueraye** *(17km à l'est de Cormeilles) Tél. 02 32 57 66 76 ou 06 10 50 31 06 Ouvert ven. 17h-19h, sam. 10h-12h ou sur rdv*

● Marcher dans le bocage

Sentier de la Biodiversité Ce parcours balisé vous emmène en balade le long de la vallée du Douet-Tourtelle. L'occasion de découvrir d'un peu plus près le bocage et la richesse de sa flore et de sa faune. **La Chapelle-Bayvel** *(4km au nord-est de Cormeilles)* **Départ** *Parking Martin* **Distance** *6,5km* **Durée** *1h45*

Au sud de Bernay

Broglie Ancienne forteresse, Chambray devint au XVIIIe siècle le domaine des ducs de Broglie. Sur la route de La Barre-en-Ouche, leur château du XVIIe siècle se détache dans toute sa superbe sur l'horizon, tandis qu'au bas de la colline somnole un charmant village. Les maisons du pays s'organisent en fer à cheval autour de la mairie, face à l'église Saint-Martin. Édifiée du XIe au XVIe siècle, elle conserve de l'époque romane une façade, un clocher, un chœur, et des arcades au nord de la nef. La Charentonne irrigue un jardin aquatique en forme d'île dans une boucle de la rivière (entrée libre). Après une pause parmi les quelque douze mille plantes botaniques, on rejoint le centre et des maisons à jardins au bord de l'eau par un pont à charmille. *13km au sud-ouest de Bernay* **Accueil touristique** *27, pl. des Trois-Maréchaux Tél. 02 32 46 27 52*

☺ **Château de Beaumesnil** On le surnomme le "Versailles normand". Achevé en 1640 pour le marquis de Nonant, cet exemple spectaculaire de style baroque Louis XIII s'élève au milieu d'un bassin et est entouré de jardins de plaisance agrémentés de jeux d'eau. Le corps principal et les deux pavillons qui l'enserrent forment un "U" tourné vers un grand parc. Une multiplicité impressionnante de frontons et de têtes sculptées en pierres blanches mange les façades en briques rouges. L'intérieur a conservé ses belles boiseries et ses meubles anciens. Un petit **musée de la Reliure** – manuscrits anciens en maroquin, en vélin frappé, en soie brodée – est aménagé depuis 2015 au premier étage. Se succèdent également une bibliothèque en bois à galerie tournante, un salon Louis XV meublé de fauteuils en tapisserie d'Aubusson et les appartements de Madame donnant sur le miroir d'eau. ***Beaumesnil*** *(14km au sud-est de Bernay) Tél. 02 32 44 40 09 www.chateaubeaumesnil.com Ouvert Pâques-juin : ven.-lun. 14h-18h ; juil.-août : tlj. 10h-18h ; sept. : mer.-dim. 14h-18h ; Toussaint : tlj. 14h-18h Tarif 8€, 4-16 ans 5€*

Potager conservatoire de Beaumesnil Depuis 2006, plus de 500 légumes anciens ou pittoresques, chéris par les membres de l'association Mille et un légumes, poussent ici en toute quiétude. Vous y apprendrez les différentes techniques d'entretien, de culture, de greffe, etc., de ces variétés originales. Chaque année, fin septembre, ne manquez pas le Festival des 1001 légumes. Dégustation, échanges de plans, animations… *7, rue des Forges* ***Beaumesnil*** *Tél. 02 32 46 02 54 www.1001legumes.com Ouvert mi-mai-début juil., sept. : sam.-dim. 14h-18h ; début juil.-août : mer.-dim. 14h-18h Tarif 4€, 6-12 ans 3€*

● Où assister à un spectacle historique ?

Château du Blanc-Buisson Cette maison forte cernée de douves dont la construction remonte à Philippe le Bel (vers 1300) a des airs de château fort miniature perdu en pleine campagne. Échauguettes, donjon carré percé de meurtrières et pont-levis, un brin d'imagination suffit pour faire un saut dans le temps et se retrouver au Moyen Âge. C'est ce que propose d'ailleurs le spectacle son et lumière du Blanc-Buisson, qui réunit tous les ans des centaines de bénévoles pour raconter, lors de soirées mémorables, les sept siècles d'histoire du manoir. Réservation recommandée. ***Saint-Pierre-du-Mesnil*** *(9km au sud de Broglie et 21km au sud de Bernay par la D22) Tél. 02 32 46 45 68 www.blancbuisson.com Une dizaine de dates en juil. Tarif 20€, 6-12 ans 13€, moins de 6 ans gratuit*

La vallée de la Risle, du sud au nord

La Risle est un de ces petits ruisseaux qui font les grandes rivières. Prenant sa source dans l'Orne voisine, elle traverse l'Eure du sud au nord et suit doucement son cours en s'élargissant pour se jeter dans la Seine, à quelques kilomètres de son estuaire. De part et d'autre de ses rives, manoirs, abbayes et châteaux attestent le passé millénaire de la région. **Office de tourisme Val de Risles** *5, pl. des Annonciades* ***Montfort-sur-Risle*** *(28km au nord de Bernay) Tél. 02 32 56 35 76 www.tourisme-val-de-risle.com*

Rugles Connu au XIXe siècle pour ses fabriques d'épingles, le village cache discrètement un passé plus lointain. Après l'occupation des Anglais et celles des ligueurs aux XVe et XVIe siècles, la forteresse fut démolie et remplacée par le "Petit Château", une demeure Renaissance à tourelles et pans de bois sculptés située rue des Forges. La rue Aristide-Briand dessert l'église Saint-Germain et sa tour classée des XIVe-XVIe siècles. Près de la Risle, dans une petite rue, l'austère Notre-Dame-Outre-l'Eau daterait du XIe siècle. En réalité, on la fait remonter aux Romains ! *36km au sud de Bernay*

☺ **La Ferrière-sur-Risle** Truffé de ruelles typiques et de petits lavoirs chevauchant le bras usinier de la Risle, un splendide village se blottit dans la verdure. Les gisements de fer des environs, d'où provient son nom,

MARCHÉS ET BROCANTES
La Ferrières-sur-Risle était une place commerçante prospère, une tradition qui perdure encore sous ses halles du XIVe siècle : un marché très animé s'y tient le dimanche, une brocante chaque 3e dimanche du mois. Le 1er mai, une "foire à tout", réputée à des kilomètres à la ronde, attire chineurs et curieux.

alimentaient autrefois de nombreux métiers. L'**église Saint-Georges**, qui remonte au XIIIe siècle, recèle, entre autres, une Vierge en bois ciselée du XIVe siècle et un retable de l'école de Léonard de Vinci. *22km au sud-est de Bernay* **Église** *Ouvert tlj. 9h-19h (clés à la pharmacie)*

Beaumont-le-Roger Au-delà des abords industriels, se révèle un bourg en pente aux allures montagnardes. L'**église Saint-Nicolas** (XVe-XVIIe s.) trône au milieu avec ses gargouilles et ses vitraux du XVe siècle. En continuant sur la rive droite de la Risle, on découvre le squelette du prieuré bâti par Roger de Beaumont en 1080 ! Pour juger de ses dimensions, pénétrez sous une série d'arceaux ogivés ouvrant sur une prairie rase où se dressent les murs à fenêtres ogivales de l'église prieurale. Au XIXe siècle, elle servit de rubanerie, mais un incendie survenu en 1862 acheva de ruiner ce dernier bâtiment. *16km à l'est de Bernay par la D133* **Office de tourisme** *6, pl. de l'Église Tél. 02 32 44 05 79* **Église** *3, rue de l'Abbaye Ouvert tlj. 10h-18h*

Brionne Le site attira d'abord les Celtes puis les Romains par sa situation idéale, au carrefour de deux bras de la Risle. Des découvertes archéologiques témoignent d'une cité déjà importante dans les premiers siècles de notre ère. Au Xe siècle, le duc Richard y établit un comté, dont Guillaume le Conquérant s'empara en 1047 après trois ans de siège. Au XIIe siècle, le fief à proximité de l'abbaye du Bec-Hellouin échut aux rois de France. Après les guerres de Religion, le drap et la toile de lin se développèrent, et, en 1803, le général-comte Le Marois y créa la plus grande manufacture de toile de Normandie. Aujourd'hui, Brionne est une paisible bourgade commerçante à l'ombre de son donjon carré. On gagne ce dernier par une allée de 500m, à droite d'une rue grimpant à partir de la place centrale. Il fut bâti au XIe siècle pour défendre la ville des convoitises, et bien qu'endommagé, il représente l'un des rares vestiges d'architecture militaire médiévale. L'église archaïque de Saint-Martin (1030), en bas du village, dresse une tour datant de la même époque que le donjon, et renferme parmi ses richesses un chœur du XIVe siècle aux superbes voûtes en bois lambrissé et un autel, l'un des chefs-d'œuvre sculptés par Guillaume de La Tremblaye au XVIIe siècle. *12km au nord-est de Bernay* **Office de tourisme** *1, rue du Général-de-Gaulle* ***Brionne*** *Tél. 02 32 45 70 51 www.tourismecantondebrionne.com*

★☺ **Abbaye du Bec-Hellouin** Du fond de cette vallée, au confluent de la Risle et du Bec où se blottit aussi un village du même nom, rayonna le plus grand centre intellectuel et spirituel de l'Occident chrétien durant le Moyen Âge. En 1034, le chevalier Herluin (Hellouin), appelé par la vocation religieuse, choisit les bords du Bec (ruisseau) pour vivre humblement avec ses compagnons. En 1040, le moine italien Lanfranc de Pavie, professeur et architecte, les rejoignit : il engagea la construction de l'église abbatiale et fonda une école dont l'enseignement devint célèbre. À sa mort en 1093, son disciple Anselme d'Aoste, philosophe et théologien d'exception, reprit le flambeau et accrut encore le prestige de l'abbaye. Guillaume le Conquérant ayant conquis l'Angleterre en 1066, ces deux abbés devinrent successivement archevêques de Canterbury, établissant entre le Bec et la cité anglaise un lien qui perdure. Malgré le déclin de l'abbaye après la guerre de Cent Ans et les guerres de Religion, une communauté y résida jusqu'à la Révolution avant que l'armée n'y installe sa garnison. Depuis 1948, les moines bénédictins ont récupéré leur bien, qu'ils continuent de rénover. La plupart des **bâtiments**, d'aspect austère, datent des XVIIe et XVIIIe siècles, mais respectent le plan d'origine. De l'église gothique presque disparue, on devine une cathédrale d'envergure grâce aux fondations restantes. Ce qui demeure de la tour Saint-Nicolas, bâtie en 1467, évoque la Tour de Londres. Sur ses murs figurent les portraits des différents abbés du Bec. Derrière la bibliothèque, l'une des deux ailes abrite l'église actuelle, aménagée dans l'ancien réfectoire avec le cloître. Vous y verrez des gisants et des statues de l'ancien sanctuaire – où subsistent des traces de polychromie –, l'entrée du réfectoire et ses sculptures en forme de fruits, un tympan du XVe siècle et un vieux plan représentant l'abbaye au XVIIe siècle avec ses jardins à la française. Une boutique attenante vend, entre autres, les faïences de l'atelier monastique. *3, pl. de l'Abbé-Herluin* ***Le Bec-Hellouin*** *(22km au nord-est de Bernay) Tél. 02 32 43 72 60 www.abbayedubec.com Ouvert juin-sept. : lun. et mer.-sam. 10h30, 15h, 16h et 17h, dim. et j. fér. 12h, 15h et 16h ; oct.-mai : lun. et mer.-sam. 10h30, 15h et 16h, dim. et j. fér. 12h, 15h et 16h (pour les visites guidées) Parc et extérieur Entrée libre Visite guidée 5,50€, moins de 18 ans 3,50€* **Boutique** *Ouvert lun.-sam. 11h-11h45 et 15h-17h30, dim. 12h-13h et 14h-17h*

Saint-Benoist-des-Ombres Ce minuscule hameau possède la plus touchante des églises de campagne, gardée par un if sans âge. Un porche conique en bois noir du XVIe siècle précède une humble nef, où règne un silence impressionnant. Parmi plusieurs statues des XVe et XVIe siècles, on remarque un martyr romain du IIIe siècle, *Saint Laurent sur le gril*. À l'extérieur, au nord de la nef, des traces de voûtes romanes rappellent l'église primitive du XIe siècle. Un échiquier de pierre et silex décore de

Les plus belles balades et randonnées

Verdoyante et préservée, la région offre d'innombrables itinéraires balisés pour le plaisir des flâneurs et des randonneurs de tous niveaux.

croix et d'écus le mur occidental. En face de l'**église Saint-Benoît**, une maisonnette à une seule fenêtre : une des plus petites mairies de France ! *25km au nord de Bernay* **Église** *Ouvert tlj. 9h-18h*

Où boire un verre dans une chapelle ?

Live Bar Successeur du Bouche à oreille, le Live Bar bénéficie de son cadre très original : une chapelle du XIIe siècle (dont le clocher a été transporté pierre par pierre aux États-Unis). À l'intérieur, une petite scène accueille une programmation éclectique (blues, rock, latino, soirées karaoké…) le vendredi ou samedi soir. Restauration légère (tapas). *3, rue Jules-Ferry* ***Beaumont-le-Roger*** *Tél. 02 32 44 97 36 Ouvert jeu.-sam. 18h-1h, dim. 15h-1h*

Où voir la vie couleur framboise ?

Domaine du Framboisier Comme son nom l'indique, le domaine transforme les framboises en de nombreuses douceurs toutes aussi délicieuses les unes que les autres. En apéritif, en sirop, en confiture, en vinaigre, en eau-de-vie, en miel et même en un breuvage pétillant sans alcool à la formule tenue secrète. *10, route de la Barre* ***Ajou*** *(21km au sud-est de Bernay et 12km de Beaumont-le-Roger) Tél. 02 32 30 70 02 www.domaine-du-framboisier.com*

Où trouver du calvados et du pommeau ?

Ferme de la Godinière Cidres bouchés entièrement naturels, calvados AOC, apéritif pommeau, dit la "Godinière"… Ici, la vente est basée sur la dégustation et l'on peut choisir les crus adaptés à son goût. Les producteurs sont compétents mais n'essaieront pas de vous influencer. *René Lesur La Godinière Route de Beaumesnil* ***Le Noyer-en-Ouche*** *(19km au sud-est de Bernay sur la D140) Tél. 02 32 44 46 71 Ouvert tlj. (appeler avant)*

Sillonner la région à vélo

Véloroute de la Risle Cet itinéraire balisé de 80km destiné aux cyclotouristes, rallie Pont-Audemer à Rugles. Serpentant de part et d'autre de la rivière sur des routes peu fréquentées, elle permet de découvrir (en plusieurs étapes) de ravissants villages perdus dans la vallée. *www.af3v.org*

Voie verte Pont-Authou–Évreux Au départ du parking de l'ancienne gare de Pont-Authou (6km au nord de Brionne), une ancienne voie ferrée aménagée piste cyclable parcourt la région jusqu'à Évreux sur 43km en passant à proximité de grands sites touristiques : abbaye du Bec-Hellouin, châteaux dd'Harcourt et du Champ-de-Bataille, etc. *www.voiesvertes.com*

La campagne du Neubourg

Le Neubourg Dès l'époque gallo-romaine, la cité fut un point de rencontre de voies de communication. Une forteresse de taille s'y dressait jadis, oubliée aujourd'hui. En empruntant la rue des Remparts, on découvre toutefois un bastion carré à la tour centrale, un beau vestige qui donne sur un jardin public. L'animation se concentre sur la place centrale, dans le giron de l'**église Saints-Pierre-et-Paul** dont le parvis fourmille le dimanche. Rebâti au XVe siècle sur un ancien sanctuaire disparu, l'édifice se distingue par un chœur en forme de triangle reposant sur six colonnes rondes. C'est à l'extérieur surtout que cette structure absidiale originale émerge le mieux. Un peu à l'écart du centre, le **musée de l'Écorché d'Anatomie** rend hommage au docteur Auzoux (1797-1880), dont les moulages révolutionnèrent la médecine : avec du carton-pâte, le médecin reconstitua des hommes entiers sans la peau avec leurs organes – les "écorchés" – et différents membres, outils inestimables pour l'étude de l'anatomie ! Une muséographie moderne expose ses modèles (mains, cœur, reins, langue, fœtus...), et une vidéo montre ses ouvrières à l'œuvre au XIXe siècle. *28km à l'est de Bernay par la D133* **Office de tourisme** *Pl. du Maréchal-Leclerc (ancienne gare SNCF) Tél. 02 32 35 40 57 www.tourisme.paysduneubourg.fr* **Église** *Pl. du Vieux-Marché Ouvert tlj. 9h-18h (sauf offices)* **Musée** *Espace culturel 54, av. de la Libération Tél. 02 32 35 93 95 Ouvert mi-jan.-mi-déc. : mer.-dim. 14h-18h Tarif 4,50€, 10-18 ans 3,50€*

☆ **Château du Champ-de-Bataille** Au XVIIe siècle, Alexandre de Créqui se fit bâtir cette propriété de luxe aux grandes ailes parallèles. L'un de ses successeurs, le duc de Beuvron, adapta la demeure aux goûts du XVIIIe siècle. Pillée, abandonnée après la Révolution, elle fut relevée de la ruine en 1948 par le duc François d'Harcourt. En 1992, le décorateur Jacques Garcia, actuel propriétaire, reprit la restauration et orna les huit pièces ouvertes à la visite d'un somptueux mobilier de collection des XVIIe-XVIIIe siècles. L'ensemble rappelle les fastes du Grand Siècle. Jacques Garcia entreprit aussi d'aménager le jardin en reconstituant les anciens bosquets et les dentelles de buis dessinées par Le Nôtre, et créa de toutes pièces des massifs symbolisant l'évolution du matériel vers le spirituel : haies taillées en pions d'échec, arbres carrés, théâtre à l'antique avec escalier de verdure... On marche sur deux allées rectilignes bordées de lavande, jusqu'à une fontaine de crapauds dorés. Là, une esplanade domine les jardins, face au château. Vue sublime ! Seul bémol, le prix d'entrée élevé (c'est un château privé). Un élégant café-salon de thé offre une halte agréable dans les murs. *5km au nord-ouest du Neubourg (27km à l'est de Bernay) Tél. 02 32 34 84 34 www.chateauduchampdebataille.com Ouvert Pâques-juin, sept.-Toussaint : w.-e. et j. fér. 14h30-17h30 ; juil.-août : tlj. 14h30-17h30 Tarif 24€ (avec jardin et audioguide), 6-12 ans 15€, jardins seuls 12€* **Jardins** *Ouvert mars-juin, sept.-déc. : mer.-dim. 11h-18h ; juil.-août : tlj. 11h-18h Entrée 12€, 6-12 ans 8€*

☺ **Château et arboretum d'Harcourt** Une forteresse presque habitable ! Un chemin de ronde que l'on arpente entoure une basse-cour ovale et un château fort sur sa motte. Au XIIe siècle, Robert II d'Harcourt remplaça une motte féodale de terre et de bois par un édifice de pierre. Le château s'agrandit d'un donjon, puis, au XIIIe et au XIVe siècle, se renforça de neuf tours semi-circulaires qui, percées d'archères et de créneaux, étaient conçues pour laisser passer arcs et arbalètes. En 1694, la princesse Françoise de Brancas l'aménagea en demeure de campagne et l'enjoliva de grandes fenêtres et de parquets. Classé monument historique en 1862, il bénéficia d'une rénovation complète dans les années 1970-1980. L'intérieur du château, aux pièces nues et sobres, offre une vue plongeante sur les douves asséchées où s'abaisse un pont-levis. Un puits de fouille, creusé à 8,60m de profondeur, a révélé de précieux objets : boulets, pointes de flèches, céramiques, bougeoirs... Autour des bâtiments s'étend sur 11ha un magnifique arboretum. Louis-Gervais Delamarre l'amorça vers 1802 en plantant cèdres et résineux, et à sa mort les botanistes l'enrichirent d'essences exotiques. Au final, il rassemble cinq cents espèces d'arbres. ***Harcourt** (10km à l'est du Neubourg et 23km au nord-est de Bernay) Tél. 02 32 46 29 70 Ouvert mars-mi-juin, mi-sept.-mi-nov. : mer.-lun. 14h-18h ; mi-juin-mi-sept. : tlj. 10h30-18h30 Tarif 4€, 6-18 ans 1,50€*

Moulin Amour-écomusée de la Meunerie traditionnelle Désiré Amour, dernier meunier de la région, cessa son activité en 1914. Restauré par l'Association pour la valorisation du patrimoine normand, le moulin abandonné a repris sa danse avec l'Oison en 1993. Sur deux étages apparaissent les mécanismes (engrenages métalliques avec leurs alluchons en bois, meules tournante et dormante, monte-sacs...). En contrepoint, des expositions temporaires détaillent les techniques de transformation des productions agricoles (farine, beurre, cidre), les caractéristiques des "pays" de Bray, de Caux, du Roumois... et l'importance de l'eau, denrée rare sur les plateaux calcaires. Derrière le moulin, dame Nature se donne en spectacle : des perdrix d'eau, des canards et des cygnes sillonnent le bief, dont les abords sont aménagés en un très joli site propice à la balade. Un jardin pédagogique apprend au citadin à quoi ressemblent le blé, le seigle, l'avoine, l'épeautre et l'engrain. ***Saint-Ouen-de-Pontcheuil** (14km au nord du Neubourg par la D840) Tél. 02 35 77 54 44 www.moulinamour.com Ouvert début avr.-mi-oct. : dim. et j. fér. 14h30-18h30 Fermé 1er mai Tarif 4€, réduit 2€, moins de 16 ans gratuit*

Où se laisser aller à des plaisirs coupables ?

Drogue douce Installée au Neubourg depuis les années 2000, Lydie Lemieuvre élabore des chocolats selon ses goûts et ses plaisirs. Son mari, qui puise son inspiration gourmande dans l'art et la littérature érotique, y ajoute une touche insolite en réalisant les moulages : de véritables sculptures à déguster avec les yeux, buste féminin, chaussures à talon, cuissardes... La boutique fait également salon de thé. *27, rue Dupont-de-l'Eure **Le Neubourg** Tél. 02 32 35 38 24 Ouvert mar.-sam. 10h-12h et 14h-19h, dim. 10h-12h30*

CARNET D'ADRESSES

Restauration, hébergement

camping

Camping municipal Bien à l'abri derrière ses haies, il propose une cinquantaine de places, des espaces verts et un local impeccable réservé aux douches, toilettes et bacs à vaisselle. Un frigo, une salle de télévision et une salle de ping-pong sont à disposition à la réception pour les campeurs non noctambules, et un boulanger vient proposer du pain de bonne heure, vers 8h15 (attention aux dormeurs, il passe en klaxonnant). Familial et sympathique, à proximité de la piscine et des tennis. Comptez 3,25€ par pers. avec tente, plus 3,35€ avec voiture. Forfait tente pour 2 pers. avec voiture 13,60€. *11, rue des Canadiens **Bernay** (à 800m du centre) Tél. 02 32 43 30 47 Ouvert mai-sept.*

petits prix

Chambres d'hôtes La Pommeraie Dans une petite maison indépendante, trois chambres cosy aux murs blancs et poutres apparentes dans une ferme restaurée qui possède son écurie et sa piste de manège. Le club house, avec cuisine, est accessible aux hôtes. Double 65€, petit déj. inclus. Spa en plein air (30€ pour 2 pers.). *Famille Belacel 68, route de Giverville (à gauche derrière la mairie, en montant sur la route)* ***Saint-Georges-du-Vièvre*** *(21km au nord de Bernay) Tél. 02 32 42 53 92 www.lapommeraie27.com*

☺ **Chambres d'hôtes Château de Boscherville** Ce manoir du XVIIIe siècle dressé au bout d'une avenue bordée d'arbres ne manque pas de charme. La vaste et lumineuse salle du petit déjeuner est propice aux discussions prolongées, et un couloir où s'accumulent les archives familiales distribue les cinq chambres douillettes. Le parc, enfin, se prête à de longues balades apaisantes. Un cadre rêvé pour une nuit en amoureux à un prix raisonnable : 60€ la double (petit déj. compris). *Mme Henry du Plouy* ***Bourgtheroulde-Infreville*** *(36km au nord-est de Bernay et 18km de Brionne) Tél. 02 35 87 62 12 Ouvert toute l'année*

prix moyens

Le Clos normand De bons petits plats, comme chez soi. Une patronne souriante vous introduit dans la salle à manger sans artifices, et vous choisissez des classiques trop souvent absents des restaurants : œuf en meurette, terrines, faisselles, viandes et poissons en sauce. La carte propose aussi des coquilles Saint-Jacques en plat principal et des recettes régionales plus festives. Formules à midi 12 et 15,50€ en semaine, menus à 19,50 et 26€. À la carte, plats de 14 à 17€. *5, rue Robert-Lindet* ***Bernay*** *Tél. 02 32 43 04 30 Ouvert mar. et jeu.-sam. 12h-14h et 19h-21h30, mer. et dim. 12h-14h*

☺ **Le Bistrot de Bernay** Un bistrot à fromages a élu domicile dans l'ancienne cour des miracles, une authentique maison du XVe siècle. Avec ses plafonds bas et sa grande cheminée, l'intérieur ne manque pas de cachet,

Séjour nature dans une roulotte

Le Clos de la Risle Pour un séjour inoubliable en pleine nature. Sur un plateau dominant la Risle, à l'orée d'une forêt, deux roulottes en bois se sont posées dans un verger clos. Confortable, et très bien équipées – petite cuisine, salle de bains, literie moelleuse, et charmant lit en alcôve – elles peuvent accueillir jusqu'à 5 personnes. À disposition des hôtes, une piscine chauffée, une petite boutique épicerie et un spa haut de gamme avec de l'aromathérapie et de la chromatothérapie (25€ par roulotte pour la première heure, 10€ ensuite). De 90 à 100€/nuit de 1 à 4 personnes selon la période (2 nuits minimum le w.-e.). Forfait week-end 200€, et 650€/sem. en juillet-août. Petit déj. 8€. *2, chemin du Clos-Philippot* ***Calleville*** *(15km au nord-est de Bernay, dir. Brionne par la D438) Tél. 02 32 45 91 90 www.roulottes-de-normandie.com*

et, à la belle saison, une terrasse vite bondée s'installe entre quatre murs bancals usés par le temps. Salades géantes, spécialités de tartiflette au camembert, bleu, livarot... Menus à 19,50 et 26,50€. *21-23, rue Gaston-Follope* ***Bernay*** *Tél. 02 32 46 23 60 www.lebistrotdebernay.com Ouvert mar.-sam. midi et soir*

☺ **Auberge du Président** L'ancien hôtel de Rouen était déjà bien réputé lorsque le président René Coty s'y arrêta en 1954. À l'issue de cette visite, l'établissement demanda – et obtint – "l'honneur" de s'appeler "Président". Depuis, il défend bec et ongles la gastronomie traditionnelle et se fournit en produits AOC auprès des fermiers du village voisin d'Épaignes. Dans les étages, 14 chambres bien équipées (sdb, TV câblée et wifi) et de style champêtre ou plus contemporain avec des tons gris et chocolat. À la disposition des clients, un espace détente avec sauna sec ou humide, jacuzzi et équipement de fitness. Menus de 22 à 38€. Double de 78 à 95€ (offres sur Internet), petit déj. 9,50€. *70, rue de l'Abbaye* ***Cormeilles*** *(26km au nord-ouest de Bernay) Tél. 02 32 57 80 37 www.hotel-cormeilles.com*

Auberge de la Houssaye La ferme de la Houssaye et sa boutique située à 100m du restaurant (p.416) fournissaient déjà les meilleures tables de la région en volailles. Avec la création de ce restaurant gastronomique, Franck Lavigne a ajouté une corde à son arc et propose ses foies gras, magrets, rillettes, confits et autres terrines. Également d'excellents desserts, dont la teurgoule, fameuse spécialité normande (un riz au lait à la cannelle qui cuit plusieurs heures), ou la délicieuse "catastrophe au chocolat". Formules à midi 14 et 16,50€, et 22€ le soir (en semaine), menu-carte 30-45€. Vous pourrez également séjourner dans l'une des sept chambres, confortables et bien équipées (TV écran plat et wifi). Double 74€, petit déj. 8,50€. *1, route des Anglais* ***Épaignes*** *(26km au nord de Bernay et 6km au nord-est de Cormeilles par la D139) Tél. 02 32 20 46 83 www.hotelepaignes.com Ouvert mar. midi, mer.-sam. midi et soir, dim. midi*

Hôtel-restaurant Le Soleil d'or Le plus avenant restaurant du Neubourg apporte une pointe de Méditerranée à sa cuisine normande : sur sa carte figurent les risottos et les *penne*, les plats de poissons frais et le bœuf de race normande sans excès de crème fraîche. Parmi les desserts, le nougat glacé et le gâteau tiède au chocolat du chef remportent un franc succès. Formule à 14,80€ à midi. Menus de 26,50 à 48€. L'établissement dispose également de sept chambres correctes (double à partir de 55€), avec baignoire ou douche, télévision et wifi gratuit. Petit déj. 7,50€. *Pl. du Château (angle rue de Brionne)* ***Le Neubourg*** *(28km au nord-est de Bernay) Tél. 02 32 35 00 52 Ouvert mar.-sam. midi et soir, dim. midi*

☺ **Au Vieux Cadran** Les propriétaires brocanteurs de ce Vieux Cadran ont aménagé dans leur demeure typiquement normande trois belles chambres indépendantes. Ouvrant sur un jardin entretenu au cordeau, ces trois nids douillets, décorés avec délicatesse, allient charme et raffinement. Toutes différentes, elles composent des univers qui donneront une âme à votre séjour. Notre préférée, la "Zen", installée dans un ancien pressoir, possède un adorable coin salon et une baignoire lumineuse (!). Le petit déjeuner, délicieux, est servi dans la cuisine des hôtes. Double de 70 à 85€, petit déj. inclus. *12, rue de la Libération* ***Harcourt*** *(23km au nord-est de Bernay* *et 9km à l'ouest du Neubourg par la D137) Tél. 02 32 45 77 06 ou 06 27 79 34 45 www.auvieuxcadran.fr*

Le Roy Moulin Au cœur d'un grand domaine planté de vénérables séquoias apparaît une majestueuse maison de maître du XIXe siècle. Devant la maison, une prairie descend doucement jusqu'à la rivière. Aux premier et deuxième étages de cette demeure de caractère, les quatre chambres de charme avec vue sur le parc ont conservé la décoration et le mobilier d'origine. Celles du premier niveau sont les plus luxueuses. Un lieu propice au repos. Les moins contemplatifs pourront tenter le parcours de pêche à la mouche privé de 6km (60€ la journée). Double de 85 à 98€, triple 118€. *72, rue Saint-Vincent* ***Glos-sur-Risle*** *(28km au nord de Bernay par la D438 puis la D130 dir. Montfort) Tél. 06 25 92 42 42 www.leroymoulin.com*

prix élevés

L'Étape Louis XIII Une halte gastronomique qui comblera tous les amateurs de cuisine du terroir. Le jeune chef, Sébastien Boullay, très attentif à la qualité des produits, s'approvisionne sur les marchés et chez les producteurs alentour pour mitonner à sa façon des plats du répertoire normand : huîtres chaudes au camembert, filet de bœuf à la crème de morilles, magret de canard aux saveurs de framboise, soufflé au calvados et un délicieux pain bio maison. Belle salle rustique, joli jardin. Menu (complet) de l'étape 34€, menu des quatre siècles 43€. *2, route de La Barre-en-Ouche* ***Beaumesnil*** *(13km au sud de Bernay par la D140) Tél. 02 32 45 17 27*

Auberge de l'Abbaye Face à l'abbaye, la demeure normande à colombages du XVIIIe siècle offre un lieu de séjour agréable, ses dix chambres décorées au goût du jour n'enlevant rien au caractère de cette vénérable auberge, bien au contraire. Côté restaurant, la cuisine, très honorable, maîtrise aussi bien les viandes que le poisson, mais aussi les desserts (tartes aux pommes mémorables). Aux beaux jours, nous vous conseillons la terrasse, idéalement installée dans la cour intérieure. Formule à midi 19,50€, menus de 24,50 à 64,50€. Chambre de 89 à 149€ selon le confort en haute saison (70-125€ sinon), petit déjeuner 14,50€. Enfin, pour un séjour sous le signe de la détente : espace bien-être avec sauna et baignoire balnéo. *12, pl. Guillaume-le-Conquérant* ***Le Bec-Hellouin*** *(24km au nord de Bernay) Tél. 02 32 44 86 02 www.hotelbechellouin.com Ouvert lun.-mar. 12h-13h30, mer.-dim. 12h-13h30 et 19h-20h30*

prix très élevés

Manoir de Châtel-la-Lune Dans cet élégant manoir du XIXe siècle dominant la vallée de la Risle, tout a été pensé pour passer un moment de détente à l'écart du tumulte. Piscine chauffée, court de tennis, salle de jeu, billard, baby-foot, ping-pong, terrain de jeux de 1 000m², balades en VTT, cabanes pour les enfants... le seul problème auquel vous serez peut-être confronté, c'est que ces activités mises à disposition ne vous encourageront pas à sortir du domaine ! Vous séjournerez au choix dans l'une des deux suites du manoir (150€ avec petit déjeuner gourmand) ou, pour un séjour plus long, dans l'une des trois adorables petites chaumières aux allures de maison de poupée avec cuisine, salon et vue sur le jardin pour 2 à 4 personnes (135€/la nuit). ***Le Noyer-en-Ouche*** *(20km au sud-est de Bernay) Tél. 02 32 58 02 44 www.manoir-de-la-lune.com*

GEODOCS

EN SAVOIR PLUS

BIBLIOGRAPHIE

histoire et société

Goût de la Normandie (Le) Véronique Petit, coll. Éd. Mercure de France, 2010
Goût du Havre (Le) Sandrine Fillipetti, Éd. Mercure de France, 2011
Monet, Un œil… mais Bon Dieu quel œil Sylvie Patin, coll. Découvertes Gallimard, Éd. Gallimard, 2010
Normandie, Un destin entre terre et mer Olivier Chaline coll. Découvertes Gallimard, Éd. Gallimard, 2010
Normandie des jardins (La) Marie Le Goaziou, Guillaume Pellerin, Éd. Ouest-France, 2007
Normandie romane (2 tomes), Lucien Musset, Éd. Zodiaque, La-Pierre-qui-vire, 1991
Plages du Débarquement en Normandie (Les) Jean-Jacques Lerosier, Éd. Actes Sud/Dexia, Paris-Arles, 2004
Le quai de Ouistreham Florence Aubenas, Éd. de l'Olivier, Paris, 2010

littérature

Balzac, Honoré de *Le Cabinet des Antiques*, coll. "Folio", Éd. Gallimard, Paris, 1999 ; *La Vieille Fille*, coll. "Folio", Éd. Gallimard, Paris, 1978
Barbey d'Aurevilly, Jules *Le Chevalier des Touches*, coll. "Folio", Éd. Gallimard, Paris, 1999
Barnes, Julian *Le perroquet de Flaubert* Éd. Stock, 2000
Chrétien de Troyes *Romans de la Table ronde*, coll. "Folio", Éd. Gallimard, Paris, 1975
Duras, Marguerite *La pute de la côte normande Éd. de Minuit, 1986*
Dumas, Alexandre *La Dame aux camélias*, coll. "Folio", Éd. Gallimard, Paris, 1975
Duteurtre, Benoît *Les pieds dans l'eau*, coll. "Folio", Éd. Gallimard, Paris, 2010 ; *L'été 76*, Éd. Gallimard, 2013
Ernaux, Annie *La Place*, coll. "Folio", Éd. Gallimard, Paris, 1986
Flaubert, Gustave *Madame Bovary*, coll. "Folio", Éd. Gallimard, Paris, 2001 ; *Un cœur simple*, coll. "Classico Collège", Éd. Belin-Gallimard, Paris, 2012
Hugo, Victor *Voyages, France et Belgique (1834-1837)*, Éd. Presses universitaires de Grenoble, 1974 ; *Les Travailleurs de la mer*, coll. "Folio", Éd. Gallimard, Paris, 1980
Kerangal, Maylis de *Réparer les vivants*, Éd. Verticales, Paris, 2014
Leblanc, Maurice *L'aiguille creuse*, coll. "Folio", Éd. Gallimard, Paris, 2013
Maupassant, Guy de *Contes et Nouvelles*, 2 tomes La Pléiade, Éd. Gallimard, Paris, 2008 ; *Romans*, La Pléiade, Éd. Gallimard, Paris, 1987
Michelet, Jules *La Mer*, coll. "Folio", Éd. Gallimard, Paris, 1983
Mirbeau, Octave *Contes de la chaumière*, Éd. Le Serpent à plumes, Paris, 1999
Proust, Marcel *À la recherche du temps perdu*, coll. "Quarto", Éd. Gallimard, Paris, 1999
Ryan, Cornelius *Le Jour le plus long*, Éd. Retrouvées, 2013
Ségur (comtesse de) *Mémoires d'un âne*, coll. "Folio Junior" Éd. Gallimard-Jeunesse, Paris, 2010
Stendhal *Mémoires d'un touriste*, Éd. Ressouvenances, Cœuvres-et-Valsery, 1999
Zola, Émile *Le Docteur Pascal*, coll. "Folio", Éd. Gallimard, Paris, 1993

beaux-livres

Escales d'artistes, De Dieppe à Saint-Valery-en-Caux, Arnaud d'Aulnay, Solange Louvet, Éd. Gallimard, 2003

Le Havre, en pleine lumière Vincent Duteurtre, Éd. Gallimard Loisirs, Paris, 2006

Le Jardin de Claude Monet à Giverny, Fabrice Moireau, coll. "Carrés de jardin", Éd. Gallimard Loisirs, 2006

Normandie F. Godard et O. Bouteiller, Éd. Déclics, Paris, 2011

Marguerite Duras de Trouville Hélène Bamberger, Éd. de Minuit, 2004

L'Art de vivre en Normandie C. Sarramon et S. Gleizes, Éd. Flammarion, Paris, 2009

gastronomie

Cuisine normande d'hier et d'aujourd'hui M. Bruneau, Éd. Ouest France, Rennes, 2010

Les meilleurs desserts de Normandie M. Bruneau, Éd. Ouest France, Rennes, 2007

Normandie – Produits du terroir et Recettes traditionnelles collectif, Éd. Albin Michel/ Irqua-Normandie, Paris, 2003

guides de voyage

Havre, Étretat, Honfleur (Le) coll. Cartoville, Éd. Gallimard Loisirs, Paris, 2014

Seine-Maritime coll. "Encyclopédies du voyage", Éd. Gallimard Loisirs, Paris, 2011

FILMOGRAPHIE

Abel Dominique, Fiona Gordon et Bruno Romy *La Fée*, 2011 (Le Havre)

Blain, Gérard *Les Amis*, 1971 (Deauville)

Carné, Marcel *Quai des Brumes*, 1938 (Le Havre) ; *La Marie du port*, 1949 (Port-en-Bessin)

Chabrol, Claude *Madame Bovary*, 1991

Demy, Jacques *Peau d'âne*, 1970 (Prieuré de Gasny)

Duras, Marguerite *La femme du Gange*, 1974 ; *Agatha*, 1981 ; *L'Homme atlantique*, 1981 (Trouville)

Fontaine, Anne *Gemma Bovery*, 2014 (Rouen, Doudeville)

Gaspard-Huit, Pierre *Capitaine Fracasse*, 1960 (Gisors)

Granier-Deferre, Pierre *La Horse*, 1970 (Caen) ; *Adieu poulet*, 1975 (Rouen)

Jaoui, Agnès *Le Goût des autres*, 2000 (Rouen)

Kaurismäki, Aki *Le Havre*, 2011

Lelouch, Claude *Un homme et une femme*, 1966 (Deauville)

Marton, Andrew ; Annakin, Ken ; Wicki, Bernhard et Oswald, Gerd *Le Jour le plus long*, 1962 (Sites du Débarquement)

Bourboulon, Martin *Papa ou maman*, 2014 (Saint-Jouin-Bruneval, Dieppe)

Perrin, Jacques *Le Peuple migrateur*, 2001 (Pays d'Auge)

Renoir, Jean *La bête humaine*, 1938 (Le Havre, Rouen)

Rivette, Jacques *Jeanne la Pucelle*, 1994 (Rouen)

Rohmer, Éric *Pauline à la plage*, 1983 (Jullouville)

Ruiz, Raoul *Le Temps retrouvé*, 2001 (Cabourg)

Verneuil, Henri *Un singe en hiver*, 1962 (Villerville)

Vigo, Jean *L'Atalante*, 1934 (Le Havre)

Zlotowski, Rebecca *Belle épine*, 2010 (Le Havre)

Glossaire

Arc en plein cintre Demi-cercle régulier décrit par une voûte ; s'oppose à l'arc brisé

Barbacane Ouvrage assurant la défense extérieure d'une porte ou d'un pont

Bocage Pays de prés et de cultures entrecoupés de haies

Bossage Moellon faisant saillie sur un mur

Caïques Lourdes barques ventrues, stables mais lentes, utilisées pour la pêche au merlan, au maquereau et au hareng. Au retour de la pêche, elles étaient hâlées sur la plage dans des villes sans port comme Étretat ou Yport

Caloges Vieux canots installés en retrait de la plage d'Étretat pour servir d'abri à filets et à cordages

Cob normand Demi-sang issu du croisement du carrossier normand et d'un cheval anglo-normand ; utilisé pour la selle ou le trait léger

Colombage Construction en pans de bois

Culs-blancs Faïence fine produite à Forges-les-Eaux à partir d'argile blanche. La vaisselle finement peinte de scènes élaborées visait un public de notables fortunés

Culs-noirs ou **culs-bruns** Faïence épaisse fabriquée à Forges-les-Eaux à partir d'argile grisâtre. Ces pièces plus grossières et robustes étaient destinées au petit peuple pour un usage quotidien

Échaudes Nom donné aux multiples bras de la Risle irriguant la ville de Pont-Audemer

Estran Portion du littoral découverte par la marée basse

Étentes (greniers à) Greniers à claire-voie utilisés pour le séchage des tissus

Gâble Fronton décoratif pyramidal couronnant certains arcs

Horsain Désigne l'"étranger", celui qui n'est pas originaire de Normandie

Kalhburg Vaste réseau de galeries souterraines creusées dans la falaise du Tréport pendant la Seconde Guerre mondiale par les troupes allemandes

Larmier Moulure horizontale en saillie sur le nu d'un mur afin d'en écarter les eaux de pluie

Marnage Différence de hauteur entre les pleine et basse mers

Mascaret Vague de plusieurs mètres de haut remontant l'estuaire d'un fleuve au moment des fortes marées. Ce phénomène naturel, qui se produisait dans les cours d'eau peu profonds, à fond plat et pourvu d'un estuaire en forme d'entonnoir (comme la Seine ou la Gironde), a aujourd'hui presque disparu du fait de l'aménagement des fleuves

Modillon Ornement saillant répété sous une corniche

Refend Rainure taillée dans le parement d'un mur afin d'accuser ou de simuler le tracé des joints d'un appareil

Teurgoule Riz au lait traditionnel cuit dans une terrine en grès pendant de longues heures

Tour-lanterne Tour élevée à la croisée du transept, percée de grandes baies permettant l'éclairage de la nef

PRÉPAREZ VOS
VOYAGES AVEC
GEO
DÉCOUVREZ NOTRE NOUVELLE PAGE
"DESTINATIONS" SUR GEO.FR
EN PARTENARIAT AVEC GEOGUIDE

AIDEZ-NOUS À CONSTRUIRE DES GEOGUIDE QUI RÉPONDENT ENCORE MIEUX À VOS ENVIES !

Merci de nous retourner ce questionnaire à l'adresse suivante :

Questionnaire GEOGUIDE – BP 67 – 59053 Roubaix Cedex 1

VOS VOYAGES

● **Combien de séjours à but touristique effectuez-vous chaque année ?**

En France ❑ 1 ❑ 2 ❑ 3 et +
À l'étranger ❑ 1 ❑ 2 ❑ 3 et +

● **Vous partez pour** (plusieurs réponses possibles, hors visite parents et amis) :

La France ❑ 1 semaine ❑ 2 semaines ❑ 3 semaines et +
L'étranger ❑ 1 semaine ❑ 2 semaines ❑ 3 semaines et +

● **Combien de week-ends à but touristique effectuez-vous chaque année ?**
(hors visite parents et amis)

En France ❑ 1 ❑ 2 ❑ 3 et +
À l'étranger ❑ 1 ❑ 2 ❑ 3 et +

● **Vous partez** (plusieurs réponses possibles) :

	Voyage en France	Voyage à l'étranger	Week-end
Seul	❑	❑	❑
En couple	❑	❑	❑
En famille	❑	❑	❑
Avec des amis	❑	❑	❑
En voyage organisé	❑	❑	❑

VOS GUIDES DE VOYAGE

● **Quand vous partez, combien et quel type de guides achetez-vous ?**

	Voyage en France	Voyage à l'étranger	Week-end
Guides pratiques *	......	......	......
Guides culturels **	......	......	......

*axés sur les informations pratiques et les adresses, contenant plus de texte et de cartes que de photographies
**axés sur l'histoire et la culture, contenant beaucoup de photographies et d'illustrations

● **Combien de temps avant votre départ achetez-vous votre (vos) guide(s) ?**

	Voyage en France	Voyage à l'étranger	Week-end
Entre 3 et 6 mois avant	❑	❑	❑
Dans le mois qui précède	❑	❑	❑
Sur place	❑	❑	❑

● **Avec les guides de quelles collections partez-vous le plus souvent ?** (plusieurs réponses possibles) ....

....

● **Cherchez-vous de l'information sur votre destination ailleurs que dans les guides de voyage ?**
❑ Oui ❑ Non
Si oui, où :
❑ presse magazine
❑ forums de voyageurs
❑ voyagistes en ligne
❑ sites internet des offices de tourisme
❑ offices de tourisme (sur place)
❑ autre : ....

VOTRE GEOGUIDE

● **Si vous avez acheté ce guide vous-même, pourquoi avez-vous choisi GEOGUIDE ?**
(plusieurs réponses possibles) :

❑ conseil de votre entourage
❑ conseil de votre libraire
❑ publicité
❑ vous l'avez découvert sur votre lieu d'achat
❑ article de presse
❑ confiance dans les guides Gallimard
❑ confiance dans le magazine GEO

Dans ce dernier cas, qu'est-ce qui a motivé l'achat de ce GEOGUIDE ?

❑ format
❑ couverture
❑ rabat proposant des cartes dépliantes
❑ photographies couleur
❑ présentation intérieure en couleurs
❑ contenu pratique
❑ contenu culturel
❑ volume d'information
❑ prix
❑ autre : ....

● **Que pensez-vous de votre GEOGUIDE et de ses différentes rubriques ?**

Concernant les informations culturelles, vous avez trouvé GEOGUIDE :

❑ Très fiable ❑ Fiable ❑ Assez fiable ❑ Pas du tout fiable

Concernant les informations pratiques (horaires, coordonnées...), vous avez trouvé GEOGUIDE :

❑ Très fiable ❑ Fiable ❑ Assez fiable ❑ Pas du tout fiable

Votre opinion sur la sélection d'adresses :

	Qualité des adresses		**Nombre d'adresses**	
	Suffisante	Insuffisante	Suffisant	Insuffisant
Hébergement	❑	❑	❑	❑
Restauration	❑	❑	❑	❑
Monuments, sites	❑	❑	❑	❑
Balades et randonnées	❑	❑	❑	❑
Activités de loisirs	❑	❑	❑	❑
Shopping	❑	❑	❑	❑

● **Avez-vous des remarques et suggestions ?** ....

....

....

● **Repartirez-vous avec un GEOGUIDE ?** ❑ Oui ❑ Non

VOUS

● **Vous êtes :** ❑ un homme ❑ une femme

● **Votre âge :** ❑ - de 25 ans ❑ 25-34 ans ❑ 35-44 ans ❑ 45-64 ans ❑ 65 ans et +

● **Votre profession :**

❑ agriculteur ❑ profession libérale ❑ cadre supérieur ❑ encadrement et technicien
❑ employé ❑ ouvrier ❑ retraité ❑ sans activité professionnelle ❑ étudiant

● **Êtes-vous lecteur du magazine GEO ?** ❑ Oui ❑ Non

Quel est votre magazine préféré ? ....

Merci de nous indiquer votre adresse

Nom : ....

Adresse : ....

Code postal : .... Ville : .... Pays : ....

Acceptez-vous d'être contacté(e) par mail sur les nouveautés GEOGUIDE ? ❑ Oui ❑ Non

Adresse mail : ....

En application de l'article 27 de la loi du 6 janvier 1978, les personnes physiques sont informées qu'elles pourront faire l'objet d'un droit d'accès et de rectification des données nominatives les concernant.

INDEX

A

B

C

INDEX

LÉGENDES DES CARTES ET DES PLANS

Cartes

- Aaa Ville ou site étape
- Autoroute et 2x2 voies
- Route principale
- Route secondaire
- Autre route
- Zone urbaine
- Limite administrative
- Parc naturel
- Liaison maritime
- ● Site remarquable
- ▲ Sommet
- Panorama

Profondeur (en mètres)

- Plus de 50
- De 25 à 50
- Moins de 25

Altitude (en mètres)

- De 0 à 50
- De 50 à 100
- De 100 à 200
- De 200 à 300
- Plus de 300

Plans

- Axe urbain
- Zone urbaine
- Espace vert
- Cimetière
- Voie ferrée
- Office de tourisme
- Aéroport
- Gare maritime
- Gare ferroviaire
- Gare routière
- Départ de randonnée
- Plage

AUTEURS
GEOPANORAMA Patrick Lenormand, Hélène Le Tac.
GEOPLUS Le Débarquement Jean-Jacques Lerosier.
Les jardins de Normandie Guillaume Pellerin.
Les peintres en Normandie Anne-Marie Bergeret-Gourbin.
Le pays d'Auge gourmand Hélène Le Tac.
Balades et randonnées dans la forêt de Lyons, Le Parc naturel régional des Boucles de la Seine normande, Le Marais Vernier Patrick Lenormand.
GEOPRATIQUE Karim Bourtel, Laurent Boscq.
GEORÉGIONS Vallée de la Seine Patrick Lenormand, Diana Béraud, Solène Bouton, Sébastien Bailly, Mathilde Nobilet, Christine Raout.
Côte fleurie et pays d'Auge Hélène Le Tac, Anne Lagarde, Mathilde Nobilet.
Côte d'Albâtre, pays de Caux et pays de Bray Patrick Lenormand, Diana Béraud, Sébastien Bailly, Mathilde Nobilet.
Plaines de l'Eure Hélène Le Tac, Laurent Boscq, Mathilde Nobilet.
CRÉDITS PHOTOGRAPHIQUES Couverture et 3 © Gunter Grafenhain/Sime/Photononstop. **4** © Papinou/Fotolia.fr. **6** © Victor Kiev/Shutterstock. **8** © Patrick Léger/Gallimard-Loisirs. **60** © Tilio&Paolo/Fotolia.fr. **182** © Oleg Bakhirev/Shutterstock. **270 haut** © Frances/Wysocki. **bas** © Gilles Leimdorfer/Rapho. © **298-299** © Stevanzz/Fotolia.fr. **300-301** © Peresanz/Fotolia.fr. **302-303** © Françis Cormon/hemis.fr. **304-305** © Topdeq/Fotolia.fr. **306-307** © PackShot/Fotolia.fr. **308** © Peresanz/Fotolia.fr. **309** © Mickael Pouvreau/Fotolia.fr. **310-311** © Fotokate/Fotolia.fr. **312-313** © Thierry Burdon/Fotolia.fr. **314-315** © Berthi/Shutterstock. **316** © Delphimages/Fotolia.fr. **317** © Claudio Colombo/Fotolia.fr. **318-319** © Pepere/Fotolia.fr. **320** © Pack Shot/Fotolia.fr. **321** © Ivonne Wierink/Fotolia.fr. **322-323** © PackShot/Fotolia.fr. **324-325** © Maddly/Fotolia.fr. **326-327** © Esine Huit/Fotolia.fr.
CARTOGRAPHIE INFOGRAPHIQUE Édigraphie.
MISE À JOUR 2016 François-Xavier Brabant-Pelletier.
REMERCIEMENTS Alain Joubert (conseiller scientifique, conservateur du musée des Traditions et Arts normands), Jean-Jacques Lerosier (correspondant Pays d'Auge).
PUBLICITÉ Régie publicitaire KETIL Media 76, bd de la République 92100 Boulogne-Billancourt. **Responsable de clientèle** Vincent Buffin Tél. 01 78 90 11 40.
GALLIMARD LOISIRS 5, rue Gaston-Gallimard 75328 Paris Cedex 07.
Tél. 01 49 54 42 00 contact@geo-guide.fr www.geo-guide.fr
La collection GEOGuide a été créée en association entre Prisma Presse/GEO et Gallimard Loisirs.

 Premier dépôt légal Mars 2012. **Dépôt légal** Février 2016.
Numéro d'édition 286013. **ISBN** 978-2-74-244124-2.
Photogravure Desk (Laval). **Impression** LEGO (Italie).

Normandie

ALDERNEY
(AURIGNY)
CAP DE
LA HAGUE
POINTE
DE BARFLEUR
Cherbourg
Barfleur
Beaumont
PRESQU'ÎLE
DE LA HAGUE
VAL DE SAIRE
ÎLES
ANGLO-NORMANDES
Quettehou
GUERNSEY
(GUERNESEY)
Les Pieux
Valognes
ÎLES
SAINT-MARCOU
SARK
(SERCQ)
Bricquebec
N13
COTENTIN
Sainte-Mère-
Église
Barneville-
Carteret
Isigny-
sur-Mer
Carentan
PARC NATUREL
RÉGIONAL
DES MARAIS
DU COTENTIN
ET DU BESSIN
JERSEY
Lessay
Périers
Saint-Lô
Coutances
MANCHE
VIRE
Montmartin-
sur-Mer
Tessy-
sur-Vire
Gavray
ÎLES
CHAUSEY
Bréhal
Granville
A84
Villedieu-
les-Poêles
GOLFE DE SAINT-MALO
CÔTE D'ÉMERAUDE
POINTE
DU GROUIN
SÉE
Saint-
Malo
BAIE DU
MONT-SAINT-MICHEL
Mont-
Saint-Michel
Avranches
Saint-Hilaire-
du-Harcouët
N175
PENTHIÈVRE
Pontorson
Saint-
James
D176
N176
Dinan
A84
ILLE-ET-
VILAINE
CÔTES-
D'ARMOR
N12
Fougères
D137
A84
VENDELAIS
N
25 km
BASSIN
DE RENNES